이한우의 태종실록

재위 7년

새로운 해석, 예리한 통찰

이한우의 **태종실록**

재위 7년

이한우 옮김

삶과 세계에 대한 뿌리 깊은 지혜, 그 치밀한 기록

2001년부터 2007년까지 7년 동안 『조선왕조실록』을 완독했으니 완독을 끝마친 지 10년이 지났다. 그동안 관심은 사서삼경을 거쳐 진덕수(眞德秀)의 『대학연의(大學衍義)』, 『심경부주(心經附註)』에 이어 지금은 『문장정종(文章正宗)』 그리고 반고(班固)의 『한서(漢書)』 번역으로 확장돼왔다.

원점인 2001년으로 돌아가보자. 나는 왜 『조선왕조실록』을 다 읽기로 결심한 것일까? 그것은 다름 아닌 선조들의 정신세계를 탐구해 우리의 정신적 뿌리를 확인해보려는 것이었다. 그런데 정작 7년간의 실록 읽기가 끝났을 때는 이룬 것보다 앞으로 해야 할 일이 많음을 깨달았다. 우리 선조들의 뛰어난 능력과 치열했던 삶의 태도를 확인했지만 그 뿌리를 제대로 알지 못했던 것이다. 그래서 완독을 끝내자마자 시작한 것이 한문(漢文) 공부다. 위에서 언급한 책들은 한문 공부를 마치고서 우리나라에 번역되지 않은 탁월한 한문책들을 엄선해 우리말로 옮긴 것이다. 이때 중요한 것은 '우리말'이다.

우리말이란 대한민국에서 일정한 교육을 받은 사람들이 편안하게 쓰는 말을 뜻한다. 과도한 한자 사용을 극복하고 지나친 순우리말 또한 일정하게 거리를 뒀다. 그리고 쉬운 말로 풀어 쓸 수 있는 한자어는 가능한 다 풀어냈다. 그래서 나는 '덕(德)'이라는 말은 '은덕(恩

德)’이라고 할 때 외에는 쓰지 않는다. ‘다움’이 우리말이다. 부덕(不德)도 그래서 ‘부덕의 소치’라고 하지 않고 ‘임금답지 못한 때문’이라고 옮긴다.

특히 정치를 다룬 역사서에서 중요한 용어가 ‘의(議)’와 ‘논(論)’이다. 그런데 실록 원문에서는 분명히 이 둘을 엄밀하게 구분해 ‘의지(議之)’, ‘논지(論之)’라고 표현했는데, 번역 과정에서 의(議)도 의논이라고 번역하고 논(論)도 의논이라 번역하면 이는 원문의 뜻을 크게 왜곡하는 것이다. 의(議)란 책임 있는 의견을 내는 것을 말한다. 의정부(議政府)를 논정부(論政府)라고 해서는 안 되는 것과 같다. 논(論)은 일반적으로 책임을 떠나 어떤 사안에 대한 논리적 진단을 하는 것이다. 오늘날 ‘논객(論客)’이 그런 경우다. 그러나 ‘의객(議客)’이란 말은 애당초 성립할 수가 없다. 다만 법률과 관련해서는 의(議)보다 논(論)이 중요하다. 그래서 ‘논죄(論罪)’나 ‘논핵(論劾)’이라는 말은 현실적 구속력을 갖는다. 재판은 의견을 내는 것이 아니라 기존 법률에 입각해 죄의 경중을 논리적으로 가려내는 일이라는 점에서 논(論)이지 의(議)가 아닌 것이다. 이처럼 기존의 실록 번역은 예나 지금이나 정치에서 대단히 중요한 역할을 할 수밖에 없는 의(議)와 논(論)을 전혀 구분하지 않아 의미를 제대로 전달하지 못한다. 사실

이런 예는 일일이 거론하기 힘들 만큼 많다.

　이런 우리말화(化)에 대한 생각을 직접 번역으로 구현해내면서 다시 실록을 읽어보았다. 기존의 공식 번역은 한자어가 너무 많고 문투도 1970년대 식이다. 이래가지고는 번역이 됐다고 할 수가 없다. 게다가 너무 불친절해서 역주가 거의 없다. 전문가도 주(註)가 없으면 정확히 읽을 수 없는 것이 실록이다. 진덕수의 『문장정종』 번역을 통해 한문 문장의 문체에 어느 정도 눈을 뜨게 된 것도 실록을 다시 번역해야겠다는 결심을 부추겼다. 특히 실록의 뛰어난 문체가 기존의 번역 과정에서 제대로 드러나지 못했다는 인식이 있었기 때문에 이 점을 개선하는 데 많은 노력을 쏟았다. 그리고 사소한 오역은 그냥 두더라도 심한 오역은 주를 통해 바로잡았다. 누구를 비판하려는 것이 아니라 미래를 향한 개선의 기대를 담은 것이다.

　물론 이런 언어상의 문제 때문에 실록 번역에 뛰어든 것은 아니다. 실은 삶에 대한, 그리고 세계에 대한 깊은 지혜를 얻고 싶어서다. 이런 기준 때문에 여러 왕의 실록 중에 『태종실록(太宗實錄)』을 번역하기로 결심했다. 일기를 포함한 모든 실록 중에서 『태종실록』이야말로 어쩌면 오늘날 우리에게 반드시 필요한 지혜를 담고 있는지 모른다고 생각했기 때문이다.

지난 10년간 사서삼경과 진덕수의 책들을 공부하고 옮기는 과정에서 공자의 주장에 대해 새롭게 눈뜰 수 있었다. 그것은 다름 아닌 '일[事]'의 중요성이다. 성리학이 아닌, 공자의 주장으로서의 유학은 리더가 일하는 태도를 가르치는 이론이다. 기존의 학계는 성리학의 부정적 영향 때문인지 유학을 철학의 하나로만 국한해서 가르치는 경향이 있다. 그러나 내가 공부한 바에 따르면 공자는 리더의 바람직한 모습 그리고 그런 리더가 되기 위한 수양 과정을 지독할 정도로 치밀하게 이야기하고 가르쳤던 인물이다.

　　이런 깨우침에 기반을 두고서 이번에는 공자가 제시했던 지도자상을 태종이 얼마나 체화하고 구현했는지를 확인하고 싶었다. 이런 부분들을 주를 통해 드러낼 것이다. 그렇게 할 때 경학과 역사가 통합된 경사(經史) 통합적인 공부가 될 수 있다.

　　그렇다면 '왜 세종이 아니고 태종인가?'라는 질문을 던질 수 있겠다. 물론 세종의 리더십을 탐구하는 것도 대단히 중요하다. 그러나 그의 아버지 태종의 리더십을 충분히 탐구하지 않으면 세종에 대한 탐구는 피상적인 데 그칠 우려가 있다. 따라서 이 작업은 추후 세종의 리더십을 제대로 탐구하기 위한 기초 작업이기도 하다는 점을 밝혀둔다.

이 책에는 새로운 시도가 담겨 있다. '실록으로 한문 읽기'라는 큰 틀에서 번역을 진행했다. 월 단위로 원문과 연결 독음을 붙인 것도 그 때문이다. 번역문 중에도 어떤 말을 번역했는지를 대부분 알 수 있게 표시했고 번역 단위도 원문 단위와 거의 일치하기 때문에 어떤 문장을 어떻게, 심지어 어떤 단어를 어떻게 옮겼는지를 남김없이 알 수 있도록 했다. 물론 '착할 선(善)', '그 기(其)', '오를 등(登)' 수준의 뜻풀이는 생략했다. 아무런 의미가 없기 때문이다. 이러한 장치를 통해 조금이라도 살아 있는 한문을 익히고 우리 역사와 조상들의 사고방식을 가까이하는 데 도움이 되기를 바란다.

역주는 워낙 방대한 작업이기 때문에 앞에서 언급했다고 해서 다시 언급하지 않는 것이 아니라 그때그때 필요하면 중복되더라도 다시 달았다. 편집의 아름다운 완결성을 다소 희생하더라도 독자들의 읽는 재미와 속도를 감안했기 때문이다.

재위 1년 단위로 한 권씩 묶어 태종의 재위 기간 18년—18권을 기본으로 하고, 태조와 정종 때의 실록에 있는 기록과 세종 때의 실록에 담긴 상왕으로서의 기록을 묶은 2권을 별권으로 삼아 모두 20권으로 구성했다. 이를 통해 우리 사회에 태종의 리더십에 대한 제대로 된 탐구가 시작되기를 기대한다.

21세기북스 김영곤 대표의 결단이 없었다면 이 책은 세상에 나오지 못했을 것이다. 이 자리를 빌려 깊이 감사드린다. 더불어 계획 초기부터 함께 방향을 고민했던 정지은 본부장과 편집 실무자들에게도 고맙다는 말을 전한다. 해박한 지식과 한문 실력으로 이번 작업을 도와준 주태진 편집위원께도 감사드린다. 그리고 함께 공부하는 즐거움을 누리고 있는 우리 논어등반학교 대원들께 진심으로 고맙다는 말을 전하고 싶다. 마지막으로 내 글쓰기 작업의 원동력인 가족들에게도 깊은 감사를 올린다.

서울 상도동 보심서실(普心書室)에서

탄주(灘舟) 이한우

| 일러두기 |

1. 실록은 무엇보다 인물과 역사적 배경이 중요하기 때문에 문맥에서 필요한 범위 내에서 충실하게 주(註)를 달았다.

2. 기존의 번역 중 미세한 오역이나 번역이 누락된 경우는 번역의 어려움을 감안해 지적하지 않았지만 중대한 오역이거나 향후 한문 번역에서 같은 잘못이 반복될 수 있다고 판단되는 경우에는 주를 통해 지적했다.

3. 간혹 역사적 흐름에 대한 설명이 필요한 경우 간략한 내용을 주로 달았다. 그러나 독자들의 해석과 평가에 영향을 미치지 않도록 최소한의 범위에서만 언급했다.

4. 『논어(論語)』를 비롯해 동양의 고전들을 인용한 경우가 많은데 기존의 번역에서는 출전을 거의 밝히지 않았다. 그러나 당시 우리 선조들이 실제 정치를 행사하는 데 고전의 도움을 얼마나 받았는지를 알려면 그들의 말과 글 속에 동양 고전들이 얼마나 자연스럽게 녹아 있는지를 살피는 것이 중요하다. 하여 확인 가능한 고전 인용의 경우 주를 통해 그 전거를 밝혔다.

5. 분량이 워낙 방대하기 때문에 설사 앞서 주를 통해 언급한 바 있더라도 다시 찾아보는 번거로움을 덜기 위해 중복이 되더라도 다시 주를 단 경우가 있음을 밝혀둔다.

6. '원문 읽기를 위한 도움말'의 경우 단조로운 문장은 그대로 두고 한문 문장의 독특한 구조를 보여주는 구문에 초점을 맞췄다.

7. 한자는 대부분 우리말로 풀어쓰고 대괄호([ ]) 안에 독음과 함께 한자를 표기했다. 그래서 '천명(天命)'이라고 표기한 경우도 있지만 대부분 '하늘의 명[天命]'이라는 방식으로 표기했다. 또한 한자 단어의 경우 독음을 붙여쓰기로 표기하여 한문 문장을 이해하는 데 도움이 되고자 했다.

8. 문단 맨 앞의 'ㅇ' 표시는 같은 날 다른 기사임을 구분한 것이다.

차
례

들어가는 말 4

일러두기 10

태종 7년 정해년 1월 13 • 원문 43

태종 7년 정해년 2월 55 • 원문 73

태종 7년 정해년 3월 79 • 원문 103

태종 7년 정해년 4월 113 • 원문 139

태종 7년 정해년 5월 149 • 원문 182

태종 7년 정해년 6월 195 • 원문 250

태종 7년 정해년 7월 273 • 원문 328

태종 7년 정해년 8월 351 • 원문 374

태종 7년 정해년 9월 385 • 원문 427

태종 7년 정해년 10월 447 • 원문 476

태종 7년 정해년 11월 489 • 원문 521

태종 7년 정해년 12월 535 • 원문 555

태종 7년 정해년
1월

一月

병진일(丙辰日-1일) 초하루에 상이 백관을 거느리고 제의 정월 [帝正]을 요하(遙賀)[1]했다. 눈이 그치지 않아 마침내 여러 신하의 조하(朝賀)는 그만두게 했다. 애초에 사신(使臣)을 시좌궁(時坐宮)[2]에 초대해[邀=招] 이에 여러 신하에게도 함께 잔치를 베풀려고 했는데 선달 그믐날 밤에[除夜] 천둥이 치고 비가 내려 마침내 그만두고 여러 신하에게는 술과 안주[酒菓]를 내려주었다.

정사일(丁巳日-2일)에 상이 덕수궁(德壽宮)에 나아가 기거했다.

무오일(戊午日-3일)에 상이 태평관(太平館)에 갔다. 사신을 전별하기 [餞] 위함이었다.

기미일(己未日-4일)에 한첩목아(韓帖木兒)와 양령(楊寧)이 돌아가니 상이 반송정(盤松亭)에 나아가 전별했다. 이보다 먼저 상이 황희(黃喜)에게 일러 말했다.

---

1 외방에 있는 신하나 외방에 나가 있는 봉명사신(奉命使臣)이 조정의 하례(賀禮)에 참여하지 못할 때 멀리서 군주(君主)의 상징인 궐패(闕牌)에 대신 하례하던 일을 말하는데 망궐례(望闕禮)라고도 한다.
2 그 당시 임금이 거처하고 있는 궁전을 가리킨다.

"사신들이 돌아갈 때 백관들이 반송정에 차례대로 서서 지송(祗送)³해온 지 오래되었다. 그러나 지난번[曩日] 황엄(黃儼)이 불상(佛像)을 가지고 돌아가던 날에 정승(政丞)을 보고서도 말을 탄 채 그대로 지나쳤고 그 따르는 자들 또한 말에서 내리지 않아 내가 심히 창피스러웠다. 이제부터 각사(各司)가 지송하는 것은 없애도록 하라. 사신이 설사 혹 예(禮)에 어긋났다고 화를 낸다 한들 장차 나에게 어찌하겠는가?"

○ 본궁(本宮)에 행차해 영선(營繕-건축)하는 것을 돌아보고 드디어 의안대군(義安大君) 화(和)의 집에 가서 술자리를 베풀어 잔치를 내려주고 정포(正布) 40필을 폐백(幣帛)으로 주었다.

경신일(庚申日-5일)에 충청도 도관찰사(忠淸道都觀察使) 김자수(金自粹)가 글을 올려 연호미법(煙戶米法)⁴을 시행하지 말 것을 청했다. 글은 이러했다.

'정부(政府-의정부)의 관문(關文-공문서)을 받아 보니, 전조(前朝-고려) 때 연호미(煙戶米)의 법을 다시 시행하여 금년에는 중년(中年-풍년)의 예(例)에 의해 거두라고 했습니다. (그래서) 신은 이미 주군(州郡)에 문서를 보내[移文] 독촉해 받아들이도록 했습니다만 신이 반복해서 생각해보건대 참으로 잘못된 점이 있습니다. 전년(前年)에 도

---

3 예를 다해 전송하는 것을 말한다.
4 흉년(凶年)에 대비하기 위해 평시(平時)에 백성들로부터 미곡(米穀)을 징수(徵收)하는 법이다. 각호(各戶)에 배당하여 징수하는 미곡을 연호미(煙戶米)라 한다.

내(道內)의 전답(田畓)을 다시 측량하여[改量] 더 늘어났습니다. 우선 충주(忠州)와 청주(淸州)의 두 고을을 본다면 청주는 원래의 전지[元田]가 1만 3,980결(結)인데 더 늘어난 것이 5,070결(結)이고, 충주는 원래의 전지가 1만 6,170결인데 더 늘어난 것이 4,570결입니다. 다른 도(道)의 전지도 반드시 이와 같을 것이니 그렇다면 수조(收租)의 양이 거의 전보다 배나 됩니다. 이는 지난날의 답험(踏驗)[5]이 공정치 못하여 탈루(脫漏)돼 그렇게 된 것이니 지금 이에 바로잡는 것이 이상할 것은 없으나 무지한 백성들은 그 까닭은 생각지 않고 한갓 수조(收租)가 많다고 하여 반드시 원망할 것입니다. 이런 때를 맞아 또 연호미(煙戶米)를 거두게 되면 백성들의 원망을 어찌 이루 다 말할 수 있겠습니까? 또 전조(前朝)의 법 역시 연세(年歲)의 풍흉(豊凶)에 따라 거두고 흩어주는 적당함을 정했습니다. 금년에 도내(道內)의 바다에 인접한 10여 고을이 한재(旱災)로 인해 실농(失農)한 것을 이미 일찍이 계문(啓聞)하여 진휼(賑恤)해 구제하도록 허락하셨고, 그 나머지 주군(州郡)들도 겨우 기곤(飢困)을 면했으니 중년(中年)이라 하여 거둘 수는 없습니다. 옛날에 한나라 문제(文帝)는 금년(今年)의 전조(田租)의 반(半)을 미리 주어서 농민들을 살게 해주어 지금까지 간책(簡策-역사책)에 빛나고 있습니다. 비록 문제와 같이 조(租)는 주지 못할지언정 도리어 거둬서 백성에게 원망을 사고자 하십니까? 엎드려 바라옵건대 전하께서 빼어난 마음[聖心]으로 결단하시어 일단 그 의견을 정지하시고[寢=止], 풍년이 드는 해를 기다려서 시험하여 그 법을 행하

---

5 실지로 논밭에 가서 조사하는 것을 말한다.

시면 생민(生民-백성)들이 퍽 다행하겠습니다. 신이 용렬한 재주로 외람하게 중임(重任)을 받아 도움은 드리지 못하고 정해진 계획[成算]에 대해 가벼이 의견을 내니 황공하여 죄를 기다립니다[待罪].'

명하여 의정부에 내려서 깊이 토의하게 했다.

신유일(辛酉日-6일)에 옥천군(玉川君) 유창(劉敞)과 영가군(永嘉君) 권홍(權弘)을 보내 경사(京師)에 가게 했다. 사은(謝恩)하기 위함이었다.

병인일(丙寅日-11일)에 종친들에게 해온정(解慍亭)에서 연회를 베풀었다.

정묘일(丁卯日-12일)에 사헌부에서 사사(寺社-사찰) 노비의 역사(役使)에 대한 마땅한 처리 방안을 아뢰니 그것을 따랐다. 소(疏)는 이러했다.

'가만히 보건대 정수(定數) 이외의 사사 노비를 모두 서울과 외방(外方)의 각 관청에 나눠 소속하게 했습니다. 그러나 승도(僧徒)들은 본래 기강(紀綱)이 없어 노비를 역사시키는 것이 대부분 가볍고 엉성합니다. (그런데) 지금 만약 상항(上項)의 노비들을 갑자기 부모나 처자식과 분리시켜 각 관청에 분산하여 입역(立役)시킨다면 장차 유리(流離)하고 도망하여 인호(人戶)가 날로 줄어들어 국가에는 도리어 이익이 없을까 염려됩니다. 군기감(軍器監)에 정속(定屬)시킨 4,000구(口)를 제외하고 그 나머지는 각 관청에 분속(分屬)시키는 것을 허락하지 말고 모두 현재 살고 있는 곳에서 전(前)과 같이 다 모여서 살게 하고, 남녀노소(男女老少)를 분간(分揀)하여 둔전(屯田)[6]과 신공(身貢)[7]을 적당히 정해 소재지의 주군(州郡)에서 매년 거두어 저축하게 하고, 따로 문부(文簿)를 비치하여 예기치 못한 상황의 수요(需要)와 흉년의 재앙에 대비케 해야 합니다. 또 외방 각 관청에 노비가 많은 곳은 혹 1,000여 구(口), 적은 곳은 한두 구에 지나지 못하오니 실로 고르지 못합니다. 5~6구 이하를 가지고 있는 각 관(官)에는 부근 각 관의 수가 많은 노비를 참작하여 덜어내 알맞게 지급하도록 해야 할 것입니다.'

의정부에 내려 깊이 토의하게 했다. 정부가 아뢰었다.

"마땅히 헌부(憲府)에서 아뢴 바와 같이 하고 장차 외방의 노비는 모두 전농시(典農寺)에 붙이도록 하고 오직 신구(新舊) 두 도성(都城) 안에 늘 거주하는 자는 경중(京中) 각사(各司)의 사무(事務)가 많고 노비가 적은 곳에 나눠 주도록 해야 할 것입니다."

정부에서는 또 혁파한 사사(寺社)의 노비의 신공(身貢)에 대한 식례(式例)를 상정(詳定)하여 아뢰었다.

"장노(壯奴-건장한 남자 종)는 쌀 평석(平石)[8]으로 3석(石)을, 아내가

---

6 일반적으로는 진수군(鎭戍軍)들이 경작(耕作)하여 그 수확으로 군량(軍糧)을 충당하는 토지를 말한다. 그런데 이때의 둔전(屯田)은 국가(國家)의 불우(不虞)의 수요(需要)와 흉년(凶年)에 대비하기 위해 설치된 것으로, 둔전의 경작자도 주현(州縣)의 관노비(官奴婢)나 농민(農民)에게 사역시켰다.

7 신역(身役) 대신에 바치는 몸값을 말한다.

8 15두를 1석으로 하는 계량 단위다. 세종대에 제정된 20두를 1석으로 하는 전석(全石)과 구별된다.

없는 자는 2석을 받고, 장비(壯婢-건장한 여자 종)는 2석을 받고, 남편 없는 자는 1석을 받고, 노비끼리 서로 혼인한 자는 정오승포(正五升布) 각각 1필씩을 받고, 15세 이하와 60세 이상인 자는 징수하는 것을 면제토록 해야 할 것입니다."

그것을 따랐다.

○ 호(戶)마다 둔전(屯田)을 배당해주는 법을 세웠다. 의정부에서 아뢰었다.

"전년(前年) 7월에 본부(本府)에서 전지(傳旨)를 받고 각관(各官), 각포(各浦), 각진(各鎭)의 둔전(屯田)을 혁파(革罷)했습니다. 상항(上項)의 전답(田畓)과 혁파한 각 사사(寺社)의 전답 및 경작할 만한 묵은 땅[陳地]을 10호(戶)마다 각각 50복(卜)씩 지급하여 그 근처의 민호(民戶)로 하여금 경작하게 하고, 그중의 한 사람을 두목(頭目)으로 정해 추수 때가 되면 손실(損實)을 분간해 각기 그 관(官)에다 거둬 저축하게 해 매월 기선군(騎船軍)의 양식을 지급(支給)하도록 하여 항식(恒式)으로 삼았습니다. 그러니 선군(船軍)을 사역시켜 전지(田地)를 경작하거나 소금을 굽거나[燔鹽] 고기를 잡는 등의 일은 모두 엄격하게 금지해야 할 것입니다."

그것을 따랐다.

무진일(戊辰日-13일)에 상이 덕수궁(德壽宮)에 나아가 기거했다.

경오일(庚午日-15일)에 달이 태미원(太微垣)에 들어갔다.

○ 김성(金聲)과 이빈(李賓)에게 광연루(廣延樓) 아래에서 잔치를

베풀어주었다.

　신미일(辛未日-16일)에 백관의 녹과(祿科)[9]를 고쳐 정했다. 좌정승 하륜이 말했다.

　"각 품(品)의 녹과가 같지 않으니 증감(增減)하여 상정(詳定)해야 합니다."

　그것을 따랐다.

　1과(一科) 안에 있는 대군(大君)·정승(政丞) 이상은 녹미(祿米) 100석(石), 주포(紬布)·정포(正布) 합하여 32필(匹)로 하고, 2과(二科) 안에 있는 제군(諸君)·의정부찬성사(議政府贊成事) 이상은 녹미 90석, 주포·정포 합하여 27필로 하고, 3과(三科)의 이성제군(異姓諸君)과 개성유후(開城留後) 이상은 녹미 85석으로 하고, 4과(四科) 의 이성제군과 개성유후사 부유후(開城留後司 副留後) 이상은 녹미 80석, 주포·정포는 모두 다 26필로 하고, 5과(五科)의 이성제군과 정3품 성균대사성(成均大司成) 이상은 녹미 70석, 판전의감사(判典醫監事) 이상은 녹미 68석, 주포·정포는 모두 다 23필로 하고, 6과(六科)의 종3품은 녹미 65석, 주포·정포 합하여 21필로 하고, 7과(七科) 의 정4품은 녹미 60석, 주포·정포 합하여 20필로 하고, 8과(八科)의 종4품은 녹미 55석, 주포·정포 합하여 19필로 하고, 9과(九科)의 정5품은 녹미 49석, 주포·정포 합하여 18필로 하고, 10과(十科)의 종5품은 녹미 47석, 주포·정포 합하여 17필로 하고, 11과(十一科)의 정

9　관리의 봉급 규정이다.

6품은 녹미 42석, 주포·정포 합하여 16필로 하고, 12과(十二科)의 종
6품은 녹미 40석, 주포·정포 합하여 15필로 하고, 13과(十三科)의
정7품은 녹미 30석·정포 10필로 하고, 14과(十四科)의 종7품은 녹
미 28석·정포 9필로 하고, 15과(十五科)의 정8품은 녹미 23석·정포
7필로 하고, 16과(十六科)의 종8품은 녹미 21석·정포 6필로 하고,
17과(十七科)의 정9품은 녹미 16석·정포 5필로 하고, 18과(十八科)
의 종9품은 녹미 14석·정포 4필로 하고, 권무(權務)[10]는 녹미 9석·
정포 3필로 했다.

임신일(壬申日-17일)에 일본(日本) 단주(丹州)의 사자(使者)가 대궐
에 나아와 하직인사를 했다. 회회(回回) 사문(沙門)[11] 도로(都老)가 처
자식을 데리고 함께 와서 머물러 살기를 원하니 상이 명해 집을 주
어 살게 했다.

갑술일(甲戌日-19일)에 조곤(趙慤)에게 전지(田地) 50결(結)과 노비
(奴婢) 5구(口)를, 호군(護軍) 권희수(權希遂)에게 전지 30결과 노비
3구를 주었다. 희수는 곧 중 홍련(洪璉)이 머리를 기르고 개명(改名)
한 자인데 혜정(惠正)과 설연(雪然)의 모의를 고한 것에 대해 상을 내
린 것이다.
 ○ 영의정부사(領議政府事) 성석린(成石璘)이 글을 올려 시무(時務)

---

10 문과에 급제하고 아직 관직을 정식으로 받지 않은 임시직이다.
11 회회인(回回人)의 승려를 가리킨다. 회회란 이슬람교도나 아랍인을 뜻한다.

20조(條)를 개진하니 명하여 의정부에 내려 토의하고서 결론을 내게 했다[議得]. 글은 이러했다.

'국가의 일이란 (가장 중요한 것이 결국은) 형세[勢]뿐이니 그 형세를 잘 살펴보아 미리 방비한다면 걱정이 없게 되는 것이고, 설사 지혜가 있는 자[智者]라 하더라도 항상 일이 생긴 뒤에는 잘 조처할 수 없는 것입니다. 신(臣)은 평소 지식이나 견식[知見]이 없고 나이 또한 쇠(衰)하고 늙었사오나 감히 어리석은 자[愚者]에게도 한 가지 얻어들을 것은 있으리라는 생각으로 우러러 (전하의) 빼어난 귀 밝음[聖聰]을 더럽힙니다.

옛날에 기(杞)나라 사람 중에 하늘(이 무너질 것)을 걱정한 자가 있었습니다. 노신(老臣)의 소견은 실로 그것과 서로 표리(表裏-안팎의 짝)가 되는 바가 있으니 엎드려 바라옵건대 빼어난 자애로움[聖慈]으로 (신의) 혼미(昏迷)하고 망령됨을 용서하시면 뒤에 반드시 천리마(千里馬)를 바치는 자가 있을 것입니다. 신이 개진하는 것은 모두 하찮은[淺淺] 사목(事目)들이니 어찌 족히 향안(香案)¹² 앞에 진달할 것이 있겠습니까마는 만(萬)에 하나라도 취할 것이 있으시면 엎드려 바라옵건대 밝으신 주상(主上)께서 결단하여 시행하시기 바랍니다. 무릇 나라를 소유하거나 가정을 소유한 자는 방비가 없을 수 없으니 한 집안에는 가장(家長)이 된 자가 몸소 거느려서 힘써 행하면 효과가 있는 것입니다. 지금은 식량을 족하게 하고[足食] 군사를 족하

---

12 원래 향(香)은 향료(香料) 또는 향로(香爐)이고, 안(案)은 이것을 올려놓는 받침상이나 받침대다. 그러나 여기서는 신하들의 좋은 의견들이 한곳에 모이는 어전을 상징적으로 말한 것이다.

게 하는 것[足兵], 이것이 한 나라를 방비하는 구체적인 방안이 되는 것이니 삼가 바라옵건대 전하께서는 소의간식(宵衣旰食)[13]하고 정사에 전념하시어 중외(中外)에 영(令)을 내리셔서 일체의 급하지 않은 비용은 다 쓸어 없애버리시고, 힘써 집집마다 넉넉하고 사람마다 족하게 하여 백성들과 더불어 좋고 나쁜 것[休息]을 함께 하셔야 할 것입니다.

하나, 갑병(甲兵)은 굳건하고 날카로우며[堅利] 행군하는 진열[行陣]은 잘 정돈되고 분수(分數)가 밝고 호령(號令)이 엄격하며 상벌(賞罰)이 공로에 마땅하고 양식이 풍족하며 모책(謀策)을 잘 세워 반간(反間)을 쓰고 시일을 오래 끌며 여러 길로 아울러 나아가서 승리를 취하는 것은 중국 사람[華人]의 장기(長技)입니다.

말이 튼튼하고 활이 강하며 양식을 가볍게 싸 가지고 날과 시간을 다퉈 작전을 행하며 하늘의 때[天時]를 타고 땅의 이점[地利]을 잘 헤아려 돌진하여 힘껏 싸워 승리를 취하는 것은 오랑캐[胡人]의 장기입니다.

견고하고 험란한 지형을 믿고 거기에 기대어 병법(兵法)에 의존하지 않고 깊고 험한 곳을 골라 산성(山城)을 쌓아 늙은이와 어린이를 안치(安置)하고 콩과 조를 거둬들이고 봉화(烽火)를 들어 서로 응하며 샛길로 가만히 통해 불의(不意)에 출격하여 승리를 취하는 것은 (우리) 동방(東方) 사람의 장기(長技)입니다. 평지(平地)의 성(城)은 진

---

13 날이 밝기도 전에 일어나 옷을 입고 저물어서야 저녁밥을 먹는다는 뜻으로 임금이 정사(政事)에 골몰하여 여가가 없음을 이르는 말이다.

실로 없어서는 안 되는 것이지만, 예로부터 동방 사람들 중에 그런 성을 잘 지키는 자는 드무니 전적으로 읍성(邑城)만 믿어서는 안 될 것입니다.'

정부(政府)에서 토의해 결론을 내렸다.

"위의 조목은 전조(前朝-고려)의 성대했던 시절에 여러 번 수축(修築)을 더해 외적의 난을 피할 수 있었습니다. 지금 각 도의 도관찰사들에게 공문서를 보내 농한기[農隙] 때마다 미리 방비하여 튼튼하게 수축하는 것이 어떠하겠습니까?"

'하나, 서북면(西北面)은 평양(平壤)이 근본입니다. 이에[其=於是] 도순문사(都巡問使)와 부윤(府尹)을 모름지기 적합한 사람을 얻어야 하고 무기와 군량 모두 충분해야 합니다. 신이 일찍이 이 부(府)의 윤(尹)을 겸한 적이 있는데 그 영내(營內)의 궁시(弓矢)와 도창(刀槍)이 하나도 쓸 만한 것이 없었습니다. 신이 그 까닭을 물어보니 단지 전에 있던 사람이 마음을 쓰지 않은 데 있을 뿐이었습니다. 신이 급하지 아니한 공작(工作)은 모두 중지하고 오로지 군기(軍器)에만 힘을 써서 겨우 각 분야에 필요한 약간의 수량을 준비했으며 군량 또한 이렇게 했습니다. 토관(土官)과 천호(千戶)의 설치는 평시(平時)에는 실제로 폐단이 있지마는 일이 생겨나 위급한 때를 당하면 저들 수령(守令) 중에서 겸임한 자들이 그들의 힘을 제대로 쓰지 못할까 두렵습니다.'

정부에서 토의해 결론을 내렸다.

"위의 조목은 한결같이 이미 일찍이 공문서로 전달한 것에 입각해 시행하는 것이 어떠하겠습니까?"

'하나, 안주(安州)·의주(義州)·이성(泥城)·강계(江界) 등지에도 재주가 많아 무리를 거느릴 만하고 기미(機微)를 알아 나아가고 물러날 줄 아는 자를 보내 성보(城堡)를 수축하고 군량을 저축하며, 무기를 준비하고 군인과 말을 훈련시켜 은혜와 위엄을 아울러 행하여 사람들이 사랑하고 두려워할 줄을 알게 한 연후에야 부릴 수 있을 것입니다. 만일 임시변통으로 사람을 정하고 보내 장수가 사람을 알지 못하고 사람들이 장수를 알지 못하면 위급한 때에 임하여 어떻게 서로 구제하겠습니까? 마땅히 속히 파견하여 3년으로 그 성과를 책임 지워야 합니다. 어찌 목마른 때에 임하기를 기다리겠습니까?

하나, 동북면(東北面)의 영흥(永興)·함흥(咸興)·정주(定州)·청주(青州)·단주(端州)·경원(慶源)·경성(鏡城) 등지에도 서북면의 예(例)에 의해 깊은 곳의 요충지에 한 곳의 성(城)을 수축하고, 한 사람의 대장(大將)을 보내 이를 지키게 해야지 허술하게 비워둬서는 안 될 것입니다. 비록 무사(無事)한 때라 해도 또한 폐지해서는 안 될 것입니다.

하나, 각 도(各道)의 계수관(界首官)[14]은 꼭 벼슬이 높고 재주가 군민(軍民)의 일을 겸할 수 있는 사람을 가려서 파견하여 반드시 3년을 채우게 해야 합니다.'

정부에서 토의해 결론을 내렸다.

---

14 고려와 조선 초기에 있었던 지방제도의 한 형태로 계수관이라는 것은 지방의 중심이 되는 대읍(大邑)과 그 대읍의 수령을 의미하는 말이다. 조선 초 점차 도제(道制)가 확립되면서 계수관 체제는 소멸돼갔으며, 1456년(세조 2년) 군읍의 병합사목(倂合事目)이 발표되자 완전히 소멸됐다.

"위의 세 조목은 비록 이미 공문서를 보낸 일이지만 지금 다시 공문서를 보내 시행하는 것이 어떠하겠습니까?"

'하나, 각 도의 크고 작은 수령 또한 모름지기 사람을 잘 가려 뽑아 반드시 3년을 채워야 합니다. 대체로 수령은 백성을 가까이 하기 때문에 경내(境內) 인민의 다소와 노약(老弱), 빈부(貧富) 그리고 단쌍(單雙),[15] 협거(俠居),[16] 간은(間隱)[17]의 일에 이르기까지도 마음을 써서 엿보고 살피면 알지 못할 것이 없습니다. (게다가) 그의 경내 인구의 많고 적음을 따질 것 없이 단지 가장 가까이 사는 자로써 수효를 정해 혹 10호(戶) 혹은 3~4호를 한 인보(隣保)[18]로 삼고, 그중에서 일정한 산업[恒産]이 있고 믿을 만한 자를 골라 정장(正長)으로 삼아 그 인보 안의 인구를 기록해 관장(管掌)하게 하고, 아침저녁으로 들고 나면서 물과 불로 인한 재난을 서로 구제하게 하면 인보 안의 일들을 저절로 서로 알게 될 것입니다. 만일 이상이 생기면 정장(正長)이 곧바로 관가에 고하여 집을 떠나 떠돌지[流移] 못하게 하고, 수령이 항상 살핌으로써 유루(遺漏-인구 누락)가 없는 것을 살핀 연

---

15 부부(夫婦)가 결혼하여 함께 살고 있는지, 혹은 그렇지 않고 혼자 살고 있는지의 여부를 말한다.

16 남의 집 협호(夾戶)를 빌려서 사는 것을 말한다. 협호는 정당(正堂)과 따로 떨어져 있어서 딴살림을 하게 된 집채를 말한다.

17 죄인 등을 몰래 숨겨주는 일을 말한다.

18 조선조(朝鮮朝) 때의 자치조직(自治組織)의 하나다. 이것은 백성의 생활과 인구의 실태를 파악하고, 수화(水火)를 구제(救濟)하고 유이(流移)와 도둑을 방지하여 서로 보호하고 서로 지키게 함으로써 풍속(風俗)을 이루게 한다는 목적에서 조직된 것으로, 10호(戶) 혹은 3~4호로써 한 인보(隣保)를 삼고, 그중에서 항산(恒産)이 있고 믿을 만한 사람을 택해 정장(正長)으로 삼아, 인보 내의 인구를 기록해 주장(主掌)하게 했다.

후에 평일(平日)의 인보기(隣保記) 안에 있는 인구의 많고 적음에 의거해 그 성명(姓名)과 나이를 쓰고 양천(良賤)을 분변하면 징발이 골고루 공평하고 군민(軍民)이 구분되어 백성이 놀라지 않고 일이 이뤄질 수 있을 것입니다. 만일 사람이 새로 왔거나, 물고(物故-사고로 죽음)했거나, 새로 태어난 자가 있으면 정장(正長)이 반드시 곧장 관가에 고하여 각각 이름 아래에 주(注)를 달아서 일정한 규칙으로 삼아야 할 것입니다. 이렇게 하면 1년 뒤에는 저절로 풍속(風俗)이 될 것입니다. 만일 따로 사람을 파견하여 추쇄(推刷)한다면 부산스럽게 부동(浮動)해서 이를 금지하여 막을 수 없을 것입니다. 신(臣)이 평양(平壤)에서 인보가 서로 고하는 법[隣保相告之法]을 시행하여 집을 떠나 떠돌지 못하게 한 적이 있는데 곧바로 그 효과를 보았습니다.'

정부에서 토의해 결론을 내렸다.

"위의 조목을 거행하는 것은 어떠하겠습니까?"

'하나, 제주(濟州)의 말들은 중국에서도 또한 훌륭하다고 하지만 실상은 소문(所聞)에 미치지 못합니다. 마땅히 쓸 만한 것을 골라내 육지에 연접한 여러 섬 안에 방목(放牧)하고, 마정(馬政) 또한 마땅히 3년 동안 거행한다면 성과가 있을 것입니다.

하나, 왜노(倭奴)가 근심이 된 지 오래인데 지금까지도 그치지 않고 있습니다. 지금은 봉(封)하여 왕으로 삼았고, 선물로 주는 것을 두텁게 하니 만족하고 기(氣)가 살아서 횡역(橫逆)·방자(放恣)함이 반드시 심할 것입니다. 마땅히 노성(老成)하고 학행(學行)이 있는 자 한 사람을 보내 인호(隣好)를 맺으며 그 형세를 관찰해야 합니다. 신(臣)은 일찍부터 "우리의 근심이 될 것은 반드시 이들 왜노(倭奴)"라

고 말해왔습니다.'

정부에서 토의해 결론을 내렸다.

"위의 두 조목은 점차적으로 일의 마땅함을 헤아려[量宜] 시행하
는 것이 어떠하겠습니까?"

'하나, 국가에서는 항상 조전(漕轉)[19]의 어려움이 근심거리입니다.
신(臣)이 생각건대 무릇 경기(京圻)에 전지(田地)를 받은 자는 모두
다 거둬들여 조전하는 미두(米豆)의 수량에 충당하고, 다만 품(品)
에 따른 구분전(口分田)[20]만 경기에 주어 각자 바라는 바에 따라 농
사(農舍)가 되게 하며, 나머지는 모두 외방(外方-지방)에 준다면 공사
(公私)가 다 편리하게 돼 인마(人馬)가 지쳐서 죽는 근심이 없을 것이
고, 또 쌀을 손실하고 농사를 실패하는 폐단이 없을 것입니다. 의견
을 내는 자[議者]들은 분명 말하기를 "외방의 소요(搔擾)가 이로부터
다시 일어날 것"이라고 하겠지만, 지금의 폐단은 예전과 다릅니다.'

정부에서 토의해 결론을 내렸다.

"위의 조목은 이미 일찍이 깊이 토의한 결과 시행하지 못한 일이오
니 마땅히 다시 토의해 시행해야 할 것입니다."

---

19 각 지방에서 거둔 조세인 현물을 수도인 중앙으로 운송하던 제도다. 달리 조운(漕運)·
조만(漕輓)·해조(海漕)라고도 한다. 강을 이용할 경우에는 수운(水運) 혹은 참운(站運),
바다를 이용할 경우에는 해운(海運)이라 했다. 육로를 이용하기도 했으나 도로와 운송수
단의 문제로 크게 발달하지 못했다. 조세로 거둔 쌀이나 곡물과 같은 현물을 수송하기
위해 강과 바다의 출발지와 도착지에 창고를 설치하고 일정 기간 저장해두었다가 중앙의
경창(京倉)으로 운송했다.

20 자손이 없이 죽은 관원(官員)의 아내와 부모구망(父母俱亡)한 출가 전(出嫁前)의 딸이나
또는 전장에 나가서 자손이 없이 죽은 군인의 아내에게 품등(品等)을 따라 주던 전지(田
地)다.

'하나, 동서북면(東西北面)과 각 도(各道) 주현(州縣)에 모두 둔전(屯田)을 두어 그 수령들로 하여금 오로지 독려하는 데 힘쓰게 하여 그 거둔 것의 많고 적음을 계산해 전최(殿最)[21]를 정하고, 사송(詞訟-민사소송)·영작(營作-건축토목공사)·잡범(雜凡)의 사무(事務)는 하나같이 모두 없애야 할 것입니다.'

정부에서 토의해 결론을 내렸다.

"위의 조목은 이미 일찍이 수판(受判-교지를 받음)한 일입니다. 그러나 수령에게 독려하는 일을 오로지 맡겨서 전최(殿最)의 조건으로 삼는 것은 또한 아울러 이문(移文)하여 시행하는 것이 어떠하겠습니까?"

'하나, 배를 타는 역사(役事)가 가장 힘들다고 정평이 나 있기 때문에 3호(戶)로 하여금 하나를 만들게 하고 있습니다. (그런데) 1호 안에 어찌 모두 한 사람뿐이겠습니까? 이에[其=於是] 정군(正軍)이 된 자는 스스로 자기 배를 타지 않고, 모두 봉족자(奉足者)[22]를 시켜 제대로 맡은 일을 할 수 있는지 여부도 묻지 않고 자신을 대신하게 하니 적(賊)을 만나게 되면 모두 배 밑바닥에 엎드려서 손도 쓰지 못하고 죽게 됩니다. 신(臣)이 어떻게 알겠습니까? 종종 각 도에서 보고한 장계를 보면 그 죽은 자는 죄다 대신 세운 자들입니다. 바라건대

---

21 지방 감사(監司)가 각 고을 수령(守令)의 치적을 심사하여 중앙에 보고하는 우열(優劣) 성적을 고사(考查)할 때 상(上)을 최(最), 하(下)를 전(殿)이라 하며, 음력 6월과 12월에 두 번 시행했다.
22 정군(正軍) 1명에 대해 봉족(奉足) 한두 사람을 지급하여 정군을 돕게 하고 정군이 출역(出役)했을 경우에는 그 집안일을 돕게 한 급보제도(給保制度)다.

각 도에 각각 굳세고 눈 밝은 사람[剛明] 한 명씩을 보내 병선(兵船)이 있는 곳을 순행(巡行)하게 하여 항상 점검해서 무예를 익히지 않아 쓸데가 없는 자들은 기선(騎船)[23]에 충당하여 죄 없이 해를 당하게 하지 않도록 해야 합니다. 만호(萬戶)와 천호(千戶)가 된 자가 군인(軍人)들과 더불어 서로 이익으로 꾀하여 몰래 연결을 맺어 함께 폐단을 지으니 만일 왕관(王官-중앙 관리)이 아니고서는 어떻게 금지하겠습니까? 이같이 2~3년만 한다면 병선(兵船)은 튼튼해지고 군사들은 정예병으로 강해질 수 있을 것입니다.

하나, 각 도의 주현(州縣)으로 하여금 모두 군기(軍器)를 만들게 하소서. 각궁(角弓)과 환도(環刀)는 사람마다 만들기 어렵겠지만 지포엄심(紙布揜心),[24] 두구(頭具)와 창(槍) 같은 것은 누가 만들지 못하겠습니까? 마땅히 수량을 정해 견고하고 예리하게 만들도록 해야 합니다. 신(臣)이 왕년에 충청도 관찰(사)이 되었을 때 왜노(倭奴)가 깊숙이 들어와 도둑질을 하므로 신이 주현으로 하여금 수효를 정해 창(槍)을 만들게 했더니 심히 편리하고 도움이 됐습니다.

하나, 마땅히 주현(州縣)으로 하여금 각각 병선(兵船)을 만들게 해야 합니다. 비록 폐단이 있다고는 하지만 위급한 때에 임해서는 할 수가 없습니다. 지금 한 집의 사람도 오히려 배를 만드는데 아무리 작고 보잘것없는 읍[弊邑]이라 할지라도 어찌 한 부잣집만 못하겠습니까?'

---

23 전투를 하는 병선을 지원하는 배다.
24 종이나 베로 만든 가슴을 가리는 갑옷이다.

정부에서 토의해 결론을 내렸다.

"위의 세 조목은 점차적으로 일의 마땅함을 헤아려 시행하는 것이 어떠하겠습니까?"

'하나, 군기감(軍器監)은 전문적으로 병기(兵器)를 관장하여 만들어내는 것들이 심히 많습니다. 이에[其＝於是] 선공감(繕工監)[25] 각사(各司)에 소속된 장인(匠人)과 여러 곳의 역사(役事)가 한가한 장인들을 모두 군기감에 소속시켜 오로지 병기를 만드는 일에 전념하게 해야 합니다.'

정부에서 토의해 결론을 내렸다.

"위의 조목은 각사(各司)의 부득이한 차비(差備-예비) 정수(定數)를 제외한 장인들을 모두 군기감에 소속시키면 아마도 편리하여 이익이 될 듯합니다."

'하나, 금은(金銀)으로 만든 살림그릇[器皿]은 궁내(宮內)와 국가에서 쓰는 것을 제외하고는 중외(中外)에 영(令)을 내려 일절 금하고, 나라 안에서는 모두 사기(沙器)와 칠기(漆器)를 쓰게 해야 합니다.

하나, 소와 말을 잡는 것은 나라에 금령(禁令)이 있으니 유사(有司)가 엄격하게 금지하여 다스리고, 화척(禾尺)[26]과 재인(才人)[27] 등이 도살로 생업을 삼는 자는 마땅히 소재처(所在處)로 하여금 모아들여 구제해주되 전지(田地)를 주어 경작하게 하여 뿔뿔이 흩어지지 않게

---

25 조선시대에 토목(土木)과 영선(營繕)에 관한 일을 맡았던 기관으로, 공조에 속했다.
26 버드나무의 세공(細工)이나 도우(屠牛)를 전업(專業)으로 하던 천민(賤民)을 가리킨다.
27 광대를 가리킨다.

해야 합니다. 이들 무리인들 어찌 쓸 곳이 없겠습니까?'

정부에서 토의해 결론을 내렸다.

"위의 두 조목은 한결같이 일찍이 수판(受判)한 것에 따라서 거듭 밝혀 거행하는 것이 어떠하겠습니까?"

'성중(成衆)²⁸과 각사(各司)의 애마(愛馬)²⁹로부터 서리(書吏), 전리(典吏)에 이르기까지 액수(額數-정원)에 구애치 말고 사람을 보아 입속(入屬)³⁰하도록 허락해야 할 것입니다.'

정부에서 토의해 결론을 내렸다.

"위의 조목은 한결같이 전에 정한 액수에 의거해 시행하는 것이 어떠하겠습니까?"

'하나, 전조(前朝-고려) 때에는 각령(各領) 육십(六十)³¹ 이외에 모두 보충군(補充軍)이 있었으니 마땅히 각령으로 하여금 각각 몇 사람을 천거하게 해야 합니다.'

정부에서 토의해 결론을 내렸다.

"위의 조목은 점차적으로 마땅한 것을 헤아려서 시행하는 것이 어떠하겠습니까?"

---

28 궁궐의 숙위(宿衛)와 근시(近侍)의 일을 맡은 관원(官員)이다. 고려 때에는 내시다방(內侍茶房)·사순(司楯)·사의(司衣)·사이(司彛) 등이 이에 속하고, 조선 때에는 내금위(內禁衛)·충의위(忠義衛)·충찬위(忠贊衛)·충순위(忠順衛)·별시위(別侍衛)·족친위(族親衛) 등에 속했다.

29 위사(衛士)의 한 종류다.

30 성중 등에 소속된다는 뜻이다.

31 고려 때 군제(軍制)의 하나로, 각령(各領)에 오위(伍尉) 20명, 대정(隊正) 40명씩이 있었는데 이들을 아울러서 육십(六十)이라고 칭(稱)했다.

'하나. 일찍이 보건대 전조(前朝) 때 싸움을 잘하기로 이름난 안우(安祐), 이방실(李方實) 같은 이는 모두 제기(梯己),[32] 심복(心腹), 수족(手足)과 같은 사람이 있어 위태한 때에 임(臨)하여 승부(勝負)를 결단할 즈음에는 모두 그들의 힘에 도움을 입었습니다. 마땅히 장상(將相)으로 하여금 미리 자제(子弟)와 친족(親族) 및 그들이 아는 사람들 중에서 재주와 힘이 있는 자 각각 몇 사람씩을 뽑아서 급할 때에 쓸 수 있도록 대비하게 해야 합니다.'

정부에서 토의해 결론을 내렸다.

"위의 조목은 마땅한지를 헤아려서 수(數)를 정하여 시행하는 것이 어떠하겠습니까?"

'하나, 각 도(各道)의 잡공(雜貢)을 1~2년(年)의 기한을 두어 모두 다 감면(減免)하고, 오로지 군량(軍糧)·군기(軍器)·병선(兵船) 등의 일에만 힘쓰게 하시옵소서. 해마다 바치는 재목(材木)·기름·꿀·후지(厚紙)·화석(華席) 등은 더욱 폐단이 있습니다. 지주(旨酒-좋은 술)와 조화(造花)는 오직 공상(供上)과 내연(內宴) 외에는 일절 금지하고, 공사(公私)의 연음(宴飮)도 마땅히 엄격하게 금하며 무릇 경중(京中)과 외방(外方)의 쓸데없는 비용[冗費]은 모두 다 줄이거나 덜어내어

용비
공사(公私)가 충족해질 때까지 기다려야 합니다. 쓸데없는 비용의 종목은 환히 셀 수가 있으니 물방울과 티끌이 쌓이면 마침내는 구릉과 연못을 이루게 될 것입니다.'

정부에서 토의해 결론을 내렸다.

---

32 물건(物件)을 감춰놓고 다른 사람은 알지 못하게 하고 자기만 사용하는 것을 가리킨다.

"위의 조목 안에 후지(厚紙)·화석(華席)·지주(旨酒)·조화(造花) 등의 일은 공상(供上)을 제외한 나머지 것들은 일절 모두 줄이거나 덜어내고, 경중과 외방의 쓸데없는 비용은 자세히 조사하여 모두 다 줄이거나 덜어내며 공사 연음을 금지하는 것은 이미 일찍이 문서를 넘겨 지시한 것[行移]에 의거해 시행하는 것이 어떠하겠습니까?"

(상은) 명을 내려 하나같이 의정부(議政府)에서 토의하여 결론 낸 것에 의거해 시행하라고 했다.

을해일(乙亥日-20일)에 상이 덕수궁에 이르러 기거했다.

병자일(丙子日-21일)에 동교(東郊)에서 매사냥을 구경했다.

정축일(丁丑日-22일)에 태상왕이 새로운 누각(樓閣)을 연희방(燕喜坊) 궁전(宮殿) 남쪽에 세우고 그것을 계기로 불사(佛事)를 일으켰다. 상이 황희(黃喜)를 보내 물었다.

"공비(供費)가 혹시라도 빠진 것은 없습니까?"

태상왕이 말했다.

"없다. 내가 이것을 희사해 절을 만들고자 하니 네가 국왕(國王)에게 아뢰어 사액(寺額)을 주어 조계(曹溪)·화엄(華嚴)·양종(兩宗) 가운데 하나에 속하도록 하고, 전민(田民)을 주고 주지(住持)를 취임할 수 있게 하라."

희가 돌아와서 갖춰 아뢰니 상이 말했다.

"부왕(父王)의 명이라 따르지 않을 수는 없으나, 다만 사사(寺社)의 수효를 정해놓았는데 이제 와서 액(額-정원)을 주고 종(宗)에 붙이면 진실로 후세(後世)에 이것을 빙자하여 명목으로 삼아 다시 사사(寺社)를 (새로이) 설치하게 될까 두렵다."

희가 말했다.

"진실로 그렇습니다."

무인일(戊寅日-23일)에 상이 덕수궁에 이르러 기거했다.

○ 의정부 육조 대간(臺諫)에 명해 각각 둔전(屯田)의 가부(可否)를 토의해 아뢰게 했다. 성석린(成石璘)이 올렸던 말 때문이었다. 또 말했다.

"백성 10호(戶)로 하여금 둔전 50복(卜)[33]을 함께 경작하게 하면 백성이 반드시 원망할 것이다[怨咨]. 내가 일찍이 가뭄을 만나 공구(恐
_{원자}
懼)했으나 가뭄이 이른 까닭을 알지 못했는데, 지금 옳지 못한 것을 알고서도 고치지 않으면 뒤에 다시 가뭄이 있을 것이니 다시 무슨 말을 하겠는가?"

○ 처음으로 성균관(成均館) 교서관(校書館)의 권지(權知)[34] 학유(學諭) 및 정자(正字)를 가지고 각관(各官)의 유학교수(儒學敎授)로 삼고,[35] 매번 본관(本館)에 옮겨오는 자가 있을 때가 되면 각각 그 차서(次序)에 의해 들어와 보충케 했다. 그 교훈(敎訓)의 근만(勤慢-근무

---

33 전답을 재는 결(結) 아래의 단위다.

34 권지(權知)란 벼슬 이름 앞에 붙어 그 벼슬의 일을 잠시 맡아봄을 뜻하는 말이다. 또는 어떤 벼슬의 후보자(候補者), 시보(試補) 같은 것을 가리키는 말이기도 하다.

35 학교를 서울에서 지방으로 확대한 것이다.

태도)은 그 도(道) 관찰사가 고찰하여 신문(申聞)하게 했다.

기묘일(己卯日-24일)에 태상왕이 새 전각(殿閣)을 희사하여 절로 삼고 도승통(都僧統) 설오(雪悟)를 주지로 삼았다. 상이 절의 이름을 흥덕(興德)이라 내려주고 화엄종(華嚴宗)에 소속시켰으며 전지(田地) 200결(結)과 노비 50구(口)를 주었다. 종(宗-화엄종) 소속 액수(額數-정원) 안의 남양(南陽) 관화사(貫華寺)를 없애 그 전민(田民)을 옮겨 주었다.

경진일(庚辰日-25일)에 동교(東郊)에서 매사냥을 구경하고 천아(天鵝-고니)를 잡아 덕수궁(德壽宮)에 바쳤다.

신사일(辛巳日-26일)에 흠차관(欽差官)[36] 동녕위(東寧衛) 천호(千戶) 진경(陳敬)이 (명나라) 예부(禮部)의 자문(咨文) 두 통[道]을 싸 가지고 왔는데 상이 정전(正殿)에 맞아들이니 경(敬)이 상에게 자문(咨文)을 주었다. 한 건(件)은 혁제(革除) 연간에 도망쳐 와서 그대로 본국(本國)에 머물러 있는 동녕위 군인 전자수(全者遂) 등 4,491명과 변도리가(邊都里哥)를 빨리 돌려보내라는 일이고, 또 건주위(建州衛) 여진(女眞) 만호(萬戶) 동쇄로아(佟鎖魯阿)의 보고에 의거해 본국(本國) 금선(金線) 지역에 살고 있는 가족 64구(口)를 이주시켜 건주위로 보내 제대로 모여 살게 하라는 일이었으며, 나머지 한 건은 건주

---

36 중국 황제가 보내는 사신이다.

(建州) 천호 실가(失加)가 찰한실라불화(察罕失剌不花) 등 13호를 해송(解送)하여 제대로 모여 살게 할 것을 아뢴 것에 대한 일이었다. 상이 다 보고 나니 경이 말했다.

"황제의 선유(宣諭)에 '본토(本土)를 생각하는 것은 사람의 상정(常情)이니 친척이 서로 떨어질 수 없다'라고 하셨습니다."

상이 땅에 엎드려 머리를 조아렸고 드디어 연회(宴會)를 베풀어 위로했다.

임오일(壬午日-27일)에 상이 태평관에 가서 진경에게 연회를 베풀었다.

갑신일(甲申日-29일)에 동교(東郊)에서 매사냥을 구경했다. 우사간대부(右司諫大夫) 오승(吳陞, 1364~1444년)[37] 등이 말씀을 올렸다.

'전(傳)에 이르기를 "임금의 거동은 반드시 기록하는 것이니 기록한다 해도 법도가 되지 못한다면 후사(後嗣)는 무엇을 보고 본받겠는가?"[38]라고 했습니다. 이 때문에 옛날의 뛰어난 임금은 백성에 관

---

37 1382년(우왕 8년) 진사·생원시에 연이어 합격하고, 다음 해 식년문과에 동진사(同進士)로 급제했다. 좌헌납(左憲納)을 역임하고 곧 전교부령에 승진했으며, 우사간대부를 거쳐 1407년(태종 7년) 형조참의, 다음 해 병조·이조참의를 지냈다. 그 뒤에 충청도 관찰사·한성부윤·판한성부사 등을 지냈으며, 성절사(聖節使)로 베이징[北京]을 다녀온 뒤 개성부 유후에 임명됐다. 다시 공조판서·예문관대제학·함길도감사 등을 역임하고, 1430년(세종 12년) 의정부참찬에 임명됐으며 다음 해 대사헌이 됐다. 그뒤 중추원사·예문관대제학·지중추원사·판중추원사 등을 역임했다. 1436년 안석과 지팡이를 받았으며, 1443년 종을 때려죽여 경기도 죽산현(竹山縣)에 안치됐다가 방환되기도 했다.
38 『춘추좌씨전(春秋左氏傳)』「장공(莊公)」 23년에 나오는 말이다.

한 일[民事]이 아니면 교외에 나가지 않았습니다. 옛적에 제(齊)나라
경공(景公)[39]이 크게 나라에 고(告)하고 나가서 교외(郊外)에 사차(舍
次)[40]했고, 위(衛)나라 문공(文公)[41]이 별을 보고 일찍 멍에를 메워 상
전(桑田)에서 쉬었다 했으니 이 둘은 모두 백성에 관한 일을 위해서
였지 놀고 구경한 것이 아닙니다. 신 등이 엎드려 보건대 주상 전하
께서는 이달 21일에 아일(衙日)[42]의 조회(朝會)를 보지 않으시고 동교
(東郊)에 나가 순행하셨으며, 25일에도 또한 동교에 순행하시면서 시
종(侍從)도 갖추지 않고 의장(儀仗)도 베풀지 않으시어 백료(百僚)와
여러 신하가 전하께서 가신 곳을 알지 못했습니다. 신 등은 알지 못
하거니와 두 번 동교에 순행하신 것이 과연 무슨 일이옵니까?

---

39 춘추시대 제나라의 국군(國君)이다. 이름은 저구(杵臼)다. 제장공(齊莊公)의 이복동생
   이다. 대부 최저(崔杼)가 장공을 살해하고 그를 세워 군주로 삼았다. 즉위한 뒤 최저를
   우상(右相)으로, 경봉(慶封)을 좌상(左相)으로 삼았다. 재위하면서 대신들이 서로 죽이는
   등 조정이 극히 혼란했다. 궁실 짓기를 좋아했고, 사냥개와 말을 모아 길렀으며, 세금을
   무겁게 매기고 혹형을 가하는 등 사치가 끝이 없어 백성들의 고통이 심했다. 그러나 나중
   에 안영(晏嬰)을 정경(正卿)에 임명하면서 조금씩 나아졌다.

40 임금의 행차가 머무르는 것을 말한다.

41 소백완(昭伯頑)의 아들이고 대공(戴公)의 동생이다. 처음에 제(齊)나라로 달아났는데 제
   환공(齊桓公)이 위나라가 여러 차례 적란(狄亂)을 당한 것을 알고 제후를 이끌고 적을 공
   격하고, 초구(楚丘)를 세운 뒤 위문공으로 삼았다. 부렴(賦斂)을 가볍게 하고 혹형을 없
   앴으며, 절약을 중시하고 농업을 권장했다. 통상을 촉진해 이익을 넓혔고, 학문을 권해
   인재를 등용하면서 국세를 만회하고자 노력했다. 치세(治世) 초기에는 혁거(革車)가 고작
   30승(乘)이었는데, 말년에는 300승까지 늘었다.

42 백관(百官)이 조회(朝會)하여 임금에게 정무(政務)를 아뢰는 날이다. 이 아일(衙日)은 매
   달 여섯 번씩이었으니, 고려(高麗) 때에는 초하루·초닷새·열 하루·열 닷새·스무 하루·
   스무 닷새였던 것 같고, 조선(朝鮮) 때에는 처음에 초하루·초엿새·열 하루·열 엿새·스
   무 하루·스무 엿새로 날짜에는 다소 변화가 있었으나 역시 육아일(六衙日)을 지키다가,
   뒤에 아일이 줄어서 『경국대전(經國大典)』에는 초닷새·열 하루·스무 하루·스무 닷새의
   사아일(四衙日)로 되어 있다.

주공(周公)이 성왕(成王)을 경계시키면서 감히 유전(遊畋-사냥)을 즐기지 못하는 것을 문왕(文王)의 임금다움으로 삼았고, 이윤(伊尹)[43]이 태갑(太甲)[44]을 훈계시키면서 항상 유전(遊畋)을 하는 것을 삼풍(三風)[45]의 조목으로 삼았습니다. 이로 말미암아 본다면 달리고 사냥하는 것은 실로 임금의 마음의 모적(蟊賊)[46]입니다.

지금 춘빙(春氷)이 겨우 녹아 길이 질어서 비록 천천히 가더라도 오히려 넘어지고 미끄러질 염려가 있습니다. 말을 달릴 때 만일 실족(失足)해 쓰러지는 변고가 생기면, 조종(祖宗)께서 부탁하신 뜻에 어찌되겠으며, 신민(臣民)이 사랑하고 떠받드는 뜻에 어찌하겠습니까? 비록 전하(殿下)의 영명(英明)하고 제성(齊聖-삼가고 빼어남)하신 다움으로도 유전(遊畋)의 허물을 가리기 어려울까 두렵습니다. (그런데) 혹시 대(代)를 잇는 임금이 전하의 명성(明聖)에 미치지 못하면서도 한갓 본받는 것을 일삼는다면 폐단이 장차 어떠하겠습니까? 또 전하의 예(禮)가 아닌 거둥을 당하여 간언한 사람이 한 사람이 아니요

---

43 은(殷)나라 태종(太宗)의 뛰어난 재상이다.

44 성탕(成湯)의 손자이고, 태정(太丁)의 아들이다. 중임(仲壬)을 이어 즉위했다. 즉위한 뒤 법을 어기고 방탕 포악하게 생활하여 이윤(伊尹)에 의해 쫓겨났다. 3년 뒤 자신의 잘못을 반성하자 이윤이 맞아 복위시켰다. 일설에는 이윤이 태갑을 내쫓고 왕위에 올랐는데, 7년 뒤에 몰래 들어와 이윤을 죽이고 재차 등극했다고도 한다. 복위한 뒤 정치에 힘써 제후들이 상나라로 귀의했고, 백성들도 안정을 되찾았다.

45 무풍(巫風) · 음풍(淫風) · 난풍(亂風)을 말한다. 궁(宮)에서 항상 춤추고 실(室)에서 취(醉)하여 노래 부르는 것을 무풍(巫風)이라 하고, 재물(財物)과 여색(女色)만 따르고 항상 놀며 사냥만 하는 것을 음풍(淫風)이라 하며, 성인(聖人)의 말을 무시하고 충직(忠直)한 말을 거스르며, 기덕(耆德)을 멀리하고 완동(頑童)을 친(親)히 하는 것을 난풍(亂風)이라 한다.

46 벼의 뿌리와 줄기를 갉아먹는 벌레다. 뿌리를 갉아먹는 것을 모(蟊), 줄기를 갉아먹는 것을 적(賊)이라 한다.

윤허하신 것이 한두 번이 아니오나, 예가 아닌 거둥이 지금도 그치지 않으시니 일국(一國)의 신자(臣子)로서 누가 유감으로 생각하지 않겠습니까? 신 등은 엎드려 바라옵건대 전하께서는 지금부터 무릇 거둥이 있으시면 반드시 가는 곳을 명하시고, 백관(百官)을 거느리고 의위(儀衛-위엄과 호위)를 갖춰 후사에게 모범을 남기셔야 합니다.'

답하지 않았다.

을유일(乙酉日-30일)에 한성부판사 이원(李原, 1368~1430년)⁴⁷을 파직(罷職)했다. 사간원에서 말씀을 올렸다.

'본원(本院)이 맡은 일은 오로지 (정사의) 얻고 잃음을 논란(論難)하여 간언하고 시종(侍從)하여 (상을) 보필하고 돕는 일을 관장하고 임금와 더불어 옳고 그름을 다투기 때문에 (우리가 궐내에) 들어가면 임

---

47 할아버지는 수문하시중(守門下侍中) 이암(李嵒)이고, 아버지는 밀직부사 이강(李岡)이다. 정몽주(鄭夢周)의 문인이다. 1400년(정종 2년) 좌승지 때 이방원(李芳遠)이 동복형인 이방간(李芳幹)의 난을 평정하고 왕위에 오르는 데 협력한 공으로 1401년(태종 1년) 좌명공신(佐命功臣) 4등에 책록됐다.

그해 철성군(鐵城君)에 봉작됐고, 같은 해 공안부소윤(恭安府少尹)을 거쳐 대사헌으로 있을 때 순군(巡軍) 윤종(尹琮)을 구타한 죄로 한때 파직됐다. 1406년 의정부참지사(參知議政府事)를 역임했고 이어 대사헌과 한성부판윤을 거쳐 1408년 태조가 죽자 국장을 주관하는 빈전도감판사(殯殿都監判事)가 됐다. 1414년 영길도도순문사(永吉道都巡問使)를 거쳐 이듬해 6월 예조판서로 있다가 12월에 대사헌이 됐다. 1416년 5월 병조판서, 1417년 판우군도총제(判右軍都摠制)와 찬성을 거쳐 이듬해 우의정에 올랐다. 1419년(세종 1년) 영경연사(領經筵事)를 겸했고, 1421년 1월에 사은사로 명나라에 다녀왔다. 그해 12월에 좌의정으로 승진했고, 우의정 정탁(鄭擢)과 함께 도성수축도감도제조가 되어 8도의 정부(丁夫) 32만 5,000여 명을 징발, 1422년 1월부터 두 달에 걸쳐 토성이던 도성 성곽을 석성으로 개축했다. 1425년 등극사(登極使)로 다시 명나라에 다녀왔다. 이듬해 많은 노비를 불법으로 차지했다는 혐의로 사헌부의 탄핵을 받아 공신녹권(功臣錄券-공신에게 주는 공훈사령장)을 박탈당하고 여산(礪山)에 안치됐다가 배소에서 죽었다.

금이 얼굴빛을 가다듬고 나오면 백관(百官)들이 숨을 죽이며 간사한 소인(小人)들이 곁눈질하여 보면서 감히 그른 짓을 하지 못합니다. 그러므로 역대(歷代)에 이 관직을 두어 모두 그 권한을 무겁게 여겼으니 이는 간원(諫院)을 무겁게 여긴 때문이 아니라 조정(朝廷)을 높이기 위함이었습니다. 예전에 사간원에 근무했던 헌납(獻納) 곽덕연(郭德淵)이 본원에 앉아서 헌사(憲司)를 핵문(劾問)한 바 있었는데 (지금의) 한성부판사 이원(李原)이 (과거) 대사헌으로 있을 때 홀로 의막(依幕-사무실)에 앉아서 서리(書吏)와 소유(所由)[48] 등으로 하여금 대궐문에 막아서서 간원(諫院)의 아전을 출입(出入)하지 못하게 했고, 또 서리와 소유 30여 인을 보내 곧장 간원(諫院)의 정청(正廳)에 들어와 덕연(德淵)의 옷을 잡아끌어 문 밖으로 끌고 나가서, 곧장 그의 집에까지 가서 모욕하여 좌우(左右)에게 다 보여주었습니다. 그렇다면 이런 일은 간신(諫臣)을 중히 여기고 조정을 높이는 뜻에 어떠합니까? 원(原)은 중외(中外)의 여러 벼슬을 역임하여 옛 법도를 잘 알면서도 힘으로써 이기고자 하여 마땅하지 못한 일을 자행했으니 그 죄를 용서할 수가 없습니다. 엎드려 바라옵건대 상(上)께서 재가하여 시행하심으로써 뒷사람들을 징계해야 할 것입니다.'

명하여 그 직(職)을 파했다.

---

48 사헌부의 이속(吏屬)이다.

丙辰朔 上率群臣 遙賀帝正. 雨雪不止 乃免群臣朝賀. 初 欲邀
병진 삭 상 솔 군신 요하 제정 우설 부지 내 면 군신 조하 초 욕요

使臣于時坐宮 仍設群臣同宴 以除夜 有雷雨乃止 賜群臣酒菓.
사신 우 시좌궁 잉설 군신 동연 이 제야 유 뇌우 내지 사 군신 주과

丁巳 上詣德壽宮起居.
정사 상 예 덕수궁 기거

戊午 上如太平館. 餞使臣也.
무오 상 여 태평관 전 사신 야

己未 韓帖木兒 楊寧還 上出餞于盤松亭. 先是 上謂黃喜曰:
기미 한첩목아 양령 환 상 출전 우 반송정 선시 상위 황희 왈

"使臣之還 百官於盤松亭 序立祗送久矣. 然曩日 黃儼以佛像
사신 지환 백관 어 반송정 서립 지송 구의 연 낭일 황엄 이 불상

回還之日 見政丞騎馬而過 其從者亦不下馬 予甚愧焉. 自今除
회환 지일 견 정승 기마 이과 기종자 역 불 하마 여 심괴 언 자금 제

各司祗送. 使臣雖或怒其違禮 將若我何!"
각사 지송 사신 수혹 노기 위례 장약 아하

幸本宮視營繕 遂幸義安大君和第 置酒賜宴 幣正布四十匹.
행 본궁 시 영선 수행 의안대군 화제 치주 사연 폐 정포 사십 필

庚申 忠淸道都觀察使金自粹 上書請勿行煙戶米法. 書曰:
경신 충청도 도관찰사 김자수 상서 청물 행 연호미 법 서왈

'承奉政府移關 復行前朝煙戶米之法 今年依中年例收之. 臣
승봉 정부 이관 부행 전조 연호미 지법 금년 의 중년 예 수지 신

已移文州郡 督令徵納 然臣反覆思之 誠有未便. 前年改量 道內
이 이문 주군 독령 징납 연신 반복 사지 성유 미편 전년 개량 도내

田畓剩出. 姑以忠 淸二州觀之 淸州元田一萬三千九百八十
전답 잉출 고 이 충 청이주 관지 청주 원전 일만 삼천 구백 팔십

結 加剩五千七十結; 忠州元田一萬六千一百七十結 加剩
결 가잉 오천 칠십 결 충주 원전 일만 육천 일백 칠십 결 가잉

四千五百七十結. 他道之田 亦應倣此 故收租之多 幾倍於前. 此
사천 오백 칠십 결 타도 지전 역응 방차 고 수조 지다 기배 어전 차

則往年踏驗不公 以致脫漏之使然 今乃正之 無足怪者 而無知之
즉 왕년 답험 불공 이치 탈루 지 사연 금 내 정지 무족 괴자 이 무지 지

民 不思其故 徒以收租之多 必生怨咨. 當此之際 又收煙戶之米

則民之怨咨 何可勝言! 且前朝之法 亦以歲之豐歉 定爲斂散之宜.

今年道內濱海十數郡 因旱失農 已曾啓聞 許令賑濟 其餘州郡

僅免飢困 不可謂中年而徵斂也. 昔漢文帝預賜今年田租之半 以

業農民 至今簡策燁然有光 縱不能如文帝之賜租 反欲徵斂 以取

民怨乎? 伏望殿下 斷自聖心 姑寢其議 以待豐穰之歲 試行其法

生民幸甚. 臣以不才 濫承重任 未有裨益 輕議成算 惶恐待罪.

命下議政府擬議.

辛酉 遣玉川君劉敞 永嘉君權弘如京師. 謝恩也.

丙寅 宴宗親于解慍亭.

丁卯 司憲府啓寺社奴婢役使之宜 從之. 疏曰:

竊見定數外寺社奴婢 悉令分屬京外各官. 然僧徒本無紀綱 其

役使奴婢 類多輕歇. 今若遽將上項奴婢 違離父母妻子 於各官

分散立役 則將慮流亡 人戶日減 其於國家 反無利益. 除軍器監

定屬四千口不動外 其餘不許於各官分屬 竝於所居 依舊完聚.

男女老少 分揀屯田 身貢量宜定體. 所在州郡 逐年收貯 別置

文簿 以備不虞之需 凶荒之災. 又外方各官奴婢 多者或千餘口

少者至一二口 實爲不均. 其五六口以下各官 乞將附近數多各官

奴婢 酌量除出量給.

下議政府擬議. 政府啓: "宜如憲府所申 將外方奴婢 悉屬

典農寺 唯新舊兩都城內恒居者 分給京中各司之事務煩劇而
전농시 유 신구 양 도성 내 항거 자 분급 경중 각사 지 사무 번극 이

奴婢少者." 政府又詳定革去寺社奴婢身貢式例以啓: "壯奴米平
노비 소자 정부 우 상정 혁거 사사 노비 신공 식례 이계 장노 미평

三石 無妻者二石; 壯婢二石 無夫者一石. 奴婢相婚者 正五升布
삼석 무처자 이석 장비 이석 무부자 일석 노비 상혼 자 정오승포

各一匹; 十五歲以下六十歲以上免徵." 從之.
각 일필 십오 세 이하 육십 세 이상 면징 종지

立戶給屯田之法. 議政府啓:
입호 급 둔전 지 법 의정부 계

"前年七月 本府受旨 罷各官各浦各鎭屯田. 乞將上項田畓與
전년 칠월 본부 수지 파 각관 각포 각진 둔전 걸 장 상항 전답 여

革罷各寺社田畓及可耕陳地 每於十戶 各給五十卜 使其近處
혁파 각 사사 전답 급 가경 진지 매어 십호 각급 오십 복 사기 근처

民戶耕種. 擇其中一人 定爲頭目 至秋成 損實分揀 各於其官
민호 경종 택 기중 일인 정위 두목 지 추성 손실 분간 각 어 기관

收貯 每朔題給騎船軍量 以爲恒式. 其役使船軍營田燔鹽捉魚
수저 매삭 제급 기선군 량 이위 항식 기 역사 선군 영전 번염 착어

等事 一皆痛禁."
등사 일개 통금

從之.
종지

戊辰 上詣德壽宮起居.
무진 상 예 덕수궁 기거

庚午 月入太微.
경오 월 입 태미

宴金聲 李賓于廣延樓下.
연 김성 이빈 우 광연루 하

辛未 更定百官祿科. 左政丞河崙言: "各品祿科不同 請增減
신미 갱정 백관 녹과 좌정승 하륜 언 각품 녹과 부동 청 증감

詳定." 從之.
상정 종지

一科在內大君 政丞已上 祿米一百石 紬布正布共三十二
일과 재내 대군 정승 이상 녹미 일백 석 주포 정포 공 삼십 이

匹. 二科在內諸君 議政府贊成事已上 祿米九十石 紬布正布
필 이과 재내 제군 의정부 찬성사 이상 녹미 구십 석 주포 정포

共二十七匹. 三科異姓諸君 開城留後已上 祿米八十五石. 四科
공 이십 칠필 삼과 이성 제군 개성 유후 이상 녹미 팔십 오 석 사과

異姓諸君開城留後司副留後已上 祿米八十石 紬布正布皆共
이성 제군 개성 유후사 부유후 이상 녹미 팔십 석 주포 정포 개공

二十六匹. 五科異姓諸君 正三品成均大司成已上 祿米七十石
이십 육 필 오과 이성 제군 정삼품 성균 대사성 이상 녹미 칠십 석

判典醫監事已上 祿米六十八石 紬布正布皆共二十三匹. 六科
판 전의감 사 이상 녹미 육십 팔석 주포 정포 개공 이십 삼필 육과

從三品 祿米六十五石 紬布正布共二十一匹. 七科正四品 祿米
종삼품 녹미 육십 오석 주포 정포 공 이십 일필 칠과 정사품 녹미

六十石 紬布正布共二十匹. 八科從四品 祿米五十五石 紬布正布
육십 석 주포 정포 공 이십 필 팔과 종사품 녹미 오십 오석 주포 정포

共十九匹. 九科正五品 祿米四十九石 紬布正布共十八匹. 十科
공 십구 필 구과 정오품 녹미 사십 구석 주포 정포 공 십팔 필 십과

從五品 祿米四十七石 紬布正布共十七匹. 十一科正六品 祿米
종오품 녹미 사십 칠석 주포 정포 공 십칠 필 십일과 정육품 녹미

四十二石 紬布正布共十六匹. 十二科從六品 祿米四十石 紬布
사십 이석 주포 정포 공 십육필 십이과 종육품 녹미 사십 석 주포

正布共十五匹. 十三科正七品 祿米三十石 正布十匹. 十四科
정포 공 십오 필 십삼과 정칠품 녹미 삼십 석 정포 십 필 십사과

從七品 祿米二十八石 正布九匹. 十五科正八品 祿米二十三
종칠품 녹미 이십 팔석 정포 구필 십오과 정팔품 녹미 이십 삼

石 正布七匹. 十六科從八品 祿米二十一石 正布六匹. 十七科
석 정포 칠필 십육과 종팔품 녹미 이십 일석 정포 육 필 십칠과

正九品 祿米十六石 正布五匹. 十八科從九品 祿米十四石 正布
정구품 녹미 십육 석 정포 오 필 십팔과 종구품 녹미 십사 석 정포

四匹. 權務 祿米九石 正布三匹.
사 필 권무 녹미 구석 정포 삼필

壬申 日本丹州使詣闕辭. 有回回沙門都老 率妻子與之偕來 願
임신 일본 단주 사 예궐 사 유 회회 사문 도로 솔 처자 여지 해래 원

留居 上命給家以居之.
유거 상명급가이 거지

甲戌 賜趙崑田五十結 奴婢五口 護軍權希達田三十結 奴婢三
갑술 사 조곤 전 오십 결 노비 오구 호군 권희수 전 삼십 결 노비 삼

口. 希達 即僧洪璉 長髮改名者. 賞其告惠正 雪然之謀也.
구 희수 즉 승 홍련 장발 개명 자 상 기고 혜정 설연 지모 야

領議政府事成石璘 上書陳時務二十條 命下議政府議得. 書曰:
영의정부사 성석린 상서 진 시무 이십 조 명하 의정부 의득 서왈

'國家之事 勢而已 觀其勢而預爲之備 可得無患 雖有智者 常
국가 지사 세 이이 관 기세 이예위지 비 가득 무환 수 유지자 상

不能善於其後. 臣素無知見 年又衰邁 敢以愚者一得之慮 仰瀆
불능 선어 기후 신 소무 지견 연우 쇠매 감이 우자 일득 지려 앙독

聰聽. 古有杞人憂天者. 老臣之見 實相表裏 伏望聖慈赦其迷妄
총청 고유 기인 우천 자 노신 지견 실상 표리 복망 성자 사 기 미망

後必有以千里馬獻者. 臣之所陳 皆淺淺事目 豈足達於香案之
前! 萬有一可取者 伏望明主斷而行之. 凡有國有家者① 不可
無備 一家則爲家長者躬率力行 乃有成效. 今茲足食足兵 是爲
一國有備之具 恭惟殿下 宵旰軫念 下令中外 盡掃一切不急之費
務令家給人足 與民休息.

一, 甲兵堅利 行陣整齊 分數明 號令嚴 賞罰當 糧餉足 好謀
用間 曠日持久 諸道竝進 以取勝者 華人之長技也; 馬健弓勁
輕齎併日 乘天時 度地利 馳突力戰 以取勝者 胡人之長技也;
負固恃險 不依兵法 擇深阻築山城 安置老小 收納菽粟 舉烽
相應 間道潛通 出其不意以取勝者 東人之長技也. 平地之城 固
不可無 然自古東人之善守者鮮 不可專恃邑城.

政府議得: "右條 乃前朝盛時 累增修築 以避寇亂. 今行移於
各道都觀察使 每當農隙 預備堅實修築何如?"

一, 西北面 平壤爲根柢. 其②都巡問使與府尹 須要得人 器械
糧餉 皆可取足. 臣曾兼尹茲府 其營內弓矢刀槍 無一可用者. 臣
問其故 只在前人不爲用心耳. 臣悉罷不急工作 專務軍器 僅備
各色若干數 糧餉亦如之. 其土官千戶之設 平時則實有弊也 乃當
有事危急之際 恐彼守令之兼任者 不得用其力也.

政府議得: "右條 一依已曾行移施行何如?"

一, 安州 義州 泥城 江界等處 亦遣才堪帥衆 知機進退者 修

城堡蓄糧餉備器械鍊人馬 使恩威竝行 人知愛畏 然後可得而使
성보 축 양향 비 기계 연 인마 사 은위 병행 인 지 애외 연후 가득이 사

也. 若臨時差遣 將不知人 人不知將 則及其臨危 何以相濟! 宜速
야 약 임시 차견 장 부지 인 인 부지 장 즉 급 기 임위 하이 상제 의속

差遣 責以三年 何待臨渴!
차견 책 이 삼년 하 대 임갈

一, 東北面 永興 咸定州 靑端州 慶源鏡城等處 亦依西北面例
일 동북면 영흥 함 정주 청 단주 경원 경성 등처 역 의 서북면 예

其深處要衝之地 修築一城 遣一大將以守之 不可虛弱 雖當無事
기 심처 요충 지지 수축 일성 견 일 대장 이 수지 불가 허약 수 당 무사

之時 亦不可罷.
지시 역 불가 파

一, 各道界首官 須擇官高其才可兼軍民者差遣 必滿三年.'
일 각도 계수관 수 택 관고 기재 가겸 군민 자 차견 필 만 삼년

政府議得: "右三條 雖已曾行移之事 今亦更當行移施行何如?"
정부 의득 우 삼조 수 이증 행이지사 금 역 갱 당 행이 시행 하여

'一, 各道 大小守令 亦須擇人 必晚三年. 夫守令近民 故境內
일 각도 대소 수령 역 수 택인 필 만 삼년 부 수령 근민 고 경내

人民多少 老弱貧富 乃至單雙 俠居 間隱之事 用心伺察 則無有
인민 다소 노약 빈부 내지 단쌍 협거 간은 지사 용심 사찰 즉 무유

不知者也. 其境內人戶 不揀多少 只以居最近者爲數 或十戶或
부지 자야 기 경내 인호 불간 다소 지 이거 최근 자 위수 혹 십호 혹

三四戶爲一隣保 擇其中有恒産可信者 定爲正長 錄其隣保內
삼사 호 위 일 인보 택 기중 유 항산 가신 자 정 위 정장 녹 기 인보 내

人口掌之 使其朝夕出入 水火相救 則保內之事 自然相知. 如有
인구 장지 사 기 조석 출입 수화 상구 즉 보내 지사 자연 상지 여유

異狀 正長卽告于官 使不流移; 守令常加考察 審無遺漏 然後
이상 정장 즉 고우관 사 불 유이 수령 상가 고찰 심 무 유루 연후

據其平日隣保記內人口多少 書其姓名年歲 辨其良賤 則差發均
거 기 평일 인보기 내 인구 다소 서 기 성명 연세 변 기 양천 즉 차발 균

軍民分 民不驚駭 事可得成. 如有新來物故生産者 正長須卽告官
군민 분 민 불 경해 사 가득 성 여유 신래 물고 생산 자 정장 수 즉 고관

各注名下 以爲常事. 如此則一年之後 自然成俗. 若別差人推刷
각 주 명하 이위 상사 여차즉 일년 지후 자연 성속 약 별 차인 추쇄

則紛然浮動 不可禁遏. 臣於平壤 行隣保相告之法 使不流移 卽
즉 분연 부동 불가 금알 신 어 평양 행 인보 상고 지법 사 불 유이 즉

見其效.'
견 기효

政府議得: "右條擧行何如?"
정부 의득 우조 거행 하여

'一, 濟州馬群 中國亦謂之良 其實則不及所聞. 宜令擇出可用
일　제주 마군　중국 역 위지 양　기실 즉 불급 소문　의령 택출 가용

者 放于連陸諸島中. 馬政亦宜擧行三年有成.
자 방우 연륙 제도 중　마정 역 의 거행 삼년 유성

　一, 倭奴爲患久矣 至今未已. 今封爲王 厚其賚與 志滿氣驕
　일　왜노 위환 구의　지금 미이　금봉 위왕　후기 뇌여　지만 기교

橫恣必甚 宜遣一老成有學行者 修結隣好 以觀其勢. 臣嘗謂爲
횡자 필심　의견 일 노성 유 학행 자　수결 인호　이관 기세　신 상 위 위

吾患者 必此倭奴也.'
오환 자 필차 왜노 야

　政府議得:"右二條 漸次量宜施行何如?"
　정부 의득　우 이조 점차 양의 시행 하여

　一, 國家常患漕轉之難. 臣以謂凡受田於京圻者 盡行收取 以
　일　국가 상환 조전 지난　신 이위 범 수전 어 경기 자　진행 수취　이

充漕轉米豆之數 只給隨品口分田於京圻 隨其所願 使爲農舍 餘
충 조전 미두 지수 지급 수품 구분전 어 경기 수기 소원 사위 농사 여

皆給於外方 則公私兩便 人馬免疲斃之患 又無損米失農之弊.
개 급어 외방 즉 공사 양편 인마 면 피폐 지환 우 무 손미 실농 지폐

議者必曰:"外方搔擾 自此復起."然今之弊 異於前日.'
의자 필왈　외방 소요 자차 부기　연 금지폐 이어 전일

　政府議得:"右條 已曾擬議 未得施行之事 宜當更議施行."
　정부 의득　우조 이 증 의의 미득 시행 지사 의당 갱의 시행

　一, 東西北面及各道州縣 皆置屯田 令其守令 專爲勸課 計其
　일　동 서북면 급 각도 주현　개 치 둔전　영기 수령　전위 권과　계기

所收多少 以爲殿最. 其詞訟營作雜凡事務 一皆停罷.'
소수 다소 이위 전최　기 사송 영작 잡범 사무　일개 정파

　政府議得:"右條 乃已曾受判之事 然其守令專委勸課 以爲
　정부 의득　우조 내 이증 수판 지사 연기 수령 전위 권과　이위

殿最之條 亦幷移文施行何如?"
전최 지조 역 병 이문 시행 하여

　一, 騎船之役 號爲最苦 故令三戶爲一. 一戶之內 豈皆一人!
　일　기선 지역 호위 최고 고령 삼호 위일　일호 지내 기개 일인

其爲正軍者不自騎船 皆令奉足者 不問能否而代之 遇賊之際 皆
기 위 정군 자 부자 기선 개령 봉족자 불문 능부 이 대지 우적 지제 개

伏船底 拱手就死. 臣何以知之? 往往見各道報狀 其死者盡是
복 선저 공수 취사 신 하이 지지　왕왕 견 각도 보장 기 사자 진시

代立. 願於各道 各遣一剛明之人 巡行兵船在處 常加點考 無令
대립 원어 각도 각견 일 강명 지인 순행 병선 재처 상가 점고 무령

不習無用者充騎 無辜被害. 其爲萬戶千戶者 與其軍人相睯以利
불습 무용 자 충기 무고 피해 기위 만호 천호 자 여기 군인 상담 이리

通同作弊 若非王官 其何以能禁! 如此數年 可使兵船 完固 軍士
통동 작폐 약비왕관 기 하이 능금 여차 수년 가사 병선 완고 군사

精强.
정강

一, 令各道州縣 皆造軍器. 其角弓環刀 人人難造 如紙布拴心
일 영 각도 주현 개조 군기 기 각궁 환도 인인 난조 여 지포 염심

頭具及槍 誰不能作! 宜令定數 堅利造作. 臣於往年 承乏觀察
두구 급창 수 불능 작 의령 정수 견리 조작 신 어 왕년 승핍 관찰

忠淸道時 倭奴深入爲寇 臣令州縣定數造槍 甚爲便益.
충청도 시 왜노 심입 위구 신령 주현 정수 조창 심위 편익

一, 宜令州縣 各造兵船 雖云有弊 臨時無及. 今一家之人 尙能
일 의령 주현 각조 병선 수운 유폐 임시 무급 금 일가 지인 상능

造船. 雖小弊邑 豈不如一富家乎!'
조선 수소 폐읍 기 불여 일 부가 호

政府議得: "右三條 漸次量宜施行何如?"
정부 의득 우 삼조 점차 양의 시행 하여

'一, 軍器監 專掌兵器 造作甚多. 其繕工監各司屬匠人及諸處
일 군기감 전장 병기 조작 심다 기 선공감 각사 속 장인 급 제처

閑役匠人 盡屬軍器監 專爲造作.'
한역 장인 진속 군기감 전위 조작

政府議得: "右條 除各司不得已差備定數外匠人 悉屬軍器監
정부 의득 우조 제 각사 부득이 차비 정수 외 장인 실속 군기감

庶爲便益."
서 위 편익

'一, 金銀器皿 除內用國用外 下令中外 一切禁止 國中皆用沙
일 금은 기명 제 내용 국용 외 하령 중외 일절 금지 국중 개 용사

漆器.
칠기

一, 宰殺牛馬 國有禁令 有司痛行禁治 其禾尺才人等 專以
일 재살 우마 국유 금령 유사 통행 금치 기 화척 재인 등 전이

宰殺爲生業. 宜令所在之處 完聚存恤 給田耕種 使不離散. 此輩
재살 위 생업 의령 소재 지처 완취 존휼 급전 경종 사불 이산 차배

豈無用處!'
기 무 용처

政府議得: "右二條 一依已曾受判內 申明擧行何如?"
정부 의득 우 이조 일의 이증 수판 내 신명 거행 하여

'一, 自成衆各司愛馬 以至書吏典吏 不拘額數 許人入屬.
일 자 성중 각사 애마 이지 서리 전리 불구 액수 허 인 입속

政府議得: "右條 一依前定額數施行何如?"
정부 의득 우조 일의 전정 액수 시행 하여

50

‘一. 前朝之時 各領六十外 皆有補充軍. 宜令各領各擧幾人.’

政府議得: “右條 漸次量宜施行何如?”

‘一. 嘗觀前朝號爲善戰者如安祐 李芳實 皆有梯己心腹手足之

人 當其臨危決勝之際 皆賴其力. 宜令將相 預選子弟族親及所知

有才力者各幾人 以備緩急之用.’

政府議得: “右條 量宜定數施行何如?”

‘一. 各道雜貢 限一二年 竝皆蠲免 專以軍糧軍器兵船等事

爲務 其年例材木油蜜厚紙華席等 尤爲有弊. 旨酒造花 唯供上

內宴外 一切禁止; 公私宴飮 亦宜堅禁; 凡京外冗費 盡行減損 以

竢公私充足. 其冗費之目 班班可數 涓埃之積 終成丘池.’

政府議得: “右條內 厚紙華席旨酒造花等事 除供上外③ 一皆

減損; 京外冗費 備細推考 竝皆減損; 公私宴飮禁止 依已曾行移

施行何如?”

命一依議政府議得內施行.

乙亥 上詣德壽宮起居.

丙子 觀放鷹于東郊.

丁丑 太上王新建樓閣于燕喜坊殿南. 因作佛事. 上遣黃喜問:

“供費無乃有闕?” 太上王曰: “無. 予欲捨此爲寺 汝可告于國王

賜寺額 屬曹溪 華嚴兩宗中 給田民 差住持.” 喜還具以告 上曰:

“父王之命 不可不從 但於寺社定數之後 賜額屬宗 誠恐後世

藉此爲名 復置寺社耳." 喜曰: "誠然."
자차 위명 부치 사사 이 희왈 성연

戊寅 上詣德壽宮起居.
무인 상 예 덕수궁 기거

命議政府 六曹 臺諫 各議屯田可否以聞. 以石璘之言也. 且曰:
명 의정부 육조 대간 각 의 둔전 가부 이문 이 석린 지언야 차왈

"使民十戶共耕屯田五十卜 則民必怨咨矣. 予嘗遇旱恐懼 未知
사민 십호 공경 둔전 오십 복 즉민 필 원자 의 여상 우한 공구 미지

所以致之之由 今乃知非不改 則後復有旱 更何言哉!"
소이 치지 지유 금내 지비 불개 즉후 부유한 갱 하언 재

初 以成均校書館權知學諭正字 爲各官儒學敎授 每遇本館有
초 이 성균 교서관 권지 학유 정자 위 각관 유학 교수 매우 본관 유

遷轉者 各依其次入補: 其敎訓勤慢 當道觀察使考察申聞.
천전 자 각 의 기차 입보 기 교훈 근만 당도 관찰사 고찰 신문

己卯 太上王捨新殿爲寺 以都僧統雪悟爲住持. 上賜名興德 屬
기묘 태상왕 사 신전 위사 이 도승통 설오 위 주지 상 사명 흥덕 속

華嚴宗 賜田二百結 奴婢五十口. 革宗屬額內南陽貫華寺 移其
화엄종 사전 이백 결 노비 오십 구 혁 종속 액내 남양 관화사 이기

田民給之.
전민 급지

庚辰 觀放鷹于東郊 獲天鵝 獻于德壽宮.
경진 관 방응 우 동교 획 천아 헌우 덕수궁

辛巳 欽差官東寧衛千戶陳敬 齎禮部咨二道來 上迎入正殿 敬
신사 흠차관 동녕위 천호 진경 재 예부 자 이도 래 상 영입 정전 경

授上咨文. 一件 催取革除年間 漫散到來仍在本國東寧衛軍人
수상 자문 일건 최취 혁제 연간 만산 도래 잉재 본국 동녕위 군인

全者遂等四千四百九十一名及邊都里哥事; 又據建州衛 女眞
전자수 등 사천 사백 구십 일명 급 변도리가 사 우거 건주위 여진

萬戶 佟鎖魯阿告 搬取本國金線地面住坐家小六十四口 給發
만호 동쇄로아 고 반취 본국 금선 지면 주좌 가소 육십 사구 급발

建州衛完住事. 一件 建州千戶失加奏稱察罕失剌不花等十三
건주위 완주 사 일건 건주 천호 실가 주칭 찰한실라불화 등 십삼

戶 解發完住事. 上覽訖 敬曰: "皇帝宣諭: '懷土常情 親戚不可
호 해발 완주 사 상 람 흘 경왈 황제 선유 회토 상정 친척 불가

相離." 上伏地叩頭 遂設宴慰之.
상리 상 복지 고두 수 설연 위지

壬午 上如太平館 宴陳敬.
임오 상 여 태평관 연 진경

甲申 觀放鷹于東郊. 右司諫大夫吳陞等上言:
갑신 관 방응 우 동교 우사간대부 오승 등 상언

'傳曰: "君擧必書 書而不法 後嗣何觀!" 是以古之賢君 非
民事則不出于郊. 昔齊景公戒於國 出舍於郊; 衛文公星言夙駕 稅
于桑田 皆爲民事 非以遊觀也. 臣等伏覩主上殿下 於今月二十一
日 不視衙朝 出幸東郊 越二十五日 亦幸東郊 而侍從不具 儀仗
不陳 百僚臣庶 未知殿下之所適. 臣等不識再幸東郊 果何事歟?
周公之戒成王也 以不敢盤于遊畋爲文王之德; 伊尹之訓太甲
也 以恒于遊畋爲三風之目. 由是觀之 馳騁畋獵 實君心之蟊賊
也. 今春氷纔泮 而道途泥濘 雖或徐行 尙慮顚躓. 當其馳騁之
際 萬有顚蹶之變 則於祖宗付托之念何 臣民愛戴之意何? 雖以
殿下英明齊聖之德 恐難揜其遊畋之過也. 儻嗣世之君 不及殿下
之明聖 而徒效是事 則弊將若何? 且當殿下非禮行幸 諫者非一人
兪音非一度 而非禮之行 至今未已 一國臣子 孰不憾焉! 臣等
伏望殿下 繼自今凡有行幸 必命所之 率百官備儀衛 垂法後嗣.'
不報.

乙酉 罷判漢城府事李原職. 司諫院上言:
'本院之職 專掌論諫得失 侍從贊相 與人主爭是非 故入則
人主斂容 出則百官屛氣 奸回側視 不敢爲非. 是以歷代設官 皆
重其權 非重諫院 所以尊朝廷也. 前等獻納郭德淵坐於本院 劾問
憲司. 判漢城府事李原爲大司憲時 獨坐依幕 使書吏所由等闌立
闕門 令諫院之吏不得出入 又遣書吏所由三十餘人直入諫院正廳

扶曳德淵之衣 挽出門外 直至其家 辱示左右. 其於重諫臣尊朝廷
부예 덕연 지의 만출 문외 직지기가 욕시 좌우 기어 중 간신 존 조정

之意爲如何哉! 原歷仕中外 諳鍊古法 欲以力勝 恣行不義 罪在
지 의위 여하 재 원 역사 중외 암련 고법 욕 이력 승 자행 불의 죄재

不赦. 伏惟上裁施行 以懲後來.'
불사 복유 상재 시행 이징 후래

命罷其職.
명파 기직

| 원문 읽기를 위한 도움말 |

① 여기서 有는 '소유하다', '가지다'라는 뜻이다. 흔히 제후를 가리킬 때 有
　　　　　　　　유
國家者, 천자를 가리킬 때 有天下者라고 하는데 그때의 의미와 같다.
국가 자　　　　　　　　유 천하자

② 이때의 其는 '이에[於是]'라는 뜻이다.
　　　　　기　　　　어시

③ 除供上外는 오늘날 우리가 '~를 제외하고'라는 표현인데 원문에서는 '除~
제 공상 외　　　　　　　　　　　　　　　　　　　　　　　제
外'의 형식으로 쓴다.
외

태종 7년 정해년
2월

二月

병술일(丙戌日-1일) 초하루에 일본(日本) 살마주(薩摩州) 태수(太守)가 사자를 보내 와서 토산물을 바쳤다.

정해일(丁亥日-2일)에 의정부참지사(議政府參知事) 설미수(偰眉壽)에게 명해 둔전(屯田)의 일을 다시 정부(政府-의정부)에서 토의하게 했다. 명하여 말했다.

"군량(軍糧)이 풍족하지 못하니 둔전의 법을 마땅히 거행해야 하겠으나 만일 영의정의 계책에 따라서 10호로 하여금 50복(卜)을 경작하게 할 경우 아마도[似=疑] 너무 무거워 백성들이 고통을 받게 될 것 같다. 만일 여러 군현(郡縣)의 호구의 많고 적음에 따라 차등이 있게 나눠 정한다면 거의 일이 제대로 행해지고 법도 오래갈 수 있을 것이다. 경(卿)은 이에 가서 그것이 편리할지 여부를 다시 토의해 보고하라."

각도(各道)의 각 관(各官)에 명해 둔전의 법을 예전대로 시행하게 했다.

○ 충청도의 번상 시위군(番上侍衛軍)[1]을 풀어주었다. 그 도가 흉년이 든 때문이다.

---

1 차례를 정해 도성에 올라와 시위의 업무를 맡는 군역이다.

무자일(戊子日-3일)에 경승부(敬承府)² 사윤(司尹)³ 세자 좌필선(世子左弼善) 김조(金稠)를 파직했다. 사간원에서 말씀을 올렸다.

'세자는 나라의 근본[國本]이라 가르치는 방법을 삼가지 않을 수 없습니다. 옛날에는 태자(太子)가 처음 출생하면 유사(有司-관련 부서)가 현단복(玄端服)에 면류관(冕旒冠) 차림으로 남교(南郊)에 그를 보였고 종묘(宗廟)를 지날 때에는 예법에 맞게 허리를 숙인 채 빠른 걸음으로 지나가게 했으며[趨蹌], 대궐(大闕)을 지날 때에는 말에서 내리게 했습니다. 강보(襁褓-포대기)에 있을 때에도 이미 삼가고 조심하는 것을 가르쳤는데 하물며 이미 장성한 뒤에 삼가지 않을 수 있겠습니까! 지금 세자께서 천성(天性)이 굳세고 눈 밝으시니[剛明] 배우는 것은 반드시 바르게 하고 듣는 것은 반드시 깊이 살펴야 합니다. 좋은 사람이 되는가의 여부는 어떻게 가르치고 기르느냐[敎養]에 따라 결정될 뿐입니다. 전하께서 일찍이 서연관(書筵官)을 두시어 특별히 영을 내려 보덕(輔德)⁴ 이하 정자(正字)⁵에 이르기까지 그들로 하여금 본사(本司-본래 관직)에 근무하는 것을 면제하고 항상 (세자의) 좌우(左右)에 있으면서 사안에 따라 엄히 규계(規

---

2 1402년(태종 2년) 4월에 설치한 동궁(東宮)의 관아인 원자부(元子府-세자부)의 첫 이름이다. 경승부(敬承府)는 1418년(태종 18년) 6월에 순승부(順承府)로 고쳐 세자전(世子殿)에 소속되었다가 1418년(세종 즉위년) 8월에 다시 인수부(仁壽府)라 고쳐 상왕전(上王殿)에 소속됐다.

3 조선시대 경흥부(敬興府)와 경승부(敬承府)에 두었던 정3품 벼슬이다. 태조 때에는 좌우 사윤이 있었고, 태종 4년 8월부터는 1인만을 두었다.

4 서연관(書筵官)의 종3품 벼슬이다.

5 서연관(書筵官)의 종9품 벼슬이다.

戒)하게 하셨으니 나라의 근본을 배양(培養)하시려는 뜻이 지극하다고 하겠습니다.

이 직책을 맡은 자는 모름지기 전하의 지극하신 뜻을 몸으로 체화하여 온힘을 다하고 충성을 바쳐 잘 인도하는 것이 그 직책인데 필선(弼善)⁶ 김조(金稠)는 상(上)의 (그 같은) 뜻을 돌보지 않고, 환수(宦竪-어린 환관)와 서로 결탁하여 술에 몹시 취해 정신이 혼미하고 어지러우며, 시강(侍講)할 때 뜻에 아부하고 면대해 아첨해서 (세자의) 뜻을 맞추는 것을 기쁨으로 삼고 세자께서 조그마한 좋은 일이라도 하시는 바가 있으면 반드시 칭찬을 하여 교만한 기운[驕氣]을 불러일으키며 곧은 말[直言]을 하는 선비가 있으면 은근히 저지(沮止)하여 억제(抑制)를 가했습니다. 또 을유년(乙酉年-1405년) 가을에 세자께서 『맹자(孟子)』를 읽으실 때는 날마다 50여 편(篇)을 외우시니 조(稠)가 말리면서 말하기를 "그 뜻만 아시면 비록 한 번만 쭉 읽더라도 괜찮으신데 어찌 이렇게까지 하실 것이 있습니까?"라고 했습니다. 조가 세상에 아첨하는 학문을 가지고 오랫동안 서연(書筵)에 있어 좋은 일을 하는 마음을 저지하고 게으르고 거친 생각을 이끌어내어 우리 세자의 굳세고 눈 밝으신 자질(資質)을 계발하여 성취(成就)됨이 있게 하지 못했으니 이것은 이른바 인심(人心)의 모적(蟊賊)이요, 간사하고 해로운 주머니입니다. 조가 시강(侍講)한 지가 지금까지 1년이 넘었건만 조그마한 효과[寸效]도 없으며 한갓 천록(天祿)만 허비하여 위로는 전하의 부탁하신 뜻을 저버리고, 아래로는 세

---

6 서연관(書筵官)의 정4품 벼슬이다.

자의 두터이 대하는 마음을 저버렸으니 그 죄가 훤히 드러나 징계하지 않을 수 없습니다. 엎드려 바라옵건대 상께서 재가(裁可)하여 시행(施行)하시되 아첨하는 기풍을 끊어내고 시독(侍讀)의 직임(職任)을 독려하셔야 할 것입니다.'

명하여 파직했다.

기축일(己丑日-4일)에 중군도총제 이구철(李龜鐵)을 보내 경사(京師)에 가게 했다. 성절(聖節)을 하례하기 위함이다.

경인일(庚寅日-5일)에 경상도 도관찰사 도사(都事) 김기(金棄), 밀양군지사(密陽郡知事) 정혼(鄭渾), 영산감무(靈山監務) 하담(河澹)을 순금사 감옥에 내렸다. 밀양의 시위군(侍衛軍)이 정월(正月)에 당번이 돼 올라오는데 담(澹)이 점송차사원(點送差使員)이 되어 군기(軍器)와 마필(馬匹)이 부실함이 있는데도 정밀하게 검열하지 못했고 기(棄)는 수령관(首領官)으로서 점검하지 못했기 때문이다.

신묘일(辛卯日-6일)에 (상이) 동교(東郊)에서 매사냥을 구경하는데 마침[適] 큰 바람이 불어 먼지가 휘몰아치자 이에 어가를 돌려 흥인문(興仁門) 안에 이르니 사헌 장령(掌令) 조사(趙師)가 갑자기[卒=猝地] 길에서 마주쳐 미처 피하지 못하고 황망하게[蒼黃=倉卒] 말에서 내려 말에 의지해 숨었다. 상이 이를 바라보고 말했다.

"저게 어떤 사람이기에 이다지도[乃爾] 무례한가?"

좌우에서 말했다.

"장령(掌令) 조사(趙師)입니다."

상은 마음이 풀려 빙긋이 웃었다[哂]. 사간원에서 말씀을 올렸다.

'가만히 듣건대 이달 초6일에 대가(大駕)가 동교에 행차하셨다가 돌아와 도성에 이르렀을 때 시종하는 신하들이 앞에서 인도하고 뒤에서 호위했으니 설사 무지한 무리라 할지라도 얼마든지 승여(乘輿)가 있다는 것을 알았을 것입니다. (그런데) 장령 조사는 위엄을 갖춘 호위병들을 바라보며 곧바로 대가 앞에 이르러 말에 의지해 숨었으니 그 행동이 엉망진창이므로 이미 상(上)을 공경하는 예가 없고, 또한 풍헌(風憲-사헌부 관리)으로서의 거동을 잃었습니다. 엎드려 바라옵건대 상(上)께서 재가하시어 그 직책을 파직하여 신하된 자가 임금을 공경하는 마음을 권면해야 할 것입니다.'

그것을 따랐다.

임진일(壬辰日-7일)에 다시 의정부(議政府) · 육조(六曹) · 대간(臺諫)에 명해 둔전법(屯田法)과 연호미법(煙戶米法)의 편리함 여부를 토의하게 하니 모두 시행할 수 없다고 했으나, 오직 정승 하륜(河崙)만이 편리하다고 고집했다. 둔전법은 관(官)에서 실지로 전지(田地)를 지급하지 않고 봄에 호구(戶口)마다 벼와 콩의 종자를 주어 가을에 가서 그 배(倍)를 거두는 것인데 이에 실상은 부세(賦稅)를 더 받는 것이라 백성들이 모두 좋아하지 않았다. 여러 신하가 그 점을 들어 많이 말했기 때문에 이를 토의하게 한 것이었다.

갑오일(甲午日-9일)에 광연루(廣延樓) 아래에서 김성(金聲), 진경(陳

敬), 이빈(李賓)에게 잔치를 베풀었다.

을미일(乙未日-10일)에 의정부에 명해 상아패(象牙牌)를 만들었다.

○ 사헌부대사헌 민무질(閔無疾)이 대간(臺諫)과 형조(刑曹)가 강무(講武-사냥)의 행차에 따라갈 것을 청하니 그대로 따랐다. (그에 앞서) 상이 이달 13일에 근기(近圻-경기)에서 강무하고자 하니 사헌부에서 아뢰어 말했다.

"강무의 행차에 대간이 대가(大駕)를 따라가지 않을 수 없습니다."

상이 말했다.

"대간이 거가(車駕-대가)를 따르면 반드시 정식(程式-법도)에 맞지 않는 일을 할 것이다. 민간의 없애기 힘든 폐단[弊瘼]과 내 몸의 과폐막 실은 환궁(還宮)하기를 기다렸다가 즉시 간언하도록 하고 거가를 따르는 일은 일단은 그만두도록 하라."

대사헌 민무질은 일찍이 병으로 사직을 청한 바 있었는데 상이 불러서 말했다.

"경(卿)이 사직하려는 것은 별다른 사유가 아니니 나와서 직무를 받드는 것이 좋겠다."

무질이 아뢰어 말했다.

"전하께서 명이 계시니 신이 감히 다시는 사직하지는 않겠습니다만, 신이 집에 있으면서 듣건대 대간이 거가를 따르지 말게 하라고 하셨다는데 그런 일이 있었습니까? 만일 규식(規式-법식)에 맞지 않는 자가 있다면 그 사람만 죄주는 것이 마땅한 것이지 어찌 대간으로 하여금 대가를 따르는 예(禮)를 폐기할 수 있겠습니까? 이런 법

(法)이 한 번 행해지면 자손 만세(子孫萬世)에까지 폐단을 끼칠까[貽
=遺] 두렵습니다."
_이
_유

사간원에서도 글을 올려 청했으나 모두 불허했다.[7]

○ 사헌부, 사간원, 형조에서 함께 글을 작성해[交章] 말씀을 올
_{교장}
렸다.

'선왕(先王-옛 고대의 뛰어난 임금들)이 사냥[蒐狩]하는 예(禮)를 제
_{수수}
정한 것은 단지 쏘아 잡는 것을 행하는 것뿐 아니라 차례에 따른 위
엄[等威]을 밝혀 상하(上下)를 질서 있게 하려는 것이었습니다. 옛날
_{등위}
에 주(周)나라 선왕(宣王)[8]이 전렵(田獵-사냥)을 통해 수레와 따르는
무리들을 점검하자[選] 시인(詩人)이 이를 아름답게 여겨 말하기를
_선
"붉은 폐슬[赤茀=赤韍]과 금빛 신[金舄]을 신은 제후들이 회동을 연
_{적불} _{적불} _{금석}
이어 하는구나"[9]라고 했으니 이를 통해 그 의위(儀衛)와 시종(侍從)
의 갖춰짐을 알 수 있는 것입니다. 이로 말미암아 보건대 강무(講武)
할 때 백관(百官)을 거느리고 의장(儀仗)을 갖추는 것은 옛날의 (바
람직한) 제도입니다. 그런데 전하께서는 백성에게 폐가 있을까 두려
워하시어 일찍이 백사(百司)의 호위를 없애고 다만 대간과 형조만 시
종(侍從)하는 데 참여하게 하여 이미 성규(成規-이미 이루어진 법도)
가 있습니다. 신 등이 엎드려 말씀으로 전한 왕지(王旨)를 보니 이달

---

7 그런데 결국은 민무질의 건의로 행차 수행을 허락했다는 말이다. 그 내용은 바로 다음
   기사와 이어진다.
8 문왕(文王)과 무왕(武王)의 유풍을 받아 선정을 했으며 국위를 회복했다. 만년에는 정치
   에 태만하여 서북 만족(蠻族)의 침입을 받아 서울을 동쪽의 낙양(洛陽)으로 옮겼다.
9 『시경(詩經)』「소아(小雅)」'거공(車攻)'의 한 구절이다. 이 시는 선왕이 제후들을 거느리고
   사냥을 하는 것을 노래한 시다.

13일에 교외(郊外)에서 강무하는데 대간과 형조도 또한 시종할 수 없게 하셨습니다. (이에) 대간이 따라가기를 청하여 두세 번에 이르렀사오나 전하께서 그대로 윤허하지 않으시니 신 등은 남몰래 유감스러워한 바가 있습니다. 전하께서는 영명(英明)하신 자질과 빛나는 배움으로 일체의 완호(玩好)를 마음에 두지 않으시니 대간과 형조가 설사 시종하지 않더라도 또한 혐의될 바가 없기는 하오나 혹시라도 만일[儻] 대(代)를 잇는 임금이 전하와 같은 빼어난 밝음[聖明]에 미치지 못하면서 한갓 전하께서 행하신 바만을 본받아 강무할 때 대간을 거느리지 않게 된다면 비록 예(禮)에 어긋나는 일이 있더라도 반드시 간언하여 다툴 사람이 없을 것입니다. 이야기가 여기에 이르게 되면 대간을 거느리지 않는 것은 작은 일[細故]이 아닙니다. 하물며 행차하실 때 반드시 대간으로 하여금 시종하게 하는 것은 진실로 전하께서 이루신 법도[成法]이오니 참으로 폐기할 수 없습니다. 만일 지난번에 시종하던 대간이 매번 잘못이 있었다고 한다면 죄가 그 사람에게 있으니 그 사람만 다스리는 것이 좋을 것입니다. 어찌 이것으로 갑자기 성법(成法)을 폐기할 수 있겠습니까? 바라건대 성자(聖慈)께서 대간과 형조에게 시종하도록 허락하시면 성법(成法)을 폐기하지 않는 것뿐 아니라 간언을 따르는 아름다움까지도 자손 만대의 귀감(龜鑑)이 될 것입니다.'

상이 여전히 허락하지 않았으나 민무질(閔無疾)이 굳게 청하니 [固請] 이에 허락했다.

병신일(丙申日-11일)에 큰 물고기가 (충청도) 비인현(庇仁縣-지금의

서천) 해변(海邊)에서 죽었다. 빛깔이 새까맣고[正黑] 길이가 38척
(尺) 3촌(寸)이며 높이가 6척 3촌으로 지느러미[翼]가 6척이었다.

무술일(戊戌日-13일)에 달이 태미(太微-태미원)에 들어갔다.

○ (경기도) 광주(廣州)에서 강무(講武)했다. 상이 덕수궁(德壽宮)에
나아가서 행차를 아뢰고 드디어 낙생역(樂生驛)[10] 전교(前郊)에 머물
렀다[次].

기해일(己亥日-14일)에 경안역(慶安驛-지금의 경기도 광주) 전교(前
郊)에 머물렀다.

○ 문묘(文廟)[11]를 지었다. 성산군(星山君) 이직(李稷), 중군 총제 박자
청(朴子青, 1357~1423년)[12]에게 명해 그 역사를 감독하게 했다[董=董督].

---

10 조선시대에 지금의 성남시 분당 지역에 설치되었던 역참(驛站)이다.

11 공자(孔子)의 위패(位牌)를 모신 사당(祠堂)이다. 일명 문선왕묘다. 문선왕묘의 준말이 문
묘다. 문선왕(文宣王)은 공자를 높여서 부르는 말이다. 현재 문묘는 서울 종로구 명륜
동(明倫洞) 3가 성균관대학교 구내에 있다. 그 건물은 국보 제236호로 지정됐다. 문묘에
서 매년 음력 3월 중춘(仲春)과 8월 중추(中秋)의 첫째 정일(丁日)에 제례의식이 거행되
고 있다. 1398년(태조 7년)에 창건된 문묘는 1400년(정종 2년)에 불탔고, 이때 재건됐으
며 그 후 1474년과 1507년에 중수됐으나 임진왜란(壬辰倭亂-1592년) 때 다시 소실됐다
가 1601년(선조 34년)에 재건됐다. 본래 제기고(祭器庫)와 수복청(守僕廳)이 부속됐고 남
쪽 정면에 팔각문(八脚門)이 있었다. 현재 문묘는 대성전(大成殿)과 동서의 양무(兩廡)로
구성됐다. 대성전 안에는 공자뿐만 아니라, 그의 제자인 안자(顏子)·증자(曾子)·자사(子
思)·맹자(孟子) 등의 성현(聖賢)과 십철(十哲) 및 송나라 육현(六賢)의 위패를 모셨다.

12 내시로 출사해 낭장(郎將)에 오르고, 1392년 조선이 건국되자 중랑장으로 승진했다. 이
듬해 입직군사(入直軍士)로 궁문(宮門)을 지킬 때 왕제(王弟) 의안대군(義安大君)이 들어
가려 하자 왕명이 없다고 거절했다. 의안대군이 발길로 차며 상처를 입혔는데도 끝내 거
절했다. 태조가 이 사실을 알고 은대(銀帶)를 하사해 내상직(內上直)에 임명하고 어전 밖
을 지키도록 했다. 철야로 직무에 충실해 선공감소감(繕工監少監)이 되고, 1396년(태조
5년) 호익사대장군(虎翼司大將軍)으로 동북면선위사(東北面宣慰使)가 돼 오랑캐 동맹가첩

경자일(庚子日-15일)에 남양군(南陽君) 홍길민(洪吉旼)이 죽었다. 길
민(吉旼)은 검교[13] 중추원부사(檢校中樞院副使) 홍보현(洪普賢)의 아
들이다. 홍무(洪武) 병진년(丙辰年-1376년)에 전법정랑(典法正郎)으로
과거에 올랐고 일찍이 강릉도(江陵道)를 안렴(按廉)했는데 호강(豪強)
한 자를 모질게 억제했으나 조금도 굽히거나 흔들지 않았다 하여
사헌장령(司憲掌令)으로 부름을 받았다. 공양군(恭讓君) 경오년(庚午
年-1390년)에 우사의 대부(右司議大夫)를 제수했는데 정몽주(鄭夢周)
가 우상(右相)이 되자 길민이 동사(同舍-동료)에게 일러 말했다.

"이 사람이 한미(寒微)한 데서 일어나서 (임금의) 총우(寵遇)를 믿
고, 언관(言官)을 가두고 추방하며, 전제(田制)를 문란하게 하니 어찌
총재(冢宰-재상)의 직임에 있을 수 있는가?"

드디어 고신(告身)[14]에 서경(署經)[15]하지 않았다가 이 때문에[坐此=
좌차

___

목아(童猛哥帖木兒)를 불러 타일렀다. 1402년(태종 2) 공조·예조전서, 1406년 중군총제
겸 선공감사(中軍摠制兼繕工監事)가 되는 등 주로 영선(營繕-보수 공사)을 맡았다. 이때 문
묘(文廟)를 새로 지으면서 역사의 감독을 맡아 주야로 살피고 계획해 4개월 만에 완공시
켰다. 그러나 모화관(慕華館)을 남지(南池)에 닿게 하는 작업은 시일만 끌고 완성하지 못
해 사헌부로부터 탄핵을 받았다. 1408년 판공안부사(判恭安府事)와 공조판서를 역임할
때 제릉(齊陵)과 건원릉(健元陵)의 공사를 감독했다. 1413년 지의정부사(知議政府事)로
경성수보도감제조(京城修補都監提調)를 맡아 도성을 수축했다. 그 뒤 좌우군도총제(左右
軍都摠制), 1415년 판한성부사(判漢城府事)를 지내고, 1419년(세종 1년) 참찬의정부사(參
贊議政府事)·판우군도총제부사(判右軍都摠制府事)에 이르렀다. 이해 인정문(仁政門) 밖의
행랑 축조를 감독했으나 측량 실수로 기울어지자 직무 태만으로 하옥되기도 했다. 성품
이 각박하고 인정이 적다는 평을 받았다.

13 고려 말과 조선 초에 정원(定員) 이외에 임시로 증원(增員)한 때나 실지의 사무는 보지
   않고 벼슬 이름만 가지고 있게 할 때 그 벼슬 이름 앞에 붙이는 말이다.

14 직첩이라고도 하는데 관리 신분증이다.

15 임금이 관원(官員)을 서임(敍任)한 뒤에 그 사람의 성명(姓名), 문벌(門閥), 이력(履歷)을
   갖춰 써서 대간(臺諫)에게 그 가부(可否)를 구하던 일을 가리킨다. 고려 때에는 1품(一品)

由此] 벼슬을 잃었다. 임신년(壬申年-1392년) 7월에 태상왕(太上王)이 천명(天命)을 받게 되자 좌부승지(左副承旨)를 제수하고 개국공(開國功) 2등에 녹훈(錄勳)해 추성협찬공신(推誠協贊功臣)의 호(號)를 주었다. 두 번이나 상의중추원사(商議中樞院事)에 전임(轉任)됐고 자헌(資憲) 계급에 올라 봉군(封君)돼 집에 나아가서 죽었는데 졸할 때 나이[卒年=沒年] 55세였다. 시호는 문경(文景)이다. 길민은 대대로 귀현(貴顯)하고 거부(鉅富)여서 노비가 1,000여 명이나 있었지만 성품이 반듯하고 밝아서[端亮] 사치나 화려함을 일삼지 않았다[不事]. 아들이 하나 있으니 여방(汝方, ?~1438년)[16]이다.

신축일(辛丑日-16일)에 사간원에서 궁내(宮內)의 노비 보명(寶明)의 죄를 청했으나 윤허하지 않았다. 소(疏)는 이러했다.

에서 9품(九品)까지 모든 관원의 임명(任命)에 대간(臺諫)의 서경(署經)을 거쳤으나 조선 때에는 5품 이하의 관원만 서경했다.

16 1401년(태종 1년) 문과에 급제했고 1410년 지평이 되고, 1414년 집의가 됐다. 이듬해에 동부대언(同副代言)과 지형조사(知刑曹事)를 겸했으나 판결을 잘못한 책임으로 한때 면 직됐다. 1415년 복관돼 좌부대언(左副代言)이 된 뒤에 1417년 이조참의에 임명됐다. 이어 강원도 관찰사가 됐으나 어머니의 병으로 인해 일시 사직했다가 곧 순승부윤(順承府尹)이 됐다. 1418년 세종이 즉위하자 인수부윤(仁壽府尹)을 거쳐 예조·형조 참판으로 옮겼다.
다음 해에는 사은부사(謝恩副使)로 명나라에 다녀온 뒤 대사헌이 됐다. 그러나 병조의 아전(衙前)을 불법으로 책문해 문외출송(門外黜送)을 당했다. 1426년에 풀려나서 인순부윤(仁順府尹), 평안감사, 한성부윤 등을 거쳐 좌군총제(左軍摠制)가 됐다. 이어 경상도 관찰사가 됐으나 진상한 문어가 정결하지 못하다 해서 파직됐다. 1433년 복관돼 전주부윤이 됐고, 1437년 판한성부사에 올랐다. 이듬해 사은사로 명나라에 갔을 때 본국으로부터 예문관대제학에 임명됐다. 그리고 귀국 때는 황제가 칙명을 내려 원유관복(遠遊冠服-먼 길을 움직이는 데 필요한 관리 복장)을 보내주었다. 귀국 후 이조판서가 됐다. 성품이 온화하고 시와 술을 좋아하며, 직언을 잘했다.

'가만히 듣건대 내노(內奴) 보명(寶明)이 지난날에 용서할 수 없는 죄를 범했다 하니 마땅히 강현(康顯)·조홍(趙洪)과 더불어 같은 날에 죽음을 당했어야 하는데, 요행히 도망쳐 홀로 죽음을 피한 지가 지금 여러해가 됐습니다. 이제 붙잡혔으니 어찌 하늘의 도리가 아니겠습니까? 전하께서 차마 할 수 없는 마음[不忍之心=仁心]을 미루어 베푸시어 제집으로 놓아 보내셨으니 살리기를 좋아하시는 임금다움[好生之德]은 비록 지극하다 하겠으나 악을 벌하는 의리가 나타나지 않았으니 바라건대 유사(有司)에 내리시어 전형(典刑)을 밝게 바로잡으시고 정상을 알면서도 숨겨준 자는 율(律)을 상고하여 형벌을 매겨 악역(惡逆)을 징계해야 할 것입니다.'

계묘일(癸卯日-18일)에 궁으로 돌아왔다. 황희(黃喜)가 아뢰어 말했다.

"전사시(典祀寺)[17]에서 맛이 변한 녹해(鹿醢)를 제사(祭祀)에 쓰오니 심히 불가합니다. 청컨대 강무(講武) 때 잡은 것으로 젓갈을 담게 해야 합니다."

상이 말했다.

"이같이 한 뒤에야 이름과 실상이 서로 맞는데[相稱] 강무하던 처음에는 왜 아뢰지 않았는가?"

희가 대답했다.

"생각이 이에 미치지 못했습니다만 지금이라도 아직 늦지 않습

---

17 조선 초기에 제사(祭祀) 업무를 담당하던 예조(禮曹)의 속아문(屬衙門)이다.

니다."

상이 말했다.

"그렇다."

드디어 잡은 사슴을 전사시에 보냈다.

갑진일(甲辰日-19일)에 충청도 덕은현(德恩縣)[18] 관족사(灌足寺-혹은 관촉사) 남쪽 봉우리에 있던 큰 돌이 저절로 무너져 내렸다.

○ 광연루(廣延樓)에서 종친들에게 잔치를 베풀었는데 의정부찬성사 조온(趙溫), 지부사(知府事-의정부지사) 김승주(金承霍), 참지(參知) 설미수(偰眉壽)도 참여했다.

정미일(丁未日-22일)에 흠차관(欽差官)[19] 김성(金聲)이 의주(義州)에 갔다. 추쇄(推刷)[20]한 만산군(漫散軍)[21]을 점검해서 보내기 위함이었다.

○ 대간(臺諫)에서 강무(講武)를 다시 시행하는 것을 정지해줄 것

---

18 본래 백제(百濟)의 덕근군(德近郡)을 757년(신라 경덕왕 16년)에 덕은(德恩)으로 고치고, 고려(高麗) 초에 덕은(德恩)으로 개칭(改稱)했다. 시진현(市津縣)은 본래 백제의 가지내현(加知奈縣: 加乙奈·薪浦인데 757년(경덕왕 16년) 시진(市津)으로 고치고 덕은군(德恩郡) 의 영현(領縣)이 됐다가 1018년(현종 9년)에 덕은(德恩)과 시진(市津)을 모두 공주(公州) 에 편입시켰다. 1397년(태조 6년)에 현(縣)을 두었고, 1406년(태종 6년)에 덕은(德恩)과 시진(市津)을 합쳐 덕은(德恩)으로 하고 감무(監務)를 두었다. 1419년(세종 1년)에 은진(恩津)으로 개명(改名)했다.
19 중국 황제가 보낸 실무 사신(使臣)이다.
20 조사하여 찾아낸다는 뜻이다.
21 조선인으로서 요동으로 도망쳤다가 다시 조선으로 도망쳐 온 군인을 가리킨다.

을 청했으나 윤허하지 않았다. (사간원) 정언(正言) 문수성(文守成)과 (사헌부) 지평(持平) 조계생(趙啓生)을 불러 명하여 말했다.

"지난번에 교외에 나갔을 때 당초에 험한 곳에 들어가는 바람에 제대로 강무를 하지 못했고 평지에 이르자 마침 정조(停朝)²²를 만났으며, 또 큰비로 말미암아 일을 이루지 못했다. 그래서 가까운 시일 내에 다시 이틀 동안 잠을 자가면서[信宿] 강무를 행하려고 하니 너희가 만일 할 말이 있으면 말로 직접 아뢰고 소(疏)는 올리지 말라. 그리고 행차의 공비(供備)는 모두 사복시(司僕寺)의 말에다 신도록 하고 도내(道內)의 관찰사로 하여금 지판(支辦-지원)케 하지 말라. 너희는 그리 알라."

이에 대사헌 민무질(閔無疾)과 좌사간대부(左司諫大夫) 허주(許周)가 연일 대궐에 나아가 간쟁했다.

무신일(戊申日-23일)에 (전라도) 완산부윤(完山府尹)에게 뜻을 전해 회안대군(懷安大君-이방간)이 성밑 근처에서 천렵(川獵)하는 것을 금(禁)하지 말게 하고, 또 관가(官家)의 작은 말을 내주어 탈 수 있도록 했다.

기유일(己酉日-24일)에 종친들을 광연루 아래로 불러 술자리를 베

---

22 국상(國喪)이나 원로 대신(元老大臣)이 죽었을 때, 또는 큰 재변(災變)이 있을 때 조회(朝會)를 보지 아니하던 일을 가리킨다. 여기서는 홍길민(洪吉旼)의 죽음으로 인한 정조(停朝)를 말한다.

풀고 활쏘기를 구경했다. 우대언(右代言) 권완(權緩, ?~1417년)²³이 기녀와 악공들이 쌀을 달라고 청하는 단자(單子-메모)를 소매 속에 넣고 있다가 상이 술이 취했기 때문에 의안대군(義安大君) 화(和-이화)에게 주어 올리게 했다. 화가 대강 임금께 여쭈니 상이 거짓으로[佯] 응락하는 척했는데 완(緩)이 물러가 왕패(王牌)를 써서 기녀 9명에게 각각 쌀 2석(石)을, 악공 11명에게 각각 1석씩을 주었다. 헌부(憲府)에서 이를 듣고 탄핵하니 상이 말했다.

"완(緩)이 제 마음대로 한 것[自擅]이 아니고 마침내 명을 받은 것이다."

민무질(閔無疾)이 아뢰어 말했다.

"무릇 쌀을 내려주는 것은 유사(有司)가 맡고 있는 일로 완이 청해야 할 일이 아닙니다. 하물며 잔치로 인해 취하신 틈을 타서 잠깐 아뢰고 갑자기 스스로 시행했으니 어찌 죄가 없을 수 있습니까?"

상이 윤허하지 아니하고 완을 불러 직무를 보게 했다. 이에 무질 등이 모두 집으로 물러가니 명하여 모두 출사(出仕)하라고 했다.

---

23 1407년(태종 7년) 태종이 즉위하기 전부터 태종과 친분이 깊었던 까닭으로 승정원 우대언(承政院右代言)으로 발탁됐고 이듬해 예문관제학을 거쳐 계품사(啓稟使)가 되어 명나라에 다녀왔다. 같은 해 우군동지총제를 거쳐 의정부참지사를 역임하다가 언사(言事)로 인해 파직됐다. 1411년 경기도 관찰사로 부임했는데 이듬해 조세징수의 성적이 좋지 않고, 조운을 막히게 했다는 대간의 탄핵을 받고 영주로 유배되던 중 특사로 풀려났다. 같은 해 공안부윤(恭安府尹)에 복직, 이후 판원주목사(判原州牧使)를 지냈다. 1416년 휴관(休官) 중에 개인적으로 소장한 소합유(蘇合油) 3근을 지신사 유사눌(柳思訥) 등과 공모하여 내약방(內藥房)에 들여보낸 사건으로 의금부에 하옥된 뒤 외방으로 유배됐으나 곧 풀려나 직첩을 환급받았다.

신해일(辛亥日-26일)에 종친들을 해온정(解慍亭)에 불러 활쏘기를 구경했다.

○ 일본 국왕이 사자(使者)를 보내 와서 빙문(聘問)하고 간악한 도적들을 금지하여 없앴다고 통보했는데 서계(書契-왕래 외교문서)와 예물(禮物)이 있었다. 이에 삼주자사(三州刺史) 대내 다다량덕웅(大內多多良德雄) 또한 좌정승 하륜(河崙)에게 글을 올렸다.

계축일(癸丑日-28일)에 다시 (경기도) 양주(楊州)에서 강무(講武)했다.

갑인일(甲寅日-29일)에 의정부에서 (명나라) 조정(朝廷)에 바치는 예물을 봉(封)해서 싸는 법(法)을 아뢰었다.

"봉해서 싸는 날을 맞아 좌정승, 병조판서, 대사헌, 지신사(知申事-도승지)가 한데 모여서 감독 고찰하여 만일 그중에 연유가 있는 자는 모두 차관(次官-다음 관직)으로 대신 나오게 해야 합니다. 미리 예정일을 정해 예조(禮曹)의 계제사(稽制司)[24] 낭관(郎官) 한 사람이 각 해당 관원(官員)에게 나눠서 통고하고 먼저 모여서 공손히 기다려 감히 어김이 없도록 해야 할 것입니다."

---

24 예조(禮曹)의 한 관서로, 의식(儀式)·제도(制度)·조회(朝會)·경연(經筵)·사관(史館)·학교(學校)·과거(科擧)·인신(印信)·표전(表箋)·책명(册命)·천문(天文)·누각(漏刻)·국기(國忌)·묘휘(廟諱)·상장(喪葬) 등에 관한 일을 맡아보았다.

丙戌朔 日本薩摩州太守 遣使來獻土物.
병술 삭　일본 살마주 태수　견사 래헌 토물

丁亥 命參知議政府事偰眉壽 更議屯田事于政府. 命曰: "糧餉
정해 명 참지 의정부 사 설미수　갱의 둔전 사 우 정부　명왈　양향

不周 屯田之法所宜擧行 然若從領議政之策 以十戶耕五十卜者
부주 둔전 지법 소의 거행　연약종 영의정 지책　이 십호 경 오십 복자

似乎太重而民病. 若以諸郡縣戶口多少 分定有差 庶乎事可行 而
사호 태중 이 민병　약 이 제군현 호구 다소　분정 유차 서호 사 가행　이

法可久矣. 卿其往 更議便否以聞." 命各道各官 屯田之法依舊.
법 가구 의 경 기왕 갱의 편부 이문　명 각도 각관 둔전 지법 의구

放忠淸道番上侍衛軍. 以其道饑也.
방 충청도 번상 시위군　이 기도 기야

戊子 罷敬承府司尹世子左弼善金稠職. 司諫院上言:
무자 파 경승부 사윤 세자 좌필선 김조 직　사간원 상언

'世子 國本 敎之之方 不可不謹也. 古者太子初生 有司端冕
세자 국본 교지 지방 불가 불근 야　고자 태자 초생 유사 단면

見之南郊 過廟則趨 過闕則下. 襁褓之時 已加敬愼 況其旣長 可
견지 남교 과묘 즉추 과궐 즉하　강보 지시 이가 경신 황 기 기장 가

不謹歟! 今世子天性剛明 所學必正 所聞必察 爲善與否 決於
불근 여 금 세자 천성 강명 소학 필정 소문 필찰 위선 여부 결어

敎養之如何耳. 殿下曾置書筵官 特令輔德以下至于正字 除本司
교양 지 여하 이　전하 증치 서연관 특령 보덕 이하 지우 정자 제 본사

衙仕 常在左右 隨事箴規 其培養國本 可謂至矣. 任是職者 須體
아사　상 재 좌우 수사 잠규 기 배양 국본 가위 지의 임 시직 자 수체

殿下之至意 竭力盡忠 以善導之 乃其職也. 弼善金稠 不顧上意
전하 지 지의 갈력 진충 이 선도 지 내 기직 야　필선 김조 불고 상의

交結宦豎 沈醉迷亂 侍講之時 阿意面諛 逢迎爲悅 世子有小善
고결 환수 침취 미란 시강 지시 아의 면유 봉영 위열 세자 유 소선

則必加稱美 養成驕氣 苟有直言之士 陰加沮抑. 且乙酉秋 世子
즉 필가 칭미 양성 교기 구유 직언 지사 음가 저억　차 을유 추 세자

讀孟子 日誦五十餘篇 稠乃止之曰: "如知其義 雖讀一遍 亦可也.
독 맹자 일송 오십 여편 조 내 지지 왈　여지 기의 수독 일편 역 가야

何用如此其勤乎!" 稠以阿世之學 久在書筵 沮其爲善之心 導

其怠荒之念 使我世子剛明之資 未得振發而有爲 此所謂人心之

蟊賊 奸宄之囊橐也. 稠之侍講 于今有年 而未有寸效 徒費天祿

上負殿下付托之意 下負世子厚待之心 其罪昭昭 不可不懲. 伏惟

上裁施行 以絶諂諛之風 以勵侍講之任.'

命罷之.

己丑 遣中軍都摠制李龜鐵如京師. 賀聖節也.

庚寅 下慶尙道都觀察使都事金棄 知密陽郡事鄭渾 靈山監務

河澹于巡禁司獄. 密陽侍衛軍以正月番上 澹爲點送差使員 軍器

馬匹 有不實者 而不能精加點閱: 棄以首領官 失於考察也.

辛卯 觀放鷹于東郊 適大風揚塵 乃還至興仁門內 司憲掌令

趙師卒遇諸塗 不及避 蒼黃下馬 依馬而隱. 上望見曰: "彼何人

也 乃爾無禮乎?" 左右曰: "掌令趙師也." 上意解而哂之. 司諫院

上言: '竊聞今月初六日 大駕行幸東郊 還至都城 侍從之臣 導前

在後 雖無知之輩 亦知乘輿之所在. 掌令趙師 望見儀衛 直到

駕前 依馬而隱 其動止錯亂 旣無敬上之禮 又失風憲之儀. 伏望

上裁 停罷其職 以勵臣子敬君之心.'

從之.

壬辰 復命議政府 六曹 臺諫 議屯田煙戶米便否 皆以爲不可

行 唯政丞河崙固執以爲便. 屯田法 官實無田 春間戶給稻豆種

至秋倍蓰收之 其實加賦也 民皆不悅. 群臣多以爲言 故令議之.

甲午 宴金聲 陳敬 李賓于廣延樓下.

乙未 命議政府 製象牙牌

司憲府大司憲閔無疾 請臺諫刑曹隨講武之行 從之. 上欲

以月十三日講武近圻 故司憲府啓曰: "講武之行 臺諫不可不

隨駕." 上曰: "臺諫隨駕 必爲不中程式之事. 民間弊瘼 吾身

過失 待還宮卽諫 隨駕則姑除之." 大司憲閔無疾 曾以疾乞辭 上

召曰: "卿之辭 非他故 可出供職." 無疾啓曰: "殿下有命 臣不敢

復辭 然臣在家 聞臺諫勿令隨駕 有諸? 如有不中規式者 當罪止

其人 豈可使臺諫廢隨駕之禮乎? 此法一行 恐貽子孫萬世之弊."

司諫院上書亦請之 皆不許.

司憲府 司諫院 刑曹交章上言:

'先王制蒐狩之禮 非特①爲射獵而已 所以明等威秩上下也. 昔

周宣王因田獵而選車徒 詩人美之曰: "赤芾金舃 會同有繹." 其

儀衛之備 侍從之具 從可知矣. 由是觀之 講武之際 率百官備

儀仗 古之制也 而殿下恐有民弊 曾除百司之衛 但令臺諫刑曹與

於侍從 已有成規. 臣等伏覩口傳王旨 月十三日講武于郊 臺諫

刑曹亦不得侍從. 臺諫請從行至再至三 而殿下不賜兪允 臣等

竊遺憾焉. 殿下以英明之資 緝熙之學 凡百玩好 不留于心 臺諫

刑曹雖不侍從 亦無所嫌矣 儻繼世之君 不及殿下之聖明 而徒效

殿下之所爲 講武之際 不率臺諫 則雖有越禮之擧 必無諫諍之者.

論至於此 則不率臺諫 非細故也. 況行幸之際 必令臺諫侍從 固

殿下之成法 誠不可廢也. 若曰頃者侍從臺諫 每有差失 則罪在

其人 治止其身可也. 豈可以此遽廢成法乎? 伏望聖慈 臺諫刑曹

許令侍從 則非惟不廢 從諫之美 亦爲子孫萬世之龜鑑矣.'

　上猶不許 閔無疾固請 乃許之.

　丙申 大魚死於庇仁縣海邊. 色正黑 長三十八尺三寸 高六尺

三寸 翼六尺.

戊戌 月入太微.

講武于廣州. 上詣德壽宮告行 遂次于樂生驛前郊.

己亥 次于慶安驛前郊.

新作文廟. 命星山君李稷 中軍摠制朴子靑 董其役.

庚子 南陽君洪吉旼卒. 吉旼 檢校中樞院副使普賢之子. 洪武

丙辰 以典法正郎登第 嘗 按廉江陵道 痛抑豪強 略不屈撓 以

司憲掌令召. 恭讓君庚午 拜右司議大夫 及鄭夢周爲右相 吉旼

謂同舍曰: "此人起自寒微 憑恃寵遇 囚逐言官 紊亂田制 豈宜

居冢宰之任!" 遂不署告身 坐此失官. 壬申七月 太上王受命 拜

左副承旨 錄開國功爲二等 賜推誠協贊功臣之號. 再轉商議

中樞院事 進階資憲 封君就第. 卒年五十五 諡文景. 吉旼家世

貴顯鉅富 奴婢千餘人 然性端亮 不事奢麗. 一子汝方.

辛丑 司諫院請內奴寶明之罪 不允. 疏曰:
신축 사간원 청 내노 보명 지죄 불윤 소왈

'竊聞內奴寶明 曩犯不赦之罪 當與康顯 趙洪 同日就戮 僥倖
절문 내노 보명 낭범 불사 지죄 당여 강현 조홍 동일 취륙 오행

在逃 獨避天誅 于今有年. 今之見執② 豈非天也? 殿下推不忍
재도 독피 천주 우금 유년 금지 견집 기비 천야 전하 추 불인

之心 放還其家 好生之德雖至 而罰惡之義未彰 乞下有司 明正
지심 방환 기가 호생 지덕 수지 이 벌악 지의 미창 걸하 유사 명정

典刑 其知情容隱者 按律科罪 以懲惡逆.'
전형 기지정 용은 자 안율 과죄 이징 악역

癸卯 還宮. 黃喜啓曰: "典祀寺以改味鹿醢供祭祀 甚爲不可.
계묘 환궁 황희 계왈 전사시 이 개미 녹해 공 제사 심위 불가

請以講武所獲作醢." 上曰: "如此而後 名實相稱 於講武之初 何
청 이 강무 소획 작해 상왈 여차 이후 명실 상칭 어 강무 지초 하

不告?" 喜對曰: "慮不及此 今尙未晩." 上曰: "然." 遂以所獲之鹿
불고 희 대왈 려 불급 차 금상 미만 상왈 연 수 이 소획 지록

送典祀寺.
송 전사시

甲辰 忠淸道 德恩縣 灌足寺南峰大石自頹.
갑진 충청도 덕은현 관족사 남봉 대석 자퇴

宴宗親于廣延樓 議政府贊成事趙溫 知府事金承霔 參知
연 종친 우 광연루 의정부 찬성사 조온 지부사 김승주 참지

僕眉壽與焉.
설미수 여 언

丁未 欽差官金聲如義州. 點送推刷漫散軍也.③
정미 흠차관 김성 여 의주 점송 추쇄 만산군 야

臺諫請止再行講武 不允. 召正言文守成 持平趙啓生 命之曰:
대간 청지 재행 강무 불윤 소 정언 문수성 지평 조계생 명지 왈

"前日出郊 初入險阻 未能講武 及至平地 適値停朝 且因大雨 亦
전일 출교 초입 험조 미능 강무 급지 평지 적치 정조 차 인 대우 역

未就事. 故於近日 又欲信宿講武 汝等若有所言 以言直啓 毋得
미 취사 고 어 근일 우욕 신숙 강무 여등 약유 소언 이언 직계 무득

疏上; 其行次供備 皆以司僕馬駄載 勿令道內觀察使支辦. 汝等
소상 기 행차 공비 개 이 사복 마 태재 물령 도내 관찰사 지판 여등

其知之." 於是 大司憲閔無疾 左司諫大夫許奏 連日詣闕諍之.
기 지지 어시 대사헌 민무질 좌사간대부 허주 연일 예궐 쟁지

戊申 傳旨于完山府尹 勿禁懷安大君城底近處川獵 且命進
무신 전지 우 완산부 윤 물금 회안대군 성저 근처 천렵 차 명진

官中小馬 以供其騎.
관중 소마 이공 기기

己酉 召宗親于廣延樓下 置酒觀射. 右代言權緩 袖上妓樂工
기유 소 종친우 광연루 하 치주 관사 우대언 권완 수상 기 악공

請賜米單子 因上酒酤 出屬義安大君和以達. 和粗復於上 上佯
청 사미 단자 인상 주감 출촉 의안대군 화이달 화조복어상 상양

應之 緩退寫王牌 賜妓九名各米二石 樂工十一名各一石. 憲府
응지 완퇴사왕패 사기 구명 각미 이석 악공 십일 명각 일석 헌부

聞而劾之 上曰: "緩非自擅 乃承命也." 閔無疾啓曰: "凡賜米
문이핵지 상왈 완비자천 내 승명 야 민무질 계왈 범 사미

有司掌之 非緩所當請. 況乘燕酤之際 暫以啓達 遽自施行 惡得
유사 장지 비완 소당 청 황승 연감 지제 잠이 계달 거자 시행 오득

無罪?"上不允 召緩供職. 於是無疾等皆退就于家 命皆出仕.
무죄 상 불윤 소완 공직 어시 무질 등 개퇴취 우가 명개 출사

辛亥 召宗親于解慍亭 觀射.
신해 소 종친우 해온정 관사

日本國王遣使來聘 報禁絶姦寇 有書契及禮物. 其三州刺史
일본 국왕 견사 내빙 보 금절 간구 유 서계 급 예물 기 삼주 자사

大內多多良德雄 亦奉書于左政丞河崙.
대내 다다량덕웅 역 봉서 우 좌정승 하륜

癸丑 復講武于楊州.
계축 부 강무 우 양주

甲寅 議政府啓朝廷進獻禮物封裹之法: "當封裹日 左政丞
갑인 의정부 계 조정 진헌 예물 봉과 지법 당 봉과 일 좌정승

兵曹判書 大司憲 知申事 一會監考 若其中有故者 皆以次官代進.
병조판서 대사헌 지신사 일회 감고 약 기중 유고 자 개 이차관 대진

前期 禮曹稽制司郞官一員 分告各該官 先會祗待 無敢有違."
전기 예조 계제사 낭관 일원 분고 각 해관 선회 지대 무감 유위

| 원문 읽기를 위한 도움말 |

① 非特爲射獵而已. 非特은 '단지 ~뿐만 아니라 ~도'라는 구문을 이끈다.
   비특 위 사렵 이이 비특
   뒤에 나오는 非惟도 마찬가지의 뜻과 역할을 한다.
   비유

② 見執에서 見은 被와 마찬가지로 수동태를 만드는 조동사다.
   견집 견 피

③ 點送推刷漫散軍也. 앞에 以가 빠져 있다. 원래 구문은 '以~也'로 '왜냐
   점송 추쇄 만산군 야   이
   하면 ~하기 때문이다'라는 뜻이다.

태종 7년 정해년
3월

三月

을묘일(乙卯日-1일) 초하루에 (강무를 마치고) 궁으로 돌아와 예조 좌랑 정종본(鄭宗本)을 순금사(巡禁司)에 내렸다. 대가(大駕)를 맞이 하던 날에 잘못 영을 전해 각사(各司)를 일찍 모이게 한 때문이었다. 얼마 뒤에[旣而] 풀어주었다.
기이

정사일(丁巳日-3일)에 윤저(尹柢)를 병조판서, 이귀령(李貴齡)을 의 정부참찬사, 민무질(閔無疾)을 여성군(驪城君) 겸 의용순금사판사(判 義勇巡禁司事), 성석인(成石因)을 사헌부대사헌, 조견(趙狷)을 충청도 도절제사, 강사덕(姜思德)을 경상도 도절제사, 임정(林整)을 전라도 도 절제사로 삼았다. 견(狷) 등 세 사람은 모두 수군 도절제사를 겸하게 했다.

무오일(戊午日-4일)에 상이 덕수궁에 나아가 헌수(獻壽)했다.

기미일(己未日-5일)에 승가사(僧伽寺)[1]에 원래 속해 있었던 노비를

---

1   서울특별시 종로구 구기동 북한산에 있는 절이다. 756년(경덕왕 15년)에 수태(秀台)가 창건해 당나라 고종 때 장안 천복사(薦福寺)에서 대중을 교화하면서 생불(生佛)로 지칭됐던 승가(僧伽)를 사모하는 뜻에서 승가사라 했다. 그 뒤 1024년(현종 15년)에 지광(智光)과 성언(成彦)이 중창했고, 1090년(선종 7년)에는 구산사(龜山寺)의 주지였던 영현(領賢)

다시 주라고 명했다.

○ 종친들을 해온정(解慍亭)에 불러 활쏘기를 구경했다.

○ 의정부에 명해 변방에 관리를 파견하는 법을 토의하게 했다. 의정부에서 아뢰었다.

"시산(時散)[2]의 인원으로서 파견의 명을 받은 자는 여러 가지 방법으로 벗어나기를 꾀하여 곧 떠나지 않고 있습니다. 부모와 자신의 질병을 제외하고는 각종 이유를 핑계로 벗어나기를 꾀하지 못하게 하고 이를 어기는 자는 율(律)에 따라 논죄(論罪)해야 합니다."

그것을 따랐다.

경신일(庚申日-6일)에 서울과 지방에서 패(牌) 없는 매[鷹子]를 금
지하는 규정을 거듭 엄격히 했다.

신유일(辛酉日-7일)에 사간원에서 소(疏)를 올려 세자를 가르치고
기르는[敎養] 법을 논했다. 소(疏)는 이러했다.

'세자는 저부(儲副-세자의 별칭)이니 가르치고 기르는 방법을 삼가
지 않을 수 없습니다. 반드시 좌우(左右)와 전후(前後)에 있는 사람
들이 모두 뛰어난[賢] 사대부인 연후에야 마침내 함양(涵養)[3]과 훈도

이 중수했으며, 1099년(숙종 4년)에는 대각국사(大覺國師) 의천(義天)이 왕과 왕비를 모
시고 참배하면서 불상을 개금(改金)하고 불당을 중수했다.

2 시임(時任)과 산관(散官)을 합쳐 부르는 말로, 즉 시임(時任)은 현재 벼슬에 있는 사람을
   말하고, 산관(散官)은 일정한 관직(官職)이 없고 관계(官階)만 보유하고 있는 관원이다.

3 마음의 힘을 기르는 것을 말한다.

(薰陶)⁴가 있을 수 있게 되어 자신도 모르는 사이에 날마다 좋은 쪽으로 옮겨갈 수 있는 것입니다. 전하께서 일찍이 서연관(書筵官)을 두시고 보덕(輔德) 이하 정자(正字)에 이르기까지 모두 본아(本衙-본래의 관직)에 출근하는 것을 면제하여 그 직임(職任)을 오로지 서연관의 일에만 집중하게 해서 항상 좌우(左右)에 있으면서 일에 따라 규계(規戒)하고 일깨우게 하셨으니 국본(國本)을 배양하는 뜻이 지극합니다. 그러나 그사이에는 간신(諫臣)과 정조원(政曹員)⁵이 겸임(兼任)한 자가 절반이나 되므로 배봉(陪奉)⁶과 아조(衙朝) 및 본사(本司)에 제좌(齊坐)⁷하는 날을 맞으면 강관(講官)이 4~5인에 지나지 않습니다. 또 시향(時享), 식가(式暇),⁸ 복제(服制) 등의 이유로 인해 간혹 한두 사람에 그칠 때도 있습니다. 이런 상황에서 그 좌우 전후가 과연 모두 뛰어난 사대부이겠습니까? 맹자(孟子)가 말하기를 "한 명의 제나라 선생이 가르친다고 해도 (주위에서) 수많은 초나라 사람들이 시끄럽게 초나라 말로 떠들어대면 비록 매일매일 종아리를 회초리로 때려가며 제나라 말을 하라고 요구하더라도 그 말을 할 수 없을 것이다"라고 했고 또 말하기를 "왕의 측근에 있는 자들이 나이가 많고 적음이나 지위가 높고 낮음에 관계없이 모두 (송나라의 뛰어난 신하인) 설거주(薛居州)와 같은 (뛰어난) 사람이 아니라면 왕께서는 누구

---

4 불에 물건을 굽고 흙으로 그릇을 만든다는 뜻이지만 비유적으로 다른 사람에게 감화를 주어 품성(品性)을 고친다는 뜻으로 많이 쓰인다.
5 이조와 병조의 관리를 가리키는 말이다.
6 임금을 곁에서 모시는 것을 말한다.
7 합좌(合坐)라고도 하는데 공동으로 모여 중요한 사안을 토의하는 것을 말한다.
8 휴가를 뜻한다.

와 더불어 뛰어난 일을 할 수 있겠는가?"라고 했습니다.' 지금 좌우
(左右)에 있는 자들을 보면 시강(侍講)하는 관원은 매우 적고, 환자
(宦者)의 무리는 자못 많으니 함양(涵養)과 훈도(薰陶)가 이루어지기
어려울까 두렵습니다. 또 저하(邸下-세자)께서 성품이 본래 영매(英
邁)하고 나이도 거의 혼인할 때가 되었으니 가르치고 기르며 인도하
여 보좌하는 것을 더욱 늦출 수 없습니다. 바라건대 이제부터는 보덕
(輔德)에서 정자(正字)까지 열 사람을 모두 본사(本司)의 직무(職務)
를 면제할 수 있는 사람으로 겸임케 하여 시강의 직책에 전력을 다
하게 하고 또 대간(臺諫) 한 사람으로 하여금 윤차(輪次)로 입시(入
侍)하게 하여 강관(講官)의 근태(勤怠)와 환관(宦官)의 곡직(曲直)을
상고하여 서로 더불어 인도하고 보익(輔翼)하며, 유액(誘掖-인도하여
도와줌) 권장(勸奬)하게 하면 저하(邸下)께서 반드시 뜻을 떨쳐 성취
가 있게 되어[有爲] 학문이 날로 진보되고 다움과 학업[德業]이 날로
 유위   덕업
새로워질 것입니다.'

○ 명하여 은(銀)을 캐는 것을 그만두게 했다. 애초에 (명나라) 조정
에 바치는 은그릇의 세공(歲貢)이 700여 냥(兩)이나 되었으나 공조
(工曹)에서 그 용도(用度)를 능히 댈 수가 없었다. 전 전서(典書) 윤전
(尹琠)이라는 자가 있어 말씀을 올렸다.

"경상도 안동(安東) 북면(北面)에 은갱(銀坑)이 있는데 캘 만합니다."

이에 그를 보내서 시험했다. 전(琠)이 인부 300명에게 일을 시켜
두어 달 동안 겨우[纔=僅] 3전(錢)을 얻었고 또 많이 사익(私益)을
 재 근

---

9 둘 다 『맹자(孟子)』「등문공장구(滕文公章句)」에 나오는 말이다.

도모했다. 관찰사가 그 일을 조사해 보고하니 그 역사(役事)를 그치게 했다. 얼마 뒤에 전이 또 풍해도에서 채은(採銀)할 것을 헌의(獻議)하니 사간원에서 말씀을 올렸다.

"전(瑔)은 성품이 본래 어리석고 고지식하여[頑憖] 채은(採銀)의 기술은 알지 못하고 공로를 세우기를 탐하여 신사년(辛巳年-1401년) 가을에 경상도를 돌아다니며 백성들을 모아 산을 팠으나 끝내 1전(錢)도 얻지 못했고, 병술년(丙戌年-1406년) 겨울에 또 김해(金海)·청도(淸道)로 돌아가서 군사를 모아 땅을 팠으나 또한 얻은 것이 없었습니다. (지난번에) 안동에서 얻은 것도 또한 3~4전(錢)에 불과한데 백성을 수고롭게 하고 재물(財物)을 손상시킨 것이 심합니다. 만일 전이 소비한 비용으로 은냥(銀兩)을 산다면 어찌 3~4전뿐이겠습니까? 하물며 지금 봄일[春事]이 바야흐로 한창이어서 백성들을 역사시킬 때가 아니온데 전이 또 풍해도(豊海道)에서 폐단을 짓고자 하니 엎드려 바라옵건대 전을 불러들여 농시(農時)를 빼앗지 말도록 함으로써 민생(民生)을 이루게 해야 합니다. 만일 말하기를 '은을 캐는 일은 사대(事大)의 일이라 폐기할 수 없다'라고 한다면 다시 물리(物理)에 밝은 자를 택해 농한기[農隙]를 맞아 채굴하게 한다면 거의 민생(民生)이 이뤄지고 원하는 것도 얻어질 것입니다."

소(疏)가 올라가자 궁중(宮中)에 머물러 두었다가 마침내 그 역사를 없앴다.

임술일(壬戌日-8일)에 예빈윤(禮賓尹) 우균(禹均), 군기감(軍器監) 한옹(韓雍), 직예문관(直藝文館) 이계공(李季拱), 봉상부령(奉常副令) 하연(河演), 전 경력(經歷) 이복례(李復禮)를 각도(各道)에 나눠 보내 민간의 질고(疾苦)를 묻고 각관(各官)의 영선(營繕-건축 및 토목)을 금(禁)했는데, 이는 곧 병선(兵船)의 허실(虛實)과 군사의 고락(苦樂)을 점검하기 위함이었다. 애초에 상이 중사(中使-환관)를 보내고자 했는데 정승 하륜(河崙)이 말했다.

"마땅히 조사(朝士)를 보내 이름하여 경차관(敬差官)[10]이라고 해야 합니다."

그것을 따랐다.

계해일(癸亥日-9일)에 (경상도) 순흥(順興), 현풍(玄風), 경산(慶山), 합천(陜川), 안동(安東)에 모두 5일 동안이나 눈이 내렸다.

○ 처음으로 서북면(西北面) 도순문사(都巡問使) 및 수령에게 정조(正朝) 동지(冬至) 탄일(誕日)의 진하(陳賀)에 공복(公服)을 착용하게 했다. 도순문사 여칭(呂稱)이 아뢰었다.

'신(臣)과 본계(本界) 각관(各官)의 수령이 탄일(誕日) 및 정조(正朝)의 하례(賀禮)와 대소별상영명(大小別常迎命), 산천제향(山川祭享) 및 사신(使臣)의 영봉(迎奉)에 모두 시복(時服)[11]으로 행례(行禮)하는데 풍해도(豊海道)는 모두 공복(公服)을 쓰오니 예제(禮制)가 같지 않습니다. 바라건대 이제부터는 아울러 공복으로 예를 행하게 해야 할

---

10 조선조(朝鮮朝) 때 지방에 파견하던 임시 벼슬이다. 주로 전곡(田穀)의 손실(損實)을 조사하고 민정(民政)을 살피는 일을 맡았다.

11 공무를 볼 때 관원들이 입던 옷이다.

것입니다.'

그것을 따랐다.

을축일(乙丑日-11일)에 정전(正殿)에 나아가 일본 국왕의 사신(使臣)을 불러서 만나보고 전(殿)에 오르기를 명하여 위로하고 일깨워주었다[慰諭].
위유

병인일(丙寅日-12일)에 상이 인덕궁(仁德宮-상왕 거처)에 나아가 술자리를 베풀고 지나는 길에[歷幸=歷路] 청원군(靑原君) 심종(沈淙)[12]
역행 역로
의 집에 들렀다가 궁으로 돌아왔다.

기사일(己巳日-15일)에 달이 태미(太微)에 들어갔다.

○ 예조참의 안노생(安魯生, ?~?)[13]이 (명나라) 경사(京師)에서 돌아왔

---

12 태조의 사위로 태종의 매부이며 심덕부의 아들이다.

13 1376년(우왕 2년) 문과에 급제했다. 1391년(공양왕 3년) 4월 군자소윤(軍資少尹)으로 서북면찰방별감(西北面察訪別監)이 되어 국경에서 성행하던 원나라와의 밀무역(密貿易)을 철저히 단속하여 법을 위반하는 자가 없도록 했다. 1392년 4월 병조총랑(兵曹摠郞)의 지위에 있을 때 정몽주(鄭夢周)가 이방원(李芳遠)에게 피살되었는데 안노생은 그 일파로 몰려 파직된 후 경상도 영해도호부(寧海都護府)로 유배됐다.
조선이 건국되자 1399년(정종 1년)에 좌간의대부(左諫議大夫)로 다시 등용됐으며 1400년(정종 2년)에는 집현전제학(集賢殿提學) 겸 지제교(知製敎)로 중용되어 왕을 시종했다. 1403년(태종 3년) 7월 좌사간(左司諫)이 됐으나 사간원에서 지방 행정조직 개편에 대해 건의한 것을 두고 사헌부와 갈등이 재현돼 탄핵을 받아 1404년 1월 진주목사로 좌천됐다. 이듬해 7월 예조 우참의(右參議)로 부름을 받아 조정에 복귀했으며, 1406년(태종 6년) 10월 예조 참의(參議)가 되어 신정을 하례하기 위한 사신으로 명나라에 파견됐다. 1407년 5월에는 형조 우참의가 돼 당시 분쟁이 많았던 노비 재산상속에 관한 의견을 상소했다. 같은 해 6월에 이조 참의, 8월에는 개성유후사부유후(開城留後司副留後) 겸 경기도 관찰사가 됐으며, 1409년 4월에는 충청도 관찰사가 됐다. 이후 1413년 3월 인녕부윤

는데 예부(禮部)의 자문(咨文)을 싸 가지고 왔다. 자(咨)는 이러했다.

'병부(兵部)에서, 병과(兵科)에서 건주위 지휘(建州衛指揮) 망가불화(莽哥不花)의 아룀을 초출(抄出)했는데, "홍무(洪武) 19년에 본처(本處)의 양합라(楊哈剌)가 경사(京師)에 이르러서 삼만위(三萬衛)의 백호(百戶)의 직사(職事)를 제수(除授) 받았는데, 홍무 21년에 근지휘(根指揮)·후사가노(候史家奴) 등이 알타리(斡朶里)에 아문(衙門)을 개설(開設)한 뒤, 삼만위(三萬衛)가 다시 개원(開原)으로 돌아와서 위(衛)를 세우고 인민(人民)을 이동시킬 때를 맞아 백호 양합라 등이 가족을 데리고 토문(土門) 지역에 가서 살고 있었습니다. 그런데 홍무 33년에 조선국(朝鮮國) 만호 쇄의교납(鎖矣交納) 등이 와서 본관(本官)과 가소(家小-가족) 30호를 데려가서 본국(本國)의 후문(後門)인 아한(阿漢) 지역에 살고 있으니 (이들을) 취(取)하여 데려올 것을 갖춰 아룁니다"라고 했다. 병부(兵部)에서 참고해보건대 양합라는 기왕에 삼만위 백호(三萬衛百戶)로 제수됐으니 (이를) 취하여 본위(本衛)로 돌아와서 살게 하는 것이 합당하므로 영락(永樂) 4년 12월 12일 아침에 병부(兵部)의 관원이 봉천문(奉天門)에서 복주(覆奏)하여 성지(聖旨)를 받들어, 이에 행이(行移)하여 예부(禮部)에 이르렀다. 생각건대 조선국(朝鮮國) 사신(使臣) 안노생(安魯生)이 현재 경사(京師)에 있으므로 자문(咨文)을 써서 사신(使臣)에게 주어 이를 싸 가지고 본국(本國)에 돌아가게 하여 전항(前項)의 인구(人口)를 발송하여 삼만위로 돌려보내 살게 하고, 인하여 떠난 보낸 인명(人名)과 구

(人寧府尹) 등을 역임했다.

수(口數)를 회자(回咨)하여 시행하기 바란다.'

○ 노생(魯生)이 돌아오는 길에 요동(遼東)에 이르러 도사(都司-요동도사)가 표(表)를 받들어 정상(禎祥-경사스러운 조짐)을 하례하는 것을 보았고, 마침내 예부(禮部)의 자문(咨文)을 초록(抄錄)해 가지고 왔는데 자(咨)는 이러했다.

'영락(永樂) 4년 11월 초4일 경신일에 황상(皇上)께서 태조 고황제(太祖高皇帝)와 효자 고황후(孝慈高皇后)를 추념(追念)하여 천하(天下) 도중(道衆-도사)에게 명해서 조천궁(朝天宮)에 금록대재(金籙大齋)를 세우고 신락관(神樂觀)과 동신궁(洞神宮)에 나눠 나아가서 경(經)을 외어 크게 천양(薦揚)하는 식전(式典)을 거행하고, 이어서 봉천(奉天) 정난(靖難)에 죽은 장교(將校)·군민(軍民)·인물(人物)과 천하의 군민(軍民)이 간악(奸惡)에게 내몰려 전투(戰鬪)와 운수(運輸) 중에 죽은 자를 널리 제도(濟度)하고, 아울러 모든 화(化)하지 않은 유령(幽靈)과, 공중에 나르고 물속에서 헤엄치며, 땅위에서 준동(蠢動)하고 태(胎)와 알로 생육(生育)하며, 습기(濕氣)로 화생(化生)하는 종류에 이르기까지 모두 화평(和平)한 지경에 뛰어오르게 했다. 초5일 신유일에는 청란(青鸞)과 백학(白鶴)이 신락관(神樂觀)으로부터 춤추며 날아왔고 초6일 임술일에는 조천궁(朝天宮)에 거둥하여 예를 행하는데 오색보개(五色寶蓋)가 공중에 떠 와서 광휘(光輝)가 찬란했으며 정양문(正陽門)을 경유하여 둥둥 떠서[冉冉] 황성(皇城) 가운데
                                    염염
에 이르렀다. 초7일 계해일에는 이상한 사람[異人]이 신락관(神樂觀)
                                        이인
에 내려와 크게 기뻐하며 세 번 소리를 지르고 나서는 곧 보이지 않았고, 초8일 갑자일에는 경운(慶雲)이 나타났고, 초10일 병인일에 거

가(車駕)가 조천궁에 다시 거둥하여 일을 마칠 즈음에 다시 경운(慶雲)이 재단(齋壇)을 덮어 가리고, 난새[鸞]와 학(鶴) 수백 마리가 떼로 날아와 돌아다녔으며, 12일 무진일에는 태조 고황제(太祖高皇帝)의 경명일(景命日-천명을 받은 날)인데, 온천(溫泉)이 신락관(神樂觀)에서 나오고, 감로(甘露)가 효릉(孝陵)에 내려 형향(馨香-그윽한 향기)과 감미(甘美)로 태묘(太廟)에 올리고, 백관(百官)에게 나눠 주었으며, 13일에는 쌍학(雙鶴)이 예천(醴泉-단맛이 나는 샘) 위를 날아 돌았다. 경사(京師)에 있는 신하와 백성들이 정상(禎祥)이 중첩하여 나타난 것을 보았으니 모두 국가의 최상(最上)의 상서(祥瑞)로움이다. 실로 황제의 달효(達孝)·순성(純誠)과 지인(至仁)·지경(至敬)에 감응되어 하늘과 태조(太祖)와 태후(太后)가 굽어보시고 이 태평(太平)의 응험(應驗)을 나타낸 것이다. 이미 표(表)를 받들어 하례(賀禮)한 외에 밖에 있는 아문(衙門)이 모두 일체(一體)로 시행해야 할 것이다.'

○ 노생이 말했다.

'황제가 불법(佛法)을 숭상해 어떤 중이 서역(西域)에서 왔는데 나이는 20여 세쯤 되고 사람들이 그를 존경하고 떠받들어 생불(生佛)이라고 했습니다. 그 언행(言行)을 들어보면 보통 사람과 다를 것이 없고 구운 양(羊)고기를 잘 먹습니다. 그러나 밤중에 등불과 같이 빛을 발하니 이것이 이상하여 많은 사람들을 미혹시켰습니다.'

○ 충청(忠淸)·강원(江原)·경상도(慶尙道)에 명해 (명나라에) 진헌(進獻)할 중폭지(中幅紙)를 만들게 했다.

경오일(庚午日-16일)에 대마도 수호(守護) 종정무(宗貞茂)가 평도전

(平道全)을 보내와 토물(土物)을 바치고 잡혀갔던 사람들을 되돌려 보냈다. 정무(貞茂)가 무릉도(武陵島)[14]를 청(請)해 여러 부락(部落)을 거느리고 가서 옮겨 살고자 하니 상이 말했다.

"만일 이를 허락한다면 일본 국왕(國王)이 나더러 반인(叛人)을 불러들였다 하여 틈이 생기지 않을까?"

남재(南在)가 대답했다.

"왜인의 풍속은 반란을 하면 반드시 다른 사람을 따릅니다. 이것이 습관이 되어 상사(常事)로 여기므로 금(禁)할 수가 없습니다. 누가 감히 그런 계책을 내겠습니까?"

상이 말했다.

"그 나라 영역 안에서는 상사(常事)로 여기지만 만일 월경(越境)해 오게 되면 저쪽에서 반드시 말이 있을 것이다."

계유일(癸酉日-19일)에 처음으로 (동북면) 영흥부(永興府)의 토관(土官-지역 관리)에게 지록(地祿)[15]을 주었다. 의정부에서 아뢰었다.

"국초(國初)에 영흥부의 토관 300여 인을 두었다가 신사년(辛巳年-1401년)에 200명을 태거(汰去-폐지)하고 다만 114인만을 남겨두었으나 여전히 그 지록은 주지 않았습니다. 동서북면(東西北面)은 국가의 울타리[藩籬]이므로 일이 일체(一體)로 같으니 빌건대 평양부(平壤

---

14 지금의 울릉도다.
15 녹(祿)으로 주는 전지(田地)다. 이미 1391년(고려 말 공양왕 3년)에 토관에게 지록으로 5품은 10결, 6품은 8결, 7품은 6결, 8품은 4결, 9품은 3결이 지급됐다.

府)의 예(例)에 의거해 지록을 참작해주어야 할 것입니다."

그것을 따랐다.

○ 만산군(漫散軍) 유산성(劉山城) 등 2,000명을 요동(遼東)으로 풀어서 보냈다. 상호군(上護軍) 김문발(金文發)·이추(李推)와 대호군(大護軍) 강원길(姜元吉)을 보내 이들을 관령(管領)해 조를 나눠[分運] 보냈다.

을해일(乙亥日-21일)에 (강원도) 원주에 눈이 내렸다.

○ 성균관(成均館) 문묘(文廟)가 이뤄졌다.

○ 사헌부(司憲府), 형조(刑曹), 의용순금사(義勇巡禁司)에 명해 옥송(獄訟)을 (신속하게) 심리(審理)하여 머물러 두고 지체되는 일이 없도록 했다.

정축일(丁丑日-23일)에 도성(都城)에 서리가 내렸다. 서운관(書雲觀) 관원을 불러 물었다.

"계춘(季春-늦봄)에 서리가 내리는 것은 그 응험(應驗)이 어떠한가?"

관원이 대답했다.

"서리가 비록 원래 내려야 할 때는 아니지만 땅의 기운[地氣]이 왕성하게 올라와 (서리가) 풀을 죽이지 못할 것이니 재이는 아닙니다."

무인일(戊寅日-24일)에 길창군(吉昌君) 권근(權近)이 글을 올렸다. 글은 이러했다.

'신(臣) 근(近)이 장구(章句)나 외우는 말학(末學)[16]으로 오랫동안 문한(文翰)[17]의 직임을 더럽혀[玷=汚] 은혜를 입은 바는 지나치게 두 텁건만 일찍이 보답이나 효험이 없었습니다. (그런데) 이제 또 과분하게 유학제조(儒學提調)가 되었으니 감히 노둔(駑鈍)한 재주라도 남김 없이 다하여[罄竭=盡] 문치(文治)의 만분(萬分)의 일이라도 돕지 않을 수 있겠습니까? 그러나 신이 쇠(衰)한 나이에 병이 많고 정신이 혼미하며 눈은 책을 관람(觀覽)하기에 어둡고 기운은 강설(講說)하기에 피곤하여 비록 힘을 다해 후학(後學)을 가르쳐 내고자 해도 실로 감내할 수 없으니 이른 아침부터 밤 늦게까지 생각할 때 전하(殿下)께서 이 일을 맡기신 뜻을 저버릴까 두렵습니다. 삼가 배움을 진작시키는[勸學] 일의 항목 한두 가지를 갖춰 기록해 아뢰오니 엎드려 바라옵건대 성재(聖裁)[18]해 주시옵소서.

하나, 문과(文科) 초장(初場)[19]에 의의(疑義)[20]를 없애고 강론(講論)을 시험했는데 이는 사장(詞章)을 그냥 답습하는 폐단을 억제하고 경서(經書)를 궁리(窮理)하는 실학(實學)의 선비를 얻자는 것이었으

---

16 유학을 겸손하게 부른 표현이다.
17 글 짓는 일에 관계되는 일 또는 문장에 능한 사람을 가리킨다.
18 재가(裁可)의 높임말이다.
19 과거의 제1차 시험을 말하는데, 대체로 경서(經書) 중 지정된 대목을 암송하는 강경(講經)을 했다. 초장에서 떨어지면 중·종장(中終場)에 나아갈 수 없었다.
20 경서(經書)의 구절을 해석하고 일정한 논리를 세우는 시험 형식의 하나다. 『경국대전(經國大典)』「예전(禮典)」에 따르면 시험 과목 가운데 의(疑)와 의(義)가 있는데, 의(疑)는 '사서의(四書疑)'로 사서(四書) 중에서 출제했으며, 의(義)는 '오경의(五經義)'로 오경(五經) 중에서 출제됐다. 그러나 의제(疑題)와 의제(義題) 두 가지는 혼용돼 의의(疑義)로 쓰이는 경우도 많았다.

니 참으로 아름다운 제도입니다. 그러나 이 법을 행한 지 이제 벌써 여러 과(科)가 되었으나 아직도 경학(經學)에 뛰어난 인재가 그동안에 나오지 않았고, 문재(文才)와 기습(氣習)은 도리어 저하되고 좀스러워졌습니다[猥瑣]. 신(臣)이 항상 그렇게 된 까닭을 괴이하게 여겨서 이를 생각하고 헤아려보건대 문장(文章)을 짓는 것은 기(氣)로 하고 기를 기르는 것은 뜻[志]을 근본으로 삼으니 뜻이 넓으면 기가 웅대해지고 뜻이 좁으면 기가 용렬해지는 것은 형세상으로 마땅히 그러한 것입니다. (그런데) 지금의 배우는 자들은 경서의 뜻[經旨]만을 알아가지고 그것으로 유사(有司-해당 관리)의 물음에 대답하고자 하는데 그 뜻이라는 게 먼저 구두(句讀)와 훈고(訓詁) 사이에 국한되어 오로지 기억하고 외우는 것[記誦]에만 힘을 써서 입에만 담으려 하니 의리(義理)의 깊은 온축과 문장(文章)의 법도에서는 힘을 쓸 겨를이 없습니다. 또 한마디 말[一言]이라도 맞지 아니하여[不中] 척출(斥黜)이라도 당하면 부끄러워 얼굴을 붉히고 두려워서 꺼려하여 그 기(氣)가 먼저 꺾이니 바로 이것이야말로 곧 문장과 기습(氣習)이 전체적으로 저하되고 좀스러워지는 까닭입니다. 빌건대 이제부터 강론(講論)을 없애고 다시 의의(疑義)를 시험하되 다만 경의(經義-경전의 뜻) 한 문제[一道]와 사서의(四書疑) 한 문제를 과업으로 하게 하여 아울러 전조(前朝-고려)의 구식(舊式)에 따르게 해야 할 것입니다. 그리고 그 오경의(五經疑) 한 문제는 여러 경서에서 각각 내지 말고 사서의(四書疑)의 예(例)와 같이 하여 혹 한 경서(經書)만을 행하기도 하고, 혹 다른 경서(經書)를 병합하기도 하여 사안의 마땅함[宜]에 따라 설문(設問)해서 어떤 경의(經疑)에서 나오는가를 먼저 알지 못하게 한다면 응시하는 자들로 하여금 모두 오경(五經)에 통해 심지(心志)가 너그럽고 넓어지며, 편안하고 한가롭게 널리 박람(博覽)하여 사기(辭氣-말이나 글의 기운)가 풍부하게 넓어지고 문재(文才)가 진작(振作)하여 피어날 것입니다.

하나, 중장(中場)[21]의 고부(古賦)는 처음 배움을 시작한 선비가 지을 수 없는 것이고 또 실지로 쓸 데도 없으니 설사 익히지 않더라도 괜찮습니다. 빌건대 고부(古賦)를 없애고 논(論)·표(表) 각각 한 문제와 판(判) 한 문제로 시험해야 할 것입니다.[22]

하나, 한리(漢吏)[23]의 글은 사대(事大)를 하는데 긴요한 업무이니 중하게 여기지 않을 수 없습니다. 지금 의학(醫學)·역학(譯學)·음양학(陰陽學)·율학(律學) 등은 모두 과목(科目-과거의 항목)이 있는데, 오직 이것만은 없으니 진실로 큰 틀이 빠진 것[闕典]입니다. 빌건대 전조(前朝)의 명경과(明經科)[24]의 예(例)에 따라 문과(文科)의 종장(終場)에 이문(吏文)하는 선비를 아울러 시험하여 정과(正科)에 동방(同榜)으로 이름이 불릴 수 있도록 허락해 잡과(雜科)와 달리해야 할 것

---

21 문과 제2차 시험이다. 대체로 초장에는 경서(經書)를, 중장에는 시(詩)·부(賦)를, 종장에는 대책(對策) 등을 시험 보이는 것이 보통이었다. 그러나 초장에 불합격하면 중·종장에 나아갈 수 없었으므로 초장에 무슨 과목을 시험 보이느냐는 매우 중요했다. 그래서 여기서 보듯이 초장에 강경(講經)을 할 것이냐, 제술(製述)을 할 것이냐를 놓고 조선 초기 반세기 동안 심한 논란이 벌어졌다. 이 논쟁은 세종 때에도 계속 이어진다.

22 부(賦), 논(論), 표(表), 판(判)은 다 문체의 종류다.

23 중국의 이문(吏文)을 가리킨다. 이문이란 중국의 속어를 섞어서 쓴 순한문이며, 중국과의 외교에서 사용된 글이다.

24 고려시대 과거의 한 분과로 유교 경전으로 시험을 치렀다. 그리고 조선시대에는 초시의 한 분과로 생원과라고도 불렸다.

입니다. 문과(文科)에 응시하는 자로서 이문(吏文)까지 아울러 응시하고자 하는 자가 있거든 이를 들어주고 이에 정과(正科) 내(內)에 분수(分數-인원수)를 추가해야 할 것입니다.

하나, 직책이 관각(館閣)[25]에 있는 문신(文臣)과 한량문신(閑良文臣)[26]으로서 장차 임용(任用)할 만한 자는 매달 5일에 한 차례씩 예문관(藝文館)[27]에 모여 서로 더불어 강마(講磨)하게 하고 무릇 문한(文翰)의 일이 있으면 모두 제술(製述)하게 하여 잘된 것을 골라서 쓰고, 그 능(能)하고 능하지 못한 것을 상고하여 승진(陞進)이나 폄출(貶黜)을 하도록 해야 합니다. 한량 문신의 재행(才行)과 근만(勤慢-부지런함과 게으름) 또한 예문관으로 하여금 천거하여 녹용(錄用)하게 하고, 직관(直館)[28] 이상은 매일 동인시문(東人詩文)[29] 약간 편(篇)을 뽑아서 그 하관(下官)을 시켜 정부(政府)와 제조(提調)가 있는 곳에 나아가 올리게 하여 그들이 고르거나 버리는 바를 들어서 전서(全書)를 만들게 하고, 대간원(臺諫員)은 매달 그 근만(勤慢)을 조사하게 해야 합니다.

---

25 예문관(藝文館)을 가리킨다.

26 일정한 직책이 없는 산관문신(散官文臣)이다.

27 국왕의 교서(敎書) 및 칙령의 기록을 맡아보았다. 조선 건국 초기에는 고려의 제도를 답습하여 예문춘추관으로 했던 것을 1401년 예문관과 춘추관으로 분리하여 독립관청으로 만들었다. 고위관직은 거의 모두 홍문관에서 겸하지만, 실무진은 전임관으로 사관(史官)을 겸했고 한림(翰林)이라 불렸다. 특히 대제학은 문한(文翰)을 전적으로 맡았기 때문에 문과 출신 관리의 최고 영예로 여겼다.

28 조선시대 예문춘추관(藝文春秋館)의 정9품 벼슬이다.

29 동인은 조선 사람을 가리킨다. 중국 시문이 아니라 조선의 시문을 말한다.

하나, 삼관(三館)[30]의 여러 인원은 유학제조(儒學提調)로 하여금 매달 한 번씩 그들이 읽은 경사(經史)의 여러 글들을 점고하여 그 이름을 장부에 기록하게 하고, 연말에 질(秩)이 차서 옮기게 될 때에는 그들이 읽은 경서(經書)의 많고 적음을 아울러 써서 상등(上等)인 자는 뛰어서 청요(淸要)한 벼슬에 두고, 중등(中等)인 자는 전례(前例)에 따라 낮은 작질로 내려보내고, 하등(下等)인 자는 외임(外任-지방관직)으로 서용(敍用)해야 합니다.

하나, 『소학(小學)』[31]의 글은 인륜(人倫)과 세도(世道)에 매우 간절한 것이온데 지금의 배우는 자들은 모두 익히지 않으니 심히 이래서는 안 됩니다. 지금부터 도성과 지방의 교수관(敎授官)이 모름지기 생도(生徒)들로 하여금 먼저 이 글을 강(講)한 연후에 다른 글을 배우도록 허락하게 해야 합니다. 생원시(生員試)에 응시하여 태학(太學)에 들어가고자 하는 자는 성균정록소(成均正錄所)[32]로 하여금 먼저 이 글의 통과 여부를 상고하게 하여 마침내 응시하도록 허락하고 길이 항식(恒式)으로 삼아야 할 것입니다.

하나, 전조(前朝) 때에는 외방(外方)에 있는 한량유신(閑良儒臣)이 사사로이 서재(書齋-서원)를 두어서 후진을 가르치고 깨우쳐 스승과 생도가 각기 그 마땅한 도리[所安]를 얻어서 그 학업을 이뤘습니다.

---

30 홍문관(弘文館), 예문관(藝文館), 교서관(校書館)을 가리킨다.
31 송(宋)나라 주자(朱子)가 엮은 것으로 되어 있으나 사실은 그의 문인 유자징(劉子澄)이 주자의 가르침에 의해 찬술(纂述)한 책이다. 이는 무엇보다 공자의 유학과는 구별되는 주자의 성리학 세계로 들어가는 입문서였다는 점에서 지금 권근은 성리학 혹은 도학의 필요성을 역설하고 있는 것이다.
32 성균관의 일반 서무를 맡은 기관이나 과거 시에는 과거의 실무를 관장했다.

지금은 스승이 될 만한 유학자가 간혹 다른 고을의 교수(敎授)가 되어 가족과 떨어지게 되고 생업(生業)을 폐기하게 되니 모두 구차스럽게 면(免)하려 합니다. 또 생도는 강제로 향교(鄕校)에 나오게 하여 편안히 공부를 하지 못하고, 수령(守令)이 혹은 서사(書寫-서기)의 일로써 사역(使役)을 시키니 이름은 권학(勸學)이라 하나 실지는 폐기되거나 해이해진 것이 많습니다. 이제부터는 외방에 있는 유신(儒臣)이 사사로이 서재(書齋)를 두고 가르치고 일깨우는 자는 감히 다른 고을의 교수로 정하지 말도록 하고, 생도도 강제로 향학(鄕學-향교)에 나오게 하지 말도록 하며, 감사(監司)와 수령(守令)이 권면(勸勉)을 더하여 각기 편안히 살면서 강학(講學)하여 풍속의 교화[風化]를 돕게 해야 할 것입니다.

하나, 시장(詩章)으로 창화(唱和)하는 것은 유자(儒者)의 말단의 기예이기는 하지만 그 또한 인재(人材)의 성쇠(盛衰)에 관계되오니 이를 쉽게 폐기할 수 없습니다. 또 성정(性情)을 읊조리다 보면 감발(感發)하여 흥기(興起)하는 바가 있으니 곧 예전에 주자(冑子-대를 이을 맏아들)를 전악(典樂-음악을 관장하던 관리)이 영가(詠歌)로써 가르치던 남은 뜻입니다. 전조(前朝) 때에는 안에는 구재(九齋)[33]가 있고, 밖에는 도회(都會)[34]를 두어서 매번 하월(夏月)에는 시(詩)를 짓는 것을

33 고려 공민왕(恭愍王) 때부터 있던 성균관(成均館)의 경학(經學)을 공부하던 재(齋)를 말한다. 오경 사서재(五經四書齋)로서, 역재(易齋)·서재(書齋)·시재(詩齋)·춘추재(春秋齋)·예재(禮齋)의 오경재(五經齋)와 논어재(論語齋)·중용재(中庸齋)·맹자재(孟子齋)·대학재(大學齋)의 사서재(四書齋)가 있었다.

34 지방에서 행하는 향시(鄕試)를 가리킨다.

과업(課業)으로 삼고, 동당감시(東堂監試)[35]에도 또한 시(詩)로써 시험했는데 지금은 모두 혁파(革罷)하고 오로지 경술(經術)만을 힘써서 말단은 버리고 근본으로 향하니 아름다운 법(法)이라 하겠습니다. 그러나 지금 유자(儒者)가 비록 경서(經書)에 통했다고 하더라도 문장(文章)에 뛰어난 재주가 적고, 시를 짓는 데도[詩道] 그다지 잘하지 못하니 이는 대개 그 두 가지를 다 잃어버린 것입니다.

혹시라도 갑자기[儻] 중국의 글 잘하는 사신[詞臣]이 사명(使命)을 받들고 와서 서로 더불어 창화(唱和)한다면 어찌 웃음거리가 되지 않겠습니까? 빌건대 이제부터는 시산(時散)의 문신(文臣) 3품 이하를 해마다 춘추(春秋)의 중월(仲月)[36]에 예문관(藝文館)에 모아서 관각(館閣)의 제학(提學) 이상이 제목을 내어 시(詩)를 짓게 해서 그 능(能)하고 능하지 못한 것을 상고하여 이름을 갖춰서 아뢰어 서용(敍用-임용)에 근거 자료로 삼게 하고, 중외(中外)의 학교에서 해마다 춘추(春秋)의 계월(季月)[37]에 다시 과시(課詩)의 법(法)을 행하고, 감사(監司)와 수령(守令)이 감학(監學)할 때에도 또한 시(詩)를 짓게 하여 그 능한 자를 표창해서 권면(勸勉)을 더하게 해야 할 것입니다.'

그것을 따랐다.

기묘일(己卯日-25일)에 권근(權近)을 예문관대제학(藝文館大提學)으

---

35 국자감시(國子監試)를 말한다.
36 사철에서 매철의 가운데 달인 음력 2월, 5월, 8월, 11월을 두루 일컫는 말이다.
37 사철에서 매철의 마지막 달인 음력 3월, 6월, 9월, 12월을 두루 일컫는 말이다.

로 삼았다. 왜냐하면 장차 중시(重試)³⁸를 행하려고 하는데 근(近)이 없어서는 안 되기 때문에 그를 다시 일으킨 것이다. 근이 또 사양했으나 윤허하지 않고 군이 일어나게 하니 마침내 직에 나아왔다.

경진일(庚辰日-26일)에 일본(日本) 지좌전(志佐殿)이 잡혀갔던 우리나라 사람 35명을 돌려보냈다.

신사일(辛巳日-27일)에 상이 덕수궁에 나아가 기거했다.

계미일(癸未日-29일)에 공신(功臣)에게 광연루(廣延樓)에서 잔치를 베풀고 맹족(盟簇-맹서의 글)을 주었다. 잔치에 참여한 자는 안평부원군(安平府院君) 이서(李舒, 1332~1410년)³⁹ 등 38인이었다.

---

38 조선시대 당하관(堂下官) 이하의 문무관에게 10년마다 한 번씩 보이는 과거다. 처음에는 정년(丁年)에 행하던 것을 뒤에 병년(丙年)으로 바꿔 실시했다. 응시 자격도 처음에는 중앙과 지방의 종3품 중직대부(中直大夫) 이하로 돼 있었으나 『경국대전』에는 당하관 이하의 문무신으로 바뀌었다. 그리고 대간에게 고신을 빼앗긴 자들도 응시할 수 있었다. 시험과목은 그때마다 품정(稟定)했으나, 대개 표(表)·책(策) 중의 하나를 국왕의 친림 하에 전정(殿庭)에서 시험 보였다. 시관은 상시관(上試官)으로서 의정(議政) 1인, 종2품 이상을 독권관(讀卷官), 참시관(參試官)으로서 당하관 4인을 대독관(對讀官)으로 했다. 처음에는 중시를 보는 문신을 전정의 동쪽에, 그 대거(對擧)로서 별시문과를 개설하여 이에 응시하는 사람들을 전정의 서쪽에 앉게 하여 같은 문제로 시험 보였으나, 폐단이 많아 뒤에는 따로 실시하게 됐다.
중시의 액수(정원)는 그때그때 국왕에게 아뢰어 정했다. 가장 적게 뽑은 때는 1516년(중종 11년)의 3인이고, 가장 많이 뽑은 때는 1447년(세종 29년)의 19명이었다. 중시에 합격하면 식년문과와 달리 을과 제1등·제2등·제3등으로 나눠 각각 몇 사람씩 뽑았는데, 을과 제1등으로 장원급제에 해당하는 1명은 4계급, 차상·차하에 해당하는 자는 3계급, 을과 제2등은 2계급, 을과 제3등은 1계급씩 특진시켜 당상관까지 올려주었으며, 참외(參外)는 모두 6품으로 올려주었다.
39 1392년(태조 1년) 이성계 추대에 참여해 개국공신 3등에 책록돼 안평군(安平君)에 봉해

100

○ 제주(濟州)에서 그 지방의 현안[事宜] 몇 조목을 올리니 그것을
사의
따랐다.

'하나, 본주(本州)는 수로(水路)가 막히고 멀어서 감사(監司)의 포폄
(褒貶-인사평가)이 미치지 못합니다. 기존의[往等] 수령(守令)으로서
왕등
선정(善政)이 있었던 자는 본토(本土)의 사람으로 하여금 이름을 갖
춰 신문(申聞)하게 해야 합니다.

하나, 본주에는 훌륭한 의원(醫員)이 없어 사람이 병이 나면 치료
할 수 없으니 빌건대 의술(醫術)에 능통하고 침구(針灸)에 밝은 자를
파견하여 교수관(敎授官)으로 삼고, 절후(節候)에 맞춰 약(藥)을 캐
어 좋은 것은 가려서 상공(上供)하고, 생도(生徒)들을 가르치고 일깨
워 질병을 구제하고 치료하게 해야 할 것입니다.

하나, 공사간(公私間)에 방목(放牧)하는 7~8세(歲) 이상의 수말
[雄馬]은 비록 육지에 나가더라도 이를 조련시켜 쓰임에 맞도록 하기
웅마
가 쉽지 않습니다. 지금 이후로는 육지로 내보내지 말게 하여 좋은
말의 종자가 끊어지지 않게 해야 할 것입니다.

하나, 해마다 육지로 나가는 마필(馬匹)은 여러 날 동안 배에 실려

지고 형조전서(刑曹典書)에 임명됐다. 1394년 사헌부대사헌이 되고, 1396년 신덕왕후
(神德王后)가 죽자 3년간 정릉(貞陵)을 수묘(守墓)했다. 1398년 문하부참찬사에 오르
고, 1400년 태종이 즉위하자 문하시랑찬성사에 이어 우정승으로 부원군(府院君)에 봉해
졌다. 이해 고명사(誥命使)로 명나라에 다녀오고, 이어 영의정부사(領議政府事)가 됐다.
1402년(태종 2년) 사임하고, 앞서 1398년 왕자의 난 때 상심해 함흥에 가 있던 태조를
중 설오(雪悟)와 함께 안주(安州)에 나가 맞아 귀경하게 했으며, 1404년 다시 우정승이
됐다. 이듬해 75세의 고령으로 치사(致仕-나이가 많아 벼슬을 사양하고 물러나는 것으로 일
종의 정년퇴임 같은 것이다)했다가 다시 영의정에 올랐고, 기로소에 들어간 뒤 만년을 향리
에서 보내다가 죽었다.

서 바람과 파도에 시달리는데, 육지에 내리는 날에 물을 마시는 것이 절도를 잃어서 이로 말미암아 병이 나서 가을이 되면 많이 죽습니다. 빌건대 바다 어구에 성(城)을 수축하고 풀을 쌓아두었다가 육지에 내리는 날에 성안으로 몰아넣어 다만 풀다발[草束]만을 주고, 이튿날에 이르러서 이를 흩어놓아 물을 마시도록 허락해야 할 것입니다. 본주의 도망치고 누락된 인구를 찾아내어 성(城)을 간수(看守)하고 농사를 짓게 하여 생활해나가게 할 것입니다.'

○ 사복시(司僕寺)에서 마정(馬政)에 관한 사목(事目)을 올렸다. 아뢰어 말했다.

"마정(馬政)은 군국(軍國)의 중대한 일입니다. 각도(各道)에서 기르는 마필(馬匹)이 더위와 비, 바람과 눈으로 인해 많이 상하거나 죽고 있습니다. 빌건대 한 섬 안에 초옥(草屋) 서너 곳을 적당히 지어서 말들로 하여금 추위와 더위를 피하게 하고 또 목자(牧子)들로 하여금 매년 늦가을에 들풀을 베어 쌓게 하여 풍설(風雪)과 기한(飢寒)에 대비토록 해야 합니다. 또 근래에 무릇 양마(良馬)를 가지고 있는 자가 대개는 모두 거세(去勢)한 말[騸馬]을 만들어서 종자를 없애니 빌건대 이제부터 중외(中外)에 포고(布告)하여 임의로 거세하지 못하게 해야 합니다. 병이 있어 반드시 거세해야 할 것은 서울에서는 병조(兵曹)에 보고하고 외방(外方)에서는 수령에게 보고하게 하여 그 허위와 사실을 상고하여 낙인(烙印)한 연후에 거세하도록 허락해야 할 것입니다."

그것을 따랐다.

乙卯朔 還宮 下禮曹佐郎鄭宗本于巡禁司. 以迎駕之日 誤令
올묘 삭 환궁 하 예조 좌랑 정종본 우 순금사 이 영가 지 일 오령

各司早會也. 旣而釋之.
각사 조회 야 기이 석지

丁巳 以尹柢爲兵曹判書 李貴齡參贊議政府事 閔無疾驪城君
정사 이 윤저 위 병조판서 이귀령 참찬 의정부 사 민무질 여성군

兼判義勇巡禁司事 成石因司憲府大司憲 趙狷忠淸道都節制使
겸 판 의용순금사 사 성석인 사헌부 대사헌 조견 충청도 도절제사

姜思德慶尙道都節制使 林整全羅道都節制使 狷等三人 皆兼
강사덕 경상도 도절제사 임정 전라도 도절제사 견 등 삼인 개 겸

水軍都節制使.
수군 도절제사

戊午 上詣德壽宮獻壽.
무오 상 예 덕수궁 헌수

己未 命復給僧伽寺元屬奴婢.
기미 명 부급 승가사 원속 노비

召宗親於解慍亭 觀射.
소 종친 어 해온정 관사

命議政府 議邊塞差遣之法. 議政府啓: "時散人員蒙被差遣者
명 의정부 의 변새 차견 지법 의정부 계 시산 인원 몽피 차견 자

多方規免 不卽就行. 除父母及己身疾病外 毋得托故規免 違者
다방 규면 부즉 취행 제 부모 급 기신 질병 외 무득 탁고 규면 위자

照律論罪." 從之.
조율 논죄 종지

庚申 申嚴中外無牌鷹子之禁.
경신 신엄 중외 무패 응자 지 금

辛酉 司諫院上疏論敎養世子之法. 疏曰:
신유 사간원 상소 논 교양 세자 지 법 소왈

'世子儲副敎養之方 不可不謹也. 必左右前後 皆賢士大夫
세자 저부 교양 지 방 불가 불근 야 필 좌우 전후 개 현 사대부

然後乃可以涵養薰陶 日遷於善而不自知矣. 殿下曾置書筵官
연후 내 가이 함양 훈도 일천 어 선 이 부 자지 의 전하 증치 서연관

輔德以下至于正字 皆令除仕本衙 以專其任 常在左右 隨事
箴警 其培養國本至矣. 然其間諫臣政曹員兼任者半焉 故當陪奉
衙朝及本司齊坐之日 講官不過四五員 又因時享式暇服制等故
或止于一二員. 其左右前後 果皆賢士大夫乎? 孟子曰:"一齊衆
楚 雖日撻而求齊也 不可得也."又曰:"在王所者 長幼卑尊 皆非
薛居州也 王誰與爲善?"今也在左右者 侍講之官甚少 宦豎之
輩頗多 涵養薰陶 恐難遂也. 且邸下性本英邁 而年幾冠婚 敎養
引翼 尤不可緩也. 願自今 輔德至正字十員 皆以可除本司之務
者兼任 俾專侍講之職 又令臺諫一員 輪次入侍 以考講官之勤怠
宦豎之曲直 使之相與引道輔翼 誘掖獎勸 則邸下必振發有爲 而
學問日進 德業日新矣.

命罷採銀. 初 朝廷進獻銀器 歲貢七百餘兩 而工曹未能支其用.
有前典書尹琠者上言:"慶尙道 安東北面 有坑可採."乃遣試之.
琠役丁夫三百數月 纔得三錢 且多營私利 觀察使按其事以聞 罷
其役. 旣而 琠又獻議 採銀于豊海道. 司諫院上言:
"琠性本頑戆 不知採銀之術 而貪於樹功 辛巳之秋 行遍
慶尙道 聚民堀山 竟不得一錢; 丙戌之冬 又歸金海 淸道聚軍
堀地 亦無所得; 安東所得 亦不過三四錢 其勞民傷財甚矣. 若以
琠所費之廩 以買銀兩 則其所得 奚止三四錢哉? 況今春事方興
非役民之日 而琠又欲作弊於豊海道. 伏望召還尹琠 勿奪農時

以遂民生. 若曰採銀 所以事大 所不可廢 則更擇明於物理者 當
이 수 민생 약왈 채은 소이 사대 소 불가 폐 즉 갱 택명 어 물리 자 당

農隙以使之 庶乎民生遂 而所需得矣."
농극 이 사지 서호 민생 수 이 소수 득의

疏上留中 然遂罷其役.
소상 유중 연수 파 기역

壬戌 分遣禮賓尹禹均 軍器監韓雍 直藝文館李季拱 奉常副令
임술 분견 예빈 윤우균 군기감 한옹 직 예문관 이계공 봉상 부령

河演 前經歷李復禮于各道 問民間疾苦 禁各官營繕 仍點考兵船
하연 전 경력 이복례 우 각도 문 민간 질고 금 각관 영선 잉 점고 병선

虛實軍士苦樂也. 初上欲遣中使 政丞河崙以爲 宜遣朝士 名爲
허실 군사 고락 야 초 상 욕견 중사 정승 하륜 이위 의견 조사 명위

敬差官 從之.
경차관 종지

癸亥 雨雪于順興 玄風 慶山 陜川 安東凡五日.
계해 우설 우 순흥 현풍 경산 합천 안동 범 오일

初 令西北面都巡問使及守令 於正 至 誕日陳賀 用公服.
초 영 서북면 도순문사 급 수령 어 정 지 탄일 진하 용 공복

都巡問使呂稱啓: '臣及本界各官守令 於誕日 正朝賀禮 大小
도순문사 여칭 계 신 급 본계 각관 수령 어 탄일 정조 하례 대소

別常迎命 山川祭享 使臣迎逢 竝以時服行禮 豊海道則皆用公服
별상 영명 산천 제향 사신 영봉 병 이 시복 행례 풍해도 즉 개 용 공복

禮制不同. 乞自今竝以公服行禮' 從之.
예제 부동 걸 자금 병 이 공복 행례 종지

乙丑 御正殿 引見日本國王使臣 命升殿慰諭之.
을축 어 정전 인견 일본 국왕 사신 명 승전 위유 지

丙寅 上詣仁德宮置酒 歷幸靑原君沈淙之第而還.
병인 상 예 인덕궁 치주 역행 청원군 심종 지 제 이환

己巳 月入太微.
기사 월 입 태미

禮曹參議安魯生 回自京師 齎禮部咨文來. 咨曰:
예조 참의 안노생 회자 경사 재 예부 자문 래 자왈

'該兵部於兵科抄出建州衛指揮莽哥不花奏: "洪武十九年間
해 병부 어 병과 초출 건주위 지휘 망가불화 주 홍무 십구 년간

有本處楊哈剌赴京 蒙除三萬衛百戶職事; 洪武二十一年間
유 본처 양합라 부경 몽제 삼만위 백호 직사 홍무 이십 일 년간

根指揮侯史家奴等 於斡朶里開設衙門. 後因三萬衛復回開原
근지휘 후사가노 등 어 알타리 개설 아문 후 인 삼만위 부회 개원

立衛 起發人民之時 有百戶楊哈剌等 將帶家小於土門地面 一向
입위 기발 인민 지시 유 백호 양합라 등 장대 가소 어 토문 지면 일향

寄住. 洪武三十三年間 有朝鮮國萬戶 鎖矢交納等前來 起取
<small>기주 홍무 삼십 삼 년간 유 조선국 만호 쇄의교납 등 전래 기취</small>

本官連家小三十戶 在本國後門阿漢地面住坐 具奏取回." 兵部
<small>본관 연 가소 삼십 호 재 본국 후문 아한 지면 주좌 구주 취회 병부</small>

參看得楊哈剌 既係原除三萬衛百戶 合取回還本衛住坐. 永樂
<small>참간 득 양합라 기계 원제 삼만위 백호 합취 회환 본위 주좌 영락</small>

四年十二月十二日早 兵部官於奉天門覆奏 奉聖旨是 欽此行移
<small>사년 십이 월 십이 일 조 병부 관어 봉천문 복주 봉 성지 시 흠차 행이</small>

到部 照得朝鮮國見有使臣安魯生在京 合寫咨文就付使臣 齎往
<small>도부 조득 조선국 견유 사신 안노생 재경 합사 자문 취부 사신 재왕</small>

本國 取發前項人口 回還三萬衛住坐 仍希發過人名口數 回咨
<small>본국 취발 전항 인구 회환 삼만위 주좌 잉희 발과 인명 구수 회차</small>

施行.'
<small>시행</small>

魯生還至遼東 見都司奉表賀禎祥 乃抄錄禮部咨以來. 咨曰:
<small>노생 환지 요동 견 도사 봉표 하 정상 내 초록 예부 자 이래 자왈</small>

'永樂四年十一月初四日庚申 皇上追念太祖高皇帝 孝慈
<small>영락 사년 십일 월 초 사일 경신 황상 추념 태조 고황제 효자</small>

高皇后 命天下道衆 於朝天宮建金籙大齋 分就神樂觀 洞神宮
<small>고황후 명 천하 도중 어 조천궁 건 금록 대재 분취 신락관 동신궁</small>

誦經 大擧薦揚之典 仍普度奉天靖難亡故將校軍民人物及天下
<small>송경 대거 천양 지전 잉 보도 봉천 정난 망고 장교 군민 인물 급 천하</small>

軍民爲奸惡驅迫 死於戰鬪轉輸者 幷一切未化幽靈 飛潛蠢動
<small>군민 위 간악 구박 사 어 전투 전수 자 병 일절 미화 유령 비잠 준동</small>

胎卵濕化之類 咸資超躋. 初五日辛酉 靑鸞白鶴 自神樂觀翔舞
<small>태란 습화 지류 함자 초제 초 오일 신유 청란 백학 자 신락관 상무</small>

而來: 初六日壬戌 駕幸朝天宮行禮 有五色寶蓋 浮空而來 光輝
<small>이래 초 육일 임술 가행 조천궁 행례 유 오색 보개 부공 이래 광휘</small>

燁然 由正陽門 冉冉至于皇城之中: 初七日癸亥 有異人降于
<small>엽연 유 정양문 염염 지우 황성 지중 초 칠일 계해 유 이인 강우</small>

神樂觀 懽呼三聲 倏忽不見: 初八日甲子 慶雲見: 初十日丙寅 駕
<small>신락관 환호 삼성 숙홀 불견 초 팔일 갑자 경운 현 초 십일 병인 가</small>

再幸朝天宮 竣事之際 復有慶雲 覆蔭齋壇 鸞鶴數百 群集翩旋:
<small>재행 조천궁 준사 지제 부유 경운 부음 재단 난학 수백 군집 편선</small>

十二日戊辰 值太祖高皇帝景命日 溫泉出神樂觀 甘露降于孝陵
<small>십이 일 무진 치 태조 고황제 경명 일 온천 출 신락관 감로 강우 효릉</small>

馨香甘美 薦於太廟 頒賜百官: 十三日 有雙鶴回旋于醴泉之上.
<small>형향 감미 천 어 태묘 반사 백관 십삼 일 유 쌍학 회선 우 예천 지상</small>

在京臣庶 伏覩禎祥疊見 皆國家上瑞 實惟皇帝達孝純誠至仁
<small>재경 신서 복도 정상 첩견 개 국가 상서 실유 황제 달효 순성 지인</small>

至敬之所感孚天與太祖 太后降監 彰此太平之應. 已奉表稱賀外
지경 지 소감 부천 여태조 태후 강감 창차 태평 지응 이 봉표 칭하 외

所據在外衙門 具合一體施行.'
소거 재외 아문 구합 일체 시행

　魯生言:'皇帝崇尙佛法 有僧來自西域 年二十餘 尊敬奉戴 名
노생 언 황제 숭상 불법 유승 내자 서역 연 이십 여 존경 봉대 명

曰生佛. 聞其言行 無異常人 好喫爛羊. 然於夜中 放光如燈 此其
왈 생불 문기 언행 무이 상인 호끽 난양 연어 야중 방광 여등 차기

異常而惑衆者也.'
이상 이 혹중 자야

　命忠淸 江原 慶尙道 抄造進獻中幅紙.
명 충청 강원 경상도 초조 진헌 중폭 지

　庚午 對馬島守護宗貞茂 遣平道全 來獻土物 發還俘虜. 貞茂
경오 대마도 수호 종정무 견 평도전 내헌 토물 발환 부로 정무

請茂陵島欲率其衆落徙居 上曰:"若許之 則日本國王謂我爲招納
청 무릉도 욕솔 기 중락 사거 상왈 약 허지 즉 일본 국왕 위아 위 초납

叛人 無乃生隙歟?"南在對曰:"倭俗叛則必從他人 習以爲常
반인 무내 생극 여 남재 대왈 왜속 반즉 필종 타인 습 이위 상

莫之能禁 誰敢出此計乎?"上曰:"在其境內 常事也 若越境而來
막지 능금 수감 출 차계 호 상왈 재기 경내 상사 야 약 월경 이래

則彼必有辭矣."
즉 피 필 유사 의

　癸酉 初給永興府土官地祿. 議政府啓:"國初 設置永興府土官
계유 초급 영흥부 토관 지록 의정부 계 국초 설치 영흥부 토관

三百餘人歲在辛巳 汰去二百 止①留一百十四人 而其地祿 尙未
삼백 여인 세 재 신사 태거 이백 지 류 일백 십사 인 이기 지록 상미

量給. 東西北面 爲國藩籬 事同一體 乞依平壤府例 量給地祿."
양급 동 서북면 위국 번리 사 동일체 걸 의 평양부 례 양급 지록

從之.
종지

　解送漫散軍劉山城等二千名于遼東. 遣上護軍金文發 李推
해송 만산군 유산성 등 이천 명 우 요동 견 상호군 김문발 이추

大護軍姜元吉 管領分運以送.
대호군 강원길 관령 분운 이송

　乙亥 雨雪于原州.
을해 우설 우 원주

　成均館 文廟成.
성균관 문묘 성

　命司憲府 刑曹 義勇巡禁司 審理獄訟 毋得留滯.
명 사헌부 형조 의용순금사 심리 옥송 무득 유체

丁丑 隕霜于都城. 召書雲觀員問曰:"季春而霜 其應如何?"
정축 운상 우 도성 소 서운관 원 문왈 계춘 이 상 기응 여하

對曰:"霜雖不時 地氣盛升 未能殺草 非災也."
대왈 상수불시 지기 성승 미능 살초 비재야

戊寅 吉昌君權近上書. 書曰:
무인 길창군 권근 상서 서왈

'臣近 以章句末學 久玷文翰之任 承恩過厚 曾無報效. 今又
신 근 이 장구 말학 구점 문한 지임 승은 과후 증무 보효 금 우

濫爲儒學提調 敢不罄竭駑鈍 以補文治之萬一! 然臣衰年多疾
남위 유학 제조 감불 경갈 노둔 이보 문치 지 만일 연신 쇠년 다질

精神昏憒 目暗於觀覽 氣疲於講說 雖欲盡力訓進後學 實不能堪
정신 혼궤 목암 어 관람 기피 어 강설 수욕 진력 훈진 후학 실불능 감

夙夜思惟 恐負殿下委任之意. 謹將勸學事目一二條件 具錄申聞
숙야 사유 공부 전하 위임 지의 근장 권학 사목 일이 조건 구록 신문

伏惟聖裁.
복유 성재

一. 文科初場 罷疑義試講論 是抑詞章蹈襲之弊 務得窮經
일 문과 초장 파 의의 시 강론 시억 사장 도습 지폐 무득 궁경

實學之士 誠爲令典. 然行此法 今已數科 未有經學傑然之才 出
실학 지사 성위 영전 연행 차법 금이 수과 미유 경학 걸연 지재 출

於其間 而其文才氣習 反爲猥瑣. 臣常怪其然而思忖之 爲文以
어 기간 이기 문재 기습 반위 외쇄 신상 괴기연 이 사촌 지 위문 이

氣爲主 養氣以志爲本 志廣則氣雄 志隘則氣劣 勢當然也. 今之
기 위주 양기 이지 위본 지광 즉기웅 지애 즉기열 세 당연 야 금지

學者欲求經旨 以待有司之問 其志先局於句讀訓詁之間 專務
학자 욕구 경지 이대 유사 지문 기지 선국 어 구두 훈고 지간 전무

記誦 取辦於口 其於義理之蘊 文章之法 有不暇致力焉.
기송 취판 어구 기어 의리 지온 문장 지법 유불가 치력 언

又恐一言不中 以見②斥黜 羞赧畏憚 其氣先挫 此乃文章氣習
우공 일언 부중 이견 척출 수난 외탄 기기 선좌 차내 문장 기습

靡然猥瑣之由也. 乞自今罷講論 復試疑義 但業經義一道 四書疑
미연 외쇄 지유 야 걸 자금 파 강론 부시 의의 단업 경의 일도 사서 의

一道 竝依前朝舊式; 其五經疑一道 不許諸經各出 宜如四書疑例
일도 병의 전조 구식 기 오경 의 일도 불허 제경 각출 의여 사서 의례

或單擧一經 或幷合他經 隨宜設問 不使先知出何經義 則可使
혹 단거 일경 혹 병합 타경 수의 설문 불사 선지 출하 경의 즉 가사

赴試者皆通五經 而心志寬廣 優游博覽 辭氣增廣 而文才振發矣.
부시 자 개통 오경 이 심지 관광 우유 박람 사기 증광 이 문재 진발 의

一. 中場古賦 初學之士所不能作 且無實用 雖不肄習可也.
일 중장 고부 초학 지사 소불능 작 차무 실용 수불 이습 가야

乞罷古賦 試以論表各一道及判一道.
걸파 고부 시이논표각 일도 급판 일도

一, 漢吏之文 事大要務 不可不重. 今醫譯陰陽律學 皆有科目
일 한리 지문 사대 요무 불가 부중 금 의역 음양 율학 개유 과목

而此獨無 誠爲闕典. 乞依前朝明經科例 文科終場 竝試吏文之士
이차 독무 성위 궐전 걸 의 전조 명경과 예 문과 종장 병시 이문 지사

許於正科同榜唱名 使與雜科殊異. 其赴文科者 有欲竝試吏文 聽
허 어 정과 동방 창명 사여 잡과 수이 기부 문과 자 유욕 병시 이문 청

乃於正科之內 加其分數.
내 어 정과 지내 가기 분수

一, 職帶館閣文臣及閑良文臣可將任用者 令每月五日 一次會
일 직대 관각 문신 급 한량 문신 가장 임용 자 영매월 오일 일차 회

藝文館 相與講磨 凡有文翰之事 皆令製述 擇其善者而用之 考
예문관 상여 강마 범유 문한 지사 개령 제술 택 기선 자이 용지 고

其能否 以爲升黜. 閑良者才行勤慢 亦令藝文館薦擧錄用 其直館
기 능부 이위 승출 한량 자재행 근만 역령 예문관 천거 녹용 기 직관

以上 每日選揀東人詩文若干篇 令其下官 進稟政府及提調之處
이상 매일 선간 동인 시문 약간 편 영기 하관 진품 정부 급 제조 지처

聽其取舍 以成全書 臺諫員 每月考其勤慢.
청 기 취사 이성 전서 대간 원 매월 고기 근만

一, 三館諸員 令儒學提調每月一次考其所讀經史諸書 錄名
일 삼관 제원 영 유학 제조 매월 일차 고기 소독 경사 제서 녹명

置簿 年終秩滿當遷之時 幷書所讀經書多少 上者超置淸要 中者
치부 연종 질만 당천 지시 병서 소독 경서 다소 상자 초치 청요 중자

隨例遷秩 下者外敍.
수례 천질 하자 외서

一, 小學之書 切於人倫世道爲甚大 今之學者 皆莫之習 甚
일 소학 지서 절 어 인륜 세도 위 심대 금지 학자 개 막지 습 심

不可也. 自今京外敎授官 須令生徒 先講此書 然後方許他書. 其
불가 야 자금 경외 교수관 수령 생도 선강 차서 연후 방허 타서 기

赴生員之試 欲入太學者 令成均正錄所 先考此書通否 乃許赴試
부 생원 지시 욕입 태학 자 영 성균 정록소 선고 차서 통부 내허 부시

永爲恒式.
영위 항식

一, 前朝之時 在外閑良儒臣 私置書齋 敎訓後進 師生各得
일 전조 지시 재외 한량 유신 사치 서재 교훈 후진 사생 각득

所安 以成其學. 今者師儒 或爲他州敎授 違離家屬 廢棄生業 皆
소안 이성 기학 금자 사유 혹위 타주 교수 위리 가속 폐기 생업 개

欲苟免: 生徒逼令赴其鄕校 不得自便受業 守令或役以書寫之務
욕 구면 생도 핍령부기 향교 부득 자편 수업 수령 혹역 이 서사 지무

名爲勸學 實多廢弛. 自今在外儒臣 私置書齋教訓者 毋敢定爲
他州教授; 生徒毋令强赴鄕學; 監司守令乃加勸勉 使各安居講學
以裨風化.

一. 詩章唱和 儒者末技 然亦關於人才盛衰 不可偏廢. 且其
吟詠性情 有所感發而興起 卽古者敎冑子典樂詠歌之遺意也.
前朝之時 內有九齋 外置都會 每於夏月 賦詩爲課 東堂監試 亦
試以詩 今皆革罷 專務經術 棄末趨本 可謂令典. 然今儒者 雖號
通經 鮮有文章傑出之才 其於詩道 亦多不工 蓋兩失之矣. 儻有
中國詞臣奉使而來 相與唱和 寧不取笑? 乞自今 時散文臣三品
以下 每年春秋仲月 會藝文館 館閣提學以上 出題賦詩 以考
能否 具名申聞 以憑敍用. 中外學校 每年春秋季月 復行課詩之
法 監司守令監學之時 亦令賦詩 旌其能者 以加勸勉.

從之.

己卯 以權近爲藝文館大提學. 以將行重試 不可無近 故復
起之. 近又辭 不允 固起之 乃就職.

庚辰 日本志佐殿 歸我被擄人三十五名.

辛巳 上詣德壽宮起居.

癸未 宴功臣于廣延樓 賜以盟簇. 侍宴者 安平府院君李舒等
三十八人.

濟州進其土事宜數條 從之.

'一, 本州水路阻遠 監司褒貶不及也. 其往等守令有善政者
許令土人具名申聞.

一, 本州無良醫 人有疾病 不得救療. 乞差通醫術明針灸者 爲
教授官 使之趁節採藥 揀擇上供 教訓生徒 救療疾病.

一, 公私放牧七八歲以上雄馬, 雖出陸 未易調習中用. 今後
毋令出陸 不絶良馬之種.

一, 每年出陸馬匹 累日載船 困苦風濤 下陸之日 飮水失節
因以生病 至秋多死. 乞於海口 築城積草 下陸之日 驅入城內 但
給草束 待翌日方許散放飮水. 刷出本州逃漏人口 看守城子 農作
資生.'

司僕寺上馬政事目. 啓曰:

"馬政 軍國所重. 各道孳息馬匹 因暑雨風雪 多至疲斃. 乞於
一島內 量造草屋三四處 使馬群得避寒暑 且使牧子 每年季秋
刈積郊草 以爲風雪飢寒之備. 又近來凡有良馬者 率皆作騸 以絶
其種 乞自今 布告中外 使不得擅騸. 其有病必須騸者 京中則告
兵曹 外方則告守令 考其虛實烙印 然後方許作騸."

從之.

| 원문 읽기를 위한 도움말 |

① 止留一百十四人. 여기서 止는 '다만' '단지'의 뜻으로 但과 같은 뜻이다.
이런 경우는 止와 留는 따로 떼어 읽어야 한다.

② 以見斥黜. 見은 수동태를 만들어주는 조동사다.

태종 7년 정해년
4월

四月

을유일(乙酉日-1일) 초하루에 양덕현(陽德縣)¹에 모두 사흘 동안 서리가 내렸다. (동북면) 안변(安邊)에서 길주(吉州)까지 우박이 오고 또 눈이 내렸는데 여러 날 동안 녹지 않았다.

○ 겸 성균사성(成均司成) 장덕량(張德良, ?~?)²에게 명해 날마다 대궐에 나오게 했다. 고문(顧問)에 대비하기 위함이었다. 이때 상이 『주역(周易)』을 읽는데 덕량(德良)이 『주역(周易)』에 밝다는 말을 들었기 때문에 이 같은 명령이 있었다.

정해일(丁亥日-3일)에 (황해도) 곡주(谷州)에 눈이 내렸다.

기축일(己丑日-5일)에 사간원(司諫院)에서 소를 올려 친시(親試)를 정지할 것을 청했으나 윤허하지 않았다. 소(疏)는 이러했다.

'나라를 다스리는 근본들 중에 인재(人材)를 쓰는 것보다 더 큰 것이 없습니다. 전하께서 이달 18일에 중외(中外)의 문신(文臣)들을

---

1 평안남도 동쪽으로 함경도 및 황해도와 접해 있다.
2 1369년(공민왕 18년) 문과에 급제해 여러 관직을 지냈다. 조선 건국 후에도 관직을 계속해 1396년(태조 5년) 성균관 좨주로 있으면서 그해의 식년문과에 고시관(考試官)으로 참가했다. 1402년(태종 2년) 성균관 대사성에 제수되고 뒤에 한성부우윤에 이르렀다. 역학(易學)에 조예가 깊었으므로 이때 『주역(周易)』을 배우던 태종의 명으로 날마다 궁궐에 나와 강론과 자문을 맡았다.

불러 모아 친히 임하여 시험하시어 힘써 인재(人材)를 얻어 문한(文翰)의 직임에 두려 하시니 이는 경사(經史)의 배움을 권장하시어 세도(世道)를 만회하는 기틀이 될 것입니다. 그러나 신 등이 가만히 살펴보건대 전(傳)에 이르기를 "농시(農時)를 빼앗지 않으면 곡식을 이루 다 먹을 수 없을 만큼 많다"[3]라고 했고, 또 이르기를 "일개 농부가 밭을 갈지 않으면 열 사람이 굶주린다"라고 했습니다. 이제 농월(農月)을 맞이해 사방(四方)의 선비가 역마(驛馬)를 타고 낙역부절(絡繹不絶)[4]하게 되면 우민(郵民-역참의 일꾼)은 내달리느라 피로하고 노비는 오고 가느라 피곤하니 어느 겨를에 농사일을 제대로 하겠습니까?

그 폐단은 진실로 작지 않으니[不細] 전하께서 백성을 아끼시는 어
<small>부세</small>
짊[愛民之仁]에 어떠할 것이며, 생민(生民)들이 근본(농업)에 힘쓰는
<small>애민 지 인</small>
뜻에 어떠하겠습니까? 전하께서 영명(英明)하신 자품(資稟)과 천인(天人)의 배움으로써 친히 임하여 밝게 시험하시는 과거(科擧)에, 합격하는 자는 적고 합격하지 못하는 자가 많을 것이니 그 합격하지 못한 자는 지기(志氣)가 꺾여서 다시 배움에 매진할 마음이 없어질 것입니다. 신 등이 생각건대 한결같이 신(臣) 길창군(吉昌君) 권근(權近)의 진언(陳言)에 의거해 엎드려 바라옵건대 재가(裁可)해 시행하셨으면 합니다.'

소(疏)를 의정부에 내렸다. 정승 하륜(河崙)이 말했다.

---

3 『맹자(孟子)』 「양혜왕 장구」에 나오는 말이다.
4 인마(人馬)의 왕래가 끊이지 않는 것을 말한다.

"중시(重試)의 기일이 이미 가까이 다가왔으니 중도에 그칠 수 없습니다."

상이 그것을 따랐다.

신묘일(辛卯日-7일)에 상이 덕수궁에 나아가 기거했다.

○ 병조(兵曹)에서 군정(軍政)의 사목(事目)을 올렸다. 아뢰어 말했다.

"삼군갑사(三軍甲士)는 금위(禁衛-궁중 숙위)[5]를 엄하게 하는 것이니 정밀하게 선발하지 않을 수 없습니다. 빌건대 본조(本曹)와 각군(各軍)의 총제(摠制)로 하여금 모두 함께 수시로 점고(點考)하게 하여 부실(不實)한 자가 있으면 아뢰어 파출(罷黜)시키고, 아울러 천거한 사람[擧主]도 죄주도록 하고, 다시 경외(京外)의 무재(武才)가 특출한 사람을 뽑아 그 자리를 보충하게 해야 합니다. 또 각군의 총제가 그 군 소속 갑사를 거느리고 사사로이 사냥을 하는 자는 엄격하게 금지시키고, 만일 특지(特旨)로 사냥하는 일이 있을 것 같으면, 또한 본조로 하여금 명령을 받아 이문(移文)한 뒤에 비로소 거느리고 행하도록 허락해야 할 것입니다. 또 외방(外方)의 시위군관(侍衛軍官)은 방어(防禦) 이외에 각관(各官)의 수령이 강제로 사냥을 시키지 못하게 하고, 군관(軍官)이 간혹 늙고 병들었다고 거짓 칭탁하여 어리고 약한 자제로 대신 세우니 군정(軍政)에 어긋납니다. 이제

---

5 대궐을 금중(禁中)이라 한다. 금중이란 문호(門戶)에 금하는 바가 있어 천자를 시어(侍御)하는 자가 아니면 들어갈 수 없기 때문에 금중이라고 하는 것이다.

부터 나이가 60세 이상이고 병상(病狀)이 현저한 자라야 비로소 무재(武才)가 있고 강장(强壯)한 자제로서 대신 세우도록 허락하고, 그 나머지는 금지하되 이를 어기는 자는 수령이 논죄(論罪)하게 해야 할 것입니다."

○ 각도의 수령에게 명해 정월[孟春]에 소나무를 심게 했다. 충청도 경차관(敬差官) 한옹(韓雍, 1352~1425년)[6]이 말씀을 올렸다.

"근래에 병선(兵船)을 만드는 일로 인해 소나무가 거의 다 고갈됐습니다. 빌건대 각도의 각관(各官)으로 하여금 소나무가 성장할 수 있는 산에는 불을 놓는 것을 금하고, 벌채(伐採)를 금해 매번 정월이 되면 수령이 친히 감독해 소나무를 심게 해야 할 것입니다."

그것을 따랐다.

임진일(壬辰日-8일)에 편전(便殿)에서 정사를 보았다[視事]. 상이 병조판서 윤저(尹柢)에게 일러 말했다.

"근래에 각도(各道)에서 바치는 활과 화살이 군기감(軍器監)에서

---

6 고려조에 경상도감사 장하(張夏)의 천거로 사천감무가 됐고, 조선 개국 후 1392년(태조 1년) 사헌부감찰·형조도관좌랑·적성감무를 거쳐 1404년(태종 4년) 사헌부지평에 제수되고, 1406년 언사(言事)로 좌천돼 종부시판관을 역임했다가 장령에 올랐다. 1407년 백성의 고충을 덜어주기 위해 각 관영의 폐단을 금하고, 병(兵)과 선박의 허실을 점검하는 한편 군졸의 고충과 희락을 점검하기 위해 군기감으로서 각도에 파견됐다. 1407년 충청도 경차관·경상도 전민찰방(田民察訪)을 역임하고, 지사간원사(知司諫院事)에 승진됐으며, 순금사 대호군(巡禁司大護軍)에 임명됐다. 1408년 전라도 해도찰방(海道察訪)·충청전라도 감전경차관(監戰敬差官), 1409년 병조참의·경상도 경차관을 거쳐 1410년 충청도 관찰사가 됐다. 1411년 내직으로서 한성부윤에 임명되고, 1414년 경상도 관찰사·풍해평안도 도안무사, 1415년 개성유후사부유후를 거쳐 판충주목사(判忠州牧事), 1419년(세종 1년) 개성유후사유후를 지냈다.

만드는 것에 비해 견고하고 예리하기가 배(倍)나 되므로 곧 병조에
내려보냈으니 이를 간직했다가 쓰임에 대비코자 한 것이다."

또 말했다.

"영의정 성석린(成石璘)이 일찍이 글을 올려 말하기를 '재상(宰相)
과 대신(大臣)은 마땅히 반인(伴人)⁷을 거느려야 한다'라고 했는데 나
는 그것이 좋지 못하다[未便]고 생각한다. 혹시[脫=或是]⁸ 위급한 변
　　　　　　　　　　　　　미편　　　　　　　　　　탈　혹시
고가 있어 장수와 재상이 사고가 있는데 사졸(士卒) 중에 구원하지
않은 자는 마땅히 율(律)로써 목을 베는 것으로 논죄하게 돼 있으니
누가 제 생명을 아끼느라 장수와 재상을 구원하지 않겠는가? 내가
경진년(庚辰年-1400년 이방간의 난)의 변(變)에 나를 따르던 자가 서
익(徐益, ?~1412년)⁹과 심구령(沈龜齡, 1350~1413년)¹⁰ 등 두어 사람뿐

---

7 수행인으로 자신이 모시는 상관이나 주인의 신변을 호위하거나 명령을 받들기 위해 따
　　라다니는 사람들이다.

8 여기서 탈(脫)은 '만약에'라는 뜻이기는 하지만 '그럴 리는 없겠지만 혹시라도'라는 의미
　　에서의 '만약에'다.

9 일개 졸병이었으나 창을 잘 쓰기로 이름이 높았다. 태종이 널리 무사(武士)를 구하던 조
　　선 개국 초에 우연히 발탁돼 태종의 심복이 됐다. 1400년(정종 2년) 2차 왕자의 난(일명
　　이방간의 난) 때 선봉장으로 활약하며 이방원을 끝까지 호종해 난을 평정한 공으로 우군
　　동지총제(右軍同知摠制)가 됐고, 1401년(태종 1년)에 익대좌명공신(翊戴佐命功臣) 4등에
　　책록되고 마성군(麻城君)에 봉해졌다. 그 뒤 1408년 풍해도 조전절제사(助戰節制使)가
　　됐고 이어 운검총제(雲劍摠制) 등을 지냈다.

10 일찍이 무예훈련에 힘써 솜씨가 인정돼 이방원(李芳遠)을 호종했다. 1398년(태조 7년)
　　1차 왕자의 난 때 박원길(朴元吉), 정도전(鄭道傳) 등을 제거하는 데 공을 세웠다. 그
　　뒤 1400년(정종 2년) 2차 왕자의 난 때에도 상장군(上將軍)으로서 이방원을 호종해 좌
　　명공신(佐命功臣) 4등에 책록됐고 풍천군(豊川君)에 봉해졌다. 1406년(태종 6년) 겸 중
　　군동지총제가 되었고 이어서 우군동지총제에 임명됐다. 당시 남해안 일대에 왜구가 침
　　입하자 조전절제사로서 왜구격퇴에 큰 공을 세웠다. 그 뒤 천추사(千秋使)로서 명나라
　　에 다녀왔고 부진무(副鎭撫), 겸 동지의흥부사(兼同知義興府事)를 역임했다. 1410년 군
　　령과 군기관리의 소홀이라는 혐의로 대간에 의해 탄핵, 파직되기도 했으나, 국왕의 신

이었는데, 하늘의 도움에 힘입어서 오늘이 있게 되었으니 하늘에 달린 것이지 사람에 달린 것이 아니다. 어찌 반드시 사사로이 반인(伴人)을 거느리랴?"

또 여러 신하에게 일러 말했다.

"일찍이 무과(武科)에 합격한 자는 항상 스스로 병서(兵書)를 숙독(熟讀)하는가? 숙독하지 않는다면 장차 어디에 쓰겠는가? 듣건대 황제(皇帝)가 안남(安南)을 정벌할 때[11] 안남 사람들이 속수무책으로 죽음을 당했고 대적할 자가 없었다 한다."

임이 두터워 이듬해에는 오히려 지의흥부사로 승진했다. 이어서 별시위 일번절제사(別侍衛一番節制使)를 역임했고, 판공안부사(判恭安府事)에 이르렀다. 성품이 강직하고 사어(射御-활쏘기와 말타기)에 능해 일찍부터 태종을 호종했다. 신분은 비록 미천했으나 지위가 높아짐에 따라 자신의 직임을 잘 알았으며, 부하들에 대한 통솔력도 매우 뛰어났다고 한다.

11 영락제의 베트남 정벌을 말한다. 1400년 안남 진씨(陳氏) 왕조의 후계자인 나이 어린 트란이 폐위당하고 새로운 왕조인 찬 왕조가 선포되었다. 영락제가 제위에 오른 직후부터 진씨 왕조에 충성을 바치는 망명자들은 그에게 더욱 열심히 충성을 바칠 것을 맹세하며, 안남에 개입하여 합법적 통치를 회복시켜 달라고 영락제를 졸랐다. 그는 처음에 형식적으로 응답하여 되돌려보내던 중 1406년 안남에 파견된 명나라의 사절단이 살해당하는 사건이 발생하자 영락제는 사신 살해를 응징하기 위해 원정을 정식으로 승인했다. 그해 수마트라까지 원정하여 교지 포정사사(文趾布政使司)를 설치하고 역시 직할지배 하에 넣었다.
그가 베트남에 보낸 소규모의 명나라 군대는 순식간에 안남을 정복하여 평정, 함락시켰다. 그러나 진씨 왕조의 후계자 가운데 왕위 자격을 가진 사람이 아무도 없었기 때문에 1407년 영락제는 속국이었던 안남을 중국의 일개 성으로 편입했다. 그러나 베트남 현지에서는 계속 반발과 저항이 일어났고, 저항이 일어날 때마다 곧 분쇄, 토벌되었지만 항명 독립운동은 계속되었다. 그의 치세 말기부터 베트남의 저항운동은 계속 심해졌다. 1418년부터는 명의 관헌에 대한 유격전이 일어났는데 명나라 군대가 패배함으로써 안남에서 중국의 영향력은 위기를 맞게 되었다. 생애 후반의 영락제도 1410년대 후반에는 이미 남방 지역에 대한 초기의 관심을 거의 다 잃어버렸고, 아들인 홍희제의 짧은 치세 기간 동안에 겨우 영향력을 행사했다. 결국 그의 사후 1428년 손자 선덕제는 베트남에 대한 식민통치를 포기하게 된다.

공조판서 이래(李來)가 대답했다.

"천하(天下)의 군사로 조그마한 나라를 정벌하니 누가 감히 대적할 자가 있겠습니까?"

상이 말했다.

"그렇지 않다. 군사란 정예에 달려 있지 많은 데에 달려 있지 않으니 어찌 한 가지만 가지고 말할 수 있겠는가? 또 안남 국왕(安南國王)이 황제에게 달려가 고(告)했으니, 황제의 거사(擧事)가 그렇게 하지 않을 수 없었던 것뿐이다. 우리 황제가 본래 큰 것을 좋아하고 공(功)을 기뻐하니 만일 우리나라가 조금이라도 사대(事大)의 예(禮)를 잃는다면 황제는 반드시 군사를 일으켜 죄(罪)를 물을 것이다. 나는 생각하기를 한편으로는 지성(至誠)으로 섬기고, 한편으로는 성(城)을 튼튼히 하고 군량(軍糧)을 비축하는 것이 오늘날의 급무(急務)라고 여긴다."

대사헌(大司憲) 성석인(成石因)이 대답했다.

"성(城)을 빨리 쌓으려고 하면 백성이 크게 힘들어집니다. 신이 생각건대 해마다 한 지역 혹은 반 지역을 쌓아 견고한 것을 무엇보다 중하게 여기면 그 역사(役事)는 더디겠지만 백성이 힘들지 않고 성(城)은 더욱 튼튼할 것입니다."

상이 말했다.

"그렇다."

석인(石因)이 또 말했다.

"수령(守令)의 책임이 지극히 중(重)한데 지금 국가에서 안(중앙)은 무겁게 여기고 밖(지방)은 가볍게 여깁니다. 모름지기 현량(賢良)

을 골라 중외(中外)에 교대로 두되 이상(二相),¹² 삼재(三宰)¹³와 대사헌(大司憲), 대언(代言)과 같은 사람들을 교대로 수령으로 삼는다면 수령도 또한 스스로 영광으로 여길 것입니다. 또 역승(驛丞)은 개월(箇月)이 없어 교대하는 것이 일정한 기간이 없으니 수령(守令)의 예(例)에 의하여 개월을 정하고 출척(黜陟)에 근거자료로 삼게 해야 합니다."

상이 옳게 여겼다. 또 의정부지사 겸 군기감판사 김승주(金承霆)에게 일러 말했다.

"철물(鐵物)은 본국(本國)에서 나는 것이고, 군기감(軍器監)은 오로지 병기(兵器)를 위해 설치한 것이다. 세월이 이미 오래됐으니 만드는 병기가 정치(精緻)하고 넉넉해야 할 것인데, 차고 넘치는 것[盈羨]을 보지 못하는 것은 무슨 까닭인가? 공인(工人)이 잘 훈련되고 익숙하여 정교한 사람이 몇 사람이나 되는가? 이제부터 경(卿)은 의정부에 합좌(合坐)하는 날 이외에는 날마다 군기감에 앉아서 군기(軍器)를 제작하는 일에 오로지 힘쓰도록 하라."

○상이 기도하는 축문(祝文)들을 보고는 대언(代言)에게 일러 말했다.

"여러 문신(文臣)에게 일깨워서 제축(祭祝) 등의 글에 과인(寡人)이 복(福)을 받는 말은 집어넣지 말도록 하라."

○상이 또 말했다.

<hr>

12 의정부의 좌우 찬성(左右贊成)을 말한다.
13 의정부의 좌우 참찬(左右參贊)을 말한다.

"지난해 가을부터 승도(僧徒)들을 불러 모아 창고의 쌀[廩米]을 내어 제공하고 사직단장(社稷壇場)과 창고(倉庫) 관사(館舍)를 경영(經營)하게 했다. (그런데) 내가 일찍이 생각해보니 승려도 또한 사람이다. 어찌 이토록 수고롭고 힘들게 할 수 있는가? 제군부(諸君府)와 조방(朝房)[14]은 비바람만 피하면 괜찮다. 어찌 반드시 저토록 장려(壯麗)하게 할 것이 있는가? 일본(日本)의 사객(使客)과 북쪽 변방의 야인(野人)이 비록 끊이지 않고 오더라도 태평관(太平館)이 있고 승사(僧舍)가 있으니 거처할 만하다. 또 어찌 반드시 따로 관사(館舍)를 세울 것이 있겠는가? 지난가을부터 금년 여름까지 조금도 쉴 겨를이 없으니 만일 장맛비라도 만난다면 그 원망이 극에 이를 것이다. 이제 그만둘 수 있는 일을 가지고 역사(役事)시키기를 그치지 않으니 심히 불쌍하다. 내가 정지하고자 하나 다만 정부(政府)에서 하는 일이기 때문에 과감하게 결단을 내릴 수가 없다."

지신사 황희(黃喜)가 대답했다.

"승도들은 농사도 짓지 않고 사방에서 놀고 있으니, 지금 먹을 것을 주고 영선(營繕)시킨다고 해서 정부(政府)의 의견이 잘못은 아닌 것 같습니다."

상이 말했다.

"군자고(軍資庫) 같은 것은 없을 수 없는데, 지금 아직 끝도 나지 않았고 그런데 또 일시에 이름 없는 역사(役事)를 갑자기 일으켜 자

---

14 조신(朝臣)들이 조회(朝會)를 기다리기 위해 머물러 있는 방을 가리킨다.

량(貲糧)[15]을 소비하는 것이 될 일인가?"

여러 신하는 감히 대답을 하지 못했다.

정유일(丁酉日-13일)에 조박(趙璞)을 의정부참찬사, 정구(鄭矩, 1350~1418년)[16]를 의정부참지사로 삼았다.

무술일(戊戌日-14일)에 (충청도) 청주(淸州)에 우박이 내려 삼[麻]과 보리가 상했다.
  마

기해일(己亥日-15일)에 광연루(廣延樓)에서 술자리를 베풀었는데, 유관(柳觀)·성석인(成石因)·안노생(安魯生)·노한(盧閈, 1376~1443년)[17]이

---

15 비용과 식량을 말한다.

16 1377년(우왕 3년) 문과에 급제해 전교시부령(典校寺副令)을 지내고, 1382년 김극공(金克恭)의 옥사에 연루돼 유배를 갔다. 1392년 조선이 개국되자 한성부우윤을 지내고, 1394년(태조 3년) 왕명으로 한리(韓理)·조서(曹庶)·권홍(權弘)·변혼(卞渾) 등과 함께 『법화경』 4부를 금니(金泥)로 썼다. 1397년 좌간의대부, 이듬해 정안군(靖安君)의 막료로서 판교서감사(判校書監事) 겸 상서원소윤(尙瑞院少尹)에 이어 승지 겸 상서원윤을 지냈다. 정종 때 도승지·대사헌, 태종 때 예문관학사를 거쳐 이때 의정부참지사를 지냈고, 그 후에 공조판서·호조판서·판한성부사·계림부윤·개성부유후 등을 역임했다.

17 민제(閔霽)의 사위로 태종과는 동서간이다. 1391년 16세에 음보(蔭補)로 등용돼 지사간원사(知司諫院事)를 거쳐 1403년(태종 3년)에 좌부승지가 됐고 이듬해 이조전서·경기도관찰사를 역임했으며 1405년 좌군동지총제, 이듬해 풍해도 도관찰사 등을 거쳐 1408년에 한성부윤에 이르렀다. 이듬해 처남 민무구(閔無咎)·민무질(閔無疾) 형제가 신극례(辛克禮)와 함께 종친을 이간하고 불충(不忠)의 언동이 있었다고 하여 이화(李和) 등의 탄핵을 입어 유배, 사사(賜死)되자 이에 연좌돼 1409년에 파직당했다. 이에 양주별장에서 14년간을 은거했는데 1422년(세종 4년)에 상왕 태종이 "노한이 민씨에게 장가를 들었다고 고신(告身)까지 거두게 된 것은 그의 죄가 아니니 급히 불러들이라"는 전교에 의해 다시 한성부윤에 복관됐다. 그 뒤 형조판서·참찬의정부사·판한성부사를 거쳐 1432년에 우찬성사 1434년에 찬성 겸 대사헌, 이듬해 우의정 등을 지내고, 1437년에 사직했다.

들어와 모셨다[入侍]. 관(觀) 등 세 사람은 (명나라) 경사(京師)에서 돌
아왔고 한(閑)은 장차 경사에 조회하게 돼 그 때문에 특별히 위로한
것이다.

신축일(辛丑日-17일)에 (명나라 사신인) 흠차관(欽差官) 진경(陳敬)과
이빈(李賓)이 창덕궁(昌德宮)에 이르러 먼저 성절(聖節-황제 탄신일)의
하례(賀禮)를 거행했다. 상이 면복(冕服) 차림으로 여러 신하를 거느
리고 하례를 거행했고 뒤이어 경(敬) 등에게 광연루(廣延樓)에서 잔
치를 베풀었다.

임인일(壬寅日-18일)에 광연루(廣延樓) 아래에서 문신(文臣)들을 친
히 시험했다. 좌정승(左政丞) 하륜(河崙), 대제학 권근(權近)을 독권
관(讀券官)[18]으로 삼고 이조참의 맹사성(孟思誠), 지신사 황희(黃喜)
를 대독관(對讀官)[19]으로 삼았다. 중외(中外)의 시산문신(時散文臣)
종3품(從三品) 이하 응시(應試)한 자가 108인이었다. 장막(帳幕)을 치
고 종이, 벼루, 주과(酒菓)와 아침·저녁밥을 주고, 논(論)과 표(表) 각
1도(道-장)를 시험하는 것을 초장(初場)으로 삼았는데, 논(論)의 글
제는 '사문을 연다[闢四門]'[20]이고, 표(表)의 글제는 '안남을 평정한
것을 하례한다[賀平安南]'였다. 하루를 걸러 종장(終場)을 열고 시무

---

18 고위 과거 시험관(科擧試驗官)이다.

19 실무 과거 시험관이다.

20 『서경(書經)』「순전(舜典)」에 나오는 말로, 동서남북의 모든 성문과 관문을 활짝 열어 누
    구나 자유롭게 왕래하도록 거주 이전의 자유를 완전히 보장하는 것이다.

(時務)를 시험했는데, 책(策)의 글제는 다음과 같았다.

"왕(王)은 다음과 같이 이르노라. 옛날 제왕(帝王)이 법(法)을 세우고 제도(制度)를 정할 때에는 반드시 때의 마땅함[時宜]에 바탕을 두어 지극한 다스림[至治]을 융성하게 했노라. 당(唐-요임금)·우(虞-순임금)와 삼대(三代-하·은·주)의 치평(治平)을 이룬 도리를 들을 수 있겠는가? 정일 집중(精一執中)²¹은 요(堯)·순(舜)·우(禹)가 서로 전해주고 전해 받은 심법(心法)이고, 건중건극(建中建極)²²은 상탕(商湯-상나라 탕왕)·주무(周武-주나라 무왕)가 서로 전(傳)한 심법(心法)이다. '정(精)'이니 '일(一)'이니 하는 것은 그 공부(功夫)가 어떻게 다른가? '집(執)'이니 '건(建)'이니 하는 것은 그 뜻이 어떻게 같은가?

'중(中)'이라고 말하면 아직 극(極)에는 이르지 못한 것이고 '극(極)'이라고 말하면 중(中)을 지나친 것과 같아 보인다. 이 두 가지를 장차 어떻게 절충(折衷)할 것인가? 읍양(揖讓)하고 정벌(征伐)하는 것과 문(文-애씀)과 질(質-바탕)²³을 덜어내고 더하는 것은 일[事]과 때[時]가 다른데 둘 다 함께 다스림[治]으로 돌아가게 되는 것은 어째서인가? 한(漢)·당(唐) 이후로 송(宋)·원(元)에 이르기까지 대(代)마다 각

---

21 『서경(書經)』「대우모(大禹謨)」에 나오는 다음과 같은 순임금의 말을 요약한 것이다. "인심유위(人心惟危) 도심유미(道心惟微) 유정유일(惟精惟一) 윤집궐중(允執闕中)", 즉 사람의 마음은 위태롭기만 하고 도리를 지키려는 마음은 극히 미미하기만 하니 마음을 정밀하게 살피고 한결같이 하여 진실로 그 적중함[中]을 잡으라는 뜻이다.

22 중정(中正)의 도(道)로써 인륜 도덕의 모범이나 표준을 세워 만민(萬民)의 법칙을 정하는 것이다.

23 공자(孔子)의 핵심 사상이다. 『논어(論語)』「옹야(雍也)」편에서 공자는 이렇게 말했다. "바탕[質]이 꾸밈[文]을 이기면 거칠고 꾸밈이 바탕을 이기면 번지르르하니, 바탕과 꾸밈[文質]이 잘 어우러진[彬彬] 뒤에야 군자가 될 수 있다."

기 다스림이 있었는데, (그렇다면) 그것은 적중해야 할 도리[中道]에
부합한 것으로서 뭔가 서술할 만한 것이 있는가?

내가 부덕(否德)한 몸으로서 한 나라의 신하와 백성 위에 임(臨)하
여 비록 다움과 가르침[德敎]이 백성들에게 (제대로) 미친 것이 없으
나, 거의 매일 이른 아침부터 밤늦게까지 소강(小康)[24]을 이루겠다고
생각하여 이에[其於] 제왕(帝王)의 마음의 도리에 일찍이 뜻이 있어
배우기를 원했다. (그래서) 정사(政事)를 듣는 틈틈이 경적(經籍)을
보고 그 뜻을 강구(講究)하나 힘을 쓰는 방법을 아직 알지 못하겠다.
움직임과 고요함 혹은 말할 때와 행동할 때의 사이, 정교(政敎)와 법
령(法令)의 사이에 어찌 지나치거나 미치지 못하는[25] 어긋남이 없겠
는가? 지나쳐서 마땅히 덜어야 할 것은 무슨 일이며 미치지 못해 마
땅히 보태야 할 것은 무슨 일인가? 지금 우리나라는 창업(創業)한
지가 오래지 아니하여 법제(法制)가 아직 갖춰지지 못하고 천도(遷
都)한 지가 얼마 되지 않아서 역사(役事)가 아직 그치지 않고 있다.
정치(政治)의 득실(得失)과 전리(田里)의 휴척(休戚)[26]에 대해 말할 것
이 많은데 우선 그 큰 것을 들어 말해보겠다.

전선(銓選-인재선발)을 정밀하게 하려고 하나 요행(僥倖)으로 속
여 나오는 것[冒進]이 제거되지 않으니 인사 공적을 상고하는 법

---

24 유가의 이상정치의 궁극은 소강(小康)에서 출발되는 대동(大同)의 상태다. 소강은 천하가
   모두 한 집안인 상태, 대동은 천하가 모두 공(公)인 상태다.
25 지나쳐도 안 되고 미치지 못해서도 안 되는 지점, 그것이 곧 적중함 혹은 적중한 도리[中
   =中道]이다. 여기서 중은 '가운데' 중이 아니라 '적중할' 중이다.
26 백성들의 편안함이나 근심·걱정을 말한다.

[考績之法]이 어떻게 일의 마땅함[事宜]에 부합하겠는가? 전제(田制)
를 바로잡고자 하나 다과(多寡)와 고하(高下)가 고르지 못하니 답험
(踏驗)²⁷하는 일이 과연 제대로 토의할 것이 없겠는가? 부역(賦役)
은 고르게 하지 않을 수 없으니, 인보(隣保)의 제도와 호패(號牌)의
시설이 어떤 것이 행할 수 있는 것인가? 조전(漕轉)은 급히 하지 않
을 수 없는데, 해운(海運)의 모책(謀策)과 육수(陸輸)의 계책(計策)
이 어떤 것이 쓸 만한 것인가? 의관(衣冠)의 법도(法度)는 모두 중
국의 제도를 따르는데, 오직 여복(女服)만은 오히려 옛 풍속을 따르
고 있으니, 이것은 과연 다 고칠 수 없는 것인가? 관혼(冠婚)과 상제
(喪制)도 또한 다 중국의 제도를 따라야 할 것인가? 무릇 이 두어
가지는 베풀어 시행해야 하는 도리가 반드시 그 마땅함이 있을 것
이다. 옛것에 어그러지지 않고 지금에 괴이하지 않게 하려면, 그 방
법이 어디에 있는가?

현준(賢俊)들과 더불어 서정(庶政)을 함께 도모코자 생각하여 친
히 자대부(子大夫)들을 뜰에서 책문(策問)하는 바이니, 정사(政事)
를 제대로 하는 설(說)을 듣기를 원하노라. 자대부들은 경술(經述)
에 정통하고 치체(治體-다스림의 요체)를 알아서 이 세상에 뜻이 있
은 지가 오래니, 제왕(帝王)의 마음을 가지고 다스림을 내는 도리와
지금의 법(法)을 세우고 제도(制度)를 정하는 마땅함을, 예전의 교훈
(教訓)에 상고하고 시대에 맞는 것을 참작하여 높아도 구차하고 어
려운 것에 힘쓰지 말고, 낮아도 더럽고 천한 데에 흐르지 않도록 각

---

27 논밭에 가서 실지로 손실(損失)을 조사하는 것을 말한다.

각 포부를 다하여 모두 글에 나타내어라. 내가 장차 친히 보고 쓸지니라."[28]

계묘일(癸卯日-19일)에 요동 백호(遼東百戶) 이빈(李賓)이 돌아갔다.

○ 한성부판사 설미수(偰眉壽)를 경사(京師)에 가게 했다. 예천(醴泉)과 감로(甘露) 등의 상서(祥瑞)로운 조짐이 나타난 것을 하례(賀禮)하게 하고, 아울러 만산군(漫散軍)에 대한 일을 계품(計稟)했다. 예부(禮部)에 자문(咨文)하여 말했다.

'의정부(議政府)의 장계(狀啓)에 서북면 도순문사(西北面都巡問使) 여칭(呂稱)의 정장(呈狀-보고서)에 의거하면 "선주(宣州) 향리(鄕吏) 김난(金難) 등 26구(口)와 평양부(平壤府) 관노(官奴) 내은백(內隱白) 등 13구(口)가 앞서 신역(身役)을 피하기 위해 요동(遼東) 지방에 도망가서 살다가 근래 혁제(革除)된 연간(年間)[29]에 본국(本國)으로 돌아와서 각각 예전 역사(役事)에 복귀(復歸)했는데, 지금 기취(起取)[30]를 당했으므로 갖춰 사유를 올리오니 이것을 조험(照驗)하기 바랍니다"라고 했고, 또 전 좌군총제(左軍摠制) 김한로(金漢老) 등의 장고(狀告)에 의거하면 "부조(父祖) 때부터 전해 내려오던 구노(驅奴) 임연(林延)의 친부(親父) 임송(林松) 등 32구(口)가 지난 홍무(洪武) 20년(1387년) 3월에 요동으로 도망가서 군역(軍役)에 충원(充員)됐다

---

28 태종은 일의 마땅함과 때의 마땅함이 적중하는 도리[中道]를 제시할 것을 과제로 내고 있는 것이다.

29 1398년에서 1402년까지 혜제 연간을 말한다. 예를 들어 1402년은 혜제 4년이라고 해야 하는데, 당시에는 영락제 시대였기 때문에 이미 죽은 홍무 연간을 연장하여 홍무 35년이라고 했다.

30 명나라로 송환되는 것을 말한다.

가, 그 뒤 홍무 35년에(1402년) 임연(林延) 등이 본국(本國)으로 도망하여 돌아와서 한로(漢老) 등이 이들을 붙잡아서 사환(使喚)시키고 있는데, 지금 기취(起取)를 당했으니 고(告)하여 빌건대 장문(狀文)을 자세히 상고(詳考)하여 시행하기 바랍니다"라고 했습니다. 이것에 의거해보면, 향리(鄕吏) 김난(金難)과 공사 구노(公私驅奴) 내은백(內隱白)과 임연(林延) 등은 비록 향리와 공사 구노라고는 하나 감히 임의로 구류(拘留)할 수 없으므로 사리(事理)가 마땅히 자품(咨稟)하여 명강(明降-밝은 판단)을 기다려서 시행(施行)해야 되겠기에 자문(咨文)하는 바입니다.'

또 자문(咨文)하여 말했다.

'보내온 자문[來咨]에 준하여 동쇄로아(佟鎖魯阿)의 가족을 기취
（내자）
(起取)하는 일로 동북면(東北面)의 경성(鏡城) 지역에 가서 조사하여 여진 만호(女眞萬戶) 동쇄로아 등 6호(戶)의 가족 남녀 모두 57구(口) 중에서 동쇄로아의 아들 삼보(三甫) 등 14구(口)를 영락(永樂) 4년 8월에 먼저 건주위(建州衛)에 보낸 것을 제외하고, 지금 현재 살고 있는 6호(戶) 43구(口)를 건주위로 보내 완취(完聚)하게 합니다.'

○ 대마도(對馬島)의 왜인(倭人) 남녀 58명이 와서 투항했다[來投].
（내투）

갑진일(甲辰日-20일)에 한성부(漢城府)에서 도성(都城)에 대한 사의(事宜) 몇 조목을 올리니 이를 윤허했다. 아뢰어 말했다.

'도성(都城) 5부(部)의 각방(各坊)이 앞에 방의 이름[坊名]을 세워
（방명）
서 변별하여 보게 했는데 지금은 이것이 모두 퇴락(頹落)했습니다. 빌건대 방(坊)의 이름과 다리의 이름 그리고 거리의 이름을 다시 정

하여 세우도록 허락하소서.

하나, 성안[城內]의 큰 길 이외에 여리(閭里)의 각 길도 본래는 모두 평평하고 곧아서 수레의 출입(出入)을 편리하게 했었는데, 지금은 무식한 사람들이 자기의 주거(住居)를 넓히려고 하여 길을 침범해 울타리를 만들어서 길이 좁고 구불구불해졌으며, 혹은 툭 튀어나오게 집을 짓고 심한 자는 길을 막아서 다니기에 불편하고 화기(火氣)가 두렵습니다. 빌건대 도로(道路)를 다시 살펴보아서 전과 같이 닦아 넓혀야 할 것입니다.

하나, 이미 토지를 받아 집을 짓고 사는 자가 또 친족의 이름으로 속여서 다시 집터를 받아 채소와 삼[麻]을 심는 자가 있습니다. 빌건대 조사하여 다른 사람이 진고(陳告)하는 것을 허락하여 (그 사람이) 집을 지을 수 있게 해야 할 것입니다.

하나, 신도(新都)의 가옥들이 모두 띠[茅]로 덮었고 민가(民家)가 조밀하여 화재가 두렵습니다. 빌건대 각방(各坊)에 한 관령(管領)마다 물독[水甕] 두 곳을 설치해 화재에 대비하게 해야 할 것입니다.

하나, 길 옆의 각호(各戶)는 모두 나무를 심게 하고 냇가의 각호는 각각 두 양안(兩岸)에 제방(堤防)을 쌓고 나무를 심게 해야 할 것입니다.

하나, 각부(各部)의 관령(管領)은 여섯 달 만에 서로 교대해 관할 안의 불효(不孝)한 자나 윗사람에게 공순치 못한 자, 술을 마시고 서로 싸우는 자, 이웃과 화목하지 못한 자를 항상 감찰하여 부(部)에 고(告)해서 뒷사람이 거울로 삼게 해야 할 것입니다.'

병오일(丙午日-22일)에 인정전(仁政殿)에 나아가 친시 문과(親試文科)의 방(榜-합격자 명단)을 붙였다. 예문관 직제학 변계량(卞季良, 1369~1430년),[31] 이조정랑 조말생(趙末生, 1370~1447년),[32] 성균학정(成均學正) 박서생(朴瑞生, ?~?)[33]에게 을과(乙科) 제1등, 권지 성균

---

31 1385년 문과에 급제해 전교주부(典校注簿)가 됐다. 1396년(태조 4년)에는 교서감승(校書監丞)에 지제교(知製敎)를 겸했다. 이때인 1407년(태종 7년) 문과중시에 을과 제1인으로 뽑혀 당상관에 오르고 예조우참의(禮曹右參議)가 됐다. 이듬해 세자좌보덕(世子左輔德)이 되고 1415년 세자우부빈객(世子右副賓客)이 됐다. 이때 가뭄이 심해 상왕이 크게 근심하자 하늘에 제사하는 것이 예는 아니나 상황이 절박하니 원단(圓壇)에 빌기를 청했다. 이에 태종이 그에게 제문을 짓게 하고 영의정 유정현(柳廷顯)을 보내 제사드리게 하니 과연 큰비가 내렸다. 1420년(세종 2년) 집현전이 설치된 뒤 그 대제학이 되었고 특히 문장에 뛰어나 거의 20년간 대제학을 맡아 외교 문서를 작성했다. 과거 시관으로 지극히 공정을 기해 고려 말의 폐단을 개혁했다. 그러나 대제학으로서 귀신과 부처를 섬기고 하늘에 제사를 지냈다 하여 '살기를 탐내고, 죽기를 두려워한 사람'이라는 비난을 받았다.

32 1401년(태종 1년) 생원으로서 문과에 장원급제하여 요물고부사에 임용됐고, 감찰·정언·헌납을 거쳐 이조정랑에 승진됐다. 이때 문과중시(文科重試)에 2등으로 급제하여 전농시부정(典農寺副正)이 됐으며, 다시 장령·직제학을 역임했다. 그 뒤 1411년에는 판선공감사(判繕工監事)가 됐다가 곧 승정원동부대언(承政院同副代言)에 잠시 배명됐으며, 승진하여 지신사(知申事) 등을 역임하고, 1418년에는 이조참판에 이르러 가정대부(嘉靖大夫)가 됐다. 같은 해 8월에 형조판서·병조판서를 차례로 역임했다. 1426년(세종 8년)에 장죄(贓罪)로 연좌되어 외직으로 좌천됐다. 이 일로 그는 끝내 정승에 오르지 못했다. 1432년에 동지중추원사가 되고 다음해에 함길도 도관찰사에 임명됐으나 병으로 그만두었다. 1434년 9월에 지중추원사가 되고, 1435년에 판중추원사가 되었으며 대제학을 지냈다. 그리고 1438년에 다시 판중추원사가 됐으며 다음 해에 궤장(几杖)을 하사받았다. 1442년에 숭록대부(崇祿大夫)가 됐으며, 1446년에 영중추원사가 되었으나 다음해에 죽었다.

33 1401년(태종 1년) 문과에 급제하고, 이때 문과 중시에 을과로 급제, 우정언에 제수되고 전 20결과 노비 1구(口)를 하사받았다. 정언을 거쳐 이듬해 병조좌랑이 되었으나 반차(班次)를 무시한 것이라는 사간원의 탄핵을 받아 파직되었다. 1419년(세종 1년) 사헌부집의가 됐고, 다음 해 4월 장령(掌令) 정연(鄭淵)과 함께 철원에 가려는 상왕(上王-태종)을 간하다가 의금부에 하옥됐다. 1426년(세종 8년) 대사성이 되고 1428년 정월, 종묘·제향의 대축판사(大祝判事)로 친향(親享-임금이 몸소 제사를 지내는 것) 때 축문을 8자나 빼고 읽어 무리를 일으키기도 했다. 11월 대사성으로 통신사가 되어 일본에 갔다가 다음 해 12월에 돌아왔다. 1429년 우군첨총제(右軍僉摠制), 이듬해 집현전부제학, 1431년 공조참

학유(權知成均學諭) 김구경(金久冏, ?~?),³⁴ 예조정랑 박제(朴濟), 병
조정랑 유사눌(柳思訥, 1375~1440년),³⁵ 예문검열(藝文檢閱) 정초(鄭
招, ?~1434년),³⁶ 성균직강(成均直講) 황현(黃鉉, 1372~?),³⁷ 성균사

의·병조참의에 임명되고 1432년 병조좌참의·판안동대도호부사(判安東大都護府事)를 지
냈다. 1433년 4월, 앞서 통신사로 일본에 다녀와 수차(水車)의 이점을 건의하여 농사기술
의 혁신을 가져왔다.

34 일찍이 진사로 출가하여 중이 되어 사람들의 비난을 받았으나 1405년(태종 5년) 진사시
에 합격해 성균관학유(成均館學諭)가 됐고, 이때 인정전(仁政殿)에서 실시한 중시에 을과
로 급제, 봉상시주부(奉常寺注簿)와 집현전직학사(集賢殿直學士)를 지냈다. 1410년 성균
주부(成均注簿)로서 진하성절사(進賀聖節使)의 서장관으로 차정(差定)되었으나, 명나라에
가기를 꺼려 병이 있다고 전(箋)을 올려 사면해주기를 간청하자, 사간원의 탄핵으로 괴
주(槐州)에 유배됐다. 1432년 호군(護軍)으로 부회례사(副回禮使)가 되어 회례사 이예(李
藝)를 따라 일본을 다녀왔다. 이후 여러 차례 일본을 다녀온 공으로 의복·삿갓·신과 쌀
10석을 하사받기도 했다. 그러나 평소 변계량(卞季良)과 사이가 좋지 않아 높이 등용되
지 못했다.

35 일찍 부모를 여의고 숙부인 유관(柳寬) 밑에서 학문에 힘써 문장에 능하고 경전에 밝았
으며, 그릇이 크고 결단력이 있었다. 1393년(태조 2년) 식년 문과에 동진사(同進士)로 합
격하여 좌정언, 이조·병조의 정랑을 지냈다. 이때 문과 중시에 병과로 급제하여 장령이
됐다. 1409년 집의로서 민무구(閔無咎) 민무질(閔無疾)의 불충(不忠)한 죄와 평양군 조대
림(趙大臨)의 석병사(釋兵事-병권을 내어놓으라는 뜻)를 탄핵하다가 안악에 유배됐다. 뒤
에 풀려나와 1411년에 좌사간을 지내고, 이어 좌부대언이 됐다. 1416년에 지신사(知申事)
로서 소합유(蘇合油)를 진상하는 데 잘못을 저질러 다시 안악에 유배됐다가 곧 풀려나
왔다. 1422년(세종 4년) 강원도 관찰사로 전임되고, 이듬해 경기도 도관찰사로서 중군동
지총제를 역임했다. 1428년 한성부윤이 되고, 이어 예문관대제학이 되어 진하사(進賀使)
로 명나라에 다녀왔다. 1434년 인수부윤(仁壽府尹)으로서「진작가사(嗔雀歌辭)」를 지어
올리고, 1435년 예문관대제학으로서 구악(舊樂)을 정리했다. 맹사성(孟思誠), 박연 등과
함께 조선 초기의 악학 정비에 공로가 컸다.

36 1405년(태종 5년) 문과에 급제하고 이때 중시에 합격했다. 훗날 이조판서·대제학을 지
냈다. 세종 초의 과학사업에 중요한 소임을 맡아 정인지(鄭麟趾), 정흠지(鄭欽之)와 함께
대통통궤(大統通軌)를 연구,『칠정산내편(七政算內篇)』을 편찬하고, 간의대(簡儀臺)를 제
작, 설치하는 일을 관장했다. 그 밖에도 왕명에 의해『농사직설(農事直說)』,『회례문무악
장(會禮文武樂章)』,『삼강행실도』등을 편찬했다.

37 태종과 세종대에 대사성을 지냈으며, 1428년(세종 10년) 인수부윤(仁壽府尹)을 거쳐
1429년 행성균대사성(行成均大司成)을 겸직했다. 1430년 변계량(卞季良)과 함께 행성균
대사성으로서 문과초시 때 강경(講經) 중 두 가지 시제(試題)만을 뽑아 제술(製述)할 것

예(成均司藝) 윤회종(尹會宗, ?~?)[38]과 전 사헌장령(司憲掌令) 이지강(李之剛, 1363~1427년)[39]에게 을과(乙科) 제2등을 주고, 변계량을 초배(超拜-특진)하여 예조참의(禮曹參議)로 삼고, 조말생은 전농부정(典農副正), 박서생은 우정언(右正言), 김구경은 봉상주부(奉常注簿), 박제는 성균사예(成均司藝), 유사눌은 사헌장령(司憲掌令), 정초는 좌정언(左正言), 황현은 경승부 소윤(敬承府少尹), 윤회종은 성균사성(成均司成), 이지강은 예문관 직제학으로 삼고 홍패(紅牌)와 꽃, 일산[蓋]을 주어 사흘 동안 유행(遊行)하게 했다[成行]. 명하여 제1등 1인에게 전지(田地) 20결(結)을, 제1등 3인에게 전지 15결을,

---

을 건의, 실시하게 했다. 그러나 유학자들이 여전히 초록집(抄錄集)에만 의존하고 경학(經學)을 경시한다는 건의에 따라 그 뒤 다시 과거에서 경서강독(經書講讀)이 시행됐다.

38 할아버지는 찬성사 윤택(尹澤)이며, 아버지는 판전농시사(判典農寺事) 윤구생(尹龜生)이다. 동지춘추관사 윤소종(尹紹宗)의 아우이다. 우왕 때 문과에 급제하고, 여러 관직을 거쳐 1389년(공양왕 1년) 사재부령(司宰副令)으로 우왕·창왕의 주살(誅殺)을 상소, 실행에 옮기도록 했다. 1390년 세자시학(世子侍學)·형조총랑을 역임했다. 1392년 이성계(李成桂)를 도와 조선 왕조 개창에 기여했으나, 1395년(태조 4년) 의랑(議郎)으로서 급전(給田)을 잘못하여 삭직, 유배됐다. 복직해 이때 문과중시에 을과로 급제하여 사성이 되고, 이해 처음으로 시행된 중월부시법(仲月賦詩法)에 2등으로 합격, 1414년 사간원우사간·좌사간, 변정도감사(辨正都監使)를 지냈다.

39 아버지는 판전교시사(判典校寺事)를 역임한 집(集)이다. 1382년(우왕 8년) 과거에 급제, 중서문하성의 녹사(錄事)를 거쳐 1392년(태조 1년) 기거주(起居注)로서 조선 건국에 참여했다. 특히 이방원(李芳遠)의 측근으로서 1393년 정도전(鄭道傳) 일파에 의해 탄핵, 순군옥(巡軍獄)에 투옥되기도 했다. 그 뒤 이방원이 즉위해 정권을 잡자 사헌부장령으로서 풍기단속과 공신세력 제거에 앞장섰다. 이때 문과 중시에 병과로 급제, 예문관직제학에 특별히 제수됐다. 1416년 한성부윤이 되어 도성의 살림을 주관했다. 이듬해 경상도 도관찰사를 거쳐 다시 내직으로 옮겨 호조참판·형조참판을 지냈다. 1419년 세종이 즉위하자 하정사(賀正使)로 명나라에 다녀왔으며, 평안도 도관찰사·이조참판을 역임하고 다시 호조참판이 되어 재정 체계를 바로 하는 데 힘썼다. 1420년(세종 2년) 호조판서, 이어 예조판서·대사헌·의정부참찬을 지내고 1425년 중군도총제(中軍都摠制)가 되어 군권을 총지휘하다가 곧 신병으로 사임했다. 성품이 단정하고 검소했으며, 특히 재정 부서에 오래 근무했음에도 결코 축재에 관심이 없었다 한다.

제2등 7인에게 전지 10결을 주고, 또 각각 본향(本鄕)의 노비 1구(口)씩을 주었다.

○ 사헌부(司憲府)로 하여금 문신(文臣) 중에 중시(重試)에 나오지 않은 자를 조사해 탄핵하게 했다. 상이 말했다.

"유자(儒者)들이 배우고 배우지 않는 것은 나와 관계가 없지만 대국을 섬기는[事大] 나라에서 고민하지 않을 수 없기 때문에 이번 거조(擧措-조치)를 취한 것뿐이다. 현재 맡고 있는 공무(公務)가 번다(煩多)하고 바빠서 글을 읽을 수 없는 것을 여러 사람이 다 알고 있는 자는 반드시 물을 필요가 없고, 한량관(閑良官)으로 있는 자라고 해서 어찌 이것으로 태형(笞刑)과 부처(付處-유배)를 가할 수 있겠는가? 거론(擧論)하지 말라."

사헌장령(司憲掌令) 조계생(趙啓生), 헌납(獻納) 하득부(河得孚)와 (사간원) 정언(正言) 변계손(卞季孫), 문수성(文守誠) 등은 스스로 생각하기를 '몸이 대간(臺諫)이 되어가지고 장옥(場屋-과거 시험장) 가운데서 이름을 다투는 것이 꺼려진다'고 하여 친시(親試)에 응하지 않았는데, 모두 좌죄(坐罪)되어 벼슬이 파면됐고 지평(持平) 김섭(金涉)은 초장(初場)에 응시했다가 대간(臺諫)이 모두 시험에 나오지 않은 것을 보고 마침내 병(病)을 핑계 대고 나갔는데, 이 때문에 홀로 죄를 면했다.

○ 예조(禮曹)에서 대간(臺諫)이 서연(書筵)에 나오는 예도(禮度)를 상정(詳定)했다. 아뢰어 말했다.

"삼가 살펴보건대 서연관(書筵官)이 세자(世子) 앞에서 행례(行禮)하는데 보덕(輔德)과 필선(弼善)이 머리를 조아려 두 번 절하면, 세자가 답배(答拜)하고, 문학(文學)[40]과 사경(司經)[41]이 들어와 절하면 세자가 답배하지 않습니다. 품수(品數)에 따른 예도(禮度)에 이르러서는 3품(三品)이 1품(一品) 앞에 나가서 절하고 읍(揖)하면 1품이 앉았든지 섰든지 간에 답례가 없습니다. 지금 대간원(臺諫員)이 차례로 서연에 나가 시강(侍講)함에 있어 만일 서연관(書筵官)의 예(例)를 따른다면 별도로 예문(藝文)을 상정(詳定)할 것이 없습니다. 빌건대 대간(臺諫)이 서연에 이르면 서연관의 직차(職次)에 따라 예를 거행하게 해야 합니다."

그것을 따랐다.

정미일(丁未日-23일)에 첨총제(僉摠制) 장사신(張思信), 상호군(上護軍) 장사충(張思忠), 호군(護軍) 강득성(姜得成)의 직(職)을 파면했다. 그리고 월성군(月城君) 김수(金需), 남성군(南城君) 홍서(洪恕), 화산군(花山君) 장사길(張思吉), 여원군(驪原君) 민무휼(閔無恤), 이성군(利城君) 서유(徐愈) 등의 가노(家奴)를 가뒀다. 모두 성절일(聖節日)의 조하(朝賀)에 나오지 않았기 때문이다.

임자일(壬子日-28일)에 (충청도) 청주(淸州)에 우박이 떨어졌다.

○ 좌군 동지총제 노한(盧閈)을 보내 경사(京師)에 가게 했다. 천추절(千秋節-황태자의 생일)을 하례하기 위함이었다. 예부(禮部)에 자문

---

40 서연관의 정5품 벼슬이다.
41 서연관의 정7품 벼슬이다.

(咨文)을 보내 말했다.

'삼만위 백호(三萬衛百戶) 양합라(楊哈剌) 등의 가족을 기취(起取)하라는 일에 대한 자문(咨文)을 받아 보고, 여기에 준하여 의정부(議政府)에서 경성(鏡城) 등지의 만호(萬戶) 최교납(崔咬納)의 장공(狀供)을 갖춘 동북면 도순문사(東北面都巡問使) 박신(朴信)의 정장(呈狀)에 의거하여 장계(狀啓)한 것을 보면 "양합라는 원래 현성(玄城)에 부적(付籍)된 사람인데, 홍무(洪武) 5년에 올적합(兀狄哈) 달을마적(達乙麻赤)이 현성(玄城) 지역에 와서 겁략 살해(劫掠殺害)하여 관하(管下)의 양합라 등이 올적합에게 잡혀갔으므로 교납이 원래의 관하(管下) 인호(人戶) 20호(戶)를 끌고 본국(本國)의 길주(吉州) 아한(阿罕) 지역에 와서 살면서 조심하고 근신하여 왜적(倭賊)을 막아 공로가 있고, 국왕(國王)께서 위임하신 경성(鏡城) 등지의 만호(萬戶)의 직책을 공경히 받들었습니다. 그 뒤에 홍무(洪武) 23년에 친히 올적합 지역으로 가서 양합라 등 9호(戶)를 찾아 아한 지역에 데리고 와서 함께 살며 차역(差役)에 이바지하고 있사온데, 지금 조정(朝廷-명나라 조정)의 기취(起取)를 당했으므로 장공(狀供)하오니 시행하기를 빕니다"라고 했습니다. 이 정문(呈文)과 장계에 의하여 양합라 등 9호(戶)는 현재 길주(吉州)의 아한 지역에서 남혼여가(男婚女嫁)하여 편히 살고 있는 것을 자세히 알았습니다. 보내온 자문[來咨]을 참조(參照)하면 "만호(萬戶) 쇄의교납(鎖矣咬納)이 양합라와 가족 30호(戶)를 데려가서 본국의 아한 지면에 살고 있다"라고 했는데, 지금 최교납의 장공(狀供)에 의거하면, 홍무 23년에 올적합 지역에 이르러 양합라 등 9호(戶)를 찾아서 데려왔다는 것이 자문 안의 호수(戶數)

와 같지 않습니다. 또 성조(聖朝)의 호율(戶律) 내(內)의 한 조항을 상고하여 보면 "차역(差役)을 도피(逃避)하여 홍무 7년 10월 이전에 다른 고을로 유이(流移)했으되 일찍이 부적(付籍)되어 차역(差役)에 이바지하고 있는 자는 (그 죄를) 논(論)하지 말라"고 했으니, 여기에 의해 사리(事理)가 마땅히 자품(咨稟)하여 명강(明降)을 기다려야 되겠기에 자문(咨文)하는 바입니다.'

쇄의교납은 곧 최교납이다.

○ (상이) 의정부(議政府)에서 친시(親試)의 (급제자들을 위한) 은영연(恩榮宴)[42]을 내려주었다. 창녕부원군(昌寧府院君) 성석린(成石璘), 우정승(右政丞) 조영무(趙英茂)가 압연관(押宴官)이 되고, 성산군(星山君) 이직(李稷)이 부연관(赴宴官)이 되었다.

---

42 과거(科擧)에 급제(及第)한 사람의 영예(榮譽)를 축복하여 임금이 내리는 연회로 항상 의정부(議政府)에서 베풀었다.

乙酉朔 隕霜于陽德縣凡三日. 自安邊至吉州雨雹且雪 累日
을유 삭 운상 우 양덕현 범 삼일 자 안변 지 길주 우박 차 설 누일

不消.
불소

命兼成均司成張德良 逐日詣闕. 備顧問也. 時上讀易 聞德良明
명겸 성균 사성 장덕량 축일 예궐 비 고문 야 시상 독역 문 덕량 명

易 故有是命.
역 고 유 시명

丁亥 雨雪于谷州.
정해 우설 우 곡주

己丑 司諫院上疏請停親試 不允. 疏曰:
기축 사간원 상소 청정 친시 불윤 소왈

'治國之本 莫大於用人材. 殿下欲以今月十八日 招集中外文臣
치국 지 본 막대 어용 인재 전하 욕이 금월 십팔일 초집 중외 문신

親臨試之 務得人才 而置於文翰之任 此勸課經史之學 挽回世道
친림 시지 무득 인재 이 치어 문한 지임 차 권과 경사 지학 만회 세도

之機也. 然臣等竊觀傳曰: "勿奪農時 穀不可勝食." 又曰: "一夫
지기 야 연 신등 절관 전왈 물탈 농시 곡 불가 승식 우왈 일부

不耕 則十人飢." 當此農月 四方之士 乘驛絡繹 郵民勞於奔走
불경 즉 십인 기 당차 농월 사방 지사 승역 낙역 우민 노 어 분주

奴隸困於往來 奚暇治耕耘哉? 其弊固不細也. 其於殿下愛民之
노예 곤 어 왕래 해가 치경운 재 기폐 고 부세 야 기어 전하 애민 지

仁何 生民務本之義何? 殿下以英明之資 天人之學 親臨明試 則
인하 생민 무본 지의 하 전하 이 영명 지자 천인 지학 친림 명시 즉

中科者少 不中科者多 其不中者則志氣摧折 無復礪進之心. 臣等
중과 자소 부중과 자다 기 부중 자 즉 지기 최절 무복 여진 지심 신등

以爲一依臣吉昌君權近陳言 伏惟上裁施行.'
이위 일의 신 길창군 권근 진언 복유 상재 시행

疏下議政府. 政丞河崙以爲①: "重試之期已近 不可中輟." 上
소하 의정부 정승 하륜 이위 중시 지기 이근 불가 중철 상

從之.
종지

辛卯 上詣德壽宮起居.

兵曹上軍政事目. 啓曰:

"三軍甲士 所以嚴禁衛 不可不精選. 乞令曹及各軍摠制 一同 無時點考 其有不實者 申聞罷黜 幷罪擧主 更選京外武才卓異 者充補. 又各軍摠制 率其軍屬甲士 私行田獵者 痛行禁斷 如有 特旨田獵 亦令本曹奉旨移文 方許率行. 又外方侍衛軍官 除防禦 外 各官守令 毋得勒令田獵. 其軍官或虛稱老病 以幼弱子弟代立 有乖軍政. 自今年 六十以上病狀現著者 方許以有武才强壯子弟 代立 其餘禁止 違者 守令論罪."

命各道守令孟春栽松. 忠淸道敬差官韓雍上言: "近因兵船造作 松木殆盡. 乞令各道各官 松木可得成長之山 禁火禁伐 每當孟春 守令親監栽植." 從之.

壬辰 視事于便殿. 上謂兵曹判書尹柢曰: "邇來各道貢獻弓矢 比軍器監所造 其堅利有培 故輒下兵曹 欲其藏以待用也." 又曰: "領議政成石璘 嘗上書以爲: '宰相大臣 當率伴人.' 予則以爲 未便. 脫有急變 將相有故 而士卒不救者 當以律論斬 孰不愛 其生以救將相乎? 予於庚辰之變 從予者 獨徐益 沈龜齡等數人 耳 賴天所佑 以有今日. 在天不在人 何必私率伴人乎?" 又謂 群臣曰: "曾中武科者 常自熟讀兵書乎? 不則將何所用? 聞皇帝 征安南 安南人束手就戮 無有敵之者." 工曹判書李來對曰: "以

天下之兵 伐此小國 誰敢有敵之者?"上曰:"不然. 兵在精 不在
천하 지병 벌차 소국 수감 유적 지자 상왈 불연 병재정 부재

衆 豈可執一言乎! 且安南國王奔告于皇帝 則帝之此擧 不得不
중 기 가집 일언 호 차 안남 국왕 분고 우황제 즉 제지차거 부득불

爾. 我皇帝本好大喜功 如我國少失事大之禮 必興師問罪. 我則
이 아 황제 본호대 희공 여 아국 소실 사대 지례 필 흥사 문죄 아즉

以爲一以②至誠事之 一以②固城壘蓄糧餉 最是今日之急務."
이위 일이 지성 사지 일이 고 성루 축 양향 최시 금일 지 급무

大司憲成石因對曰:"築城如欲速 則民大困矣. 臣以爲每年築
대사헌 성석인 대왈 축성 여욕속 즉민 대곤 의 신 이위 매년 축

一面或半面 以牢固爲貴 則其役徐而民不困 城益固矣."上曰:
일면 혹 반면 이 뇌고 위귀 즉 기역 서이민 불곤 성 익고 의 상왈

"然."石因又曰:"守令之任至重 今國家重內而輕外. 須擇賢良
연 석인 우왈 수령 지임 지중 금 국가 중내 이 경외 수택 현량

迭處中外. 如二相三宰大司憲代言 迭爲守令 則守令亦自以榮矣.
질처 중외 여 이상 삼재 대사헌 대언 질위 수령 즉 수령 역 자이 영의

且驛丞無箇月 遞代無常. 可依守令例 定其箇月 以憑黜陟."上
차 역승 무 개월 체대 무상 가의 수령 예 정기 개월 이빙 출척 상

然之. 又謂知議政府事兼判軍器監事金承霆曰:"鐵物 本國所産
연지 우위 지의정부사 겸 판군기감사 김승주 왈 철물 본국 소산

軍器監 全爲兵器而設. 歲月旣久 宜其所造兵器精緻有餘 而未見
군기감 전위 병기 이설 세월 기구 의기 소조 병기 정치 유여 이미견

盈羨者 何也? 工人調熟而精者幾人歟? 自今卿除議政府合坐
영선 자 하야 공인 조숙 이정 자 기인 여 자금 경제 의정부 합좌

日坐軍器監 專務鍊造軍器."
일좌 군기감 전무 연조 군기

上覽諸祈禱祝文 謂代言曰:"可諭諸文臣 於祭祝等文 毋入
상 람제 기도 축문 위 대언 왈 가유 제 문신 어 제축 등문 무입

寡躬受福之辭."
과궁 수복 지사

上又曰:"自去年之秋 徵聚僧徒 捐廩米以供之 使營社稷壇場
상 우왈 자 거년 지추 징취 승도 연 늠미 이공지 사영 사직 단장

及倉庫館舍. 予嘗思之 僧徒亦人也. 豈可使如此其勞困也? 諸
급 창고 관사 여상 사지 승도 역인 야 기가 사여차 기노곤 야 제

君府朝房 則只避風雨可矣. 何必如彼其壯麗乎? 日本使客及北塞
군부 조방 즉지 피 풍우 가의 하필 여피 기 장려 호 일본 사객 급 북새

野人 雖絡繹而至 有太平館有僧舍 可以處之 又何必別立館舍
야인 수 낙역 이지 유 태평관 유 승사 가이 처지 우 하필 별립 관사

乎? 自去秋至今夏 無有小暇 若値霾雨 則其怨咨極矣. 今以可已
호 자 거추 지 금하 무유 소가 약치 매우 즉 기 원자 극의 금이 가이

之事而役之不已 甚可恤也. 予欲止之 但以政府之所爲 故未能
지사 이 역지 불이 심 가휼 야 여욕 지지 단 이 정부 지 소위 고 미능

果斷."
과단

知申事黃喜對曰:"僧徒不務農業 遊手四方 今給其食以營繕
지신사 황희 대왈 승도 불무 농업 유수 사방 금급 기식 이 영선

政府之議 似未失也"
정부 지 의 사 미실 야

上曰:"若軍資庫則不可無也 今尙未畢 而又一時驟興無名之役
상왈 약 군자고 즉 불가 무야 금상 미필 이우 일시 취흥 무명 지역

糜費貲糧 可乎哉?"
미비 자량 가호 재

群臣莫敢對.
군신 막 감대

丁酉 以趙璞爲參贊議政府事 鄭矩參知議政府事.
정유 이 조박 위 참찬 의정부 사 정구 참지 의정부 사

戊戌 淸州雨雹傷麻麥.
무술 청주 우박 상 마맥

己亥 置酒廣延樓 柳觀 成石因 安魯生 盧閈入侍. 觀等三人
기해 치주 광연루 유관 성석인 안노생 노한 입시 관 등 삼인

自京師回 閈則將朝京 故特慰之.
자 경사 회 한 즉 장 조경 고 특 위지

辛丑 欽差官陳敬 李賓至昌德宮 先行聖節賀禮. 上冕服率群臣
신축 흠차관 진경 이빈 지 창덕궁 선행 성절 하례 상 면복 솔 군신

行賀禮 仍宴敬等於廣延樓.
행 하례 잉 연 경 등 어 광연루

壬寅 親試文臣於廣延樓下. 以左政丞河崙 大提學權近爲
임인 친시 문신 어 광연루 하 이 좌정승 하륜 대제학 권근 위

讀券官 吏曹參議孟思誠 知申事黃喜爲對讀官. 中外時散文臣
독권관 이조참의 맹사성 지신사 황희 위 대독관 중외 시산 문신

從三品以下赴試者 百有八人. 設帳幕 賜紙硯酒菓及朝夕食. 試論
종삼품 이하 부시 자 백유팔인 설 장막 사 지연 주과 급 조석식 시 논

表各一道爲初場 論題曰闢四門 表題曰賀平安南. 間一日開終場
표 각 일도 위 초장 논제 왈 벽 사문 표제 왈 하평 안남 간 일일 개 종장

試時務. 策題曰:
시 시무 책제 왈

"王若曰 古昔帝王 立法定制 必因時宜 以隆至治. 唐虞三代
왕 약왈 고석 제왕 입법 정제 필 인 시의 이 융 지치 당우 삼대

致治之道 可得聞歟? 精一執中 堯舜禹相授心法; 建中建極
치치 지도 가득 문여 정일집중 요순우 상수 심법 건중건극

142

商湯 周武相傳心法. 曰精曰一 其功何異? 曰執曰建 其義何同?
상탕 주무 상전 심법 왈정왈일 기공 하이 왈집왈건 기의 하동

謂之中 則未至乎極 謂之極 則似過乎中. 二者將安所折衷歟?
위지중 즉미지호극 위지극 즉사과호중 이자 장안소 절충 여

揖讓征伐 文質損益 事與時異 而同歸于治 何歟?
읍양 정벌 문질 손익 사여시이 이동귀 우치 하여

漢唐以降 迄于宋元 代各有治 其有合乎中道而可述者歟? 予
한당 이강 흘우 송원 대각 유치 기유합호 중도 이 가술 자여 여

以否德 廁于一國臣民之上 雖無德教可以及民 庶幾 夙夜思致
이 부덕 이우 일국 신민 지상 수무 덕교 가이 급민 서기 숙야 사치

小康 其於帝王之心之道 蓋嘗有志而願學焉. 聽政之暇 覽觀經籍
소강 기어 제왕 지심지도 개상 유지 이 원학 언 청정 지가 남관 경적

究求厥旨 而未知所以用力之方. 動靜云爲之際 政教法令之間
구구 궐지 이 미지 소이 용력 지방 동정 운위 지제 정교 법령 지간

豈無過與不及之差者乎? 其有過而當損者何事 有不及而當益者
기무 과여 불급 지차 자호 기유과 이당 손자 하사 유 불급 이당 익자

何事歟?
하사 여

今我國家 創業未久 而法制尙未備; 遷都未幾 而力役尙未弭.
금아 국가 창업 미구 이 법제 상 미비 천도 미기 이 역역 상 미미

政治之得失 田里之休戚 可言者多 姑擧其大者言之.
정치 지 득실 전리 지 휴척 가언 자다 고거 기 대자 언지

銓遷欲其精也 而儌倖冒進之未除 考績之法 何以合宜歟?
전천 욕 기정 야 이 오행 모진 지 미제 고적 지법 하이 합의 여

田制欲其正也 而多寡高下之不均 踏驗之事 果能無議歟? 賦役
전제 욕 기정 야 이 다과 고하 지 불균 답험 지사 과능 무의 여 부역

不可不均也 隣保之制 號牌之設 何者可行? 漕轉不可不急
불가 불균 야 인보 지제 호패 지설 하자 가행 조전 불가 불급

也 海運之謀 陸輸之策 何者加用歟? 衣冠法度 悉遵華制 而獨
야 해운 지모 육수 지책 하자 가용 여 의관 법도 실준 화제 이독

女服尙仍舊俗 是果不得而盡革者歟? 冠婚喪制 亦可盡從華制
여복 상잉 구속 시과 부득이 진혁 자여 관혼 상제 역가 진종 화제

歟? 凡此數者 施爲之道 必有其宜. 伊欲使其不戾乎古而不駭於
여 범차 수자 시위 지도 필유 기의 이욕 사기 불려 호고 이 불해어

今 其術安在? 思與賢俊 共圖庶政 親策子大夫于庭 願聞爲治之
금 기술 안재 사여 현준 공도 서정 친책 자대부 우정 원문 위치 지

說. 子大夫通經術識治體 有志斯世久矣. 其於帝王存心出治之道
설 자대부 통 경술 식 치체 유지 사세 구의 기어 제왕 존심 출치 지도

當今立法定制之宜 稽諸古訓 酌乎時中 高不務於苟難 卑不流於
당금 입법 정제 지의 계저 고훈 작호 시중 고 불무 어 구난 비 불류 어

汚淺 各底所蘊 悉著于篇. 予將親覽而致用焉."
오천 각저 소온 실저우편 여장 친람 이 치용 언

癸卯 遼東百戶 李賓還.
계묘 요동 백호 이빈 환

遣判漢城府事偰眉壽如京師. 賀醴泉甘露等禎祥 仍計稟
견 판한성부사 설미수 여 경사 하 예천 감로 등 정상 잉 계품

漫散軍事也. 咨禮部曰:
만산군 사야 자 예부 왈

'據議政府狀啓 備西北面都巡問使呂稱呈 有: "宣州鄕吏金難
거 의정부 장계 비 서북면 도순문사 여칭 정 유 선주 향리 김난

等二十六口 平壤府官奴內隱白等一十三口 先因避役 逃往 遼東
등 이십 육구 평양부 관노 내은백 등 일십 삼구 선인 피역 도왕 요동

地面住居 近於革除年間 回還本國 各復舊役. 今蒙起取 具呈
지면 주거 근어 혁제 연간 회환 본국 각복 구역 금몽 기취 구정

照驗." 得此 又據前左軍摠制金漢老等狀告 有: "父祖傳來驅奴
조험 득차 우거 전 좌군 총제 김한로 등 장고 유 부조 전래 구노

林延親父林松等三十二口 昨於洪武二十年三月 逃往遼東 冒充
임연 친부 임송 등 삼십 이구 작어 홍무 이십 년 삼월 도왕 요동 모충

軍役 後於洪武三十五年 有林延等逃還本國 漢老等各執使喚. 今
군역 후어 홍무 삼십 오년 유 임연 등 도환 본국 한로 등 각집 사환 금

蒙起取 告乞詳狀施行." 得此看得 鄕吏金難 公私驅奴 內隱白
몽 기취 고걸 상장 시행 득차 간득 향리 김난 공사 구노 내은백

林延等 雖稱鄕吏 公私驅奴 不敢擅便拘留 理宜咨稟聽候 明降
임연 등 수칭 향리 공사 구노 불감 천편 구류 이의 자품 청후 명강

施行.'
시행

又咨曰:
우 자왈

'承準來咨 起取佟鎖魯阿家小事. 於東北面 鏡城地面 究問得
승준 내자 기취 동쇄로아 가소 사 어 동북면 경성 지면 구문 득

女眞萬戶 佟鎖魯阿等六戶家小 男婦共五十七口內 除佟鎖魯阿
여진 만호 동쇄로아 등 육호 가소 남부 공 오십 칠구 내 제 동쇄로아

子 三甫等一十四口 於永樂四年八月間 先送 建州衛外③ 今將
자 삼보 등 일십 사구 어 영락 사년 팔월 간 선송 건주위 외③ 금장

見在六戶四十三口 送建州衛完聚去訖.'
현재 육호 사십 삼구 송 건주위 완취 거흘

對馬島 倭男女五十八名來投.
대마도 왜 남녀 오십 팔명 내투

甲辰 漢城府上都城事宜數條 允之. 啓曰:
갑진 한성부 상 도성 사의 수조 윤지 계왈

'都城五部各坊 在前樹立坊名 以辨認視 今皆頹落. 乞坊名
도성 오부 각방 재전 수립 방명 이 변 인시 금 개 퇴락 걸 방명

橋名街名 許更樹立.
교명 가명 허갱 수립

一, 城內大路外閭里各路 本皆平直 以便車兩出入. 今無識人
일 성내 대로 외 여리 각로 본개 평직 이편 거량 출입 금 무식 인

等 欲廣其居 侵路爲籬 窄狹屈曲 或突出造家 甚者蔽塞道路
등 욕광 기거 침로 위리 착협 굴곡 혹 돌출 조가 심자 폐색 도로

行路不便 火氣可畏. 乞更審視道路 依舊修廣.
행로 불편 화기 가외 걸갱 심시 도로 의구 수광

一, 已受土地 造家居生者 又冒親族名字 更受家基 耕種菜麻
일 이수 토지 조가 거생 자 우모 친족 명자 갱수 가기 경종 채마

者有之. 乞令推核 許人陳告造家.
자 유지 걸령 추핵 허인 진고 조가

一, 新都家舍 皆用茅蓋 民居稠密 火災可畏. 乞於各坊 每一
일 신도 가사 개용 모개 민거 조밀 화재 가외 걸 어 각방 매일

管領 置水甕二所備火.
관령 치 수옹 이소 비화

一, 路傍各戶 皆令栽木 川邊各戶 各於兩岸 築坊④栽木.
일 노방 각호 개령 재목 천변 각호 각어 양안 축방 재목

一, 各部管領 六朔相遞 管內不孝不悌 飲酒相鬪 不睦隣里者
일 각부 관령 육삭 상체 관내 불효 부제 음주 상투 불목 안리 자

常加考察 告部鑑後.'
상 가 고찰 고부 감후

丙午 御仁政殿 放親試文科牓. 賜藝文館直提學卞季良
병오 어 인정전 방 친시 문과 방 사 예문관 직제학 변계량

吏曹正郎趙末生 成均學正朴瑞生 乙科第一等. 權知成均學諭
이조정랑 조말생 성균학정 박서생 을과 제일 등 권지 성균학유

金久冏 禮曹正郎朴濟 兵曹正郎柳思訥 藝文檢閱鄭招
김구경 예조정랑 박제 병조정랑 유사눌 예문검열 정초

成均直講黃鉉 司藝尹會宗 前司憲掌令李之剛 乙科第二等.
성균직강 황현 사예 윤회종 전 사헌장령 이지강 을과 제이 등

超拜季良爲禮曹參議 末生典農副正 瑞生右正言 久冏奉常
초배 계량 위 예조참의 말생 전농 부정 서생 우정언 구경 봉상

注簿 濟成均司藝 思訥司憲掌令 招左正言 鉉敬承府少尹 會宗
주부 제 성균사예 사눌 사헌장령 초 좌정언 현 경승부 소윤 회종

成均司成 之剛藝文館直提學 賜牌賜花賜蓋 成行三日. 命賜
성균사성 지강 예문관 직제학 사패 사화 사개 성행 삼일 명사

第一等第一人田二十結 第一等三人田十五結 第二等七人田十結
제일 등 제일 인 전 이십 결 제일 등 삼인 전 십오 결 제이 등 칠인 전 십결

又各賜本鄕奴婢各一口.
우 각사 본향 노비 각 일구

令司憲府 推劾文臣不赴重試者. 上曰:"儒者之學不學 於我
영 사헌부 추핵 문신 불부 중시 자 상왈 유자 지학 불학 어아

無與焉 但事大之國 不可不慮 故爲此擧耳. 其見任公務煩劇
무여 언 단 사대 지국 불가 불려 고위 차거 이 기견임 공무 번극

不能讀書 衆所共知者 不必問也 若閑良官 則豈以此而加笞與
불능 독서 중 소공지 자 불필 문야 약 한량관 즉 기 이차 이가 태여

付處乎? 其勿擧論." 司憲掌令趙啓生 獻納河得孚 正言卞季孫
부처 호 기물 거론 사헌장령 조계생 헌납 하득부 정언 변계손

文守誠等 自以身爲臺諫 嫌爭名於場屋之中 不赴試 皆坐免官.
문수성 등 자이 신위 대간 혐 쟁명 어 장옥 지중 불 부시 개 좌 면관

持平金涉 赴初場 見臺諫皆不赴 遂托疾而出 由是獨免.
지평 김섭 부 초장 견 대간 개 불부 수 탁질 이출 유시 독면

禮曹詳定臺諫詣書筵禮度. 啓曰:
예조 상정 대간 예 서연 예도 계왈

"謹按書筵官於世子前行禮 輔德弼善稽首再拜 世子答拜:
근안 서연관 어 세자 전 행례 보덕 필선 계수 재배 세자 답배

文學司經入拜 世子無答. 至於隨品禮度 則三品進一品前拜揖
문학 사경 입배 세자 무답 지어 수품 예도 즉 삼품 진 일품 전 배읍

一品隨坐隨立無答. 今臺諫員 以次詣書筵侍講 若從書筵官例
일품 수좌 수립 무답 금 대간 원 이차 예 서연 시강 약종 서연관 예

則別無詳定禮文. 乞臺諫至書筵 從書筵官職次行禮"
즉 별무 상정 예문 걸 대간 지 서연 종 서연관 직차 행례

從之.
종지

丁未 罷僉摠制張思信 上護軍張思忠 護軍姜得成等職. 囚
정미 파 첨총제 장사신 상호군 장사충 호군 강득성 등직 수

月城君金需 南城君洪恕 花山君張思吉 驪原君閔無恤 利城君
월성군 김수 남성군 홍서 화산군 장사길 여원군 민무휼 이성군

徐愈等家奴 皆以不赴聖節日朝賀也.
서유 등 가노 개 이 불부 성절일 조하 야

壬子 淸州雨雹.
임자 청주 우박

遣左軍同知摠制盧閈如京師. 賀千秋也. 咨禮部曰:
견 좌군 동지총제 노한 여 경사 하 천추 야 자 예부 왈

'承準來咨 起取三萬衛百戶楊哈剌等家小事. 準此 行據議政府
승준 내자 기취 삼만위 백호 양합라 등 가소 사 준차 행거 의정부

狀啓:"據東北面都巡問使朴信呈備 鏡城等處萬戶崔咬納狀供
장계 거 동북면 도순문사 박신 정비 경성 등처 만호 최교납 장공

原係 玄城付籍人氏 洪武五年 兀狄哈 達乙麻赤到來 玄城地面
원계 현성 부적 인씨 홍무 오년 올적합 달을마적 도래 현성 지면

劫掠殺害. 當有管下楊哈剌等 被兀狄哈擄掠前去 咬納將引
겁략 살해 당유 관하 양합라 등 피 올적합 노략 전거 교납 장인

原管人戶二十戶 前來本國 吉州 阿罕地面住坐 小心謹愼 防倭
원관 인호 이십 호 전래 본국 길주 아한 지면 주좌 소심 근신 방왜

有功 敬承國王委付 鏡城等處萬戶職事. 後於洪武二十三年 親往
유공 경승 국왕 위부 경성 등처 만호 직사 후어 홍무 이십 삼 년 친왕

兀狄哈地面 尋覓得楊哈剌等九戶 到來阿罕同住當差. 今蒙朝廷
올적합 지면 심멱 득 양합라 등 구호 도래 아한 동주 당차 금몽 조정

起取 供乞施行. 得此具呈照驗" 得此狀啓 據此看詳 楊哈剌等
기취 공걸 시행 득차 구정 조험 득차 장계 거차 간상 양합라 등

九戶 見於吉州 阿罕地面 男婚女嫁 安業居生. 參照來咨內 萬戶
구호 견어 길주 아한 지면 남혼 여가 안업 거생 참조 내자 내 만호

鎖矣咬納起取楊哈剌連家小三十戶 在本國阿罕地面住坐. 今
쇄의교납 기취 양합라 연 가소 삼십 호 재 본국 아한 지면 주좌 금

據崔咬納狀供 洪武二十三年 到兀狄哈地面 尋覓得楊哈剌等
거 최교납 장공 홍무 이십 삼 년 도 올적합 지면 심멱 득 양합라 등

九戶 到來事意 蓋與來咨內戶數不同. 又欽檢到聖朝戶律內一款
구호 도래 사의 개여 내자 내 호수 부동 우흠 검도 성조 호율 내 일관

逃避差役 其在洪武七年十月已前流移他郡曾經付籍當差者勿論.
도피 차역 기재 홍무 칠년 십월 이전 유이 타군 증경 부적 당차 자 물론

欽此 理合咨稟 聽候明降.'
흠차 이합 자품 청후 명강

鎖矣咬納卽崔咬納也.
쇄의교납 즉 최교납 야

賜親試恩榮宴于議政府. 昌寧府院君成石璘 右政丞趙英茂爲
사 친시 은영연 우 의정부 창녕 부원군 성석린 우정승 조영무 위

押宴官 星山君李稷爲赴宴官.
압연관 성산군 이직 위 부연관

| 원문 읽기를 위한 도움말 |

① 政丞河崙以爲. 일반적으로 以爲는 '~라고 여기다' 혹은 '~라고 생각
   정승 하륜 이위   이위
하다'라는 뜻이다. 그런데 이런 경우에는 명확하게 '~라고 말했다'는 뜻
이다.

② 一以②至誠事之 一以②固城壘蓄糧餉. '一以~一以~'는 '한편으로는 ~하
일이　지성　사지　일이　고 성루 축 양향　일이　일이
고 다른 한편으로는 ~한다'는 뜻이다.

③ 除佟鎖魯阿子　三甫等一十四口　於永樂四年八月間　先送　建州衛外. 除~
제 동쇄로아 자　삼보 등 일십 사 구　어 영락 사년 팔월 간　선송　건주위 외　제
外가 모두 '~를 제외하고'라는 뜻이다.
외

④ 築坊. 築防의 잘못으로 보인다.
축방　축방

태종 7년 정해년
5월

五月

갑인일(甲寅日-1일) 초하루에 (명나라) 내사(內史-환관) 정승(鄭昇)과 행인(行人-실무 외교관) 풍근(馮謹)이 안남(安南)을 평정(平定)한 조서(詔書)를 싸가지고[齎] 오니 산붕(山棚)을 만들어[1] 백희(百戲)를 베풀었고 상은 백관(百官)을 거느리고 조복(朝服)을 갖춰 반송정(盤松亭)에서 맞았다. 앞에서 인도해 경복궁(景福宮)에 이르러 사신이 조서를 선포하니[宣詔] 정구(鄭矩)에게 명해 그것을 우리나라 음[鄕音]으로 읽게 하고 조정(曹正)에게는 중국 음[漢音]으로 읽게 했다. 조서는 이러했다.

'봉천 승운 황제(奉天承運皇帝)는 다음과 같이 조(詔)하노라. 짐(朕)이 삼가 황도(皇圖-대업)를 이어받아 성헌(成憲)을 따랐다. 지극한 교화[至化]를 크게 펴서 사해(四海)가 즐겁고 편안하기를 기약했고 길이 태화(太和)를 보전하여 만물(萬物)이 모두 이뤄지게 하려고 했다. 이른 아침부터 밤늦게까지 조심하고 두려워하여[兢業=兢兢業業=戰戰兢兢] 감히 게을리하거나 황음에 빠지지도 않았다. 우러러 생각건대 황고(皇考) 태조 고황제(太祖高皇帝)께서 천하(天下)를 통일하시고[混一=統一] 먼 나라 사람을 품어 안아 편안케 해주시니[懷綏] 안남(安南)의 진일규(陳日烇)가 (명나라의) 의로움을 사모하고 풍속

---

1 연희(演戲)를 베풀기 위해 임시로 만든 무대(舞臺)를 말한다.

을 우러러보아[慕義向風] 앞장서서 직공(職貢)을 바쳤기에 그 부지
런한 정성[勤懇]을 아름답게 여겨 큰 은혜[鴻恩]를 내려주시어 그
를 봉(封)해 안남왕(安南王)으로 삼아 길이 그 땅을 보존해 자손이
대대로 이어받아 국가와 더불어 함께 평안함을 누릴 수 있게 해주
었다.

(그런데) 근래에[比者] 적신(賊臣) 여계리(黎季犛)의 아들 여창(黎
蒼)이 오랫동안 범이나 이리와 같은 마음[虎狼之心]을 품어오다가 결
국 삼키고 물어뜯는[呑噬] 짓을 행하여 그 나라 임금을 죽이고 온
종족을 살해했다. (그리고 그 사태는) 널리 배신(陪臣)에게까지 미쳐서
거듭 참혹한 지경에 이르렀다. 가혹하게 살륙(殺戮)하여 생민(生民)
에 해독을 끼쳐 괴롭게 하니 닭과 개도 불안해하고 원성(怨聲)이 길
을 덮을 지경이었다. 여우처럼 의심하고 원숭이처럼 교활하며 쥐처럼
간교하고 이리처럼 탐욕스러워 성명(姓名)을 속여 바꿔서 호일원(胡
一元)이라 하고 아들은 호운(胡奆)이라 하여, 그 실상은 은폐하고 거
짓으로 진씨(陳氏)의 생질(甥姪)이라 일컫고 진씨(陳氏)가 자손이 끊
어졌다고 속여 말해 왕을 봉하는 것을 자신이 이어받겠다고 청했다.
짐(朕)이 나라 사람이 통속(統屬)이 없는 것을 생각하여 그가 거짓
을 하리라는 것은 미처 예상치 못한 채[不逆其詐]² 그 말하는 바를
그대로[允] 들어주었다.

---

2 원래 이 말은 『논어(論語)』「헌문(憲問)」편에 나오는 공자의 언급 중 일부다. 공자는 말
했다. "남이 나를 속일까 봐 미리 걱정하지 말고[不逆詐] 또 남이 나를 믿어주지 않을까
봐 억측하지 말아야 하나, 역시 그것을 미리 알아차리는 사람이야말로 현명하다고 할 것
이다." 결국 황제는 여창에게 속아넘어갔다는 뜻이다.

요행 덕에 간사하고 음흉한 꾀를 성공시키자 문득 함부로 날뛰려는 뜻[跳梁之志]³을 마구 풀어[肆=放] 꺼리는 바가 전혀 없이 간특(奸慝)한 짓을 하지 않는 것이 없었다. 스스로 자부하기를 빼어남[聖]은 삼황(三皇)보다 낫고 다움[德]은 오제(五帝)보다 높다고 했고 (주나라) 문왕(文王)이나 무왕(武王)은 본받을 만하지 못하다고 했으며 주공(周公)이나 공자(孔子)는 스승으로 삼을 필요가 없다며 폄하하고 맹자(孟子)는 유자의 이름을 도둑질했다며 헐뜯었고 정자(程子)나 주자(朱子)는 옛것을 표절했다며 비방했다.

(이처럼 그자는) 성인(聖人)을 속이고 하늘을 속였으며 윤서(倫序)도 없고 도리(道理)도 없었다[欺聖欺天 無倫無理]. 나라 이름을 대우(大虞)⁴라 참칭(僭稱)하고 기년(紀年-연호)을 소성(紹聖)⁵이라 도둑질했다. 칭하여 양궁 황제(兩宮皇帝)라 하고 (명나라) 조정(朝廷)의 예의(禮儀)를 함부로[冒] 썼다. 단지 구석 지역에서 횡포를 자행했을 뿐만 아니라 실제로 중국(中國)에 맞서고자 했다. 짐짓[佯] 정삭(正朔)을 받들어 반력(頒曆)을 주면 이를 불태웠고, 도망한 사람을 불러들여 놓고서 우리가 추적한다는 사실을 들으면 숨겨주었다. 조공(朝貢)의 예(禮)를 행하지 않고 흉포한 마음을 더욱 방자하게 드러냈다. 잠복하여 숨어서 알을 까고 길러[涵淹卵育] 거듭[荐=重] 대국(大國)을

---

3 『장자(莊子)』 내편(內篇) 「소요유(逍遙遊)」에 나오는 말의 일부다. "살쾡이는 높고 낮음을 가리지 않고 이리저리 함부로 날뛰다가[跳梁] 덫에 걸리거나 그물에 잡혀 죽고 만다."

4 순임금의 나라가 우(虞)나라다.

5 중국 송나라의 제7대 황제인 철종(哲宗)이 사용한 3개의 연호 가운데 2번째 연호다 (1094년~1098년).

도모하려는 마음이 있고, 칼날은 고슴도치처럼, 도끼는 사마귀처럼 [鋒蝟斧螗] 점점 더 침략하려는 쪽으로 움직였다.

봉위 부당

남조(南詔)⁶를 가만히 넘겨다보고[覘覬] 광서(廣西)를 엿보았다

의유

[窺伺]. 사부(思府)와 명부(明府)의 여러 주(州)를 차지하고 영주(寧州)와 원주(遠州)의 일곱 성채를 침략했다. 조정(朝廷)의 명리(命吏 -중앙에서 파견한 관리)를 겁박(劫迫)하여 그 집의 세금(歲金-재산) 을 빼앗았다. 그 자녀(子女)들을 사로잡아 머리를 깎고 칼을 씌웠다 [髡鉗]. 그 인민들을 내몰아 펄펄 끓는 물과 활활 타오르는 불을 밟

곤심

게 했다. 점성(占城)⁷이 잔약(孱弱)한 것을 업신여겨 그 나라를 쳐서 멸망시켰다. 그 강토를 빼앗아 공부(貢賦)를 강요했고 거짓 인장(印章)과 관복(冠服)을 강제로 주어 자기에게 복종케 하고 조정을 배반 하게 했다. (이처럼) 여러 번 잔혹한 재앙을 당하게 되자 (그곳 사람 들이) 여러 차례 와서 그 다급함을 고했다. 짐(朕)이 그 우매함을 불 쌍히 여겨 끝내 끊어버리지 않고 특별히 사신을 보내 화(禍)와 복 (福)으로 일깨워⁸ 스스로 새로워지는 길을 열어주고 좋은 쪽으로 향하는 문을 열어주었다. 두세 번 부지런히 하고 간절히 하여[諄切]

순절

고쳐 깨닫게 해주었으나 (그럼에도) 더욱 사리에 어둡고 완고했으며 [冥頑] 더욱 비뚤어지고 괴팍해져[狠愎] 잘못된 것을 믿으며 고치지

명완   한괵

않았다. 얼마 안 가서 안남(安南)의 왕손이 도망쳐 경사(京師)에 와

---

6 당대(唐代)에 만족(蠻族)이 세웠던 나라 이름으로 지금의 운남성(雲南省) 대리현(大理縣) 이다.

7 주(周)나라 때의 월상씨(越裳氏)의 땅으로 명(明)나라 때 안남(安南)에게 멸망됐다.

8 어느 길을 가면 화가 되고 어느 길을 가면 복이 되는지를 일러주었다는 말이다.

서 그 일을 호소하며 털어놓았다. 여적(黎賊)⁹이 듣고 망령되게 와서 정성을 바치고 무망(誣罔)한 죄를 용서해주기를 청하는 바람에 진씨(陳氏)의 후손을 맞아서 세웠다. 그가 이처럼 지극히 공정한 것을 드러내 보이니 어찌 일찍이 마음에 품어두겠느냐! 이에 곧 보내 귀국하게 하니 여적이 마침내 군사를 잠복시켜 길에서 유인해 죽이고 아울러 (우리) 조정(朝廷)의 관원까지 죽였다. 짐(朕)이 사람을 보내 점성(占城)에 예물(禮物)을 내려주었는데 또 사신을 죽이고 예물을 빼앗았다.

조정 신하들이 군사를 보내 토벌할 것을 청하며 말하기를 옛적에 묘민(苗民)¹⁰이 명령을 거역하니 (하나라) 우왕(禹王)의 정벌하는 군사가 있었고 갈백(葛伯)¹¹이 자신을 먹여주는 사람을 원수로 삼으니 탕왕(湯王)의 혜소(徯蘇)¹²의 군사가 있었다고 했다. 하물며[矧=況] 이 흉한 애숭이[兒豎]는 악(惡)을 쌓은 것이 산(山)과 같아서 사해(四海)가 용납하지 않고 귀신과 사람이 분노하는 바로다! 이를 용인한다면[容=紓] 누구를 징계하겠는가?

짐(朕)이 생각건대 오병(五兵)을 거둔[戢櫜]¹³ 날 진실로 만국(萬國)이 편안히 다스려지는 때를 맞아 이 반이(叛夷-반란한 오랑캐)만이

---

9 도적의 무리를 말한다.

10 중국의 남방(南方)에 살던 이민족(異民族)의 이름이다.

11 하(夏)나라 때의 제후(諸侯)다.

12 탕왕이 갈백(葛伯)으로부터 시작해 여러 악(惡)한 나라를 정벌하니, 그 나라 백성들이 말하기를 "우리 임금을 기다렸는데, 임금이 오니 우리가 소생한다[徯我后 后來其蘇]"라고 했다. 그리하여 혜소(徯蘇)의 군사(軍士)라고 했다.

13 싸움을 끝냈다는 말이다.

망령되이 하늘의 법[天憲]을 어기고 있도다. 독사[蛇虺]의 독기(毒氣)
가 만족함이 없으니 생령(生靈-만백성)의 해독이 어찌 그치랴? 하는
말이 여기에 미치자 몹시도[盡然] 마음이 아팠다. 뜻이 백성을 위로
하는 데에 있으니 어찌 차마 무(武)를 쓰지 못하랴!

이에 어쩔 수 없이 천지신명께 고하고 마침내[聿=乃] 죄를 벌하는
군사를 일으켜 구벌(九伐)[14]의 법전을 들어서 잔포(殘暴)한 자들을
제거하고 거꾸로 매달린 것[倒懸][15]을 풀었다. 거친 화염(火焰)은 막
일어나려 할 때 박멸(撲滅)하고, 진씨(陳氏)는 이미 끊어진 다음에야
일으킨다고 했다. 마침내 정이 장군(征夷將軍) 성국공(成國公) 주능
(朱能) 등에게 명해 일부의 군사[偏師] 대갑(帶甲) 80만을 거느려 토
벌하게 했다. 특별히 장사(將士)들에게 칙령(勅令)하기를 전투에 임하
여 대적하는 자는 죽여 용서하지 말고 와서 항복하는 자는 모두 용
서하라고 했다. 군사들이 부량강(富良江)을 건너니 적(賊)이 군사를
거느리고 700만이라 이름하여 와서 항전했다. 마치 성난 개구리[蛙]
의 용맹을 다하여 뇌정(雷霆)같이 치는 위엄에 부딪쳤다. 병사들의
칼날이 맞붙자마자 형세는 곧바로 무너져 흩어졌다. 우리 군사가 이
들을 짓밟기를[躪=蹂躪] 마치 마른 것을 꺾고 썩은 것을 부수듯이

---

14 왕명(王命)을 어긴 자를 처벌하는 9가지 법목(法目)이다. ① 약자를 짓밟고 소수자를 침
범하면 땅을 줄일 것, ② 어진 이를 해치고 백성을 해치면 토벌할 것, ③ 안으로 백성에
게 포악하고 밖으로 남의 나라를 능멸하면 갈아치울 것, ④ 들이 황폐하고 백성이 흩어
지면 땅을 깎을 것, ⑤ 험고(險固)함을 믿고 복종하지 않으면 칠 것, ⑥ 제 친족을 해치거
나 죽이면 죄를 다스릴 것, ⑦ 제 임금을 내쫓거나 시해하면 죽일 것, ⑧ 명령을 범하거나
정법(正法)을 능멸하면 봉쇄할 것, ⑨ 안팎으로 윤리가 문란하거나 짐승의 행동을 하면
죽여 없앨 것 등을 말한다.

15 급박한 위험을 뜻한다.

했다. 그들의 머리 수백만 급(級)을 베고 곧장 동도(東都)를 부수고
드디어 서도(西都)를 토평(討平)했다. 사방[四郊]에는 결초(結草)[16]의
                                                   사교
견고함이 없었고 앞의 무리 중에는 창을 거꾸로 향하기[倒戈][17]까지
                                                      도과
하는 군사가 있었다. 여적(黎賊)의 도당이 즉시 섬멸됐다[殄滅＝殲滅].
                                              진멸   섬멸
무기를 버리고 목숨을 구걸하는 자가 있으면 곧 풀어주어 베지 않았
고, 가는 곳마다 추호(秋毫)도 범하는 것이 없으니 시장 사람들이 자
리를 바꾸지 않았고 인민(人民)들은 원래 사는 곳에서 편안히 지내
었다.

　진씨(陳氏)의 자손들을 두루 찾아서 그 나라에 (왕이나 제후로) 세
워주려 하니 관리와 기로(耆老)들이 여러 차례 말하기를 여적(黎賊)
이 모조리 죽여서 계승할 사람이 없다고 하면서 진달하여 청했다
[陳請].
　진청
　"안남(安南)은 본래 예전의 교주(交州)로 중국의 군현(郡縣)이었는
데 오랑캐의 습속(習俗)에 물들고 더럽혀진 지 여러 해가 됐다가 다
행히 참창(欃搶)[18]을 쓸어버리고 무예(蕪穢)[19]를 잘라 없애는 일을 만
났습니다. 바라건대 예전의 군현(郡縣)을 회복하여 백성들과 더불어

16　중국 춘추시대(春秋時代)에 진(晉)의 위무자(魏武子)의 아들 과(顆)가 아버지의 유언(遺
　　言)을 실행하지 않고 그 서모(庶母)를 개가(改嫁)시켜 순사(殉死)를 면(免)하게 했더니 후
　　에 위과(魏顆)가 전쟁에 나가 진(秦)의 두회(杜回)와 싸워 위태(危殆)할 때 그 서모(庶母)
　　의 아버지의 망혼(亡魂)이 적군의 앞길에 풀을 잡아 맺어 두회(杜回)를 사로잡게 했다
　　한다.
17　내분이 일어났다는 뜻이다.
18　혜성이다.
19　땅이 거칠고 잡초가 무성한 것을 말한다.

고쳐 시작하면 거의 다시 화하(華夏-중국)의 순후(淳厚)한 풍속을 거의 보고 다시 예악(禮樂)의 성대한 다스림을 보게 될 것입니다.”

아래로 그곳 많은 이의 여망에 따라 청하는 바를 좇아 교지도지휘사사(交趾都指揮使司), 교지승선포정사사(交趾承宣布政使司), 교지안찰사(交趾按察司)와 군민아문(軍民衙門)을 두고 관사(官司)를 베풀어 나눠 다스리게 하여 바닷가의 요기(妖氣)를 깨끗이 없애고 하방(遐方-먼 지방의)의 더러운 풍속을 변혁(變革)시키기로 했다. 마땅히 행할 사의(事宜)를 뒤에 조목조목 열거한다.

하나, 안남의 진씨(陳氏)가 여적에게 시해를 당해 비명(非命)에 죽어 참으로 불쌍하니 마땅히 시호(諡號)를 내려주어 유명(幽冥)에 위로하라. 그 자손과 종족이 여적에게 해를 당한 자가 있으면 마땅히 관직을 내려주라. 유사(有司)는 곧바로 그 이름을 갖춰 가지고 와서 휼전(恤典-특별조치)을 펴게 하라.

하나, 진왕(陳王)(일가)이 여적에게 모두 살륙되어 종사(宗祀)가 다 끊어졌으니 이제 특별히 사당(祠堂)과 비(碑)를 세우고 관원을 두어 전례를 주장해 맡게 하여 세시(歲時)에 따라 제사를 지내고 또한 그 사당을 간수(看守)할 30호(戶)를 주어서 쇄소(灑掃-청소 관리)에 이바지하게 하라.

하나, 진왕의 분묘가 황폐하게 된 지 이미 오래이니 마땅히 유사로 하여금 허물어진 곳을 살펴보게 하여 곧 수축(修築)하고 그 분묘를 보살필 30호(戶)를 주어 제사와 청소에 이바지하게 하라.

하나, 안남의 관리와 군인 백성들이 모두 여적의 흉포한 위협에 핍박을 받아 칼날에 맞고 죽은 자가 많아 시체와 해골이 나뒹굴어 불

쌓하니 유사에서는 곧바로 해골과 시체를 묻어주라.

하나, 안남 군현(郡縣)의 관리는 모두 진씨(陳氏)의 구인(舊人-오랜 지인)인데 여적에게 위협을 받아 어쩔 수 없었던 것이 있으니 조서가 이르는 날에 무릇 직역(職役)에 있는 자는 모두 그전대로 하여 각각 이동하지 말게 하라. 그러나 그 백성들이 전부터 오랑캐의 풍속에 물들어서 중화(中華)의 예절에 익지 못하니 조정에서 그대로 관원을 두고 다스리는 것을 겸하여 중국의 예법으로 가르치라.

하나, 여적이 수년 이래로 정치하는 것이 가혹하고 사나워서 그들 백성에게 포학하게 했다. (그러나) 지금 모두 제거하고 조정의 정령(政令)을 선포하여 여러 백성들을 편안하게 했으니 각각 마땅히 준수(遵守)하여 길이 태평(太平)을 누리라.

하나, 안남 각지의 관문과 요새[關隘]에 인민(人民)을 모아 영채(營寨)를 파수(把守)하거나 바다 섬으로 도피한 자가 있으면 조서가 이르는 날에 곧 해산하여 집으로 돌려보내서 생업을 편안케 하라.

하나, 안남의 백성들이 오래토록 여적의 고난을 당했으니 유사(有司)는 마땅히 어루만져주고 진휼을 제공하여 생업을 편안케 하고 삶의 공간을 잃지 말게 하라.

하나, 안남의 관리와 군민이 여적에게 해를 입어 혹은 경자(黥刺)[20]와 도배(徒配)[21]를 당했거나, 혹은 전 가족이 떠돌이가 되어 살 곳을 얻지 못했거나, 또는 일체의 해를 입은 사람은 조서(詔書)가 이르는

---

20 얼굴에 문신을 새기는 형벌을 말한다.
21 징역형과 유배형을 말한다.

날에 모두 원적지(原籍地)로 돌아가게 하여 그들이 살던 곳에서 다시 생업을 일으키게 하되 현지의 유사가 곧바로 지원을 하여 지체하지 말고, 옥(獄)에 갇힌 자가 있으면 즉시 놓아 보내라.

하나, 안남의 경내(境內)에 무릇 나이가 많은 석덕(碩德)[22]이 있으면 유사가 곧 예대(禮待)를 가하고 환과고독(鰥寡孤獨)으로 의탁할 곳이 없는 자는 양제원(養濟院)을 세워서 존휼(存恤)하라.

하나, 안남의 경내에 재주와 덕(德)이 있어 쓸 만한 선비가 있으면, 유사가 예(禮)로써 두텁게 대해 경사(京師)에 보내 그 재주를 헤아려 본토(本土)에 서용(敍用)하게 하라.

하나, 안남의 지경(地境)이 점성(占城) 백이(百夷) 등과 경계를 접했으니 마땅히 각각 강경(彊境=강토)을 지키고 침월(侵越)하지 말며, 또한 군민인(軍民人) 등이 외경(外境)과 사통(私通)하여 사사로이 해외에 무역해서[販鬻=貿易] 재물을 불리는 것을 허락하지 말고 이를 어기는 자는 율(律)에 의해 죄(罪)를 다스리라.

슬프도다! 무위(武威)를 떨치는 것이 어찌 내 마음의 원하고자 하는 것이랴? 원악(元惡)이 이미 죽었으니 실로 많은 사람들이 같은 마음일 것이다. 널리 함께 바라보는 어짊[一視之仁=一視同仁]을 베푸노니 길이 태평한 다스림을 즐기도록 하라.'

고향으로 돌아가 부모(父母)를 뵙기 위해[省親] (조선인 출신 명나라) 내관(內官) 김각(金角), 이성(李成), 남강(南江), 김물지(金勿之), 윤강(尹康) 등이 정승(鄭昇)을 따라서 왔다. 상이 조서(詔書)에 절하고

---

22 다움이 크고 높은 사람을 말한다.

나서 전(殿)에 올라 정승(鄭昇) 풍근(馮謹)에게 잔치를 베풀었는데 김각 등도 또한 참여했다. 각(角) 등이 아뢰어 말했다.

"바라건대 전하께서는 남향(南向)하여 서시면 신(臣)들이 본국(本國-조선)의 사례(私禮)를 행하겠습니다."

상이 허락했다. 장차 잔치에 참석하려 할 때 각 등이 정승과 한 줄에 앉으려 하니 상이 말했다.

"조서(詔書)를 받든 사신(使臣)은 정(鄭)과 풍(馮) 두 사람뿐이니 각(角) 등은 참여하지 말라. 하물며 여기는 본국(本國)으로 부모를 뵈러 [觀親] 온 것이니 너희가 어찌 감히 나와 더불어 상대하겠는가?"
근친

이에 전내(殿內)의 남쪽 줄에 앉게 했다.

을묘일(乙卯日-2일)에 상이 태평관(太平館)에 가서 내사 정승(鄭昇)과 행인 풍근(馮謹)에게 잔치를 베풀었다. 이튿날 정승(鄭昇) 김각(金角) 등이 대궐에 나와 은혜에 감사했고 그 다음에 덕수궁(德壽宮)과 세자전(世子殿)에 나아가니 세자가 서연청(書筵廳)에 맞아들였다. 정승은 동쪽에, 세자는 서쪽에,[23] 각 등은 남쪽 줄에 차례로 서서 다례(茶禮)를 거행했다.

병진일(丙辰日-3일)에 수정석(水精石)을 (경상도) 순흥부(順興府)[24]

---

23 예법상 동쪽이 높고 서쪽이 낮다.

24 지금의 경상북도 영주시 일대로 고려 초에 흥주(興州)라 개칭하고 충목왕 때 승격하여 순흥부가 됐다. 1458년(조선 세조 4년) 관내에 모반사건이 발생해 부를 폐지하고 영주 및 봉화(奉化)로 나눴다. 1683년(숙종 9년) 다시 순흥부로 복구했다가 1895년(고종 32년) 군

의 소백산(小白山)에서 얻었다.

정사일(丁巳日-4일)에 상이 몸소 인소전(仁昭殿)에 제사하고 드디어
덕수궁에 이르러 기거했다.

무오일(戊午日-5일)에 정승(鄭昇), 풍근(馮謹), 진경(陳敬)에게 광연
루(廣延樓)에서 잔치를 베풀었고 김각(金角) 등이 참여했다.

기미일(己未日-6일)에 달이 태미(太微)에 들어갔는데 모두 이틀을
머물렀다.
○ 문선왕(文宣王)²⁵과 네 배향(配享)의 신위(神位)²⁶를 문묘(文廟)에
봉안(奉安)하고, 십철(十哲)²⁷은 동서익실(東西翼室)에, 역대(歷代)로
종사(從祀)한 여러 현인(賢人)은 동서무(東西廡)에 모셨다.
○ 일본(日本)의 지좌전(志佐殿)과 호자전(呼子殿)이 사자(使者)를
보내 예물(禮物)을 바쳤다.

(郡)으로 강등했고, 1914년 군을 폐지하고 봉화와 영주에 각각 편입시켰다. 순흥 안씨(順
興安氏)의 관향으로 알려져 있다.

25 공자(孔子)의 존호(尊號)로 중국 당(唐)나라 현종(玄宗)이 개원(開元) 27년(739년)에 추증
(追贈)했다.

26 증자(曾子) 맹자(孟子) 안자(顏子) 자사(子思)를 가리킨다.

27 공자(孔子) 문하(門下)의 열 사람의 고제(高弟)로, 민자건(閔子騫)·염백우(冉伯牛)·중궁
(仲弓)·재아(宰我)·자공(子貢)·염유(冉有)·자로(子路)·자유(子游)·자하(子夏) 등이며 이
들은 모두『논어(論語)』에 등장하는 제자라는 공통점이 있다.

경신일(庚申日-7일)에 상이 태평관에 가서 정승(鄭昇), 풍근(馮謹), 진경(陳敬), 김각(金角) 등에게 잔치를 베풀었다.

신유일(辛酉日-8일)에 해온정(解慍亭)에 나아가 성균대사성(成均大司成) 유백순(柳伯淳, ?~1420년)[28]을 불러 『주역(周易)』과 『춘추(春秋)』를 강론(講論)했다.

○ 이귀령(李貴齡)을 의정부참찬사, 이구철(李龜鐵)을 의정부지사(知事), 박자청(朴子靑)을 중군도총제(中軍都摠制), 고봉례(高鳳禮)를 우군동지총제(右軍同知摠制)로 삼았다. 자청(子靑)은 황희석(黃希碩, ?~1394년)[29]의 수행원[步從] 출신인데 영선(營繕-건축 토목)에 부지런

---

28 1406년(태종 6년) 대사성이 된 뒤, 1408년에는 좌사간대부, 생원시원(生員試員)이 되었다. 당시 태종이 학문에 조예가 깊던 김과(金科)와 권근(權近) 등이 모두 여러 관직을 겸직하여 바빴던 관계로 시학자(侍學者-왕과 왕세자와 학문을 논하는 일을 맡은 사람)를 청하자 유생 중에 이수(李隨)를 천거했다. 좌사간대부(左司諫大夫)를 지낸 뒤 인녕부윤(仁寧府尹)이 되었고, 경사(經史)에 통달하여 국학장관(國學長官)을 지냈다.

29 1381년(우왕 7년) 왜구가 명량향(鳴梁鄉)에 침입하는 등 전라도가 소란해지자 체찰사(體察使)로 파견돼 민심을 수습했다. 뒤에 단주상만호(端州上萬戶)에 임명돼 1383년 7월 요심(遼瀋)의 적이 단주에 침입하자 단주상만호 육려(陸麗), 청주천호(靑州千戶) 이두란(李豆蘭) 등과 연합해 해양(海陽) 등지까지 추격해 격퇴했다. 1388년 요동원정군이 발진하게 되자, 청주상만호로서 예하군사를 이끌고 우군도통사 이성계(李成桂)의 휘하에 들어갔다. 이성계가 회군을 단행해 반정에 성공하자 동지밀직사사(同知密直司事)에 승진되었다. 1389년(공양왕 1년) 회군공신에 책봉됐다.
1392년 3월에는 이성계가 낙마해 위기에 몰렸을 때 병사들을 이끌고 이성계를 보호했다. 또한 그해 정몽주(鄭夢周)가 격살당하자, 사태수습책으로 정몽주 일파를 탄핵하는 임무를 수행했다. 이어 구성로(具成老) 등과 더불어 제군사부(諸軍事府) 군관 200여 명의 연서를 받아 정몽주 일파에게 죄줄 것을 청했다. 따라서 공양왕의 폐위와 조선 건국의 중요한 명분을 세운 공로를 이뤘다.
1392년(태조 1년) 8월 조선 개국공신 44인이 확정되고, 원종공신(原從功臣) 28인이 책봉될 때 원종공신이 됐다. 그러나 한 달 뒤에 태조의 특지(特旨)에 의해 개국공신 2등에 책록되어 상의중추원사(商議中樞院事)로서 의흥친군위도진무(義興親軍衛都鎭撫)를 겸했다.

했기 때문에 드디어 현달(顯達)한 벼슬에 발탁됐다.

○ 금주령(禁酒令)을 내리고 곧 약주(藥酒)를 정지했는데 가뭄 때문이었다. 제향(祭享) 및 태상왕(太上王), 상왕(上王) 양전(兩殿)의 공상(供上)과 (명나라) 조정 사신 및 이웃 나라 객인(客人)의 접대 외에는 일절 금지했다.

임술일(壬戌日-9일)에 의정부참지사 함부림(咸傅霖)을 보내 경사(京師)에 가게 했다. 안남(安南) 평정을 하례(賀禮)하기 위함이었다.

○ 풍근(馮謹)이 (명나라로) 돌아갔고 정승(鄭昇), 김각(金角) 등 여섯 사람이 각각 고향으로 가서 부모님을 만나 뵈려 하니 상이 숭례문(崇禮門) 밖에 나가서 전송했다. 상이 근(謹)에게 저마포(苧麻布)를 주니 근이 사양하여 받지 않고 통사(通事)에게 몰래 말했다[潛語].
<small>잠어</small>

"내가 불당(佛堂)이 있는데 어떻게 하면 석등잔(石燈盞)을 얻을 수 있는가?"

상이 그 뜻을 알아차리고 이에 네 개[四事]를 주었다.
<small>사사</small>

○ 일본 국왕(日本國王)의 사신을 광연루(廣延樓)에서 불러 만나보았다. 일본 사신이 뵙기를 청했기 때문에 상이 불러서 만나보고 인견하고 일러 말했다.

"전날에는 내가 마침[適] 재계(齋戒)하던 중이어서 보지 못하고 지
<small>적</small>

1394년 지중추원사(知中樞院事)로서 죽었다. 질병에 시달린다는 소식을 듣고 태조는 국의(國醫)를 보내 치료해주었다. 그리고 죽은 뒤에는 특별히 이화(李和)를 보내 예장과 부의를 후하게 했다.

금에야 불러서 보는 것이다. 너희는 잘 가고 오래오래 통호(通好)하는 것으로 생각하라."

중관(中官-내시)에게 명해 서상상(西上廂)에서 전송했다.

정묘일(丁卯日-14일)에 상이 덕수궁에 나아가 기거했다.

○ 종묘사직(宗廟社稷) 북교(北郊) 소격전(昭格殿)에 비를 빌었다[禱雨].
　　　　　　　　　　　　　　　　　　　　도우

○ 조정 신하들을 나눠 보내 사리(舍利)를 각도(各道) 사사(寺社)에서 구(求)했다. 충청도(忠淸道)에는 사재소감(司宰少監) 한유문(韓有紋)을, 경상도(慶尙道)에는 전 좌랑(佐郎) 하지혼(河之混)을, 전라도(全羅道)에는 전 정언(正言) 김위민(金爲民)을, 강원도(江原道)에는 종부부령(宗簿副令) 이당(李堂)을 보냈다. 왜냐하면 황엄(黃儼) 등이 장차 오기 때문이었다. 이에 유문은 45매를 얻고, 지혼은 164매를 얻고, 위민은 155매를 얻고, 당은 90매를 얻어 가지고 돌아왔다.

기사일(己巳日-16일)에 가랑비가 내렸다. 상의 탄신일이었다. 가뭄을 걱정해 하례(賀禮)를 정지하고 이죄(二罪)[30] 이하를 용서했다. 상이 좌우(左右)에 말했다.

"노(魯)나라 환공(桓公)[31]은 『춘추(春秋)』의 죄인이었음에도 수재와

───────

30　참형(斬刑)의 죄와 교형(絞刑)의 죄를 말한다.

31　중국 춘추시대 노나라 제15대 군주로 이름은 윤(允) 혹은 궤(軌)다. 노 혜공의 아들이며 은공의 아우다. 노 환공 18년(기원전 694년) 제나라에서 죽음을 당했다. 그해 봄 노 환공이 대부 신수의 간언을 듣지 않고 부인 문강과 함께 제나라를 방문했는데, 문강과 오라

한재를 간혹 면했다. 나는 비록 다움이 없지만 어찌 환공(桓公) 아래에 있겠는가? 그런데도 수재와 한재가 없는 해가 없으니 어째서인가? 내가 일찍이 비(가 오지 않는 것)를 근심하여 재이(災異)에 대한 일에 있어서[其於] 살펴보고 강구하지 않은 것이 없었고 임금과 신하가 함께 근심하여 비를 얻은 적도 있었다. (그런데) 지금은 마침내 그렇지 않으니 어째서인가?"

○ 사헌부에서 소(疏)를 올려 의정부지사(知事) 김승주(金承霔, 1354~1424년)[32]의 죄를 청했으나 용서했다[原=敎]. 애초에 승주(承霔)가 아뢰어 말했다.

"신(臣)의 가노(家奴)가 강원도(江原道) 평강현(平康縣)에 사는데 스스로 말하기를 '경작하는 전지(田地)가 5결(結)밖에 안 되는데 경차관(敬差官)이 이를 고쳐 측량하여 25결로 늘어나게 만들었습니다'라

버니 제 양공이 통간했다. 이를 안 노 환공은 문강에게 노했는데, 문강이 이를 제 양공에게 고했다. 여름 4월 병자일, 제 양공은 노 환공에게 향응을 대접하고, 공자 팽생을 보내 노 환공을 수레에서 죽였다. 노나라에서 제나라에 압력을 가하자, 제나라는 공자 팽생을 죽여 노나라를 달랬다. 환공의 아들인 경보, 숙아, 계우는 각각 맹손씨, 숙손씨, 계손씨의 시조이며, 이 세 집안은 대대로 노나라의 권력을 쥐었다. 이를 노 환공의 자손 세 집안이라 하여 삼환(三桓)이라 한다. 이때부터 노나라의 권력은 임금이 아니라 이들 대부 집안에서 나와 혼란에 빠졌다.

32 1380년(우왕 6년) 흥위위별장(興威衛別將)으로 관직에 들어선 뒤 군기시소윤(軍器寺少尹)을 거쳐 1389년(창왕 1년) 풍주수령에 임명됐다. 그때 풍주 연해를 노략질하던 왜구를 무찌르는 데 큰 공을 세웠다. 조선이 건국되자 1393년(태조 2년)에 전중경(殿中卿)에 오르고, 이어서 이성만호(泥城萬戶)가 됐다. 1400년(정종 2년)에 좌군총제로 2차 왕자의 난을 평정하고 태종이 왕위에 오르는 데 협력한 공으로 1401년(태종 1년) 익대좌명공신(翊戴佐命功臣) 4등에 책록되고 여산군(麗山君)에 봉해졌다. 1407년에 동북면 병마도절제사 겸 영흥부윤·도순문찰리사 등을 지냈다. 1409년에 야인이 경원(慶源)에 침입하자 왕명을 받고 나가 이를 격퇴했다. 1414년에 병조판서로 있다가 이듬해인 1415년에 평양군(平陽君)으로 개봉됐으며 판중군도총제(判中軍都摠制)가 됐다. 그 뒤 평양부원군에 진봉됐다.

고 했습니다. 신이 대답하기를 '네 전지가 비록 5결이지만 그중에 더 경작한 것이 있지 않은가? 혹 원래의 전지가 5결뿐이 아닌데 네가 5결이라고 말하는 것이 아닌가?'라고 했더니 종이 대답하기를 '어찌 감히 속이겠습니까?'라고 했습니다."

상이 대사헌 성석인(成石因)에게 눈짓하며[目] 말했다.

"참으로 이와 같다면 경차관의 죄를 용서할 수 없다. 내가 비록 말하지 않더라도 집법관(執法官-사헌부 관리)이 어찌 기꺼이 놓아두려 하겠는가?"

드디어 행대 감찰(行臺監察)[33] 유면(兪勉)을 보내 허실(虛實)을 살펴보게 했다. 면(勉)이 돌아와서 말했다.

"승주(承霔)가 아뢴 것이 사실이 아닙니다."

이에 사헌부에서 소를 올려 여러 차례 승주의 무망죄(誣罔罪)를 청하고 아전을 보내 수직(守直)[34]하니 상이 공신(功臣)이라 하여 특별히 용서했다[宥].

신미일(辛未日-18일)에 (명나라) 조정사신(朝廷使臣) 사례감태감(司禮監太監) 황엄(黃儼)과 상보사상보(尙寶司尙寶) 기원(奇原)이 칙서(勅書)를 받들고 왔다. 칙서는 이러했다.

'듣건대 왕의 아버지가 전에 사리(舍利)를 가지고 있었는데 천보산

---

33 명령을 받고 지방에 파견되어 불법한 일을 규찰하는 사헌부(司憲府)의 관리다. 그냥 행대라고도 한다.
34 죄인이 도망하지 못하도록 그 집을 지키는 것을 말한다.

(天寶山)[35] 등지에 있다고 하므로 지금 태감 황엄 등을 시켜 그것을 맞아오게 하는 바이니 하나하나 보내줄 수 있겠는가? 아울러 채단 (綵段)을 왕과 왕비에게 내려주니 도착하거든 받도록 하라. 왕과 왕비에게 각각 채단 30필을 내려준다.'

상이 칙사(勅賜)를 받은 뒤에 엄(儼)이 중궁(中宮)에 들어가 친히 왕비에게 주고서 나왔다. 엄 등이 또 칙서를 싸 가지고 덕수궁(德壽宮)에 가니 태상왕(太上王)이 병이 있어 출영(出迎)하지 못한다고 사양했다. 엄이 말했다.

"황제께서 주시는 것은 전내(殿內)에서 받을 수 없으니 마땅히 100보(步)밖에 출영(出迎)해야 합니다."

태상왕이 마침내 전문(殿門) 밖 100보쯤[許] 나와서 명을 맞았다. 칙서의 말은 앞의 것과 같고 내려준 채단도 또한 30필이었다. 엄 등이 태평관(太平館)으로 돌아가니 상이 관(館)에 나아가 잔치를 베풀었다.

○ 중군동지총제(中軍同知摠制) 이지실(李之實)과 공조참의(工曹參議) 유용(柳溶)을 파직(罷職)했다. 금령(禁令)을 어기고서 정승 조영무(趙英茂)의 집에 분경(奔競-인사청탁)[36]했기 때문이다.

임신일(壬申日-19일)에 상이 태평관에 가서 황엄(黃儼)과 기원(奇原)

---

35 경기도 양주시 회암동과 포천시 동교동의 경계가 되는 중앙에 솟아 있는 산으로 높이 423m이다.

36 분경이란 '분추경리(奔趨競利)'의 준말로 벼슬을 얻기 위해 관원이 전조(銓曹-이조와 병조)의 대신이나 권문세가에 분주하게 찾아다니며 청탁을 하는 것을 말한다.

에게 잔치를 베풀었는데 진경(陳敬)도 참여했다. 엄(儼)이 야표(椰瓢-야자) 열매와 마른 오매(烏梅)와 채백(綵帛)을 바쳤다.

○ 각지의 영선(營繕-건축 토목공사)을 정지하고 역사(役事)에 나온 승도(僧徒)들을 놓아 보냈다[放遣=放還].
방견　　방환

계유일(癸酉日-20일)에 태상왕(太上王)이 황엄(黃儼)과 기원(奇原)을 청해 덕수궁에서 잔치를 베풀었다. 태상왕이 보장(寶藏)해두었던 사리(舍利) 303매(枚)를 내어 엄에게 주니 엄이 매우 기뻐하며 머리를 조아려 받았고, 단자(段子) 2필과 마른 오매(烏梅) 및 야표(椰瓢) 등 두어 종류를 바쳤다.

갑술일(甲戌日-21일)에 하늘이 울었다.[37]

○ 천호(千戶) 진경(陳敬)이 덕수궁에 나아갔다가 돌아와서 성균관(成均館)에 들어가 문묘(文廟)에 알현(謁見)했다.

을해일(乙亥日-22일)에 구언(求言)했다.[38] 상이 말했다.

"가뭄이 너무도 심한데[太甚] 육조 판서가 비록 대궐에 나아와 조
태심
회(朝會)하여 아뢰기는 하지만 진실로 말하는 바가 없다.[39] 이제부터는 본사(本司)에 앉아 각각 그 직책을 다하도록 하라."

---

37 하늘에서 소리가 울리는 자연 현상이다.
38 임금이 신하의 바른 말을 구하는 것을 말한다.
39 의례적인 보고 이외에 사의(事宜)를 말하는 바가 없다는 뜻이다.

드디어 대간(臺諫)과 형조(刑曹) 장무(掌務)를 불러 물었다.

"지금 바야흐로 한여름[盛夏]이라 가뭄의 기운이 너무도 심하니 과인(寡人)이 임금다움을 잃은 것이 있는가? 종친(宗親)이 부도(不道)함이 있는가? 아니면[抑] 대신(大臣)이 섭리(燮理-일처리)를 잘못하는가? 이는 반드시 이렇게 된 까닭이 있을 것이다. 너희들[爾等]은 직책이 언관(言官)에 있으면서 어찌하여 한마디 말도 여기에 미치는 바가 없는가?"

(사헌부) 지평(持平) 민사정(閔思正)과 (형조) 좌랑(佐郎) 홍복흥(洪復興) 등이 대답했다.

"가뭄이 오게 된 이유를 신 등은 알지 못합니다만 혹시라도[儻] 말할 것이 있다면 어찌 감히 입을 다물고 있겠습니까[緘默=緘口]?"

(사간원) 좌정언(左正言) 정초(鄭招)가 대답했다.

"하늘과 사람은 같은 이치[一理]로 사람의 일[人事]이 아래에서 일어나면 하늘의 변화[天變]가 위에서 응하게 되니 이는 진실로 마땅한 이치[常理]입니다. 그러나 어찌 감히 (특정하여) 아무 일 때문에 아무 재앙이 왔다고 지적해서 말하겠습니까? 신의 어리석은 소견(所見)으로는 새 법(法)이 자못 많아서 백성들이 모두 원망하기 때문인가 하는데, 예를 들면[若] 둔전(屯田)과 연호미(煙戶米)[40] 같은 유가 그것일 뿐입니다. 연호미는 비록 백성을 위해 설립했다고는 하지만 10호(戶)쯤 되는 고을에 가난한 사람이 8~9호는 되는데 쌀을 거둘

---

40 연호미법은 흉년에 대비하기 위해 평시에 백성들로부터 미곡을 징수하는 법이다. 각호에 배당하여 징수하는 미곡을 연호미(煙戶米)라 한다.

때가 되면 부잣집에서 꾸어서 공가(公家-국가)에 바치니 다만 원망할 줄만 알지 어찌 장차 그것이 이익이 된다는 것을 알겠습니까?"

상이 말했다.

"이 법을 베푼 것은 과인(寡人)의 독단(獨斷)이 아니고 정부(政府-의정부)에서 건의한 것도 아니며, 마침내 여러 신하에게 널리 물어서 시행한 것일 뿐이다. 백성들이 원망한다면 어찌 고치기를 꺼리겠는가? 단지 이뿐만 아니라 만일 백성들에게 병폐가 되는 일이 있다면 숨김 없이 모두 말하여라."

의정부(議政府)에서 사인(舍人) 이명덕(李明德)을 시켜 아뢰었다.

"지금 한재(旱災)로 인해 역사하던 무리들을 해산해 보냈으나 사직단(社稷壇)과 왜객관(倭客館)이 모두 완성되어가니 각 품(品)에서 인부를 차출(差出)하여 공사를 마치는 것[訖功]이 마땅합니다."
흘공

상이 화가 나서 말했다.

"가뭄이 심하여 영선(營繕)할 때가 아니다. 어찌 그것이 마치기를 기다린다는 것이냐?"

끝내 허락하지 않았다. 대사헌(大司憲) 성석인(成石因) 등이 소(疏)를 올려 말했다.

'근래에 한 달이 넘도록[彌月] 비가 내리지 않아서 한발(旱魃)이
미월
재앙(災殃)이 되니 그 실마리와 연유[端由]를 알 수가 없어 한갓 걱
단유
정과 두려움을 품을 뿐입니다. 이달 22일에 특별히 신 등을 불러 재앙이 찾아온 연유를 물으시고 재앙을 없애는[弭災] 방도를 구하
미재
셨으니 이는 진실로 하늘의 마음을 바로잡아 아름다운 징조[休徵]
휴징
를 이르게 하려는 지극한 뜻입니다. 신 등이 어찌 감히 손을 모으

고 머리를 조아려 절하고 하나의 도움이라도 된다면 어리석은 소견이나마 말하지 않겠습니까? 가만히 생각건대 지금은 밝은 군주와 훌륭한 신하[明良]가 서로 만나 다스림의 수단[治具]이 모두 베풀어져 날마다 대신과 육조 및 대간(臺諫)을 불러 보시고 다스리는 도리[治道]를 강마(講磨)하여 숨어 있거나 굽은 것[幽枉=隱曲]들이 다 밝혀지고 펴졌으니 어찌 천변(天變)을 불러올 실상이 있겠습니까? 그러나 근년(近年) 이래로 서리와 눈이 절후(節候)를 잃고 매번 농사철[農月]이 되면 가뭄이 심해 재앙이 되니 이는 신 등이 밤낮으로 근심하고 두려워하면서도 (그 이유를) 알지 못하는 것입니다. 간혹 홀로 가만히 생각해보면 효도(孝道)는 백 가지 행실(行實)의 첫머리여서 하늘을 공경하고 백성에게 부지런한[敬天勤民] 실상이 모두 이것으로부터 나옵니다.

우리 전하(殿下)께서는 부모를 섬기는 효도가 지극하지 않음이 없으나 수라상을 살피고[視膳] 문안(問安)을 하실 때 태상 전하(太上殿下)께서 간혹 접견(接見)하시려 하지 않는 때가 있으니 이는 전하(殿下)의 정성(定省)[41]하시는 예(禮)가 혹시라도 정성(精誠)을 다하지 못함이 있어 태상(太上)의 마음을 감동시켜 깨닫게 하지 못해 자애(慈愛)하시는 도리가 좀 부족한 점이 있어서일 뿐입니다. 이는 지난날에 천운(天運)이 간난(艱難)하여 화환(禍患)의 기틀이 위급한 찰나에 있으므로 전하께서 종사(宗社)의 대계(大計)로 천명(天命)에 응하고 인심(人心)에 고분고분하여 몸소 큰 난(難)을 평정하여 비기(조基-대업)

---

41 조석(朝夕)으로 부모의 안부를 물어서 살피는 일이다.

를 편안케 하셨는데, 비록 정사(政事) 사이에 크게 개혁(改革)한 것이 없고,[42] 봉양(奉養)하는 예(禮)가 궐(厥)함이 없으나, 지난날의 아주 작은 거리낌[纖芥之嫌]이 가슴속에 풀리지 못한 때문입니다. 바라건대 전하께서는 죄를 짊어지고 허물을 자인하는[引慝] 정성(精誠)을 다하시어 승순(承順)[43] 정성(定省)하는 예(禮)를 이루시어 10일에 한 번 가서 뵙지 못하거든 5일로 계속하고 5일에 한 번 가서 뵙지 못하거든 2일로 계속하고 2일에 한 번 가서 뵙지 못하거든 1일로 계속하여, 하루에 한 번도 거르지 말고 가셔서 침문(寢門)에 부복(俯伏)하여 원모(怨慕)[44] 호읍(號泣)하여, 아무리 수고로워도 이를 꺼리지 않은 연후에야 태상(太上)의 마음이 거의 기뻐지고 자애(慈愛)의 정(情)이 마침내 처음처럼 회복되시어 지난날의 아주 작은 거리낌조차 사라져 얼음이 녹듯 풀릴 것입니다.

이처럼 어버이를 섬기는 것은 곧 상제(上帝)를 섬기는 기틀이 됩니다. 만일 천심(天心)이 고분고분해지면 음양(陰陽)이 조화를 이루고 풍우(風雨)가 때를 잃지 않을 것이니 어찌 가뭄이 재앙이 되겠습니까? 정치에 미진(未盡)한 점이 있는 것은 전하께서 대신(大臣)과 더불어 그때그때 조처하는 마땅함을 강구하시는 데 달려 있는 것이니 그래서 신 등이 감히 그 자세함을 다 진술하지는 못합니다. 바라건대 전하께서는 여기에 뜻을 두셔야 할 것입니다.'

---

42 태조의 정사를 대체로 이어받았다는 말이다.
43 웃어른의 명(命)을 받들어 순종한다는 말이다.
44 부친(父親)의 무정(無情)을 원망하면서도 오히려 사모한다는 말이다.

상이 소(疏)를 보고서 지평 민사정을 불러 말했다.

"효도(孝道)로 태상(太上)을 섬기는 것은 나의 본심(本心)이다. 너희의 말이 내 마음을 매우 격동시키니 내가 심히 아름답게 여긴다."

형조우참의(刑曹右參議) 안노생(安魯生) 등이 소(疏)를 올려 말했다.

'주상 전하께서 즉위하신 이래로 백성들을 살리는 것을 중하게 여기시어 구정(舊政) 중에서 가혹한 것들은 제거하고 유신(維新)의 정치를 가져왔으나 오히려 아래 백성들 중에는 혹 원통하고 억울한 일이 있어도 이를 펴지 못함이 있을까, 또 싸우고 송사(訟事)하여 화목(和睦)하지 못하는 자가 있을까를 염려하시어 궐내(闕內)에 신문고(申聞鼓)를 설치해 아래의 민정(民情)을 위로 전할 수 있게 하고, 헌사(憲司)로 하여금 불법(不法)을 다스리게 하셨으니 원망을 적게 하는 방법과 송사를 그치게 하는 계책이 지극하다고 할 것입니다.

그러나 형제자매, 백숙부(伯叔父)는 한 집안의 지친(至親)입니다. 마땅히 친애하고 화목해야 할 터인데 지금 노비[臧獲]의 일로 인하여 친(親)함을 잊고 의(義)를 해치며 골육간에 서로 싸우고 다투는 자들이 많습니다. 경대부(卿大夫) 사서인(士庶人)은 높고 낮음[尊卑]이 다르고 등급이 있어 마땅히 각각 분수를 지키고 서로 침해하고 어지럽히지 않아야 할 터인데, 의(義)를 돌보지 않고 오로지 이익만을 도모하여 사송(詞訟)이 날로 번잡해지고 원망[怨讟]이 바야흐로 일어나서 화기(和氣)를 상하게 하여 홍수와 가뭄의 재앙을 부르니 어찌 국가가 염려할 바가 아니겠습니까? 조부(祖父)와 자손(子孫)

174

은 실로 한 가지 기운[一氣]이 나뉜 것입니다. 시구(鳲鳩)[45]의 마음을 본받는다면 어찌 자손(子孫)의 송사(訟事)가 있겠습니까? 아들이 없는 자가 혹은 세가(勢家)의 아들이나 부잣집의 아들을 수양자(收養子)[46]와 시양자(侍養子)[47]로 삼는데, 모두 이익을 먼저하고 의리를 뒤로하여 골육(骨肉)과 천륜(天倫)의 도리는 아닙니다. 노비를 주고 빼앗는 것이 비록 재주(財主)의 처분이라고는 하나, 자기의 물건이 아니고 조종(祖宗)이 서로 전한 물건입니다. 이미 후사가 없어[無後] 조종(祖宗)에게 막대한 죄를 얻었으니 비록 수양(收養)의 사사로운 은혜에 감사하더라도 의리로 제재(制裁)하여 하나는 수양(收養)에 돌리고, 하나는 본종(本宗)에 돌리면 은혜와 의리가 아울러 행해져 둘다 온전하고, 오늘날의 수양(收養)과 본종(本宗)의 송사(訟事)가 없을 것입니다.

대체로 옛날이나 지금이나 송사를 판결하는 관원은 역시 재주(財主)의 문서를 중요하게 생각합니다. 신 등이 생각건대 그 문서가 재주의 본 뜻에서 나온 것은 열에 두셋이고, 재주의 본의가 아니고 어쩔 수 없이 이뤄진 것이 열에 여덟아홉[十常八九]은 됩니다. 간사하게 거짓을 일삼고 요행(僥倖)을 바라는 무리가 관사(官司)에서 문서를 중히 여기는 것을 알고, 혹은 늙고 병든 것을 핑계로 속여서 받

---

45 뻐꾸기[鳲鳩]는 새끼에게 먹이를 먹일 때 아침에는 위에서부터 아래로, 저녁에는 아래서부터 위로 먹이어 똑같이 평균되게 한다고 한다.

46 자손(子孫)이 없고 형제간(兄弟間)에도 자손이 없는 경우에 동성(同姓)·이성(異姓)에 관계없이 3세(歲) 전의 아이를 데려다 길러 자기 성(姓)을 주어 삼는 양자(養子)를 말한다.

47 양사자(養嗣子)로 할 목적이 아니고 동성(同性)·이성(異姓)임을 가리지 않고, 3세(歲)가 넘어서 수양(收養)하는 양자(養子)를 말한다.

고, 혹은 재주가 뜻이 있었어도 성취하지 못한 것을 죽은 뒤에 추후로 만든 것도 있고, 혹은 재주의 뜻이 아니고 위조한 것도 있으니, 비록 밝게 분변(分辨)하고자 하나 재주가 이미 죽었으니 어찌할 수 있겠습니까? 그러므로 노비를 얻지 못한 자가 억울해하고 원망하여 그 자손들이 서로 이어 보복(報復)하기까지 하여 영원토록 대대(代代)의 원수가 됩니다. 만일 예전 폐단을 그대로 답습하여 공의(公義)로써 결단하지 않으면 원통하고 억울한 것을 어떻게 펼 것이며 싸우고 송사(訟事)하는 것을 어떻게 그치게 하겠습니까? 신 등이 삼가 행할 수 있고 지금에 마땅한 것을 뒤에 조목조목 열거하오니 혹시라도 그대로 윤허하시어[兪允] 시행하기를 바랍니다.

하나, 형제가 동기(同氣)의 친함이 있음에도 고르게 차지하지 못했다고 하여 서로 송사하는 자가 있는데 이는 천리(天理)와 인정(人情)에 부합하지 않습니다. 불효(不孝)한 행적이 현저한 경우를 제외하고는 부모(父母)의 노비(奴婢)를 문서의 있고 없는 것을 논하지 말고 골고루 나눠 주어야 합니다.

하나, 부인이 질투하는 마음은 예나 지금이나 똑같기 때문에 자식이 있는 후처(後妻)가 죽은 남편의 노비를 전부 차지하고 전처(前妻)의 아들에게는 주지 않으니 이는 매우 온당치 않습니다. 노비가 많으면 3분(三分)하고 적으면 2분(二分)하여 먼저 전처의 아들에게 주고 그 나머지는 후처에게 주어 부리도록 하되 후처가 죽은 뒤에는 전처와 후처의 아들들이 먼저 준 노비를 골고루 나눠 갖게 해야 합니다.

하나, 아들이 없는 사람이 다른 사람의 자식을 자기 아들로 삼아서 '수양(收養)'이니 '시양(侍養)'이니 칭하여 조종(祖宗)의 노비를 전

부 주어서 다툼질의 실마리[爭端]를 열어놓으니 이는 의리에 부합하
지 않습니다. 문서[文契]가 있고 없는 것을 논하지 말고 수양자(收
養子)가 동성(同姓)인 자는 2분의 1을, 이성(異姓)인 자는 3분의 1을
주고, 시양자(侍養子)가 동성인 자는 4분의 1을, 이성인 자는 5분의
1을 주고, 그 나머지 노비는 사손(使孫)[48] 4촌(寸)에 한하여 은공(恩
功)의 많고 적은 것을 논하여 차등 있게 나눠 주고, 사손 4촌이 없으
면 예전의 판지(判旨)[49]에 의거해 속공(屬公)시켜야 할 것입니다.

하나, 승인(僧人)의 방역(放役-노역에서 풀려남)된 법손노비(法孫奴
婢)[50]가 양인(良人)이 된 뒤에 낳은 소생(所生)을 그 제자(弟子)가 속
인(俗人)의 자손(子孫)의 예(例)에 입각해 함부로 차지해 사역시키는
것과 전계(傳繼)가 없는 법손노비는 모두 다 속공(屬公)시켜야 할 것
입니다.

하나, 원고(元告)가 실정(實情)이 없는 말로 고소하여 승소(勝訴)
하지 못한 자는 중하게 논죄하여 분쟁의 실마리를 막아야 할 것입
니다.'

소(疏)가 올라갔으나 궁중(宮中)에 머물러 두었다.

○ 반찬 가짓수를 덜고[減膳] 궐내(闕內)의 공비(供費)를 줄였다.

○ 사헌감찰(司憲監察) 이운적(李云迪)과 군자감판사(軍資監判事) 황

---

48 자녀(子女)가 없는 사람의 유산(遺産)을 그의 조카·종손(從孫)·삼촌(三寸)·사촌(四寸)들
중에서 이어받은 사람을 가리킨다.

49 신하들의 주안(奏案)에 대해 임금이 윤가(允可)한 것을 말한다.

50 사사노비(寺社奴婢)를 말한다.

한우(黃旱雨)를 파직(罷職)했다. 운적(云迪)이 분대(分臺)[51]하여 군자감(軍資監)에 이르러 한우(旱雨) 등과 함께 각도(各道)의 납공(納貢)을 감독해 거두는데 마투리[斛餘]는 매우 많으나 실수(實數)는 부족했다. 한우 등이 마투리로써 청하는 사람들에게 나눠 주고, 부족한 것은 압공리(押貢吏)[52]에게 징수했다. 아전이 헌부(憲府)에 호소하니 헌부에서 운적 등을 탄핵하여 파직시키고, 나눠 준 쌀을 운적과 한우 등에게 독촉하여 받으니 상이 헌부에 받지 말라고 명했다.

정축일(丁丑日-24일)에 황엄(黃儼)이 회암사(檜巖寺)에 가니 경기 도관찰사(京畿都觀察使)에게 명해 중들에게 밥을 먹일 준비를 하도록 했다.

○ 상이 덕수궁에 나아가 기거했다.

○ 사간원(司諫院)에서 김승주(金承霍)의 죄를 청했으나 윤허하지 않았다. 소(疏)는 이러했다.

'지난번에 사헌부(司憲府)에서 여산군(麗山君) 김승주(金承霍)의 죄를 아뢰었는데 전하께서는 공신(功臣)이란 이유로 거론(擧論)하지 말라 하셨습니다. 전하께서 남의 공(功)을 기록하고 남의 허물을 잊는 것은 지극합니다. 그러나 법(法)이란 나라의 기강(紀綱)이어서 엄하게 하지 않을 수 없습니다. 진실로 죄가 있는데 벌을 주지 않으면 이

---

51 조선조(朝鮮朝) 때 사헌부(司憲府)의 감찰(監察)을 지방이나 각 관청에 임시로 파견하여 국고출납(國庫出納)과 관리(官吏)의 규찰(糾察) 등의 일을 행하게 하던 일 또는 그 사람을 가리킨다.

52 공물(貢物)을 관압(管押)하여 가지고 온 아전을 말한다.

는 법이 없는 것입니다. 나라를 다스리면서 법이 없으면 어떻게 다스림을 행할 수 있겠습니까? 이것은 옛날 성왕(聖王)이 죄가 있으면 반드시 벌을 주어 훈구(勳舊)라 하여 흔들리지 않은 것입니다. 신 등이 가만히 보건대 승주(承霔)는 별로 재능(才能)도 없는데 지나치게 상(上)의 은혜를 입어 훈맹(勳盟)에 참여하고 높은 반열(班列)에 있으니, 마땅히 충절(忠節)을 다해 나라를 근심하고 공사(公事)를 받들어 만분의 일이라도 보답하기를 도모해야 할 것인데 마침내 제 한 몸의 사정(私情)에 따라서 갑자기 임금을 속이는 말을 올렸습니다. 이러한데도 징계하지 않으면 어떻게 법이 되겠습니까? 바라건대 전하께서는 곧 유사(攸司-해당 부서)로 하여금 임금을 속인 죄를 징계하게 해야 할 것입니다.'

소(疏)가 올라갔으나 궁중(宮中)에 머물러 두었다.

○ 낭구여 태수(朗句餘太守) 및 호자진(呼子津) 원강수(遠江守) 원서방(源瑞芳)과 압타(鴨打) 삼하수(三河守) 원전(源傳), 일기도(一岐島) 좌문군(左文君)이 각각 사람을 보내 예물(禮物)을 바치고, 도적을 금할 뜻을 알렸다.

○ 전농시 판사(典農寺判事) 이상(李湘)을 보내 만산군(漫散軍) 정녹길(丁祿吉) 등 746명을 이끌고[管押] 요동(遼東)에 가게 했다.
_{관압}

무인일(戊寅日-25일)에 비가 내렸다.

기묘일(己卯日-26일)에 비가 내렸다. 의정부에서 약주를 올리니 허락했고 정부에 술 10병을 내려주었다.

○ 영의정부사(領議政府事) 성석린(成石璘)에게 술 10병을 내려주었다. 애초에 석린(石璘)에게 명해 원단(圓壇)에 제사하게 했는데 아직 제사는 거행하지 않았으나 이미 재계(齋戒)한 뒤에 비가 내렸으므로 이런 명이 있었다.

○ 강화부(江華府) 하음(河陰)에서 산(山)이 무너졌는데 길이가 360척(尺)쯤 되고, 너비가 300 척쯤 되었다.

○ (일본) 일기(一岐)의 본정포(本井浦) 대랑(大郞)과 오랑(五郞)이 사람을 보내 토물(土物)을 바치고 지주(知主) 원량희(源良喜)가 잡혀갔던 사람들을 돌려보냈다.

경진일(庚辰日-27일)에 큰비가 내려서 경성(京城)의 개천이 모두 넘쳤다[溢]. 강원도 평창군(平昌郡)에 물이 넘쳐[湧] 민가(民家) 30여호(戶)가 떠내려가거나 물에 잠겼다.

○ 삼성(三省-의정부 사헌부 사간원)에다 진언(盡言)하여 꺼리지 말라고 전교(傳敎)했다. 삼성(三省)의 장무(掌務)를 불러 말했다.

"헌부(憲府)에서 부왕(父王)을 공경해 섬길 것을 청한 것은 참으로 곧은 말[直言]이다. 그러나 예로부터 언관(言官)이 다만 임금의 잘잘못만 말하고 권귀(權貴)와 조정(朝廷)의 과실(過失) 같은 것은 대개[率] 말하지 못하여 고금에 웃음거리가 된다. 지금 언책(言責)에 있는 자는 대소 조신(大小朝臣)의 잘잘못을 갖춰 말하고 재능과 다움[材德]이 있으면서 미천(微賤)한 데에 있는 사람을 천거하여 나아오게 하라."

임오일(壬午日-29일)에 황엄(黃儼)이 회암사(檜巖寺)에서 돌아왔다.

○ 동북면(東北面)과 서북면(西北面)에 황충(蝗蟲-메뚜기의 일종)이 일었으니 영흥(永興), 안변(安邊), 평양(平壤), 영주(永州), 영주(寧州), 숙주(肅州), 안주(安州), 순주(順州), 은주(殷州) 등이었다.

甲寅朔 內史鄭昇 行人馮謹 齎平安南詔來 結山棚 陳百戲 上
갑인 삭 내사 정승 행인 풍근 재평 안남 조래 결 산붕 진 백희 상

率百官具朝服 迎于盤松亭. 前導至景福宮 使臣宣詔 命鄭矩以
솔 백관 구 조복 영우 반송정 전도 지 경복궁 사신 선조 명 정구 이

鄕音 曹正以漢音讀之. 詔曰:
향음 조정 이 한음 독지 조왈

'奉天承運皇帝詔曰: 朕祗奉皇圖 恪遵成憲. 弘敷至化 期四海
봉천 승운 황제 조왈 짐 지봉 황도 각준 성헌 홍부 지화 기 사해

之樂康: 永保大和 俾萬物之咸遂. 夙夜兢業 不敢怠荒. 仰惟皇考
지 낙강 영보 대화 비 만물 지 함수 숙야 긍업 불감 태황 앙유 황고

太祖高皇帝 混一天下 懷綏遠人 安南陳日煃 慕義向風 率先
태조 고황제 혼일 천하 회수 원인 안남 진일규 모의 향풍 솔선

職貢 嘉其勤悃 頒賜鴻恩 封爲安南王 長有其土 子孫世襲 與國
직공 가기 근곤 반사 홍은 봉위 안남왕 장유 기토 자손 세습 여 국

咸休.
함휴

比者賊臣黎季釐子 黎蒼久蓄虎狼之心 竟爲呑噬之擧 殺其
비자 적신 여계리 자 여창 구축 호랑 지심 경위 탄서 지거 살 기

國主 戕及闔宗 覃彼陪臣 重罹其慘. 掊克殺戮 毒痛生民 鷄犬
국주 장 급 합종 담 피 배신 중이 기참 부극 살륙 독부 생민 계견

不寧 怨聲載路. 狐疑狙狡 鼠黠狼貪 詭易姓名爲胡一元 子爲
불녕 원성 재로 호의 저교 서힐 낭탐 궤역 성명 위 호일원 자 위

胡奫 隱蔽其實 矯稱陳甥 誑言陳氏絶嗣 請求紹襲王封. 朕念
호운 은폐 기실 교칭 진생 광언 진씨 절사 청구 소습 왕봉 짐 념

國人無所統屬 不逆其詐 聽允所云.
국인 무 소통속 불역 기사 청윤 소운

倖成奸譎之謀 輒肆跳梁之志 專無忌憚 靡慝不爲. 自以爲聖優
행성 간휼 지모 첩사 도량 지지 전무 기탄 미특 불위 자이위 성우

於三皇 德高於五帝: 以文武爲不足法 下周孔爲不足師: 毁孟子
어 삼황 덕 고 어 오제 이 문무 위 부족 법 하 주공 위 부족 사 훼 맹자

爲盜儒 謗程朱爲剽竊. 欺聖欺天 無倫無理. 僭國號曰 大虞 竊
위 도유 방 정주 위 표절 기성 기천 무륜 무리 참 국호 왈 대우 절

紀年曰 紹聖. 稱爲兩宮皇帝 冒用朝廷禮儀. 非惟恣橫於偏方 實
欲抗衡於中國. 佯奉正朔 授頒曆而焚之; 招納逋逃 聞追索而
隱匿. 朝貢之禮不行 兇暴之情益肆. 涵淹卵育 荐有圖大之心;
鋒蝟斧蟵 益動侵陵之勢. 顗覦南詔 窺伺廣西. 據思明府之數州
侵寧遠州之七寨. 刳朝廷之命吏 供彼家之歲金. 虜其子女 以備
髡鉗; 歐其人民 以蹈湯火. 欺占城之孱立 伐其國以遭喪. 奪其
土疆 要其貢賦 逼授僞印冠服 令其從己背朝. 屢被殘殃 數來
告急.

朕矜其愚昧 未終絕之 特遣使臣 曉以禍福 啓其自新之路 開
其向善之門. 諄切再三 俾其改悟 益見冥頑狠愎 怙惡不悛. 未幾
安南王孫奔竄來京 訴陳其事. 黎賊一聞 謬來効款 求釋誣罔之
罪 迎立陳氏之孫. 示彼至公 曾何芥蔕! 卽遣送歸國 黎賊乃伏兵
要殺於途 幷殺朝士. 朕遣人賜占城禮物 又殺使臣而奪之. 朝臣
請加兵致討 謂昔苗民逆命 禹有徂征之師; 葛伯仇餉 湯有徯蘇之
旅. 矧茲兇豎 積惡如山 四海之所不容 神人之所憯怒! 此而可紓
孰其懲戒! 朕以五兵戢橐之日 正萬國乂安之時 獨茲叛夷 妄于
天憲. 蛇虺之毒無厭 生靈之害曷已! 興言及此 蠢然傷懷. 志在
弔民 豈忍究武!

是不得已告于神祇 聿興問罪之師 爰擧九伐之典 用除殘暴 以
解倒懸. 撲兇焰于方張 興陳氏於旣絕. 乃命征夷將軍成國公朱能

等 率偏師帶甲八十萬以討之. 特勅將士 其臨陳來敵者 殺毋赦
등 솔 편사 대갑 팔십 만 이 토지　특 칙 장사　기 임진 내적 자　살 무사

其來降者 悉宥之. 師渡富良江 敵率衆號七百萬來拒戰. 尙逞怒蛙
기 내항 자 실 유지　사 도 부량강　적 솔중 호 칠백 만 내 거전　상 령 노와

之勇 以嬰霆擊之威. 兵刃才交 勢卽披靡. 我師躙之 如摧枯拉朽.
지 용 이영 정격 지위　병인 재교 세 즉 피미　아사 인지 여 최고 납후

斬首數百萬級 直擣東都 逐平西都. 四郊無結草之固 前徒有倒戈
참수 수 백만 급 직도 동도 수평 서도　사교 무 결초 지고 전도 유 도파

之師. 黎賊孼黨 卽時殄滅. 其有投兵乞命者 卽釋不誅 所至秋毫
지사　여적 얼당 즉시 진멸　기 유 투병 걸명 자 즉석 부주 소지 추호

無犯 市不易肆 人民按堵.
무범 시 불 역사 인민 안도

遍求陳氏子孫 立之其國 官吏耆老人等 累稱爲黎賊滅盡 無可
편구 진씨 자손 임지 기국 관리 기로 인등 누칭 위 여적 멸진 무가

繼承 陳請:"安南本古交州 爲中國郡縣 淪汚夷習 及茲有年矣
계승 진청　안남 본고 교주 위 중국 군현 윤오 이습 급자 유년 의

幸遇迅掃攙搶 剗磢蕪穢 願復古郡縣 與民更始 庶再覩 華夏之
행우 신소 참창 잔창 무예 원 복고 군현 여민 갱시 서 재도 화하 지

淳風 復見禮樂之盛治." 俯順輿情 從其所請 置交趾都指揮使司
순풍 부견 예악 지 성치　부 순 여정 종기 소청 치 교지 도지휘사사

交趾承宣布政使司 交趾按察司及軍民衙門 設官分理 廓淸海徼
교지 승선 포정사사 교지 안찰사 급 군민 아문 설관 분리 곽청 해요

之妖氛 變革遐方之陋俗. 所有合行事宜 條列于後.
지 요분 변혁 하방 지 누속　소유 합행 사의 조 열 우후

一, 安南陳氏爲黎賊所弑① 死於非命 誠爲可憫 宜令贈諡
일　안남 진씨 위 여적 소시　사 어 비명 성 위 가민 의 령 증시

以慰幽冥: 其子孫宗族 有爲黎賊所害者 宜贈以官. 有司卽具名
이위 유명 기 자손 종족 유 위 여적 소해 자 의증 이관 유사 즉 구명

來 用申恤典.
래 용신 휼전

一, 陳王爲黎賊殺戮已盡 宗祀廢絕 今特建祠立碑 設官主典
일　진왕 위 여적 살륙 이진 종사 폐절 금 특 건사 입비 설관 주전

歲時祭祀 仍給看廟三十戶 以供灑掃.
세시 제사 잉급 간묘 삼십 호 이공 쇄소

一, 陳王墳墓 蕪廢已久 宜令有司看視頹圮 卽爲修葺 仍給
일　진왕 분묘 무폐 이구 의 령 유사 간시 퇴비 즉위 수즙 잉급

看墓三十戶 以供祭掃.
간묘 삼십 호 이공 제소

一, 安南官吏軍民人等 俱爲黎賊兇威所逼驅之 以冒白刃
일　안남 관리 군민 인등 구 위 여적 흉위 소핍 구지 이모 백인

死亡者衆 暴露可憫 有司卽爲掩骼埋胔.

一, 安南郡縣官吏 皆陳氏舊人 爲黎賊威脅 有不得已. 詔書
到日 凡在職役 悉仍其舊 俱各不動. 然其民舊染夷俗 未閑華禮
朝廷仍設官相兼治理 敎以中國禮法.

一, 黎賊數年以來 爲政苛猛 毒虐其民. 今悉除之 宣布朝廷
政令 以安衆庶 各宜遵守 永享太平.

一, 安南各處關隘 有結聚人民 守把營寨及逃避海島者 詔書
到日 卽便解散還家 以安生業.

一, 安南之民 久被黎賊困苦 有司宜加撫恤 使安生業 毋致
失所.

一, 安南官吏軍民 有爲黎賊所害 或黥刺徒配 或全家流徙
不得其所及一應被害之人 詔書到日 悉放還原籍復業 所在有司
卽便起發 毋得停留 其有囚繫于獄者 卽時放還.

一, 安南境內 凡有高年碩德 有司卽加禮待. 及鰥寡孤獨之人
無依倚者 爲立養濟院以存恤之.

一, 安南境內 懷材抱德有用之士 有司以禮敦遣 至京量才 於
本土敍用.

一, 安南疆境與占城百夷等處接界 宜各守疆境 無致侵越; 亦
不許軍民人等私通外境 私自下海販鬻蕃貨. 違者依律治罪.

於戱! 武威載揚 豈予心之所欲! 元惡旣殄 實有衆之同情.

廣施一視之仁 永樂太平之治.

還鄉省親內官金角 李成 南江 金勿之 尹康等 隨鄭昇而來. 上

拜詔訖 升殿宴鄭昇 馮謹 而金角等亦與焉. 角等啓曰:"願殿下

南向立 臣等欲行本國私禮."上許之. 及將赴宴 角等欲與昇一行

而坐 上曰:"奉詔使臣 獨鄭馮二人耳 角等無與焉. 況是本國 以

觀親而來 爾何敢與我相對乎!"乃賜坐於殿內南行.

乙卯 上如太平館 宴內史鄭昇 行人馮謹. 翼日鄭昇金角等詣闕

謝恩 次詣德壽宮及世子殿 世子迎入書筵廳. 昇在東 世子在西

角等序南行 行茶禮.

丙辰 得水精石於順興府小白山.

丁巳 上親祭于仁昭殿 遂詣德壽宮起居.

戊午 宴鄭昇 馮謹 陳敬于廣延樓 金角等與焉.

己未 月入太微凡二日.

奉安文宣王及四配神位於文廟 十哲則東西翼室 歷代從祀

諸賢 列於東西廡.

日本 志佐殿 呼子殿遣使獻禮物.

庚申 上如太平館 宴鄭昇 馮謹 陳敬 金角等.

辛酉 御解慍亭 召成均大司成柳伯淳 講易 春秋.

以李貴齡爲參贊議政府事 李龜鐵知議政府事 朴子青中軍

都摠制 高鳳禮右軍同知摠制. 子青出於黃希碩步從 以勤於營繕

逐至顯擢.
수지현탁

下禁酒令 卽輟藥酒 以旱也. 祭享及太上王上王兩殿供上 朝廷
하 금주령 즉철 약주 이한야 제향 급 태상왕 상왕 양전 공상 조정

使臣 隣國客人支應外 一禁.
사신 인국 객인 지응 외 일금

壬戌 遣參知議政府事咸傅霖如京師. 賀平安南也.
임술 견참지 의정부 사 함부림 여 경사 하평 안남 야

馮謹還 鄭昇 金角等六人 各歸鄕貫省親 上出餞于崇禮門外.
풍근 환 정승 김각 등 육인 각귀 향관 성친 상 출전 우 숭례문 외

上贈謹苧麻布 謹辭不受 潛語通事曰: "予有佛堂 何以得石燈
상증근 저마포 근사불수 잠어 통사 왈 여유 불당 하이 득 석등

盞?"上知其意 乃贈四事.
잔 상지 기의 내증 사사

引見日本國王使于廣延樓. 日本使請見 故上引見謂曰: "前日予
인견 일본 국왕 사우 광연루 일본 사 청견 고상 인견 위왈 전일 여

適齊戒 未之見 今乃召見. 汝等好去 永以通好爲念"命中官 餞
적 제계 미지견 금내 소견 여등 호거 영이 통호 위념 명 중관 전

于西上廂
우 서상상

丁卯 上詣德壽宮起居.
정묘 상예 덕수궁 기거

禱雨于宗廟 社稷 北郊 昭格殿.
도우 우 종묘 사직 북교 소격전

分遣朝臣 求舍利于各道寺社. 忠淸道司宰少監韓有紋 慶尙道
분견 조신 구 사리 우 각도 사사 충청도 사재 소감 한유문 경상도

前佐郞河之混 全羅道前正言金爲民 江原道宗簿副令李堂. 以
전 좌랑 하지혼 전라도 전 정언 김위민 강원도 종부 부령 이당 이

黃儼等將至也. 於是 有紋得四十五枚 之混得百六十四枚 爲民得
황엄 등 장지야 어시 유문 득 사십 오매 지혼 득 백 육십 사매 위민 득

百五十五枚 堂得九十枚以來.
백 오십 오매 당득 구십 매 이래

己巳 微雨. 上之誕晨也. 憂旱停賀禮 宥二罪以下. 上謂左右
기사 미우 상지 탄신 야 우한 정 하례 유 이죄 이하 상위 좌우

曰: "魯桓公 春秋之罪人也 水旱之災 間或免焉. 予雖否德 豈在
왈 노 환공 춘추 지 죄인 야 수한 지재 간혹 면언 여수 부덕 기재

桓公之下 而水旱之災 無歲無之 何也? 予嘗憫雨 其於災異之事
환공 지하 이 수한 지재 무세 무지 하야 여상 민우 기어 재이 지사

無不觀究 有君臣同憂而得雨者. 今乃不然 何也?"
무불 관구 유 군신 동우 이 득우 자 금내 불연 하야

司憲府上疏請知議政府事金承霍之罪 原之. 初 承霍啓曰: "臣
사헌부 상소 청 지의정부사 김승주 지죄 원지 초 승주 계왈 신

家奴居江原道平康縣 自言: '所耕田②只五結 敬差官改量 增爲
가노 거 강원도 평강현 자언 소경 전 지 오결 경차관 개량 증위

二十五結.' 臣答曰: '汝田雖五結 其中無乃有加耕者乎? 或原田
이십 오결 신 답왈 여전 수 오결 기중 무내 유 가경자 호 혹 원전

非止五結 汝乃謂之五結乎?' 奴對曰: '安敢誣哉!'" 上目大司憲
비지 오결 여내 위지 오결 호 노 대왈 안감 무재 상 목 대사헌

成石因曰: "誠如是則敬差官 罪不容赦. 予雖不言 執法之官 豈肯
성석인 왈 성 여시 즉 경차관 죄불용사 여 수 불언 집법지관 기긍

釋之!" 遂遣行臺監察兪勉 行視虛實. 勉還言: "承霍所啓非實."
석지 수견 행대감찰 유면 행시 허실 면환언 승주 소계 비실

於是司憲府上疏累請承霍誣罔之罪 遣吏守直 上以功臣特宥之.
어시 사헌부 상소 누청 승주 무망 지죄 견리 수직 상이 공신 특유지

辛未 朝廷使臣司禮監太監黃儼 尙寶司尙寶奇原 奉勅書來.
신미 조정 사신 사례감 태감 황엄 상보사 상보 기원 봉 칙서 래

勅曰:
칙왈

'聞王父舊有舍利 在天寶山等處 今令黃儼等迎取 可一一發來.
문 왕부 구유 사리 재 천보산 등처 금령 황엄 등 영취 가 일일 발래

幷以綵段賜王及王妃 至可領也. 王及王妃 各賜綵段三十匹. 上旣
병 이 채단 사 왕급 왕비 지 가령 야 왕급 왕비 각사 채단 삼십필 기

受勅書 儼入中宮 親授王妃而出. 儼等又齎勅如德壽宮 太上王
수 칙서 엄 입 중궁 친수 왕비 이출 엄등 우재 칙 여 덕수궁 태상왕

辭以疾 不能出迎 儼曰: "帝賜 不可受於殿內 宜出迎百步外."
사 이질 불능 출영 엄왈 제사 불가 수어 전내 의 출영 백보 외

太上王乃出殿門外百許步迎命. 勅辭同前 所賜綵段亦三十匹. 儼
태상왕 내출 전문 외 백허보 영명 칙사 동전 소사 채단 역 삼십필 엄

等還太平館 上就館設宴.
등환 태평관 상 취관 설연

罷中軍同知摠制李之實 工曹參議柳溶職. 以犯禁奔競於政丞
파 중군 동지총제 이지실 공조참의 유용 직 이 범금 분경 어 정승

趙英茂之第也.
조영무 지제야

壬申 上如太平館宴 黃儼奇原 陳敬亦與焉. 儼獻椰瓢實 乾
임신 상여 태평관 연 황엄 기원 진경 역여언 엄헌 야표 실 건

烏梅及綵帛.
오매 급 채백

停各處營繕 放遣赴役僧徒.
정 각처 영선 방견 부역 승도

癸酉 太上王請黃儼 奇原宴于德壽宮. 太上王出寶藏舍利

三百三枚以授儼 儼喜甚 叩頭而受 獻段子二匹及乾烏梅椰瓢等

數種.

甲戌 天鳴.

千戶陳敬詣德壽宮 還入成均館 謁文廟.

乙亥 求言. 上曰 "旱氣太甚 六曹判書 雖詣闕朝啓 亦無所言.

今後坐本司 各盡其職." 遂召臺諫刑曹掌務 問曰: "今方盛夏

旱氣太甚 寡人有失德歟? 宗親有不道歟? 抑大臣失於燮理歟?

是必有致之者. 爾等職在言官 何無一言及此乎?" 持平閔思正

佐郎洪復興等 對曰: "致旱之由 臣等所不知 儼有可言 豈堪

緘默!" 左正言鄭招 對曰: "天人一理 人事感於下 則天變應於

上 是固常理. 然豈敢指言以某事致某災? 臣愚所見 新法頗多 民

皆怨咨 若屯田煙戶米之類是已. 煙戶米 雖爲民而設 然十室之邑

貧者八九戶. 當收米之時 貸於富家而納於公家 但知怨咨 豈識

將來之利乎?" 上曰: "玆法之設 非寡人之獨斷 亦非政府之建白

也 乃博訪於群臣而爲之耳. 民若怨之 則何憚改之! 不特此也

如有病民之事 悉陳無隱."

議政府舍人李明德啓曰: "今以旱災 罷遣功役之徒 然社稷壇

倭客館 俱已垂成 宜於各品差出人夫訖功." 上怒曰: "旱甚 非

營繕時也. 何待其畢也!" 遂不許. 大司憲成石因等上疏曰:

近者彌月不雨 旱魃爲災 罔知端由 徒懷憂懼. 於今月二十二日
근자 미월 불우 한발 위재 망지 단유 도회 우구 어 금월 이십 이일

特召臣等 問以致災之由 求所以弭災之道 是誠格天心 以致休徵
특소 신등 문이 치재 지유 구 소이 미재 지도 시성 격천심 이치 휴징

之至意. 臣等敢不拜手稽首 以言一得之愚! 竊惟當今明良相遇
지 지의 신등 감불 배수 계수 이언 일득 지우 절유 당금 명량 상우

治具畢張 日引大臣與六曹臺諫 講磨治道 幽枉畢達 則焉有感召
치구 필장 일인 대신 여육조 대간 강마 치도 유왕 필달 즉언 유감 소

天變之實? 然而近年以來 霜雪失節 每當農月 旱乾爲災 此臣等
천변 지실 연이 근년 이래 상설 실절 매당 농월 한건 위재 차 신등

所以日夜憂懼而不知者也. 間獨惟念孝爲百行之首 敬天勤民之實
소이 일야 우구 이부지 자야 간독 유념 효위 백행 지수 경천 근민 지실

皆由此出.
개 유차 출

我殿下事親之孝 無有不至 而當視膳問安之際 太上殿下或有
아 전하 사친 지효 무유 부지 이당 시선 문안 지제 태상 전하 혹유

不肯接見之時 是殿下定省之禮 或有未盡其誠 不能感悟太上之
불긍 접견 지시 시 전하 정성 지례 혹유 미진 기성 불능 감오 태상 지

心 而慈愛之道 猶有所缺焉耳. 斯乃往者天運艱難 禍患之機 間
심 이 자애 지도 유유 소결 언이 사내 왕자 천운 간난 화환 지기 간

不容髮 殿下以宗社大計 應天順人 躬定大難 以安丕基. 雖政事
불 용발 전하 이종사 대계 응천 순인 궁정 대난 이안 비기 수 정사

之間 無大更革 奉養之禮 無有虧闕 而往者纖芥之嫌 未能融釋
지간 무대 경혁 봉양 지례 무유 휴궐 이왕자 섬개 지혐 미능 융석

於胸中也. 伏望殿下盡其負罪引慝之誠 以致承順定省之禮 十日
어 흉중 야 복망 전하 진기 부죄 인특 지성 이치 승순 정성 지례 십일

一至而不得見 則繼以五日 五日一至而不得見 則繼以二日 二日
일지 이 부득 견 즉계 이오일 오일 일지 이 부득 견 즉계 이이일 이일

一至而不得見 則繼以一日 以至無一日而不一至焉. 俯伏寢門
일지 이 부득 견 즉계 이일일 이지무 일일 이불 일지언 부복 침문

怨慕號泣 雖勞不憚 然後太上之心 庶乎悅懌 慈愛之情 乃復
원모 호읍 수로 불탄 연후 태상 지심 서호 열역 자애 지정 내복

其初 而往者纖芥之嫌 渙然氷釋矣.
기초 이 왕자 섬개 지혐 환연 빙석 의

資於事親 以事上帝之機 庶其在此矣. 若天心旣順 則陰陽和而
자어 사친 이사 상제 지기 서기 재차 의 약 천심 기순 즉 음양 화이

風雨時矣 尙何旱乾之爲患乎? 其有政治未盡之目 則在殿下與
풍우 시의 상하 한건 지위환 호 기유 정치 미진 지목 즉재 전하 여

大臣講求時措之宜. 故臣等未敢悉其詳也. 伏望殿下留意焉.'
대신 강구 시조 지의 고 신등 미감 실기 상야 복망 전하 유의 언

上覽疏 召持平閔思正曰：“孝事太上 予之本心也. 汝等之言 殊
激予心 予甚嘉之.” 刑曹右參議安魯生等上疏曰：

‘主上殿下自踐祚以來 以生民爲重 除舊政之苛 致惟新之治
猶慮下民或有冤抑而未伸 鬪訟而不睦者 內設申聞鼓 以達下情
令憲司以繩不法 寡怨之方 息訟之術至矣.

然兄弟姉妹伯叔父 一家之至親也. 宜親愛而和睦 今以臧獲
之故 忘親害義 骨肉相殘者多矣. 卿大夫士庶人 尊卑異等 宜各
守分而不相侵亂 不顧其義 惟利是圖 詞訟日繁 怨讟方興 致傷
和氣 召水旱之災 豈非國家之所慮乎? 祖父之於子孫 實爲一氣
之分也. 體鳲鳩之心 則豈有子孫之訟乎? 無後者 或以勢家之子
富家之子 爲收養侍養 皆先利而後義 非骨肉天倫之比也. 奴婢
與奪 雖曰財主之處分 非自己之物也 祖宗相傳之物也. 旣爲無後
獲莫大之罪於祖宗 雖感收養私恩 以義制之 一以歸於收養 一以
歸於本宗 則恩義竝行而兩全 無今日收養本宗之訟矣.

大抵古今決訟之官 亦以財主之文爲重. 臣等竊自以爲其文出於
財主之本意者 什二三；非財主之本意 不得已而成者 十常八九.
姦僞儌倖之徒 知官司之以文爲重 或因老病而冒受 或財主有志
未就 已歿而追成者有之 或非財主之意而僞造者 亦有之. 雖欲
明辨 財主已歿 豈可得乎! 不得者 於是憤怨 至於子孫 相繼
報復 永爲世讎. 若因循舊弊 不以公義斷之 則冤抑何伸 鬪訟

何止乎? 臣等謹以可行而宜於今者 條列於後 儻蒙兪允施行.
하 지 호　신 등 근 이 가 행 이 의 어 금 자　조 열 어 후　당 몽 유 윤 시 행

一. 兄弟以同氣之親 有不均相訟者 未合於天理人情. 除不孝
일　형 제 이 동 기 지 친　유 불 균 상 송 자　미 합 어 천 리 인 정　제 불 효

之迹現著外 父母奴婢 勿論文契有無 平均分給.
지 적 현 저 외　부 모 노 비　물 론 문 계 유 무　평 균 분 급

一. 婦人嫉妬之情 古今同然 故有子息 後妻專執亡夫奴婢
일　부 인 질 투 지 정　고 금 동 연　고 유 자 식　후 처 전 집 망 부 노 비

不給夫前妻之子 深爲未便. 奴婢多則分三 小則分二 先給前妻之
불 급 부 전 처 지 자　심 위 미 편　노 비 다 즉 분 삼　소 즉 분 이　선 급 전 처 지

子 其餘 後妻役使: 當其身後 前後妻子息等 將先給奴婢 平均
자　기 여　후 처 역 사　당 기 신 후　전 후 처 자 식 등　장 선 급 노 비　평 균

分執.
분 집

一. 無後者 以他人之子爲己子 而稱收養侍養 將祖宗奴婢全
일　무 후 자　이 타 인 지 자 위 기 자　이 칭 수 양 시 양　장 조 종 노 비 전

給之 而開爭端 未合於義. 勿論文契有無 收養同姓者 給二分之
급 지　이 개 쟁 단　미 합 어 의　물 론 문 계 유 무　수 양 동 성 자　급 이 분 지

一 異姓者 給三分之一: 侍養同姓者 給四分之一 異姓者 給五分
일　이 성 자　급 삼 분 지 일　시 양 동 성 자　급 사 분 지 일　이 성 자　급 오 분

之一: 其餘奴婢 限使孫四寸 論恩功多少差分: 無使孫四寸 則依
지 일　기 여 노 비　한 사 손 사 촌　논 은 공 다 소 차 분　무 사 손 사 촌　즉 의

前判屬公.
전 판 속 공

一. 僧人放役法孫奴婢良後所生 其弟子依俗人子孫之例 濫執
일　승 인 방 역 법 손 노 비 양 후 소 생　기 제 자 의 속 인 자 손 지 례　남 집

役使者及無傳繼法孫奴婢 竝皆屬公.
역 사 자 급 무 전 계 법 손 노 비　병 개 속 공

一. 元告以無情之辭 告而不得者 從重論罪 以杜爭端.'
일　원 고 이 무 정 지 사　고 이 부 득 자　종 중 논 죄　이 두 쟁 단

疏上留中.
소 상 유 중

減膳 省闕內供費.
감 선　생 궐 내 공 비

罷司憲監察李云迪及判軍資監事黃旱雨職. 云迪分臺至軍資監
파 사 헌 감 찰 이 운 적 급 판 군 자 감 사 황 한 우 직　운 적 분 대 지 군 자 감

與旱雨等監收各道納貢 斛餘甚多 而實數不贍. 旱雨等以斛餘
여 한 우 등 감 수 각 도 납 공　곡 여 심 다　이 실 수 불 섬　한 우 등 이 곡 여

分與請丐者 徵不贍於押貢吏 吏訴于憲府. 憲府劾云迪等罷之
분 여 청 개 자　징 불 섬 어 압 공 리　이 소 우 헌 부　헌 부 핵 운 적 등 파 지

督徵分與之米於云迪 旱雨等 上命憲府勿徵.
독징 분여 지미어 운적 한우등 상명헌부 물징

丁丑 黃儼如檜巖寺 命京畿都觀察使使供飯僧之備.
정축 황엄 여 회암사 명경기 도관찰사 사공반 승지비

上詣德壽宮起居.
상예 덕수궁 기거

司諫院請金承霍之罪 不允. 疏曰:
사간원 청 김승주 지죄 불윤 소왈

'昨司憲府以麗山君金承霍之罪申聞 而殿下以功臣之故 勿令
작 사헌부 이 여산군 김승주 지죄 신문 이 전하 이 공신 지고 물령

擧論. 殿下記人之功 忘人之過則至矣 然法者 國之紀綱 不可
거론 전하 기 인지공 망 인지과 즉 지의 연법자 국지기강 불가

不嚴. 苟有罪而不罰 是無法也. 爲國而無法 何以爲治乎? 此
불엄 구유죄 이 불벌 시 무법 야 위국 이 무법 하이 위치 호 차

古昔聖王 所以有罪必罰 不以勳舊撓之也. 臣等竊見承霍別無
고석 성왕 소이 유죄 필벌 불이 훈구 요지 야 신등 절견 승주 별무

才能 過蒙上恩 與於勳盟 處於崇班 誠宜竭忠盡節 憂國奉公
재능 과몽 상은 여어 훈맹 처어 숭반 성의 갈충 진절 우국 봉공

以圖萬一之報 乃徇一己之私 遽進罔上之言. 此而不徵 何以
이도 만일 지보 내순 일기 지사 거진 망상 지언 차 이 부징 하이

爲法! 願殿下卽令攸司 以徵罔上之罪.'
위법 원 전하 즉령 유사 이징 망상 지죄

疏上留中.
소상 유중

朗句餘太守及呼子津遠江守源瑞芳 鴨打三河守源傳 一岐島
낭구여 태수 급 호자진 원강 수 원서방 압타 삼하 수 원전 일기도

左文君 各使人獻禮物 告禁賊之意.
좌문 군 각 사인 헌 예물 고 금적 지의

遣判典農寺事李湘 管押漫散軍丁祿吉等七百四十六名赴遼東.
견 판전농시사 이상 관압 만산군 정녹길 등 칠백 사십 육 명 부 요동

戊寅 雨.
무인 우

己卯 雨. 議政府進藥酒 許之 賜政府酒十瓶.
기묘 우 의정부 진 약주 허지 사 정부 주십병

賜領議政府事成石璘酒十瓶. 初命石璘祀于圓壇 雖未行祭 旣
사 영의정부 사 성석린 주십병 초명 석린 사우 원단 수미 행제 기

齋而雨 故有是命.
재 이우 고유 시명

江華府 河陰山崩 長三百六十尺許 廣三百尺許.
강화부 하음 산붕 장 삼백 육십 척 허 광 삼백 척 허

一岐 本井浦 大郎 五郎 使人獻土物 知主源良喜 發還被擄
일기 본정포 대랑 오랑 사인 헌 토물 지주 원량희 발환 피로

人口.
인구

庚辰 大雨 京城川渠皆溢. 江原道平昌郡水湧 漂溺民居三十餘
경진 대우 경성 천거 개 일 강원도 평창군 수용 표익 민거 삼십 여

戶.
호

敎三省盡言不諱. 召三省掌務曰: "憲府請敬事父王 誠爲直言
교 삼성 진언 불휘 소 삼성 장무 왈 헌부 청 경사 부왕 성 위 직언

然自古言官 但言人主之得失 若權貴與朝廷之過失 率不能擧
연 자고 언관 단언 인주 지 득실 약 권귀 여 조정 지 과실 솔 불능 거

取笑古今. 自今在言責者 具言大小朝臣之得失 薦進有材德而在
취소 고금 자금 제 언책 지 구언 대소 조신 시 득실 천진 유 재덕 이 재

側陋者."
측루 자

壬午 黃儼還自檜巖寺.
임오 황엄 환자 회암사

東北面西北面蝗 永興 安邊 平壤 永 寧 肅 安 順 殷等州也.
동북면 서북면 황 영흥 안변 평양 영 영 숙 안 순 은등주야

| 원문 읽기를 위한 도움말 |

① 安南陳氏爲黎賊所弑. '爲~所~'라는 구문이다. 즉 '~에게 ~되다'라는 뜻
　안남 진씨 위 여적 소시　위 소
이다. 여기서 所는 이어지는 동사를 수동형으로 만드는 기능을 한다.

② 所耕田. '所~'는 뒤에 이어지는 동사를 수식하는 경우가 많다. 즉 '경작
　소경 전 소
하는 밭'이라는 뜻이다. 다음 문단에 所賜綵段이라는 표현이 나오는데
　　　　　　　　　　　　　　　　　　소사 채단
이 또한 '내려준 채단'이라는 뜻이다.

태종 7년 정해년
6월

六月

계미일(癸未日-1일) 초하루에 광연루(廣延樓)에서 황엄(黃儼)과 기원(奇原)에게 잔치를 베풀었다.

○ 형조판서 김희선(金希善), 사헌부대사헌 성석인(成石因), 사간원 우사간대부(右司諫大夫) 오승(吳陞) 등이 소(疏)를 올렸다. (그중) 간원(諫院)의 소(疏)는 이러했다.

'가만히 보건대[竊見] 좌정승 하륜(河崙)은 식견이 고금(古今)에 통달하고 재주는 변통(變通)하는 데 합당하여 제작(制作)[1]하는 일에 있어서 여유(餘裕)가 있다 할 것입니다. 그러나 매번 법령(法令)을 만들어 백성들에게 반포하면 백성들은 많이 불편하게 여겨 일어나 비방(誹謗)을 하고 그 원망을 상께 돌리니 작은 연고가 아닙니다. 또 사신(使臣) 황엄(黃儼)이 항상 사람들에게 말하기를 "전하께서 사대(事大)하는 정성은 지극하나 대신(大臣)들이 봉행(奉行)하는 것은 조심스럽지 못하다[不謹]"라고 합니다. 이 말은 반드시 황제의 귀에 들어갈 것이니 황제의 마음속에 우리나라가 임금의 명령이 행해지지 않고 권세가 아래에 있다고 어찌 생각하지 않겠습니까? 황엄의 말을 캐어 보면[原] 비록 탐구(貪求)하는 데서 나오기는 했으나 전하께서 사대(事大)하는 데 마음을 다하고 계시는 때에 엄 등이 이런 말

---

1 제례작악(制禮作樂)을 말한다.

을 했다는 것 또한 작은 일이 아닙니다. 륜(崙)이 수상(首相)이 되어 가지고 어떻게 그 책임을 사양하겠습니까? 게다가 근년(近年) 이래로 수재(水災)와 한재(旱災)가 서로 겹치고 재변(災變)이 여러 번 나타났으니 한(漢)나라 고사(故事)로 하자면 삼공(三公)을 마땅히 면직해야 합니다. 엎드려 바라옵건대 상께서 재가(裁可)하여 시행하셔야 할 것입니다.'

헌부(憲府)의 소(疏)는 이러했다.

'신 등이 가만히 생각건대 재상(宰相)은 위로는 임금의 임금다움을 보좌하고 음양(陰陽)을 섭리(燮理)하며 아래로는 백관(百官)을 총관(總管)하고 국정(國政)을 닦아야 하기에 (재상을) 구첨(具瞻)[2]의 지위라고 이름합니다. 좌정승 하륜과 우정승 조영무(趙英茂)는 매번 일을 토의할 때마다 두 정승의 소견이 어지러이[紛紜] 같지 않아서 마침내 전하(殿下)께서 정승에 명(命)한 뜻을 저버리고, 또 신민(臣民)이 함께 우러러보는 소망을 잃게 합니다. 이는 작은 연유가 아니고 또한 어찌 아름다운 일이겠습니까? 바라건대 전하께서는 동인협공(同寅協恭)[3]의 뜻을 생각하시고 사시(四時)가 차례를 교대하는 도리를 본받으시어 번갈아가며 정승에게 명하여 함께 나오지 말게 하신다면, 단지 일을 의논하는 데 모순(矛盾)이 없을 뿐 아니라 장차 각각 마음속의 포부를 다해 사공(事功)을 이루어서 체통(體統)이 바르게 되고 조정(朝廷)이 높아질 것입니다.

---

2 많은 사람이 모두 우러러본다는 뜻이다.
3 다 같이 삼가는 마음을 합하여 공경한다는 뜻이다.

의정부지사 이구철(李龜鐵)과 의정부참지사 이간(李衎) 같은 사람의 경우에는 그 지식이 사졸(士卒)을 무마할 만하고, 무략(武略)이 외모(外侮-외침)를 막을 만하오니 마땅히 총제(摠制)의 반열에 둬야지 정사(政事)를 논하는 곳에 있게 해서는 안 될 것입니다. 동지총제(同知摠制) 노필(盧弼, 1354~1427년)[4]과 공안부윤(恭安府尹) 홍잠(洪潛)은 별로 재능도 없으면서 벼슬이 양부(兩府)에 이르렀으니 영화(榮華)와 은총이 지극합니다. 마땅히 산관(散官)의 자리에 두어서 공도(公道)를 보이셔야 할 것입니다. 신 등의 소견은 이와 같사오니 엎드려 바라옵건대 빼어남으로 살피시어[聖鑑] 시행하셔야 할 것입니다.'
_{성감}

간원에서 또 소를 올려 말했다.

'하늘과 사람 사이에 (서로) 감응(感應)하는 이치는 말로 하기에는 지극히 어렵습니다. 아무[某] 일의 잘못이 아무 재앙을 가져왔다고 딱 지적해 말할 수 없습니다만, 사람의 일[人事]이 이미 다했는데도 기수(氣數)[5]가 마침 그러하여 재앙을 가져왔다고 말할 수는 없습니다. 대개 하늘이 보고 듣는 것은 곧 사람이 하는 일이 있어 그로 인해 하늘을 움직이게 하는 것입니다. 신들이 전하께 바라는 것은 네 가지 일에 지나지 않으니 (첫째는) 몸을 열렬하게 하는 것[誠身],
_{성신}

---

4 고려조에 벼슬길에 나서 여러번 승진하여 삼사 우윤(三司右尹)을 거쳐 판전농사재시사(判典農司宰寺事)를 역임(歷任)하고, 상호군으로 가선 대부 공조 전서에 제수되었다. 1398년(태조 7년)에 판전중시사(判殿中寺事)와 공조·예조의 전서(典書)가 됐다가 해주목사와 우군총제로 나가서 우군도총제로 승진했다. 1422년(세종 4년)에 병이 생겨 사직하고 요양한 지 6년 만에 나이 73세로 죽었다.

5 길흉화복(吉凶禍福)의 운수를 말한다.

(둘째는) 어버이를 잘 섬기는 것[事親], (셋째는) 정사(政事)를 닦는 것
[修政], (넷째는) 백성을 구휼(救恤)하는 것[恤民]입니다.

 몸을 열렬하게 하는 도리는 전하께서 스스로 힘쓰시는[自勉] 데
있을 뿐이고 어버이를 섬기는 실질은 전하께서 스스로 최선을 다하
시는[自盡] 데 있을 뿐이며 정사를 닦는 일과 백성을 구휼하는 조목
에 이르러서는 삼가 뒤에 갖추오니 의정부에 내려 깊이 토의하게 하
시면 될 것입니다.

 하나, 둔전(屯田)의 법은 진실로 국가에서 어쩔 수 없이 행하는 것
입니다. 전하께서 처음에 이 법을 시행할 때 진언(進言)하는 자가 말
하기를 "나라에 군량(軍糧)이 없으니 마땅히 비축하는 방도를 넓혀
야 하겠지만 둔전의 법은 백성에게서 취하는 것이 많지 않아 위에서
는 큰 이익을 얻고 백성은 크게 힘들지 않다"라고 했습니다. 그러나
이 영(令)이 내려지니 백성들이 듣고 모두 근심하지 않는 사람이 없
었습니다. 신 등은 듣건대 나라를 보전하는 도리는 백성의 마음을
근본으로 삼고, 나라를 지키는 계책은 인화(人和)를 최상(最上)으로
삼는다고 했습니다. (춘추시대 때) 윤탁(尹鐸)[6]이 호구의 부세(賦稅)를
줄여주니 진양(晉陽)이 포위됐어도 백성들이 배반할 뜻이 없었고, 수
양제(隋煬帝)는 비축한 것이 매우 많았으나 군사를 부르는 조서(詔
書)에 백성들 중에 응하는 자가 없었습니다. 그러므로 임금은 마땅
히 백성을 보전하는 것을 마음으로 삼아야지, 나라를 부유하게 하

---

6 춘추시대(春秋時代) 진(晉)나라 사람이며 조 간자(趙簡子)의 가신(家臣)으로 진양(晉陽)의
   수령(守令)이 됐는데 부세(賦稅)를 경(輕)하게 하여 민심(民心)을 얻었다. 뒤에 진양(晉陽)
   이 한(韓)과 위(魏)나라의 군사에게 포위됐으나 백성들이 배반할 뜻이 없었다고 한다.

는 것을 급무(急務)로 삼아서는 안 될 것입니다. 만일 나라를 부유하
게 하는 것을 주된 일로 삼는다면 해(害)가 반드시 백성에게 미칠 것
이니 비록 백만(百萬)의 비축이 있더라도 임금이 누구와 더불어 나
라를 지키겠습니까? 엎드려 바라옵건대 전하께서는 성명(成命)[7]을
도로 거두시어 둔전의 법을 없애고 오로지 백성을 길러주는 것을 급
선무로 삼으셔야 할 것입니다.

하나, 연호미(煙戶米)는 수재(水災)와 한재(旱災)에 대비하는 황정
(荒政)[8]의 한 가지 일이니 곧 이회(李悝)[9]의 염산법(斂散法)과 경수창
(耿壽昌)[10]의 화적(和糴)[11]의 뜻입니다. 역대(歷代)에 서로 이를 이어받
아 혹은 상평(常平)이라 하고, 혹은 광혜(廣惠)라 하여 풍년이 들면 거
두고 흉년이 들면 흩어주는 것입니다. 그러나 법은 비록 옛날 법이라
도 백성이 기뻐하지 않으면 폐법(弊法)입니다. 지금으로 본다면 전년
(前年)에 중년(中年)의 예(例)로 거두었는데 바치는 자가 괴롭게 여기
지 않음이 없어서 혹은 전당을 잡히고 팔거나 꾸는 자가 있었으니,
조석(朝夕)에 쓰는 것도 오히려 넉넉지 못한데 어느 겨를에 후일(後
日)의 바람을 생각하겠습니까? 전하께서 비록 여러 도(道)의 감사(監

---

7 이미 결정하여 내려진 임금의 명령을 말한다.
8 흉년을 구제하는 정책을 말한다.
9 전국 시대 위(魏)나라 사람으로 법가의 대표적인 인물이다. 위문후(魏文侯) 때 재상이 돼
   여러 가지 정책으로 국가를 부흥시켰고 법전인 『법경(法經)』을 완성했다.
10 한나라 선제(宣帝) 때 대사농중승(大司農中丞)이 됐다. 오봉(五鳳) 연간에 삼보(三輔)와
   홍농(弘農), 하동(河東), 상당(上黨), 태원군(太原郡)의 곡식을 경사(京師)에 공급해 관동
   (關東)에서의 전조(轉漕)를 줄이자고 건의했다. 또 변방 고을에 상평창(常平倉)을 설치해
   곡식이 흔할 때 가격을 올려 사고, 곡식이 귀할 때 가격을 낮춰 파는 제도도 제안했다.
11 팔고 사는 양쪽의 값을 협의 결정하여 손해가 없게 곡식을 사들이는 것을 말한다.

司)로 하여금 풍년이 든 지방만 거두게 한다 하시더라도 전하께서 전야(田野)의 일을 어찌 고루 아시겠습니까? 한 지방의 땅이 비록 풍년이 들었다고 하더라도 그 사이에는 혹 지품(地品-토질)의 비척(肥瘠-비옥과 척박)과 인사(人事)의 고르지 못한 것이 있어 모두 풍년의 이익을 얻지 못합니다. 대체로 열 집쯤 되는 고을에 가난한 사람이 많으면 여덟아홉 집에 이르고, 부유한 자는 한둘이 못 됩니다. 그렇다면 백성이 호미(戶米)를 낼 수 있는 자가 몇 사람이나 되겠습니까? 게다가 근년 이래에 해마다 수재와 한재가 있어서 집집마다 넉넉하지 못하고 사람마다 족하지 못한데, 지금 백성들의 목전(目前)의 급한 것을 취하여 후일(後日)의 구제하는 것으로 삼으니, 백성들이 좋아하지 않을 것은 이상할 바가 없습니다. 신 등은 바라건대 전하께서는 일단 연호미법(煙戶米法)을 정지하시고 여러 해 풍년이 든 뒤를 기다려서 마침내 다시 시행해야 할 것입니다.'

정부(政府)에서 토의하여 이런 의견을 얻었다.

"위의 두 조목은 전조(前朝)의 충선왕(忠宣王, 1275~1325년)[12]이 민생(民生)을 위해 입법(立法)한 것인데, 위조(僞朝-우왕 창왕) 말년에 이르러 폐지됐다가 금년에 진언(陳言)으로 인하여 다시 세웠으니 2~3년 동안 시험해본 뒤에 다시 상량(商量)하게 해야 할 것입니다."

---

12 고려 제 26대 왕(재위 1308~1313)이다. 1298년 왕위에 오르자 정방을 폐지하는 등 관제를 혁신하고 권신들의 토지를 몰수했으며 원나라에 대해서도 자주적인 태도를 취했다. 그러나 7개월 만에 폐위되었다가 1308년 충렬왕이 죽자 다시 왕위에 올랐다. 정치에 싫증을 느껴 원나라로 가 전지(傳旨)로써 국정을 처리했으나 그 와중에도 각염법을 제정해 사원과 권문세가의 소금 독점에 의한 폭리를 막았다.

'하나, 배를 타는 군사[騎船軍]는 나라의 울타리가 되어 외모(外侮)를 막으니[捍禦=扞禦] 백성이 이를 믿고 편안히 여기게 됩니다. (그런데) 지금 여러 도(道)의 관찰사(觀察使)는 한 방면의 일을 총관(摠管)하고, 절제사(節制使)는 군마(軍馬)의 정사를 통솔하고 있으나 멀리서 관령(管領-통솔)하여 제어하는 데 불과하고, 친히 군사를 관령하는 데 이르러서는 만호(萬戶)와 천호(千戶)입니다. 조정에서는 오히려 선상(船上)에 익숙한 자로서 맡기니, 이들 무리가 어찌 능히 위로 위임(委任)한 뜻을 몸받아서 군사를 도닥이고 구휼하겠습니까? 혹은 노역(勞役)을 시켜 사리(私利)를 추구하고, 혹은 휴가(休暇)를 주어 물품을 요구하니 그 때문에 백성들이 생계를 유지하지 못해 유망(流亡)하는 데에 이릅니다. 그 가족들을 버리고 언제나 바다 위에서 사는 것이 사람의 정으로 볼 때 즐거운 바가 아니니 비록 두텁게 보상하더라도 오히려 수고로움을 꺼리고 피하기를 꾀하는 자가 있을텐데 하물며 침어(侵漁)하는 것이겠습니까? 신 등은 원컨대, 정역찰방(程驛察訪)[13]의 예(例)에 의거해 수군찰방(水軍察訪)을 두어 날마다 각 포구(浦口)를 순찰하여 군사를 도닥이고 구휼하게 하고, 만호(萬戶)와 천호(千戶)가 사사로이 군인을 사역시키고, 사사로이 (뇌물을) 주는 것을 받거나, 무릇 부지런하지 않고 청렴(淸廉)하지 않아서 그 임

---

13 각도(各道)의 노정(路程)과 역참(驛站) 일을 맡아보던 외직(外職)이다. 서울을 중심으로 각 지방에 이르는 중요한 도로에 대략 30리 거리로 역(驛)을 두어 마필(馬匹)과 관원을 두고 공문서를 전달하며 공용(公用) 여행자의 편리를 도모하게 한 기관을 역참(驛站)이라 했는데, 수 개 내지 수십 개의 역참을 역도(驛道)라 칭하고, 그 구간(區間)의 마정(馬政)을 맡아 보는 관직을 찰방(察訪)이라 한다.

무를 감당하지 못하는 자가 있으면, 즉시 갖춰 아뢰어서 율(律)에 의해 시행(施行)하여 호강(豪强)하고 교활한 자를 징계하고 선군(船軍)을 위로하게 해야 할 것입니다.'

정부(政府)에서 토의하여 이런 의견을 얻었다.

"장신(狀申)에 의거해 시행해야 할 것입니다."

'하나, 철(鐵)이라는 물건은 민생(民生)의 쓰임에 긴요한 것이지만 반드시 포백(布帛)과 곡식으로 바꾼 뒤에야 마침내 얻을 수 있습니다. 지금 국가에서 주현(州縣)의 쇠퇴와 번성에 따라 공철(貢鐵)의 많고 적은 것을 정하고, 주현에서는 경작(耕作)하는 것의 많고 적음에 따라 백성에게 나눠 부과합니다. 백성에게 부과할 때 간혹 경중(輕重)이 같지 않고, 철을 거둘 때에는 수령(守令)이 친히 감독 고찰하지 않고 품관(品官)이나 향리(鄕吏)의 무리로 하여금 감고(監考)하게 하니, 어리석은 백성이 저울 눈[秤目]을 알지 못하므로 간사하고

_{칭목}

교활한 무리가 여러 가지 방법으로 속입니다. 어리석은 자는 속이기 쉽고 힘이 약한 자는 제어(制御)하기 쉬운 법입니다. 한 번만 마음에 맞지 않는 것이 있으면 편달(鞭撻)이 뒤따르니 어리석은 백성은 오직 완납(完納)하는 것만으로도 다행으로 여겨 어찌 감히 다시 그사이에 말이 있겠습니까? 철은 본래 얻기가 어렵고 거두는 것이 또 중요하다 보니 여러 도(道)의 백성들이 고루 이 폐해를 받습니다. 신 등은 바라건대 전하께서는 여러 도(道)의 철이 산출되는 땅에 철장(鐵場)을 더 두시고 백성들을 모집하여 취련(吹鍊)하여 국용(國用)에 대비하고, 철을 거두는 법은 폐지하여 민생의 힘을 펼 수 있게 해야 할 것입니다. 만일 "국용(國用)에 필요한 것이어서 반드시 부득이하여

거둔다"라고 한다면 바라건대 바치는 액수[貢額]를 가볍게 하고 자세
히 격식을 갖추도록 해야 할 것입니다.'

정부(政府)에서 토의하여 이런 의견을 얻었다.

"위의 건(件)은 각도(各道)에 넘겨 편리함 여부를 깊이 고찰해 다시
상량(商量)하게 해야 할 것입니다."

'하나, 사람을 쓰는 도리가 공정함을 다하지 못하면 공적을 상고
하는 법[考績法]이 그 바름을 얻을 수 없습니다. 지금 우리 전하께
서는 사람을 쓸 때 반드시 그 재주에 의거하고 공적(功績)을 상고
할 때 반드시 그 실상에 맞게 하시니 따로 의견을 낼 만한 것이 없
습니다만 그러나 근래에 강릉부사 박인간(朴仁幹)[14]과 의주목사 홍
유룡(洪有龍)이 무슨 공로와 다움이 있기에 상장(上將)의 작질로 가
선(嘉善-종2품)의 제수(除授)를 받았으며, 충주목사 우홍강(禹洪康,
1357~1423년)[15]은 별로 죄과가 없는데 참의(參議)의 벼슬로서 한 자

---

14 박인간의 형 박도간(朴道幹)의 서녀가 이방간의 첩이 됐다.

15 아버지는 단양백(丹陽伯) 우현보(禹玄寶)다. 1392년(공양왕 4년) 이성계(李成桂) 일파가
정몽주(鄭夢周) 등의 정적을 제거할 때 연루돼 관직을 빼앗기고 먼 곳에 유배됐다가 곧
방면됐다. 1392년(태조 1년) 7월 조선의 개국과 함께 정도전(鄭道傳) 등이 고려의 구신 제
거책을 거론할 때 다시 논죄돼 직첩을 몰수당하고 장(杖)을 맞은 후 먼 곳으로 유배됐다.
다음 해 방면됐으며 1398년 직첩이 환급됐다. 1401년(태종 1년) 무렵에 우씨 일문이
1399년(정종 1년) 이방간(李芳幹)의 난 때 세운 공로에 대한 배려로 사간원 좌사간대부에
발탁되고, 이어 통례문판사(通禮門判事) 충주목사·청주목사·예조참 등을 역임했다.
1410년 10월부터 이듬해 4월에는 이조참의로서 세공종마(歲貢種馬)의 진헌을 위한 사신
이 돼 명나라를 내왕한 뒤 공안부윤(恭安府尹)에 제수됐다. 그리고 같은 해 윤12월에 전
년의 이조참의 재직 중 전서(典書) 강단봉(姜丹鳳)의 과전(科田)을 탈취하고자 한 사건으
로 파직됐다. 1412년 우씨 일문이 이방간의 난에 세운 공로를 재평가할 때 정난원종공
신(靖難原從功臣)에 추록, 곧 가선대부에 오르면서 한성부윤에 복직됐다. 1413년에 강원
도관찰사로 파견됐으나, 같은 해 임지를 벗어나 충청도 관찰사 이안우(李安愚) 등과 모여
술을 마신 일로 다시 파직됐다. 곧 안동대도호부사에 복직됐으며, 홍주목사를 역임했다.

급(資級)도 더하지 않았습니다. 그렇다면 사람을 쓰는 도리에 잘못이 없다고 말할 수 없을 것입니다. 지난번에[向者] 강릉부사 조원(曹 향자 瑗)과 양주부사 홍섭(洪涉)은 과만(瓜滿)[16]의 기한이 다 되지도 않았는데 불러서 높은 작질을 제수하고, 그 밖에 고만(考滿)[17]이 되어 마땅히 불러야 할 자는 간혹 질(秩)을 낮췄습니다. 그렇다면 공적을 상고하는 법에 진실로 잘못이 있다 하겠습니다. 신 등은 두렵건대 이것이 점점 폐단이 되어 성법(成法)을 무너뜨리게 된다면 작은 실수가 아닙니다. 바라건대 이제부터 자계(資階)의 높고 낮은 것을 반드시 뛰어난지 아닌지[賢否]에 의해 정하고, 수령(守令)을 (중앙으로) 소환 현부 (召還)함에 있어 반드시 공적(功績)을 상고하여 작록을 내려야 할 것입니다. 이와 같이 하면 아전은 그 직임(職任)에 맞고 일은 마땅함을 얻어서 공도(公道)가 제대로 행해질 것입니다.'

정부(政府)에서 토의하여 이런 의견을 얻었다.

"장신(狀申)에 의거해 시행해야 할 것입니다."

'하나, 감사(監司)가 너무 너그러우면 수령(守令)이 직사(職事)에 삼가 부지런하지 못하고, 너무 엄격하면 백성을 도닥여 구휼하기에 겨를이 없으니 지나친 것은 못 미치는 것과 같아서[過猶不及] 그 폐단 과유불급 은 한가지입니다. 근래에 감사가 엄격하게 기강을 세워 수령으로 하여금 명령만 따르게 하고, 공부(貢賦)가 제때에 미치는 것과 부서(簿

1421년(세종 3년) 자헌대부에 승진하면서 개성유후사유후(開城留後司留後)를 지내다가 병으로 사직한 뒤에 죽었다.

16 벼슬의 임기가 다 찼다는 말이다.

17 과만과 같은 뜻이다.

書)가 기한에 미치는 것으로 책임을 지워 일을 다스리는 것을 능한 것으로 여깁니다. 그러므로 백성을 아껴주는 일로 인해 날짜에 미치지 못하는 자는 간혹 조그만 잘못이 있으면 책망과 처벌이 따르니, 선비가 수령이 되기를 좋아하지 않는 것은 오로지 이 때문입니다. 대개 조정(朝廷)에서 종사하는 자는 조금 과실이 있어도 핵실(劾實)하여 묻고 종을 가두는 데 불과한데, 수령에 이르러서는 한 번만 작은 과실이 있으면 감사가 곧 태죄(笞罪)를 가하고, 혹은 뜰에 끌어내려 모욕을 주어 좌우(左右)에게 보이니 이미 알몸으로 아전의 손에 형벌을 받고서 어떻게 다시 아전과 백성을 다스리겠습니까? 바라건대 지금부터 수령을 태형(笞刑)을 쳐서 다시 임무를 맡게 하는[還任] 법을 없애고 만일 큰 허물이 있으면 곧 공사(公事)를 정지시키고, 작은 잘못을 범한 자는 조정에서 핵문하고 종을 가두는 예(例)에 의거하여 수행해 모시는 자[隨陪]를 죄주어 수령을 권려(勸勵)하면 벼슬을 편안히 하고 직책을 즐기어 백성이 그 혜택을 입게 될 것입니다.'

정부(政府)에서 토의하여 이런 의견을 얻었다.

"『육전(六典)』에 의거해 시행하도록 해야 할 것입니다."

'하나, 군대란 나라에 하루도 없어서는 안 되는 것입니다만 병사를 기르는 도리는 마땅히 도닥이고 잘 먹이는 것[撫恤]을 근본으로 삼아야 합니다. 지금 국가에서 여러 도(道)의 군사를 모조리 장부에 올려 달을 바꿔가며 서로 교대해 왕실(王室)을 시위(侍衛)하게 하여 1년 안에 한 번만 오게 하니 그 처치(處置)하는 도리는 최선을 다했다고 하겠습니다. (그러나) 지금은 사방에 근심이 없고 농사가 바야흐로 한창이니 농사철 동안에 여러 도의 시위군마(侍衛軍馬)들을 그 시골에 돌아가게 해 농사일에 힘을 다하게 한다면 그들은 즐겁고 기뻐하여 화기(和氣)를 불러올 수 있을 것입니다.'

정부(政府)에서 토의하여 이런 의견을 얻었다.

"위의 건(件)은 전례(前例)에 따르게 해야 할 것입니다."

'하나, 법(法)이란 백성이 그른 짓을 하는 것을 금하고 좋은 일을 하는 것을 권하는 것입니다. 만일 법이 서서 반드시 시행돼야만 하나의 법은 제대로 백성을 교화하고 풍속을 이룰 수 있습니다. 한 고조(漢高祖)가 (진(秦)나라를 점령해) 법(法) 삼장(三章)[18]을 약속하니 진나라 사람들이 기뻐했습니다. 만일 법(法)이 세워지고도 그것이 법률만 갖춰져 있는 것일 뿐이라면 비록 아침에 세 번 호령하고 저녁에 다섯 번 거듭한다 해도 백성을 교화하는 도리에는 도움이 안 되고, 다만 백성의 눈과 귀만 번거롭게 할 뿐입니다. 바야흐로 지금에 있어 이미 이뤄진 법은 모두 행할 수 있으니 만일 부지런히 준수하면 반드시 다시 새 법을 만들 것 없이 후세의 영구한 법이 될 수 있습니다. 신 등은 바라건대 조정(朝廷)으로 하여금 이미 반포하여 내린 것 이외에 다시 새 법을 만들지 말게 하여 백성의 뜻을 정하신면 원망과 비방[怨謗]이 그칠 것입니다.'
원방

---

18 당시 유방은 진나라에 들어가 이렇게 약속했다. "백성들이 오랫동안 진나라의 가혹한 여러 가지 법령 아래 고통을 받아왔다는 사실을 잘 알고 있소. 그래서 과인은 그것들을 일소하고, 다만 지금 공포하는 세 가지 법만으로 나라를 다스릴 작정이오. 첫째, 살인자는 사형에 처한다. 둘째, 남에게 상해를 입힌 자는 정도에 따라 체형을 가한다. 셋째, 남의 것을 훔친 자는 정도에 따라 처벌한다. 이상이오. 여러분은 조금도 두려워하지 말고 각자 임지 또는 고향으로 돌아가 과인이 공포한 '3장의 법'을 널리 알리고, 지금까지와 다름없이 각자의 임무와 생업에 전념하기 바라오."

정부(政府)에서 토의하여 이런 의견을 얻었다.

"경사(經史)에 실려 있는, 역대(歷代) 제왕(帝王)들이 이미 시행하여 효과를 본 것을 옛일을 상고하여 거행하는 것 외에 편벽되고 오활한 얕은 소견으로 망령되게 새 법을 세우는 것은 일절 모두 금단(禁斷)하게 해야 할 것입니다."

상이 그것을 따랐다.

조원(曹瑗)은 조영무(趙英茂)의 사위이고, 홍섭(洪涉)은 하륜(河崙)의 사위다. 외임(外任-지방직)으로 내보낸 지 얼마 안 돼 원(瑗)은 첨총제(僉摠制)에 제배되고 섭(涉)은 상호군(上護軍)에 제배됐기 때문에 간관(諫官)의 말이 이에 미친 것이다. 형조(刑曹)에서 소(疏)를 올렸다.

'신 등이 외람되게[猥] 재주도 없이 요행히 법사(法司)를 더럽히고 있으나[忝] 송사(訟事)를 결단(決斷)하는 책임도 오히려 제대로 감당하지 못하는데 어찌 감히 재보(宰輔)의 현부(賢否)와 여러 관리의 용렬함이나 유능함을 알겠습니까? 유일(遺逸)[19]의 선비에 이르러서는 일찍이 들어서 등용하는 법이 있고, 하물며 성명(聖明-임금)께서 정사(政事)를 친히 하시어 안으로는 사람을 얻은 실상이 있고, 밖으로는 뛰어난 사람을 내버려두는 폐단이 없으니 신 등이 덧붙여 말할 것이 없습니다. 그러나 성상(聖上)께서 물으시는데 신 등이 말하지 않으면 충성을 다하는 도리가 아닐까 걱정스럽습니다. 가만히 보건

---

19 버림을 받고 벼슬에 등용되지 않는 것 혹은 일부러 과거에 응하지 않고 산림에서 학문만 하는 선비를 가리키는 말이다.

대 의정부지사 이구철(李龜鐵)은 다만 군무(軍務)에만 합당하고 묘당
(廟堂)[20]에는 마땅치 않으며 동지총제 노필(盧弼)은 별로 재주나 다움
도 없으니 승진 발탁하는 데 마땅치 않고 전 도관찰사(都觀察使) 전
백영(全伯英)은 뜻과 행실(行實)이 맑고 군세어 묘당(廟堂)을 더럽힘
이 없었고, 전 한성부판사(判漢城府事) 이행(李行)은 재주가 문무(文
武)를 겸하여 장상(將相)의 직임에 합당하고, 전 도절제사(都節制使)
최이(崔迤)는 군민(軍民)을 편안하게 도닥이고 구휼하니 융무(戎務-
무관)로 줄 만하고, 전 도관찰사(都觀察使) 권진(權軫)은 행실이 청렴
과 절개[廉節]가 있고, 유일(遺逸)로서 쓸 만한 선비로는 검교 중추
원학사(檢校中樞院學士) 이고(李皐, 1341~1420년)[21]가 적임자[其人]입
니다.'

  또 글을 올려 말했다.

  '전하께서 아침 일찍부터 밤늦게까지 근심하고 부지런하시며 지극
한 다스림[至治]을 이루려고 생각해 가뭄을 가져온 이유를 물으셔서
신 등이 삼가 좁은 소견[管見]이나마 뒤에 조목조목 열거하오니 의

---

20 의정부(議政府)의 별칭(別稱)이다.

21 두문동(杜門洞) 72현의 한사람이다. 1374년(공민왕 23년) 문과에 급제하여 1389년(공양
    왕 1년) 집의에 오르고, 한림학사·집현전직제학을 지냈다. 뒤에 사직하고 수원의 광교 남
    탑산(南塔山)에서 살았다. 공양왕이 중사(中使)를 보내 즐기는 바가 무엇인가 물으니 그
    는 자신이 사는 산천을 극구 칭찬했는데, 그 말 중에 사통팔달하여 막힌 데가 없다는 말
    이 있었다. 1392년 조선 건국 후 삼사좌승(三司左丞)·경기우도안렴사(京畿右道按廉使)로
    등용하고자 했으나 끝내 응하지 않았다. 태조가 화공에게 그가 거처하는 곳을 그리게 하
    고 그곳을 팔달산(八達山)이라고 했다. 세종 때에 석비를 그 마을 입구에 세워 '고려효자
    한림학사 이고(高麗孝子翰林學士李皐)의 비'라고 했다. 대개 조선에 벼슬하지 않은 8명의
    학사를 팔학사(八學士)라고 칭하는데, 그는 그중 조견(趙狷)·이집(李集)과 가까이 살면서
    때때로 소를 타고 내왕했다 한다.

210

정부에 내려 깊이 토의하게 하소서.

하나, 기선군(騎船軍)은 나라의 울타리가 되어 노고(勞苦)가 심히 중합니다. 을유년(乙酉年 1405년) 간에 선군(船軍)의 개월(箇月)을 상고한 도목(都目)²²을 수납(收納)했는데도 지금까지 녹용(錄用-채용)되지 못했으니 백성들이 실망합니다. 『육전(六典)』에 의해 40개월마다 부지런하고 게으른 것을 상고하여 그 직(職)으로써 상(賞)을 주고, 그 한 집안에서 아비가 긴 세월 동안 배를 타다 혹 빠져 죽거나 전사하게 되면, 그 자제가 이어서 일어나 기선(騎船)에 채워져 자손에 이르기까지 대를 이어 타서 이것으로 인해 한 집안이 모두 죽어 원통하고 억울함을 펼 수 없습니다. 지금 이후로는 부자 중에서 배를 타다 죽거나 전사한 자는 다른 사람으로 고쳐 정하고, 실호(失戶)하지 말게 하여 군민(軍民)의 소망을 잃지 않도록 해야 할 것입니다.'

(의정부에서 토의한 결과) "위의 조목은 이미 수판(受判)한 것에 의하여 녹용(錄用)하고 빠져 죽었거나 전사한 자는 한결같이 장신(狀申)에 따라야 할 것입니다."

'하나, 도목(都目)에서 두거관(頭去官)²³이 되는 자는 근로하여 종사한 지가 많으면 15여 년에 이른 뒤에야 그 직책을 받고, 각도(各道)의 수령은 30개월의 고만(考滿)이 되면 경직(京職)을 제수(除授)하여 오

---

22 해마다 음력으로 유월과 섣달에 벼슬아치의 성적(成績)이 좋고 나쁨에 따라서 벼슬자리를 떼어버리거나 좋은 데로 올리거나 하는 일이다. 여기서는 선군(船軍)의 근무 연월수(勤務年月數)와 근만(勤慢)을 상고(詳考)한 장부를 말한다.
23 거관이란 임기(任期)가 차서 그 벼슬자리를 떠나는 벼슬아치를 말한다. 그런데 두거관은 무엇을 말하는지 불분명하다.

래지 않아서 체차(遞差)²⁴하니 공(功)은 많고 상(賞)은 적습니다. 그 관직에 맞고 맞지 않는지를 살펴 그중에 직책에 맞는 자는 교체하지 않는다면 위임(委任)하는 것이 마땅함을 얻고 사람들이 유감이 없을 것입니다.'

(의정부에서 토의한 결과) "위의 조목은 장신(狀申)에 따라야 할 것 입니다."

'하나. 각도의 외패(外牌)²⁵ 군관(軍官)이 번(番-당번)을 갈아서 시위(侍衛)하니 그 법이 근엄하고 정밀하여 추호도 고칠 것이 없습니다. 그러나 매번 가뭄이 심할 때가 되면 각각 농사일이 잘못될 것을 생각하여 근심하고 탄식하게 되니, 바라건대 각패(各牌)로 하여금 농사 때가 되면 각각 그 집으로 돌려 보내게 하고, 농사 틈에 서울에 올라와서 처음과 같이 시위(侍衛)하게 하면 어짊을 좋아하시는 다움 [好仁之德]이 백성의 마음에 흡족할 것입니다.'

(의정부에서 토의한 결과) "위의 조목은 전례(前例)에 의거해야 합니다."

'하나, 서북면(西北面)은 지경(地境)이 다른 나라와 연접하여 저쪽과 우리의 사신(使臣)이 왔다 갔다 하는 것이 끊이지 않아 백성들이 그 폐해에 시달리는 바가 다른 도와 비교할 수 없습니다. 지금 각도(各道)의 예에 의거해 서북면의 여러 고을에도 둔전(屯田)을 경작하게 하니 백성들이 이익됨은 알지 못하고 도리어 원망을 하고 있어 마

---

24 관리를 교체하여 바꾸는 것을 말한다.
25 각도의 시위군(侍衛軍)을 말한다. 패(牌)는 군(軍)의 단위다.

땅히 후일(後日)의 근심이 있을 것입니다. 이 도(道)와 동북면(東北面)의 둔전은 감(減)하여 없애는 것이 어떠하겠습니까?

하나, 각도(各道)·각 관(各官)의 연호미는 처음에 정한 액수(額數)가 많거나 무거운 것이 아니나, 항산(恒産-일정한 재산)이 없는 백성들이 거두고 흩어서 흉년을 구제하는 뜻을 알지 못합니다. 유사(攸司)에 영을 내려 마땅한 것을 헤아려 개정하게 하되 중년(中年)과 풍년(豊年)에 각각 그 수를 감하여 백성의 소망에 맞게 하고 그 폐단을 없애면 관가(官家)와 민간(民間)이 거의 폐단이 없을 것입니다.'

(의정부에서 토의한 결과) "위의 두 조목은 한두 해 뒤에 다시 상량(商量)하기로 하고 안주(安州) 이북은 우선 장신(狀申)에 따르게 해야 합니다."

'하나, 3월에 송사의 사무를 정지하는 것[務停]은 이미 이뤄진 규칙이 있는데 무식한 사람들이 장래를 돌보지 않고 당장의 이득을 꾀하는 것을 요점으로 삼아 긴급하고 긴급하지 않은 것을 헤아리지 않고, 농삿달 가물 때에 벌떼처럼 일어나 모여서 쟁송(爭訟)이 날로 번다(繁多)해지고, 골육(骨肉)이 서로 해하기에 이르러 화기(和氣)를 손상하고 있습니다. 이제부터는 살인(殺人) 도적(盜賊)과 도망하여 빠져나간 인물에 대한 사건, 그리고 원고(原告)와 피고(被告)가 서울 안에 항상 살고 있는 자 이외의 모든 사송(詞訟)은 농사 틈에 추결(推決)하는 것을 일절 모두 금단하여 모두 농사에 돌아가게 해야 할 것입니다.'

(의정부에서 토의한 결과) "위의 조목은 장신(狀申)에 의거해야 할 것입니다."

'하나, 각사(各司)의 이전(吏典)의 거관(去官)은 예전에는 『육전(六典)』 내(內)의 인수(人數)에 구애받지 않고 동서반(東西班)을 물론하고 거관하게 되어 있었는데, 지금은 임오년(壬午年-1402년)의 판지(判旨)에 의거해 많은 곳은 두 사람을 쓰고, 적은 곳은 한 사람을 쓰기 때문에, 거관(去官)할 개월(箇月)이 이미 만료된 자가 엄청나게 많이 적체되어 있고, 8품 거관(去官)은 90삭(朔)에 6삭(朔)을 가산하여 거관하게 하기 때문에 수많은 이전(吏典)들이 업무에 종사할 틈이 없어 실망하고 있습니다. 위의 이전(吏典)의 거관(去官)은 『육전』 내에 있는 것과 갑신년(甲申年-1404년)의 판지를 전과 같이 거행하여 원통하고 억울한 것을 펴주는 것이 어떠하겠습니까?'

(의정부에서 토의한 결과) "위의 조목은 이미 상정(詳定)한 예(例)에 의거해야 할 것입니다."

그대로 윤허했다.

갑신일(甲申日-2일)에 여성군(驪城君) 민무질(閔無疾)에게 명해 그의 집에서 황엄(黃儼)과 기원(奇原)에게 잔치를 베풀게 했다. 무질이 일찍이 입조(入朝)할 때 엄과 함께 갔었기 때문에 (이번에) 엄이 오자 특별히 청해 그를 위로하고 노비(路費)[贐]를 추가로 많이 내려주었다.

을유일(乙酉日-3일)에 태상왕이 황엄과 기원에게 덕수궁(德壽宮)에서 잔치를 베풀었다.

○ 다시 이지실(李之實)을 중군동지총제(中軍同知摠制)로 삼았다.

병술일(丙戌日-4일)에 상이 태평관에 가서 황엄과 기원을 전별했다.

○ 통사(通事) 박무(朴茂)를 보내 광양위(廣洋衛) 백호(百戶) 오민(吳敏)을 요동(遼東)으로 관령(管領)해 보냈다. 민(敏)이 기군(旗軍) 115명을 거느리고 가해선(駕海船)을 타고 베이징[北京]으로 양식을 운송하다가 바람을 만나 표류해 풍해도(豊海道) 풍주(豊州)에 이르렀기 때문에 의복과 양식을 주고 무(茂)를 시켜 호송했다.

○ 상호군(上護軍) 박구(朴矩)를 보내 만산군(漫散軍) 김필과(金必果) 등 831명을 압령(押領)해 요동(遼東)으로 보냈다.

무자일(戊子日-6일)에 황엄과 기원 등이 돌아가니 상이 이들을 통해[附] 황제께 아뢰었다.

'삼가 신(臣)의 아비 신(臣)【휘(諱)】이 옛날에 간직하고 있던 사리 300개[顆]와 신이 간직하고 있던 100개, 그리고 현재 관원을 보내 경내(境內)의 여러 산에 있는 각 절을 두루 돌아다니게 하여 가져온 사리 400개를 해서 총계(總計) 800개를 도금(鍍金)한 은합(銀盒)과 내옥합(內玉盒)을 갖추고 밝은 은(銀)으로 싼 소함(小函)을 써서 담고, 소금황라복(銷金黃羅袱)과 채단(綵段)으로 만든 수(繡)놓은 겹복(裌袱)으로 싸서 배신(陪臣) 이귀령(李貴齡)을 보내 받들고 가게 했으되 흠차관(欽差官)과 함께 가서 받들어 올립니다.'

상이 엄 등을 반송정(盤松亭)에서 전송하고 엄에게 강아지[狗子]와 석등잔(石燈盞) 약간을 주었으니 그의 요구에 따른 것이다. 엄이 취기(醉氣)를 핑계로 상께 고하여 말했다.

"세자(世子)께서 비록 장성하지 못하셨으나 만일 다움이 있는 늙은 정승으로 하여금 좌우(左右)에서 보익(輔翼)하게 하여 입조(入朝)시키시면 두텁게 대접하는 것은 능히 제가 맡겠습니다."

상이 대답했다.

"만일 다른 이유가 없다면야 어찌 감히 명대로 하지 않겠소?"

잔치가 끝나자 상이 엄에게 일러 말했다.

"신(臣)이 조그만한 공효[寸效]도 없는데, 여러 번 특별히 물건을 내려주셨으니 감격하는 마음을 말로 다 표현할 수 없소. 대인(大人)께서 나의 마음을 아시니 내 어찌 감히 말이 있겠소?"

엄이 말했다.

"다른 사람은 황제 앞에서 다 주달(奏達)하지 못하지만 저는 그렇지 않습니다. 전하의 정성을 하나하나 남김 없이 면대(面對)하여 주달하겠습니다."

애초에 예조판서 이문화(李文和)를 접반사(接伴使)[26]로 삼았는데 엄의 성품이 본래 일정함이 없으므로[無常] 문화(文和)가 오래 접대(接待)하기를 꺼렸다. 상이 이를 알아차리고 의정부참지사 이간(李衎)으로 하여금 문화를 대신하여 반송사(伴送使)[27]로 삼았다. 엄이 작별할 때에 임하여 문화와 함께 가기를 청하니 상이 말했다.

"간(衎)이 나이 젊고 일을 경험하지 못했으나 천사(天使)를 따라가게 한 것은 예(禮)를 배우게 하려고 한 것이오."

---

26 국내로 들어오는 외국 사신을 접대하는 일을 맡은 임시 벼슬이다. 주로 의주에서 한양까지의 접대를 맡았다.

27 자기 나라로 돌아가는 사신을 접대하는 일을 맡은 임시 벼슬이다. 주로 한양에서 의주까지의 접대를 맡았다.

엄이 말했다.

"그렇다면 두 재상(宰相)과 더불어 함께 갈 것을 청하옵니다."

상은 어쩔 수 없이 그것을 따랐다.

○ 의정부참찬사 이귀령(李龜齡)과 중군 동지총제 이지실(李之實)을 보내 경사(京師)에 가게 했는데 은혜에 감사하기 위함이었다.

경인일(庚寅日-8일)에 의정부참찬사 조박(趙璞), 의정부참지사 정구(鄭矩), 우군동지총제 이현(李玄), 평강군(平江君) 조희민(趙希閔), 검교한성부윤(檢校漢城府尹) 공부(孔俯), 형조참의 안노생(安魯生) 등을 순금사(巡禁司)의 옥에 내리고 이조판서 남재(南在)에게 명해 겸 판순금사사(判巡禁司事) 이숙번(李叔蕃), 형조판서 김희선(金希善), 대사헌 성석인(成石因), 좌사간 최함(崔咸) 등과 함께 잡치(雜治)[28]하게 했다.

애초에 황엄(黃儼)이 고명(誥命)[29]을 받들고 왔을 때 대신들이 아뢰어 말했다.

"황엄은 총애를 받는 환관[寵宦]이니 만일 엄을 통해 황제께 청해서 세자(世子)로 하여금 황제의 딸을 아내로 맞게 하면[尙][30] 우리나라의 다행일 것입니다."

상은 자못 그렇다고 여겼다. 이에 가만히 엄에게 뜻을 전달하니 엄

---

28 합동으로 죄를 심문하여 다스리는 것을 말한다.

29 명(明)나라 때 5품관(五品官) 이상의 관리를 임명할 때 주는 사령(辭令)이다. 여기서는 태종(太宗)을 조선 국왕(朝鮮國王)으로 책봉(冊封)한 칙지(勅旨)를 말한다.

30 공주와 혼인하는 것을 상(尙)이라고 했다.

이 말했다.

"얼마나 다행이겠는가? 얼마나 다행이겠는가?"

(그런데) 엄이 다시 왔을 때 한마디 말도 비치지 않으니 상이 후회하고 이미 세자를 위해 전 총제(摠制) 김한로(金漢老)의 집안과 정혼(定婚)했다. 이때에 이르러 엄이 또다시 오니 상이 이현(李玄)을 시켜 전하여 말했다.

"황제께서 신(臣)을 대접하기를 심히 두텁게 하시니 신이 친히 조회(朝會)하고자 하나, 다만 감히 국사(國事)를 버리고 갈 수 없고 세자(世子)가 나이 이미 조금 장성했고 또 이미 장가를 들었으니[娶],[31] 신을 대신해 조현(朝見)하게 하려고 한다."

엄이 말했다.

"대단히 좋습니다."

공부(孔俯, ?~1416년)[32]가 이 말을 듣고 몰래 현(玄)에게 말했다.

"세자(世子)가 지금 장차 조현하려 하는데 만일 먼저 길례(吉禮-혼

---

31 앞서 정혼(定婚)했다는 것은 약혼했다는 뜻이지 혼례를 올렸다는 말은 아니다. 그런데 여기서 이미 장가를 들었다고 한 것은 분명 거짓말이다.

32 1376년(우왕 2년) 과거에 급제해 전의부령(典儀副令), 예조총랑(禮曹摠郎)을 거쳐 집현전 태학사가 됐다. 조선시대에 들어와서는 우군동지총제(右軍同知摠制), 검교한성윤(檢校漢城尹)을 역임했다. 도교에 조예가 있어 도교를 좋아하던 태종의 총애를 받았고, 1408년 10월 이후 서장관으로 여섯 번이나 중국에 다녀왔다. 당시 그는 소격전제조(昭格殿提調)를 겸직하고 있었는데, 태종의 명에 의하여 중국에 가서, 도교의 초사(醮祀) 등 도교의식을 배워왔고, 또 동남동녀를 거느리고 광연루(廣延樓)·상림원(上林園) 등에서 기우제를 지냈다. 1413년 4월, 태종은 부친상중에 있는 그에게 수진(修眞-장생불로의 수련법)에 관해서 물어보기도 했다. 1416년 천추사(千秋使)로 중국에 갔다가 돌아오지 못하고 죽었는데, 젊어서는 정몽주(鄭夢周)·이색(李穡) 등과 교유했다. 세상에서는 그의 관대한 성품과 솔직함을 높게 평가하여 팔청(八淸)의 우두머리라고 칭했다.

례)를 행하면 아무래도 사리에 맞지 않을 것[未便] 같다. 지금 제의
딸 중에 아직 출가하지 않은 자가 두셋이나 되니 만일 제실(帝室)과
연혼(連婚)하게 된다면 비록 북쪽으로 건주(建州)의 핍박(逼迫)이 있
고 서쪽으로 왕구아(王狗兒)의 수자리[戍]가 있다 하더라도 무엇이
족히 두려우랴?"

현이 옳게 여겼다. 두 사람이 드디어 함께 여흥부원군(驪興府院君)
민제(閔霽)의 집에 가서 그 계책을 말하니 제(霽)가 말했다.

"이것은 내가 알 바가 아니다."

부(俯)가 물러나서 조박(趙璞)과 안노생(安魯生)에게 의논하니 두
사람 모두 옳다고 여겼다. 현이 말했다.

"그렇다면 내가 장차 천사(天使)에게 고하기를 지난번에 일이 많기
때문에 전하(殿下)의 말씀을 잘못 전했고, 세자께서는 지금까지 아
직 혼인하지 않았다고 하겠다."

이에 다시 제(霽)에게 고하니 제는 이번에도 응하지 않았다. 무구
(無咎)와 무질(無疾)도 또한 말했다.

"이 일은 내가 감히 아뢰지[啓達] 못하겠다."

부 등이 계속 이야기를 하자 제가 박(璞-조박)을 시켜 그 의견을
하륜(河崙)에게 고했다. 륜(崙)이 제에게 일러 말했다.

"만일 대국(大國)의 원조를 얻는다면 동성(同姓)이나 이성(異姓)이
누가 감히 난(亂)을 일으키며, 난신적자(亂臣賊子)가 어떻게 생기겠습
니까? 전조(前朝-고려) 때에 원(元)나라에서 공주(公主)를 (고려 임금
에게) 하가(下嫁)시켜 100년 동안 내외(內外)에 근심이 없었으니 이것
은 지난날의 경험입니다."

륜이 마침내 박과 구(矩-정구)를 시켜 영의정 성석린(成石璘), 우정승 조영무(趙英茂)에게 의견을 말했다. 석린(石璘)이 말했다.

"내가 늙고 혼미하여 국가의 대의(大議)에 참여하지 않으니 지금 이 일에 어찌 감히 홀로 결단하겠는가?"

영무(英茂)가 말했다.

"상의 뜻이 이미 정해졌으니 어찌 감히 다시 다른 의논이 있을 수 있겠는가?"

이로 말미암아 의견이 정해지지 못했다. 전 목사(牧使) 황자후(黃子厚, 1363~1440년)[33]가 듣고 김한로(金漢老)에게 말하니 한로(漢老)가 병조판서 윤저(尹柢)에게 고하여 이숙번(李叔蕃)을 통해 상께 아뢰었다. 상이 노하여 숙번(叔蕃) 등에게 명해 국문(鞠問)하게 하고 이렇게 말했다.

"중국과 결혼하는 것은 나의 바람이지만 오히려 염려되는 것은 부부가 서로 뜻이 맞는 것은 인정상 어려운 일이고, 또 반드시 중국의 사자(使者)가 끊이지 않고[絡繹] 왕래하는 바람에 도리어 우리 백성들을 소요(騷擾)하게 할 것이다. 옛날에 (고려의) 기씨(奇氏)가 들어

낙역

---

33 아들 황유(黃裕)가 태종(太宗)의 서녀 숙안옹주(淑安翁主)의 남편이다. 태종과는 사돈인 셈이다. 태종 초에 성주목사를 거쳐 1412년(태종 12년) 인녕부사윤(仁寧府司尹)을 지내고, 이듬해 형조좌참의가 되어 호패법(戶牌法)의 제정을 건의했다. 1414년 호조참의·경기도 관찰사·개성유후사부유후를 역임했다. 이듬해 충청도 관찰사를 거쳐 공안부윤(恭安府尹)이 되어 동전의 사용을 건의했다. 1416년 가짜 약재 구입사건이 있었는데, 당시 전의감제조로서 여기에 연루되어 귀양갔다가 두 달 만에 풀려났다. 1421년(세종 3년) 좌군총제(左軍摠制)가 되어 정조사(正朝使)의 부사로 명나라에 다녀왔다. 1431년 한성부윤을 거쳐 이듬해 중추원부사가 되고, 1436년 동지중추원사, 이듬해 중추원사로 승진했다. 이 무렵 침구(鍼灸)의 전문직을 둘 것을 건의했고 1438년 노령으로 은퇴했다. 의약(醫藥)에 정통해 항상 전의감의 제조를 맡았다.

가 황후가 되었지만 그 일문(一門)이 남김 없이 살륙되었으니 어찌 족히 보존할 수 있으랴? 임금과 신하가 한 몸이 된 연후에야 마침내 나라가 다스려져서 편안해지는 것이다. 지금 박 등이 사사로이 서로 모여 이 같은 큰일을 의논하고 과인(寡人)으로 하여금 알게 하지 않았으니 내가 누구와 더불어 다스리겠는가? 하물며 내가 엄에게 세자가 이미 장가들었다[已娶]고 분명히 고했는데 오히려 뒤에 고칠 수 있겠는가?"

그러고는 눈물을 흘렸다. 숙번 등도 모두 땅에 엎드려 울었다. 상이 말했다.

"여흥부원군은 중궁(中宮-왕비)의 지친(至親)이고, 하(河) 정승은 공신이며 수상(首相)이고, 여강(驪江)과 여성(驪城) 또한 모두 공신이니 이에 그들을 추궁하여 묻지 말라."

이에 좌정승 하륜은 나이가 늙고 아는 것이 어두워서 걸핏하면 비방(誹謗)이 일어나고, 우정승 조영무는 재주가 없고 또 병들었다고 하여 함께 사직을 청했다. 대간(臺諫)이 제와 륜 등 네 사람을 핵문하니 모두 대답했다.

"국가를 위해서이지 다른 뜻은 없었다."

구(矩)는 다만 하륜의 말을 석린과 영무에게 말한 것뿐이고, 처음부터 부(俯) 등의 토의에 참여하지 않았으며 또 국문할 때에 하나하나 사실대로 말하고[輸情] 숨기는 것이 없었기 때문에 먼저 풀어주었다. 박(璞) 등은 옥사(獄辭)[34]가 서로 같지 않은 것이 있어 상이 옥

---

34 범죄 사실을 자백한 내용을 말한다.

관(獄官)을 시켜 박에게 뜻을 전해[傳旨] 말했다.

"경(卿)은 공훈이 있는 친족[勳親]이고 재상이니 만일 국가의 큰 토의[大議]가 있으면 과인(寡人)에게 고하는 것이 직분이다. (그런데) 지금 마침내 사사로이 서로 도모하여 토의했고 근거를 갖고서[憑據] 묻는데도 오히려 숨기는 것이 있음은 어째서인가? 맹세(盟誓)한 말에 '일이 종사(宗社)에 관계되어 공(功)이 죄(罪)를 덮지 못하면 마땅히 법(法)으로 논한다'고 돼 있는 것은 경(卿)이 아는 바이다."

현(玄)에게 일러 말했다.

"통사(通事)로서 2품의 제수를 받은 것은 근래에 없었던 일이다. 네가 총제(摠制)가 된 것은 네가 옛날에 나를 따라서 황제(皇帝)께 들어가 조현했던[入覲] 공로를 갚은[酬=報] 것이다. 할 말이 있으면 왜 직접 내게 말하지 않고 도리어 이렇게 시끄럽게 하는가? 네가 말을 고쳐서 세자가 혼인하지 않았다고 말하려 했으니 만일 과연 네 계략이 이뤄져서 상국(上國)과 결혼하게 된다면 우리나라에 이익될 것이 얼마나 되겠느냐?"

박(璞)이 대답했다.

"신(臣)은 민제(閔霽)의 사위이므로 의리가 부자와 같습니다. 이번 이 논의에 제도 또한 참여했습니다. 신이 감히 밝게 말하지 못한 것은 이 때문일 뿐입니다."

상이 말했다.

"임금과 아비는 하나이나 장인과 사위와는 차이가 있다. 지금 경(卿)이 장인을 아비에게 비교하니 지나치지 않은가? 또 부원군(府院君)도 역시 나라를 근심할 책임이 있으니 근일(近日)에 의논한 것이 무엇이 의리에 해가 되기에 경이 숨기려고 하는가? 경이 이미 말하기를 '의리가 부자(父子)와 같다'고 했는데 그렇다면 군신(君臣)의 의리는 폐기할 수 있는 것인가?"

박이 이에 굴복했다[款服]. 현(玄)과 노생(魯生)은 사실대로 말하지[吐實] 않자 옥관(獄官)이 곤장을 때려 신문하니 상이 듣고서 급히 중지하라고 명했다.

임진일(壬辰日-10일)에 상이 덕수궁(德壽宮)에 나아가니 태상이 병을 이유로 (만나기를) 사양했다. 임금이 내수(內竪-어린 내관)를 시켜 아뢰었다.

"국사(國事)가 결단(決斷)하기 어려운 것이 있어서 꼭 뵙고서 여쭙고자 합니다."

태상이 말했다.

"오늘은 더위가 심해 내가 의관(衣冠)을 하지 않고 앉아 있어 서로 만나보기 어려우니 일단 후일(後日)을 기다리라."

상은 마침내 물러나왔다.

계사일(癸巳日-11일)에 이현(李玄) 등을 옥에서 풀어주고 조박(趙璞)은 양주(楊州)로 내쫓았다. 순금사에서 박 등의 옥사를 갖춰 올리니 상이 말했다.

"모계(謀計)는 비록 잘못된 것이나 그 실상을 캐어보면[原] 다만 나랏일을 위한 것일 뿐이고 간사한 꾀[譎詐]를 품은 것은 아니다."

모두 풀어주게 했다. 박만은 처음부터 숨기는 바[隱諱]가 있었기

때문에 상은 박이 곧지 않다[不直]고 여겨 양주(楊州)의 전장(田庄)
으로 내쫓았다.

을미일(乙未日-13일)에 다시 하륜(河崙)을 좌정승, 조영무(趙英茂)를
우정승, 권근(權近)을 의정부찬성사, 유량(柳亮)과 김희선(金希善)을
의정부참찬사, 유관(柳觀)을 형조판서, 정구(鄭矩)를 공조판서, 이응
(李膺)을 의정부참지사, 박자청(朴子靑)을 좌군도총제, 안노생(安魯生)
을 이조참의로 삼았다. 이에 대간(臺諫)이 다시 하륜, 민제(閔霽), 민
무구(閔無咎), 민무질(閔無疾), 이현(李玄), 공부(孔俯), 안노생(安魯生)
을 논핵(論劾)하여 장차 소장(疏章)을 올려 죄를 청하려고 했다. 상
이 이를 알아차리고서 대사헌 성석인(成石因)과 좌사간(左司諫) 최함
(崔咸)을 불러 일러 말했다.

"대간의 직책이 (이렇게 하는 것은) 참으로 옳다. 외척(外戚)과 대신
을 탄핵(彈劾)하여 기강(紀綱)을 떨치고자 하는 것을 과인(寡人)은
즐겁게 듣는다만 그러나 이강(釐降)[35]에 대한 모책(謀策)은 본래 우리
나라를 이롭게 하고자 한 것이지 어찌 다른 뜻이 있겠느냐? 또 (명나
라) 조정의 사신이 장차 올 것이다. 정승의 직임(職任)은 국사(國事)
를 총괄하여 다스리는 것이니 가볍게 진퇴(進退)시킬 수 없고 또 적
합한 사람이 그리 쉽지 않다. 어찌 하루라도 그 자리를 비울 수 있겠
느냐?"

석인(石因)이 대답했다.

---

35 황제의 딸이 제후(諸侯)에게 하가(下嫁)하는 것을 말한다.

"하륜 등이 마음속으로 전하께서 세자(世子)가 이미 혼인했다고 황엄(黃儼)에게 고한 것을 알면서도 세 치 혀로 이를 고치려고 했습니다. 엄은 성질이 본래 정밀하게 살피기[精察] 때문에 만일 이 말을 듣는다면 반드시 그 일을 알 것이니 만일 천자(天子)께 아뢰기를 '아무 나라[某國] 임금은 말을 뒤집어[反復] 믿을 수가 없습니다'라고 한다면 사직(社稷)의 안위(安危)가 어찌 이에 관계되지 않겠습니까? 신 등은 직책이 나라의 법[邦憲]을 맡았으니 오직 법의 준행(遵行)만 알 뿐입니다."

상이 말했다.

"경(卿)의 말이 비록 옳으나 나도 또한 깊이 생각했다. 오늘 마땅히 정승을 고쳐 임명하겠다. 대간(臺諫)은 다시 탄핵하지 말라."

드디어 광연루(廣延樓)에 나아가 인(印)을 열어 다시 하륜을 좌정승으로 삼고 지신사(知申事) 황희(黃喜)를 보내 관교(官敎)를 싸 가지고 그의 집에 가서 주게 하고 다시 나와서 정사(政事)를 보라고 명했다.

정유일(丁酉日-15일)에 (경상도) 밀양(密陽)과 비옥(比屋)[36] 사람 각 1명씩이 벼락에 맞았다.

○ (명나라) 조정(朝廷)의 내사(內史-내시) 김득(金得)·김수(金壽) 두 사람이 왔는데, 제(帝)가 앵무새[鸚哥] 세 쌍(雙)을 내려주었다. 득(得) 등은 본국(本國)에서 바친 환자(宦者)다.

---

36 경상북도 의성 지역의 옛 지명이다.

무술일(戊戌日-16일)에 상이 태평관(太平館)에 가서 김득(金得) 등에게 잔치를 베풀고 유사(攸司)에 명해 득(得) 등의 부모 집에 각각 쌀과 콩 20석씩을 내려주었다.

○ 황엄(黃儼)이 개성(開城)의 광리사(廣利寺)를 지나다가 각수관음(各手觀音) 주상(鑄像)을 빼앗아 가지고 갔다.

경자일(庚子日-18일)에 다시 육조(六曹)와 대간(臺諫)에게 일을 아뢸 것[啓事]을 명하고 대언(代言) 권완(權綰, ?~1417년)[37]에게 일러 말했다.

"경(卿)은 직책이 호조(戶曹)를 겸하고 있으니 경외(京外) 미곡(米穀)의 다소(多少)를 알 것이다. 지금 쏨쏨이를 절약하는[節用] 방법을 거행하지 않는 것이 없어서 궁중(宮中)의 용도가 전날에 비하면 거의 반(半)이나 줄어들었고, 소환(小宦)들 중에 궁중(宮中)에서 먹고 있는 자가, 간혹 검소하여 사가(私家)에서 먹는 것만도 못하다고 불만족스럽게 여기는 자가 있다. 내가 쏨쏨이의 절약을 생각하지 않는 것이 아닌데 어째서 미곡(米穀)의 수량이 옛날보다 더 많아지지 않는가? 4~5월에 가뭄을 당하여 내가 술을 정지했었는데, 조금 뒤에 비가 왔으므로 대신(大臣)들이 술을 권했고, 또 여름 달에 약(藥)을 먹는 데 술이 없을 수 없으므로 내가 그 말을 들었다. 지금 또 비가 오지 않으니 또 술을 정지하지 않을 수 없다. 두어 달 동안에 혹은 정

---

37 1390년(공양왕 2년) 대호군으로 연복사조성도감별감(演福寺造成都監別監)이 돼 공사를 지휘했다. 이때인 1407년(태종 7년) 태종이 즉위하기 전부터 태종과 친분이 깊었던 까닭으로 승정원우대언(承政院右代言)으로 발탁됐다.

지하고, 혹은 마시고 하니 이것은 하늘을 속이는 것이다. 그러나 이 천견(天譴)³⁸을 당해 공경하고 조심하는 지극한 뜻에 술을 정지하지 않을 수 없다."

신축일(辛丑日-19일)에 김득과 김수가 그들의 고향에 근친(觀親)하려 하니 의정부가 반송정(盤松亭)에서 전송했다.

○ 광연루(廣延樓)에 나아가 우사간대부 오승(吳陞), 좌정언 정초(鄭招)를 불러 만나보았다[引見]. 두 사람이 대궐에 나와 아뢰어 말했다.

"지난달 28일에 전하께서 신 등에게 명하시기를 '중외(中外)의 신하들의 득실(得失)을 장문(狀文)을 갖춰 아뢰라'고 하시어 신 등이 맨 먼저 예전에 (한나라의) 삼공(三公)이 재앙을 만나면 자리를 피한 고사(故事)를 진달했습니다. 근년 이래로 수재와 한재가 서로 겹쳐 일어나니 마땅히 대신이 허물을 책임지고 사퇴해야 할 때인데도 하륜(河崙)과 조영무(趙英茂) 등은 은총(恩寵)을 탐하여 사퇴하지 않고 다시 법제(法制)를 세웠습니다. 또 사신 황엄(黃儼)은 제(帝)가 총애하고 믿는 사람입니다. 그가 가끔 말하기를 '국왕(國王)께서 나를 대접하기를 비록 심히 두텁게 하시나 의정부(議政府)는 심히 박하게 한다'라고 했습니다. 이 말이 만일 중국에 퍼지게 되면 듣는 사람들은 권세가 아래에 있다고 생각할 것입니다. 신 등이 이것으로 아뢰었는데 아직 윤허(允許)를 받지 못했습니다. 대신(大臣)을 쓰고 버리는

─────────
38 가뭄이나 홍수 등을 하늘의 견책으로 여겼다.

문제[用捨]를 논(論)했는데, 그 말한 것이 전하의 안목[鑑]에 부합하
지 못하니 눈과 귀의 역할을 하는 관직에 있기가 어렵습니다."

상이 말했다.

"엄은 천하의 사치한 자이고, 하 정승은 검소한 중에도 검소한 사
람이다. 저 사람의 사치로 하 정승의 검소한 것을 보면 박하다고 말
하는 것이 괴이할 것 없다."

승(陞)이 대답했다.

"간신(諫臣)으로서 재상을 논한 것이 상(上)의 뜻에 부합하지 않았
으니 어찌 다시 간원(諫院)에 있을 수 있겠습니까?"

상이 이에 광연루에 나아가 승과 초(招)와 지신사 황희(黃喜)를 불
러들이고 다시 사관(史官) 송포(宋褒)를 앞으로 가까이 나오라 명하
고 친히 일러 말했다.

"오늘의 일은 사람들에게 알려지면 안된다. 황엄이 정승에 대해
(자신에 대한 대우가) 엷다고 했다는 말은 나도 들었다. 그러나 지극
히 사치한 것으로 지극히 검소한 것을 보면 엷다고 할 것은 뻔한 것
이다. 간관이 근일에 여흥부원군(驪興府院君)과 하 정승 등을 탄핵
하여 이미 이뤄진 명령을 추후(追後)에 고쳐서 과인으로 하여금 상
국(上國)에 실신(失信)한 죄를 입게 하려 했던 사실을 물었는데 나
는 간관이 반드시 이 말이 있을 줄을 확실히 알았다 그러나 황제의
딸을 이강(釐降)하게 하려고 한 것이 어찌 다른 마음이 있었겠는가?
대신을 얻기가 쉽지 않으니 내 어찌 가볍게 고쳐 바꿀 수 있겠는가?
둔전(屯田)과 연호미(煙戶米), 그리고 도읍을 옮기고 군기(軍器)를 수
선하고 전지(田地)를 고쳐 측량하는 등의 일을 사람들이 모두 정승

의 계책이라고 말하는데 사실은 모두 내가 한 일이다. 지금 군국(軍國)의 양식의 비축을 생각해보면 염려하지 않을 수 없다. 둔전은 십분(十分)의 해(害)가 없이 군량(軍糧)을 보충할 수 있고, 연호미(煙戶米)는 그해의 풍흉(豐凶)에 따라서 거둬들여 많고 적은 차이가 있고, 흉년(凶年)이 되면 이를 흩어주니 모두 백성들이 스스로 먹을 것이 있게 되는 것이다.

그리고 환도한 것은 송도(松都)에 있으면서 여러 번 수한(水旱)의 재앙이 있었고, 내가 생각하기에 종묘(宗廟)와 사직(社稷)이 모두 신도(新都)에 있으니 마땅히 옮겨야 될 것이라고 여겨 환도(還都)한 것인데 알지 못하는 사람들이 정승이 말했다고 한다. 내가 전조(前朝-고려) 말년에 밀직 제학(密直提學)으로 도당(都堂)[39]에 참여하여 앉아서 보았더니 예빈시(禮賓寺)가 오로지 도당을 위해 공급하여 왕관(王官)과 같지 않았고, 또 도당에 지응고(支應庫)를 두어서 허비하는 것이 이루 말할 수 없었으며, 앞에서 분주하게 사령(使令)하는 자까지도 때때로 의식(衣食)의 비용을 주었다. 지금 정승이 이것들을 일절 혁파(革罷)하고 말하기를 '왕부(王府)에서 역사(役事)하는 사람들도 오히려 다 입히고 먹이지 못하는 자가 있는데, 하물며 이 도당(都堂)의 소속 관리들이겠는가?'라고 하고서 오로지 검소하고 절약하는

---

39 원래는 도평의사사(都評議使司)를 말한다. 고려 충렬왕(忠烈王) 5년에 변방(邊方)의 군사 문제만 의논하던 도병마사(都兵馬使)를 고친 이름인데, 이 이름으로 바뀐 뒤부터는 첨의(僉議) 밀직(密直)의 양부(兩府) 대신(大臣)이 합좌(合坐)하여 일반 정치 문제도 의논하게 되어 최고 의정(議政) 기관으로 변모하게 되었고, 고려말에는 서무(庶務)를 집행하는 권한도 갖게 되어 명실 공히 최고 정치기관이 되기에 이르렀다. 뒤에 한동안 의정부를 도당이라고 부르기도 했다.

것을 숭상했다. 근래에 상신(相臣)이 된 자로서 정승 같은 사람이 드물다. 대신(大臣)에게 오로지 맡기는 것은 옛날 뛰어난 임금들의 체통이 아닌가? 좌우 정승이 식견은 비록 다르기는 하나 기운은 한가지다. 좋고 나쁜 것[休戚]을 같이하니 어찌 그 사이에 털끝만치나 의심이 있겠는가? 옛사람이 말하기를 '난(亂)에 처한 임금은 그 신하를 각각 뛰어나게 여긴다'[40]라고 했는데 내가 말하는 것이 혹 이와 같을 것이다. 지금부터 이후로는 경들은 다시 대신을 움직이거나 흔들지 말라. 임금과 신하가 서로 의지하는 것[相資]은 진실로 좋지 않은가? 경들은 구차하게 간원(諫院)에 있는 것을 혐의하지 말고 힘써 대체(大體)를 보존하라."

승(陞) 등은 마침내 물러갔다.

임인일(壬寅日-20일)에 사간원에서 소(疏)를 올려 안노생의 죄를 논했으나 윤허하지 않았다. 소는 대략 이러했다.

'근래에 조박과 안노생이 범한 것은 같은데, 조박은 부처(付處)[41]하고 노생은 뛰어서 진급시켰으니[超遷] 죄는 같고 벌은 달라서 상벌(賞罰)이 밝지 못합니다.'

상이 간관(諫官)을 타일러 말했다.

"이현(李玄)과 공부(孔俯)는 원래 다른 뜻이 없었지만 조박은 지

<hr>

40 한나라 원제(元帝)가 한 말로 『한서(漢書)』와 『자치통감(資治通鑑)』에 나온다. 아마도 태종은 『한서(漢書)』에서 가져온 것으로 보인다.

41 어떤 곳을 지정하여 머물러 있게 하는 형벌로 일종의 유배형이다.

혜와 계교[智計]를 내어 거짓말을 했으므로 다만 부처하게 한 것뿐
이다. 노생은 실지로 죄가 있는 것이 아니라 우연히 민무구(閔無咎)
와 더불어 말한 것뿐이다. 또 이미 곤장을 맞았음에랴? 그리고 형
조(刑曹)는 일이 많아서 이조(吏曹)로 옮긴 것이지 상을 준 것은 아
니다. 너희들이 그 실상을 알지 못하는 것이다."

함(咸) 등이 모두 대답했다.

"이조 참의(吏曹參議)는 가장 청요(淸要)한 벼슬이므로 신 등은 초
천(超遷)한 것이라 여깁니다."

상이 말했다.

"그렇지 않다."

결국 함(咸) 등이 모두 물러갔다.

계묘일(癸卯日-21일)에 태백성이 낮에 나타나 하늘을 가로질렀다
[經天].

○ 궁중(宮中)에서 석척기우(蜥蜴祈雨)[42]를 거행했다. 순금사대호군
(巡禁司大護軍) 김겸(金謙)이 말하기를 "전에 보주 수령(甫州守令)으로
있을 때 소동파(蘇東坡)의 시(詩)를 보니 '독 가운데 석척이 참으로
우습다'라는 구절이 있었는데, 그 주(註)에 비를 비는 법이 갖춰 실
려 있으므로 겸(謙)이 그 법에 따라 시험해서 과연 비를 얻었습니다"
라고 했는데 상이 이 말을 듣고서 이날 겸을 불러 물어보고 곧 광
연루 아래에서 시험할 것을 명했다. 그 방법은 뜰에다 물을 가득 넣

---

42 도마뱀[蜥蜴]이 용(龍)과 비슷하다 하여 이를 잡아 병에 넣고 기우(祈雨)하는 것이다.

은 두 개의 독을 놓고, 도마뱀을 잡아다가 독 가운데 넣고 자리를 베풀고 분향(焚香)하며 남자 아이 20인을 시켜 푸른 옷을 입고 버들가지를 가지고 빌기를 "석척(蜥蜴)아! 석척아! 구름을 일으키고 안개를 토하며 비를 주룩주룩 오게 하면 너를 놓아 보내겠다"라고 하는 것이었다. 이틀 동안이나 빌었지만 비가 오지 않자 남자아이들을 놓아 보내고 각각 쌀 1석씩을 내려주었다.

○ 이지(李至)를 형조판서, 정구(鄭矩)를 호조판서, 유용생(柳龍生)을 공조판서, 유관(柳觀)을 공안부 판사, 정혼(鄭渾)을 좌사간대부로 삼았다.

○ 사역원 판관(判官) 임밀(林密)을 보내 요동(遼東)에 가게 했는데 자문(咨文)은 이러했다.

'삼가 보건대 세자(世子)께서 정조(正朝)[43]에 진하(進賀)하기 위해 9월 초승에 길을 떠나 육로(陸路)를 경유하여 먼저 가고자 하니 번거롭지만 조정(朝廷)에 전달하여 베이징[北京]에 왕래하도록 허락해
북경
주십시오.'

갑진일(甲辰日-22일)에 흠차 천호(欽差千戶) 김성(金聲)이 의주(義州)에서 돌아왔다.

○ 의정부찬성사 권근(權近) 등이 글을 올려 일을 논했다[論事]. 글
논사
은 이러했다.

'임금과 대신은 원수(元首-머리)와 고굉(股肱-팔 다리)이어서 한 몸

---

43 정월 초하루 아침을 말한다.

과 같으니 가(可)하고 가(可)하지 않은 것을 서로 가지런히 하여 함께 다스림[治]을 이뤄나가야 합니다. 순(舜)임금이 우(禹)에게 명하기를 "내가 틀리는 것이 있으면 네가 도우라'고 했고, 은 고종(殷高宗)이 부열(傅說)[44]에게 명하기를 '너는 나와 서로 닦아주어야 할 것이다'라고 했습니다. 전(傳)에 이르기를 "맞추려고만 하는 신하는 충성스럽지 못하고, 충성스런 신하는 맞추려고만 하지 않는다[和臣不忠忠臣不和].[45] 그러므로 임금이 된다고 해도 재상(宰相)은 안 된다고 하는 것이 있어야 한다'라고 했습니다.

역대(歷代) 이래로 임금이 하는 일에 만일 잘못된 것[未安]이 있으면 신하가 혹은 조서(詔書)를 받들지 않았고 혹은 봉박(封駁)[46]하여 이미 이뤄진 명[成命]을 추개(追改)한 것이 많았습니다. 이것이 바로 서로 도와 바로잡고 구제하여 서로 붙잡아줌으로써 치평(治平)의 효과를 거둔 것입니다. 그렇지 않고 임금이 말을 내면 스스로 옳게 여겨[自以] 경대부(卿大夫)가 감히 그 그른 것을 바로잡지 못하고 '예! 예! 그렇습니다! 그렇습니다![唯唯諾諾]'하여 아첨하고 순종하면 난망(亂亡)에 이르게 됩니다. 이것이 바로[正] 공자(孔子)가 말한 바 '나는 군주된 것은 즐거울 것이 없고, 오로지 내가 말을 하면 어기지 않는 것이 즐겁다'[47]라고 한 것이니 이것이 한마디 말로 나라를 잃어

---

44 은나라 고종의 현상(賢相)이다.

45 『후한서(後漢書)』「임연전(任延傳)」에 이와 비슷한 "충신불사(忠臣不私) 사신불충(私臣不忠)"이라는 말이 나온다.

46 상서(上書)하여 그름을 논박한다는 말이다.

47 이는 『논어(論語)』「자로(子路)」편에 나오는 공자와 노나라 정공(定公)의 대화 중 일부다. 정공이 물었다. "한마디 말로써 나라를 흥하게 할 수 있다고 했는데 그런 일이 있을 수

버린다는 것입니다.

국가(國家)가 태상왕께서 개국하신 이후 전하께서 즉위하신 이래로 널리 묻고 널리 찾아서[廣詢博訪] 즐거이 여러 사람을 취하여 치화(治化)를 융성하게 했고 신통(神通)한 모획(謀畫)과 뛰어난 계책(計策)이 이미 벌써 강구(講究)하고 계획(計畫)한 일이라 할지라도 종종 본부(本府-의정부)에서 다시 토의해 아뢰어 청해서 이를 고쳤거나 폐지한 것이 또한 많습니다. 이로 말미암아 아래의 마음[下情]이 빠짐없이 위로 전달되고 위의 덕[上德]이 더욱 드러나서 오늘의 아름다운 데에 이른 것입니다.

근래에 대신(臺臣) 간관(諫官)이 세자의 길례(吉禮)의 일로 인해 좌정승 하륜(河崙) 등이 전하께서 이미 정하신 일을 고치려 했다고 핵론(劾論)하여 (하륜이) 전하의 용서하시는 은혜를 받은 연후에 풀려났습니다. 그렇다면 임금의 하는 일이 이미 정해진 것이라 하면 비록 잘못된 것이 있더라도 신하가 다시 토의해 아뢰어 청하지 못하고, 옳고 그른 것을 논할 것 없이 오직 받들어 행하는 것만 일삼을 뿐입

─────────

있는가?"
공자가 말했다. "말은 이와 같이 기약(幾)할 수 없거니와 사람들의 말 중에는 '임금 노릇 하기가 어렵고 신하 노릇 하기가 쉽지 않다'고 했으니 만일 임금 노릇 하기의 어려움을 안다면 한마디 말로 나라를 흥하게 하는 것을 기약할 수 없겠습니까?"
다시 정공이 물었다. "한마디 말로써 나라를 망하게 할 수 있다 하니 그런 일이 있을 수 있는가?"
이에 공자는 말했다. "말은 이와 같이 기약할 수 없거니와 사람들의 말 중에는 '나는 군주된 것은 즐거울 것이 없고, 오로지 내가 말을 하면 어기지 않는 것이 즐겁다'는 것이 있습니다. 만일 군주의 말이 선한데 어기는 이가 없다면 이 또한 좋지 않겠습니까? 만일 군주의 말이 선하지 못한데 어기는 이가 없다면 한 마디 말로 나라를 망하게 함을 기약할 수 없겠습니까?"

니다. 이는 단지 서로 닦고 바로잡아 구제[交修匡救]하는 뜻에 어그
러질 뿐 아니라 아첨하고 뜻을 순종하여 화란(禍亂)의 시초를 만드
는 것이니 장래의 근심이 이루 다 말할 수 없을 정도입니다. 신 등은
직책이 정부(政府)에 있어 고굉 일체(股肱一體)이고, 가부(可否)를 서
로 가지런히 해야 하는 책임에 있습니다. 이제부터 일이 의논할 것
이 있더라도 장차 대간(臺諫)의 논핵(論劾)한 것과 같이 이미 정해진
것을 지목하여 감히 다시 의논해 아뢰어 청하지 못하고, 오직 받들
어 행하는 것만 일삼으면 곧 고굉 일체의 도리에 어그러져서 전하의
위임하신 뜻을 저버리게 될 것이요, 장차 다시 깊이 토의하여[議擬=
擬議] 고치는 것이 있으면, 대간이 또 따라서 그 뒤를 토의할까 두렵
사오니, 진퇴(進退)가 다 막혀 어찌할 바를 알지 못하겠습니다. 엎드
려 상(上)의 재가(裁可)를 바랍니다.'

상이 소(疏)를 보고 판부(判付)[48]하여 말했다.

"비록 내가 이미 정한 일이라 하더라도 가부(可否)를 서로 구제하
는 것은 전과 같이 시행하라."

얼마 후에 남몰래 혼자 말했다.

"권이상(權二相)[49]이 아직도 내 마음을 알지 못하는구나! 내가 말
하기를 '사사로이 서로 모의(謀議)해서 이미 정해진 일을 저지하려
했다'라고 한 것은 다른 일이 아니라[非他] 이미 사신과 더불어 세자
가 이미 혼인했다고 말했는데, 다시 상국(上國)과 연혼(連婚)하려고

---

48 신하의 상소에 대해 임금이 윤가(允可)하는 것을 말한다.
49 찬성사 권근을 말한다. 찬성사를 재상 아래라 하여 이상이라 했다.

하면 내가 먼젓번에 한 말은 거짓말이 된다. 그리고 세자가 아직 성혼(成婚)도 하지 않았는데, 내가 급급하게 사신에게 이미 성혼했다고 말한 것은 상국과 연인(連姻)이 되는 것을 두려워한 때문이다. 만약 허혼(許婚)을 한다 하더라도 혹시 황제의 친딸이 아니거나, 비록 친딸이라 하더라도 언어가 통하지 못하고, 우리의 족류(族類)가 아니니 세력을 믿고 교만 방자하여 시부모[舅姑]를 멸시하거나, 혹은 투기(妬忌)로 인하여 편언척사(片言隻辭)⁵⁰로 사사로이 상국에 통하면 흔단(釁端-틈이 생겨나는 단서)을 일으킬 걱정이 없지 않다. 또 여러 민씨(閔氏)가 반드시 장차 세자의 배우(配偶)의 세력을 믿고 설쳐 더욱 제재하기 어려울 것이다. 그러므로 내가 이것을 사사로운 의견[私議]이라 하고 길례(吉禮)를 저지하고자 한 것을 그르다 한 것이었을 뿐이다."

○ (전라도) 광주 사람 오유(吳宥)가 벼락에 맞았다.

을사일(乙巳日-23일)에 정승(鄭昇)이 개령(開寧)⁵¹에서 돌아오고 김각(金角) 등이 또한 돌아오니 의정부가 한강(漢江)에서 맞이했다.

병오일(丙午日-24일)에 정승과 김각 등 다섯 사람이 창덕궁(昌德宮)에 나오니 상이 정승을 맞이해 편전(便殿)에서 술자리를 베풀고 좌대언 권완(權緩)에게 명해 각 등을 서상(西廂)에서 접대하게 했다.

---

50 한마디 말과 몇 자의 글귀다.
51 경상북도 김천 지역의 옛 지명이다.

정미일(丁未日-25일)에 육조(六曹)와 대간(臺諫)을 불러 가뭄이 찾아온 까닭을 물으니 모두 말했다.

"둔전(屯田)과 연호미(煙戶米), 그리고 외방(外方) 각관(各官)에서 세저포(細苧布)와 세마포(細麻布)를 바치도록 재촉하여 많은 백성이 원망하고 탄식하기[怨咨] 때문입니다."

상이 말했다.

"또 다른 일을 말해보라."

모두 대답하는 사람이 없었다. 이에 앞서 (명나라에) 진헌할 저마포(苧麻布)를 혹은 각 품(品)에게 내게 하고, 혹은 무당[巫覡]에게 내게 했는데 이때에 와서 사자(使者)가 끊이지 않으니 조빙(朝聘)을 위해 그들에게 주는 것이 전보다 배나 되어 경중(京中)에서 다 마련하여 대기가 어려웠기 때문에 외방(外方) 각관으로 하여금 호구의 많고 적음에 따라 바치게 했다. 이리하여 백성들이 심히 괴롭게 여겼다.

○사헌 장령 송흥(宋興)과 지평 안질(安耋)을 불러 타일러 말했다.

"너희들이[爾等] 지난번에 (나더러) 날마다 태상전(太上殿)에 나아가 곡읍(哭泣)하라고 청했는데 내가 근래에 태상전에 나가니 부왕(父王)께서 말씀하시기를 '더위가 심하여 옷을 벗고 있으니 만나볼 수 없다. 가을이 되어 서늘하거든 와도 좋다'고 하셨다. 내가 부왕의 뜻을 받들어 감히 어기지 못하고 있는데 너희는 나더러 곡읍(哭泣)하라고 한 것은 무엇인가? 또 이상(二相)[52]을 아울러 쓰는 것은 문무(文武)가 겸하여 이루자는 뜻이다."

---

52 의정부의 좌우 찬성(左右贊成)을 말한다.

흥(興) 등이 말했다.

"신이 어리석어 아는 것이 여기에 미치지 못했습니다. 다만 한번 덕수궁(德壽宮)에 나가셨다가 뵙지 못하고 돌아오셨다는 말을 들었고, 그 뒤에는 다시 나가셨다는 말을 듣지 못했으므로 자주 나가는 것을 꺼리시지 말라고 말씀드렸던 것뿐입니다. 그리고 무신(武臣)은 정부(政府)에 마땅치 않사오니 다른 자리로 임명하는 것이 좋습니다."

상이 다시 물었다.

"너희들이 둔전(屯田)과 연호미(煙戶米)의 법을 없애자고 굳이 청했다. 만일 이를 없앤다면 너희들은 과연 반드시 비가 오게 할 수 있겠는가?"

흥 등이 대답했다.

"신 등이 어찌 하늘의 뜻을 알겠습니까? 비는 비록 반드시 기약할 수 없으나 백성의 원망이 없어지면 하늘의 뜻을 돌이킬 수 있을 것입니다."

의정부사인(議政府舍人) 이명덕(李明德)을 불러 타일러 말했다.

"정부(政府)에서 일을 의논하는 것이 만일 다르고 같은 것[異同]이 있으면 '아무아무[某某]의 의논은 저와 같고 아무아무의 의논은 이와 같다'라고 갖춰 써서 이를 계문(啓聞-보고)하여 명령을 받도록 하라."

기유일(己酉日-27일)에 (경상도) 안동부(安東府) 남천(南川)에서 물고기가 저절로 죽어 물 위로 떠올랐다.

○ 서북면(西北面) 평양부(平壤府) 석다산(石多山)과 증산현(甑山縣)

신리(新里)에 천둥이 치고 번개가 쳐서 불덩이가 땅에 떨어져 초목(草木)을 태웠는데 길이가 100여 보(步)쯤 되고 넓이가 80보쯤 됐다. 조금 뒤에 비가 내려서 불이 마침내 꺼졌다.

경술일(庚戌日-28일)에 의정부사(議政府事-영의정부사) 성석린(成石璘)을 보내 원단(圓壇)에 비를 빌었다. 그 제문(祭文)은 이러했다.

'하늘이 보고 듣는 것[視聽]은 항상 사람에게서 비롯되고 사람이 평안하고 허물을 짓는 것[休咎] 또한 하늘에 드러나니 하늘과 사람 사이에 감응(感應)하는 것은 너무도 빨라 속일 수가 없습니다. 예를 들어 무릇 가물고 물이 넘치는 재앙 같은 것은 늘 임금과 재상이 도리에 반하고 다움을 해치거나[反道敗德] 일정한 도리를 어지럽히고 실정을 행하는 것[亂常失政]으로 말미암는다는 점에서 스스로 제 한 몸의 죄(罪)로 인해 그것을 불러오는 것일 뿐입니다. 그런데도[然而] 아무런 죄나 잘못이 없는 어리석은 백성[蚩蚩之氓]과 수없이 많은 백성들[林林之生]이 먼저 그 피해를 입어 굶주리게 되어 죄다 병들고 구휼할 수가 없게 됩니다. 내가 다움이 변변치 못한[涼德=薄德=菲德] 몸으로 하늘과 땅의 보우(保佑)하심을 이어받고 조종(祖宗)께서 쌓으신 다움에 힘입어 한 나라에 임금이 된 지가 이제 여러 해가 되었건만 한재(旱災)와 수재(水災)가 어느 한 해도 없었던 적이 없습니다. 이는 다 불곡(不穀)[53]이 다움을 해쳐 초래한 것이니 하늘의 꾸짖음

---

53 임금이나 제후(諸侯)의 자칭(自稱)이다. 곡식은 사람을 기르는 물건인데, 임금이나 제후는 백성을 잘 기르지 못하니 곡식보다 못하다는 뜻으로 곧 임금이 착하지 못함을 자칭하는 말이다. 참고로 과인(寡人)은 다움이 모자라다는 뜻이다.

[天譴]을 당해 마땅합니다. (어찌) 감히 스스로를 꾸짖어 상천(上天)에 허물을 사죄(謝罪)하지 않을 수 있겠습니까?

해는 무인(戊寅-1398년), 태상께서 몸이 편찮아[不豫] 권신(權臣)이 어린아이를 끼고 종지(宗支)⁵⁴를 해치려고 도모해 재앙의 변고가 심히 급박했습니다. 이에 한두 명의 의로운 선비와 더불어 성명(性命)을 보존하고자 군사를 일으켜[稱兵] 난(亂)을 제거했는데 그 어수선한[槍攘] 가운데 그 해(害)가 동기(同氣)에게 미쳐서 태상을 놀라게 해 그 마음을 상하게 해드렸습니다. 이는 대개 죽기를 두려워한 나머지 어쩔 수 없는 데서 나온 것이요 다른 마음이 있었던 것은 아니라고 하나 내 죄의 하나입니다.

적자(嫡子)이자 장자(長子)인 상왕(上王)을 추대해 종사(宗社)가 안정되고 중외(中外)가 편안해졌으나 뜻밖에[不期] 간신이 또 회안(懷安)을 협박하여 군사를 믿고 난(亂)을 일으켜 우리 형제를 이간했지만 다행히 의로운 군사[義旅]에 힘을 입어 곧 평정했습니다. 회안은 이로 말미암아 외방[外服=外方]에 유배를 가 있어 위로는 태상의 사랑[慈嚴]을 받지 못하고 아래로는 종친의 존영(尊榮)을 누리지 못하고, 구류(拘留)되고 억눌려 죄수와 같습니다. 이는 공의(公義)에 따른 것이요, 내가 감히 사사로이 할 바 아니지만 상우(象憂)⁵⁵의 마음에 있어 어찌 순(舜)임금과 같은 다움을 갖춰야 함에 있어 부끄러움이

---

54 종중(宗中)의 종파(宗派)와 지파(支派)를 말한다. 여기서는 한씨 소생 형제들을 가리킨다.
55 순(舜)임금의 이모제(異母弟)인 상(象)이 날마다 순(舜)을 죽이려고 했으나, 순(舜)은 상(象)이 근심하면 자기도 근심하고, 상(象)이 기뻐하면 자기도 기뻐했다는 고사(故事)다.

없겠습니까? 내 죄(罪)의 두 번 째입니다.

상왕(上王)께서 아들이 없어 내가 동모제(同母弟)이고, 또 개국(開國)과 정사(定社)에 공렬(功烈)이 있다 하여 나를 세자(世子)로 정해 장차 대통(大統)을 잇게 하셨습니다. 전위(傳位)할 때에 이르러 늙은 것도 아니요 병든 것도 아닌데 하루아침에 갑자기 중기(重器-왕위)를 내놓으셨습니다. 그것이 과연 상왕(上王)의 진실한 마음에서 나온 것인지, 아니면 주변 정황[群情]이 둘러싸고 핍박하는 데 부대껴서 그런 것인지 아직 모르겠습니다. 내 마음속에는 지금까지도 그 까닭을 알지 못해 정말로 감히 스스로 편안하지 못하니 내 죄의 세 번째입니다.

상당(上黨-이거이) 부자는 나의 훈구(勳舊)요, 또한 나의 인친(姻親)인데 어떤 말[言語] 때문에 죄에 걸려들어 외방(外方)에 유배를 가 있어 친속(親屬)들이 서로 떨어져서 편안히 살지 못한 것이 이미 여러 해가 되었습니다. 동맹(同盟)한 뜻은 내가 비록 잊지 않으나 저 사람의 억울함은 어찌 이루 다 말할 수 있겠습니까? 내 죄의 네 번째입니다.

무릇 이 네 가지 죄(罪)는 부자(父子), 형제(兄弟), 군신(君臣), 훈구(勳舊) 사이에 있어 모두 그 도리를 잃어 잘 처리하지 못한 것으로 이는 진실로 불곡이 다움이 없어 일어난 일들입니다. (그러니) 하늘에 죄를 얻어 재앙과 허물을 부른 것은 참으로 마땅한 것이지 어찌 감히 남을 탓하겠습니까? 다만 불쌍한 것은 소민(小民)의 굶주림이 거듭 찾아오고 날아다니는 새와 물속의 고기, 그리고 풀과 나무가 모두 마르고 야위는 데 이른 것이니 이것들이 진실로 무슨 죄가 있기에 먼저 그 해(害)를 받습니까? 이를 생각하면 아프고 슬퍼서 근심하는 마음이 불타는 것 같습니다[如焚]. 오직 하늘은 귀 밝고 눈 밝으시어[聰明] 죄(罪)와 복(福)이 조금도 어김이 없다지만 어찌 차마 이렇게까지 하여 모두 병들고 아프게 하십니까? 무릇 사람이 하루 아침의 먹을 것과 한 가지 물건을 얻는 것이 모두 하늘에 관계되어 망령되게 구할 것이 아닙니다. 하물며 작은 몸으로 한 나라에 군림(君臨)하여 여러 해가 지났는데 상천(上天)의 명에 힘입지 않았다면 어찌 하루인들 외람하게 지탱할 수 있겠습니까? 하늘이 이미 나에게 죄가 있다 하지 않고 한 나라의 신기(神器-왕위)를 주셨습니다. (그런데) 어찌 죄를 풀어주지 않고 내 한 몸 때문에 한 나라 백성의 생명을 병들게 할 수 있습니까? 오직 바라건대 상천(上天)께서는 귀 밝고 눈 밝게 내려보시어 나의 정성을 생각하고 나의 죄를 용서하여 나라에 재앙이 되지 않게 하고 백성에게 병이 되지 않게 하소서. 나이를 누리는[享年=壽命] 길고 짧음과 나라에 임(臨)하는 오래고 가까움은 오직 하늘의 명령대로 하고 감히 빌지 않겠으니 때때로 단비[甘雨]를 내려주셔서 넉넉하고 윤택하게 해주시고, 백곡(百穀)이 풍년 들고 만물이 모두 이뤄져서 환과고독(鰥寡孤獨)과 비잠서류(飛潛庶類)[56]가 모두 생육(生育)을 얻어 넉넉하고 오래가는 단계에 이르게 하소서. 감히 이겨낼 수는 없지만 지극한 소원입니다[不勝至願].'

글은 권근(權近)이 지었다.

○ 둔전(屯田)과 연호미(煙戶米)의 법을 폐지했다. 사간원에서 소

---

56 새, 물고기, 짐승, 벌레들의 통칭이다.

(疏)를 올려 말했다.

'신 등이 듣건대 하늘과 땅의 재변 중에 가뭄보다 큰 것이 없고, 인심을 상하게 하는 것 중에 요역과 세금[徵斂]보다 심한 것이 없다고 했습니다. 징렴은 빈번한데 재물을 기르는 낙(樂)을 얻지 못하면 가뭄이 심해져서 만물을 낳고 길러주는 도리가 (제 역할을) 미처 다하지 못합니다. 하늘과 사람이 서로 느끼는 이치는 진실로 속일 수 없는 것입니다. 옛날에 수재(水災)와 한재(旱災)를 논하던 자는 기껏해야 "기수(氣數)가 마침 그러하다", "원기(怨氣)가 부른 것이다"라고 말한 것에 불과했으니 만일 요(堯)임금과 탕(湯)임금의 수재나 한재가 아니었다면 기수라고 말하지 못할 것입니다. 그렇다면 지금의 한재는 기수입니까? 원기(怨氣)입니까? 마땅히 전하께서 밤잠을 이루지 못하시고[耿耿不寐] 앉아서 아침을 기다리며 생민(生民)의 이해(利害)에 최선을 다하고 계십니다. 신 등이 어찌 감히 다시 얕은 소견[淺見]을 진달하여 위에 아뢰지 않을 수 있겠습니까? 지금 국가가 편안해도 위태로움을 잊지 아니하여[安不忘危][57] 혹시 예기치 못한[不虞] 변고가 있으면 어떻게 이를 막을까 하여 오로지 부고(府庫)를 충실히 하고, 군량(軍糧)을 풍족하게 하는 것을 급무(急務)로 삼아, 토전(土田)을 고쳐 측량하여 그 잉여(剩餘)를 구하고, 넓게 둔전(屯田)을 열어서 거두는 것을 늘리며, 연호(煙戶)의 쌀과 양맥(兩麥)의 세(稅)까지도 거두지 않는 것이 없습니다. 이것이 비록 멀리 내다보는 생각[遠慮]이기는 하나 모두 눈앞의 해악이 되어 한갓 백성들

---

57 『주역(周易)』「계사전(繫辭傳)」에 나오는 말이다.

에게 원망만 살 뿐입니다. 대개 고쳐서 측량한 전지(田地)는 전보다 배(倍)나 되게 거두니 이미 백성의 원망이 되고 있는데, 다시 둔전(屯田)과 호미(戶米) 양맥(兩麥)의 세를 일시에 한꺼번에 부과하니 원망이 일어나는 것이 이보다 심한 것이 없는 것입니다. 맹자(孟子)가 말하기를 "베와 실을 거두는 세금이 있고 곡식을 거두는 세금이 있고 노동력을 징발하는 세금이 있다. 군자(다운 관리)는 이 셋 중에서 하나만 쓰고 나머지 둘은 시기를 늦춘다. 만일 (이 중에서) 두 가지를 동시에 쓸 경우 백성들은 굶어죽고 세 가지를 동시에 쓰면 부모와 자식들이 뿔뿔이 흩어지게 된다"[58]라고 했습니다. 지금 세(稅)를 거두는 것이 이것보다 더 심하니 가뭄의 기운[旱氣]이 심한 것도 아마 이 때문인 듯합니다. 바라건대 전하께서는 둔전과 호미 양맥의 세(稅)를 없애시어 백성의 원망을 풀고 하늘의 재앙을 그치게 해야 할 것입니다.'

가르쳐 말했다.

"다만 둔전(屯田)의 법만 폐지하라."

사헌부에서 소를 올려 말했다.

'좋은 말을 구하여 반드시 시행하는 것[求言必行]은 임금의 임금다움[德]입니다. 5월과 6월 사이에 가뭄의 기운이 너무 심해 전하께서 마음속으로 항상 근심하시어 대간(臺諫)에게 좋은 말을 구하시고 또 형조(刑曹)에 물으셨습니다. 이에 신 등이 감히 망령된 말[狂瞽

---

58 『맹자(孟子)』「진심장구(盡心章句)」에 나오는 말이다. 세금을 거두되 법도에 맞게 해야한다는 뜻이다. 윤돈(尹燉)의 풀이다. "백성은 나라의 근본이니 (세금 등을) 취함에 한도가 없으면 그 나라가 위태로워짐을 말한 것이다."

之言]로 성총(聖聰)에 상달(上達)했으나 이제 벌써 한달 여가 되었어도 전하께서 채택하신 실상을 보지 못했으니 전날에 말씀을 구하신 뜻이 어디에 있습니까? 또 6월 농사가 한창인 때를 맞아 가뭄이 날로 심해 곡식의 싹이 다 말랐습니다. 엎드려 바라옵건대 전하께서는 (구언을) 반드시 시행하도록 용단을 내리셔서 전날의 말씀을 굽어 따라야 할 것입니다[俯從]. 또 둔전과 연호미의 법이 진실로 아름답기는 하나 법을 세우고 제도를 정하는 것은 마땅히 민심(民心)에 고분고분해야 합니다. 금년에 여러 달 동안 비가 오지 않아서 화곡(禾穀)이 다 마르고 백성들이 장차 굶어 죽게 되었는데, 어찌하여 이 점을 생각지 않으시고 취렴(聚斂)을 가하고자 하십니까? 어찌 정부의 깊은 토의[擬議]를 기다린 연후에야 그 이해(利害)를 알겠습니까? 바라건대 전하께서는 채택하여 시행하셔야 할 것입니다.'

가르쳐 말했다.

"둔전과 연호미의 법을 영구히 없애라[永除]."

○ 남성군(南城君) 홍서(洪恕)를 보내 경사(京師)에 가서 앵무새[鸚哥]를 내려준 것에 사례하게 하고 가는 길에 순백지(純白紙) 8,000장(張)을 바쳤다. 제(帝)가 일찍이 종이를 구해달라는 명이 있었기 때문이다.

○ 내섬시(內贍寺) 아이들[童稚]에게 쌀 5석과 면포(綿布)를 내려주었다. 아이들이 내섬시의 서쪽 산마루에 모여 비를 빌었기 때문이다. 상이 이 말을 듣고서 이런 하사(下賜)가 있었다.

○ 사간원에서 시무(時務) 몇 조목을 올렸다. 소(疏)는 이러했다.

'하늘이 임금을 세워준 것은 백성을 위함일 뿐이기 때문에 옛날의 뛰어난 왕들[先王]의 정사(政事)는 백성을 길러주는 것[養民]보다 우선시한 것은 없었습니다. 주나라 백성들 중에는 전지(田地)를 받지 않은 사람이 없었고 5무(畝)의 땅은 조세를 거두지 않았기 때문에 모두 전려(田廬)의 이익을 얻어서 위로는 부모를 섬기고 아래로는 처자를 양육하여 자기 땅에서 편안히 살며 생업을 누렸습니다. 우리 국가는 한갓 백성의 재물을 거두는 것만 알고 백성을 구휼하는 도리는 알지 못해 일정한 부세[常賦] 외에 잡세의 징수가 많아서 이익이 백성에게 미치는 것이 없기 때문에 원망이 아래에 쌓이고 변(變)이 위에서 응하여 홍수와 가뭄의 재앙이 없는 해가 없습니다. 하물며 지금 여러 도(道)의 전지를 고쳐 측량하여 집터의 짜투리 땅[寸地]까지도 모두 계산해 세(稅)를 부과함으로써 민생이 더욱 고통스럽고 원기(怨氣)가 더욱 쌓이니 이는 염려하지 않을 수 없습니다. 바라건대 이제부터는 주나라의 5무 제도에 의거하여 많고 적은 것을 참작해 나눠 주고 세(稅)를 받지 않으면 거의 인심(人心)이 기뻐하고 하늘의 도리도 고분고분해질 것입니다.'

또 말했다.

'뛰어난 사람에게 일을 맡기고 유능한 사람을 쓰는 것은 다스림을 이루는[致理] 근본입니다. 만일 적합한 사람이 아니면 천직(天職)이 닦아지지 않고 치공(治功)이 실패하는 법입니다. 가만히 보건대 근래에 공신의 자제를 그 부형 때문에 재주가 있고 없는 것을 논하지 않고 좋은 벼슬[華秩]에 뽑아 두어 가만히 앉아서[坐尸] 천록(天祿)을 허비하니 어찌 천직을 닦아서 하늘의 뜻에 부합할 수 있겠습니까? 그중에서도 공정고부사(供正庫副使) 맹귀미(孟歸美-맹사성의 아들), 경시서 령(京市署令) 김효성(金孝誠-김남수의 아들), 동부 령(東部令) 신맹화(辛孟和-신극례의 아들), 사온 승(司醞丞) 조육(趙育-조온의 아들), 종묘 령(宗廟令) 이사후(李師厚-이직의 아들) 등은 더욱 나이가 젊으니 이것은 옛날에 벼슬을 맡기던[任官] 법도가 아닙니다. 바라건대 이제부터 공신의 자제 중에 별로 재행(才行)이 없는 자와 나이 젊고 배우지 못한 자는 공선(公選)을 더럽히지 말게 하여 다스림을 이루는 근본을 바로 잡아야 할 것입니다.'

답하지 않았다.

○ 대간(臺諫)이 모두 사직했다. 대사헌 성석인(成石因), 좌사간 최함(崔咸) 등이 대궐에 나아가 아뢰어 말했다.

"신 등이 듣건대 찬성사 권근(權近) 등이 글을 올려 대간의 잘못을 지적했다 하오니 감히 직책에 있을 수 없습니다."

상이 말했다.

"근래에 가뭄이 심한데 내가 가뭄이 찾아온 까닭을 알지 못해 비록 매사 삼가고 두려워하며 스스로를 닦고자 하나[恐懼修省] 재변을 없앨 수 없었다. 어젯밤에 새벽까지 한잠도 자지 못했다. 침식(寢食)이 불편하여 좀 자려고 하니 경 등은 물러가는 것이 좋겠다."

석인(石因) 등이 아뢰어 말했다.

"신 등이 정부(政府)의 소(疏)를 가만히 보건대 '장차 대간(臺諫)의 의논과 같이 하여 이미 정해진 것이라고 하여 지목해서 감히 다시 의논하지 못하고 오직 받들어 행하기를 일삼으면 위임(委任)한 뜻을 저버린다'는 말이 있사온데, 이는 오로지 신 등을 지적하여 '아첨하여 뜻을 순종한다'고 한 것입니다. 신 등이 죄가 있사오니 공손히 죄책(罪責)을 기다립니다. 만일 죄가 없다고 한다면 이 말을 한 자는 자리에 있어서는 안 될 것입니다."

상이 말했다.

"정부의 소(疏)에서 말한 '아첨하여 뜻을 순종한다'는 것은 특별히 스스로 혐의(嫌疑)한 말이지, 대간을 지적한 것이 아니다. 글을 보고 뜻을 찾기를 이렇도록 편협하고 고집스럽게 할 것은 아니다. 경 등은 언관(言官)으로서 왔으니 내가 들어주기를 바라는 것이나 나의 이 말은 임금으로서 신하에게 말하는 것이니, 내 말을 듣지 않으려는 가? 다시는 말하지 말라."

석인이 대답했다.

"신이 이 글의 문세(文勢)를 보니 '아첨하여 뜻을 순종한다'는 것이 대간을 가리킨 것이 아니고 무엇입니까? 신(臣)이 늙어서 그릇된 계책(計策)과 망령된 모책(謀策)을 내 상덕(上德)의 만분의 일도 돕지 못하고 있습니다. 바야흐로 이 한재(旱災)가 주상(主上)을 동념(動念) 하시게 했으니 신(臣)의 죄(罪)입니다."

드디어 물러나와 함(咸) 등과 더불어 모두 사직했다.

○ 경상도 문경현(聞慶縣)에 있는 양산사(陽山寺-지금의 봉암사)의 이소불(泥塑佛)이 땀을 흘렸다.

신해일(辛亥日-29일)에 가랑비가 내렸다.

○ 우정승 조영무(趙英茂)가 병으로 다시 사직했다.

○ 풍해도(豐海道)의 풍주(豐州), 장연(長淵), 은율(殷栗) 등지에 큰 바람이 이틀 동안이나 불어 밭곡식이 모두 쓰러졌다. 해주(海州), 황

주(黃州), 봉주(鳳州)와 경기(京畿)의 연안(延安), 배주(白州) 그리고 서북면(西北面)의 중화(中和), 상원(祥原), 선주(宣州), 삭주(朔州)에 황충(蝗蟲)이 일었다.

○ 경상·전라도가 크게 가물었다.

○ 여름에 보리가 전혀 없었다.

원문

癸未朔 宴黃儼 奇原于廣延樓.
계미 삭 연 황엄 기원 우 광연루

刑曹判書金希善 司憲府大司憲成石因 司諫院右司諫大夫
형조판서 김희선 사헌부 대사헌 성석인 사간원 우사간대부

吳陞等上疏. 諫院疏曰:
오승 등 싱소 긴원 소왈

'竊見左政丞河崙 識達古今 才合變通 其於制作之事 可謂
절견 좌정승 하륜 식달 고금 재합 변통 기어 제작 지사 가위

有餘裕矣. 然每爲法令 以布於民 民多不便 起爲謗讟 歸怨於
유 여유 의 연매위 법령 이포 어민 민다 불편 기위 방독 귀원어

上 非細故也. 且使臣黃儼常語人曰: "殿下事大之誠則至矣 而
상 비 세고 야 차 사신 황엄 상어인왈 전하 사대 지성 즉지의 이

大臣奉行不謹." 此言必聞于帝 帝心豈不以我國家 君命不行而權
대신 봉행 불근 차언 필문우제 제심 기불 이아 국가 군명 불행 이권

在下也? 原儼之言 雖發於貪求 然於殿下盡心事大之時 致儼等
재하 야 원 엄지언 수 발어 탐구 연어 전하 진심 사대 지시 치 엄등

有此言 亦非小事也. 崙身爲首相 安得辭其責哉? 加以近年以來
유 차언 역 비 소사 야 륜신위 수상 안득 사기책재 가이 근년 이래

水旱相仍 災變屢現. 漢有故事 三公當免. 伏惟上裁施行.'
수한 상잉 제변 누현 한유 고사 삼공 당면 복유 상재 시행

憲府疏曰:
헌부 소왈

'臣等竊惟宰相 上以輔君德燮陰陽 下以總百官修國政 名具瞻
신등 절유 재상 상이 보 군덕 섭 음양 하이 총 백관 수 국정 명 구첨

之地. 左政丞河崙 右政丞趙英茂 每當議事之際 兩相之見 紛紜
지지 좌정승 하륜 우정승 조영무 매당 의사 지제 양상 지견 분운

不同 遂負殿下命相之意 且缺臣民具瞻之望. 此非細故 亦豈美事
부동 수부 전하 명상 지의 차결 신민 구첨 지망 차비 세고 역 기 미사

哉? 伏望殿下 念同寅協恭之意 體四時代序之道 更迭命相 勿使
재 복망 전하 염 동인협공 지의 체 사시 대서 지도 경질 명상 물사

竝進 則不特無議事之矛盾 將各盡所蘊 以成事功 而體統正矣
병진 즉 불특 무 의사 지모순 장각 진 소온 이성 사공 이 체통 정의

朝廷尊矣. 至若知議政府事李龜鐵 參知議政府事李衎 其知識
조정 존의 지약 지의정부사 이구철 참지 의정부사 이간 기 지식

足以撫士卒 武略足以禦外侮 宜置摠制之列 不當居論政之地;
족이 무 사졸 무략 족이 어 외목 의 치 총제 지 열 부당 거 논정 지지

同知摠制盧弼 恭安府尹洪潛 別無才能 位至兩府 榮幸極矣 宜
동지총제 노필 공안부 윤 홍잠 별무 재능 위지 양부 영행 극의 의

令置散 以示公道. 臣等所見如此 伏望聖鑑施行.'
령 치산 이시 공도 신등 소견 여차 복망 성감 시행

諫院又上疏言:
간원 우 상소 언

'天人之際 感應之理 至難言也. 不可指言某事之失 致某災之
천인 지제 감응 지리 지난 언야 불가 지언 모사 지실 치 모재 지

應也 然不可謂人事既盡 而氣數適爾. 蓋天之視聽 則人爲有以
응야 연 불가 위 인사 기진 이 기수 적이 개 천지 시청 즉 인위 유이

動天者矣. 臣等之所望於殿下 不過四事 曰誠身也 事親也 修政
동천 자의 신등 지 소망 어 전하 불과 사사 왈 성신 야 사친 야 수정

也恤民也. 誠身之道在殿下自勉焉耳 事親之實在殿下自盡焉耳
야 휼민 야 성신 지도 재 전하 자면 언이 사친 지실 재 전하 자진 언이

至於修政之事 恤民之目 謹具于後 下議政府擬議.
지어 수정 지사 휼민 지목 근구 우후 하 의정부 의의

一, 屯田之法 誠國家之所不得已而爲之者. 殿下初行此法
일 둔전 지법 성 국가 지소 부득이 이 위지 자 전하 초행 차법

進言者必以爲國無軍實 當廣積貯之術 而屯田之法 取於民者
진언 자필 이위 국무 군실 당광 적저 지술 이 둔전 지법 취어 민자

不多 上得重利 民不甚困矣. 然而此令既下 百姓聞之 莫不嗷嗷
부다 상득 중리 민불 심곤 의 연이 차령 기하 백성 문지 막불 오오

臣等聞保國之道 以民心爲本; 守國之策 以人和爲上. 尹鐸損其
신등 문 보국 지도 이 민심 위본 수국 지책 이 인화 위상 윤탁 손기

戶口 晋陽之圍 民無叛意; 煬帝蓄積甚多 而召兵之詔 民無應者.
호구 진양 지위 민무 반의 양제 축적 심다 이 소병 지조 민무 응자

故人君當以保民爲心 不當以富國爲急. 若以富國爲事 則害必及
고 인군 당이 보민 위심 부당 이 부국 위급 약이 부국 위사 즉 해필 급

民矣. 雖有百萬之儲 人主誰與而守國乎? 伏惟殿下收還成命 罷
민의 수유 백만 지저 인주 수여 이 수국 호 복유 전하 수환 성명 파

屯田之法 專以養民爲務.
둔전 지법 전이 양민 위무

一, 煙戶米 所以備水旱荒政之一事 卽李悝斂散之法 耿壽昌
일 연호미 소이 비 수한 황정 지 일사 즉 이회 염산 지법 경수창

和糴之意. 歷代相承 或謂常平 或謂廣惠 年豊則斂之 凶則散之
화적 지의 역대 상승 혹위 상평 혹위 광혜 연풍 즉 염지 흉 즉 산지

然法雖古而民不悅 則弊法也. 以今觀之 前年以中年例收之 納者
_{연법수고이민불열 즉폐법야 이금관지 전년이중년예수지 납자}

莫不苦之 或有典賣稱貸者. 朝夕之資 尙不能給 何暇爲後日之望
_{막불고지 혹유전매칭대자 조석지자 상불능급 하가위후일지망}

也哉! 殿下雖令諸道監司 以豐熟地面收之 然殿下田野之事 豈能
_{야재 전하수영제도감사 이풍속지면수지 연전하전야지사 기능}

具知? 一方之地 雖號豐熟 其間或地品之肥瘠 人事之不齊 未能
_{구지 일방지지 수호풍속 기간혹지품지비척 인사지부제 미능}

皆得豐熟之利 大率十室之邑 貧者多至八九 富者不能一二. 然則
_{개득풍속지리 대솔십실지읍 빈자다지팔구 부자불능일이 연즉}

民之能出戶米者 幾何人哉? 加以近年以來 連年水旱未能家給人
_{민지능출호미자 기하인재 가이근년이래 연년수한미능가급인}

足 今取民目前之所急 而爲後日之所賑 無怪乎民之不樂也. 臣等
_{족 금취민목전지소급 이위후일지소진 무괴호민지불락야 신등}

願殿下姑停煙戶米法 待連年豐熟之後 乃復行之.
_{원전하고정연호미법 대연년풍속지후 내부행지}

政府議得:"右二條 前朝忠宣王 爲民生立法 至僞朝之季廢絶
_{정부의득 우이조 전조충선왕 위민생입법 지위조지계폐절}

今年因陳言復立 二三年試可後 更加商量."
_{금년인진언복립 이삼년시가후 갱가상량}

'一, 騎船軍爲國藩籬 捍禦外侮 民之所恃以安者也. 今諸道
_{일 기선군위국번리 한어외모 민지소시이안자야 금제도}

觀察使 摠一方之事 節制使統軍馬之政 然不過遙領而制之耳
_{관찰사 총일방지사 절제사통군마지정 연불과요령이제지이}

至於親管軍人者 萬戶千戶也. 朝廷猶以慣於船上者任之 此輩豈
_{지어친관군인자 만호천호야 조정유이관어선상자임지 차배기}

能上體委任之意 撫恤軍士乎? 或勞役而營求私利 或給暇而因求
_{능상체위임지의 무휼군사호 혹노역이영구사리 혹급가이인구}

所産. 是以民不聊生 乃至流亡也. 棄其家室 長居海上者 非人情
_{소산 시이민불요생 내지유망야 기기가실 장거해상자 비인정}

之所樂也. 撫之雖厚 尙有憚勞而規避者 而況於侵漁乎! 臣等願依
_{지소락야 무지수후 상유탄로이규피자 이황어침어호 신등원의}

程驛察訪例 置水軍察訪 使之日巡各浦 專以撫恤軍士; 其萬戶
_{정역찰방례 예치수군찰방 사지일순각포 전이무휼군사 기만호}

千戶 有私役軍人 私受餉遺者 凡不勤不廉不勝其任者 隨卽具聞
_{천호 유사역군인 사수향유자 범불근불렴불승기임자 수즉구문}

依律施行 以懲豪猾 以慰船軍.'
_{의율시행 이징호활 이위선군}

政府議得:"依狀申施行."
_{정부의득 의장신시행}

'一, 鐵之爲物 切於民生之用者也 然必以布帛穀粟之類易之
일 철지위물 절어 민생 지용자야 연필이포백 곡속 지류 역지

然後乃得. 今國家以州縣之殘盛 定貢鐵之多寡 州縣以所耕多少
연후내득 금국가이주현지잔성 정공철지다과 주현이소경 다소

分賦于民. 賦民之際 或輕重不倫 至收鐵之時 守令不親監考 令
분부우민 부민지제 혹경중불륜 지수철지시 수령불친감고 영

品官鄕吏輩監考 愚民不識秤目 姦黠之徒 多方以欺之. 愚者易瞞
품관 향리 배감고 우민불식 칭목 간힐지도 다방이기지 우자이만

也 弱者易制也. 一有不副 則鞭撻隨之. 愚民惟以準納爲幸耳 敢
야 약자이제야 일유불부 즉편달수지 우민유이 준납위행이 감

復有言於其間乎? 鐵本難得 收之又重 諸道之民 均受此弊. 臣等
부유언어기간호 철본난득 수지우중 제도지민 균수차폐 신등

願殿下於諸道産鐵之地 加置鐵場 募民吹鍊 以備國用; 其斂鐵之
원 전하 어제도 산철 지지 가치 철장 모민 취련 이비 국용 기염철지

法 且令停罷 以紓民生. 若以爲國用所須 必不得已而取之 亦望
법 차령정파 이서민생 약이위국용 소수 필부득이 이취지 역망

輕其貢額而詳加條式'
경기 공액 이상가 조식

政府議得: "右件 各道行移 便否推考 更加商量."
정부 의득 우건 각도 행이 편부 추고 갱가 상량

'一, 用人之道 未盡其公 則考績之法 不得其正矣. 今我殿下
일 용인지도 미진 기공 즉 고적지법 부득 기정 의 금아 전하

用人必因其才 考績必稱其實 無可議者 然近者江陵府使朴仁幹
용인필인기재 고적필칭기실 무가의자 연근자 강릉부사 박인간

義州牧使洪有龍 有何功德 以上將之秩 得除嘉善; 忠州牧使
의주목사 홍유룡 유하공덕 이 상장 지질 득제 가선 충주목사

禹洪康 別無罪過 以參議之官 不加一資. 然則用人之道 不可謂
우홍강 별무 죄과 이 참의 지관 불가 일자 연즉 용인 지도 불 가위

無失矣. 向者江陵府使曺瑗 楊州府使洪涉 考限未盡 召拜高秩
무실 의 향자 강릉부사 조원 양주 부사 홍섭 고한 미진 소배 고질

其他考滿當召者 則或降其秩. 然則考績之法 亦可謂有闕矣. 臣等
기타 고만 당소 자 즉 혹강 기질 연즉 고적지법 역 가위 유궐 의 신등

恐馴致其弊 以毁成法 則非小失也. 願自今資階高下 必因賢否而
공 순치 기폐 이훼 성법 즉비 소실 야 원 자금 자계 고하 필인 현부 이

定 守令召還 必考績而錄之. 如是則吏稱其職 事得其宜 而公道
정 수령소환 필 고적 이녹지 여시 즉 이칭 기직 사득 기의 이 공도

行矣'
행 의

政府議得: "依狀申施行."
정부 의득 의 장신 시행

‘一, 監司太寬則守令不謹於職守 太嚴則無暇於恤民
일 감사 태관 즉 수령 불근 어 직수 태엄 즉 무가 어 휼민

過猶不及 其弊一也. 比來監司嚴立紀綱 使守令惟命是從 責以
과유불급 기폐 일야 비래 감사 엄립 기강 사 수령 유명시종 책이

貢賦之及時 簿書之及期 以辦事爲能 故慈愛其民 日計不足者
공부 지 급시 부서 지 급기 이 판사 위능 고 자애 기민 일계 부족 자

或有小失 則責罰隨之 士之不樂爲州者 專以此也. 蓋從仕于朝者
혹유 소실 즉 책벌 수지 사지 불락 위주 자 전 이차 야 개 종사 우조 자

小有過失 不過劾問囚奴 而至於守令 一有小過 監司卽加笞罪
소유 과실 불과 핵문 수노 이 지어 수령 일유 소과 감사 즉 가 태죄

或下于庭 辱示左右. 夫旣裸體 受刑於吏手 何以復治吏民乎? 願
혹 하우정 욕시 좌우 부 기 나체 수형 어 이수 하이 부치 이민 호 원

自今除守令決笞還任之法 如有大過 隨卽停公: 其犯小失者 依
자금 세 수령 결태 환임 지법 여유 대과 수즉 정공 기범 소실 자 의

朝廷劾問囚奴之例 罪其隨陪 以勵守令 則安官樂職 而民被其澤
조정 핵문 수노 지례 죄 기 수배 이려 수령 즉 안관 낙직 이민 피 기택

矣.’
의

政府議得:“依六典施行.”
정부 의득 의 육전 시행

‘一, 兵者 國之不可一日無者 然養兵之道 當以撫恤爲本.① 今
일 병자 국지 불가 일일 무자 연 양병 지도 당이 무휼 위본 금

國家悉籍諸道之兵 使之更月相代 侍衛王室 一年之內 只令一來
국가 실적 제도 지병 사지 경월 상대 시위 왕실 일년 지내 지령 일래

其處置之道 可謂盡矣. 今四境無虞 農事方盛 農月之間 若令
기 처치 지도 가위 진의 금 사경 무우 농사 방성 농월 지간 약령

諸道侍衛軍馬 放還其鄕 盡力南畝 則歡忻之至 可召和氣也.’
제도 시위 군마 방환 기향 진력 남무 즉 환흔 지지 가소 화기 야

政府議得:“右件依前例.”
정부 의득 우건 의 전례

‘一, 法者 禁民爲非 勸民爲善也. 若法立而必行 一法足以化民
일 법자 금민 위비 권민 위선 야 약 법립 이 필행 일법 족이 화민

成俗矣. 漢高約法三章 而秦人悅之. 若法立而文具 則雖朝爲三令
성속 의 한고 약법 삼장 이 진인 열지 약 법립 이 문구 즉 수조 위 삼령

夕爲五申 無補化民之道 適足以煩民視聽而已. 方今已成之法
석위 오신 무보 화민 지도 적 족이 번민 시청 이이 방금 이성 지법

皆可行也 若勤於遵守 則不必更爲新法 而可以爲後世之永典矣.
개 가행 야 약 근어 준수 즉 불필 갱위 신법 이 가이 위 후세 지 영전 의

臣等願今朝廷頒降之外 毋得更爲新法 以定民志 則怨謗息矣.’
신등 원금 조정 반강 지외 무득 갱위 신법 이정 민지 즉 원방 식의

政府議得: "經史所載歷代帝王已行見効者 稽古舉行外 以
偏迂淺見 妄立新法者 一皆禁斷."

上從之.

曹瑗 趙英茂之壻; 洪涉 河崙之壻. 補外未幾 瑗拜僉摠制 涉拜
上護軍 故諫官言及之.

刑曹疏曰:

'臣等猥以不才 幸忝法司 決訟之任 猶恐未當 何敢知宰輔之
賢否 庶官之劣能乎? 至若遺逸之士 曾有舉揚之典 況聖明親政
內有得人之實 外無遺賢之弊 臣等無贅焉. 然聖問有及 而臣等
不言 恐非盡忠之道. 竊見知議政府事李龜鐵 但合軍務 不宜
廟堂; 同知摠制盧弼 別無才德 不宜隮擢; 前都觀察使全伯英
志行淸勁 無忝廟堂; 前判漢城府事李行 才兼文武 可當將相之
任; 前都節制使崔迤 安撫軍民 可授戎務; 前都觀察使權軫 行有
廉節; 遺逸可用之士 則檢校中樞院學士李皐其人也.'

又上書曰:

'殿下夙夜憂勤 思致至治 咨以致旱之由 臣等謹以管見 條列
于後 下議政府擬議.

一, 騎船軍爲國藩籬 勞苦甚重. 乙酉年間 船軍箇月相考都目
收納 至今未蒙錄用 民失望矣. 依六典 每四十箇月 考其勤慢 以
賞其職. 其一家內 父長年騎船 或溺死或戰亡 則子弟連立充騎.

因此一家俱亡 冤抑莫伸. 今後父子中騎船溺死戰亡者 他人改定
인차 일가 구망 원억 막신 금후 부자 중 기선 익사 전망 자 타인 개정

毋令失戶 以慰軍民之望.'
무령 실호 이위 군민 지망

"右條依已曾受判錄用 溺水戰亡者 一依狀申."
우조 의 이증 수판 녹용 익수 전망 자 일의 장신

'一. 都目 爲頭去官者 勤勞從仕 多至十五餘年 而後乃受其職.
일 도목 위두 거관 자 근로 종사 다지 십오 여년 이후 내수 기직

各道守令 考滿三十箇月 除授京職 不久遞差. 功多賞少. 察其
각도 수령 고만 삼십 개월 제수 경직 불구 체차 공다 상소 찰기

官職稱否 其中稱職者不遞 則委任得宜 而人無所憾矣.'
관직 칭부 기중 칭직 자 불체 즉 위임 득의 이 인 무 소감 의

"右條依狀申."
우조 의 장신

'一. 各道外牌軍官更番侍衛 其法謹密 不可分毫差改 然每當
일 각도 외패 군관 경번 시위 기법 근밀 불가 분호 차개 연 매당

旱氣太甚之時 各懷農務之難辦 愁歎方興. 願令各牌 姑及農時
한기 태심 지시 각회 농무 지 난판 수탄 방흥 원령 각패 고급 농시

各還其家 農隙上京 如初侍衛 則好仁之德 洽于民心矣.'
각 환 기가 농극 상경 여초 시위 즉 호인 지덕 흡우 민심 의

"右條依前例."
우조 의 전례

'一. 西北面 境連異土 彼我使臣 往還絡繹 民苦其弊 不可以
일 서북면 경련 이토 피아 사신 왕환 낙역 민 고 기폐 불가이

他道比也. 今以各道之例 於西北諸州 亦令屯田 民不知益 反生
타도 비야 금이 각도 지례 어 서북 제주 역영 둔전 민 부지 익 반생

怨讟 當有後日之患. 此道及東北面屯田 減除如何?
원독 당유 후일 지환 차도 급 동북면 둔전 감제 여하

一. 各道各官煙戶米 初定額數 不爲多重 然無恒産之民 昧於
일 각도 각관 연호미 초정 액수 불위 다중 연무 항산 지민 매어

斂散救荒之義. 下令攸司 量宜改定 中年及豐年 各減其數 以副
염산 구황 지의 하령 유사 양의 개정 중년 급 풍년 각감 기수 이부

民望 以除其弊 則官與民間 庶無弊矣.'
민망 이제 기폐 즉 관여 민간 서무 폐의

"右二條 一二年後 更加商量. 安州以北 姑從狀申."
우 이조 일이년 후 갱가 상량 안주 이북 고종 장신

'一. 三月務停 已有成規 無識人徒不顧將來 規得爲要 不量
일 삼월 무정 이유 성규 무식 인도 불고 장래 규득 위요 불량

緊慢 農月旱時 蜂起集會 爭訟日繁 至於骨肉相殘 損傷和氣.
긴만 농월 한시 봉기 집회 쟁송 일번 지어 골육 상잔 손상 화기

今後殺人盜賊逃漏人物事及元隻京中恒居者外 雜凡詞訟 農隙
推決 一皆禁斷 悉令歸農.'

"右條依狀申."

'一, 各司吏典去官 在前六典內 不拘人數 東西班勿論去官.
今依壬午年判旨 多處用二人 少處用一人 去官箇月已滿者 數多
留滯. 八品去官九十朔 加六朔去官 故數多吏典 從仕無際失望.
右吏典去官 六典內及甲申年判旨 依舊擧行 以伸冤抑何如?'

"右條已詳定例依行."

允之.

甲申 命驪城君閔無疾宴黃儼 奇原于其家. 無疾嘗入朝 與儼
偕行 故儼之來也 特請而慰之 贈賍有加.

乙酉 太上王宴黃儼 奇原于德壽宮.

復以李之實爲中軍同知摠制.

丙戌 上如太平館餞黃儼 奇原.

遣通事朴茂 管送廣洋衛百戶吳敏于遼東. 敏率旗軍一百十五名
乘駕海船 運糧北京 遭風漂到豐海道豐州 故給衣糧 遣茂押送
之.

遣上護軍朴矩 管押漫散軍金必果等八百三十一名 赴遼東.

戊子 黃儼 奇原等還 上附奏曰:

'謹將臣父臣【諱】舊日奉藏舍利三百顆及臣奉藏一百顆 見今

差官遍行境內諸山各寺 迎取舍利四百顆 摠計八百顆 謹備鍍金
銀盒 幷內玉盒 外用銀裏小函盛貯 銷金黃羅袱 幷綵段造成繡
袱袱包裹 差陪臣李貴齡 齎擎一同欽差官奉進.

上饌儼等于盤松亭. 贈儼狗子石燈盞若干 從其求也. 儼乘醉
告于上曰:"世子雖未壯 若使有德老相 輔翼左右 使之入朝 則
交接之厚 我能任之." 上對曰:"若無他故 敢不惟命!"宴罷上謂
儼曰:"臣無寸效 而屢蒙殊錫 感動之心 非言語所能盡. 大人知
我之心 我何敢有言!"儼曰:"他人則②不能盡達于帝前 我則②
不然. 殿下之誠 當一一面奏無餘矣."

初以禮曹判書李文和爲接伴使 儼性本無常 文和憚於接待之
久. 上知之 以參知議政府事李衎代文和爲伴送使. 儼臨別 請與
文和偕行 上曰:"衎年少未便事 使之從天使者 欲其學禮也."儼
曰:"然則請與二宰相偕行."上不得已從之.

遣參贊議政府事李貴齡 中軍同知摠制李之實如京師 謝恩也.

庚寅 下參贊議政府事趙璞 參知議政府事鄭矩 右軍同知摠制
李玄 平江君趙希閔 檢校漢城府尹孔俯 刑曹參議安魯生等于
巡禁司獄 命吏曹判書南在 同兼判巡禁司事李叔蕃 刑曹判書
金希善 大司憲成石因 左司諫崔咸雜治之. 初黃儼之奉誥命而
來也 大臣等啓曰:"儼 寵宦也. 若因儼以請於帝 使世子尙帝女
則我國之幸也."上頗然之. 於是 潛達意於儼 儼曰:"何幸何幸!"

及儻之再來 無一語及之 上悔之 已爲世子定婚於前摠制金漢老
급 엄지 재래 무 일어 급지 상 회지 이위 세자 정혼 어 전 총제 김한로

之家.
지 가

至是 儻又來 上使李玄傳言曰: "皇帝待臣甚厚 臣欲親朝 但
지시 엄우래 상사 이현 전언 왈 황제 대신 심후 신욕 친조 단

不敢委國事而行也. 世子年已稍長 且已娶 欲令代臣朝見." 儻曰:
불감 위 국사 이행야 세자 연이 초장 차 이취 욕령 대신 조현 엄왈

"甚善." 孔俯聞之 密謂玄曰: "世子今將朝見 若先行吉禮 似爲
심선 공부 문지 밀위 현왈 세자 금장 조현 약 선행 길례 사위

未便. 今帝女之未嫁者二三 儻得連姻帝室 雖北有建州之逼 西
미편 금 제녀 지 미가 자 이삼 당 득 연인 제실 수북 유 건주 지핍 서

有王狗兒之戍 何足畏哉!" 玄然之. 二人遂俱抵驪興府院君閔霽
유 왕구아 지수 하족 외재 현 연지 이인 수구 저 여흥부원군 민제

第 陳其策 霽曰: "是非吾所知也." 俯退與趙璞安魯生議 二人皆
제 진 기책 제왈 시비 오 소지 야 부퇴 여 조박 안노생 의 이인 개

以爲然. 玄曰: 然則吾將告天使云: '曩因多事 誤傳殿下之言耳.
이위 연 현왈 연즉 오장 고 천사 운 낭인 다사 오전 전하 지언 이

世子今尙未婚." 於是復告於霽 霽又不應. 無咎 無疾亦曰: "此事
세자 금상 미혼 어시 부고 어재 제우 불응 무구 무질 역왈 차사

予未敢啓達." 俯等言之不已 霽使璞告其議於河崙. 崙謂霽曰: "若
여 미감 계달 부등 언지 불이 제사 박고 기의 어 하륜 륜위 제왈 약

得大國之援 同姓異姓 誰敢作亂 亂神賊子 何由作乎! 前朝釐降
득 대국 지원 동성 이성 수감 작란 난신 적자 하유 작호 전조 이강

公主於大元 百年之間 內外無虞. 此已往之驗也." 崙乃使璞及矩
공주 어 대원 백년 지간 내외 무우 차 이왕 지험 야 륜내 사박 급구

議諸領議政成石璘 右政丞趙英茂. 石璘曰: "予老耄不參國家
의 저 영의정 성석린 우정승 조영무 석린왈 여 노모 불참 국가

大議 今於此事 何敢獨斷!" 英茂曰: "上意已定 何敢復有他議?"
대의 금어 차사 하감 독단 영무왈 상의 이정 하감 부유 타의

由是議未決. 前牧使黃子厚聞之 以語漢老 漢老告于兵曹判書
유시 의 미결 전 목사 황자후 문지 이어 한로 한로 고우 병조판서

尹柢 因李叔蕃以聞. 上怒 命叔蕃等鞫之 乃言曰: "結婚中國 予
윤저 인 이숙번 이문 상노 명 숙번 등 국지 내언왈 결혼 중국 여

所願也 尙慮夫婦相得 人情所難 又必中國使者往來絡繹 反擾
소원 야 상려 부부 상득 인정 소난 우필 중국 사자 왕래 낙역 반요

吾民矣. 昔奇氏入爲皇后 而其一門殺戮無遺 安足保乎? 君臣
오민 의 석 기씨 입위 황후 이기 일문 살륙 무유 안족 보호 군신

一體 然後國乃治安. 今璞等私相聚會 議此大事 不使寡人知 予
일체 연후 국내 치안 금 박등 사상 취회 의차 대사 불사 과인 지 여

誰與爲治乎? 況予明告儼以世子已娶 尙可追改乎?" 因泣下.

叔蕃等亦皆伏地而泣. 上曰: "驪興府院君 中宮至親: 何政丞

功臣首相: 驪江 驪城 亦皆功臣 其勿逮問." 於是 左政丞河崙 以

年衰識暗 動輒謗興 右政丞趙英茂 以不才且病 俱乞辭免. 臺諫

劾霽 崙等四人 皆對曰: "爲國家 非他意也." 矩但說河崙之言於

石璘 英茂耳 初不與俯等之議 且於鞫問之時 一一輸情 無有

所隱 故先釋之. 璞等獄辭 互有不同 上使獄官傳旨謂璞曰: "卿

勳親宰相 如有國家大議 告於寡人 職也. 今乃私相圖議 及乎

憑問 尙有所諱 何哉? 盟載之詞有曰: '事關宗社 功不掩罪 當

以法論.' 卿之所知也." 謂玄曰: "通事之得拜二品者 近來無之. 汝

之爲摠制 酬汝昔日從予入覲之勞也. 卽有可言 胡不直達 反如是

紛紛乎? 汝欲改辭言世子未婚 若果成汝計 結婚上國 於我國

所益者幾何?" 璞對曰: "臣爲閔霽之壻 義同父子. 今此論議 霽亦

與焉 臣不敢明言者 爲此耳."③ 上曰: "君父一也 若甥舅則有間

矣. 今卿以舅比父 無乃過乎? 且府院君 亦有憂國之責. 近日所議

何害於義 而卿欲隱之乎? 卿旣曰: '義同父子.' 然則君臣之義 其

可廢乎?" 璞乃款服. 玄及魯生不吐實 獄官杖而訊之 上聞 遽命

止之.

　壬辰 上詣德壽宮. 太上辭以疾. 上使內豎啓曰: "國事有難斷

者 甚欲面稟." 太上曰: "今日熱甚 予不衣冠而坐 難以相見 姑竢

260

後日." 上乃退.

癸巳 釋李玄等囚 放趙璞于楊州. 巡禁司具璞等獄辭以上 上
曰: "謀計雖謬 若原其情 但爲國事耳 非懷譎詐也." 皆釋之 獨璞
初有隱諱 上不直璞 放于楊州田庄.

乙未 復以河崙爲左政丞 趙英茂右政丞 權近議政府贊成事
柳亮 金希善參贊議政府事 柳寬刑曹判書 鄭矩工曹判書 李膺
參知議政府事 朴子靑左軍都摠制 安魯生吏曹參議. 於是 臺諫
復劾河崙 閔霽 無咎 無疾 李玄 孔俯 安魯生 將連章請罪. 上
知之 卽召大司憲成石因 左司諫崔咸謂之曰: "臺諫之職 固是矣.
彈劾外戚與大臣 欲振紀綱 寡人樂聞之 然釐降之謀 本欲利
吾國耳 豈有他哉? 且朝廷使臣將至 政丞之任 摠統國事 不可
輕爲進退 又難其人 豈可一日虛其位也?" 石因對曰: "崙等心知
殿下以世子已婚告于黃儼矣 乃欲以口舌改之. 儼性本精察 若
聞此言 則必知其事 奏于天子曰: '某國之君 反復不信' 則社稷
安危 豈不繫焉? 臣等職掌邦憲 但知執之而已." 上曰: "卿言雖
是 予亦慮之熟矣. 今日又當改下政丞矣 臺諫毋得更有彈劾." 遂
於廣延樓開印 復以河崙爲左政丞 遣知申事黃喜 齎官敎卽其家
賜之 命起視事."

丁酉 震密陽 比屋人 各一.

朝廷內史金得 金壽二人來 帝賜鸚哥三雙也. 得等 本國所進

宦者.
환자

戊戌 上如太平館 宴金得等 命攸司賜得等父母家各米豆二十
무술 상여 태평관 연김득등 명유사 사득등부모가각미두 이십

石.
석

黃儼過開城廣利寺 取各手觀音鑄像而去.
황엄 과개성 광리사 취 각수관음 주상 이거

庚子 復命六曹臺諫啓事. 謂代言權綏曰: "卿職兼戶曹 可以知
경자 부명육조대간 계사 위대언 권완왈 경직겸호조 가이 지

京外穀米多少. 厥今節用之道 非不擧行 宮中用度 比前日殆減
경외 곡미 다소 궐금 절용 지도 비불 거행 궁중 용도 비전일 태감

其半 小宦之食於宮中者 或有慊其儉素不及私家之食者. 予於
기반 소환 지식어 궁중 자 혹유겸 기검소 불급 사가 지식자 여어

節用非不慮也 何穀米之數 不加多於昔日也? 四五月之間當旱
절용 비불 려야 하곡미 지수 불가다 어 석일야 사오월 지간 당한

予乃輟酒 旣而有雨 大臣勸酒 且夏月飮藥 不可無酒 予且聽焉.
여내 철주 기이 유우 대신 권주 차 하월 음약 불가 무주 여차청언

今又不雨 又不可不輟. 數月之間 或輟或飮 是欺天也. 然當此
금우 불우 우 불가 불철 수월 지간 혹철 혹음 시 기천 야 연당차

天譴敬謹之至 不可不輟也."
천견 경근 지지 불가 불철 야

辛丑 金得 金壽覲親于鄕貫 議政府餞之于盤松亭.
신축 김득 김수 근친 우 향관 의정부 전지 우 반송정

御廣延樓 引見右司諫大夫吳陞 左正言鄭招. 二人詣闕啓曰:
어 광연루 인견 우사간대부 오승 좌정언 정초 이인 예궐 계왈

"前月二十八日 殿下命臣等曰: '中外臣僚得失 具狀以聞.' 臣等
전월 이십 팔일 전하 명 신등 왈 중외 신료 득실 구장 이문 신등

首陳古者三公遇災避位故事. 近年以來 水旱相仍 正大臣引咎
수진 고자 삼공 우재 피위 고사 근년 이래 수한 상잉 정 대신 인구

辭免之時也 而河崙 趙英茂等 貪寵不辭 更立法制 又使臣黃儼
사면 지시야 이 하륜 조영무 등 탐총 불사 갱립 법제 우 사신 황엄

帝所寵信也.④ 往往曰: '國王待予雖甚厚 議政府則甚薄.' 此言若
제 소총신 야 왕왕 왈 국왕 대여 수 심후 의정부 즉 심박 차언 약

布中國 聞者以爲權在下矣. 臣等以此啓聞 未蒙允許. 論說大臣
포 중국 문자 이위 권재하의 신등 이차 계문 미몽 윤허 논설 대신

用捨 未合殿下之鑑 難以居耳目之官."
용사 미합 전하 지감 난이 거 이목지관

上曰: "儼天下之奢者也; 河政丞儉乎儉者也. 以彼之奢 見政丞
상왈 엄 천하 지사자야 하정승 검호검자야 이피지사 견정승

262

之儉 其謂之薄 無愧." 陞對曰:"以諫臣論宰相 不中上意 豈可
復在諫院耶?"上乃御樓 召陞 招及知申事黃喜入 復命史官宋褒
近前 親諭之曰:

"今日之事 不可使人傳語也. 黃儼之謂政丞爲薄 予亦聞之 然
以至奢而見至儉 其謂薄也必矣. 諫官近日劾驪興府院君及河
政丞等 問其欲追改已成之命 使寡人得失信之罪於上國 予固知
諫官之必有是言也. 然欲鰲降帝女者 豈有他心乎? 大臣不易得
予豈可輕有改易乎? 若屯田煙戶米遷都邑修軍器改量田等事 人
皆謂政丞之策 其實皆予之所爲也. 今以軍國糧餉之儲 誠不可
不慮 屯田無十分之害 而可以補軍餉: 煙戶米則隨歲之豐凶而
斂之 有多少之差 至於凶年則散 皆民所自食也. 還都則在松都
屢有水旱之災 予以爲宗廟社稷皆在新都 故斷然而還 不知者謂
政丞之言. 予於前朝之季 以密直提學 參坐都堂 見禮賓寺專爲
都堂供億 不似王官 又於都堂置支應庫 靡費不可勝記 至於奔走
使令於前者 以時給衣食之資. 今政丞一切罷之 乃曰:'王府役使
之人 尙有未盡衣食之者,' 況此都堂之屬乎? 專尙儉約 近來爲相
如政丞者鮮矣. 專任大臣 非古昔人君之體乎? 左右政丞識見雖殊
氣則一也. 休戚所同 豈有毫髮之疑於其間哉? 古人云:'臨亂之
君 各賢其臣,' 予之所言 或者類此 自今以後 卿等勿復動搖大臣.
君臣相資 不亦可乎? 卿等毋以苟在諫院爲嫌 務存大體."

陞等乃退.

壬寅 司諫院上疏論安魯生罪 不允. 疏略曰:

'近日趙璞 安魯生所犯惟均 璞付處而魯生超遷 罪同罰異 賞罰不明.'

上召諫官諭之曰:"李玄 孔俯 固無他意 若趙璞馳騁智計 吐出 詭言 但令付處耳. 魯生則非實有罪 偶與無咎接談耳. 且旣已 受杖乎? 刑曹多事 遷于吏曹 非賞之也 汝等未知其實耳." 咸等 對曰:"吏曹參議 最爲淸要之秩 臣等以爲超遷也." 上曰:"不然." 咸等遂退.

癸卯 太白晝見經天.

行蜥蜴祈雨于宮中. 上聞巡禁司大護軍金謙言 前守甫州見 東坡詩有甕中蜥蜴眞堪笑之句 注備載祈雨之法 謙依其法試之 果得雨. 是日召謙問之 卽命試之於廣延樓下. 其法置盛水二甕 於庭 捕蜥蜴納之甕中 設席焚香 令童男二十人衣靑衣 持柳枝祝 曰:"蜥蜴蜥蜴 興雲吐霧. 降雨滂沱 放汝歸去." 旣二日不得雨 放 童子 各賜米一石.

以李至爲刑曹判書 鄭矩戶曹判書 柳龍生工曹判書 柳觀判 恭安府事 鄭渾左司諫大夫.

遣司譯院判官林密如遼東咨曰:

'謹見世子進賀正朝 擬於九月初頭起程 欲要經由陸路前去 煩

264

爲轉達朝廷 許令北京往來.
위 전달 조정 허령 북경 왕래

甲辰 欽差千戶金聲還自義州.
갑진 흠차 천호 김성 환자 의주

議政府贊成事權近等 上書論事. 書曰:
의정부 찬성사 권근 등 상서 논사 서왈

'人主與大臣 元首股肱 有同一體 可否相濟 共成其治者也. 舜
인주 여대신 원수 고굉 유동일체 가부 상제 공성 기치 자야 순

命禹曰: "予違汝弼." 高宗命傅說: "爾交修予." 傳曰: "和臣不忠
명우왈 여위여필 고종 명부열 이교수여 전왈 화신 불충

忠臣不和 故君所曰可 宰相有所不可."
충신 불화 고군 소왈 가 재상 유 소불가

歷代以來人主所爲 如有未安者 則人臣或不奉詔 或有封駁
역대 이래 인주 소위 여유 미안 자 즉 인신 혹 불봉조 혹유 봉박

追改成命者多矣. 此所以調護匡救 維持夾輔 以收治平之效者也.
추개 성명 자다의 차 소이 조호 광구 유지 협보 이수 치평 지효 자야

不然 君出言自以爲是 卿大夫莫敢矯其非 唯唯諾諾 阿諛順從
불연 군 출언 자이위 시 경대부 막감 교기비 유유 낙낙 아유 순종

以至於亂. 此正孔子所謂予無樂乎爲君 惟其言莫予違也 是一言
이 지어 난 차정 공자 소위 여 무락 호위군 유 기언 막여위 야 시 일언

而喪邦者也.
이 상방 자야

國家自太上開國以後 及殿下卽位以來 廣詢博訪 樂取諸人
국가 자 태상 개국 이후 급 전하 즉위 이래 광순 박방 낙 취 저인

以隆治化 神謀睿算 已嘗講畫之事 往往本府更議申請 以至改
이릉 치화 신모 예산 이상 강획 지사 왕왕 본부 갱의 신청 이지 개

罷者 蓋亦多矣. 由是下情悉達 上德益彰 式至今休. 近日臺臣
파 자 개역 다의 유시 하정 실달 상덕 익창 식지 금휴 근일 대신

諫官 因世子吉禮之事 劾論左政丞河崙等 欲改殿下已定之
간관 인 세자 길례 지사 핵론 좌정승 하륜 등 욕개 전하 이정 지

事 獲蒙殿下肆宥之恩 然後得釋. 然則人君所爲 苟云已定 雖
사 획몽 전하 사유 지은 연후 득석 연즉 인군 소위 구운 이정 수

有未安 臣下不得更議申請 無論是非 惟事奉承而已. 是不惟戾
유 미안 신하 부득 갱의 신청 무론 시비 유사 봉승 이이 시 불유 려

於交修匡救之意 阿諛順旨 以基禍亂將來之患 有不可勝言者
어 교수 광구 지의 아유 순지 이기 화란 장래 지환 유 불가 승언 자

矣. 臣等職在政府 股肱一體 可否相濟之任. 自今事有可議 將如
의 신등 직재 정부 고굉 일체 가부 상제 지임 자금 사유 가의 장여

臺諫所論 指爲已定 不敢更議申請 惟事奉承 卽乖股肱一體之道
대간 소론 지위 이정 불감 갱의 신청 유사 봉승 즉 괴 고굉 일체 지도

以負殿下委任之意 將復議擬 有所更改 則恐臺諫又從而議其後.
이부 전하 위임 지의 장부 의의 유 소갱개 즉공 대간 우종이의 기후

進退惟谷 罔知攸處 伏望上裁.
진퇴유곡 망지 유처 복망 상재

　上覽疏 判付曰 "雖予已定之事 可否相濟 依舊施行." 旣已私
상 람소 판부왈 수여 이정지사 가부 상제 의구 시행 기이 사

自言曰 "權二相 尙未知予心. 予之謂私相謀議 欲沮已定之事
자언 왈 권이상 상미지여심 여지위사 상모의 욕저 이정지사

者 非他 以旣與使臣言世子已婚 而更欲連婚上國 則予之前言爲
자 비타 이기여 사신 언세자 이혼 이갱욕 연혼 상국 즉여지 전언 위

虛語. 世子未婚 而予汲汲與使臣言已婚者 正恐其連姻上國也.
허어 세자 미혼 이여 급급 여사신 언이혼 자 정공기 연인 상국 야

儻若許婚 或非帝之親女 雖或親女 語音不通 非我族類 而恃勢
당약 허혼 혹비제지 친녀 수혹 친녀 어음 불통 비아 족류 이 시세

驕恣 壓視舅姑 或因妬忌 片言隻辭 私通上國 不無構釁. 且諸閔
교자 압시 구고 혹인 투기 편언 척사 사통 상국 불무 구흔 차제민

必將席世子伉儷之勢 益難制矣 故予以此爲私議 而欲沮吉禮之
필장석 세자 항려 지세 익 난제 의 고여이차 위사의 이 욕저 길례 지

爲非耳."
위비 이

　震光州人吳宥.
진 광주 인 오유

　乙巳 鄭昇還自開寧 金角等亦還 議政府迎于漢江.
을사 정승 환자 개령 김각 등역환 의정부 영우 한강

　丙午 鄭昇及金角等五人詣昌德宮 上引鄭昇 置酒于便殿 命
병오 정승 급 김각 등 오인 예 창덕궁 상인 정승 치주 우 편전 명

左代言權緩饋角等于西廂.
좌대언 권완 궤 각 등 우 서상

　丁未 召六曹臺諫 問致旱之由 皆曰 "屯田煙戶米及外方各官
정미 소 육조 대간 문 치한 지유 개왈 둔전 연호미 급 외방 각관

責納細苧麻布 衆所怨咨." 上曰 "更言別事." 皆無以對. 先是
책납 세저 마포 중 소원자 상왈 갱언 별사 개 무이 대 선시

進獻苧麻布 或責之各品 或責之巫覡 至是使者連繹 朝聘贈遺
진헌 저마포 혹책지 각품 혹책지 무격 지시 사자 연역 조빙 증유

殆倍於舊 京中難辦 故使外方各官 隨戶口多少而納之 民甚苦之.
태배 어구 경중 난판 고사 외방 각관 수 호구 다소 이 납지 민심 고지

　召司憲掌令宋興 持平安耋諭之曰 "爾等前者請日詣太上殿
소 사헌 장령 송흥 지평 안질 유지왈 이등 전자 청일 예 태상전

哭泣 然吾近詣太上殿 父王曰 '熱甚 解衣 未能相見 秋涼乃可
곡읍 연오 근예 태상전 부왕 왈 열심 해의 미능 상견 추량 내 가

出來.'予承父王之志 不敢有違. 爾等欲使我哭泣 何哉? 又竝用

二相者 文武兼濟之意也."興等曰: "臣愚知不及此. 但聞一詣

德壽宮不見而還 其後未聞再詣 故以勿憚數詣爲言耳. 若武臣

不宜於政府 任之他位可也."上更問曰: "爾等堅請罷屯田煙戶米

之法. 苟罷之 爾等果可必其得雨乎?"興等對曰: "臣等安知天意!

雨雖不可必期 然民怨除 則天意可回矣."召議政府舍人李明德

諭之曰: "政府議事 儻有異同 開寫某某之議如彼 某某之議如此

啓聞取旨."

己酉 安東府南川 魚自死浮出.

西北面平壤府 石多山 甑山縣新里 雷電有火落地 焚燒草木

長百餘步許 廣八十步許. 旣已雨下 火乃止.

庚戌 遣議政府事成石璘 禱雨于圓壇. 其祭文曰:

'天之視聽 常自乎人 人之休咎 亦現于天 天人之際 感應甚速

不可誣也. 若夫旱乾水溢之災 恒由君相反道敗德 亂常失政

自以一身之罪而召之爾. 然而無罪無辜蚩蚩之氓 林林之生 先被

其害 以至飢饉 盡瘁而莫之恤 予以涼德 承天地之保佑 賴祖宗

之積累 君臨一國 于茲有年 旱溢之災 無歲無之. 是皆不穀敗德

而致 其獲天譴宜矣. 敢不自責 以謝罪咎於上天乎?

歲在戊寅 太上不豫 權臣挾幼 圖害宗支 禍變甚迫 乃與一二

義士 欲保性命 稱兵除亂 槍攘之際 害及同氣 驚動太上 以傷

厥心. 蓋迫畏死 出不得已 非有他心 我罪一也.
궐심 개박외사 출 부득이 비유 타심 아죄 일야

以嫡以長 翊戴上王 宗社載定 中外乂安 不期姦臣又脅懷安
이적이장 익대 상왕 종사 재정 중외 예안 불기 간신 우협 회안

阻兵稱亂 間我兄弟 幸賴義旅 隨卽平定. 懷安由是謫在外服 上
조병 칭란 간아 형제 행뢰 의려 수즉 평정 회안 유시 적재 외복 상

不得見太上之慈嚴 下不得享宗親之尊榮 拘留鬱抑 有同囚繫. 是
부득 견 태상 지 자엄 하 부득 향 종친 지 존영 구류 울억 유동 수계 시

在公義 非予敢私 然在象憂之心 寧無舜德之愧! 我罪二也.
재 공의 비여 감사 연재 상우 지심 영무 순덕 지괴 아죄 이야

上王無嗣 謂予母弟 且於開國定社 與有勳烈 定爲世子 將俾
상왕 무사 위여 모제 차어 개국 정사 여유 훈렬 정위 세자 장비

繼統. 及其傳位 非老非病 一朝無故 遽釋重器 未知果出上王之
계통 급기 전위 비로 비병 일조 무고 거석 중기 미지 과출 상왕 지

誠心歟 抑迫群情擁逼而然歟? 予心至今未知其然 亦未敢以自安
성심 여 억박 군정 옹핍 이연 여 여심 지금 미지 기연 역 미감 이 자안

我罪三也.
아죄 삼야

上黨父子 是予勳舊 亦予姻親 乃坐言語 流竄在外 親屬違離
상당 부자 시여 훈구 역여 인친 내좌 언어 유찬 재외 친속 위리

不得寧居 亦已有年. 同盟之意 予雖不忘 彼之鬱抑 豈可勝言!
부득 영거 역이 유년 동맹 지의 여수 불망 피지 울억 기가 승언

我罪四也.
아죄 사야

凡此四罪 其於父子兄弟君臣勳舊之間 皆失其道 不得善處 良
범차 사죄 기어 부자 형제 군신 훈구 지간 개실 기도 부득 선처 양

由不穀非德之致. 獲戾於天 以召災咎 誠所宜也 何敢咎焉! 但
유 불곡 비덕 지치 획려 어천 이소 재구 성 소의 야 하감 구언 단

愍小民飢饉荐臻 飛潛草木 皆至憔悴 是誠何罪 先受其害? 念
민 소민 기근 천진 비잠 초목 개지 초췌 시성 하죄 선 수 기해 염

此痛傷 憂心如焚 惟天聰明 罪福不差 胡寧忍此 具瘁以慘! 凡
차 통상 우심 여분 유천 총명 죄복 불차 호녕 인차 구췌 이참 범

人一朝之饗 一物之得 皆關乎天 非可妄干. 況以眇然之軀 君臨
인 일조 지향 일물 지득 개관 호천 비가 망간 황이 묘연 지구 군림

一國 多歷年 所非賴上天之命 其可一日而濫據乎? 天旣不以予爲
일국 다 역년 소비 뢰 상천 지명 기가 일일 이 남거 호 천기 불이 여위

有罪 以付一國神器矣. 豈可不釋其罪 以予一身之故 而病一國之
유죄 이부 일국 신기 의 기가 불석 기죄 이여 일신 지고 이병 일국 지

民命乎? 惟願上天 聰明降監 諒我之誠 恕我之罪 不災于國 不病
민명 호 유원 상천 총명 강감 양 아지성 서 아지죄 부재 우국 불명

于民. 享年長短 莅國久近 惟天所命 不敢有祈 時賜甘雨 旣優旣

渥 百穀豐穰 萬物咸遂: 鰥寡孤獨 飛潛庶類 皆得生育 以登富壽

之域 不勝至願.'

　權近之辭也.

　罷屯田煙戶米法. 司諫院上疏曰:

　'臣等聞天地之災 莫大於旱乾; 人心之傷 莫甚於徵斂. 徵斂煩

而未得養育之樂 則旱乾甚 而未盡生成之道矣. 天人相感之理 誠

不誣也. 古之論水旱者 不過曰氣數之適然 與夫怨氣之所召 若非

堯湯之水旱 則不可謂之氣數也. 然則今之旱災 氣數歟? 怨氣歟?

宜乎殿下耿耿不寐 坐以待朝 汲汲於生民之利害也. 臣等敢不更

陳淺見 以聞于上乎? 今國家安不忘危 以爲儻有不虞 何以禦之

專以充府庫足糧餉爲急 而改量土田 以求其剩 廣開屯田 以增

其斂 至於烟戶之米 兩麥之稅 無不斂焉. 此雖遠慮 皆爲目前

之害 徒取怨於民也. 蓋改量之田 倍斂於前 已爲民怨 復以屯田

戶米 兩麥之稅 聚加一時 怨讟之興 莫此甚也. 孟子曰: "有布縷

之征 有粟米之征 有力役之征 (君子用其一緩其二) 用其二則民有

飢莩 用其三則父子離." 今之征斂 已甚於此 旱氣之甚 恐由此也.

願殿下停罷屯田 戶米 兩麥之稅 以解民怨 以弭天災.'

　敎曰: "只罷屯田之法."

　司憲府上疏曰:

'求言必行 人主之德也. 於五六月之間 旱氣太甚 殿下心常
軫念 求言臺諫 又咨刑曹. 臣等敢以狂瞽之言 上達聖聰 今旣
月餘 未見殿下採擇之實 前日求言之意安在? 又當六月盛農時
旱氣日熾 苗盡槁矣. 伏望殿下 勇於必行 俯從前日之言. 且屯田
煙戶米之法 雖信美矣 然立法定制 當順民心. 今年累月不雨
禾穀盡槁 民將飢餓 乃何不以爲念 而欲加其聚斂乎? 何待政府
之擬議 然後知其利害哉? 願殿下採擇施行.'

教曰: "其永除屯田烟戶米之法."

遣南城君洪恕如京師 謝賜鸚哥 仍進純白紙八千張. 以帝曾有
求紙之命也.

賜內贍寺童稚米五石及縣布. 以童稚聚于其寺西巓禱雨也. 上
聞之 有是賜.

司諫院上時務數條. 疏曰:

'天之立君 爲民而已 故先王之政 莫先於養民. 成周之民 無不
受田 五畝之地 不收其租 而皆獲田廬之利 仰事俯育 安土樂業.
我國家徒知斂民之財 不知恤民之道 常賦之外 雜斂多門 無利
及於民者 故怨積於下 變應於上 水旱之災 無歲無之. 況今改量
諸道之田 家基寸地 皆計而賦之 民生益苦 怨氣尤積 是不可
不慮也. 願自今依成周五畝之制 斟酌多寡 分授不稅 則庶幾人心
悅而天道順矣.'

又言:
<small>우언</small>

'任賢使能 致理之本. 苟非其人 則天職不修 而治功墮矣. 竊見
<small>임현 사능 치리 지본 구비 기인 즉 천직 불수 이 치공 타의 절견</small>

邇來功臣子弟 以父兄之故 不論才否 擢列華秩 坐尸天祿 豈
<small>이래 공신 자제 이 부형 지고 불론 재부 탁 열 화질 좌시 천록 기</small>

能修天職 而合天意乎? 其中供正庫副使孟歸美 京市署令
<small>능수 천직 이 합 천의 호 기중 공정고 부사 맹귀미 경시서 령</small>

金孝誠 東部令辛孟和 司醞丞趙育 宗廟令李師厚等 尤爲年少
<small>김효성 동부 령 신맹화 사온 승 조육 종묘 령 이사후 등 우위 연소</small>

此非古者任官之法也. 願自今功臣子弟之別無才行者與年少不學
<small>차비 고자 임관 지법 야 원 자금 공신 자제 지 별무 재행 자여 연소 불학</small>

者 勿令忝汚公選 以正致治之本.'
<small>자 물령 첨오 공선 이정 치치 지본</small>

不報.
<small>불보</small>

臺諫皆辭職. 大司憲成石因 左司諫崔咸等詣闕啓曰: "臣等聞
<small>대간 개 사직 대사헌 성석인 좌사간 최함 등 예궐 계왈 신등 문</small>

贊成事權近等上書斥臺諫之誤 不敢居職." 上曰: "近來旱甚 予
<small>찬성사 권근 등 상서 척 대간 지오 불감 거직 상왈 근래 한심 여</small>

未知致之之由. 雖欲恐懼修省 未足以消變 昨夜到曉不寐 寢食
<small>미지 치지 지유 수욕 공구수성 미 족이 소변 작야 도효 불매 침식</small>

未安 思欲一睡 卿等可以退矣." 石因等啓曰: "臣等竊觀政府之疏
<small>미안 사욕 일수 경등 가이 퇴의 석인 등 계왈 신등 절관 정부 지소</small>

有曰: '將如臺諫所論 指爲已定 不敢更議 惟事奉承 則負委任之
<small>유왈 장여 대간 소론 지위 이정 불감 갱의 유사 봉승 즉부 위임 지</small>

意.' 是專指臣等爲阿諛順旨也. 臣等有罪恭竢罪責 儻曰無罪 爲
<small>의 시전 지 신등 위 아유 순지 야 신등 유죄 공사 죄책 당왈 무죄 위</small>

此言者 不當居位." 上曰: "政府之疏所謂阿諛順旨者 特自嫌之
<small>차언 자 부당 거위 상왈 정부 지소 소위 아유 순지 자 특 자혐 지</small>

辭耳 非指臺諫也. 觀文尋意 不容如是之固滯也. 卿等旣以言官
<small>사 이 비지 대간 야 관문 심의 불용 여시 지 고체 야 경등 기이 언관</small>

而來 意欲余之聽從也. 予之此言 以人君而語臣子也 其欲不我聽
<small>이래 의욕 여지 청종 야 여지 차언 이 인군 이어 신자 야 기욕 불아 청</small>

乎? 其勿復言." 石因對曰: "臣觀作文之勢 阿諛順旨者 非指臺諫
<small>호 기물 부언 석인 대왈 신관 작문 지세 아유 순지 자 비지 대간</small>

而何?⑤ 臣老矣 謬算狂謀 不能補上德之萬一. 方此旱災 致上
<small>이하 신 노의 유산 광모 불능 보 상덕 지 만일 방차 한재 치상</small>

動念 臣之罪也." 遂退 與咸等皆辭職.
<small>동념 신지 죄야 수퇴 여함 등 개 사직</small>

慶尙道聞慶縣陽山寺泥塑佛汗.
　　경상도　문경현　　양산사　이소불　한

辛亥 微雨.
신해　미우

右政丞趙英茂以疾再辭.
우정승　조영무　이질　재사

豊海道豊州長淵殷栗等處 大風二日 早穀盡偃. 海州黃州鳳州
풍해도　풍주　장연　은율　등처　대풍　이일　조곡　진언　　해주　황주　봉주

京畿延安白州及西北面中和祥原宣州朔州蝗.
경기　연안　배주　급　서북면　중화　상원　선주　삭주　황

慶尙 全羅道大旱.
경상　전라도　대한

夏無麥.
하　무맥

| 원문 읽기를 위한 도움말 |

① 當以撫恤爲本. 이는 '以~爲~'로 '~를 ~로 여긴다'라는 뜻이다. 그런데
　　당 이 무휼 위본　　　　　　　　이　위
　　爲本 爲美 爲重 爲貴 등은 그 자체로도 의미를 가져 붙여서 표기했다.
　　위본 위미 위중 위귀

② 他人則不能盡達于帝前 我則不然. 則앞에 문장이 아니라 단어가 오면
　　타인 즉 불능 진달 우 제전　아 즉 불연　즉
　　대부분 '~의 경우에는'이라는 뜻이다. 여기서는 타인과 자신을 대비하는
　　효과도 있다.

③ 爲此耳. 여기서 爲는 '~ 때문이다'라는 뜻이다. 耳는 '뿐'이다.
　　위차이　　　　위　　　　　　　　　　　　이

④ 帝所寵信也. 여기서 所는 수동형을 만들어주는 조동사다. 즉 제에게 총
　　제 소총신 야　　　　　소
　　애받고 신뢰받는다는 뜻이다.

⑤ 非指臺諫而何. '非~而何'의 구문으로 '~이 아니고 무엇이겠는가'라는 뜻
　　비 지 대간 이 하　비　이 하
　　이다.

태종 7년 정해년
7월

七月

임자일(壬子日-1일) 초하루에 내사(內史) 정승(鄭昇)과 김각(金角) 등이 돌아가니 지신사 황희(黃喜)에게 명해 의정부와 더불어 반송정(盤松亭)에서 전송하게 했다. 상이 편찮았기[不豫] 때문이다.
불예

계축일(癸丑日-2일)에 진경(陳敬)과 김성(金聲) 등이 돌아가니 좌대언 윤사수(尹思修)에게 명해 의정부와 더불어 전송하게 했다.

○ 의정부에서 글을 올려 둔전(屯田)과 연호미(煙戶米)의 법을 회복하기를 청했으나 윤허하지 않았다. 글은 이러했다.

'전하께서 가뭄의 재앙으로 인해 좋은 말씀을 구하시는 때를 만나 의견을 올리는[獻議] 자들이 둔전(屯田)과 연호미(煙戶米) 두 가
헌의
지 일을 들어 백성들이 원망하는 원인으로 삼았습니다. 둔전과 연호미의 법은 전조(前朝-고려) 충선왕(忠宣王)이 세운 것이고, 위조(僞朝-우왕과 창왕) 말년에는 행해지지 않았는데 근년에 각 품(品)의 진언(陳言)으로 인해 깊이 토의해[擬議] 거행한 것입니다. 둔전은 대략
의의
20호(戶) 정도가 같이 1석(石)의 곡식을 심어 선군(船軍)의 식량을 공급하는 것인데, 1년에 역사하는 것이 3일에 지나지 않으니 비록 강퍅(剛愎)한 자라도 어찌 원망이 극에 달해 화기(和氣)를 손상하겠습니까? 연호미(煙戶米)는 대략 15구(口) 이상 호(戶)에는 풍년에 쌀 10두(斗)를 거두고, 5구 이상의 호에는 쌀 4두를 거두며, 중년(中

年-평년작의 해)에는 그 반을 거두고 흉년에는 전부 면제하니 풍년에 한 사람이 바치는 것은 1두(斗)도 차지하지 못합니다. 비록 지극히 탐오하고 인색한 자라도 어찌 원망이 지극하여 화기를 손상하겠습니까? 이 두 가지 일 때문에 가뭄이 온다고 하여 반드시 혁파해 버리려 하는데 수재와 한재라는 것은 요(堯)임금과 탕(湯)임금도 면하지 못한 것입니다. 만일 경내(境內)에 불행하게 수 년 동안 수재와 한재가 있게 되면 선군(船軍)이 이미 스스로 (군량을) 준비하지 못하고, 창고의 저축으로도 공급하지 못할 것이니, 둔수(屯戍)를 시키고자 한들 반드시 굶주림을 가져올 것이고, 놓아서 보내고자 한들 외적을 막을 수가 없을 것입니다. 이런 때를 당하면 계책이 장차 어디서 나오겠습니까? 또 굶주리고 유리하다가 도랑에 뒹구는 자가 있으면 어떻게 그 죽음을 구원하겠습니까? 오늘의 조금 풍족한 것을 가지고 후일에도 보존할 수 있다고 말할 수는 없습니다. 오로지 이 두 가지 일은 하나는 선군(船軍)의 괴로움을 덜어주고자 한 것이요, 하나는 궁핍(窮乏)한 생명을 구제하고자 한 것입니다. 하늘의 뜻이 어찌 이것을 가지고 견책(譴責)하려고 하겠습니까? 이것은 전하께서 재탁(裁度)하는 데에 있습니다. 또 천견(淺見)으로 의논할 수 있는 것을 아래와 같이 열거(列擧)하오니 상의 뜻을 취하여 채택 시행하셔야 할 것입니다.

첫째는 원통함과 억울함을 펴서 다스리는[伸理] 일입니다. 하나, 의심나는 옥사[疑獄]를 결단하지 못해 오래 갇혀 있는 자는, 경중(京中)에서는 형조·사헌부·순금사(巡禁司)로 하여금 외방(外方)에서는 각도 감사(監司)로 하여금 잡혀와 구금된 날짜와 범죄의 실상을 갖춰 기록하여 신문하게 하여 명령을 받아서 지체 없이 재결할 것. 하나, 동서 양계(東西兩界)의 향화(向化-귀화)한 사람 가운데 토호(土豪)에게 붙어 살며 사역을 한 지가 세월이 오래되어 그들이 천인(賤人)을 만들고자 하여 소송의 사단(事端)을 이룬 자는 정상을 끝까지 캐어 엄하게 금단(禁斷)을 행할 것. 하나, 일찍이 죄과(罪過)를 범하여 외방에 유배돼 아직 방면(放免)을 얻지 못한 자는 그 경중을 헤아려서 은유(恩宥)를 받도록 허락할 것.

둘째는 궁핍을 진휼하는 일입니다. 하나, 경중(京中) 5부(部)와 외방 각 고을의 환과고독(鰥寡孤獨)과, 파리하고 늙은 사람, 가난하고 궁핍한 사람으로 스스로 생활할 수 없는 자는 조사하여 물어서 구휼해 줄 것. 하나, 빈궁한 백성이 꾸어 먹은 곡물을 갚지 못하여 자녀(子女)를 전당 잡힌 자는 그 월일을 상고하고 품삯을 계산하여 즉시 모두 방면할 것. 하나, 양반의 딸 가운데 나이 30이 지나도록 집안이 빈궁하여 시집가지 못한 자는 물어 조사하여 관가에서 혼수를 주어서 출가하게 할 것.

셋째는 인재를 살펴 고르는 일[愼簡]입니다. 하나, 사람을 쓰는 도
리는 마땅히 충(忠)과 사(邪)를 분변해야 합니다. 한 사람의 충신을 쓰면 충신이 무리로 나오고, 충성스런 의논이 날마다 들려 공도(公道)가 열리고 국체(國體)가 편안해질 것이며, 한 사람의 사신(邪臣)을 쓰면 사신이 무리로 나오고, 간사한 의논이 날로 일어나 공도가 어두워지고 국체가 위태해질 것입니다. 이른바 충신이란 말이 반드시 의리에 부합하여 그 임금이 빼어나고 뛰어난[聖賢] 정치에 이르지 못할까 두려워하고, 이른바 사신이란 이와 반대로 때를 타서 의논을

세우고 힘써 아첨을 행하여 대체(大體)에는 어둡고 오로지 임시변통 [姑息]만을 일삼으니 진퇴(進退)시키는 즈음에 마땅히 조심하여 가려야 할 것입니다. 노성(老成)한 사람이 재주와 행실이 있어 임용할 만한데도 오래 침체되어 있는 사람은 중외(中外)에 조사하여 물어서 마땅함을 헤아려 서용할 것.'

상이 말했다.

"둔전과 연호미는 6월 29일 대간(臺諫)이 아뢴 것에 의거해 정파(停罷-혁파)하고, 그 나머지는 아뢴 것에 의하여 시행하라."

갑인일(甲寅日-3일)에 (경기도) 김포(金浦), 통진(通津)에서 남양(南陽), 수원(水原)과 (풍해도) 연안(延安), 배주(白州) 등에 이르기까지 연해(沿海) 14개 고을에 조수(潮水)가 넘쳐 곡식을 손상시켰다.

을묘일(乙卯日-4일)에 좌정승 하륜이 재이 때문에 사직했다.

○ 하륜(河崙) 조영무(趙英茂)를 파직했다. 의안대군(義安大君) 화(和-이화)를 영의정부사, 성석린(成石璘)을 좌정승, 이무(李茂)를 우정승, 성석인(成石因)을 예문관대제학, 박신(朴信)을 의정부참지사, 권진(權軫)을 사헌부대사헌, 이직(李稷)을 동북면 도순문찰리사 겸 병마도절제사, 조원(曺瑗)을 우부대언(右副代言), 이승간(李承幹)을 동부대언으로 삼고, 다시 최함(崔咸)을 좌사간 대부로 삼았다. 원(瑗)은 영무의 사위이고 승간(承幹)은 륜의 사위다. 특별히 대언(代言)으로 제배한 것은 두 사람의 마음을 위로하고자 한 것이었다.

병진일(丙辰日-5일)에 태백성이 낮에 보였다.

○ 전 총제(摠制) 김한로(金漢老)에게 쌀 100석을 주었다.

○ 부산포(富山浦)[1]에 부처(付處-유배)된 사람 정영(鄭寧)을 용서해 경외종편(京外從便)[2]하도록 허락했다. 정영은 임오년(壬午年)[3]에 길주 찰리사(吉州察理使) 임순례(任純禮)[4]를 따라 장무녹사(掌務錄事)가 됐던 자이다.

정사일(丁巳日-6일)에 당번 시위군을 놓아 보냈다.

기미일(己未日-8일)에 달이 형혹성(熒惑星)을 범했다.

○ 대신(大臣)을 나눠 보내 원단(圓壇), 사직(社稷), 북교(北郊)에서 비를 빌었다. 상이 재계청(齋戒廳)에서 나와 원단에서 제사를 행할 무렵 뜰에 내려가 지배(祗拜)했다. 이때 잠깐[乍] 비가 내렸다.
                                        사

경신일(庚申日-9일)에 비가 내렸다.

신유일(辛酉日-10일)에 비가 내렸다. 의정부에서 약주(藥酒)를 올릴 것을 청하니 허락하고 또 의정부에 술을 내려주었다.

---

1 조선 초 부산(釜山)의 지명이다.
2 서울 이외의 편한 지역에 가서 사는 것을 말한다.
3 안변부사(安邊府使) 조사의(趙思義)가 반란을 일으킨 1402년(태종 2년)을 말한다.
4 조사의 참모장격으로 반란군을 총지휘했다.

○ 개국정사좌명공신(開國定社佐命功臣)[5] 영의정부사 이화(李和) 등
이 소(疏)를 올려 민무구(閔無咎), 민무질(閔無疾), 신극례(辛克禮) 등
의 죄를 청했다. 소(疏)는 이러했다.

'『춘추(春秋)』의 법에 다른 사람의 신하된 자[人臣]의 죄 가운데
금장(今將)[6]보다 더 큰 것이 없으니 이는 간사한 마음을 막고 난의
근원을 방지하기 위함입니다. 여강군(驪江君) 민무구(閔無咎), 여성군
(驪城君) 민무질(閔無疾) 등은 궁액(宮掖)[7]에 인연하여[夤緣] 지나치
게 성은(聖恩)을 입어 일가 형제가 모두 존영(尊榮)을 누렸으니 마땅
히 조심하고 삼가고 두려워하여 그 직책을 정성껏 지켜서 감히 교만
하고 방자함이 없이 성은을 갚기를 도모해야 할 터인데 도리어 분수
를 돌보지 않고 권병(權柄-권력)을 제 마음대로 하고자 생각해 속으
로 금장(今將)의 마음을 품고 발호할 뜻을 펴보려 했습니다. 지난 해
전하께서 장차 내선(內禪)을 행하려 할 때 온 나라 신민(臣民)이 마
음 아프게 생각하지 않는 이가 없었으나, 무구(無咎) 등은 스스로 다
행하게 여겨 기뻐하는 빛이 얼굴에 나타났으며 전하께서 여망(輿望)
을 굽어 좇으시어 복위(復位)하신 뒤에 이르러서는 온 나라 신민이
기쁘게 여기지 않는 이가 없었으나 무구 등은 도리어 슬프게 여겼으

---

5 개국정사좌명은 각각 개국과 1차 왕자의 난, 2차 왕자의 난에 따른 공신이다.

6 『춘추공양전(春秋公羊傳)』에 이르기를 "임금의 친척에겐 장(將)이 없고 장(將)이 있으면
반드시 벤다"라고 했는데『한서(漢書)』「숙손통전(叔孫通傳)」을 보면 "인신(人臣)에게는 장
(將)이 없어야 한다"라고 하고 그 주(注)에 "장(將)은 역란(逆亂)을 말한다"라고 했다. 그러
므로 금장(今將)은 곧 역란(逆亂)의 마음을 품는 것을 말한다.

7 궁액(宮掖)은 궁문(宮門)의 좌우에 있는 소문(小門)이나 방사(旁舍)를 말하는데 여기서는
왕비(王妃)를 가리킨다.

니 이는 대개 어린아이(세자)를 끼고 위복(威福)을 마음대로 하고자 한 것으로 불충한 자취가 훤하게 드러나 여러 사람이 마음으로 함께 아는 바입니다.

또 그때를 당해 전하께서 종지(宗支)를 위해 영구토록 보전하여 편안히 할 계책을 도모하고자 했으나 무구가 감히 말하기를 "도와서 이끌어줄[誘掖]유액 사람이 없다면 아직 이렇게 하는 것도 좋을 것입니다"라고 했습니다. 전하께서 그 말을 들으시고 깜짝 놀라[竦然]송연 곧 무구에게 이르기를 "예로부터 제왕(帝王)은 적장자 이외에 다시 다른 아들이 없는 것이 괜찮으냐?"라고 하셨습니다. 안암(安巖) 이어소(移御所)에 이르러 전하께서 또 무구에게 이르기를 "임금이 반드시 아들 하나만 있어야 좋겠느냐?"라고 하니 무구가 대답하기를 '신은 일찍이 그런 뜻을 고했습니다"라고 했습니다. 무구의 뜻은 대개 종지(宗支)를 제거하고자 한 것이니 장래의 화가 헤아릴 수 없습니다. 하물며 무질(無疾)은 지난날 전하께서 즉위한 지 오래되지 않았을 때 대접하고 위로하는 것이 특별하고 두터웠는데도 정승 이무(李茂)의 집에 가서 씩씩거리며[怏怏]앙앙 불만의 뜻이 있는 것처럼 말하기를 "전하께서 마침내는 나를 보전하지 아니할 것이니 장차 어떻게 해야겠소?'라고 하니 이무가 간절히[諄諄]순순 예의(禮義)로 타이른 뒤에야 스스로 설복됐습니다. 그 당시에는 애초에 염려할 만한 일이 없었는데 무질이 의심과 두 마음을 품고서 스스로 편안하지 못했으니 그 뜻이 무엇이었겠습니까? 가만히 들건대 무구 등이 상께 아뢰기를 "세자 이외에는 왕자(王子) 가운데 영기(英氣)가 있는 자는 진실로 없어도 좋습니다"라고 했다 하니 금장(今將)의 마음을 품은 것이 명백합

니다. 또 일찍이 전하의 곁에 있을 때 감히 취산군(鷲山君) 신극례(辛
克禮)를 부추겨 친남(親男)[8]이 먹 장난한[墨戱] 종이를 취하여 찢게
하고, 또 말하기를 "제왕의 아들 중에 영기가 있는 자가 많으면 난을
일으킨다"라고 했으니 이 또한 종지(宗支)를 없애고자 한 것입니다.
전하께서 그 마음이 불충한 것을 환히 아시면서도 훈친(勳親)의 옛
정리를 생각해 반드시 보전하시려 하여 완곡하게 은혜를 베풀고 용
서하셨습니다. 무질이 또 구종지(具宗之, ?~1417년)[9]의 집에 이르러
말하기를 "전하가 우리를 의심하고 꺼리신다"라고 했습니다. 또 전하
더러 참소하는 말을 듣고 믿는다 하여[10] 불손한 말이 여러 번 입에
서 나왔습니다. 금장(今將)의 죄 중에서 이보다 더 큰 것이 없습니다.
엎드려 바라옵건대 전하께서는 대의로 결단하시어 무구·무질·극례
등을 유사(攸司)에 내려 그 실상을 국문하게 해 난의 근원을 막으시
면 심히 다행이겠습니다."

---

8 뒤에 드러나지만 이는 충녕대군, 즉 훗날의 세종을 가리킨다.

9 1399년(정종 1년) 형조의랑에 이어 1407년 호조참의가 됐다. 이때 평소 친하게 지내던
   민무질(閔無疾)이 왕족 간의 이간을 꾀했다 하여 하옥됨에 따라 이와 관련돼 국문을 받
   았다. 그해에 1406년 이후 우리 나라에 도망온 중국 사람의 쇄환상황(刷還狀況)을 알리
   기 위해 명나라에 사신으로 갔으며 돌아올 때 고황후(高皇后)로부터 서적 50책을 받아
   왔다. 1416년 호조참판이 됐는데 아우 구종수(具宗秀)가 왕명을 어기고 여색으로 세자
   를 자기집에 유인해 향응을 베푸는 데 참석하여 갖은 방법으로 아첨하며 세 형제의 뒷
   날을 부탁한 사실이 발각되어 이듬해 아우 구종유(具宗猷) 구종수와 함께 대역죄인으로
   참수당했다.

10 '임금이 참소를 듣고 믿는다'는 것은 일에 밝지 못하다[不明]'라는 뜻이다. 이는 『논어(論
   語)』 「안연(顏淵)」편에 나오는 다음 구절과 직결된다. 자장이 밝음(明)에 관해 묻자 공자
   는 말했다. "서서히 젖어드는 참소(讒訴)와 피부에 와닿는 하소연이 행해지지 않는다면
   그 정사는 밝다고 이를 만하다[浸潤之譖 膚受之愬 不行焉 可謂明也已矣]." 이 말이 사실이
   라면 태종이 불명(不明)한 군주라고 말한 것이니 불경을 저지른 것이다.

소를 대내(大內)에 머물러 두고[留中] (유사에) 내리지 않았다
[不下].

○ 민무질(閔無疾)이 청하여 말했다.

"신이 변명하고자 합니다."

이에 민무질과 병조판서 윤저(尹柢), 의정부참찬사 유량(柳亮), 총
제(摠制) 성발도(成發道, ?~1418년),[11] 평강군(平江君) 조희민(趙希
閔),[12] 칠원군(漆原君) 윤자당(尹子當), 이조참의 윤향(尹向), 호조참의
구종지(具宗之) 등을 불러 자문(紫門)[13] 밖에 나아왔고 6대언(代言)과
공신 유사(功臣有司) 의령군(宜寧君) 남재(南在), 철성군(鐵城君) 이원
(李原)과 사간(司諫) 최함(崔咸), 정언(正言) 박서생(朴瑞生), 집의(執
義) 이조(李慥) 등을 시켜 이를 질문하게 했다. 먼저 종지(宗之)에게
일러 말했다.

"너는 무질에게 무슨 말을 들었느냐?"

---

11 부친은 창녕부원군(昌寧府院君) 성석린(成石璘)이다. 사간원(司諫院)을 거쳐 1406년(태종
    6년) 중군동지총제(中軍同知摠制)가 됐다. 1407년 전라도 병마도절제사(全羅道兵馬都節
    制使)가 됐고 1408년 좌군총제(左軍摠制)를 거쳐 1409년 병서강토총제(兵書講討摠制)가
    됐다. 1411년 호분시위사총제(虎賁侍衛司摠制)·좌군도총제(左軍都摠制)가 됐다. 이때 부
    친 성석린이 좌의정(左議政)에 있었으므로 사의를 표명했으나 허락되지 않았다. 1412년
    우일번절제사(右一番節制使)를 거쳐 이듬해에는 형조판서(刑曹判書)가 됐으며, 1414년 한
    때 파직됐으나 공신의 아들이라 하여 바로 복직됐다. 1415년 판한성부사(判漢城府事),
    1416년 형조판서, 1418년 공조판서(工曹判書)를 거쳐 의정부참찬(議政府參贊)이 됐다.

12 1400년(정종 2년) 방원(芳遠-뒤의 태종)이 그의 동복형인 방간(芳幹)이 일으킨 난을 평
    정하고 왕위에 오르는 데 협력한 공으로 1401년(태종 1년) 익대좌명공신(翊戴佐命功臣)
    3등에 책록됐다. 1402년 9월에 완산부윤이 되었고, 1405년에 한성부윤이 됐다. 1409년
    10월에 민무구(閔無咎) 민무질(閔無疾)의 옥사에 관련돼 광양에 유배됐다가 이듬해인
    1410년 2월에 유배지에서 처형됐다. 이때 아버지와 아들도 연좌돼 일문이 화를 입었다.

13 선공감(繕工監)의 한 직소(職所)다.

종지가 대답했다.

"지난해 8월에 신이 무질의 집에 갔었는데 무질이 말하기를 '상당군(上黨君-이저)이 폄출(貶黜)된 뒤로 나는 항상 주상께서 의심하고 꺼릴까 두려워했는데 이제 병권[兵柄=兵權]을 내놓으니 마음이 마침내 조금은 편하다'라고 했습니다. 신이 이 말을 듣고 성발도에게 고했습니다."

발도에게 물으니 대답했다.

"그렇습니다."

무질이 종지를 흘겨보며 말했다.

"내 입에서 이런 말을 내지 않았는데 들은 자가 누구란 말이냐?"

종지가 말했다.

"지금 사생(死生)이 관계되는 곳에 나와서 내가 어찌 거짓말을 하겠소?"

다음에 향(向)에게 들은 것을 물으니 향이 대답했다.

"지난달 7일에 무질이 신의 집에 와서 말하기를 '듣건대 전일에 주상이 광연루(廣延樓)에 나아가 이숙번(李叔蕃)에게 이르기를 "지금 가뭄 기운이 없어지지 않는 것은 아래에 불순한 신하가 있기 때문이다"라고 하니 숙번이 대답하기를 "불순한 신하는 제거하는 것이 좋습니다"라고 했더니 이 말은 아마도[恐] 나를 두고 하는 말인 듯하다. 자네는 이 말을 들었는가?'라고 하기에 제가 말하기를 '그날 나는 사신(使臣)의 일로 마침 밖에 나가서 그 말을 듣지 못했습니다. 감히 묻건대 무슨 일로 스스로 의심하는 것입니까?'라고 하니 무질이 말하기를 '내가 의심하는 것은 이숙번이 상께 하소연하여 우리를 해치고자 할까 하는 것이지, 상 때문에 말하는 것이 아니오'라고 했습니다."

무질에게 "과연 이런 말을 했느냐"고 물으니 무질이 변명하지 못했다. 유량에게 들은 것을 물으니 량이 대답했다.

"공신이 한자리에 모이던 날에 윤저(尹柢)가 신에게 이르기를 '지난 가을에 주상께서 전위(傳位)하고자 할 때에 민씨(閔氏)가 이미 비밀리에 내재추(內宰樞)[14]를 정했는데 조희민(趙希閔)도 그중의 한 사람이었다'라고 했습니다. 신이 들은 것은 이뿐입니다."

윤저에게 물으니 저가 대답했다.

"지난 가을에 주상께서 복위(復位)하신 뒤에 윤자당(尹子當)이 신의 집에 와서 이 일을 말하고 또 말하기를 '이간(李衎)에게 들었다'라고 했습니다."

간(衎)은 이때 마침 서북면(西北面)에 봉명사신(奉命使臣)으로 나갔기 때문에 질정(質正)하지 못하고 윤자당에게 물으니 자당이 대답했다.

"그렇습니다. 신만 들은 것이 아니라 다음 날 이숙번이 신의 집에 와서 이간을 불러 물으니 다른 말은 없었습니다."

무질이 윤저에게 일러 말했다.

"자네가 어찌하여 혐의스런 일을 두고서 아무런 실상이 없는 말을

---

14 항상 궐내(闕內)에 임금 가까이 있으면서 국사(國史)를 의논하던 5~6명의 대신(大臣)을 가리킨다. 고려 때 이 제도가 생겨 몇 사람의 대신이 국정을 전단(專斷)하는 폐단이 있었으므로 조선 태조 때 이를 폐지했는데 정조 때에 다시 부활했다. 내재상(內宰相) 또는 내상(內相)이라고도 한다.

했느냐?"

희민은 부끄럽고 두려워하여 뒤를 돌아보며 윤저에게 일러 말했다.

"설사 내가 (아무리) 뛰어나다 해도 민씨의 일을 맡을 수 있을까?"

저가 꾸짖으며 말했다.

"만일 네가 아니라면 민씨가 어찌 내사(內事)를 맡기려고 했겠느냐?"

무질은 씩씩거리며 얼굴을 붉힐[赧然] 따름이었다. 질문이 끝나자
공사(供辭)를 갖춰 아뢰었다. 여러 공신이 대궐 뜰에 나아와 무질, 무
구, 극례의 죄를 청하니 상이 말했다.

"내가 장차 짐작하여[斟酌] 시행하겠다."

임술일(壬戌日-11일)에 서천군(西川君) 한상경(韓尙敬)을 납징사(納
徵使)[15]로 삼고, 총제(摠制) 조휴(趙休)를 부사(副使)로 삼았다. 예문
관대제학 성석인(成石因)을 고기사(告期使)[16]로 삼고, 제학(提學) 맹
사성(孟思誠)을 부사로 삼았다. 세자(世子)의 납징(納徵)하는 예는 말
2필과 비단 10속(束)이었다.

○ 동북면 도순문사(東北面都巡問使) 이직(李稷)에게 활과 화살 그
리고 갑주(甲胄-갑옷)를 주었다. 직(稷)이 장차 떠나려 하여 대궐에
나아와 하직하니 이런 하사가 있었다. 대개 왕구아(王狗兒)의 침입을

---

15 왕세자(王世子)의 혼례(婚禮) 때 세자빈가(世子嬪家)로 폐백(幣帛)과 마필(馬匹) 따위의
   예물(禮物)을 전하는 사신이다. 정사(正使)는 종(從) 1품이고, 부사(副使)는 정(正) 2품이
   었다.

16 왕세자(王世子)의 혼례 때 세자빈가(世子嬪家)에 혼인 날짜를 통고(通告)하는 사신이다.
   정사(正使)는 종 1품이고, 부사(副使)는 정 2품이었다.

두려워하여 예기치 못한 우환을 방비하고 또 북방에 성을 쌓고자 함이었다.

계해일(癸亥日-12일)에 달이 형혹성을 범하니 소격전(昭格殿)에서 초제(醮祭)를 올려 푸닥거리를 했다.

○ 민무구(閔無咎), 민무질(閔無疾), 신극례(辛克禮)를 자신들이 원하는 곳에 안치(安置)하도록 명했다. 애초에 상이 이숙번을 좌정승 하륜(河崙)에게 보내 무구 등의 불충한 음모를 알려주고, 또 그 처치의 마땅한 방법에 대한 의견을 구하니 륜은 담담하게[恬然]^{염연} 송구스러워하지 않으면서 마침내 대답했다.

"마땅히 가벼운 법전에 따라 처리해야 할 것입니다."

숙번이 이를 보고하자 상이 다시 숙번을 시켜 륜에게 말했다.

"경의 말은 곧 안창후(安昌侯) 장우(張禹)¹⁷로구나."

륜이 황공해했다.

○ 의정부에서 말씀을 올렸다.

'임금의 임금다움 중에서 굳세고 눈 밝음[剛明]^{강명}보다 큰 것이 없고,

---

17 한(漢)나라 성제(成帝) 때의 정승이다. 경학을 익혀 박사(博士)가 됐다. 원제(元帝) 초원(初元) 중에 불려가 태자에게 『논어』를 가르쳐 광록대부(光祿大夫)가 되고, 관내후(關內侯)와 영상서사(領尙書事) 등을 지냈다. 외직으로 나가 동평내사(東平內史)가 되었다. 하평(河平) 4년(기원전 25년) 승상(丞相)에 올라 안창후(安昌侯)에 봉해졌다. 성격은 사치스럽고 탐욕스러워 주운(朱雲)이 영신(佞臣)이라 지목했다. 외척(外戚) 왕씨(王氏)가 정권(政權)을 장악하자 관직을 물러났다. 그러나 국가의 대정(大政)에는 매번 자문을 받았는데 성제가 왕씨를 의심하여 장우에게 물으니 장우는 그 실정을 알면서도 자기가 늙고 그 자손이 약(弱)했으므로 감히 직언(直言)하지 못했다. 여기서도 태종이 『한서(漢書)』에 정통했음을 엿볼 수 있다.

능히 결단하는 것[能斷]보다 더 큰 것은 없습니다. (임금이) 굳세고 눈 밝게 되면 사특(邪慝)한 자가 그 속내[情]를 숨길 수가 없고, 능히 결단하면 간악한 자가 두려워하여 꺼리는 바가 있으므로 화란(禍亂)이 일어나지 않고 다스리는 도리[治道]는 융성하는 것입니다. 만일 간특함을 알고서도 의리로 결단하지 아니하면 차라리 알지 못하는 것만 못함이 더욱 심합니다. 만일 (차라리) 알지 못하면 간특한 자는 오히려 혹시 알게 되어 죄를 얻을까 두려워하고, 군중(群衆)의 심정은 계속해서 그것이 알려져 반드시 벌을 받게 되기를 바랍니다. 이리하여 도리를 모르고 제 마음대로 구는[不逞] 무리가 오히려 꺼리는 바가 있어 제멋대로 굴지[肆] 못합니다. (반면) 만일 간특함을 알고서도 죄주지 않는다면 간특한 자는 꺼리는 바가 없어 그 악한 짓을 더욱 자행하고, 군중의 심정은 모두 실망하여 다시는 바라지 않을 것이니 간악함이 어떻게 징계될 것이며 화란이 어떻게 종식되겠습니까? 우리 주상 전하께서는 영명과단(英明果斷)하시어 충사곡직(忠邪曲直)을 죄다 꿰뚫어 보시기 때문에 빠뜨리거나 남기는 바가 없으십니다. 지금 민무구, 민무질, 신극례 등이 비록 훈친(勳親)에 있음에도 그 간사함을 모조리 알아서 견책을 가하시니 굳세고 눈 밝으신 다움[剛明之德]이 지극하다고 할 것입니다.

(그런데) 공신들이 소장(疏章)을 올려 그 죄를 바로잡기를 청하니 전하께서는 오히려 사은(私恩)에 매여[狃] 차마 의리에 따라 결단하지 못하시고 또 그가 대궐에 나오게 되자 본부(本府-의정부)에 판부(判付)하시기를 "일단 무구와 극례 등 자기가 원하는 곳에 안치하고, 무질은 논하지 말라"고 하셨으니 이는 대개 무질은 종지(宗支)를 제

288

거하고자 한 일에 무관(無關)한 것처럼 하신 것입니다. 그러나 무구의 실상을 무질이 알지 못했을 리가 없으니 그 죄는 같습니다[均=同]. 또 무질은 일찍이 전하께서 즉위하신 지 얼마 되지 않았을 때 우정승 이무(李茂)의 집에 가서 스스로 의심과 두 마음을 품고 원망하는 말을 내뱉었습니다. 전하께서 내선(內禪)을 행하고자 하셨을 때에는 기뻐하는 빛을 얼굴에 나타냈고, 복위(復位)하시게 되자 도리어 근심스럽게 여긴 것은 나라 사람들이 아는 바입니다. 구종지(具宗之)를 만나서 또 원망하는 말을 했고, 윤향(尹向)을 만나보고는 다시 전하가 참소하는 말을 들어 믿는다고 말했으니 불충한 마음을 품어서 말과 낯빛[辭色]에 나타난 것이 한두 차례가 아닙니다. 그 죄 가운데 큰 것이 어찌 다만 종지(宗支)를 제거하고자 한 것뿐이었겠습니까? 전하께서 비록 사은(私恩)으로 용서하시고자[借=原] 하나, 사은은 한때의 고식책(姑息策)이고 대의는 만세의 상경(常經-오래가는 법도)입니다. 어찌 한때의 고식책으로 만세의 상경을 폐기할 수 있겠습니까? 엎드려 바라옵건대 전하께서 대의로 결단하시어 한결같이 공신의 장신(狀申) 안에 있는 사의(事意)와 같이 시행하시어 지극한 공정함을 보이신다면 종사(宗社)가 심히 다행이겠습니다.'

○ 대간(臺諫)에서 함께 장(章)을 지어 말씀을 올렸다.

'남의 신하된 자[人臣]에게는 장(將)이 없으니 장(將)이 있으면 반드시 베는 것이 만세에 통한 (춘추의) 의리입니다. 가만히 듣건대 여강군 민무구, 여성군 민무질, 취산군 신극례 등이 속으로 불충한 마음을 품어 금장(今將)하려는 마음이 있으므로 삼공신(三功臣)이 죄 줄 것을 청했는데, 바로 유윤(兪允-그대로 윤허함)하지 않으셨다고 하

니 큰 의리에 어그러짐이 있어 신 등은 서운한 마음입니다[觖望]. 가
만히 생각건대 무구·무질 등은 궁액(宮掖)의 혈친으로 오래도록 상
의 은혜를 입어 존영(尊榮)이 비할 데 없으니[無比] 더욱 바르게 몸가
짐을 지키고 유지하여 종지를 영원토록 보전해야 마땅할 터인데, 도
리어 은혜를 돌아보지 않고 빨리 권세를 제 마음대로 하고자 하여
어린 임금을 세우기를 탐했고 연전에 내선하시려다가 복위하실 즈
음에는 기뻐했다가 근심하는 빛을 밖에 드러냈으니 불충한 마음이
명백합니다. 또 무구가 종지를 보전하고자 하는 전하의 계책을 듣고
는 감히 잘라내 없애야 한다[剪除]는 말을 했습니다. 무질은 스스로
의심하고 꺼리는 마음을 내어 윤향(尹向), 종지(宗之) 등에게 원망하
는 말을 했습니다. 극례(克禮)는 탐오하고 비루한 자질로서 용린 봉
익(龍鱗鳳翼)에 참여하여 훈구(勳舊)의 총행(寵幸)을 얻었는데, 은혜
를 갚을 것은 도모하지 않고 불손한 마음을 내 친자의 먹 장난한 종
이를 찢고 말하기를 "옛부터 제왕(帝王)의 아들 가운데 영기(英氣)가
있는 자는 반드시 난을 일으킨다"고 하여 드디어 잘라내 없애야 할
뜻을 내었으니 이는 남의 신하된 자로서는 너무나도 큰 죄입니다. 엎
드려 바라옵건대 전하께서는 대의로 결단하시고 공신의 청을 굽어
좇으시어 유사(攸司)에게 영(令)을 내려 그 죄를 국문하여 화란의 근
원을 막고 주벌하시겠다는 뜻[誅意]을 밝히신다면 종사가 심히 다행
하겠습니다.'

모두 대내(大內)에 머물러 두고 내리지 않았다.

○ 대간에서 또 함께 장(章)을 지어 말씀을 올렸다.

'무구·무질·극례 등의 신하답지 못한[不臣=不忠] 죄는 이미 드러

290

났기에, 신 등은 소를 올려 공신의 장신(將申)에 따라 대의로 결단함으로써 화란의 싹을 막고 주벌하려는 뜻을 담은 법을 밝힐 것을 청했습니다. 이는 신 등의 한 개인의 사견(私見)이 아니라 만세 군신의 공의(公義)입니다. 전하께서 이에 지신사 황희(黃喜)로 하여금 뜻을 전하여[傳旨] 말씀하시기를 "공신의 청으로 인해 죄의 유무를 변별하여 무구와 극례는 자기가 원하는 대로 나눠 추방하고, 무질은 말이 스스로 의심한 것에서 나왔으므로 이미 너그럽게 용서했으니[寬貸=寬恕] 다시 거론하지 말라"고 하셨습니다. 신 등이 가만히 생각건대 남의 신하된 자의 죄 중에 금장(今將)보다 더 큰 것이 없으니 장(將)이 있는데도 베지 않으면 반드시 난(亂)이 일어날 것입니다. 지금 무구·극례 등은 이미 죄가 있으니, 마땅히 형벌대로 처치하셔야지 자기가 원하는 데 따라 나눠 추방할 일이 아닙니다. 무질은 형 무구와 공(功)이 같고 한 몸인데 스스로 의심하고 꺼리는 마음을 내어 원망하는 말을 여러 번 입에 나타냈으니 그 죄가 분명하게 나타나서 징계하지 않을 수 없습니다. 무구·무질·극례 등은 전하께서 우대해 높고 영화스럽던 때에도 오히려 금장(今將)의 마음이 있었는데, 하물며 지금 폄출(貶黜)했으니 마음속에 한을 품고 있으면서 이를 갈고 경거망동하지 않겠습니까? 이와 같다면 장래의 화가 이루 다 말할 수 없을 것입니다. (그렇게 되면) 전하께서 아무리 훈친을 생각하여 보전하고자 하시더라도 그것이 될 수 있겠습니까? 엎드려 바라옵건대 전하께서는 대의로 결단하시어 세 신하의 죄를 바로잡음으로써 화란(禍亂)의 근원을 막으셔야 할 것입니다.'

○ 개국 정사 좌명공신 안평부원군(安平府院君) 이서(李舒) 등이

말씀을 올렸다.

'신 등이 전날에 소장(疏章)을 올려 무구·무질 등의 죄상이 모두 종사(宗社)에 관계돼 경중이 없으니 마땅히 밝게 그 죄를 바로잡아 남의 신하된 자들에게 만세의 경계로 삼고, 종사 만세의 계책을 중하게 하시기를 청했습니다. (그런데) 지금 마침내 큰 의로움[大義]을 펴지 않고 사사로운 은혜[私恩]에 붙잡히시어 임시변통으로 무구·극례 등은 자원안치(自願安置)하고, 무질은 (그 죄를) 논하지 않으셨습니다. 이 세 사람은 범한 것이 모두 무거워 경감(輕減)이 있을 수 없습니다. 빌건대 전날에 아뢴 장의 내용과 같이 큰 의로움으로 결단하시어 만세(萬世)토록 남의 신하된 자의 간사한 마음을 막고 종지(宗支)를 위한 만세의 대계(大計)를 튼튼하게 하셔야 할 것입니다.'

상은 마침내 무질도 또한 자신이 원하는 곳에 부처(付處)하도록 명했다. 이리하여 무구는 연안(延安)에, 무질은 장단(長湍)에, 극례는 원주(原州)에 두었다.

○ 대신을 보내 세자의 길례(吉禮)를 종묘에 아뢰었다.

갑자일(甲子日-13일)에 가랑비가 내렸다.

○ 세자가 전 총제 김한로(金漢老)의 집에 친영(親迎)했는데 상이 비가 온다는 이유로 임시로[權] 임헌 초계(臨軒醮戒)[18]를 면제했다. 을시(乙時)에 세자가 공복(公服) 차림으로 연(輦-가마)을 타고 내시

---

18 왕세자의 혼례(婚禮) 때 임금이 근정전(勤政殿) 조계(阼階)까지 친히 나와 장가드는 왕세 자에게 "가서 너의 배필을 맞아들여 우리 종사(宗事)를 계승하고, 궁인(宮人)을 엄격하게 거느리도록 하라"고 타이르고 경계하는 의식을 말한다.

(內侍) 한 사람으로 하여금 기러기를 가지고 앞에서 인도하게 했고, 서연관(書筵官), 숙위사(宿衛司)가 모두 공복 차림으로 따랐다. 한로 (漢老)의 집에 이르러 연에서 내려 악차(幄次-임시 막차)에 들어갔다 가 정시(丁時)에 빈(嬪)을 맞아 돌아왔다. 애초에 임금이 세자의 배 필을 택할 때 의안대군(義安大君) 화(和)와 지신사 황희(黃喜)를 보내 종묘에 나아가 시책(蓍策)[19]을 뽑아서 드디어 한로의 딸로 정했다고 한다[云].

을축일(乙丑日-14일)에 병조좌랑 허성(許誠, 1382~1442년)[20]의 직 첩을 거두고 멀리 유배를 보냈다[遠流]. 형조(刑曹)에서 아뢰기를 성 (誠)이 근수(根隨)[21] 조례(皂隸)[22]에게 법에 없는 형벌을 쓰다가 기한 안[限內]에 죽었다고 한 때문이다.

○ 대간(臺諫)에서 함께 장(章)을 지어 무구 등의 죄를 청했으나 윤

---

19 시초점을 칠 때 쓰는 시초(蓍草)를 말한다.

20 1402년(태종 2년) 문과에 급제해 예문관검열을 거쳐 사간원 우정언이 됐다. 그 뒤에 형 조·예조·병조의 좌랑을 거쳐 1411년 지평에 올랐다. 곧 공조정랑에 올랐고 장령이 됐다. 1421년(세종 3년) 지사간원사(知司諫院事)가 되고, 우사간과 동부대언을 거쳐 지신사가 됐다. 1431년에 대사헌에 올랐고, 곧이어 형조참판과 예조참판을 지낸 뒤 경기도 도관찰 사가 됐다. 1435년 예조판서에 올랐으나 병으로 사임했다. 1438년 중추원사를 거쳐 이조 판서가 되었다. 1440년 예문관대제학에 이르러 병으로 사임했다. 성격이 강직하고 불의 를 못 참았으며, 총명함으로 세종의 총애를 받았다.

21 지방에서 서울로 선상 입역(選上立役)하는 공노(公奴) 중에서 종친(宗親)이나 각사(各司) 소속의 관원에게 사령(使令)의 명목으로 배당되어 관원이 대궐을 출입할 때, 또는 지방에 출장갈 때 수종(隨從)하며 시중드는 일을 담당했던 노비다. 혹은 수종하며 시중드는 행 위. 근수는 관원 개인에게 지급되었기 때문에 사노(私奴)와 같이 취급되어 흔히 사역(私 役)에 동원되기도 했으며, 당상관이나 사헌부(司憲府) 사간원(司諫院)의 관원이 군율 등 을 어겼을 때 이들 관원 대신 수감되기도 했다.

22 관아에서 부린 하인의 하나다.

허하지 않았다. 소는 이러했다.

'형벌은 나라의 큰 법전이니 삼가지 않을 수 없습니다. 하나라도 실상에 맞지 않는 것[不中]이 있으면 어떻게 나라를 다스리겠습니까? 이 때문에 옛날부터 제왕(帝王)은 비록 지극히 가깝고 총애하더라도 사(私)로써 공(公)을 없애지는 않았던 것입니다. 하물며 명분(名分)을 간범(干犯)하여 죄가 용서할 수 없는 자이겠습니까? 주(周)나라 성왕(成王)이 관숙(管叔)·채숙(蔡叔)에게 대한 것과 한(漢)나라 문제(文帝)가 박소(薄昭)[23]에게 대한 것이 바로 그것입니다. 지금 무구·무질·극례 등이 교만하고, 방종한 자질로 장차 어린 임금을 끼고 종지(宗支)를 해치려고 꾀하여 널리 붕당(朋黨)을 만들다가 간계(奸計)가 비로소 드러나니 스스로 의심하고 꺼리는 마음을 내어 여러 번 원망하는 말을 했습니다. 만일 그 계교가 행해져 권세와 명령을 제 마음대로 하게 됐더라면 종사와 생민의 근심은 이루 다 말할 수 없었을 것입니다. 다행히 천지(天地) 종사(宗社)의 신령에 힘입어서 불궤(不軌)한 음모가 일보다 먼저 드러났습니다. 마땅히 극형에 처하여 만세에 밝게 보여야 할 것인데, 지금 전하께서는 우선 훈친(勳親)을 생각하여 큰 의로움을 펴지 않고 무구·무질·극례 등을 자신들이 원하는 곳에 나눠 두었습니다. 이리하여 용서할 수 없는 죄를 그냥 넘어가는 쪽으로 따랐으니 국가의 법전에 있어서 어떠하겠으며, 종사의 계책에 있어서 어떠하겠습니까? 바라건대 전하께서는 유사(攸司)로 하여금 세 신하의 직첩을 거두고 그 실상을 국문하게 하여 밝

---

23 문제의 외삼촌인데 권력을 등에 업고 월권을 행하자 문제가 목을 베었다.

게 그 죄를 바로잡아 뒤에 오는 사람들을 징계시켜야 할 것입니다.'

○ (사간원) 우헌납(右獻納) 김섭(金涉)을 파직했다. 이조판서 남재(南在)의 집에 분경(奔競)을 범한 죄에 연루된 때문이다.

병인일(丙寅日-15일)에 달이 형혹성을 범했고 목성과 화성이 서로 범했다.

○ 김씨(金氏)를 봉해 숙빈(淑嬪)으로 삼고 그 아비 한로(漢老)를 제배해 좌군동지총제(左軍同知摠制)로 삼고 어미 전씨(全氏)를 선경택주(善慶宅主)로 삼았다. 한로를 불러 황희를 시켜 뜻을 전해 말했다.

"사람의 행실[行己] 중에 효도와 공순[孝悌], 충성스러움과 믿음
행기   효제
[忠信]보다 더 큰 것이 없다. 경(卿)은 멀리는 심효생(沈孝生)²⁴을 본
충신
받지 말고 가까이는 마땅히 민씨(閔氏)를 경계하여 조심하고 조심하라. 내가 어렸을 때부터 경이 삼가고 두터워[謹厚] 능히 부귀(富貴)를
근후
지키는 것을 깊이 알기 때문에 경의 딸을 택해 세자의 배필을 삼은 것이니, 경은 마땅히 삼가는 마음으로 내 말을 받아들여 오직 임금에게 충성하고 어른에게 공순하라고 경의 사위를 가르치라. 나 또한 이것으로 내 자식을 가르치겠다."

한로가 절하며 사례했다.

○ 조연(趙涓)으로 하여금 좌군총제(左軍摠制)를 겸직하게 했다.

---

24 태조 때의 세자 이방석의 장인이다.

○ 평도전(平道全)[25]을 원외사재소감(員外司宰少監)으로 삼고 은대(銀帶)를 내려주었다. 도전(道全)은 일본(日本) 사람으로서 귀화한 [投化] 자다.
_{투화}

○ 평원군(平原君) 조박(趙璞)을 불러 돌아오게 했다. 지신사 황희(黃喜)를 시켜 그에게 뜻을 전했다.

"형(兄)[26]은 사직(社稷)에 막대한 공로가 있으나 다만 우직한 마음으로 옳고 그름을 헤아리지 않고서 역시 이강(釐降-왕녀의 결혼)의 토의에 참여했다. 내가 형을 밖에 둔 것은 형의 죄가 공부(孔俯)나 안노생(安魯生)보다 무거워서가 아니라, 다만 형이 도성 안[京中]에 있으면 혹시 무구(無咎) 등의 음모에 연루돼 마침내 큰 죄[大戾]에 이르게 될 뿐임을 두려워한 때문이었다. 무구의 말에는 '왕자

---

25 대마도 도주 종정무(宗貞茂)의 부하였으며 장수를 지냈다. 대마도와 조선이 서로 사신을 보내 왕래할 때 조선을 여러 차례 방문했다. 조선과의 인연이 깊어지자 조선에서 살기를 원해 가족과 식솔을 데리고 태종 7년인 1407년 7월에 조선으로 귀화했다. 조선의 조정에서는 특별히 사재감(司宰監) 소감(少監)이라는 벼슬을 내렸으며 당시 3품관에 이르는 관직이었다. 조선의 조정에서 그의 역할은 왜(倭)와 외교를 담당했다. 태종의 명을 받아 대마도를 왕래했고 대마도 도주의 의중을 조선 조정에 전달했다. 또한 그는 조선의 병선(兵船) 제조에도 관여했는데 태종의 명을 받아 왜선(倭船)을 제작하여 한강에서 조선의 군선과 성능을 비교했다. 이때 왜선이 훨씬 속도가 빨라 태종이 조선의 군선을 개선하라는 지시를 내렸다고 전한다. 세종 1년인 1419년 5월 왜구가 비인현(庇仁縣)을 공격하여 그곳을 지키던 만호(萬戶)를 죽이고 양민 300여 명을 학살하며 곡물과 가축을 약탈했다. 이에 고무된 왜구는 배를 타고 계속 북상하여 연평도와 백령도에 이르렀다. 이때 평도전은 아들 평망고(平望古)와 함께 출전했으나 싸움에 적극적이지 않고 소극적인 태도로 일관하다가 대마도와 내통한 일이 발각됐다. 당시 평도전은 '조선이 대마도를 박하게 대하니 대마도에서 조선을 위협하면 조선이 다시 대마도를 잘 대접할 것이다'라는 밀지를 전달했다. 그의 가족은 평안도에 유배(流配)되어 위리안치됐고 평망고는 반발하여 달아났다가 체포돼 처형당했다. 평도전은 유배지에서 곤궁한 삶을 살다 사망했다.

26 조박은 태종의 윗동서로 나이는 11세 위다. 조박은 1356년, 태종은 1367년 생이다.

는 마땅히 많아서는 안 된다'고 했고 지금 공신의 말에는 모두 본지(本支)가 백세(百世)가 되어야 한다고 하는데 나의 자식을 사랑하는 마음이 어찌 그들이 번성하기를 바라지 않겠는가! 이제 무구 등을 이미 밖으로 폄출했기 때문에 서울로 불러서 돌아오게 하는 것이다.'

박(璞)이 사례하여 말했다.

"신이 양주(楊州)에 있으면서 노모(老母)를 모시어 받들었는데 마침 노모가 병에 걸려 친히 약을 시탕하여 신의 소원을 다했으니 상의 은혜 감사하게 받들었을 뿐 그것이 귀양살이[貶謫]가 되는 줄은 알지 못했습니다. 이강(釐降)의 토의는 신이 무질 형제의 집에 서로 왕래를 하지 않아 일의 본말을 깊이 알지도 못하면서 한갓 망령된 뜻으로 그 말을 들어 좇았으니, 신의 죄입니다."

상이 말했다.

"그렇다."

○ 영의정부사(領議政府事-영의정) 이화(李和), 정승 성석린(成石璘)과 이무(李茂)를 불러 광연루(廣延樓)에서 술자리를 베풀었다. 상이 조용히 일러 말했다.

"무구 등 세 사람의 죄는 다시 중하게 논하지[重論] 말라. 결국에는 서울로 불러 돌아오게 하되 일은 맡기지 않고 천년(天年-천수)을 마치게 할 것이다. 경들은 마땅히 이 뜻을 본받아 감히 다시는 논하여 아뢰지[論啓] 말라."

○ 공신 백관(百官) 대간 형조에서 대궐에 나아와 무구 등의 죄를 청했다. 삼공신(三功臣)의 소는 이러했다.

'지난번에 신 등이 장(章)을 올려 무구·무질·극례 등의 죄상을 논청(論請)했고, 대간에서도 또한 이미 논청했는데 전하께서 법을 굽혀[屈法] 은혜를 베풀어 자원안치시키셨습니다. 그러나 사(私)는 의리를 폐기하지 못하고 공(公)은 죄(罪)를 가릴 수 없습니다. 하물며 전하께서 일찍이 신 등과 황천(皇天) 후토(后土)께 맹세하신 글에 "사직(社稷)에 관계되는 죄를 범한 자는 마땅히 법으로 논한다"라고 했습니다. 지금 무구·무질·극례 등의 죄는 사직에 관계되고 범한 죄가 명백하여 의심할 여지가 없는데도 전하께서는 법으로 논하지 않으시니 이는 다만 법을 폐기할 뿐 아니라 천지를 속이고 귀신을 업신여기는 것입니다. 엎드려 바라옵건대 전하께서는 대의(大義)로 결단하여 한결같이 전날에 장신(狀申)한 내용과 같이 특별히 유사(攸司)에게 내려 밝게 그 죄를 바로잡음으로써 간특(奸慝)한 마음을 막고 화란(禍亂)이 생기는 것을 방지하셔야 할 것입니다.'

대간에서도 대궐에 나아와 굳이 청했으나[固請] 모두 윤허하지 않았다.

○ 의정부참찬사 김희선(金希善), 중군도총제(中軍都摠制) 김남수(金南秀, 1350~1423년)[27] 등이 백관을 거느리고 소를 올려 말했다.

---

27 조선 초의 무신이다. 1402년(태종 2년) 충청도 도절제사 재직 중에 '재물을 탐하여 백성들을 소요시킨다'라는 사헌부의 탄핵을 받고 파직되어 장단에 유배됐다. 이때인 1407년 중군도총제, 이어 충좌시위사상호군(忠佐侍衛司上護軍)을 겸임했다. 이듬해에는 태조가 피병을 위해 김남수의 집에 갔다. 1409년 명나라의 요청에 따른 군마의 진헌을 위한 진헌관마색(進獻官馬色)이 설치되자 이천우(李天祐), 설미수(偰眉壽), 윤사수(尹思修)와 함께 제조(提調)가 됐다.
또한 11도 도절제사의 설치로 충청도도절제사가 됐다. 1410년 여진족이 동북면을 침략하자 길주도 도안무찰리사(吉州道都安撫察理使)로 파견됐다. 1412년 삼군별시위(三軍別侍衛) 응

'신 등이 엎드려 듣건대 무구·무질·극례 등이 속으로 불충한 마음을 품고 그러한 말을 입으로 드러냈습니다. 일이 종사에 관계되어 그 죄는 용서할 수 없습니다. 공신과 대간에서 여러 번 그 죄를 청했으나 전하께서 사사로운 은혜로 돌보아 다만 안치(安置)하도록 허락하셨습니다. 신 등이 가만히 생각건대 상벌은 국가의 큰 법전이므로 사사로이 가볍게 하고 무겁게 할 수 없는 것입니다. 엎드려 바라옵건대 전하께서는 공신과 대간의 청을 굽어 좇으시어 무구·무질·극례 등을 유사(攸司)에 내려 나라의 법으로 바로잡음으로써 참람함과 어지러움의 싹을 막으셔야 할 것입니다.'

○ 대간과 형조가 함께 장(章)을 지어 소(疏)를 올렸다.

'신 등이 이제 무구·무질·극례 등의 불충한[不臣=不忠] 죄를 갖고
$\qquad\qquad\qquad\qquad\qquad\qquad\qquad$ 불신 불충
재차 장소(章疏)를 올렸는데 전하께서 사사로운 은혜에 얽매어 오래토록 그대로 윤허해주지 않으시니 신 등은 부월(鈇鉞-사형에 쓰는 도끼)을 두려워 않고[不懾] 감히 천위(天威-임금의 분노)를 무릅쓰고 대
$\qquad\qquad\qquad\qquad$ 불섭
궐에 나아와 거듭 청합니다. 신 등은 가만히 듣건대 전하께서 공신과 맹세할 때 대려(帶礪)[28]로써 기약하시고 말씀하기를 "일이 종사에 관계되는 자는 마땅히 법으로 논하겠다"라고 하셨습니다. 이는 근심

양위절도사(鷹揚衛節度使), 별사금제조(別司禁提調) 등이 설치되면서 이흥발(李興發)과 함께 별시위좌일번절제사(別侍衛左一番節制使)가 됐다. 이어 공조판서를 역임했다. 1419년 판좌군도총제부사(判左軍都摠制府事) 재직 중 수년 전 사복시제조로서 전곶목장(箭串牧場)의 전지 수결을 도경한 사실이 발각돼 온수(溫水)에 유배갔다가 태종의 선지로 귀환했다.

28 한 고조(漢高祖)가 봉작(封爵)한 서사(誓辭)에 "황하(黃河)가 띠[帶]와 같이 작아지고 태
$\qquad\qquad\qquad\qquad\qquad\qquad\qquad\qquad\qquad\qquad\qquad\qquad\qquad$ 대
산(泰山)이 숫돌[礪]과 같이 평지가 될 때까지 나라에서 영구 보존하리라"라고 한 데서
$\qquad\qquad\quad$ 려
나온 말이다.

이 없는[無虞] 때에 경계하여 영구토록 보전하자는 계책입니다. 무구 무질 등은 지난해에 전하께서 내선(內禪)을 행하고자 하셨을 때 기뻐하는 빛을 얼굴에 나타냈고, 복위(復位)하신 뒤에 이르러서는 도리어 근심했으니 이는 장차 어린 임금을 끼고 권세를 제 마음대로 하려는[擅權] 뜻이 분명하고 불충한 죄가 드러났습니다. 전하께서 종지(宗支)를 보전하고자 하는 계책을 듣고 무구는 감히 말하기를 "도와서 이끌어줄 사람이 없으면 좋습니다"라고 하여 드디어 제거할 뜻을 함부로 보였고, 무질은 의심하고 꺼리는 마음을 오래 품어 여러 번 상을 원망하는 말을 했습니다. 이 모든 행위는 종사에 관계되는 죄가 아니겠습니까? 극례는 교만하고 사납고 무지한 자질로 무구의 형제와 붕당을 맺어[朋比] 일찍이 전하의 옆을 모시면서 친남(親男-충녕)의 먹 장난한 종이를 취하여 찢으면서 말하기를 "제왕의 아들 가운데 영기가 있는 자가 많으면 반드시 난을 일으킨다"라고 했으니 그것은 종지(宗支)를 제거하고자 한 뜻이 분명합니다. 이 또한 종사에 관계되는 죄가 아닙니까? 세 신하의 죄가 명백하고 현저하여 의심할 여지가 없는데, 전하께서는 여러 신하의 청을 따르지 않고 맹세의 신의를 돌아보지 않으시니 이는 천지신명(天地神明)을 속이는 것이요, 일국 신민의 소망을 저버리는 것입니다. 전하께서는 다시 종사(宗社) 본지(本支)의 백세의 계책을 생각하시고 여러 신하의 재삼 신청(申請)하는 말을 굽어 좇으시어 유사(攸司)로 하여금 세 신하의 직첩을 거두고 그 죄를 국문하게 하여 화란을 막아야 할 것입니다.'

윤허하지 않았다.

○ 예조참의 변계량(卞季良) 등이 친시(親試)한 명단이 든 족자(簇

子)를 바쳤다.

○ 대전(大殿) 지유(指諭)²⁹의 행수(行首)들은 상(喪)을 마치면 도로 그 궐직(闕職)에 보충하도록 명했다. 행수 등의 상언(上言)에 따른 것이다. 오직 입속(入屬)한 지 한두 해 만에 상(喪)을 당한 자는 이 예(例)에 해당시키지 않았다.

기사일(己巳日-18일)에 서북면(西北面) 상원군(祥原郡)에 지진(地震)이 있었다.

○ 상이 덕수궁(德壽宮)에 나아가니 태상이 병으로 사양하고 만나보지 않았다. 이날 아침에 공신과 백관이 대궐에 나아와 전정(殿庭)의 동쪽에 서고, 대간과 형조는 서쪽에 서서 무질 등 세 사람의 죄를 청하니 상이 듣지 않으려고 하여 동문으로 나와서 덕수궁으로 간 것이다. 장차 돌아오려 하여 흥덕사(興德寺) 문에 이르러 지신사 황희(黃喜)에게 일러 말했다.

"백관과 공신이 이미 물러갔느냐?"

대답했다.

"나가서 궐문(闕門) 밖에 있는데 전하께서 환궁하시기를 기다려 다시 아뢰려고 합니다."

상이 노하여 말했다.

"그들이 물러가 흩어지는 것을 기다려 환궁하겠다."

여러 신하들이 이 말을 듣고서 마침내 물러갔다.

---

29 대전(大殿), 중궁전(中宮殿), 동궁전(東宮殿)에 소속된 무관직(武官職)의 하나다.

경오일(庚午日-19일)에 형혹성이 세성(歲星-목성)을 범했다.

○ 노희봉(盧希鳳)을 순금사(巡禁司)에 내렸다. 형조와 대간에서 함께 글을 올려 사직하고 공신·백관이 또 대궐 뜰에 나아와 아뢰었다.

"금지옥엽(金枝玉葉)[30]이 대대로 이어서 만세에 전해지는 것은 다른 사람의 신하된 자라면 항상 칭송하고 바라는 바입니다. 지금 이 세 사람은 (임금의 자식들을) 제거하려고 꾀했으니 그 죄가 거이(居易-이거이) 부자와 다를 바 없습니다. 옛날에 전하께서 거이 부자의 죄를 바로잡지 않았기에 이 세 사람이 또 불충한 죄를 저지른 것입니다. 이제 또 징벌하지 않으면 어떻게 뒷사람을 경계하겠습니까?"

상이 말했다.

"복비(腹誹)[31]의 법은 옛 (뛰어난) 사람들이 비난한 것이다. 나는 생각할 때 눈짓을 하고 턱으로 가리키고 극례를 시켜 먹 장난한 종이를 찢게 한 것이 곧 이런 유(類)다. 또 내가 전위(傳位)하려 하다가 복위(復位)했을 때 무구 형제가 기뻐하고 근심하는 빛을 번갈아[迭]질 얼굴에 나타냈다. 내가 그 빛을 살피고[察]찰 물었더니 무구가 대답하기를 '신도 신의 얼굴빛이 어떤지 알지 못합니다. 전하께서 어찌 이런 말을 하십니까?'라고 했다. 내가 말하기를 '내가 들은 바가 없고 네가 말한 바가 없으나 네가 물러가 네 집에 돌아가서 분향(焚香)하고 깊이 생각해보면 네 마음이 바르고 바르지 않은 것을 알 것이다'라고 했다. (그런데) 지금 만일 그 얼굴에 기뻐하고 근심한 빛을 떠웠다

---

30 임금의 자손들을 말한다.
31 마음속으로 남을 비방하는 것을 말한다.

하여 죄를 가한다면 거의 복비의 법에 가깝지 않겠느냐?"

찬성사(贊成事) 권근(權近)이 대답했다.

"복비(腹誹)라는 것은 마음에 감춰두기만 하는 것을 말하는 것일 뿐인데 지금 이 세 사람은 이미 마음에 감춰두고 있다가, 또 입으로 드러냈으니 복비와는 다릅니다."

성석린(成石璘)이 아뢰었다.

"내선(內禪)하시려던 즈음에 기뻐하고 근심하는 감정이 얼굴빛에 드러난 것은 모르거니와 그 나머지 입으로 드러낸 것은 복비가 아닙니다."

승전색(承傳色)[32] 노희봉이 그 말을 가지고 들어가 아뢰니 상이 노하여 희봉을 옥에 가뒀다. 여러 신하가 모두 물러가고 대간과 형조에서 사직(辭職)할 것을 청한 것이다.

○ 광주목사(廣州牧使) 유겸(柳謙 ,1357~1411년)[33]의 직첩을 거두고 (경상도) 진주(晉州)로 유배 보냈다. 겸(謙)이 (경기) 좌우도(左右道) 관리 30여 인과 함께 의정부에 이렇게 보고했다.

'전 도관찰사(都觀察使) 전백영(全伯英, ?~?)[34]은 백성 사랑하기를

---

32 조선조 때 내시부(內侍府)의 하나로 왕명(王命)을 출납(出納)하는 일을 맡았는데 승전 내시(承傳內侍)가 있었다.

33 이때의 일로 유배를 갔지만 이듬해 초 복직돼 좌사간대부에 올랐다.

34 고려 공민왕 때 과거에 급제했다. 1375년(우왕 1년) 간관으로 있을 때 우헌납 이첨(李詹)과 함께 친원정책을 펴는 권신 이인임(李仁任), 지윤(池奫)의 죄목을 열거하여 목벨 것을 상소하다가 지영주사(知榮州事)로 좌천됐다. 조선 건국 후인 1393년(태조 2년) 간의대부에 제수됐으며, 이후로 간관으로서 나라의 기틀을 튼튼히 하기 위한 방안을 여러 차례 상소했다. 1396년(태조 5년) 개국공신 정희계(鄭熙啓)의 시호 문제에 연루돼 파직됐으나 곧 사면됐다. 1397년에는 병조전서(兵曹典書)로서 서북면선위사(西北面宣慰使)가 되어 여

자식 대하듯 하고, 이익을 일으키고 해악을 제거하여 한 도(道)가 사모하는데, (중앙 조정에) 불러 쓰임을 받지 못하고 지금의 감사(監司) 유정현(柳廷顯, 1355~1426년)[35]이 마침내 뽑혀 쓰이니[擢用] 백성들[民庶=民衆]이 실망하고 있습니다. 청컨대 위에 전하여 아뢰어 백영(伯英)을 불러 쓰도록 하셔야 할 것입니다.'

정부에서 보고하니 상이 노하여 말했다.

"이는 나더러 사람 쓰는 것이 눈 밝지 못하다[不明]고 하는 것이다. 모조리 체포해 국문(鞫問)하고자 한다."

정부에서 아뢰었다.

"만일 모두 체포하여 국문을 행하면 백성에게 폐단을 끼칠까 두렵습니다. 청컨대 다만 수령(守令), 교수(敎授), 역승(驛丞) 가운데 앞장서 주창한[首唱] 세 사람만을 국문하도록 하셔야 할 것입니다."

상이 그것을 따랐다. 이에 겸(謙)과 양주유학교수관(楊州儒學敎授

러 고을의 성 쌓을 만한 곳을 살피고 돌아와 보고했다. 1398년 풍해도 도관찰출척사가 되어 부임했고, 1400년(정종 2년) 경상도 도관찰출척사가 되어 왕에게 궁시(弓矢)와 검갑(劍甲)을 받았다. 1404년(태종 4년) 승녕부윤(承寧府尹)에 임명되고 1405년 지의정부사(知議政府事)를 거쳐 예조판서에 올랐다. 이듬해 경기도 관찰사(京畿都觀察使)가 돼 선정을 베풀었다.

35 고려 말에 음보로 사헌규정(司憲糾正)을 거쳐 전라도안렴사·장령(掌令)·지양근군사(知楊根郡事)·집의·좌대언 등을 역임했다. 이어 1394년(태조 3년)에 상주목사로 발탁됐다. 이후 병조전서(兵曹典書)·완산부윤을 지내고, 1404년(태종 4년)에 전라도 관찰사·중군동지총제(中軍同知摠制), 1409년에 판한성부사를 거쳐 1410년에 형조판서로 승진했다. 그리고 계속하여 예조판서·평양부윤·대사헌·이조판서·병조판서·찬성사 등 요직을 거친 뒤 1416년에는 좌의정이 됐으며 얼마 지나지 않아 영의정에 임명됐다. 1419년(세종 1년) 대마도를 정벌할 때에는 삼군도통사에 임명됐고, 1424년에는 영돈녕부사 겸 판호조사(領敦寧府事兼判戶曹事)를 지낸 뒤 1426년에 다시 좌의정에 임명됐으나 신병을 이유로 사퇴하고, 이로부터 4일 만에 세상을 떠났다.

官) 김종(金從), 금령도역승(金嶺道驛丞) 이숭덕(李崇德)을 순금사에 가두고 옥관(獄官)을 시켜 겸 등에게 물었다.

"외관(外官-지방관)으로서 감사(監司)를 포폄(褒貶)하는 일이 예전에도 있었느냐? 백영(伯英)의 훌륭한 점과 정현(廷顯)의 용렬한 점을 숨김 없이 다 말하라."

주모자를 물으니 겸이 말했다.

"신(臣)이 실질적으로 주도했습니다."

또 말했다.

"정현이 감사로 있을 때 일찍이 (주상 전하의) 강무(講武) 행행(行幸)의 지응(支應-물자 지원)을 틈타 몰래 나머지 물건 10여 바리[駄] 를 자신의 집으로 실어갔습니다." ^태

조사해보니 실상이 없었기에 명하여 겸만 죄주고 나머지는 풀어주었다. 이때 정현을 불러 중군총제(中軍摠制)를 제배했다.

신미일(辛未日-20일)에 크게 바람이 불고 비가 내렸다.

임신일(壬申日-21일)에 노희봉(盧希鳳)을 풀어주고 대간과 형조를 불러 직무에 나오도록 명하여 말했다.

"경 등이 아뢴 것은 대개 그 직책을 다하고자 한 것이고 자기의 사사로운 일을 위한 것이 아니기 때문에 사장(辭狀)을 돌려주는 것이다."

○ 일본국(日本國) 대내 다다량덕웅(大內多多良德雄)이 사자를 보내 예물을 바쳤다.

○ (풍해도) 해주(海州)에서 조수가 넘쳤다.

계유일(癸酉日-22일)에 공신과 대간 형조에서 대궐에 나아와 각기 소를 올려 무구 등의 죄를 청했으나 대내(大內)에 머물러 두고 (유사에) 내리지 않았다.

갑술일(甲戌日-23일)에 달이 목성을 범했다.

○ 의정부에서 공신(功臣)이 죽은 뒤에 그의 전지(田地)를 대신 주는 법을 아뢰니 그것을 따랐다. 아뢰어 말했다.

"공신이 적실(嫡室)에 딸만 있고 첩에게 사내 자식이 있어 승중(承重)하는 경우는 빌건대 공신전(功臣田)을 똑같이 나눠 대신 주도록 해야 할 것입니다."

을해일(乙亥日-24일)에 내관(內官) 황도(黃稻)를 (전라도) 완산부(完山府)에 보냈다. 애초에 상이 이방간(李芳幹)의 아내 민씨(閔氏)의 병이 위독하다는 말을 듣고 전라도 도관찰사와 완산부윤(完山府尹)에게 명하여 말했다.

"혹시라도[脫]³⁶ 죽거든[不諱] 관곽(棺槨)·종이·견전(遣奠)·조전(祖奠)·주구(駐柩)·임광(臨壙) 등의 전물(奠物)을 함께 의논하여 잘 준비하고, 또 저포(苧布)와 정오승포(正五升布)를 주어 남녀 비복(婢僕)의 상복을 준비하게 하라."

---

36 脫(탈)은 '그럴 리는 없겠지만 혹시라도'라는 뜻이다.

이때에 이르러 민씨가 죽으니 도(稻)를 보내 조문하고 가는 김에 지나가는 전라도·충청도·경기(京畿)의 곡식의 실태를 살펴보고 오라고 명했다.

병자일(丙子日-25일)에 삼공신(三功臣)이 대궐에 나아와 글을 올려 무구(無咎) 등의 죄를 청했다. 글은 이러했다.

'무구 등 세 사람이 저지른 것에 대해서는 나라에 정한 법이 있고 유사(有司)가 있습니다. 그러나 신 등은 훈맹(勳盟)에 함께 삽혈(揷血)³⁷하여 자손에 이르기까지 몸은 다르나 마음을 같이하여 만세에 변함이 없기를 기약하되 감히 맹세를 어겨 종사(宗社)에 관계되는 죄를 범한 자는 마땅히 법으로 논죄한다고 밝게 천지 조종께 아뢰어 (그 글이) 맹부(盟府)에 보관돼 있습니다. (그런데) 지금 이 세 사람은 감히 이 맹세를 어기고 마음속으로 사특(邪慝)함을 품어 불충한 말을 여러 번 입으로 냈으니 이는 종사를 가볍게 여기고 귀신을 업신여긴 것입니다. 종사에 관계되는 죄를 범한 바가 이같이 밝게 나타났으니, 신 등이 곧 통절하게 끊지 않으면 그 죄가 똑같더라도 다시 후세(後世)에 남의 신하된 자의 불충함을 징계할 수 없습니다. 빌건대 마땅히[將=宜] 이 세 사람을 공신 명부(功臣名簿)에서 삭제하고 녹권(錄券)을 회수하여 전날의 맹세에 신의를 보이시고 후일의 간사한 자를 징계하셔야 할 것입니다.'

상이 승전색(承傳色) 노희봉에게 명해 그 글을 들이지 말게 했다.

---

37 피를 마시거나 입언저리에 바르는 의식을 말한다.

○ 대간과 형조가 대궐에 나아와 예전의 청(請)을 거듭 아뢰니 상이 말했다.

"경 등이 내 말을 갖춰 들었고[備聞=具聞] 경 등의 말을 나 또한 다 아는데 어찌[胡] 다시 이러는가!"

형조판서 이지(李至), 대사헌 권진(權軫) 등이 아뢰어 말했다.

"전하께서 이들 세 사람을 사사로운 마음으로 대하시어[私] 여러 신하의 청을 윤허하지 않으시는데, 엎드려 바라옵건대 큰 의로움으로 결단하여 만세 군신(君臣)의 분수를 바로잡아야 할 것입니다."

상이 말했다.

"내 끝내 경 등의 말을 들어주지 않을 것이니 물러가는 것이 좋겠다."

지(至) 등이 대답했다.

"신 등이 자주 대궐 뜰에 나와 상께서 들으시는 바[上聽]를 번거롭게 하고 더럽히는 것[煩瀆]이 어찌 두려운 줄을 알지 못하겠습니까? 그러나 유사(有司)가 법을 지키자면 그리하지 않을 수 없습니다. 만일 그대로 윤허하지[兪允] 않으신다면 신 등으로 하여금 집으로 물러가 있게 해 주십시오."

상이 말했다.

"옛날에 (훌륭한) 임금들을 보면 말을 들어주는 이도 있었고 말을 들어주지 않는 이도 있었다. 내가 이미 경 등의 말을 들어주지 않을 것이니, 물러가 집에 있는 것은 경 등이 알아서 하라."

지 등이 대답했다.

"전하께서는 곧은 말[直言]을 품어주고 받아들여 일찍이 유사(有

308

司)들 중에 법을 지키는 자를 죄주지 않으셨습니다. 신 등이 어찌 상감(上鑑)을 헤아리지 못하고 망령되게 진달하여 청하겠습니까? 전하께서 세 사람의 죄를 덮고자 하시지만 죄는 더욱 밝게 드러났습니다. 전하께서 만일 한 번만 윤허하시면 상덕(上德)이 더욱 나타날 것이고, 법도 또한 이와 같을 것입니다."

상이 말했다.

"경 등이 이미 법을 거행한다고 말하니 내가 다시 무슨 말을 하겠는가! 그러나 무구가 형제 사이에 실언한 것일 뿐이다. 이제 이미 부처했으니 어찌 다시 무거운 죄를 가하겠는가!"

지 등이 아뢰어 말했다.

"전하께서 비록 신 등의 청을 따르지 않으시나 신 등의 청은 그만둘 때가 없을 뿐입니다."

대언(代言) 이승간(李承幹)이 전(傳)하여 아뢸 수가 없게 되자 지 등은 마침내 물러갔다.

정축일(丁丑日-26일)에 왜선(倭船) 3척이 (강원도) 삼척부(三陟府)를 노략질해 한 사람을 죽이고 갔는데 천호(千戶) 정인부(丁仁富)가 두려워하고 겁내어[畏㤼] 쫓아가 잡지 못했다. 관찰사(觀察使)가 그 죄
외연
를 다스리기를 청하니 그것을 따랐다.

무인일(戊寅日-27일)에 공신 대간 형조가 대궐에 나아와 다시 전의 청(請)을 거듭 아뢰었다.

○ 경상도 병마 절제사 강사덕(姜思德, ?~1410년)[38]이 각 포(浦)의 현안[事宜]을 글로 올렸다.

'하나, 울주(蔚州) 연해(沿海) 가운데 개운포(開雲浦)에서 서생포(西生浦)까지는 수로(水路)로 1식(息-30리)이고, 육로(陸路)로는 반식(半息)이며, 개운포에서 감북포(甘北浦)까지는 수로로 5식이고, 육로로는 4식이므로 만일 급한 일이 있으면 서로 구원하기가 어렵습니다. 청컨대 양포(兩浦)의 중앙인 염포(鹽浦) 강어귀 장생포(長生浦)에 개운포의 병선(兵船)을 옮겨 정박시켜 방어하게 하면, 국고(國庫)가 있는 곳에 백성의 주거지가 점점 번성하게 되어 울주(蔚州) 읍성(邑城)의 외곽 호위가 겸하여 완전해지고, 세 포구가 서로 가서 구원하기가 멀지 않을 것입니다. 또 울주(蔚州) 한 고을 경내에 수군(水軍) 두 만호(萬戶)가 있어 관원은 많고 백성은 적으니, 청컨대 서생포 만호를 혁파하여 장생포 만호로 하여금 겸임하게 해야 합니다.

하나, 남해현(南海縣)의 장곶(長串)·적량(赤梁) 등지에 근래에 만호를 차견(差遣-파견)했으나 그에 소속된 군인과 병선이 없으니 이에 구라량(仇羅梁) 노량(露梁)의 군인과 병선을 두 곳에 나눠 붙였는데 병세(兵勢)가 고립되고 약해 방어가 허술합니다. 긴요하지 않은 장곶

---

38 1397년(태조 6년) 남포진첨절제사를 거쳐 1410년 동북면 도순문사로 재직 시 조세 수취의 올바른 방법을 위해 3조목을 들어 장계를 올렸고, 형조전서·우군총제·우군도총제·길주도 도안무찰리사·전라도 병마도절제사·판승녕부사(判承寧府事) 등을 차례로 역임했다. 1406년(태종 6년)에는 하정사(賀正使)로 명나라에 다녀왔으며, 경상도 도절제사 등을 역임하여 주로 경상도·전라도 해안에 출몰하던 왜구를 방어하는 데 공이 많았다. 1409년 윤목(尹穆) 이빈(李彬) 조희민(趙希閔) 등의 모반사건에 연루되어 영해에 유배됐다가 이듬해 사사됐다.

(長串)은 전과같이 구라량 만호, 노량 만호로 하여금 겸하여 거느리게 하고, 적량만호(赤梁萬戶)는 혁파해야 합니다.

하나, 다대포(多大浦)는 전에는 긴요하지 않은 곳이라 하여 좌도 도만호(左道都萬戶)로 하여금 겸하여 거느리게 했는데, 지금은 다대포 천호(多大浦千戶)를 두고 부산포(富山浦)의 병선 3척을 나눠 붙였으나 병선의 수가 적어서 감히 흩어 정박시키지 못하고, 그대로 도만호가 있는 곳인 부산포에 정박시키고 있으니, 이름과 실상이 어긋납니다. 청컨대 천호를 혁파하고 도만호(都萬戶)로 하여금 왔다갔다 하면서 방어하게 해야 합니다.

하나, 상업 이익을 노리는 왜선(倭船)이 각 포구에 흩어져 정박하여 병선(兵船)의 허실(虛實)을 엿보고 있으니 실로 불편합니다. 전번에 도절제사(都節制使)가 의정부에 보고해 좌우도 도만호(左右道都萬戶)가 방어하는 곳에 와서 정박하도록 했으나, 여러 섬의 왜선에게 그 까닭을 두루 알리지 못하여 전과 같이 각포(各浦)에 흩어져 정박합니다. 청컨대 각 섬의 거수(渠首)에게 두루 알리고, 행장(行狀)[39]을 만들어 발급하여 도만호(都萬戶)가 있는 곳에 와서 정박하게 하여 속이고 위장하는 것을 막아 체계적으로 다스리게 해야 합니다.

하나, 각포(各浦) 선군(船軍)의 군기(軍器)와 의갑(衣甲)이 모두 정돈되어 가지런하지 못하니 청컨대 만호(萬戶)로 하여금 그 엄심(掩心-가슴 보호대)과 두구(頭具-투구)를 거둬서 한결같이 견고하게 감독

---

39 외국 사람의 신분을 보장하고, 통행(通行)에 편의를 주기 위해 발행하던 일종의 여행 증명서다. 여기서는 도서(圖書)를 받은 일본의 여러 섬 추장(酋長)들이 발급하던 문인(文引)을 말한다.

제조케 하고 화살촉은 날카롭고 무딘 것이 한결같지 아니하나 야공(冶工)을 얻지 못하여 스스로 판비(辦備-대비)하기가 곤란하니, 청컨대 군호(軍戶)의 철을 적당히 거둬 매포(每浦)에 야공(冶工) 1명씩을 주어서 이들로 하여금 예리하게 단련(鍛鍊)케 하여 군정(軍丁)에게 나눠 주되 그것을 만드는 동안에는 야공에게 식량을 주도록 해야 합니다.

하나, 향화(向化-귀화)를 자원하여 해변 각 고을에 나눠 둔 왜인(倭人)과 상업 이익을 노리는 왜인이 서로 왕래하는 것을 금지하지 않으므로 언설(言說)이 난잡하니 장래가 염려됩니다. 청컨대 (향화 왜인들을) 육지의 먼 곳에 옮겨두도록 해야 합니다.

하나, 의정부에서 성지(聖旨)를 받들어 문서로 이첩해 우도도만호(右道都萬戶)로 하여금 병선 10척을 거느리고 전라도 지역의 안부도(安釜島) 등지를 방어토록 했으나 생각건대 내이포(乃而浦)는 방어의 요해지(要害地-요충지)이고, 또 상업 이익을 노리는 왜선과 왜객(倭客)의 사선(使船)이 항상 와서 정박하니 도만호가 잠시도 떠날 수 없습니다. 청컨대 안부도의 조전(助戰)하는 병선은 본도(本道) 군관 가운데 소임을 감당할 만한 사람을 택하여 감전관(監戰官)으로 정하고, 병마사(兵馬使) 진무(鎭撫)로 하여금 영솔하여 방어하게 해야 할 것입니다.'

그 글을 정부(政府)에 내려 깊이 토의하게 하니 아뢴 대로 시행할 것을 청했으므로 그것을 따랐다.

○ 의정부에서 아뢰어 말했다.

"상업 이익을 노리는[興利] 왜선(倭船)이 연속하여 나와서 경상도
흥리

에 이르는데 일시에 어떤 때는 수십 척이나 됩니다. 무역하는 사람이 없기 때문에 걸핏하면 한동안 머물고[留連] 혹은 흩어져 민가에 들어가 강제로 매매하여 소란을 일으킵니다. 앞으로는 정한 곳에 와서 정박한 왜선에겐 연해(沿海)의 각 고을 창고에서 묵은 쌀·콩으로 시가(時價)에 따라 무역하여 그 왜선으로 하여금 즉시 본도(本島)에 돌아가게 한 뒤에 무역한 어염(魚鹽)을 관선(官船)에 싣고 낙동강(洛東江)을 거쳐 상도(上道)에 정박하여 각 고을의 자원하는 인민에게 쌀과 베[布]를 가리지 말고 서로 매매하여 창고에 넣도록 해야 할 것입니다."

그것을 따랐다.

기묘일(己卯日-28일)에 대간과 형조에서 소(疏)를 올려 이간(李衎)의 죄를 청했다. 간(衎)이 서북면(西北面)에서 돌아오니 이숙번(李叔蕃)이 그와 함께 전에 했던 말을 대질하기를 청했다. 상이 공신유사(功臣有司) 남재(南在)와 대언(代言)·대간(臺諫)의 행수(行首) 장무(掌務)에게 명해 궐문 밖에 모여서 간, 숙번 그리고 윤자당(尹子當, ?~1422년)[40]을 불러 대질하여 심문하도록 했다. 간이 기꺼이 말을 하지 않으니 숙번이 간에게 일러 말했다.

---

40 병조전서(兵曹典書)를 역임하던 중 1400년(정종 2년) 발생한 2차 왕자의 난을 진압하는 데 공을 세워 좌명공신 4등에 봉해졌다. 태종 대에는 경상도 병마도절제사 등 외직을 역임하면서 왜구 토벌에 공을 세웠으며, 세종 초에는 하성절사(賀聖節使) 등을 역임하며 외교 사절로 활동했다. 어머니는 판서를 역임한 남휘주(南輝珠)의 딸 영양 남씨(英陽南氏)인데, 일찍 과부가 돼 안성 이씨 이경(李坰)에게 개가해 이숙번(李叔蕃), 이중번(李仲蕃) 형제를 낳았다.

"내가 나의 형과 함께 처음에 네 말을 듣고 '어떤 사람에게서 들었느냐?'고 물으니 네가 대답하기를 '처부(妻父-장인)에게서 들었다'고 해놓고서 지금은 어찌 숨기느냐?"

간은 여전히 실토하지 않았다. 상이 이를 듣고 말했다.

"이간이 이 말을 분명 제 처부(妻父)에게서 들었을 것이고 나는 이미 그 실상을 다 안다. 또 바깥 사람들이 만일 이 일을 들으면 내가 정치하는 데 게을러져서[倦] 전위(傳位)하고자 하는 것은 알지 못하고 장차 '부자간에 뭔가 혐의가 있다'고 할 것이다. 그러니 다시는 묻지 말라."

간은 조호(趙瑚, ?~1410년)⁴¹의 사위이고 자당(子當)은 숙번의 외형(外兄)이다.

삼성(三省)에서 말했다.

"간(衎)이 대체(大體-큰일)에 관계되는 말을 듣고 그때 숙번과 자당에게 이르기를 '처부에게서 들었다'라고 하고 이번 달 17일에 증거를 갖춰 물을 때에는 '처족(妻族)을 통해 알았다'라고 하고 다시 힐문할 때에 말하기를 '조희민(趙希閔-조호의 아들)이 여강군(驪江君) 형제와

---

41 1383년(우왕 9년)에 판사로 있을 때 전토(田土) 때문에 환자(宦者)와 싸운 죄로 수안군에 장류(杖流)됐고, 1389년(공양왕 1년)에 밀직사로 복직됐지만, 또다시 김저(金佇)의 옥사에 연루돼 유배됐다. 그 뒤에 곧 복직되었으나 1392년(태조 1년) 강회백(姜淮伯)과 이숭인(李崇仁) 등 고려 구신들과 결당을 모의한 혐의로 직첩을 빼앗기고 먼 곳으로 유배됐다. 1401년(태종 1년) 예문관태학사가 된 뒤 곧 검교참찬의정부사가 됐으나 사헌부를 모독한 죄로 탄핵을 받아 평주(平州)에 유배됐다가 이듬해 복직됐다. 1405년 소를 사취(詐取)하여 나라에 바친 뒤 그 값을 돌려주지 않았다는 죄로 다시 평주에 유배되었다가 곧 풀려나서 적몰(籍沒)된 녹봉을 되돌려받기도 했다. 그러나 1409년 왕실에 대한 불충한 일을 도모하다가 승니(僧尼) 묘음(妙音)의 고발로 다시 수감돼 이듬해 4월에 옥사했다.

서로 친해 처족을 통해 알았다'라고 했습니다. 이처럼 말이 한결같지 않으니 청컨대 다시 추핵(推覈)해야 합니다. 전 총제 김첨(金瞻)과 평강군(平江君) 조희민(趙希閔)은 본래 민무구 형제와 마음을 같이하여 당여를 맺었는데[朋比] 지난해에 주상께서 내선(內禪)⁴²하시고자 할 때 온 나라가 크게 마음 아파 했으나 홀로 이의(異議)를 내 슬그머니 두 마음을 품었으니 청컨대 두 사람의 직첩을 거두고 율에 따라 논죄해 뒤에 오는 사람들을 경계시켜야 할 것입니다."

상이 말했다.

"이간의 말은 관계가 있는 것이 아니고 일이 또한 아직 구체적으로 나타나지 않았으니[未形] 무얼 반드시 두 번 묻겠느냐! 또 내가 전위하고자 한 것은 진실한 마음에서 나온 것이니 김첨과 희민이 의견을 낸 것 또한 허물이 되지 않는다. 일이 이미 지나갔으니 일단은 내버려두고 논하지 말라."

이날 대간과 형조에서 여흥부원군(驪興府院君) 민제(閔霽)와 그 아들 여원군(驪原君) 민무휼(閔無恤), 여산군(驪山君) 민무회(閔無悔)를 논핵하여 무구 등이 몰래 따로 토의한 일에 대해 이를 알고 있는지의 여부를 물었다. 상이 듣고 사헌장령 조말생(趙末生)을 불러 명했다.

"부원군은 나이가 많고 또 안질(眼疾)이 있으니 다시 논핵하지 말라."

---

42 임금이 살아 있을 때 왕위를 후사(後嗣)에게 물려주는 일이다. 이것에는 임금 자의(自意)에 의한 것과 타의(他意)에 의한 것의 두 가지가 있었다. 정종이 태종에게 물려준 것이 타의에 의한 경우라 할 수 있다.이와 반대로 성(姓)이 다른 사람에게 왕위를 선위(禪位)하는 것을 외선(外禪)이라고 한다.

애초에 상이 선위하고자 할 때 첨(瞻)이 말했다.

"반드시 이와 같이 하시려면 마땅히 위로 천자에게 고하고, 아래로 조종(祖宗)께 고한 뒤에야 가능합니다."

희민(希閔)이 말했다.

"내선(內禪)하시는 것이 이치에 고분고분하는 것이니 어찌 감히 간언하겠습니까!"

이 때문에 삼성(三省-대간과 형조)에서 그 죄를 뒤늦게 논한[追論] 것이다.

추론

○ 삼공신(三功臣)이 대궐에 나아와 아뢰어 말했다.

"전일 상소(上疏)에 대한 신단(宸斷-임금의 판단)을 알지 못하겠습니다."

상이 본래 지신사 황희(黃喜)와 승전색(承傳色) 노희봉(盧希鳳)에게 들이지 말라고 경고했기에 희(喜)가 망설이면서 감히 아뢰지 못했다. 날이 저물어도 공신들이 그대로 물러가지 않으니 희가 마침내 희봉(希鳳)을 시켜 들어가 아뢰게 했다. 상이 말했다.

"공신들의 청이 이들 세 사람을 죽이고자 하는 것이 아니라면 유사(有司)로 하여금 와서 청하게 하는 것이 옳다. 내가 들어줄 만하면 들어주겠다. 무얼 반드시 날마다 여러 사람이 올 것이 있는가! 나라 사람들이 보고 듣는다면 또한 큰 변고라고 하지 않겠는가!"

이에 공신들은 물러가고, 다만 유사(有司) 남재(南在)와 윤곤(尹坤)만을 머물러두어 명을 기다리게 했다. 상이 마침내 뜻을 전했다.

"상당군(上黨君-이저)은 그 아비가 불충한 말이 있었던 것에 연루돼 녹권(錄券)을 회수당했다. (그리고) 지금 취산군(鷲山君-신극례)이

316

내 옆에서 술주정을 했는데 불공(不恭)하기는 하나 어찌 종사(宗祀)
에 관계되겠는가! 취산에게 죄를 줄 것인지의 여부와 상당군의 녹권
을 도로 줄 것인지의 여부를 합하여 토의해 다시 보고를 들은 뒤에
야 내가 장차 여강(驪江) 형제의 죄를 결단하겠다."

○ 성균 대사성(成均大司成) 유백순(柳伯淳)을 불러 시학(侍學)[43]할
만한 사람을 물었다. 임금이,

"경이 오래 성균(成均)에 있었으니 선비들의 우열(優劣)에 대해 알
지 못함이 없을 것이다. 지금 김과(金科)가 홀로 경연(經筵)에 있어
직질(職秩)이 높고 사무가 번다하니 내가 서생(書生) 가운데 마음가
짐이 단정하고, 박학(博學)하고 경서(經書)를 궁리한 자를 얻어서 때
때로 항상 함께 배우고, 만일 의심나고 어려운 곳이 있으면 양촌(陽
村-권근)에게 질문하게 하고 더불어 (세자가 아닌 다른) 아들들을 가
르치게 하고자 한다."

백순(伯淳)이 생원(生員) 이수(李隨, 1374~1430년)[44]가 자질이 순수
하고 아름답고 학문이 정밀하고 무르익었다[精熟]고 천거하니 상이
_{정숙}

---

43 임금이나 왕세자(王世子)에게 학문을 가르치며, 어렵고 의심나는 점을 서로 토론하는 일
또는 그 사람을 말한다.

44 세종의 스승이다. 1396년(태조 5년) 생원시에 제1위로 합격했다. 1411년 지신사(知申事)
김여지(金汝知)가 소명(召命)을 전하자 상경하여 여러 왕자의 교육을 맡아보았다. 1412년
종묘서주부(宗廟署主簿)를 지내고, 1414년 왕이 성균관에 행차하여 취사(取士)할 때, 제
4위로 급제, 전사주부(典祀主簿)·공조정랑·예조정랑을 역임하고, 1417년 전사소윤(典
祀少尹)을 지냈다. 이듬해 세종이 즉위하자 사재감정(司宰監正)·좌군동지총제(左軍同知
摠制), 1422년(세종 4년) 황해도 관찰사를 거쳐 고부부사(告訃副使)가 돼 명나라에 다녀
왔다. 1423년 예문관제학·이조참판, 1425년 중군도총제(中軍都摠制)·참찬의정부사를 역
임했다. 1427년 어머니의 상으로 사직했고, 1429년 예문관대제학·이조판서에 재등용되
고, 이듬해 병조판서가 됐으나 취중에 말에서 떨어져 죽었다.

말했다.

"내가 시험해보겠다."

이때 과(科)가 한성윤(漢城尹)으로 동지경연사(同知經筵事)를 겸하고 있었기 때문이다.

경진일(庚辰日-29일)에 명을 내려 민무구 민무질의 공신녹권(功臣錄券)을 빼앗았다. 상이 삼공신이 올린 장(章)을 취해 의정부에 판부(判付)하여 말했다.

"무구·무질은 다만 공신녹권만 거두고 극례는 다시 논하지 말라."

삼공신(三功臣)이 다시 소를 올려 말했다.

'신 등이 엎드려 오늘의 판지(判旨)를 보니 "무구·무질의 불충한 것은 과인(寡人)이 친히 보아서 아는 바이고 극례의 불충한 형적은 보고 듣지 못했다. 다만 취중(醉中)에 무구가 부추겼기 때문에 실례(失禮)한 것뿐이다'라고 했습니다. 그러나 신 등은 생각하기에 극례가 전하의 곁에 가까이 모시고 있으면서 비록 무구의 부추김으로 인해 먹 장난한 종이를 찢었다고는 하나, 그 불손한 말이 전장(前狀)에서 아뢴 바와 같이 종지(宗支)를 없애고 왕실(王室)을 약하게 하기를 꾀했으니 그 뜻을 헤아리기 어렵습니다. 무구가 지난날에 한 말과 한 입에서 나온 것과 같이 했으니 진실로 무구의 정상을 알지 못했다면 어찌 이와 같은 데에 이르겠습니까! 가령 알지 못했다고 하더라도 말한 것이 다름이 없으니 그 죄가 같으며 구분할 수 없습니다. 더욱이 이는 사직(社稷)에 관계되니, 율문(律文)을 상고하면 수범(首犯)과 종범(從犯)의 구분이 없습니다. 청컨대 장차 극례도 일체로 시행하여 공도(公道)를 보이셔야 합니다. 지난해에 거이(居易)가 사직을 전복할 음모를 꾸민 죄도, 또한 율문대로 부자가 알거나 알지 못한 것을 논하지 말고 똑같이 모두 연좌시켜 스스로 왕법(王法)이 지켜지도록 해야 합니다. 엎드려 주상의 재결만 바랍니다.'

소를 대내(大內)에 머물러두고 내리지 않았다.

○ 형조판서 이지(李至), 대사헌 권진(權軫), 좌사간 최함(崔咸) 등이 공동으로 장(章)을 지어 말씀을 올렸다.

'예로부터 다른 사람의 신하된 자의 불충(不忠)한 죄는 자취가 비록 나타나지 않았더라도 그 뜻한 것만으로도 주멸(誅滅)했습니다. 지금 무구 무질의 간궤(奸軌)한 음모를 나라 사람들이 다 함께 아는 바인데 다만 녹권만 거두니 죄는 무겁고 벌은 가벼워 상전(常典)에 어긋납니다. 청컨대 두 사람의 직첩을 회수하여 그 죄를 밝게 바로잡아야 합니다. 극례는 두 사람과 더불어 마음을 같이하여 당여를 짓고 지난 해에는 간신(諫臣)이 그가 정부(政府)의 직책에 맞지 않는다고 논하여 이로 인해 파면됐는데 스스로 속으로 반성하지 않고 여러 번 원망하는 말을 하여 씩씩거리며 불평한 지가 날이 오래 되고 주상의 앞에서 감히 친남(親男)의 먹 장난한 종이를 찢기까지 했으니 불충 불경한 죄는 용서할 수 없습니다. 만일 내버려두고 논하지 않는다면 어찌 난신(亂臣) 적자(賊子)를 주멸하는 의리이겠습니까! 청컨대 그 직첩을 거두고 그 죄를 국문하도록 해야 할 것입니다.

평원군(平原君) 조박(趙璞)은 두 사람이 어린 임금을 끼고 권세를 오로지하여 종지(宗支)를 잘라내고자 할 즈음에 마음을 같이하여 함께 모의하고 악한 짓을 같이하여 서로 보조를 맞추려 했습니다.

또 전 총제 김첨(金瞻)과 평강군(平江君) 조희민(趙希閔)은 두 사람과 더불어 몸은 다르나 마음을 같이하여 당(黨)을 만들고 한 패거리가 되어 내선(內禪)하려 할 때에 홀로 반열에서 나와 따로 금지(禁止)하기를 의논하여 몰래 두 마음을 품은 정상이 밝게 드러났습니다. 서령군(瑞寧君) 유기(柳沂)[45]와 반성군(潘城君) 박은(朴訔)[46]은 두 사람에게 아부한 지가 이미 오래되어 이제 삼공신이 연일 소를 올려 함께 두 사람의 불충한 죄를 청하는데도 도리어 병을 청탁하고 뒤로 물러나 한번도 참여하지 않았으니 그 불충을 당호(黨護)한 자취가 참으로 숨기거나 가릴 수 없습니다. 청컨대 조박 이하 다섯 사람에 대해 모두 직첩을 거두고 율에 의거해 논죄해야 할 것입니다.'

윤허하지 않았다.

○ 형조정랑 최자해(崔自海), 사헌지평 정촌(鄭村), 사간원 우정언

---

45 1400년(정종 2년)에 이방원(李芳遠-태종)이 동복형인 이방간(李芳幹)의 난을 평정하고 왕위에 오르는 데 협력한 공으로 1401년(태종 1년)에 익대좌명공신(翊戴佐命功臣) 3등에 책록됐다. 1402년에 봉상경(奉常卿)에서 대언(代言)으로 승진됐다가, 그해 9월에 서령군(瑞寧君)으로 봉작되면서 전라도 관찰사에 임명됐다. 1409년 부사로 정사 김로(金輅)와 함께 명나라에 다녀왔다. 그해 10월에 민무구(閔無咎) 민무질(閔無疾)의 옥사에 관련돼 해남으로 유배됐다가, 다음 해인 1410년 2월에 유배지에서 처형됐다.

46 조선이 개창된 뒤에 지금주사(知錦州事)가 됐고, 고과(考課)에 정최(政最-최고)의 성적을 받아 좌보궐(左補闕)에 임용됐다. 1397년 사헌시사(司憲侍史)를 거쳐 이듬해 발생한 무인정사(戊寅靖社), 즉 1차 왕자의 난 때 지춘주사(知春州事)로서 방원의 집권을 위해 지방 군사를 동원했다. 1400년(정종 2년) 지형조사(知刑曹事)로 있을 때 발생한 2차 왕자의 난에서 역시 방원을 도와 공을 세웠다. 좌명공신(佐命功臣) 3등으로 반남군(潘南君-뒤에 반성군(潘城君))에 봉해졌다. 1416년 47세의 나이로 우의정이 되어 소년입각(少年入閣)의 예에 들었으며 이어 부원군으로 진봉되고 좌의정 겸 판이조사에 올랐다. 충녕대군(忠寧大君)이 세자로 책봉될 무렵부터 심온(沈溫)과 대립해, 1418년(세종 즉위년) 심온의 옥사 때에는 심온의 반대 입장에서 관여했다는 세평을 듣고 있다. 1421년 병으로 좌의정을 사직하고 이듬해에 죽었다.

이사징(李士澄) 등을 불러 지신사 황희(黃喜)를 시켜 힐문했다.

"유기(柳沂)와 김첨(金瞻)이 민무구의 당(黨)이 되어 음모한 것이 무슨 일이 있는가? 조박(趙璞)이 서로 겉과 속이 되어 음모에 참여한 것이 무슨 일이 있는가? 신극례가 나와 공신유사(功臣有司)를 원망한 것은 무슨 일이 있는가? 너희가 들은 것은 또 어디에서 나온 것인가?"

이들이 대답했다.

"극례가 원망하고 분개하여 한 말은 나라 사람이 아는 바이고, 조박은 인아(姻婭-인척)의 지친(至親)이니 알지 못할 리 없을 것이고 유기는 무질 등과 평소 친하여 공신이 대궐에 나올 때 병을 칭탁하고 참여하지 않았고, 김첨은 내선하려 할 때 특별히 다른 의견을 말했으니 반드시 꾀한 바가 있을 것입니다."

상이 노하여 말했다.

"너희들의 말은 모두 사실이 아니고 남의 죄를 억지로 끌어모아 만드니 마땅히 국문을 가해야겠다."

곧바로 명하여 이들을 순금사에 내리고 좌대언 윤사수(尹思修)로 하여금 가서 국문하게 했다. 또 말했다.

"말이 곧지 않은 것이 있거든 마땅히 곤장을 때려서 신문하라."

그러고는 광연루(廣延樓)에 나아가 정승 성석린(成石璘)·이무(李茂), 부원군(府院君) 하륜(河崙)·조영무(趙英茂)를 불러 친히 타일러 말했다.

"오늘의 무구 등이 곧 내일의 경들일 수 있다. 죄 있는 자가 몇 사람이나 되기에 그 죄를 얽어 만들어 다른 사람들에게까지 연루시키려 하는 것인가? 무질 등은 이미 불충하다는 죄명을 받아 내가 이미 외방에 내쳤다. 조박 같은 사람은 무슨 범한 죄가 있기에 대간(臺諫)에서 죄주기를 청하며 경들은 금하지 않는 것인가? 바깥 사람들이 들으면 반드시 세자(世子)에게 변동(變動)이 있다고 의심할 것이니 이것은 심히 상서로운 일이 아니다."

하륜이 대답했다.

"과연 분부와 같습니다. 대간의 말은 신이 듣지 못했습니다."

석린 등은 자리를 피하며 대간의 죄를 용서해주기를 청하니 상이 말했다.

"경 등을 위해 일단은 천천히 처리하겠다."

석린 등이 머리를 조아리며 사례했다. 임금이 지신사(知申事) 황희(黃喜)에게 이같이 말했다.

"이제부터 대간에서 탄핵하여 아뢰는 것은 반드시 도당(都堂-의정부)에서 가부를 물은 뒤에 들여서 보고하도록 하라[入啓]."

또 순금사에 명해 대간을 국문하지 말도록 하고 이어서 네 사람과 더불어 작은 술자리[小酌]를 베풀었다. 상은 방간(芳幹)의 처(妻)로 인해 상복을 입었기 때문에 육선(肉膳)을 들지 않고 륜도 복제(服制)가 있었다.[47] 상이 륜을 돌아보며 일러 말했다.

"경이 만일 육선(肉膳)을 든다면[開素][48] (나도) 한번 즐길 수 있겠는데…"

---

47 집안에 상을 당한 사람이 있었다는 뜻이다.
48 개소(開素)란 소식(素食)하던 사람이 육식을 시작하는 것을 말한다.

륜이 대답하기를 "명대로 하겠습니다"라고 하니 마침내 육선을 바쳤다. 상이 속으로 생각하기를 대간과 형조에서 잇달아 극례의 죄를 청하고, 지금 또 조박의 무리를 국문하기를 청하니 반드시 지휘하는 자가 있을 것이라고 보았기 때문에 그래서 정승들을 불러 속뜻을 알린 것이다.

○사간원 좌헌납 유영(柳穎)이 형조판서 이지(李至)의 사위로 삼성(三省)에서 글을 올리는 데는 참여하지 않았다가 이날 대궐에 나아와 소(疏)를 올렸다.

'난신(亂臣)을 주멸하고 간당(奸黨)을 제거한 뒤에라야 기강을 세울 수 있기 때문에 신하로서 임금을 무시하는 마음[無君之心]이 있으면 간헌(諫憲-사간원과 사헌부)에서 감히 간언을 하는 것이요, 임금은 그들을 용서하지 않는 것입니다. 지금 민무구·민무질·신극례 등의 불충한 죄가 이미 드러나서 대간에서 죽기를 무릅쓰고 감히 진달했는데, 전하께서 도탑게 그 말을 받아들이시니 나라 사람들이 모든 은혜가 의리를 폐기하지 못하고, 공로가 죄를 가리지 못하는 것을 알아서 "오직 이 한 번의 거조(擧措-조치)가 어지러움의 근원[亂源]을 막을 수 있고 언로(言路)를 열어놓을 수 있으며, 기강을 세울 수 있어, 비록 옛날의 빼어난 임금[聖主]이라 하더라도 이보다 더 뛰어날 수 없다"라고 하고 있습니다. (그런데) 이제 도리어 대간 장무(臺諫掌務)를 순금사 옥에 가뒀습니다. 신의 어리석은 생각으로는 나라 사람들이 자세한 이유를 알지 못하고 감히 간언하는 자가 도리어 죄를 입었다고 생각한다면 불충한 자가 오히려 몸을 용납받게 되어 공도(公道)가 닫히지 않았다고 할 수 없고, 어지러움의 근원이 자라지 않는다 할 수 없으며, 언로(言路)가 끊기지 않았다 할 수 없고, 기강이 어지러워지지 않는다 할 수 없을 것입니다. 이것이 어리석은 신이 죽음을 무릅쓰고 홀로 서서 천문(天門)에 부르짖는 뜻입니다. 비록 간헌(諫憲)에서 죄주기를 청하는 것이 지류(支流)에까지 미친다고 하더라도 갑자기 옥에 가둘 수는 없습니다. 더군다나 신극례와 같이 친남(親男)을 해치고자 하는 자이겠습니까? 두세 번 죄주기를 청하는 것이 진실로 당연한 일입니다. 비록 그 말이 실상에 맞지 않는다 [不中]고 하더라도 어찌 하옥(下獄)할 죄이겠습니까? 바라건대 전하께서는 하늘과 땅 같은 큰 도량을 넓히시고, 하늘과 땅 같은 너그러운 은혜를 내리시어 삼성(三省)을 용서하여 공도(公道)를 보이심으로써 언로(言路)를 열어주셔야 할 것입니다.'

상이 자못 옳게 여겨 대간과 형조를 풀어주어 각각 그 집으로 돌려보내고 또한 영(穎)에게도 집으로 물러가도록 명했다.

신사일(辛巳日-30일)에 태백성(太白星)이 낮에 보였는데 하늘을 가로질러 지나갔다.

○충청도 병선(兵船) 11척이 군산도(群山島)에 이르렀다가 바람을 만나 파괴됐다. 충청도 관찰사가 보고했다.

'수군 첨절제사(水軍僉節制使) 노중제(盧仲濟)와 도만호(都萬戶) 송전(宋琠) 등이 병선을 거느리고 바다에 내려가 구황(救荒)할 물건을 채취하고 또 전라도의 왜구를 수색해 군산도에 이르렀다가 강한 바람[颶風]을 만나 파괴됐습니다.'

○상락 부원군(上洛府院君) 김사형(金士衡)이 졸(卒)했다. 사형(士

衡)의 자(字)는 평보(平甫)로 안동부(安東府) 사람이다. 대대로[奕世] 혁세
귀하고 현달했다. 고조(高祖) 방경(方慶)은 첨의 중찬(僉議中贊) 상락공(上洛公)으로 문무 겸전의 재주가 있어 당시의 뛰어난 재상이었다. 조부(祖父) 김영후(金永煦)는 첨의 정승(僉議政丞) 상락후(上洛侯) 였다.

사형은 젊어서 화요직(華要職)을 두루 거쳤는데 이르는 데마다 직무를 잘 수행했다[稱職]. 무진년(戊辰年-1388년) 가을에 태상왕이 칭직
국사를 담당하여[49] 서정(庶政)을 일신하고 대신을 나눠 보내 각 지방을 전제(專制)하게 했을 때 사형을 교주 강릉도 도관찰출척사(交州江陵道都觀察黜陟使)로 삼으니 부내(部內)를 잘 다스렸다. 경오년 (庚午年-1390년) 지밀직사사(知密直司事)로서 대사헌(大司憲)을 겸했고 조금 뒤에 지문하부사(知門下府事-문하부지사)로 승진했으며 대헌(臺憲)에 있은 지 1년이 지나자 조정이 숙연(肅然)해졌고 여러 번 전직(轉職)하여 삼사 좌사(三司左使)가 됐다. 임신년(壬申年-1392년) 7월에 여러 장수 재상들과 더불어 태상왕을 추대해 문하시랑찬성사(門下侍郎贊成事) 겸 판상서사사(判尙瑞司事), 겸 병조전서(兵曹典書), 응양위상장군(鷹揚衛上將軍)에 승진하고 1등공신(一等功臣)에 녹훈(錄勳)돼 분의 좌명개국공신(奮義佐命開國功臣)의 칭호를 받았다.

12월에 문하우시중(門下右侍中)에 제배되고 상락백(上洛伯)에 봉

---

49 이해에 이성계가 위화도회군에 성공하여 국정을 장악했다.

작(封爵)돼 식읍(食邑)[50] 1,000호(戶)에 식실봉(食實封)[51] 300호를 받았다. 정축년(丁丑年-1397년)에 겸 판사헌부사(判司憲府事-사헌부판사)를 제수받았다.

무인년(戊寅年-1398년)의 변고 때 사형은 조준(趙浚)과 함께 대궐에 나가 백관을 거느리고 적장(嫡長)을 세워 사자(嗣子)를 삼을 것을 청했다. 상왕(上王)이 이미 내선(內禪)을 받으니 녹공(錄功)이 또 1등이 되어 공신의 호를 더하기를 '동덕정난정사(同德靖亂定社)'라 했다. 건문황제(建文皇帝)의 등극 때 중국에 들어가 하례했다. 기묘년(己卯年-1399년) 12월에 스스로 성만(盛滿)[52]하다고 진달(陳達)하여 여러 번 직임을 그만두기를 비니 상왕이 한참 만에 허락했다. 사형이 준(浚)과 더불어 8년 동안 함께 나란히 정승에 있었는데 준은 강직하고 과감하여 거리낌 없이[剛果不疑] 국정(國政)을 전단(專斷)하고, 사형은 너그럽고 선 굵게[寬簡] 그를 보완하며 앉아서 묘당(廟堂)을 진압하니 여론이 그에게 크게 의지했다. 상(上-태종)이 즉위하자 신사년(辛巳年-1401년) 3월에 다시 좌정승(左政丞)이 됐다가 임오년(壬午年-1402년) 10월에 사임하고 영사평부사(領司平府事-사평부 영사)가 된 지 한 달여가 지나 부원군(府院君)이 되어 사제(私第)로 은퇴했다.

사형은 깊고 침착하여 지혜가 있었고[深沈有智] 조용하고 중후하

---

50 나라에서 공신(功臣)에게 내려주던 고을로, 그 지역의 조세(租稅) 일부를 개인이 받아 쓰게 하던 제도다.

51 나라에서 공신(功臣)에게 내려 주던 호(戶)로, 그 조세(租稅)의 전부를 개인이 받아 쓰게 하던 제도다.

52 관작이 너무 성대하다는 뜻이다.

여 말이 적었으며[靜重寡言] 속으로 남에게 숨기는 것[城府]이 없고
밖으로 남에게 모나는 것[圭角]이 없었다. 재산을 경영하지 않고 성
색(聲色)을 좋아하지 않아 처음 벼슬할 때부터 운명할 때까지 한 번
도 탄핵을 당하지 않았으니 시작도 잘하고 마지막을 좋게 마친 것
[善始令終]이 이와 비교할 만한 이가 드물다. 졸할 때 나이 67세였다.
조회를 3일간 정지하고 좌부대언(左副代言) 윤수(尹須)를 보내 빈소
에 제사하고, 시호를 익원공(翼元公)이라 했다. 두 아들은 승(陞)과
륙(陸)이다.

○ 동북면에 황충이 일었다.

壬子朔 內史鄭昇 金角等還 命知申事黃喜 與議政府餞于
임자 삭 내사 정승 김각 등환 명 지신사 황희 여 의정부 전 우

盤松亭. 以上不豫也.
반송정 이상 불예 야

癸丑 陳敬 金聲等還 命左代言尹思修 與議政府餞之.
계축 진경 김성 등환 명 좌대언 윤사수 여 의정부 전지

議政府上書 請復屯田烟戶米法 不允. 書曰:
의정부 상서 청복 둔전 연호미 법 불윤 서왈

'伏値殿下因旱求言 獻議者有以屯田烟戶米二事爲民怨. 屯田
복치 전하 인한 구언 헌의 자유 이 둔전 연호미 이사 위 민원 둔전

烟戶米法 前朝忠宣王所設 及僞朝之季不行 近因各品陳言 擬議
연호미 법 전조 충선왕 소설 급 위조 지계 불행 근인 각품 진언 의의

擧行. 屯田大約二十戶共種一石 以給船軍之食 一歲之役 不過
거행 둔전 대약 이십 호 공종 일석 이급 선군 지식 일세 지역 불과

三日 雖至剛愎者 豈能怨極傷和? 烟戶米 大約十五口以上
삼일 수지 강퍅 자 기능 원극 상화 연호미 대약 십오 구 이상

戶 豊年收米十斗 五口以上 收米四斗 中年半收 凶年全免 則
호 풍년 수미 십두 오구 이상 수미 사두 중년 반수 흉년 전면 즉

豊年一人所納 不盈一斗 雖至貪吝者 豈能怨極傷和? 以此二事
풍년 일인 소납 불영 일두 수지 탐인 자 기능 원극 상화 이차 이사

爲召旱 必欲革去. 水旱者 堯湯所不免. 萬一境內 有不幸數年
위 소한 필욕 혁거 수한 자 요탕 소불면 만일 경내 유 불행 수년

之水旱 船軍旣不能自備 倉廩之儲 又不能給 欲令屯戍 則必致
지 수한 선군 기 불능 자비 창름 지저 우 불능 급 욕령 둔수 즉 필치

飢餓; 欲令放散 則無以禦侮. 當此之時 計將安出? 且有飢饉
기아 욕령 방산 즉 무이 어모 당 차지시 계장 안출 차 유 기근

流亡轉于溝壑者 何以救其死亡? 不可以今日之粗足 而謂後日之
유망 전우 구학 자 하이 구기 사망 불가이 금일 지 조족 이위 후일 지

可保也. 惟此二事 一則欲紓船軍之苦 一則欲救窮乏之命. 天意
가보 야 유 차 이사 일즉 욕서 선군 지고 일즉 욕구 궁핍 지명 천의

豈肯以此爲譴? 是在殿下裁度耳. 且以淺見可議者 條列如左
기 긍 이차 위견 시재 전하 재탁 이 차 이 천견 가의 자 조열 여좌

以取上旨 伏望採擇施行.
이취 상지 복망 채택 시행

一曰伸治冤抑. 一 疑獄未決 久被囚繫者 京中則令刑曹司憲府
일왈 신치 원억 일 의옥 미결 구피 수계 자 경중 즉영 형조 사헌부

巡禁司 外方各道監司 具錄被囚日月所犯情狀 申聞取旨 裁決
순금사 외방 각도 감사 구록 피수 일월 소범 정상 신문 취지 재결

無滯. 一 東西兩界向國之人 被土豪挾居役使 歲月已久, 欲令
무체 일 동서 양계 향국 지인 피 토호 협거 역사 세월 이구 욕령

爲賤 以成訟端者 窮究情狀 痛行禁斷. 一 曾犯罪過 外方付處
위천 이성 송단 자 궁구 정상 통행 금단 일 증범 죄과 외방 부처

未得放免者 量其輕重 許蒙恩宥.
미득 방면 자 양기 경중 허몽 은유

二曰賑恤窮乏. 一京中五部及外方各官 鰥寡孤獨羸老貧乏不能
이왈 진휼 궁핍 일 경중 오부 급 외방 각관 환과고독 이로 빈핍 불능

自存者 訪問賙給. 一 窮民貸物未還 子女典當者 考其日月 計
자존 자 방문 주급 일 궁민 대물 미환 자녀 전당 자 고기 일월 계

其傭直 卽皆放免. 一 兩班女子年過三十 窮乏未嫁者 訪問官給
기 용치 즉개 방면 일 양반 여자 연과 삼십 궁핍 미가 자 방문 관급

資裝 以成其嫁.
자장 이성 기가

三曰愼簡人材. 一 用人之道 當辨忠邪. 用一忠臣 則忠臣彙進
삼왈 신간 인재 일 용인 지도 당변 충사 용일 충신 즉 충신 휘진

忠論日聞 公道以開 國體以安: 用一邪臣 則邪臣彙進 邪論日聞
충론 일문 공도 이개 국체 이안 용일 사신 즉 사신 휘진 사론 일문

公道以晦 國體以危. 所謂忠臣者 言必合義理 猶恐其君不至於
공도 이회 국체 이위 소위 충신 자 언 필합 의리 유공 기군 부지 어

聖賢之治: 所謂邪臣者 反是 乘時立論 務行阿諛 暗於大體 專事
성현 지치 소위 사신 자 반시 승시 입론 무행 아유 암 어 대체 전사

姑息. 進退之際 須當愼簡. 老成之人有才行可任用 而久沈滯者
고식 진퇴 지제 수당 신간 노성 지인유 재행 가 임용 이구 침체 자

中外訪問 量宜敍用.'
중외 방문 양의 서용

上曰: "屯田煙戶米 依六月六月二十九日臺諫所啓停罷 其餘依
상왈 둔전 연호미 의 유월 육월 이십 구일 대간 소계 정파 기여 의

所啓施行."
소계 시행

甲寅 自金浦 通津 至南陽 水原及延安白州等沿海十四州
갑인 자 김포 통진 지 남양 수원 급 연안 배주 등 연해 십사 주

海潮漲溢 損禾穀.
해조 창일 손 화곡

乙卯 左政丞河崙 以災異辭.

河崙 趙英茂罷 以宜安大君和領議政府事 成石璘左政丞

李茂右政丞 成石因藝文館大提學 朴信參知議政府事 權軫

司憲府大司憲 李稷東北面都巡問察理使兼兵馬都節制使 曹瑗

右副代言 李承幹同副代言 復以崔咸爲左司諫大夫. 瑗 英茂之

壻; 承幹 崙之壻 特拜代言者 欲以慰安二人之心也.

丙辰 太白晝見.

賜前摠制金漢老米一百石.

宥富山浦付處人鄭寧 許京外從便. 寧壬午年從吉州察理使

任純禮 爲掌務錄事者也.

丁巳 放當番侍衛軍.

己未 月犯熒惑.

分遣大臣 禱雨于圓壇社稷北郊. 上出齋戒廳 値圓壇行祭之時

下庭祗拜. 時乍雨.

庚申 雨.

辛酉 雨. 議政府請進藥酒 許之 又賜酒于議政府.

開國定社佐命功臣領議政府事李和等 上疏請閔無咎 閔無疾

辛克禮等罪. 疏曰:

'春秋之法 人臣之罪 莫大於今將 所以杜邪心而防亂源也.

驪江君閔無咎 驪城君閔無疾等 夤緣宮掖 過蒙聖恩 一家兄弟

皆享尊榮 誠宜小心謹畏 恪守其職 罔敢驕逸 圖報聖恩 雇乃

不顧涯分 思擅權柄 潛蓄今將之心 欲逞跋扈之志. 去年殿下

將行內禪之時 擧國臣民罔不痛心 而無咎等自以爲幸 喜形于

色 及至殿下俯從輿望 復位之後 擧國臣民罔不忻慶 而無咎等

反以爲慼 蓋欲挾幼以逞威福 不忠之迹 昭然炳著 衆心共知. 又

當其時 殿下欲爲①宗支 圖其永世保安之計 而無咎敢曰:"苟無

誘掖之人 則可姑且如此耳."

殿下聞之竦然 卽謂無咎曰:"自古帝王 嫡長之外 更無餘子

可乎?"及至安巖移御之所 殿下又謂無咎曰:"人君必須只有

一子可乎?"無咎對曰:"臣嘗告其然矣."無咎之意 蓋欲除去

宗支 將來之禍 不可測也. 況無疾曩在殿下卽位未久之時 待慰

優厚 乃詣政丞李茂之第 怏怏若有不滿之意 以爲:"殿下終不我

保 其將何以?"李茂諄諄諭以禮義 然後自服. 當其時 初無可慮

之事 而無疾乃懷疑二 不能自安 其意何如? 竊聞無咎等啓于上

曰:"世子之外 王子之有英氣者 無亦可也."其蓄今將之心明矣.

又嘗在殿下之側 敢激鷙山君辛克禮 取親男墨戲而裂之 且

曰:"帝王之子 有英氣者多 則致亂"亦 欲削除宗支也. 殿下灼知

其心不忠 然念勳親之舊 必欲保全 曲加恩貸. 無疾又至具宗之

之家 以爲:"殿下疑忌我等." 又謂殿下聽信讒言 不遜之言 屢發

於口. 今將之罪 莫大於此. 伏望殿下 斷以大義 將無咎 無疾

克禮等下攸司 鞫問其情 以杜亂源 幸甚.
극례 등 하 유사 국문 기정 이두 난원 행심

疏留中不下.
소 유중 불하

閔無疾請曰:"臣欲辨明." 乃召無疾及兵曹判書尹柢 參贊
민무질 청왈 신욕 변명 내 소 무질 급 병조판서 윤저 참찬

議政府事柳亮 摠制成發道 平江君趙希閔 漆原君尹子當
의정부 사 유량 총제 성발도 평강군 조희민 칠원군 윤자당

吏曹參議尹向 戶曹參議具宗之等詣紫門外 令六代言及功臣
이조참의 윤향 호조참의 구종지 등 예 자문 외 영 육대언 급 공신

有司 宜寧君南在 鐵城君李原 司諫崔咸 正言朴瑞生 執義李慥
유사 의령군 남재 철성군 이원 사간 최함 정언 박서생 집의 이조

等質問之. 先謂宗之曰:"爾聞何言於無疾乎?"宗之對曰:"前年
등 질문 지 선위 종지 왈 이문 하언 어 무질 호 종지 대왈 전년

八月 臣往無疾家 無疾曰:'自上黨君貶黜之後 予常恐上位疑忌
팔월 신 왕 무질 가 무질 왈 자 상당군 폄출 지후 여상공 상위 의기

今辭兵柄 心乃稍安.'臣聞此語 告諸成發道."問諸發道 對曰:
금 사 병병 심내 초안 신문 차어 고저 성발도 문저 발도 대왈

"然"無疾目宗之曰:"予口不出此言 聞之者誰歟?"宗之曰:"今
연 무질 목 종지 왈 여구 불출 차언 문지 자 수여 종지 왈 금

進死生關係之地 吾何誣罔?"次問向以所聞 向對曰:"前月七日
진 사생 관계 지지 오하 무망 차문 향이 소문 향 대왈 전월 칠일

無疾來臣家曰:'聞前日上於廣延樓謂李叔蕃曰:"今旱氣未殄
무질 래 신가 왈 문 전일 상 어 광연루 위 이숙번 왈 금 한기 미진

者 下有不順之臣故也."叔蕃對曰:"不順之臣 除之可也."斯言恐
자 하유 불순 지신 고야 숙번 대왈 불순 지신 제지 가야 사언 공

爲吾發也. 子聞此言乎?'向曰:'其日吾以使臣之事適出外 未聞
위오 발야 자문 차언 호 향왈 기일 오 이 사신 지사 적 출외 미문

是言. 敢問以何事自疑乎?'無疾曰:'吾所疑者 李叔蕃訴於上
시언 감문 이 하사 자의 호 무질 왈 오 소의 자 이숙번 소어 상

欲害吾等非只爲上而言也."問無疾"果有是言乎?"無疾不能
욕해 오등 비지 위상 이언 야 문 무질 과 유 시언 호 무질 불능

辨. 問柳亮以所聞 亮對曰:"功臣一會之日 尹柢謂臣曰:'前秋
변 문 유량 이 소문 량 대왈 공신 일회 지일 윤저 위신 왈 전추

上欲傳位之時 閔氏已密定內宰樞 趙希閔其一也.'臣所聞者唯此
상욕 전위 지시 민씨 이 밀정 내재추 조희민 기일 야 신 소문 자 유차

耳."問尹柢 柢對曰:"前秋上復位之後 尹子當來臣家說此事 且
이 문 윤저 저 대왈 전추 상 복위 지후 윤자당 래 신가 설 차사 차

曰:'聞諸李衎也.'"衎時適奉使西北面 不得質正. 問尹子當 子當
왈 문저 이간 야 간 시 적 봉사 서북면 부득 질정 문 윤자당 자당

332

對曰:"然. 非獨臣聞之 他日李叔蕃來臣家 呼李衎而問之 無異言也." 無疾謂尹柢曰:"子何說嫌疑間無實之言也?" 希閔懇懼 顧謂尹柢曰:"設使希閔賢 則閔氏之事可乎?" 柢叱之曰:"若非汝 則閔氏 豈欲以掌內事乎?" 無疾怏怏赧然而已. 問畢 具以辭啓. 諸功臣詣殿庭 請無疾 無咎 克禮之罪 上曰:"予將斟酌施行."

壬戌 以西川君韓尙敬爲納徵使 摠制趙休副之. 藝文館大提學成石因爲告期使 提學孟思誠副之. 世子納徵之禮 馬二匹 帛十束.

賜弓矢甲冑于東北面都巡問使李稷. 稷將行 詣闕辭 有是賜. 蓋②懼王狗兒之逼 以備不虞 且欲城于北方也.

癸亥 月犯熒惑 醮于昭格殿以禳之.

命閔無咎 閔無疾 辛克禮自願安置. 初上遣李叔蕃於左政丞河崙 告以無咎等不忠之謀 且議其處置之宜 崙恬然不爲悚懼 乃對曰:"宜處以輕典." 叔蕃以聞 上復使叔蕃語崙曰:"卿之言 卽安昌侯張禹也." 崙惶恐.

議政府上言:

'人君之德 莫大於剛明 尤莫大於能斷. 剛明則邪慝無所遁其情 能斷則奸惡有所畏而憚 禍亂不作 治道以隆矣. 若知奸慝而不能斷之以義 則不若不知之爲愈也. 若不知 則奸慝猶恐其或知而獲罪也 群情猶冀其得知而必罰也. 是以不逞之徒 猶有所憚而不得肆也. 苟知奸慝而不能罪之 則邪慝無所憚而益肆其惡 群情

皆觖望而更無所冀 奸惡何所懲 而禍亂何由息乎?
개 결망 이갱무 소기 간악 하소징 이 화란 하유 식 호

惟我主上殿下 英明果斷 忠邪曲直 畢見無遺. 今閔無咎 無疾
유아 주상 전하 영명 과단 충사 곡직 필견 무유 금 민무구 무질

辛克禮等 雖在親勳 悉知其邪 以加譴責 剛明之德 可謂至矣.
신극례 등 수제 친훈 실지기사 이가 견책 강명 지덕 가위 지의

功臣上章 請正其罪 殿下猶狃私恩 不忍卽斷以義 及其詣闕
공신 상장 청정 기죄 전하 유뉴 사은 불인 즉단 이의 급기 예궐

然後判付本府 姑將無咎 克禮等 自願安置 無疾不論 蓋謂無疾
연후 판부 본부 고장 무구 극례 등 자원안치 무질 불론 개위 무질

似無干於欲除宗支也. 然無咎之情 無疾不容不知 其罪惟均. 且
사 무간 어욕제 종지 야 연 무구 지정 무질 불용 부지 기죄 유균 차

無疾曾於殿下在位未久之時 往右政丞李茂之家 自懷疑貳 以發
무질 증어 전하 재위 미구 지시 왕 우정승 이무 지가 자회 의이 이발

怨言. 殿下欲行內禪 則喜形于色 及其復位 反以爲慼 國人所知.
원언 전하 욕행 내선 즉 희형우색 급기 복위 반 이위척 국인 소지

見具宗之 又出怨言; 見尹向 又謂殿下聽信讒言 其懷不忠 見于
견 구종지 우출 원언 견 윤향 우위 전하 청신 참언 기회 불충 현우

辭色 非一二次. 其罪之大 豈特欲除宗支而已哉? 殿下雖欲借以
사색 비 일이차 기죄 지대 기특 욕제 종지 이이 재 전하 수욕차 이

私恩 然私恩一時之姑息; 大義萬世之常經 豈可以③一時之姑息
사은 연 사은 일시 지 고식 대의 만세 지 상경 기가이 일시 지 고식

而廢萬世之常經哉? 伏望殿下 斷以大義 一如功臣狀申內事意
이폐 만세 지 상경 재 복망 전하 단이 대의 일여 공신 장신 내 사의

施行 以示至公 宗社幸甚.'
시행 이시 지공 종사 행심

臺諫交章上言:
대간 교장 상언

'人臣無將 將而必誅 萬世之通義也. 竊聞驪江君閔無咎
인신 무장 장이 필주 만세 지 통의 야 절문 여강군 민무구

驪城君閔無疾 鷲山君辛克禮等 內懷不忠而有今將之心 三功臣
여성군 민무질 취산군 신극례 등 내회 불충 이유 금장 지심 삼공신

請罪 不卽兪允 有乖大義 臣等觖望. 竊謂無咎 無疾等 以宮掖
청죄 부즉 유윤 유괴 대의 신등 결망 절위 무구 무질 등 이궁액

之親 久蒙上恩 尊榮無比 正宜維持調護 保宗支於永世 反不顧
지친 구몽 상은 존영 무비 정의 유지 조호 보 종지 어영세 반 불고

恩 欲速擅權 貪立幼主 當年前內禪復位之際 喜慼之色 乃形於
은 욕속 천권 탐립 유주 당년 전 내선 복위 지제 희척 지색 내형어

外 則不忠之心昭矣. 且無咎聞殿下欲保宗支之計 敢發剪除之語;
외 즉 불충 지심 소의 차 무구 문 전하 욕보 종지 지계 감발 전제 지어

334

無疾自生疑忌 與尹向 宗之等 乃出怨懟之言: 克禮以貪陋之資
무질 자생 의기 여윤향 종지 등 내출 원대 지언 극례 이 탐루 지자

攀附鱗翼 得列勳舊之寵 幸矣 不圖報恩 乃生不遜之心 裂元子
반부 인익 득렬 훈구 지총 행의 부도 보은 내생 불손 지심 열 원자

墨戲 乃曰: "自古帝王之子 有英氣者 必致亂." 遂生剪除之志
묵희 내왈 자고 제왕 지자 유 영기 자 필 치란 수생 전제 지지

此人臣莫大之罪. 伏望殿下 斷以大義 俯從功臣之請 下令攸司
차 인신 막대 지죄 복망 전하 단 이 대의 부종 공신 지청 하령 유사

鞫問其罪 以杜禍亂之源 以明誅意之法 宗社幸甚.'
국문 기죄 이두 화란 지원 이명 주의 지법 종사 행심

皆留中不下.
개 유중 불하

臺諫又交章上言:
대간 우 교장 상언

'無咎 無疾 克禮等不臣之罪已著 臣等上疏請從功臣之狀 斷以
무구 무질 극례 등 불신 지죄 이저 신등 상소 청종 공신 지장 단이

大義 以杜禍亂之萌 以明誅意之法. 此非臣等一己之私見 乃萬世
대의 이두 화란 지맹 이명 주의 지법 차 비 신등 일기 지 사견 내 만세

君臣之公義也. 殿下乃令知申事黃喜傳旨曰: "因功臣之請 以辨
군신 지 공의 야 전하 내령 지신사 황희 전지 왈 인 공신 지청 이변

罪之有無. 無咎 克禮 自願分放; 無疾言出疑似 已賜寬貸 不復
죄 지 유무 무구 극례 자원 분방 무질 언출 의사 이사 관대 불부

擧論." 臣等竊謂人臣之罪 莫大於今將 將而不誅 必至於亂. 今
거론 신등 절위 인신 지죄 막대 어 금장 장 이 부주 필 지어 난 금

無咎克禮等 旣爲有罪 則宜置於罰 不可自願分放; 無疾與兄無咎
무구 극례 등 기위 유죄 즉 의치 어벌 불가 자원 분방 무질 여형 무구

同功一體 自生疑忌 怨懟之言 屢形於口 則其罪昭著 不可不懲.
동공 일체 자생 의기 원대 지언 누형 어구 즉 기죄 소저 불가 부징

無咎 無疾 克禮等 當殿下優待尊榮之時 尙有今將之心 況今
무구 무질 극례 등 당 전하 우대 존영 지시 상유 금장 지심 황 금

貶黜 其肯憾而能眣乎? 如此則將來之禍 不可勝言. 殿下雖欲念
폄출 기긍 감 이 능진 호 여차 즉 장래 지화 불가 승언 전하 수 욕념

其勳親而保全之 其可得耶? 伏望殿下 斷以大義 以正三臣之罪
기 훈친 이 보전 지 기 가득 야 복망 전하 단 이 대의 이정 삼신 지죄

以杜禍亂之源.'
이두 화란 지원

開國定社佐命功臣安平府院君李舒等上言:
개국 정사 좌명 공신 안평 부원군 이서 등 상언

'臣等前日上章 請無咎 無疾等罪狀 俱係宗社 無所輕重 固當
신등 전일 상장 청 무구 무질 등 죄상 구계 종사 무 소경중 고당

明正其罪 以爲人臣萬世之戒 以重宗社萬世之計. 今乃不申大義
명 정 기죄 이위 인신 만세 지계 이중 종사 만세 지계 금내 불신 대의

狃於私恩 姑將無咎 克禮等 自願安置 無疾不論. 此三人所犯皆
뉴어 사은 고장 무구 극례등 자원안치 무질 불론 차 삼인 소범 개

重 不可有所輕減. 乞如前日所申狀內 斷以大義 以杜萬世人臣之
중 불가유 소경감 걸여 전일 소신 장내 단이 대의 이두 만세 인신 지

邪心 以固宗支萬世之大計.'
사심 이고 종지 만세 지 대계

上乃命無疾亦自願付處. 於是置無咎於延安 無疾長湍 克禮
상 내명 무질 역 자원부처 어시 치 무구 어 연안 무질 장단 극례

原州.
원주

遣大臣 以世子吉禮 告宗廟.
견 대신 이 세자 길례 고 종묘

甲子 微雨.
갑자 미우

世子親迎于前摠制金漢老之第 上以雨權免臨軒醮戒. 乙時
세자 친영 우전 총제 김한로 지제 상 이우 권면 임헌초계 을시

世子公服乘輦 使內侍一人執雁前導 書筵官宿衛司皆以公服
세자 공복 승연 사 내시 일인 집안 전도 서연관 숙위사 개이 공복

從. 至漢老家 降輦入幄次 丁時迎嬪以歸. 初 上爲世子擇配 遣
종 지 한로 가 강연 입 악차 정시 영빈 이귀 초 상위 세자 택배 견

義安大君和 知申事黃喜 詣宗廟探策 乃得漢老之女云.
의안대군 화 지신사 황희 예 종묘 탐책 내 득 한로 지 녀 운

乙丑 收兵曹佐郎許誠職牒 遠流. 刑曹啓誠將根隨皂隷 法外
을축 수 병조좌랑 허성 직첩 원류 형조 계 성 장 근수 조례 법외

用刑 限內致死也.
용형 한내 치사 야

臺諫交章請無咎等罪 不允. 疏曰:
대간 교장 청 무구 등죄 불윤 소왈

'刑罰 國之大典 不可不謹也. 一有不中 何以爲國? 是以自古
형벌 국지 대전 불가 불근 야 일유 부중 하이 위국 시이 자고

帝王 雖至親幸 不以私滅公. 況干名犯分 罪在不赦者乎? 周成之
제왕 수지 친행 불 이사 멸공 황 간명 범분 죄재 불사 자호 주성 지

於管蔡 漢文之於薄昭是也. 今無咎 無疾 克禮等 以驕驁之資 將
어 관채 한문 지어 박소 시야 금 무구 무질 극례 등 이 교오 지자 장

欲挾幼 圖害宗支 廣植朋黨 奸計始著 自生疑忌 屢發怨懟之言.
욕 협유 도해 종지 광식 붕당 간계 시저 자생 의기 누발 원대 지언

若其計遂行 得專權命 則宗社生民之患 有不可勝言者矣. 幸賴
약 기계 수행 득전 권명 즉 종사 생민 지환 유 불가 승언 자의 행뢰

天地宗社之靈 不軌之謀 先事乃露. 宜置極刑 昭示萬世 今殿下
천지 종사 지령 불궤 지모 선사 내로 의치 극형 소시 만세 금 전하

姑念勳親 不申大義 將無咎 無疾 克禮等 自願分置. 乃以不赦
고념 훈친 불신 대의 장 무구 무질 극례 등 자원 분치 내이 불사

之罪 從於未減 其於有國之典何如 其於宗社之計又何如耶? 願
지죄 종어 미감 기어 유국 지전 하여 기어 종사 지계 우 하여 야 원

殿下令攸司 收三臣職牒 鞫問其情 明正其罪 以懲後來.'
전하 령 유사 수 삼신 직첩 국문 기정 명정 기죄 이징 후래

罷右獻納金涉職. 坐犯禁奔競於吏曹判書南在之第也.
파 우헌납 김섭 직 좌 범금 분경 어 이조판서 남재 지제 야

丙寅 月犯熒惑 木 火相犯.
병인 월범 형혹 목 화 상범

封金氏爲淑嬪 拜其父漢老爲左軍同知摠制 母全氏善慶宅主.
봉 김씨 위 숙빈 배 기부 한로 위 좌군 동지총제 모 전씨 선경 택주

召漢老 使黃喜傳旨曰:"人之行己 莫大於孝悌忠信. 卿遠莫劾
소 한로 사 황희 전지 왈 인지 행기 막대 어 효제충신 경원 막효

沈孝生 近當戒閔氏 愼之愼之. 予自幼深知卿謹厚 能守富貴 故
심효생 근당 계 민씨 신지 신지 여 자유 심지 경 근후 능수 부귀 고

擇卿女以配世子 卿宜敬受吾言 惟以忠君悌長 教卿之壻. 予亦
택 경녀 이배 세자 경 의 경수 오언 유이 충군 제장 교 경 지서 여 역

以此誨吾子."漢老拜謝.
이차 회 오자 한로 배사

以趙涓兼左軍摠制.
이 조연 겸 좌군 총제

以平道全爲員外司宰少監 賜銀帶. 道全 日本人之投化者也.
이 평도전 위 원외 사재 소감 사 은대 도전 일본인 지 투화 자야

召平原君趙璞還. 令知申事黃喜傳旨曰:"兄於社稷 功莫大焉
소 평원군 조박 환 영 지신사 황희 전지 왈 형 어 사직 공 막대 언

但以愚直之心 不量是非 而亦參鼇降之議. 予之置兄於外者 非以
단 이 우직 지심 불량 시비 이역 참 이강 지의 여지 치형 외자 비이

兄罪重於孔俯 安魯生也 但意兄在京中 恐或連於無咎等之謀 終
형죄 중어 공부 안노생 야 단 의 형재 경중 공혹 연어 무구 등 지모 종

至大戾耳. 無咎之言曰:'王子不宜多.' 今功臣之言 皆稱本支百世
지 대려 이 무구 지언 왈 왕자 불의 다 금 공신 지언 개칭 본지 백세

予之愛子之心 豈不願其蕃盛乎? 今已貶無咎等于外 故召還于
여지 애자 지심 기 불원 기 번성 호 금이 폄 무구 등 우외 고 소환 우

京."璞謝曰:"臣在楊州 侍奉老母 適母遘疾 親執藥餌 悉適臣願
경 박 사왈 신재 양주 시봉 노모 적모 구질 친집 약이 실적 신원

感戴上恩 不自知爲貶謫也. 至若鼇降之議 臣於無疾兄弟之家
감대 상은 부자지 위 폄적 야 지약 이강 지의 신 어 무질 형제 지가

不相往來 未能深知事之本末 徒以妄意 聽從其言 臣之罪也."上
불상 왕래 미능 심지 사지 본말 도 이 망의 청종 기언 신지 죄야 상

曰:"然."
왈 연

召領議政府事李和 政丞成石璘 李茂 置酒于廣延樓. 上從容
소 영 의정부 사 이화 정승 성석린 이무 치주 우 광연루 상 종용

謂之曰:"無咎等三人之罪 更不重論 終當召還京中 但不任之以
위지 왈 무구 등 삼인 지죄 갱부 중론 종당 소환 경중 단 불임지 이

事 以終天年. 卿等宜體此意 毋敢更有論啓."
사 이종 천년 경등 의체 차의 무감 갱유 논계

功臣 百官 臺諫 刑曹詣闕 請無咎等罪. 三功臣之疏曰:
공신 백관 대간 형조 예궐 청 무구 등죄 삼공신 지 소왈

'前者臣等上章 論請無咎 無疾 克禮等罪狀 臺諫亦已論請
전자 신등 상장 논청 무구 무질 극례 등 죄상 대간 역 이 논청

殿下屈法施恩 自願安置. 然私不廢義 公不掩罪. 況殿下嘗與臣等
전하 굴법 시은 자원안치 연 사 불폐 의 공 불엄 죄 황 전하 상 여 신등

盟于皇天后土之辭 有曰:"犯關係社稷者 當以法論."今無咎 無疾
맹 우 황천 후토 지사 유왈 범 관계 사직 자 당 이법 논 금 무구 무질

克禮等罪 關係社稷 所犯明白 無可疑者 而殿下不以法論 非唯
극례 등죄 관계 사직 소범 명백 무 가의 자 이 전하 불 이법 논 비유

廢法 是欺天地而慢鬼神也. 伏望殿下 斷以大義 一如前日狀申內
폐법 시 기 천지 이만 귀신 야 복망 전하 단 이대의 일여 전일 장신 내

特下攸司 明正其罪 以杜奸慝之心 以防禍亂之生.'
특하 유사 명정 기죄 이두 간특 지심 이방 화란 지생

臺諫亦詣闕固請 皆不允.
대간 역 예궐 고청 개 불윤

參贊議政府事金希善 中軍都摠制金南秀等 率百官上疏曰:
참찬 의정부 사 김희선 중군 도총제 김남수 등 솔 백관 상소 왈

'臣等伏聞無咎 無疾 克禮等 潛畜不忠之心 言發於口. 事關宗社
신등 복문 무구 무질 극례 등 잠축 불충 지심 언발 어구 사관 종사

罪在不赦. 功臣臺諫屢請其罪 殿下顧以私恩 只許安置. 臣等竊惟
죄재 불사 공신 대간 누청 기죄 전하 고 이 사은 지허 안치 신등 절유

賞罰國家之大典 不可以私而輕重. 伏望殿下俯從功臣臺諫之請 將
상벌 국가 지 대전 불가이 사 이 경중 복망 전하 부종 공신 대간 지청 장

無咎 無疾 克禮等 下攸司 正之以邦憲 以杜僭亂之萌.
무구 무질 극례 등 하 유사 정지 이 방헌 이두 참란 지맹

臺諫刑曹交章上疏曰:
대간 형조 교장 상소 왈

'臣等今以無咎 無疾 克禮等不臣之罪 再上章疏 殿下狃於
신등 금 이 무구 무질 극례 등 불신 지죄 재상 장소 전하 뉴어

338

私恩 久不兪允 臣等不懾鈇鉞 敢冒天威 詣闕申請. 臣等竊聞

殿下當功臣盟載之時 期以帶礪而乃曰: "事關宗社者 當以法論."

此警戒無虞 永世保全之計也. 無咎 無疾等 當去年殿下欲行

內禪之時 喜形于色 及至復位之後 反以爲慼 其將挾幼以擅權

也明 而不臣之罪著矣. 及聞殿下欲保宗支之計 無咎敢曰: "苟無

誘掖之人 則可矣." 而遂肆剪除之志; 無疾久畜疑忌 屢發怨上之

言. 凡此所爲 得非關於宗社之罪乎? 克禮以驕悍無知之資 朋比

無咎兄弟 嘗侍殿下之側 取親男墨戲而裂之 且曰: "帝王之子 有

英氣者多 則必致亂" 其欲剪除宗支之志明矣. 此亦非關於宗社之

罪乎? 三臣之罪 明白顯著 絶無可疑 而殿下不循群臣之請 不顧

盟詛之信 是欺天地神明 而失一國臣民之望也. 殿下更慮宗社

本支百世之計 俯從群臣再三申請之言 令攸司收三臣職牒 鞫問

其罪 以杜亂源.'

不允.

禮曹參議卞季良等進親試名簇

命大殿指諭行首終喪 還補其闕. 從行首等之上言也. 唯入屬

一二年在喪者 不在此例.

己巳 西北面祥原郡地震.

上詣德壽宮 太上辭以疾不見. 是朝 功臣百官詣闕 立於殿庭之

東 臺諫刑曹立於西 請無疾等三人之罪 上不欲聞 出自東門 詣

德壽宮. 將還 御興德寺門 謂知申事黃喜曰: "百官功臣已退乎?"
덕수궁 장환 어 흥덕사 문 위 지신사 황희 왈 백관 공신 이 퇴 호

對曰: "出在闕門外 欲竢殿下還宮而更啓." 上怒曰: "予待其退散
대왈 출 재 궐문 외 욕사 전하 환궁 이 갱계 상 노왈 여 대 기 퇴산

然後還宮矣." 群臣聞之 乃退.
연후 환궁 의 군신 문지 내퇴

庚午 熒惑犯歲星.
경오 형혹 범 세성

下盧希鳳于巡禁司. 刑曹臺諫連章辭職. 功臣百官又進闕庭
하 노희봉 우 순금사 형조 대간 연장 사직 공신 백관 우 진 궐정

啓曰: "金枝玉葉 繼繼承承 以傳萬世 人臣所常頌禱者也. 今此
계왈 금지옥엽 계계승승 이전 만세 인신 소상송도 자야 금차

三人 乃謀剪除 其罪與居易父子無異. 昔者殿下不正居易父子之
삼인 내모 전제 기죄 여 거이 부자 무이 석자 전하 부정 거이 부자 지

罪 故此三人又犯不臣之罪. 今又不懲 何以戒後?" 上曰: "腹非
죄 고차 삼인 우 범 불신 지죄 금우 부정 하이 계후 상왈 복비

之法 古人所譏, 予謂變目頤指 使克禮裂墨戲者 卽此類也. 且予
지법 고인 소기 여위 변목 이지 사 극례 열묵 희자 즉 차류 야 차여

之欲傳位與復位之時 無咎兄弟喜慼之色 迭見於面, 予察其色
지 욕 전위 여 복위 지시 무구 형제 희척 지색 질현 어면 여 찰 기색

而問之 無咎對曰: '臣不知臣色之何如. 殿下何爲有此言?' 予
이 문지 무구 대왈 신 부지 신색 지 하여 전하 하위 유 차언 여

曰: '予無所聞 汝無所言 然汝退就汝家 焚香熟思 則可以知汝心
왈 여 무소문 여 무소언 연 여퇴 취 여가 분향 숙사 즉 가이 지 여심

之正不正矣.' 今若以其色之喜慼加罪焉 則不幾於腹非之法乎?"
지정 부정 의 금약 이 기색 지 희척 가죄 언 즉 불기 어 복비 지법 호

贊成事權近對曰: "腹非 謂藏於心而已 今此三人 旣藏於心 而又
찬성사 권근 대왈 복비 위 장어심 이이 금차 삼인 기 장어심 이우

發於口 與腹非異矣." 成石璘啓曰: "內禪之際 喜慼之情 雖只形
발 어구 여 복비 이의 성석린 계왈 내선 지제 희척 지정 수지 형

於色 其餘發於口者 非腹非也." 承傳色盧希鳳 以其言入啓 上怒
어색 기여 발 어구 자 비 복비 야 승전색 노희봉 이 기언 입계 상 노

下希鳳于獄. 群臣皆退 臺諫刑曹乞辭.
하 희봉 우 옥 군신 개 퇴 대간 형조 걸사

收廣州牧使柳謙職牒 流之晉州. 謙與左右道官吏三十餘人
수 광주목사 유겸 직첩 유지 진주 겸 여 좌우 도 관리 삼십 여인

報于議政府曰: '前都觀察使全伯英 愛民如子 興利除害 一道
보우 의정부 왈 전 도관찰사 전백영 애민 여자 흥리 제해 일도

慕之 而未蒙召用 今監司柳廷顯 乃蒙擢用 民庶缺望. 請轉聞
모지 이 미몽 소용 금 감사 유정현 내 몽 탁용 민서 결망 청 전문

召用伯英. 政府以聞 上怒曰: "是謂我用人不明也. 欲悉逮問."

政府啓: "若盡行逮鞫 恐貽民弊 請只鞫守令教授驛丞之爲首者

三人." 從之. 乃下謙及楊州儒學教授官金從 金嶺道驛丞李崇德

于巡禁司 令獄官問謙等曰: "以外官而襃貶監司 古有是乎? 伯英

之優 廷顯之劣 其悉陳之無隱." 且問首謀者 謙曰: "臣實爲之."

又言: "廷顯爲監司時 嘗因講武行幸支應 潛輸餘物十餘馱于

其家." 按驗無狀 命獨罪謙 餘釋之. 時廷顯召拜中軍摠制.

辛未 大風以雨.

壬申 釋盧希鳳 召臺諫刑曹就職 命之曰: "卿等所啓 蓋欲盡

其職也 非爲己私 故還其辭狀.

日本國大內 多多良德雄 遣使獻禮物

海州海潮溢.

癸酉 功臣及臺諫刑曹詣闕 各上疏請無咎等罪 留中不下.

甲戌 月犯木星.

議政府啓功臣身沒田地遞給法 從之. 啓曰: "功臣嫡室只有

女子 妾有男子承重者 乞將功臣田 平分遞給."

乙亥 遣內官黃稻于完山府. 初 上聞芳幹妻閔氏疾篤 命全羅道

都觀察使及完山府尹曰: "脫有不諱 棺槨 紙地 遣奠 祖奠 駐柩

臨壙等奠 同議備辦. 且給苧布正五升布 以備其男女婢僕喪服."

至是閔氏卒 遣稻弔之 仍命審察所經全羅 忠清 京畿禾穀損實

以來.
이래

丙子 三功臣詣闕上書 請無咎等罪. 書曰:
병자 삼공신 예궐 상서 청무구등죄 서왈

'無咎等三人所犯 國有常典 有司存焉. 然臣等同歃勳盟 期至
무구 등 삼인 소범 국유 상전 유사 존언 연신등 동삽 훈맹 기지

子孫異體同心 萬世無替 敢有違盟 以犯關係宗社者 當以法論
자손 이체 동심 만세 무체 감유 위맹 이범 관계 종사 자 당 이법 논

昭告天地祖宗 藏在盟府. 今此三人 敢違此盟 心懷邪慝 不忠之
소고 천지 조종 장재 맹부 금차 삼인 감위 차맹 심회 사특 불충 지

言 屢發於口 是輕宗社而慢鬼神也. 其犯關係社稷之罪 若是昭著
언 누발 어구 시경 종사 이만 귀신 야 기범 관계 사직 지죄 약시 소저

臣等不卽痛絶 則厥罪惟均 且無以懲後世人臣之不忠者. 乞將
신등 부즉 통절 즉궐죄 유균 차무 이징 후세 인신 지불충 자 걸장

三人 削除功臣名籍 收還錄券 以信前盟 以懲後奸.'
삼인 삭제 공신 명적 수환 녹권 이신 전맹 이징 후간

上命承傳色盧希鳳 毋得入啓.
상명 승전색 노희봉 무득 입계

臺諫刑曹詣闕申前請 上曰: "卿等備聞予言 卿等之言 予亦悉
대간 형조 예궐 신전청 상왈 경등 비문 여언 경등지언 여역실

知 胡乃復爾?"刑曹判書李至 大司憲權軫等啓曰: "殿下私此
지 호내부이 형조판서 이지 대사헌 권진 등 계왈 전하 사차

三人 不允群臣之請 伏望斷以大義 以正萬世君臣之分."上曰:
삼인 불윤 군신 지청 복망 단이 대의 이정 만세 군신 지분 상왈

"予終不聽卿等之言 可以退矣."至等對曰: "臣等數詣殿庭 煩瀆
여종 불청 경등지언 가이 퇴의 지등 대왈 신등 수예 전정 번독

上聽 豈不知畏? 然有司守法 不容不然. 如不兪允 乞令臣等退處
상청 기 부지외 연 유사 수법 불용 불연 여불 유윤 걸령 신등 퇴처

於家."上曰: "古之人君 有聽言者 有不聽者. 予旣不聽卿等之
어가 상왈 고지 인군 유청언 자 유 불청 자 여기 불청 경등지

言矣 退處于家 任卿等自斷."至等對曰: "殿下容受直言 未嘗罪
언의 퇴처 우가 임경등 자단 지등 대왈 전하 용수 직언 미상 죄

有司之守法者. 臣等豈不量上鑑 妄有陳請乎? 殿下欲掩三人之
유사 지수법 자 신등 기 불량 상감 망유 진청 호 전하 욕엄 삼인 지

罪 而罪益昭著 殿下若賜一允 上德益彰. 法當如是."上曰: "卿等
죄 이죄익 소저 전하 약사 일윤 상덕 익창 법당 여시 상왈 경등

旣曰擧法 則予復何言! 然無咎失言於兄弟之間耳. 今旣付處 旣
기왈 거법 즉여 부하언 연무구 실언 어형제 지간 이 금기 부처 기

復加以重罪?"至等啓曰: "殿下縱不允臣等之言 臣等之請 無時
부 가이 중죄 지등 계왈 전하 종불윤 신등 지언 신등 지청 무시

342

而已也." 代言李承幹不能傳啓 至等乃退.
이이 야　　대언　이승간　불능 전계　지등내퇴

　丁丑 倭船三艘 掠三陟府 殺一人而去 千戶丁仁富畏愞不能
　정축　왜선삼소　약 삼척부　살일인이거　천호 정인부　외연 불능

追捕. 觀察使請治其罪 從之.
추포　관찰사 청치 기죄　종지

　戊寅 功臣臺諫刑曹詣闕 復申前請.
　무인　공신 대간 형조 예궐　부신 전청

　慶尙道兵馬節度使姜思德以各浦事宜上書:
　경상도　병마절도사　강사덕 이 각포 사의 상서

　'一, 蔚州沿海自開雲浦至西生浦水路一息 陸路半息; 開雲浦
　일　울주 연해 자 개운포 지 서생포 수로 일식　육로 반식　개운포

至甘北浦水路五息 陸路四息 脫有緩急 難以相救. 乞於兩浦
지 갑북포 수로 오식　육로 사식　탈유 완급　난이 상구　걸어 양포

中央鹽浦江口長生浦 將開雲浦兵船 移泊防禦 則國庫在處 民居
중앙 염포 강구 장생포　장 개운포 병선　이박 방어　즉 국고 재처　민거

漸蕃; 蔚州邑城 外護兼全: 三浦相往 救護不遠 且蔚州一邑之境
점번　울주 읍성　외호 겸전　삼포 상왕　구호 불원　차 울주 일읍 지경

有水軍二萬戶 官多民少. 乞革西生浦萬戶 使長生浦萬戶兼之.
유 수군 이 만호　관 다 민소　걸혁 서생포 만호　사 장생포 만호 겸지

　一, 南海縣長串 赤梁等處 近差萬戶 而無所屬軍人兵船 乃以
　일　남해현 장곶　적량 등처　근차 만호　이무 소속 군인 병선　내이

仇羅梁露梁軍船 分屬兩處 兵勢孤弱 防禦虛疎. 不緊長串 乞
구라량 노량 군선　분속 양처　병세 고약　방어 허소　불긴 장곶　걸

依舊使仇羅梁露梁萬戶兼領 其赤梁萬戶革去.
의구 사 구라량 노량 만호 겸령　기 적량 만호 혁거

　一, 多大浦 舊以不緊之處 使左道都萬戶兼領. 今置多大浦
　일　다대포　구 이 불긴 지처　사 좌도 도만호 겸령　금치 다대포

千戶 分富山浦兵船三隻屬之 以兵船數少 不敢散泊 仍於都萬戶
천호　분 부산포 병선 삼척 속지　이 병선 수소　불감 산박　잉 어 도만호

在處 富山浦泊立 名實相違. 乞革千戶 使都萬戶往還防禦.
재처　부산포 박립　명실 상위　걸혁 천호　사 도만호 왕환 방어

　一, 興利倭船 於各浦散泊 窺覘兵船虛實 實爲未便. 前番
　일　흥리 왜선　어 각포 산박　규첨 병선 허실　실위 미편　전번

都節制使報于議政府 使於左右道都萬戶防禦之處到泊 令諸島
도절제사 보 우 의정부　사 어 좌우도 도만호 방어 지처 도박　영 제도

倭船不能通知其故 依前於各浦散泊. 乞通諭各島 渠首行狀成給
왜선 불능 통지 기고　의전 어 각포 산박　걸 통유 각도　거수 행장 성급

使於都萬戶在處到泊 以防詐僞 以一體統.
사 어 도만호 재처 도박　이방 사위　이 일 체통

一, 各浦船軍軍器衣甲 竝不整齊 乞令萬戶收其掩心頭具 一樣
堅實監造. 若箭鏃則利鈍不齊 或未得冶工 難於自備 乞量收軍戶
之鐵 每浦給冶工一名 使之鍛鍊精利 分授軍丁; 其打造之間 給
冶工糧料.

一, 自願向化海邊各郡分處 倭人 與興利倭人往來無禁 亂雜
言說 將來可慮. 乞於陸地遠處移置.

一, 議政府奉旨行移 使右道都萬戶 率領兵船十隻 於全羅地境
安釜島等處防禦. 竊以乃而浦防禦要害之地 且興利倭船 倭客
使船常時來泊 都萬戶不可暫離. 乞安釜島助戰兵船 擇本道軍官
所任可當者 定爲監戰官 兵馬使鎭撫使之率領防禦.'

下其書政府擬議 請如所啓施行 從之.

議政府啓曰:

"興利倭船 連續出來 至慶尙道 一時或至數十隻; 以無貿易
者 動輒留連 或散入民戶 抑賣驚擾. 今後定處到泊倭船 以沿海
各官倉庫陳米豆 從時價貿易 使其倭船卽還本島之後 將所貿
魚鹽 載於官船 洛東江回泊於上道 各官自願人民 勿論米布和賣
納諸倉庫."

從之.

己卯 臺諫刑曹上疏請李衎之罪. 衎還自西北面 李叔蕃請與之
質前言 上命功臣有司南在及代言臺諫行首掌務 會於闕門外 召

衎 叔蕃及尹子當對問. 衎不肯言 叔蕃謂衎曰：“予與吾兄 初聽
汝言 問之曰：‘聞諸何人？’汝對曰：‘聞諸妻父.’今何諱之？”衎猶
不吐實. 上聞之曰：“李衎此言 定是聞諸妻父 予已悉其情. 且外人
聞是事 則不知予倦于勤而欲傳位 將謂父子之間有嫌疑也. 其勿
復問.”衎趙瑚之壻也; 子當 叔蕃之外兄也.

　　三省以爲：“衎聞關係大體之言 其時謂叔蕃 子當曰：‘聞諸
妻父.’及今月十七日憑問之際曰：‘因妻族而知之.’更詰之時 乃
曰：‘希閔與驪江兄弟交親 以妻族而知之.’言辭不一 乞更推覈.
前摠制金瞻 平江君趙希閔素與無咎兄弟同心朋比 及至去年上
欲內禪之時 擧國痛心 而乃獨生異議 陰懷貳心. 乞將二人職牒
收取 依律論罪 以戒後來.”上曰：“李衎之言 非有關係 事亦未形
何必再問？又吾之欲傳位 出於誠心 金瞻 希閔之議 亦不爲過矣.
事已旣往 姑置勿論.”

　　是日 臺諫刑曹劾驪興府院君閔霽與其子驪原君無恤 驪山君
無悔問無咎等潛有別議之事 知之與否. 上聞之 召司憲掌令
趙末生 命之曰：“府院君年老 且有眼疾 毋得更劾.”初 上欲禪位
之時 瞻曰：“必若是 當上告天王 下告祖宗 然後可也.”希閔曰：
‘內禪 於理順矣 何敢諫？’故三省追論其罪.

　　三功臣詣闕啓曰：“前日上疏 未知宸斷.”上素戒知申事黃喜
承傳色盧希鳳 毋得入啓 故喜猶豫未敢啓. 日晚 功臣尙未退 喜

乃使希鳳入啓. 上曰: "功臣之請 非欲誅此三人也 但使有司來請
可也. 吾可以聽則聽 何必日日群至乎? 其於國人之見聞 不亦
以爲大變乎?"於是功臣乃退 只留有司南在 尹坤竢命. 上乃傳旨
曰: "上黨君 以其父有不臣之言 連坐而收取錄券. 今鷲山君 使
酒予側 不恭則有之矣 豈關於宗社乎? 鷲山之罪 罪之與否 上黨
錄券還給與否 合議復聞 然後予將斷驪江昆弟之罪."

召成均大司成柳伯淳 問可侍學者. 上曰: "卿久在成均 士子
優劣 無不盡知. 今金科獨在經筵 秩高務煩. 吾欲得書生之秉心
端直 博學窮經者 時常與學 如有疑難 使之質於陽村 仍令訓誨
兒童." 伯淳薦生員李隨資質純美 學問精熟 上曰: "我且試之." 時
科以漢城尹 同知經筵事.

庚辰 命收奪閔無咎 閔無疾功臣錄券. 上取三功臣所上章 判付
議政府曰: "無咎 無疾 只收功臣錄券 克禮其勿復論."三功臣
又上疏曰: '臣等伏覩今日判旨 "無咎 無疾不忠 寡人親所見知
克禮不忠形迹 所未見聞 但於醉中 因無咎激發失禮而已."然
臣等以爲克禮 昵侍殿下之側 雖因無咎激發 以裂墨戲 然其不遜
之言 具如前狀所申. 欲剪宗支 謀弱王室 其意難測 自與無咎
前日所言 如出一口 非眞知無咎之情 豈至如此? 借曰不知 所言
無異 其罪卽同 不可區分. 況此關係社稷! 稽諸律文 無分首從.
乞將克禮 一體施行 以示公道. 往年居易謀危社稷之罪 亦於律文

父子無論知與不知 一皆緣坐 自有王法. 伏候上裁.'
부자 무론 지여부지 일개 연좌 자유 왕법 복후 상재

疏留中不下.
소 유중 불하

刑曹判書李至 大司憲權軫 左司諫崔咸等 連章上言曰:
형조판서 이지 대사헌 권진 좌사간 최함 등 연장 상언 왈

'自古人臣不忠之罪 迹雖未著 尙誅其意. 今無咎 無疾奸軌
자고 인신 불충 지죄 적수 미저 상주 기의 금무구 무질 간궤

之謀 國人共知 而乃只收錄券 罪重罰輕 以虧常典. 乞將二人
지모 국인 공지 이내지수 녹권 죄중벌경 이휴 상전 걸장 이인

職牒收取 明正其罪. 克禮 與二人同心朋比 去年諫臣論其不稱
직첩 수취 명정 기죄 극례 여 이인 동심 붕비 거년 간신 논기 불칭

政府之職 因是罷免 不自內省 屢發怨懟之言 怏怏日久 至於
정부 지직 인시 파면 부자 내성 누발 원대 지언 앙앙 일구 지어

上前 敢裂親男墨戲 不忠不敬 罪不可赦. 若置而不論 豈誅亂
상전 감렬 친남 묵희 불충 불경 죄 불가사 약치이 불론 기 주란

討賊之義乎? 乞收其職牒 鞫問其罪. 平原君趙璞 於二人欲挾幼
토적 지의호 걸수 기직첩 국문 기죄 평원군 조박 어 이인 욕 협유

擅權 剪除宗支之際 同心與謀 同惡相濟: 前摠制金瞻 平江君
천권 전제 종지 지제 동심 여모 동악 상제 전 총제 김첨 평강군

趙希閔 與二人異體同心 植黨朋比 當內禪之時 獨出班列 別議
조희민 여 이인 이체 동심 식당 붕비 당 내선 지시 독출 반열 별의

禁止 陰懷貳心 情狀昭著: 瑞寧君柳沂 潘城君朴訔 阿付二人 爲
금지 음회 이심 정상 소저 서령군 유기 반성군 박은 아부 이인 위

日已久. 今者三功臣連日上疏 共請二人不忠之罪 顧乃托疾退縮
일 이구 금자 삼공신 연일 상소 공청 이인 불충 지죄 고내 탁질 퇴축

不曾參預 其黨不忠之迹 亦不可掩. 乞將趙璞以下五人 竝收職牒
부증 참예 기당 불충 지적 역 불가엄 걸장 조박 이하 오인 병수 직첩

依律論罪.'
의율 논죄

不允.
불윤

召刑曹正郎崔自海 司憲持平鄭村 司諫院右正言李士澄等 使
소 형조정랑 최자해 사헌 지평 정촌 사간원 우정언 이사징 등 사

知申事黃喜詰問之曰: "柳沂 金瞻爲無咎黨所謀者何事? 趙璞
지신사 황희 힐문 지왈 유기 김첨 위 무구 당 소모 자 하사 조박

相爲表裏 與謀者何事? 辛克禮怨予及功臣有司者何事? 若爾等
상위 표리 여모 자 하사 신극례 원여 급 공신 유사 자 하사 약 이등

所聞 則又出於何處?" 對曰: "克禮怨忿之言 國人所知 趙璞
소문 즉우 출어 하처 대왈 극례 원분 지언 국인 소지 조박

姻婭至親 不容不知. 柳沂與無疾等素交 功臣詣闕之時 特出異言
인아 지친 불용 부지 유기 여무질 등소교 공신 예궐 지시 특출 이언

必有所謀." 上怒曰: "汝等言皆不實 傅致人罪 宜加鞫問." 卽命下
필유 소모 상노왈 여등 연개 부실 부치 인죄 의가 국문 즉명 하

巡禁司 使左代言尹思修往鞫之 且曰: "言有不直 宜加杖訊之."
순금사 사 좌대언 윤사수 왕국지 차왈 언유 부직 의가 장신 지

乃御廣延樓召政丞成石璘李茂 府院君河崙 趙英茂 親諭之曰:
내어 광연루 소 정승 성석린 이무 부원군 하륜 조영무 친유 지왈

"今日之無咎等 卽明日之卿等也. 有罪者幾人 而欲羅織其罪 延
금일 지 무구 등 즉 명일 지경 등야 유죄 자기인 이욕 나직 기죄 연

及他人乎? 無疾 等旣受不忠之名 予已放之外方. 若趙璞者 有何
급 타인 호 무질 등기수 불충 지명 여이 방지 외방 약 조박 자 유하

所犯 而臺諫請罪 卿等不禁歟? 外人聞此 必疑於世子有變動 此
소범 이대간 청죄 경등 불금 여 외인 문차 필의 어세자 유변동 차

甚非祥也." 河崙對曰: "果如所命. 臺諫之言 臣所未聞也." 石璘
심 비상 야 하륜 대왈 과여 소명 대간 지언 신 소미문 야 석린

等避席 請釋臺諫之罪 上曰: "爲卿等姑徐之." 石璘等頓首謝. 上
등 피석 청석 대간 지죄 상왈 위경등 고서지 석린등 돈수 사 상

謂知申事黃喜曰: "自今臺諫彈啓 必於都堂 可否然後入啓." 又
위 지신사 황희 왈 자금 대간 탄계 필어 도당 가부 연후 입계 우

命巡禁司 毋鞫問臺諫 仍與四人小酌. 上以芳幹妻之服 不進肉膳
명 순금사 무 국문 대간 잉 여사인 소작 상이 방간 처지복 부진 육선

崙亦持服. 上顧謂崙曰: "卿若開素 則可以一歡" 崙對曰: "唯命."
륜 역 지복 상고 위륜왈 경약 개소 즉 가이 일환 륜 대왈 유명

乃進肉膳. 上意臺諫刑曹連請克禮之罪 今又請鞫問趙璞輩 必有
내진 육선 상의 대간 형조 연청 극례 지죄 금우 청 국문 조박 배 필유

指揮之者 故召政丞等 因以諭志.
지휘 지자 고소 정승 등 인이 유지

司諫院左獻納柳穎 以刑曹判書李至之壻 不參三省上書 是日
사간원 좌헌납 유영 이 형조판서 이지 지서 불참 삼성 상서 시일

詣闕上疏曰:
예궐 상소 왈

'誅亂臣去奸黨 然後可以立紀綱 故臣而有無君之心 則諫憲
주 난신 거 간당 연후 가이 립 기강 고신 이유 무군 지심 즉 간헌

之所敢諫 人主之所不赦也. 今閔無咎 無疾 辛克禮等不忠之罪
지 소감간 인주 지 소불사 야 금 민무구 무질 신극례 등 불충 지죄

已著 臺諫冒死敢陳 殿下優納其言 國人皆知恩不廢義 功不掩罪
이저 대간 모사 감진 전하 우납 기언 국인 개지 은불폐의 공불엄죄

而曰: "惟此一擧 可以杜亂源 可以開言路 可以立紀綱 雖古
이왈 유차 일거 가이 두 난원 가이 개 언로 가이 립 기강 수고

聖主 無以加矣." 今反囚臺諫掌務于巡禁獄. 臣愚恐國人不知
성주 무이 가의 금반 수 대간 장무 우 순금옥 신우 공 국인 부지

細故 以爲敢諫者反被其罪 則不忠者尙或容身 公道不可謂不閉
세고 이위 감간 자 반 피 기죄 즉 불충 자 상 혹 용신 공도 불가위 불폐

亂源不可謂不長 言路不可謂不絶 紀綱不可謂不亂 此臣愚冒死
난원 불가위 부장 언로 불가위 부절 기강 불가위 불란 차 신우 모사

子立 叫呼天門之意也. 雖諫憲之請罪 延及支流 不可遽下于獄.
혈립 규호 천문 지 의야 수 간헌 지 청죄 연급 지류 불가 거 하 우옥

況若克禮之欲害親男乎? 再三請罪 固其宜也. 雖其言之不中 亦
황 약 극례 지 욕해 친남 호 재삼 청죄 고 기의 야 수 기언 지 부중 역

豈下獄之罪乎? 願殿下 廓天地之大度 垂天地之寬恩 放宥三省
기 하옥 지 죄호 원 전하 곽 천지 지 대도 수 천지 지 관은 방유 삼성

以示公道 以開言路.'
이시 공도 이개 언로

上頗然之 乃釋臺諫刑曹各歸其家 亦命穎退歸于家.
상 파 연지 내 석 대간 형조 각 귀 기가 역 명 영퇴 귀 우가

辛巳 太白晝見經天.
신사 태백 주견 경천

忠淸道兵船十一艘 至群山島 遭風傷敗. 忠淸道觀察使報:
충청도 병선 십일 소 지 군산도 조풍 상패 충청도 관찰사 보

'水軍僉節制使盧仲濟 都萬戶宋瑛等率兵船下海 採救荒物件 且
수군 첨절제사 노중제 도만호 송전 등 솔 병선 하해 채 구황 물건 차

搜探全羅道倭寇 至群山島 遭颶風傷敗.'
수탐 전라도 왜구 지 군산도 조 구풍 상패

上洛府院君金士衡卒. 士衡字平甫 安東府人 奕世貴顯. 高祖
상락부원군 김사형 졸 사형 자 평보 안동부 인 혁세 귀현 고조

方慶 僉議中贊上洛公 有文武全才 爲時賢相; 祖永煦 僉議政丞
방경 첨의중찬 상락공 유 문무 전재 위 시 현상 조 영후 첨의 정승

上洛侯. 士衡少歷華要 所至稱職. 戊辰秋 太上當國 一新庶政
상락후 사형 소 력 화요 소지 칭직 무진 추 태상 당국 일신 서정

分遣大臣 專制方面 以士衡 交州江陵道都觀察黜陟使 部內以治.
분견 대신 전제 방면 이 사형 교주 강릉도 도관찰출척사 부내 이치

庚午 以知密直司事兼大司憲 俄陞知門下府事 在臺踰歲 朝廷
경오 이 지밀직사사 겸 대사헌 아 승 지문하부사 재 대 유세 조정

肅然 累轉三司左使. 壬申七月 與諸將相推戴太上 進門下侍郞
숙연 누전 삼사좌사 임신 칠월 여 제 장상 추대 태상 진 문하시랑

贊成事 兼判尙瑞司事 兼兵曹典書鷹揚衛 上將軍 錄功一等 賜
찬성사 겸 판상서사사 겸 병조 전서 응양위 상장군 녹공 일등 사

奮義佐命開國功臣之號. 十二月 拜門下右侍中 爵上洛伯 食邑
분의 좌명 개국공신 지 호 십이월 배 문하우시중 작 상락백 식읍

一千戶　食實封三百戶. 丁丑　加兼判司憲府事. 戊寅之變　士衡偕
일천 호　식실봉 삼백 호　정축　가겸　판사헌부사　무인 지변　사형 해

趙浚赴闕　率百官請立嫡長爲嗣　上王旣受內禪　錄功又在一等　加
조준 부궐　솔 백관 청립 적장 위사　상왕 기 수 내선　녹공 우 재 일등　가

功臣號曰同德靖難定社. 入賀建文皇帝登極. 己卯十二月　自陳
공신호 왈 동덕 정난정사　입하 건문 황제 등극　기묘 십이월　자진

盛滿　累乞避位　上王久乃許之. 士衡與趙浚竝相八年　浚剛果不疑
성만　누걸 피위　상왕 구 내 허지　사형 여 조준 병상 팔년　준 강과 불의

專斷國政. 士衡以寬簡濟之　坐鎭廟堂　物議歸重. 及上卽位　辛巳
전단 국정　사형 이 관간 제지　좌진 묘당　물의 귀중　급 상 즉위　신사

三月　復左政丞　壬午十月　罷爲領司平府事　踰月　以府院君就第.
삼월　복 좌정승　임오 십월　파위 영사평부사　유월　이 부원군 취제

士衡深沈有智　靜重寡言　內無城府　外無圭角　不營財産　不喜聲色
사형 심침 유지　정중 과언　내무 성부　외무 규각　불영 재산　불희 성색

自筮仕至屬纊　未嘗一見④彈劾　善始令終　罕有其比. 卒年六十七.
자 서사 지 속광　미상 일견 탄핵　선시 영종　한유 기비　졸년 육십 칠

輟朝三日　遣左副代言尹須祭于殯　諡翼元公. 二子　陞　陸.
철조 삼일　견 좌부대언 윤수 제 우 빈 시 익원공　이자　승　륙

東北面蝗.
동북면　황

| 원문 읽기를 위한 도움말 |

① 殿下欲爲宗支. 여기서 爲는 '~위해'라는 뜻이다.
　전하 욕 위 종지　　　위

② 蓋懼王狗兒之逼. 이런 경우에 蓋는 앞에 나온 문장을 글쓴이가 풀이하
　개 구 왕구아 지 핍　　　　개
　거나 그 배경을 설명하려 할 때 붙인다.

③ 豈可以. 여기서는 可以라 하여 '~할 수 있다'라는 뜻이 아니라 以가 독
　기 가이　　　　　　　가이　　　　　　　　　　　　　　　　이
　립적 의미로 '~를 쓰다[用]'는 뜻이다. 그래서 독음도 분리해서 달았다.

④ 未嘗一見彈劾. 見은 수동형을 만들어주는 조동사다. '탄핵을 당하다'는
　미상 일 견 탄핵　견
　뜻이다.

태종 7년 정해년
8월

八月

임오일(壬午日-1일) 초하루에 태백성(太白星)이 이틀 동안 낮에 보였다.

갑신일(甲申日-3일)에 김희선(金希善)을 의정부참찬사 겸 사헌부대사헌, 이행(李行)을 형조판서, 설미수(偰眉壽)를 의정부지사, 정요(鄭曜)를 한성부판사, 이구철(李龜鐵)을 서북면 도순문찰리사(西北面都巡問察理使), 유백유(柳伯濡)와 신상(申商)을 좌우사간 대부(左右司諫大夫), 한옹(韓雍)을 사간원지사(知司諫院事), 허조(許稠)를 사헌집의(司憲執義)로 삼았다. 대간과 형조가 모두 파직됐으나 오직 유영(柳穎)만 형조정랑(刑曹正郎)으로 옮겼다.

병술일(丙戌日-5일)에 일본(日本) 전평전(田平殿)이 사자(使者)를 보내 예물을 바쳤다.

정해일(丁亥日-6일)에 흠차 내사(欽差內史) 한첩목아(韓帖木兒) 윤봉(尹鳳)·이달(李達)·김득남(金得南) 등이 예부(禮部)의 자문(咨文)을 싸 가지고 오니 길거리에 결채(結綵)하고, 백관이 반송정(盤松亭)에 나가 맞이했으며, 상은 창덕궁(昌德宮)의 인정문(仁政門)에 나가 정전(正殿)으로 맞아들였다. 자문은 이러했다.

'(명나라) 본부상서(本部尙書) 조공(趙羾)이 삼가 받든 성지(聖旨)에 "너희 예부(禮部)에서 곧 공문서(公文書)를 보내 조선 국왕(朝鮮國王)에게 알려 화자(火者)를 데려오게 하고 여기서 한첩목아를 사신으로 보내 성지(聖旨)를 구두(口頭)로 선포(宣布)하게 하라. 짐(朕)이 안남(安南)에서 화자(火者) 3,000명을 데려왔으나 모두 우매하여 쓸 데가 없다. 오직 조선의 화자(火者)가 명민(明敏)하여 일을 맡겨 부릴 만하다. 이리하여 구(求)하는 것이다. 다만 자문(咨文) 내(內)에 그 숫자를 제한하지 말 것인즉, 만일 짐(朕)이 숫자를 정하게 되면 국왕이 그 액수(額數)를 채우지 못하면 국왕이 지성으로 짐을 섬기는 뜻을 상하게 할까 두렵다"고 했습니다.'

상이 살짝 한첩목아에게 말했다.

"황제의 뜻은 어떠합니까?"

첩목아가 말했다.

"300~400명 선으로 내려가지는 않을 것입니다."

상이 말했다.

"이것들은 따로 종자가 있는 것도 아닌데 어찌 그렇게 많이 얻을 수 있겠습니까!"

드디어 맞이해 광연루(廣延樓)에 이르러 잔치를 베풀고 각각 안마(鞍馬-안장 달린 말)를 주었다.

○ 강계(江界)의 세공(歲貢)[1]인 청밀(淸蜜)과 갑주(甲州)의 관갑피(貫

---

1 각 고을에서 해마다 나라에 바치는 공물(貢物)이다. 특산물(特産物)을 세금으로 바치는 것인데 폐단이 많아 세종대왕 때 공부상정도감(貢賦詳定都監)을 두어 공물의 품목과 수량을 정비했고 선조 때 대동법(大同法)을 실시하여 특산물을 쌀로 통일해서 바치게 했다.

甲皮)를 감면했다[蠲=免]. 대개 전과 같이 초피(貂皮)를 채포(採捕)하
여 바치게 하고자 함이었다.

무자일(戊子日-7일)에 상이 태평관(太平館)에 가서 사신에게 잔치를
베풀었다. 한첩목아가 상께 말했다.

"제가 황제께 아뢰기를 '본국왕(本國王)이 폐하(陛下)를 위해 매일
분향(焚香)하고 성수만년(聖壽萬年)을 빕니다'라고 했더니 황제께서
말하기를 '조선 국왕은 나에게 진실한 의사가 있다'라고 하셨습니다."

상이 말했다.

"제(帝)의 은덕이 깊고 무거운데 어떻게 이를 갚을는지! 본국에서
는 다만 저마세포(苧麻細布)만 산출될 뿐이오. 몸에 감은 채단(綵段)
사라(紗羅)는 모두 제께서 주신 것이오. 앵무새[鸚哥]를 주신 데 대
해서는 실로 뜻밖의 일이었소. 만일 제가 주시지 아니하면 어떻게 얻
어보겠소!"

○ 상이 덕수궁(德壽宮)에 나아갔다. 현비(顯妃)의 딸 경순궁주(慶
順宮主)²가 흥안군(興安君) 이제(李濟)에게 출가했다가 이때에 이르러
졸(卒)했기 때문에 조문하기 위함이었다.

기축일(己丑日-8일)에 윤봉(尹鳳) 등 세 사람이 대궐에 이르렀는데
잔치를 베풀어준 데 대해 감사하기 위함이었다.

---

2 태조(太祖) 이성계(李成桂)의 셋째 딸이다. 신덕왕후(神德王后) 강씨(康氏)의 소생으로 흥
   안군(興安君) 이제(李濟)에게 출가했다가 1398년 1차 왕자의 난 때 남편과 두 남동생이
   죽음을 당하자 머리를 깎고 여승이 됐다.

○ 대호군(大護軍) 조혼(曹渾)을 보내 만산군(漫散軍) 이백길(李白吉) 등 549명을 이끌고 요동(遼東)으로 가게 했다.

○ 대간과 형조가 공동으로 소(疏)를 올렸다. 소는 이러했다.

'근래에[比者=近者] 공신 백관 대간 형조가 민무구·민무질·신극
  비자   근자
례 등의 불충하고 불경한 죄를 가지고 여러 번 함께 장(章)을 올려 죄를 줄 것을 청했는데, 무구·무질에게 단지 공신녹권(功臣錄券)만을 거두고 자기가 원하는 곳에 안치(安置)하게 하시니 신 등은 가슴을 치며[拊心] 실망하고 있습니다. 가만히 생각건대 불충과 불경은 다른
    부심
사람의 신하된 자의 가장 큰 악이요, 명교(名敎-유학)에서 용납하지 못하는 것입니다. 무구·무질은 불충한 형적이 이미 드러나서 나라 사람들이 함께 아는 바이고 극례는 전하의 친남(親男-충녕)이 먹 장난한 것을 빼앗아 찢었으니 불경이 또한 심한데 단지 자기가 원하는 곳에 안치하게 하시고 조금도 죄를 처벌하지 아니하셨습니다. 바라건대 전하께서는 전날의 공신과 대간의 청을 굽어 좇으시어 무구·무질을 직첩을 거두고 법으로 다스려서 그 불충한 죄를 밝히셔야 할 것입니다. 극례도 또한 직첩을 거두고 그 죄를 국문하여 불경한 마음을 징계하도록 해야 할 것입니다.' 소(疏)를 대내(大內)에 머물러두고 (유사에) 내리지 않았다.

○ 세자(世子)를 따라 (명나라에) 입조(入朝)하는 관리에게 쌀과 베를 차등 있게 내려주었다. 행장(行裝)을 마련하는 데 쓰게 하려 함이었다. 완산군(完山君) 이천우(李天祐)·우정승 이무(李茂)에게 각각 쌀 100석, 정포(正布) 상포(常布) 각 100필씩을, 종인(從人) 4명에게 각각 쌀과 콩 2석씩을 주고, 계성군(雞城君) 이래(李來)·제학 맹사성(孟

思誠)·동지총제 이현(李玄)에게 각각 쌀 60석과 상포(常布) 100필씩을, 종인(從人) 각 3명에게 쌀과 콩 각 2석씩을 주고, 서장관(書狀官) 사간 신상(申商)·집의 허조(許稠)·압물(狎物)³ 봉상령(奉常令) 이회(李薈), 압마(狎馬) 상호군(上護軍) 이공효(李公孝)에게 각각 쌀 10석·콩 4석·상포(常布) 50필씩을 주고, 차례로 사옹(司饔)과 구마인(驅馬人)에 이르기까지 모두 물품을 차등 있게 내려주었다.

○ 유순도(庾順道, ?~?)⁴ 이적(李迹) 오상명(吳尙明)에게 명해 천문(天文)을 익히게 했다.

신묘일(辛卯日-10일)에 서북면(西北面) 행대감찰(行臺監察) 이유희(李有喜)가 복명(復命)했다. 유희(有喜)가 아뢰었다.

"황 태감(黃太監-명나라 사신 황엄)을 맞이하러 온 요동 군인이 의주(義州) 촌락에 흩어져 들어가서 우마(牛馬)를 바꾸는데 혹은 강제로 매매를 하는 자도 있었습니다. 전 도순문사(都巡問使) 여칭(呂稱)과 의주목사(義州牧使) 신유정(辛有定) 등이 이를 금지하거나 억제하지 못했습니다."

사헌부에 명해 추핵(推劾)해 아뢰게 하여 칭(稱)은 함양(咸陽)으로, 유정(有定)은 칠원(漆原)으로 유배를 보냈다. 현임 수령(守令)은 볼기

---

3 압물과 압마는 지위가 낮은 통역관으로 각각 짐과 말을 담당했다.
4 1396년(태조 5년) 문과에 급제하여 지안성군사(知安城郡事)·선공감정(繕工監正) 등을 거쳐 예문관제학에 이르렀다. 1421년(세종 3년)에는 진하사(進賀使) 청성부원군(淸城府院君) 정탁(鄭擢)과 함께 서장관(書狀官)으로 명나라에 다녀왔다. 유자(儒者)로서 이때 태종의 명을 받고 천문을 익혔으며 특히 비를 잘 점쳤다.

를 쳐서 환임(還任)시키고, 이미 속산(屬散-실직이 없는 곳에 보내짐)된 자는 자원부처시켰다.

○ 신극례를 불러오게 했다.

임진일(壬辰日-11일)에 윤봉(尹鳳), 이달(李達), 김득남(金得南) 등이 그들의 고향으로 부모를 뵈러 가니[省親] 명하여 각각 쌀과 콩 20석씩을 내려주었다.

○ 교지(教旨)를 내려 동북면(東北面)과 서북면(西北面)의 현안의 마땅함[事宜]을 거듭 밝혔다.

'서북면의 군사의 일은 토관(土官-지역관리) 천호(千戶)가 전례대로 고찰하고, 민간의 일은 단련사(團練使)⁵가 고찰하라. 동북면과 서북면의 우마(牛馬)를 문서로 정리하는[成籍] 일은 이미 만들어진 법령이 있는데 무식한 사람들이 물가(物價)를 얻기를 탐내 소유한 우마를 남기지 않고 방매(放賣)하고, 심지어는 다른 사람의 우마까지 훔쳐서 방매하며 때로는 혹 잡아먹기도 하여 그 폐단이 적지 않다. 도

---

5 1396년(태조 4년) 4월 각 도의 모든 수령이 모두 병마 단련을 겸했는데 수령의 품계에 따라 3품관을 사(使), 4품관을 부사(副使), 5·6품관을 판관(判官)이라 했다. 이와 같이 수령이 병마단련직을 띠게 됨으로써 지방문관수령이 군사권을 겸하게 되는 실마리가 된 것 같다. 초기에 지방제도가 정비되면서 단련사의 명칭은 없어지고 절제사(節制使)·절제도위(節制都尉) 등으로 수령의 군사지휘권 겸대(兼帶)의 명칭이 바뀌고, 1407년(태종 7년) 북방 익도(翼道)의 천호(千戶)와 백호(百戶) 중 청렴하고 용감한 자를 택해 사신의 호송과 영봉의 군사적인 책임을 지워 단련사라 했다. 이와 같은 단련사는 그 뒤 연변의 수령과 군관 가운데서 사행(使行)이 있을 때마다 임시로 임명돼 사행의 신변보호 및 인마(人馬)·물품의 안전관리 등을 책임졌다. 그러나 후기에는 단련사가 사행에 수행했던 상인(商人)들과 결탁해 책문(柵門)에서 뒷거래를 하는 등의 폐단이 발생하여 단련사 후시(後市)라는 말까지 생겨나 1789년(정조 13년) 한때 폐지된 일도 있으나 순조 때 복구됐다.

내(道內)의 우마를 일절 모두 점고하여 화인(火印)을 찍어 개적(改籍)하고 고의로 없앤 우마와 다른 곳에 교역(交易)한 우마에 대해서는 그 주인(主人)과 각리(各里)의 색장(色掌)[6]이 곧 (그 말의) 모색(毛色)을 소재지의 관가에 고하여 문서에 올려 시행하라. 매년 가을에 영중(營中)에 있는 화인(火印)을, 관원을 차출하여 각 고을 수령에게 부쳐 보내, 한결같이 이를 점고(點考)해 화인을 찍도록 하라. 개적(改籍) 성적(成籍)할 때에 숨어 있거나 누락되어 화인(火印)이 없는 우마와 문서에 올린 뒤에 생장한 우마를 다른 곳에 교역하거나 매매할 때 관가에 나와 고하지 않은 자는 그 주인은 죄를 논하고 우마는 관가에 몰수하되 마을 안의 색장도 아울러 율(律)에 비춰 논죄하라.'

○ 내사 김득과 김수가 그들의 고향에서 돌아왔다.

○ 호조참의 구종지(具宗之)를 보내 (명나라) 경사(京師)에 가게 했는데 예부(禮部)에 보내는 자문(咨文)은 이러했다.

'영락(永樂) 4년(1406년) 12월에 흠차천호(欽差千戶) 김성(金聲) 등이 본국(本國)에 이르렀는데, 가지고 온 자문(咨文)을 받아 보니 도망 중인 인구(人口)를 빨리 붙잡아 돌려보내라는 일이었습니다. 이에 준해 의정부에 판부(判付)하여 즉시 상호군(上護軍) 신상(申商), 박인간(朴仁幹) 등을 파견해서 풍해도(豊海道)와 동서북면(東西北面)의 강계(江界) · 이성(泥城) · 갑주(甲州) 등지에 두루 다니며 이를 수색해 체포하게 했습니다. 영락 5년 정월에 흠차 천호 진경(陳敬)이 본국에 이르러, 또 가지고 온 자문(咨文)을 보니 역시 이 일 때문이었습니다. 여

6 　소임(所任)을 맡은 담당자를 가리킨다.

기에 의해 의정부에 행문(行文)하여 재차(再次) 종부부령(宗簿副令)
권훈(權壎)을 위의 여러 도(道)에 파견해 이를 재촉해 함께 체포하도
록 했습니다.

그동안 신상(申商) 등이 올린 보고[呈報]에 의거하면 "차임을 받고
각도의 강계(江界)·이성(泥城)의 궁벽한 곳에서 종적을 찾아 체포하
여 최시명(崔時明)·김대난(金大難) 등 363구(口)의 병고자(病故者)를
제외한, 각처에서 성명(姓名)을 고치고 숨어 사는 만산군여(漫散軍
餘)[7] 유산성(劉山城) 등 남녀 가족 인구를 찾아내 각 고을에 구금(拘
禁)해 놓고 명령을 기다리고 있습니다. 이에 갖춰 보고를 올리니 조
험(照驗)하기 바랍니다"라고 했습니다.

이 장계를 받고 이것에 의거해 조사해보니 위의 만산군여는 원래
소방(小邦-조선)에 부역(負役)하던 인민들로서 지난번에 호발도(胡拔
都)[8] 고철두(高鐵頭) 등이 압록강 연변(沿邊)에 와서 노략질해 간 사
람들인데, 요양(遼陽) 지방에 거주(居住)하다가 뒤에 동녕위(東寧衛)
군정(軍丁)으로 편입되었고, 또 일로 인해 도망가서 스스로 군역(軍
役)에 편입된 자도 있었습니다.

근래에 혁제연간(革除年間)[9]에 도망쳐 본국으로 돌아와서 궁벽한

---

7 명(明)나라에서 도망쳐 조선으로 나온 옛 고려(高麗)의 인민(人民) 가운데 아직 소환되지
   않은 나머지 사람들을 말한다. 고려 우왕(禑王) 때 호발도(胡拔都)의 침입으로 명(明)나라
   요양(遼陽) 지방에 끌려갔던 고려인과 여진인인데, 혁제 연간(革製年間)에 조선으로 도망
   쳐 왔으나, 명(明)의 요구에 의해 수차에 걸쳐 소환되고 남은 사람들을 말한다.

8 여진(女眞)의 추장이다. 처음에는 독자적으로 그 세력권을 넓히기 위해 활동했으나, 나중
   에 명(明)나라에 항복해 명의 세력을 업고 고려 우왕(禑王) 8년(1382년)과 9년(1383년)에
   고려의 동북면(東北面)에 대거 침입했는데 이성계(李成桂)에게 격퇴당했다.

9 건문제(建文帝) 시기를 말한다.

산이나 계곡 사이에 숨어 살고 있었던 것입니다. 영락(永樂) 원년 정
월에 흠차천호(欽差千戶) 왕득명(王得名)이 동녕위의 만산(漫散) 관원
과 군관민 등에게 이르는 칙유(勅諭)를 가지고 와서 개독(開讀)하므
로 곧 흠의(欽依)하여 이들을 체포해 사고자(事故者) 496명을 제외하
고 수색해 잡아낸 임천(林泉) 등 가족 1만 920명을, 배신(陪臣) 황거
정(黃居正)을 파견하여 흠차관(欽差官)과 함께 요동도사(遼東都司)에
해송(解送)해 넘겼고, 올해에도 계속하여 장보(張甫) 김화(金禾) 김영
(金永) 등과 가족 443구를 잡아내 배신(陪臣) 매원저(梅原渚)·장홍
수(張洪壽)·장유신(張有信)[10]을 시켜 세 차례나 요동도사에 해송하여
넘겼습니다.

또 영락(永樂) 4년 8월 내에 이매토(李賣土) 등 69구(口)의 사고자
를 제외하고 계속하여 잡아낸 전소금(全小金) 등 가족 445구를, 배
신(陪臣) 장홍수(張洪壽)를 시켜 압령하여 요동(遼東)으로 해송하여
요동도사가 이미 이를 수령했습니다. 지금 전기(前記)한 일을 받들
어 전술(前述)한 일을 말하면 앞서 사고자는 모두 928구인데, 향리
(鄕吏) 김난(金難) 등의 공사구노(公私驅奴)·임연(林延)·내은백(內隱
白) 등 71구(口)는 이에서 제외하고 별도로 계품(計稟)했습니다. 지금
잡은 만산군여(漫散軍餘) 유산성(劉山城) 등과 가지고 온 자문(咨文)
내에 말한 황불개(黃不改)·변도리가(邊都里哥) 등과 그 가족 남녀 아
울러 4,126구(口)를, 여섯 차례[運]로 나눠 김문발(金文發)·이추(李
推)·강원길(姜原吉)·이상(李湘)·박구(朴矩)·조혼(曹渾) 등을 파견하

---

10 이들 세 사람은 다 당시 대표적인 통사, 즉 역관들이다.

여 요동도사에게 압령 해송(押領解送)하여 넘기기를 끝냈습니다. 아직 찾지 못한 사람수는 또한 사람을 파견하여 나눠 보내 체포하도록 하여 만일 찾아낸다면 곧 별도로 해송하겠습니다. 참조하면 위의 군정(軍丁) 가운데 처음에 만산(漫散)하던 때에 어찌 사고가 없었겠으며, 또 다른 지방으로 간 자가 없었겠습니까? 만일 주달(奏達)을 입어서 성자(聖慈)께서 은혜를 내리신다면 소방(小邦)이 심히 다행하겠습니다.'

○ 경상도 병마도절제사 강사덕(姜思德)이 왜적을 방비하는 계책을 올렸다. 내용은 이러했다.

'대마도(對馬島) 왜인(倭人) 여미다라(餘彌多羅)와 비고시라(非古時羅)가 와서 말하기를 "그 섬의 왜적(倭賊)들이 공모하기를 '조선에 가서 장사해도 욕망에 차지 않으니 우리 배를 수리해가지고 변방을 침략하는 것만 같지 못하다'라고 했다고 합니다"라고 했습니다. 만일 그 말이 사실이라면 많지 않은 병선이 정박(碇泊)한 곳에 불우(不虞)의 틈을 타서 갑자기 이르면 혹 해(害)를 입을 수도 있습니다. 청컨대 요해처(要害處)인 각포(各浦)에 병선을 모아 그 변고에 대비하도록 해야 할 것입니다.'

을미일(乙未日-14일)에 한첩목아(韓帖木兒)가 대궐에 나아와 채단(采段) 2필을 바쳤다.

병신일(丙申日-15일)에 세자(世子)에게 명해 인소전(仁昭殿)에 추석(秋夕) 별제(別祭)를 거행하도록 했다.

○ 상이 태평관(太平館)에 가서 김득(金得)과 김수(金壽) 등을 전송했다. 김득과 김수가 대궐에 나아와 하직하니 두 사람에게 저마포(苧麻布) 각 10필씩을 주었다.

정유일(丁酉日-16일)에 김승주(金承霆)를 동북면 병마도절제사 겸 영흥부윤(永興府尹), 안노생(安魯生)을 개성유후사부유후(開城留後司副留後) 겸 경기 도관찰사, 박구(朴矩)를 의주목사(義州牧使)로 삼았다. 당시 동북면 도순문사 이직(李稷)이 영흥부윤을 겸했는데, 이때에 이르러 승주(承霆)로 하여금 겸하게 하여 전적으로 군사(軍事)를 맡아 왕구아(王狗兒)의 핍박에 대비하게 했다. 직(稷)은 도내(道內)를 순행하면서 군사(軍事)와 민사(民事)를 겸하여 다스렸다. 부유후와 경기 관찰사는 본래는 서로 겸하지 않았는데 유후사(留後司)가 조잔(凋殘)하기 때문에 관찰사로 하여금 겸하게 하여 사신의 공역(供億-물자지원)을 편리하게 한 것이다.

○ 김득(金得)과 김수(金壽)가 돌아가니 상이 숭례문(崇禮門) 밖에서 전송하고 돌아오다가 장의동(藏義洞) 본궁(本宮)에 가서 영선(營繕)하는 것을 두루 살펴보고 드디어 인덕궁(仁德宮)에 나아가 술자리를 베풀었다. 의안대군(義安大君) 화(和), 영안군(寧安君) 양우(良祐), 완산군(完山君) 천우(天祐), 청평군(淸平君) 이백강(李伯剛), 정승 성석린(成石璘)·이무(李茂) 등이 잔치를 모셨다. 상왕(上王)과 상(上)은 경순궁주(慶順宮主)가 죽었기 때문에 (그동안) 모두 육선(肉膳)을 들지 않았었는데 이날부터 소선(素膳)을 그쳤다[開素].
개소

기해일(己亥日-18일)에 태백성이 낮에 보였다.

○『속육전(續六典)』[11] 수찬소(修撰所)를 두고 진산부원군(晉山府院君) 하륜(河崙)에게 그 일을 총괄하게 했다.

○ 해온정(解慍亭)에 나아가 격구를 구경했다.

경자일(庚子日-19일)에 광연루(廣延樓)에서 한첩목아(韓帖木兒)에게 잔치를 베풀었다. 상이 첩목아에게 일러 말했다.

"황대인(黃大人-황엄)과 왕구아(王拘兒) 대인 중에 직질(職秩)이 누가 높으오?"

대답했다.

"같을 뿐입니다."

상이 말했다.

"그런데 왕 대인(王大人)이 어찌하여 황 대인(黃大人)을 존경하오?"

대답했다.

"양자(養子)가 됐기 때문입니다."

상이 말했다.

"왕 대인(王大人)이 어찌하여 야인(野人) 지역에 와 있소?"

대답했다.

---

11 태조 때의『경제육전』을 시행한 뒤에도 새로운 법령이 쌓이자 이를 법전으로 만들기 위해 이때인 1407년(태종 7년) 8월에 속육전수찬소(續六典修撰所)를 설치했다. 하륜(河崙)과 이직(李稷) 등이 1412년 4월에『경제육전속집상절(經濟六典續集詳節)』을 편찬, 수정한 뒤에 1413년 2월『속육전』으로 공포, 시행했다.『속육전』에는 1398년(태조 7년)부터 1410년경까지의 법령 중 영구히 시행할 것들이 실려 있다.

"군사를 이끌고서 변방을 순시하고 또 사냥을 해보는 것입니다."

신축일(辛丑日-20일)에 금주령(禁酒令)을 내렸다. 사헌부의 청을 따른 것이다.

임인일(壬寅日-21일)에 한첩목아(韓帖木兒)가 (전라도) 김제군(金堤郡)에 갔다. 관향(貫鄕-고향)인 때문이다. 서천군(西川君) 한상경(韓尙敬)이 반행(伴行)하고 의정부(議政府)가 한강(漢江)에서 전송했다.

계묘일(癸卯日-22일)에 새롭게 모화루(慕華樓)를 서문(西門) 밖에 지었다. 송도(松都)의 연빈관(延賓館)을 모방한 것이다. 문신(文臣)에게 명해 각각 아름다운 이름을 지어 바치게 하니 성석린(成石璘)이 모화(慕華)로 이름을 짓기를 청해 그대로 따르고, 그에게 누(樓)의 액자(額字)를 쓰라고 명했다.

을사일(乙巳日-24일)에 사헌부에서 희천군(熙川君) 김우(金宇, ?~1418년)[12]의 죄를 청했다. 우(宇)가 강계도병마사(江界都兵馬使)를 마치고 서울로 돌아오는데 매[鷹子]를 가진 것이 많아 30여 련(連)
_{응자}

---

12 무재가 뛰어나 이방원(李芳遠)이 왕위에 오르기 전에는 시종으로 총애를 받았다. 1400년 (정종 2년) 대장군으로 있을 때, 이방원을 도와 제2차 왕자의 난을 평정하는 데 공을 세웠다. 1401년(태종 1년)에 익대좌명공신(翊戴佐命功臣) 4등에 책록되고, 희천군(熙川君)에 봉해졌다. 1407년에는 좌군총제, 1409년에는 평양도첨절제사에 이어 안주도병마도절제사를 거쳐 1415년에 우군도총제가 되었다가, 1417년에 좌군도총제와 병조판서를 역임했다.

이나 되니, 지나는 군현(郡縣)의 참(站) 역(驛)에 닭과 개가 한 마리도 남지 않았다. 헌부(憲府)에서 그 죄를 바로잡기를 청하니 상이 말했다.

"우는 공신이라 비록 범한 것이 있어도 죄를 가할 수 없고 군현(郡縣)의 수령(守令), 참로(站路)의 찰방(察訪), 각역(各驛)의 승(丞)에 이르러서는 오직 우의 말만 따르고 한 사람도 법에 의거해 금지한 자가 없었으니 참으로 죄줄 만하다. 헌부에서 마땅히 탄핵하여 아뢰라."

병오일(丙午日-25일)에 왜적(倭賊)이 비인현(庇仁縣)에 침범해 도적질을 하고 또 목포(木浦)에 침입해 사선(私船) 1척을 빼앗고 다섯 사람을 죽이고 다섯 사람을 사로잡아 갔다.

○ 중월(仲月)에 부시(賦詩)하는 법¹³을 시행했다. 권근(權近)의 말을 따른 것이다. 예문춘추관영사 하륜(河崙), 춘추관지사 권근(權近), 예문관대제학 성석인(成石因) 등이 관각제학(館閣提學) 2품 이상과 더불어 예문관(藝文館)에 모여 시(詩)·표(表) 두 글제를 내어 시직(時職)·산직(散職) 3품 이하 문신으로 하여금 각각 사가(私家)에서 지어 3일 만에 바치게 했다. 상이 예조정랑 윤회(尹淮)를 불러 명했다.

"6대언(代言)은 사무가 번잡해 시를 지을 겨를이 없으니, 특별히 짓지 말게 하라."

관각·제학 이상 가운데 문신시표(文臣詩表)에 입격(入格)한 자

---

13 봄·가을의 중월(仲月)에 시직(時職)과 산직(散職)에 있는 3품 이하의 문신으로 하여금 시(詩)와 표(表)를 지어 바치게 해 이것으로 30인의 입격자(入格者)를 뽑던 제도다. 이것은 관리들에게 학문을 장려하기 위한 것인데 일종의 중시(重試) 제도와 같은 것이다.

30인의 차례를 정하여 아뢰니, 예조참의 변계량(卞季良)이 제일이고, 성균 사성(成均司成) 윤회종(尹會宗),[14] 봉상부령(奉常副令) 탁신(卓愼)이 다음이었다. 이때부터 해마다 봄·가을의 중월(仲月)이 되면 상례(常例)로 삼았다.

정미일(丁未日-26일)에 편전(便殿)에 나아가서 일을 보았다[視事]. 일을 아뢰던[啓事] 여러 신하가 모두 나가자 정승 성석린(成石璘)과 이무(李茂)가 아뢰어 말했다.

"각도(各道)의 계수관(界首官)은 마땅히 군사(軍事)와 민사(民事) 두 가지 일을 겸전(兼全)한 사람에게 맡겨서 사변이 일어나면 각각 영내(營內)의 병졸(兵卒)을 거느리고 곧장 방어에 나가도록 해야 할 것입니다."

그 즉시 쓸 만한 사람의 성명을 써서 바쳤다. 상이 손에 단자(單子)를 쥐고 보면서 말했다.

"정승들은 홍유룡(洪有龍)을 아는가? 무인년의 변란에 마침 외임에 있었는데 난(亂)의 소식을 듣고 즉시 달려왔었다. 얼마 뒤에 어떤 일로 인하여 유배되었다가 그 뒤에 내가 다시 불러 기용하여 지금 안주목사(安州牧使)가 되었다. 그의 무재(武才)가 비록 탁월하지는 않으나 군사(軍事) 민사(民事) 두 가지 일을 모두 감당할 수 있을 것이다."

---

14 할아버지는 찬성사 윤택(尹澤)이며, 아버지는 판전농시사(判典農寺事) 윤구생(尹龜生)이다. 동지춘추관사 윤소종(尹紹宗)의 아우다.

무(茂)가 대답했다.

"그렇습니다."

상이 또 천거한 사람을 가리키며 말했다.

"유습(柳濕)은 무재가 탁월하고, 구성량(具成亮)은 다음이고, 윤하(尹夏)는 새로 나온 사람이나 장래에 쓸 만하다."

전 판사(判事) 오완(吳琓)의 이름에 이르러 말했다.

"내가 이 사람은 알지 못한다."

석린(石璘)과 무가 입을 모아 칭찬했다. 완(琓)은 탐오(貪汚)하고 무재(武才)가 없어 일찍이 성주(星州)를 맡았으나 치적(治績)이 일컬을 만한 것이 없었고, 또 밀성(密城)의 수령관이 되었을 때에도 시위군(侍衛軍)의 총패(摠牌)와 사졸(士卒)들이 이반(離反)했다. 지금 군사와 민사 두 가지 일에 겸전하다는 천거에 포함된 것은 단지[特]무의 족속이고, 석린의 아들 발도(發道)의 인친(姻親)인 때문일 뿐이었다.

○ 대간(臺諫)과 형조(刑曹)에서 소를 올려 민무구·민무질·신극례의 죄를 청했으나 윤허하지 않았다.

무신일(戊申日-27일)에 달이 태미(太微)를 범했다.

○ 금주령(禁酒令)을 거듭 내렸다. 헌부(憲府)의 청을 따른 것이다. 상이 헌부의 소(疏)를 정부(政府)에 내려 깊이 토의하게 하니 정부에서 청했다.

"헌부의 장신(狀申)에 의거해 각사(各司)의 병술[瓶酒]과 영접(迎接) 전송(餞送), 사신(祀神)·다탕(茶湯)을 빙자하여 허비하는 따위의 일은 일절 금지하고, 조반(朝班)과 거리에서 술에 취하여 어지럽게 구는 대소 원리(大小員吏)를 또한 규찰(糾察)하게 하되, 다만 늙고 병들어서 약으로 먹는 것과 여리(閭里)에서 술을 팔아 살아가는 가난한 자는 이 한계에 두지 않도록 해야 할 것입니다."

그것을 따랐다.

○ (풍해도) 강음현(江陰縣)에서 사람이 벼락에 맞았다.

기유일(己酉日-28일)에 금(金)과 은(銀)을 녹여 도금(鍍金)하는 것[銷泥]을 금지시켰다. 의정부에서 말씀을 올렸다.

"금과 은은 본국(本國)에서 나지 않습니다. 하물며 금은을 녹여 도금하면 다시 쓸 수 없으니 천물(天物-하늘이 내려준 물건)을 헛되게 버리는 것입니다. 그러므로 송(宋)나라 조정에서는 분명히 금령(禁令)이 있었습니다. 청컨대 이제부터 사대 물건(事大物件)과 각 품(品)의 요대(腰帶)와 환약(丸藥)에다 입히는 것 외에는 무릇 금은을 녹여 도금하거나 서화(書畫)에 입혀서 꾸미는 따위의 일을 엄하게 금지하고, 이를 어기는 자는 금은의 배(倍)를 징수하고 율에 비춰 죄를 논해야 할 것입니다."

그것을 따랐다.

경술일(庚戌日-29일)에 계품사(計稟使) 서장관(書狀官)[15] 정치(鄭稱)

---

15 중국에 보내던 부경사행의 일행인 정사(正使)·부사(副使)·기록관(記錄官) 등의 3사신 중 기록관으로 외교문서에 관한 직무를 분담했다. 정4품에서 6품 사이의 관원이 임명됐다. 서장관은 사행중 매일매일의 사건을 기록하고 돌아온 뒤에는 왕에게 견문한 바를 보고

가 (명나라에서) 돌아오자 상이 맞이해 물었다.

"예부(禮部)에서 무슨 말을 하던가?"

대답했다.

"예부가 말하기를 '김성(金聲)이 먼저 황제께 주문(奏聞)하기를 "만산 군민(漫散軍民) 안에는 관사(官私)의 천(賤)이라 청탁하여 속인 것이 많습니다"라고 했습니다'라고 했습니다."

상이 또 물었다.

"황제가 너희를 대접하는 것은 어떻게 하던가?"

대답했다.

"후하게 대접했습니다. 신 설미수(偰眉壽)는 황제께 시연(侍宴)한 것이 세 번이고 또 별도로 상사(賞賜)가 있었습니다. 예부낭중(禮部郎中)과 환관(宦官) 두어 사람으로 하여금 신 등을 인도하게 하여 불우(佛宇)와 관사(館舍)의 경치 좋은 곳을 두루 구경시키고 매번 경치가 좋은 곳에서는 잔치를 베풀어 먹였습니다. 또 황제가 서각문(西角門)에 나아와 미수에게 명하기를 '너희 나라는 말이 산출되는 땅이니 돌아가 너의 임금에게 말하여 좋은 말 3,000필을 네가 가지고 오면 짐(朕)이 호부(戶部)의 포견(布絹)으로 요동(遼東)에 보내 그 값을 보상하겠다'라고 했습니다. 황제가 또 말하기를 '네가 안남(安南)을 평정한 조서(詔書)를 보았느냐?'고 하므로 미수가 대답하기를 '신이 서울을 떠난 지 수일 뒤에 사신을 길에서 만났으나, 그 자세한 것

할 의무를 가지고 있었다. 한편 일행을 감찰하고 도강할 때 일행의 인마(人馬)·복태(卜駄)를 점검하기도 하는 행대어사(行臺御史)를 했었다. 한편 일본에 가는 통신사에도 서장관이 함께 따라갔다.

을 배신(陪臣)이 어떻게 알겠습니까?'라고 하니 황제가 말하기를 '그럴 것이다. 너에게 자세히 말하겠다. 처음에 안남(安南)의 적신(賊臣) 여창(黎蒼)이 왕위(王位)를 계승하기를 청하고 말하기를 "국왕(國王) 진일규(陳日煃)가 아들이 없는데, 신이 그 생질입니다"라고 했다. 짐이 생각하기를 나라에는 하루도 군장(君長)이 없을 수 없다고 하여 입후(立後)하기를 명했는데, 그 뒤에 진일규의 손자가 도망해 왔으므로 여적(黎賊)이 짐을 속이고 왕위를 도둑질한 것을 알았다. 조금 뒤에 여적이 진일규의 손자가 명나라 서울에 있는 것을 알고 그를 세워서 후사(後嗣)를 삼기를 청했다. 짐은 늙고 진실한 무인이라 참말로 곧이 듣고 조관(朝官)으로 하여금 진씨의 손자를 거느리고 그 나라에 돌아가게 했는데 여적이 복병(伏兵)하여 이를 죽이고 포학함이 더욱 방자해졌다. 짐이 부득이하여 장수에게 명하여 토벌하여 오랜만에 적괴(賊魁)를 잡아왔다. 짐이 들으니 너의 임금은 글을 읽은 사람이라 하니 여적(黎賊)이 완악하기 심한 것을 알지 못하고 반드시 짐더러 군사(軍事)를 다그쳐 멀리 정벌했다고 할 것이다. 네가 돌아가서 짐을 위해 자세히 왕에게 고해달라'고 했습니다."

상이 이를 듣고서 말했다.

"그게 무슨 말이냐? 황제가 나에게 이렇게 말하고, 배신(陪臣)에게 또 후하게 대접했으니 어찌 감히 명령을 어기겠는가! 고황제(高皇帝) 때에는 비록 그 값을 주지 않더라도 말을 자주 바쳤었는데, 하물며 이제 장차 그 값을 주는 경우이겠는가!"

곧바로 진헌 관마색(進獻官馬色)을 설치하고 의정부참찬사 유량(柳亮), 공조판서 유용생(柳龍生), 총제 김계지(金繼志)를 제조(提調)

로 삼았다. 치(稺)가 예부(禮部)의 고시(告示)를 가지고 와서 황후(皇后)의 승하(昇遐) 사실을 보고하고, 또 "황제의 의관(衣冠) 의장(儀章) 궁실(宮室)·영주(楹柱)[16]를 모두 소(素)[17]로 꾸몄다"고 말했다. 그 고시는 이러했다.

'영락(永樂) 5년 7월 초 4일에 대행 황후(大行皇后)가 붕서(崩逝)했다. 지금 마땅히 행해야 할 사리(事理)를 열서(列書)하여 문무(文武) 관원인(官員人) 등에게 고시하여 알려서 시행케 한다.

하나, 명나라 서울에 있는 문무 백관은 본월(本月) 초6일 아침에 각각 소복(素服)·흑각대(黑角帶)·오사모(烏紗帽)를 갖추고, 사선문(思善門) 밖에 이르러 곡림례(哭臨禮)가 끝나면 봉위례(奉慰禮)를 행할 것. 초8일 아침에 각관(各官)은 소복(素服)하고 효복(孝服)[18]을 가지고 우순문(右順門) 밖에 이르러 입고, 성복(成服)을 기다려서 사선문(思善門) 밖에 들어와 곡림례가 끝나면 나가서 효복을 바꾸고, 봉위례를 행하여 끝내면 각각 효복을 가지고 나갈 것. 초9일·10일의 예(禮)도 같다. 인하여 본아문(本衙門)에서 재숙(齋宿)할 것. 효복은 『예제집요(禮制集要)』 내(內)에 자식이 부모를 위해 참최(斬衰)를 입는다는 것에 의거해 참최를 입는 것으로 이번에 합의함.

하나, 명나라 서울에 있는 문무 4품 이상 관원의 명부(命婦-부인)는 본월 초7일 아침에 각각 소복(素服)하고, 금은(金銀)·주취(珠翠)·

---

16 대궐 안의 기둥을 가리킨다.
17 흰색을 말한다.
18 상복을 가리킨다.

지분(脂粉)·장식(粧飾)은 사용하지 못하고, 서화문(西華門)으로 들어와 사선문(思善門) 안에 나와서 기다렸다가 곡림례를 행할 것. 초8일에서 10일까지 3일 동안 새벽에 각각 소복하고 효복(孝服)을 바꾸고, 봉위례를 행하여 끝내면 각각 효복을 가지고 서화문 안에 들어와서 입고, 사선문 안에 이르러 기다렸다가 곡림례를 행할 것. 효복은 마포개두(麻布蓋頭-모자)·마포장삼(麻布長衫-장삼)·마포장군(麻布長裙-치마)·마포혜(麻布鞋-신발)를 쓸 것.

하나, 명나라 서울에 있는 청제 관원(聽除官員)·판사관(判事官)·감생(監生)·생원(生員)·인재(人材)·이전(吏典)·승도(僧道)·방상장(坊廂長) 등의 사람은 관복(官服)에 상복(喪服)하고, 그 나머지는 소복(素服)하고 모두 순천부(順天府)에 이르러 3일 동안 거애(擧哀)할 것.

하나, 명나라 서울에 있는 군민(軍民)은 3일 동안 소복(素服)하고, 부인은 소복하고 장식을 하지 않기를 모두 본월(本月) 초8일부터 시작하여 10일에 이르러 그칠 것.

하나, 음악을 정지하고, 도살(屠殺)을 금하고, 가취(嫁娶-시집 장가)를 금할 것.'

壬午朔 太白晝見二日.
임오삭 태백 주견 이일

甲申 以金希善爲參贊議政府事兼司憲府大司憲 李行
갑신 이 김희선 위 참찬 의정부 사 겸 사헌부 대사헌 이행

刑曹判書 偰眉壽知議政府事 鄭曜判漢城府事 李龜鐵西北面
형조판서 설미수 지의정부사 정요 판한성부사 이구철 서북면

都巡問察理使 柳伯濡 申商左右司諫大夫 韓雍知司諫院事
도순문찰리사 유백유 신상 좌우 사간 대부 한옹 지사간원사

許稠司憲執義. 臺諫刑曹皆罷職 唯柳穎遷刑曹正郎.
허조 사헌 집의 대간 형조 개 파직 유 유영 천 형조정랑

丙戌 日本田平殿 遣使獻禮物.
병술 일본 전평전 견사 헌 예물

丁亥 欽差內史韓帖木兒 尹鳳 李達 金得南等 齎禮部咨來
정해 흠차 내사 한첩목아 윤봉 이달 김득남 등 재 예부 자래

街巷結綵 百官出迎于盤松亭 上出于昌德宮之仁政門 迎入正殿.
가항 결채 백관 출영 우 반송정 상 출우 창덕궁 지 인정문 영입 정전

咨曰:
자왈

‘本部尙書趙羾欽奉聖旨:“恁禮部便行文書 與朝鮮國王知道
본부 상서 조공 흠봉 성지 임 예부 편행 문서 여 조선 국왕 지도

取火者來 這裏使用. 韓帖木兒口宣聖旨: 朕取安南火者三千
취 화자 래 저리 사용 한첩목아 구선 성지 짐 취 안남 화자 삼천

皆昏愚無用 惟朝鮮火者明敏 可備任使 是用求索. 但咨文內
개 혼우 무용 유 조선 화자 명민 가비 임사 시용 구색 단 자문 내

不限其數者 若朕有定數 而國王不能充額 則恐傷國王至誠
불한 기수 자 약 짐 유 정수 이 국왕 불능 충액 즉 공상 국왕 지성

事朕之意.”’
사짐 지 의

上私謂韓帖木兒曰:“帝意如何?”帖木兒曰:“不下三四百.”上
상 사위 한첩목아 왈 제의 여하 첩목아 왈 불하 삼사백 상

曰:“此物無種 豈可多得?”遂邀至廣延樓設宴 各贈鞍馬.
왈 차물 무종 기 가 다득 수요 지 광연루 설연 각증 안마

蠲江界歲貢淸蜜 甲州貫甲皮. 蓋欲使依前採捕貂皮以獻也.

戊子 上如太平館宴使臣. 韓帖木兒謂上曰: "予奏皇帝 本國
王爲陛下每日焚香 祝聖壽萬年. 帝曰: '朝鮮國王向我有眞實
意思.'"上曰: "帝德深重 何以報之! 本國只產苧麻細布耳. 綵段
紗羅之遍體 皆帝賜也 至於鸚哥之賜 實出望外. 若非帝賜 何緣
得見!"

上詣德壽宮. 顯妃之女 慶順宮主 適興安君李濟 至是卒 故
爲之弔慰也.

己丑 尹鳳等三人至闕 謝宴也.

遣大護軍曹渾 管押漫散軍李白吉等五百四十九名如遼東.

臺諫刑曹連章上疏. 疏曰:

'比者 功臣百官臺諫刑曹 以閔無咎 無疾 辛克禮等不忠
不敬之罪 屢上交章 請加其罪 而無咎 無疾則只收功臣錄券
自願安置 臣等捬心缺望. 竊謂不忠不敬 人臣之大惡 名敎之
所不容. 無咎 無疾不忠之迹已著 國人所共知也 而克禮以殿下
親男墨戱 取而裂之 其不敬亦甚矣 只令自願安置 略無加罪. 願
殿下 俯從前日功臣臺諫之請 無咎 無疾 收其職牒 繩之以法
以明不忠之罪: 克禮 亦收職牒 鞫問其罪 以懲不敬之心.'

疏留中不下.

賜世子隨朝官米布有差. 備治裝也. 完山君李天祐 右政丞李茂

各米一百石 正布常布各一百匹 從人四名 各米豆各二石; 雞城君
각미 일백 석 정포 상포 각 일백 필 종인 사명 각 미두 각 이석 계성군

李來 提學孟思誠 同知摠制李玄 各米六十石 常布一百匹 從人
이래 제학 맹사성 동지총제 이현 각미 육십석 상포 일백 필 종인

各三名 米豆各二石; 書狀官司諫申商 執義許稠 押物奉常令
각 삼명 미두 각 이석 서장관 사간 신상 집의 허조 압물 봉상 령

李薈 押馬上護軍李公孝 各米十石 豆四石 常布五十匹 以次下
이회 압마 상호군 이공효 각미 십석 두 사석 상포 오십 필 이 차하

至司饔驅馬人 皆有賜與.
지 사옹 구마인 개 유사여

命庾順道 李迹 吳尙明習天文.
명 유순도 이적 오상명 습 천문

辛卯 西北面行臺監察李有喜復命. 有喜啓: "黃太監迎逢 遼東
신묘 서북면 행대감찰 이유희 복명 유희계 황 태감 영봉 요동

軍人散入義州村落 易換牛馬 或有抑賣者 前都巡問使呂稱
군인 산입 의주 촌락 역환 우마 혹유 억매 자 전 도순문사 여칭

義州牧使辛有定等 不能禁抑." 命司憲府推劾以聞 乃流稱于咸陽
의주목사 신유정 등 불능 금억 명 사헌부 추핵 이문 내 유칭 우 함양

有定于漆原 現任守令 決笞還任; 已曾屬散者 自願付處.
유정 우 칠원 현임 수령 결태 환임 이증 속산 자 자원부처

召辛克禮還.
소 신극례 환

壬辰 尹鳳 李達 金得南 省親于其鄉 命各賜米豆二十石.
임진 윤봉 이달 김득남 성친 우 기향 명 각사 미두 이십 석

下旨申明東西北面事宜:
하지 신명 동 서북면 사의

'西北面軍事 土官千戶依前例考察 民事則團練使考察. 東
서북면 군사 토관 천호 의 전례 고찰 민사 즉 단련사 고찰 동

西北面牛馬成籍 已有著令 無識之人 貪得價物 所有牛馬 盡數
서북면 우마 성적 이유 저령 무식지인 탐득 가물 소유 우마 진수

放賣 至偸他人牛馬 亦行放賣 時或宰殺 其弊不少. 道內牛馬
방매 지투 타인 우마 역행 방매 시혹 재살 기폐 불소 도내 우마

竝皆點考 火印改籍 故失牛馬及他處交易牛馬 其主人及各里
병개 점고 화인 개적 고실 우마 급 타처 교역 우마 기 주인 급 각리

色掌 輒以毛色告所在官 成籍施行; 每年秋節 以營中火印差官
색장 첩이 모색 고 소재관 성적 시행 매년 추절 이 영중 화인 차관

付送各州守令 一同點考火印. 改成籍時 隱漏無火印牛馬 成籍後
부송 각주 수령 일동 점고 화인 개 성적 시 은루 무 화인 우마 성적 후

生長牛馬 他處交易及買賣時不進告者 其主論罪 牛馬沒官 里內
생장 우마 타처 교역 급 매매 시 부진고 자 기주 논죄 우마 몰관 이내

色掌 竝照律論罪.'
색장 병 조율 논죄

內史金得 金壽還自其鄕.
내사 김득 김수 환자 기향

遣戶曹參議具宗之如京師 咨禮部曰:
견 호조참의 구종지 여경사 자예부 왈

'永樂四年十二月 欽差千戶金聲等到國 承準來咨 催取在逃
영락 사년 십이 월 흠차 천호 김성 등 도국 승준 내자 최취 재도

人口事. 準此 判付議政府 卽差上護軍申商 朴仁幹等 遍行
인구 사 준차 판부 의정부 즉 차 상호군 신상 박인간 등 편행

豐海道及東西北面 江界 泥城 甲州等處 挨究緝捕去後 永樂
풍해도 급 동서북면 강계 이성 갑주 등처 애구 집포 거후 영락

五年正月 欽差千戶陳敬到國 又準來咨 亦爲此事. 承此 就行
오년 정월 흠차 천호 진경 도국 우준 내자 역위 차사 승차 취행

議政府 再差宗簿副令權壎於上項等道 催倂緝捕間回 據申商
의정부 재차 종부 부령 권훈 어 상항 등도 최병 집포 간 회 거 신상

等呈: "承差 於各道江界泥城幽僻等處 尋蹤緝捕 除崔時明
등정 승차 어 각도 강계 이성 유벽 등처 심종 집포 제 최시명

金大難等三百六十三口病故外 見獲到各處改變姓名藏躱漫散軍
김대난 등 삼백 육십 삼구 병고 외 견획 도 각처 개변 성명 장타 만산군

餘 劉山成等男婦家小人口 就行各官收禁聽候外 具呈照驗."
여 유산성 등 남부 가소 인구 취행 각관 수금 청후 외 구정 조험

得此狀啓 據此照得 上項漫散軍餘 原係小邦有役人民 曩因
득차 장계 거차 조득 상항 만산군 여 원계 소방 유역 인민 낭 인

胡拔都 高鐵頭等 到來鴨綠江邊被虜 前去遼陽地面居住 後充
호발도 고철두 등 도래 압록강 변 피로 전거 요양 지면 거주 후 충

東寧衛軍丁; 亦有爲事逃往 自充軍役者. 近於革除年間 逃還
동녕위 군정 역유 위사 도왕 자충 군역 자 근어 혁제 연간 도환

本國 幽僻山谷間藏躱. 永樂元年正月內 有欽差千戶王得名欽齎
본국 유벽 산곡 간 장타 영락 원년 정월 내 유 흠차 천호 왕득명 흠재

勅諭 東寧衛漫散官員軍民人等到來開讀 當卽欽依緝捕 除事故
칙유 동녕위 만산 관원 군민 인 등 도래 개독 당 즉 흠의 집포 제 사고

四百九十六名外 將見獲到林泉等幷家小一萬九百二十名 差陪臣
사백 구십 육명 외 장 견획 도 임천 등 병 가소 일만 구백 이십 명 차 배신

黃居正 一同欽差官解送 遼東都司交割去後 本年節續捕獲到
황거정 일동 흠차관 해송 요동도사 교할 거후 본년 절속 포획 도

張甫 金禾 金永等幷家小四百四十三口 差陪臣梅原渚 張洪壽
장보 김화 김영 등 병 가소 사백 사십 삼구 차 배신 매원저 장홍수

張有信 三次解送 遼東都司交割. 又於永樂四年八月內 除
장유신 삼차 해송 요동도사 교할 우 어 영락 사년 팔월 내 제

李賣土等六十九口事故外 將續獲到 全小金等連家小四百四十五
이매토 등 육십 구 구 사고 외 장속 획도 전소금 등 연 가소 사백 사십 오

口 差陪臣張洪壽 管押解送遼東都司收領了訖. 今奉前因通前
구 차 배신 장홍수 관압 해송 요동도사 수령 요흘 금봉 전인 통전

事故九百二十八口. 除將鄕吏金難等公私驅奴林延 內隱白等
사고 구백 이십 팔구 제장 향리 김난 등 공사 구노 임연 내은백 등

七十一口 另行計稟外 今將見獲漫散軍餘 劉山成等 來咨內付
칠십 일구 영행 계품 외 금장 견획 만산군 여 유산성 등 내자 내부

黃不改 邊都里哥等幷家小男婦幷四千一百二十六口 分作六運
황불개 변도리가 등 병 가소 남부 병 사천 일백 이십 육구 분작 육운

差金文發 李推 姜原吉 李湘 朴矩 曹渾等 管押解送 遼東都司
차 김문발 이추 강원길 이상 박구 조혼 등 관압 해송 요동도사

交割了當. 其有未獲人數 尙亦差人 分投緝捕 如遇得獲 隨卽
교할 요당 기유 미획 인수 상역 차인 분투 집포 여우 득획 수즉

另行解送. 參照上項軍丁 始初漫散之時 豈無事故及往他方者?
영행 해송 참조 상항 군정 시초 만산 지시 기 무사고 급 왕 타방 자

如蒙奏達 伏望聖慈垂恩 小邦幸甚.'
여 몽 주달 복망 성자 수은 소방 행심

慶尙道兵馬都節制使姜思德上備倭之策. 啓曰: '對馬島倭
경상도 병마도절제사 강사덕 상 비왜 지책 계왈 대마도 왜

餘彌多羅 非古時羅來言: "其島倭賊共謀云: '興利於朝鮮 未副
여미다라 비고시라 내언 기도 왜적 공모 운 흥리 어 조선 미부

所欲 莫若修我船楫 侵掠邊鄙."萬一其言有實 於不多兵船泊立
소욕 막약 수아 선즙 침략 변비 만일 기언 유실 어 부다 병선 박립

處 乘不虞而奄至 或被其害. 乞於要害各浦 聚集兵船 以待其變.'
처 승 불우 이 엄지 혹 피 기해 걸어 요해 각포 취집 병선 이대 기변

乙未 韓帖木兒詣闕獻綵段二匹.
을미 한첩목아 예궐 헌 채단 이필

丙申 命世子行秋夕別祭于仁昭殿.
병신 명 세자 행 추석 별제 우 인소전

上如太平館 餞金得 金壽等. 金得 金壽詣闕辭 贈二人苧麻布
상 여 태평관 전 김득 김수 등 김득 김수 예궐 사 증 이인 저마포

各十四.
각 십사

丁酉 以金承霔爲東北面兵馬都節制使兼永興府尹 安魯生
정유 이 김승주 위 동북면 병마도절제사 겸 영흥부윤 안노생

開城留後司副留後兼京畿都觀察使 朴矩義州牧使 時東北面
개성유후사 부유후 겸 경기 도관찰사 박구 의주목사 시 동북면

都巡問使李稷兼永興府尹 至是 乃以承霔兼之 專掌軍事 以備
도순문사 이직 겸 영흥부윤 지시 내 이 승주 겸지 전장 군사 이비

王狗兒之逼. 穆巡行道內 兼治軍民之事. 副留後與京畿觀察使
本不相兼 以留後司凋殘 使觀察使兼之 以便使臣供億也.

金得 金壽還 上餞之于崇禮門外 還幸藏義洞本宮 周視營構
遂詣仁德宮置酒. 義安大君和 寧安君良祐 完山君天祐 淸平君
李伯剛 政丞成石璘李茂等侍宴. 上王及上 以慶順宮主之卒 俱
不御肉膳 是日開素.

己亥 太白晝見.

置續六典修撰所 以晉山府院君河崙 領其事.

御解慍亭 觀擊毬.

庚子 宴韓帖木兒于廣延樓. 上謂帖木兒曰: "黃大人與王狗兒
大人 秩孰爲高?" 對曰: "等爾." 上曰: "然則王大人 何爲尊敬黃
大人乎?" 對曰: "作假子故也." 上曰: "王大人何以來野人地面?"
對曰: "勒兵巡塞徼 且試田獵也."

辛丑 下禁酒令. 從司憲府之請也.

壬寅 韓帖木兒如金堤郡. 以鄕貫也. 西川君韓尙敬伴行
議政府餞之于漢江.

癸卯 新構慕華樓于西門之外. 倣松都延賓館也. 命文臣各進
美名 成石璘請名之曰 慕華 從之 因命書樓額.

乙巳 司憲府請熙川君金宇罪. 宇罷江界都兵馬使還京 多持
鷹子三十餘連 經過郡縣站驛 鷄犬之一空. 憲府請正其罪 上曰:

"宇功臣 雖有所犯 不可加罪 至於郡縣守令 站路察訪 各驛丞

惟宇言是從 無有一人據法止之者 誠可罪也. 憲府宜彈劾以聞."

丙午 倭寇庇仁縣 又侵木浦 奪私船一艘 殺五人虜五人以去.

行仲月賦詩之法. 從權近之言也. 領藝文春秋館事河崙

知春秋館事權近 藝文館大提學成石因 等 與館閣提學二品以上

會于藝文館 出詩表二題 令時散三品以下文臣 各於私家賦之 限

三日以呈. 上召禮曹正郎尹淮命之曰: "六代言事務煩劇 無暇

賦詩 特令勿賦." 館閣提學以上 第文臣詩表入格者三十人以聞

禮曹參議卜季良爲第一 成均司成尹會宗 奉常副令卓愼次之.

自是每當春秋仲月以爲常例.

丁未 御便殿視事. 啓事群臣皆出 政丞成石璘 李茂啓: "各道

界首官 宜以軍民兩事兼全者爲之 有事則各率領內兵卒 直到

防禦." 仍書可用人姓名以進 上手執單子覽之曰: "政丞知洪有龍

乎? 戊寅之變 適爲外寄 聞亂卽赴 旣而因事流貶 其後予復召用

今爲安州牧使. 其武才雖非卓越 於軍民兩事 皆可能當." 茂對曰:

"然." 上又指所薦人曰: "柳濕武才卓越 具成亮次之. 若尹夏則

新進人也 然將來可用." 至前判事吳玩名曰: "予不知此人." 石璘

及茂合辭譽之. 玩貪汚無武才 嘗任星州 政迹無可稱 又爲密城

侍衞軍摠牌 士卒離心. 今得與於軍民兩全之薦者 特以茂之族而

石璘子發道之姻親故耳.

380

臺諫刑曹上疏 請閔無咎 無疾 辛克禮之罪 不允.
대간 형조 상소 청 민무구 무질 신극례 지 죄 불윤

戊申 月犯太微.
무신 월 범 태미

申禁酒令. 從憲府之請也. 上下憲府疏於政府擬議 政府請:"依
신 금주령 종 헌부 지 청야 상하 헌부 소 어 정부 의의 정부 청 의

憲府狀申 各司瓶酒及迎餞祀神茶湯 依憑靡費等事 一行禁理;
헌부 장신 각사 병주 급 영전 사신 다탕 의빙 미비 등사 일행 금리

朝班街里沈湎迷亂大小員吏 亦令糾察 惟老病服藥及閭里單寒
조반 가리 침면 미란 대소 원리 역령 규찰 유 노병 복약 급 여리 단한

買賣資生者 不在此限."從之.
매매 자생 자 부재 차한 종지

震人于江陰縣.
진 인 우 강음현

己酉 禁銷泥金銀. 議政府上言:"金銀不産本國. 況銷泥金銀
기유 금 소니 금은 의정부 상언 금은 불산 본국 황 소니 금은

不可復用 虛棄天物. 是以宋朝明有禁令. 乞自今事大物件 各品
불가 부용 허기 천물 시이 송조 명유 금령 걸 자금 사대 물건 각품

腰帶 丸藥爲衣外 凡金銀銷泥書畫鍍飾等事 痛行禁止 違者徵
요대 환약 위의 외 범 금은 소니 서화 도식 등사 통행 금지 위자 징

金銀一倍 照律論罪."從之.
금은 일배 조율 논죄 종지

庚戌 計稟使書狀官鄭稗來 上迎問曰:"禮部有何言?" 對曰:
경술 계품사 서장관 정치 래 상 영문 왈 예부 유 하언 대왈

"禮部曰:'金聲先聞于帝曰:"漫散軍民內 托以官私之賤而誣之
예부 왈 김성 선문 우 제왈 만산 군민 내 탁 이 관사 지천 이 무지

者多矣.""上又問:"皇帝待若等何如?" 對曰:"待以厚 臣眉壽之
자 다의 상 우문 황제 대 약등 하여 대왈 대 이후 신 미수 지

侍宴於帝者三 又別有賞賜. 令禮部郎中及宦官數人 引臣等 遍觀
시연 어 제자 삼 우 별유 상사 영 예부 낭중 급 환관 수인 인 신등 편관

佛宇館舍之奇勝 每於奇觀 設宴以饋. 又帝御西角門 命眉壽曰:
불우 관사 지 기승 매어 기관 설연 이궤 우 제 어 서각문 명 미수 왈

'爾國産馬之地 歸報爾王 良馬三千匹 汝可將來. 朕以戶部布絹
이국 산마 지지 귀보 이왕 양마 삼천 필 여 가 장래 짐 이 호부 포견

送于遼東 當酬其直.'帝又曰:'爾見平安南詔否?'眉壽對曰:'臣
송우 요동 당수 기치 제 우왈 이 견 평 안남 조부 미수 대왈 신

離京數日 遇使臣於途 然其纖悉 陪臣何知?'帝曰:'嗜. 爲爾
이경 수일 우 사신 어도 연 기 섬실 배신 하지 제 왈 야 위이

詳告之. 初安南賊臣 黎蒼請嗣位 乃曰:"國王陳日煃絶嗣 而臣爲
상고 지 초 안남 적신 여창 청 사위 내왈 국왕 진일규 절사 이 신 위

其甥。"朕以爲國不可一日無長 爰命立後. 厥後 日煊之孫來奔 乃知黎賊誑朕竊位也. 既黎賊知陳孫在京 請立爲後 朕老實武人 聽以爲眞 令朝官率陳孫復國 黎賊伏兵殺之 其暴益肆. 朕不獲已命將討之 久乃得賊魁以來. 朕聞爾王讀書人也 未知黎賊頑甚必謂朕勒兵遠伐矣. 爾還爲朕詳告于王."上聞之曰："是何言也? 帝謂我如此 而於陪臣且厚接之 豈敢方命! 在高皇帝時 雖不賜其直獻馬數矣. 況今將賜其直乎?"即置進獻官馬色 以參贊議政府事柳亮 工曹判書柳龍生 摠制金繼志爲提調. 稱齋禮部告示 來報皇后升遐 且言："皇帝衣冠儀章宮室楹柱 皆用素飾."

其告示曰：

'永樂五年七月初四日 大行皇后崩逝. 今將合行事理 開坐告示文武官員人等知會施行.

一. 在京文武百官 於本月初六日早 各具素服黑角帶烏紗帽赴思善門外 哭臨禮畢 行奉慰禮. 初八日早 各官素服 將帶孝服赴右順門外穿着 伺候成服 入思善門外哭臨畢 就易孝服 行奉慰禮畢 各將孝服出. 初九日十日禮同 仍於本衙門齋宿. 孝服依禮制集要內子爲父母服斬衰 今議合服斬衰.

一. 在京文武四品以上官命婦 於本月七日早 各素服 不用金銀珠翠脂粉粧飾 從西華門進至思善門內伺候 行哭臨禮. 初八日至十日三日 清晨各素服 將帶素服 入西華門內穿着 赴思善門內

伺候 行哭臨禮. 孝服用麻布蓋頭 麻布長衫 麻布長裙 麻布鞋.

一, 在京聽除官員 判事官 監生 生員 人材 吏典 僧道 坊廂長

人等 官服喪服 其餘素服 俱赴順天府 擧哀三日.

一, 在京軍民 素服三日; 婦人素服不粧飾 俱自本月初八日

爲始 至十日止.

一, 停音樂 禁屠宰 禁嫁娶.

태종 7년 정해년
9월

九月

신해일(辛亥日-1일) 초하루에 상이 소복(素服)에 오사모(烏紗帽)와 흑각대(黑角帶)를 갖추고 백관을 거느리고 대행 황후(大行皇后)를 위해 거애례(擧哀禮)를 행했다. 왜냐하면 상(喪)을 들은 이튿날이었기 때문이다. 각도의 관찰사와 수령도 또한 상(喪)을 들은 이튿날 새벽에 소복 오사모 흑각대로 사배례(四拜禮)를 행하고 사흘 동안 거애(擧哀)했다.

○ (일본) 비전주(肥前州) 평호도 대관(平戶島代官) 금등정(金藤貞)과 준주태수(駿州太守) 원원규(源圓珪)가 각각 사람을 시켜 붙잡혀갔던 사람[俘虜]들을 돌려보내고 예물을 바쳤다.
_{부로}

○ 대간(臺諫)과 형조(刑曹)에서 대궐에 나아와 다시 민무구(閔無咎) 등의 죄를 청했다.

○ 의정부에서 (동북면) 영흥부(永興府)의 토관(土官)과 지록(地祿)[1]의 과수(科數)를 상정(詳定)해 보고했다.

'동반(東班)의 경우 내부(內府)는 도부사(都府司)로 고치고 소경(小卿)이 1원(員)인데 5품(品)이고, 승(丞)이 1원인데 6품이고, 주부(注簿)가 1원인데 7품입니다. 예의사(禮儀司)와 산정사(刪定司)는 병합해 전례사(典禮司)로 만들어 사(使)가 1원인데 5품이고, 부사(副使)가 1원인데 6품이고, 직장(直長)이 1원인데 8품이고, 녹사(錄事)가 1원인데 9품

---

1 녹(祿)으로 주는 전지를 가리킨다.

입니다. 도진사(都津司)는 장련사(掌釐司)로 고치고 사(使)가 1원인데 5품이고, 승(丞)이 1원인데 6품이고, 주부(注簿)가 1원인데 7품입니다. 장안부(長安部)는 장흥부(長興部)로 고쳐 덕흥부(德興府)·순안부(順安府)·부흥부(復興府)·홍인부(洪仁府)와 더불어 5부를 만들고 각각 사(使)가 1원인데 5품이고, 주부(注簿)가 1원인데 6품이고, 녹사(錄事)가 1원인데 9품입니다. 장작시(將作寺)와 영작원(營作院)은 병합해 영선사(營繕司)로 만들고 사(使)가 1원인데 5품이고, 승(丞)이 1원인데 6품이고, 주부(注簿)가 1원인데 7품이고, 녹사(錄事)가 1원인데 9품입니다. 정설서(正設署)는 영송서(迎送署)로, 영송 도감(迎送都監)은 장선서(掌膳署)로 고치고, 진설서(陳設署)·대관서(大官署)는 합병해 전빈서(典賓署)로 만들고 각각 영(令)이 1원인데 5품이고, 승(丞)이 1원인데 6품이고, 주부(注簿)가 1원인데 7품이고, 직장(直長)이 1원인데 8품이고, 녹사(錄事)가 1원인데 9품입니다. 전빈서(典賓署)만은 녹사(錄事) 1원을 더합니다. 여러 학원(學院)은 승(丞)이 1원인데 6품이고, 주부(注簿)가 1원인데 7품이고, 조교(助敎)가 1원인데 9품입니다. 의학(醫學)은 승(丞)이 1원인데 6품이고, 조교(助敎)가 2원인데 9품입니다. 사온서(司醞署)는 전주서(典酒署)로 고쳐 영(令)이 1원인데 6품이고, 직장(直長)이 1원인데 8품이고, 녹사(錄事)가 1원인데 9품입니다. 전옥서(典獄署)는 사옥서(司獄署)로 고쳐 영(令)이 1원인데 8품이고, 승(丞)이 1원인데 9품입니다. 대창서(大倉署)와 염점(鹽店)은 병합해 사창서(司倉署)로 만들고 영(令)이 1원인데 6품이고, 승(丞)이 1원인데 7품이고, 직장(直長)이 1원인데 8품이고, 녹사(錄事)가 1원인데 9품입니다. 정한 숫자가 60원(員)인데, 전과 비교하면 16인을 태거(汰去-감축)한 것입니다.

서반(西班)의 경우 진북위(鎭北衛) 1령(一領)·2령(二領)·3령(三領)에 각각 중랑장(中郞將)이 1원이고, 낭장(郞將)이 2원이고, 별장(別將)이 3원이고, 산원(散員)이 4원이고, 대장(隊長)이 5원이고, 대정(隊正)이 15원이고, 권지 대정(權知隊正)이 15원으로, 대장(隊長)·대정(隊正) 이상이 정(定)한 숫자가 90원(員)인데, 전과 비교하면 54인을 태거한 것입니다.

지록(地祿)의 경우 5품은 매1원(員)에게 6결을, 6품은 5결을, 7품은 3결 50복(卜)을, 8품은 2결 50복을, 9품은 1결 50복을 주어, 총계가 415결입니다. 권지 대정(權知隊正)은 도목(都目)에서 천전(遷轉)되어 실차(實差)²를 받은 뒤에야 녹(祿)을 주는 것을 허락해야 할 것입니다.'

○ 일본(日本) 대내(大內) 다다량덕웅(多多良德雄)의 객인(客人)이 대궐에 나아와 하직하니 『대장경(大藏經)』 1부(部)를 주어서 보냈다. 덕웅(德雄)의 청을 들어준 것이다.

임자일(壬子日-2일)에 왜적이 (경기도) 남양부(南陽府) 염장(鹽場)에 침략하고, 또 자총도(紫葱島)를 노략질해 9명을 죽이고 1명을 사로잡아갔다.

○ 서북면 도순문사 이귀철(李龜鐵)이 도내(道內)의 현안을 아뢰니 그것을 따랐다. 아뢰어 말했다.

---

2   각 품계의 정해진 숫자 안에 들어가는 정식 관원이다. 이 경우에는 지록(地祿)의 과수(科數)를 받지만 임시직에 해당하는 예차(豫差)일 때는 지록(地祿)이 없다.

'연호 군정(煙戶軍丁)³의 원수(元數-인원수)는 호수(戶首)⁴와 봉족(奉足)⁵이 모두 5만 4,837명입니다. 이 가운데 갑사(甲士)·유호(儒戶)⁶·향참호(鄕站戶)⁷·선군(船軍)을 제외하면 시위군(侍衛軍)이 40패(牌)인데, 호주(戶主)와 봉족(奉足)이 모두 9,263명이고, 익군(翼軍)이 14익(翼)인데, 호수(戶首)와 봉족(奉足)이 모두 2만 3,012명입니다.

신이 각패(各牌) 각익(各翼)의 입역(立役)하는 형편을 보건대 시위군(侍衛軍)은 봉족 3~4명씩을 정해주고, 40패(牌) 가운데 매달 2패씩을 2년에 1번씩 서울에 올려보내 한 달 동안 시위하도록 하며, 각익(翼)은 14익으로써 중국[朝廷]의 사신과 매달 왕래하는 본조(本朝)의 사신을 요동까지 호송하고 영접하게 하여 윤차(輪次)로 왕래하므로 사람과 말이 함께 지쳐서 실농(失農)하게 됩니다. 이 때문에 각패(各牌) 각익(各翼)의 군마(軍馬)가 그 수고하고 편안한 것이 고르지 못하여, 분개하고 원망하는 바가 없지 아니합니다. 청컨대 전례에 의거해 각익(各翼)은 그대로 두되, 궁마(弓馬)가 실(實)한 사람으로 묶어서 정하고, 천호(千戶)·백호(百戶)는 그중에서 청렴하고 장용(壯勇)한 자를 뽑아서 정하고, 매 3익(翼)에 단련사(團練使) 1원(員)을 정해 파견해 익(翼) 중의 모든 일을 고찰(考察)하게 하고, 천호(千戶)로 하여금 인솔하게 하여 한 고팽이[周] 돌면 다시 시작하는 식으로 해서

---

3   나라의 역사(役事)에 동원하는 지방의 군정(軍丁)으로 시위패(侍衛牌)·별패(別牌)·익군(翼軍)·선군(船軍)이 모두 이에 포함됐다.

4   옛날 군정(軍丁) 가운데 입역(入役)할 책임을 지는 정정(正丁)을 말한다.

5   군정(軍丁) 가운데 출역(出役)하지 않고 호수(戶首)의 집안 일을 돕던 여정(餘丁)을 말한다.

6   유학(儒學)을 업(業)으로 삼는 유생(儒生)의 호(戶)를 말한다.

7   각 지방의 역참(驛站)에 입마(入馬)한 호(戶)를 말한다.

서울에 올라가 시위하는 일과 요동까지 영접하는 일을 윤차(輪次)로 하는 체제를 정해 수고롭고 편안한 것을 고르게 하여 민심에 부응토록 해야 할 것입니다.'

의정부에 내려 깊이 토의하게 하니 정부에서 토의해 이런 결론을 얻었다.

"한결같이 계본(啓本)에 의해 시행하되 매 1익(翼)에 천호 3원(員)을 두는 체제를 정해 군사의 일을 전적으로 맡기고, 무릇 군인을 차출하는 따위의 일은 한결같이 단련사(團練使)에게 품(稟)하여 명령을 받도록 해야 할 것입니다. 천호 등이 군사를 해이하게 해 폐단을 일으키는 일이 있으면 단련사에게 맡겨 고찰하게 해서 도순문사(都巡問使)에게 보고해 논죄케 하되 일정한 법식으로 삼아야 할 것입니다. 단련사가 만일 좋아하고 미워하는 것을 따라 사정(私情)을 쓰는 것이 현저하게 드러난[現露=現著] 경우가 있으면, 중죄에 따라 논죄하게 해야 할 것입니다."

○ 청주(青州-함경도 북청)에 성을 쌓았다. 이직(李稷)이 막관(幕官-막료)인 전 지의주사(知宜州事) 황길지(黃吉至)를 보내 성 쌓는 역사가 끝났다고 아뢰었다. 길지(吉至)에게 표리(表裏-옷감)를 주고 대호군(大護軍) 심정(沈泟)에게 선온(宣醞-술)을 주어 보내 직(稷)을 위로하게 했다.

○ 개성유후사(開城留後司)에 늠급전(廩給田)[8]과 공해전(公廨田)[9]

---

8 조선 초기에 지방 관청의 경비를 조달하기 위해 제공된 토지다. 지방 관청의 장관에게 판공비(辦公費)로 준 아록전(衙祿田)과 지방 관청의 소요 경비를 충당하기 위해 마련한 공수전(公須田) 등이 있었다.

9 국가 기관이나 궁실(宮室)의 경비를 충당하기 위해 각 지방에 설정(設定)한 토지다.

을 지급했다. 의정부에서 아뢰었다.

"개성유후사는 상국의 사신과 본국의 크고 작은 사신들을 접대하니[支應] 늠급전과 공해전을 각사(各司)의 예에 의거해 지급해야 할 것입니다."

그것을 따랐다.

계축일(癸丑日-3일)에 천둥과 번개가 쳤다.

갑인일(甲寅日-4일)에 군사(軍士)들이 부모를 찾아 뵙고 (조상의) 묘소를 깨끗이 하는[掃墳] 법(法)을 세웠다. 병조(兵曹)에서 아뢰었다.

"삼군(三軍)의 갑사가 향리를 떠나 친척(親戚)을 버리고 시위(侍衛)에 들어와 채워져[入充] 여러 해가 되어도 돌아가 부모를 찾아뵙지 못하니 그 마음이 불쌍합니다. 이제부터는 갑사로 하여금 3년 만에 한 번씩 돌아가 부모를 찾아뵙게 하고 그 부모가 이미 죽은 사람은 근친하는 예에 의하여 돌아가 분묘를 손보아 정리할 수 있게 해야 할 것입니다."

그것을 따랐다.

○ 병조(兵曹)에서 시위별패(侍衛別牌)를 전과 같이 번상(番上)시킬 것을 청했다. 아뢰어 말했다.

"금년에 농사일이 이미 끝났는데 각도(各道)의 시위 별패를 놓아보내 농사를 짓도록 했으나 지금까지도 번을 서러 올라오지[番上] 않아 시위가 허술합니다. 청컨대 오는 10월부터 시작해 마땅히 번을 서러 올라와야 하는 자는 일절 모두 서울에 올라오도록 하고, 경상도·

전라도만은 화곡(禾穀)이 제대로 결실을 맺지 못했으니 그전에 정한 액수에서 반을 줄이도록 해야 할 것입니다."

상이 말했다.

"그리하라. 11월 초 1일부터 시작해 아뢴 바[所啓]에 의거해 시행하도록 하라."

을묘일(乙卯日-5일)에 세자가 덕수궁(德壽宮)에 나아갔다. 장차 (중국에) 조현(朝見)하러 가는 것을 고하기 위함이었다.

○ 비로소 삼군(三軍)의 방패(防牌)를 만들었다. 그 모양은 널판으로 둥글게 만들기도 하고 길게 만들기도 했는데 모두 안쪽은 오그라들었다. 그것을 가죽으로 싸고 오채(五彩)를 베풀었고, 그 가운데에는 나두(螺頭)를 그렸으며 머리 위에는 동경(銅鏡)을 두었다. 보졸(步卒)을 시켜 왼쪽 손으로 이것을 잡고 자기 몸을 가리게 하고, 오른쪽 손으로는 칼을 잡고 마병(馬兵)의 앞에 서서 수병(守兵)이 되어 진퇴(進退) 용약(踊躍)하게 하여 적(敵)으로 하여금 가까이 다가서지 못하게 하기 위함이었다.

○ (충청도) 정해(貞海)와 여미(餘美)를 합쳐 해미현(海美縣)으로 만들고 다시 감무(監務)¹⁰를 두었다. 의정부에서 아뢰었다.

---

10 고려와 조선 초기 군현(郡縣)에 파견됐던 지방관(地方官)이다. 고려 초기 중앙집권체제에 의한 통치권(統治權)의 범위가 점차 지방으로 확대되면서 아직 중앙의 관원(官員)을 파견하지 못했던 속군현(屬郡縣)과 향(鄕)·소(所)·부곡(部曲)·장(莊)·처(處) 등 말단 지방 행정단위에 1106년(예종 1년)부터 현령(縣令)보다 한층 낮은 지방관인 감무(監務)를 파견했다. 주민의 유망(流亡) 현상이 심했던 고려 말에 감무를 안집별감(安集別監)으로 한때 개칭하기도 했다. 이는 조선 태종(太宗) 때까지 계속됐고, 1413년(태종 13년) 감무를 현감

"충청도 도관찰사가 올린 정장(呈狀)에 의거하면 정해현(貞海縣)은 비록 사람과 물자가 위축되고 뿔뿔이 흩어졌지만 이산(伊山-덕산) 순성(蓴城-태안) 남포(藍浦) 3진(鎭)의 대령(大嶺) 아래 중앙(中央) 지대로서 사람이 없는 광활한 요충지에 해당하고, 또 튼튼하고 견실한 석성(石城)이 있습니다. 현(縣)이 몽웅역(夢熊驛)에 속해 왕래하는 사객(使客)을 맞고 보내는 데 가장 긴요한 곳입니다. 만일 예기치 못한 환란이 있을 때에 정해현의 연경(連境) 지역뿐만 아니라 홍주(洪州)의 고구(高丘) 운천(雲川)과 서주(瑞州-서천)의 동촌(東村)에 사는 백성들이 모두 석성에 들어가서 피란할 수 있습니다. 청컨대 정해현을 여미현에 합쳐 다시 감무를 두고 해미현(海美縣)이라 불러야 할 것입니다."

그것을 따랐다.

정사일(丁巳日-7일)에 달이 아침에 남두성(南斗星)을 범하고 크게 안개가 끼었다.

○ 하천추사(賀千秋使) 노한(盧閈, 1376~1443년)[11] 등이 (명나라에서)

(縣監)으로 개칭할 때까지 약 200여 군현에 두고 있었다.

11 민제(閔霽)의 사위로 태종과는 동서간이다. 1405년 좌군동지총제, 이듬해 풍해도 도관찰사 등을 거쳐 1408년에 한성부윤에 이르렀다. 이듬해 처남 민무구(閔無咎)·민무질(閔無疾) 형제가 신극례(辛克禮)와 함께 종친을 이간하고 불충(不忠)의 언동이 있었다고 하여 이화(李和) 등의 탄핵을 입어 유배, 사사(賜死)되자 이에 연좌돼 1409년에 파직당했다. 이에 양주별장에서 14년간을 은거했는데 1422년(세종 4년)에 상왕 태종이 "노한이 민씨에게 장가를 들었다고 고신(告身)까지 거두게 된 것은 그의 죄가 아니니 급히 불러들이라"는 전교에 의해 다시 한성부윤에 복관됐다. 그 뒤에 형조판서·참찬의정부사·판한성부사를 거쳐 1432년에 우찬성사, 1434년에 찬성 겸 대사헌, 이듬해 우의정 등을 지내고, 1437년에 사직했다.

돌아와 의주(義州)에 이르러 다음과 같이 치보(馳報)[12]했다.

'제(帝)가 세자의 조현을 허락하고 신 등에게 명하기를 "네 나라 세자가 바다를 건널 수 없으니 북평부(北平府)의 길을 경유하여 오도록 하라. 너희가 돌아갈 때 또한 이 길을 경유하여 먼저 도로의 험하고 평이한 것을 살펴보고 돌아가 국왕(國王)에게 보고하도록 하라"고 했습니다. 제가 또 총병관(摠兵官) 왕구아(王狗兒), 춘산(春山) 두 사람에게 명해 요동(遼東)에서부터 세자를 호위해 명나라 경사(京師)에 이르도록 하고 더불어 노차(路次)에서 공억(供億)하는 것을 감시하게 했습니다. 또 요동도사(遼東都司)에 칙령하여 조현하는 행중(行中)에 만일 갖추지 못한 것이 있거든 수시로 잘 준비하여 호송하도록 했습니다.'

상이 듣고 대단히 기뻐했다. 좌정승 성석린(成石璘) 등이 대궐에 나아와 하례했다. 한(閈)이 경사에 도착해 예부(禮部)에 나아가 양합라(楊哈剌)의 자문을 바쳤었는데, 또 수일 뒤에 병부(兵部)의 무선청리사(武選淸吏司) 낭중(郎中)이 한에게 일러 말했다.

"그대가 가지고 온 양합라의 자문의 일은 건주위(建州衛)에서는 아뢰기를 '홍무(洪武) 33년경에 그 사람들이 그대 나라 지역으로 갔다'라고 했는데, 그대 나라에서는 도리어 홍무(洪武) 23년이라고 말했습니다. 저들은 모두 우리 대국(大國) 사람이고, 우리 당상 대인(堂上大人)입니다. 예부 대인(禮部大人)이 그대 국가가 지성스럽다고 모두 말하니 혁제 연간(革除年間)에 도망쳐 간 사람을 모두 보내 오

---

12 말을 내달려 급히 보고한다는 말이다. 이는 일반적으로 선래통사(先來通事)가 맡았다.

도록 하시오. 그 사람들이 무어 그리 긴요할 게 있습니까?"

또 말했다.

"그대 나라에서 이 자문을 잘못 행이(行移-이첩)했습니다. 태조 상위(太祖上位-명나라 주원장)께서 당초에 입법(立法)한 호율(戶律) 내(內)의 일관(一款)의 일은 그런 취지가 아니고 요동(遼東) 사람이 달아나서 절강(浙江)에 있거나, 절강 사람이 달아나서 산동(山東)에 있으면 그 고을에서 호적에 포함시켜 처리하라는 것이요, 외국에 도망가 있는 것을 묻지 않는다는 것이 아닙니다."

○ 상이 덕수궁에 나아가 기거했다.

○ 대간과 형조에서 함께 글을 지어 민무구(閔無咎) 등 세 사람의 죄를 거듭 청했으나 윤허하지 않았다. 상이 편전(便殿)에 나아가 정사를 보다가 사간원지사 한옹(韓雍), 사헌지평 진호(秦浩)에게 친히 타일러[親諭] 말했다.
_{친유}

"너희들은 무구(無咎) 등의 금장(今將)하려는 마음이 이미 나타나 마땅히 불충(不忠)으로 논해야 한다고 한다면 마땅히 삼족(三族)을 멸하도록[夷=陵夷] 청할 것이지 지금 다만 직첩만 거둘 것을 청하는 것은 어째서인가?"

지신사 황희(黃喜)가 아뢰었다.

"삼성(三省)의 소(疏)는 직첩을 거두고 율에 의하여 시행하도록 청하는 것입니다."

상이 말했다.

"지난번에[曩者] 내가 만기(萬機)를 살펴야 하는 임금의 번잡함에 염증을 느껴 세자에게 자리를 넘기려고 할 때 무구 등은 그것을 통해 내 아들을 도와서 세우고자 한 것이지 다른 모의가 있었던 것은 아니다. 지금 녹권(錄券)을 거두고 외방에 안치했으니 이미 그 죄에 충분한 것이다. 하물며 이 사람들은 중궁(中宮)의 지친(至親)이니 어찌 형벌을 더할 수 있겠는가? 전조(前朝-고려) 말년에 언관(言官)이 탄핵하는 것이 모두 권신(權臣)의 뜻에 아부하는[希] 것이었다. 우리 태상왕(太上王)께서 도총제군사(都摠諸軍事)를 거쳐 즉위(卽位)하시자, 여러 신하들의 속뜻과 거짓이 혹 분명히 드러나지 않는 것이 있었다. 그때 대간(臺諫)들이 남은(南誾, 1354~1398년)[13]의 집에 들고 나면서 비평 탄핵하고 계청(啓請)하는 것을 오직 은(誾)이 턱으로 내리는 뜻[頤指]에만 따랐다. 내가 생각건대 간관(諫官)이란 임금의 허물을 보완하고 헌부(憲府)란 백관을 규찰(糾察)하는 것이니 일의 옳고 그름을 한결같이 자기의 소견(所見)으로 하는 것이 그 직책인데 무슨 까닭으로 재상의 집에 모여 밤낮으로 사사로이 의논하여 그 약속을 받아서 문득 소장을 올리는 것인가? 지금부터는 다시는 그리하지 말라. 나의 이 말은 단서(端緒)를 열어놓는 것뿐이다. 너희들이 만일 다시 이 일을 의논하면 나도 용서하고 참을 수 없다."

옹 등이 대답하지 못하니 대간과 형조에 명하여 말했다.

13　1374년(공민왕 23년) 성균시에 급제, 1380년(우왕 6년) 사직단직(社稷壇直)이 되고, 이어서 삼척지군사(三陟知郡事)가 되어 왜구를 격퇴, 사복시정에 올랐다. 정도전(鄭道傳) 등과 함께 조정의 신진 사류로서 이성계(李成桂) 일파의 중심 인물이 되어 구 세력과 대립했으며, 요동정벌을 반대했다. 1388년(우왕 14년) 요동정벌 때 이성계를 따라 종군했으며, 조인옥(趙仁沃) 등과 이성계에게 회군할 것을 진언했고, 회군 뒤 이성계의 왕위 추대 계획에 참여했다. 태조를 도와 이방석(李芳碩)을 세자로 책봉하는 데 적극 간여했다가, 1398년 1차 왕자의 난 때 정도전·심효생(沈孝生) 및 아우 남지와 함께 살해당했다. 좌의정에 추증되고, 1421년(세종 3년) 태조의 묘정에 배향됐다.

"이후로는 해당 관원(官員)은 권문세가(權門勢家)의 집에 출입하면서 사사로이 서로 의논하지 말라! 만일 이를 어기는 자가 있으면 원방(遠方)에 귀양보내고 영구히 서용(敍用)하지 않겠다."

○사헌부에서 세자가 조현(朝見)할 때 마땅히 행해야 할 일들을 올렸다. 아뢰어 말했다.

'국가에서 매번 사신을 보낼 때 그 복종(僕從)들이 몰래 무역(貿易)을 행할까 걱정하여 감찰(監察)로 하여금 국경(國境)에서 규찰하게 하는데 이는 그 염려하는 바가 깊기 때문입니다. 지금 세자의 행차에 있어 종실(宗室)과 대신을 모두 평소 덕망이 있는 이를 뽑고, 아래로 집사(執事)에 이르기까지 또한 모두 신중하게 뽑았으니 반드시 상의 뜻을 받들어 두려워하고 조심하여 스스로 제재할 것이니 복종들이 어찌 감히 영(令)을 어기는 자가 있겠습니까? 그러나 지금 왕래하는 기간이 오래고 복종이 많으니 어찌 엄하게 법규정을 세워서 미연에 금지하지 않을 수 있겠습니까? 삼가 마땅히 행할 일들을 아래에 조목별로 열거하오니 엎드려 바라옵건대 예감(睿鑑)[14]께서 채택 시행하도록 하셔야 할 것입니다.

하나, 동궁(東宮)의 의대(衣襨-의복)와 일체의 공진(供進)하는 물색(物色)은 압물(押物)[15] 중에서 일찍이 서연(書筵)에 있던 자로 하여금 그 열고 닫는 것을 맡도록 하여 간사한 소인(小人)이 사사로이 이익을 도모하는 것을 막고, 환관(宦官)·반감(飯監)·별감(別監) 등 모

---

14 임금이 일을 주의깊게 살피는 것을 높여서 말한 것이다.

15 외국에 사신이 갈 때 그 일행의 물건을 책임맡아 운반하던 관원으로 낮은 계급의 통사다.

든 재내관(在內官)[16]에 이르기까지도 압물 중에서 서연에 있던 자와, 내관(內官-환관) 가운데 청렴(淸廉) 간명(簡明)한 자에게 통솔시키고, 대간(臺諫)에서 고찰할 즈음에 만일 어긋나거나 잘못된 것이 있으면 압물과 내관도 또한 그 고찰하지 못한 죄를 논할 것.

하나, 조현색(朝見色)[17]에서 따로 작은 인(印)을 만들어서 양부(兩府) 이외 대소 인원의 의복과 잡물(雜物)에 표(標)를 붙여 본주(本主)에게 도로 주고 이를 책자(冊子)에다 기재해 한 벌은 예조(禮曹)에 보내 돌아오는 날 환납(還納)할 때 서로 비교하여 점검하는 데 근거로 삼게 하고 한 벌은 서장관(書狀官)에게 보내 노차(路次)에서 고찰하는 데 근거로 삼게 할 것.

하나, 시위관(侍衛官) 통사(通事) 타각부(打角夫) 등 모든 성중관(成衆官)은 하나같이 장무(掌務)를 뽑아 정하고 그 체통(體統)을 규정하는 법은 조현색에서 도당(都堂)에 품의하여 시행하고 사복(司僕)의 여러 인원은 압마(押馬)[18]로 하여금 고찰하게 할 것.

하나, 입조(入朝)할 때에 조현색의 인신(印信)이 없는 물건과 회환(回還)할 때 상사(賞賜)한 물건 이외의 것을 영(令)을 어기고 가지고 다니는 자는 서장관이 때 없이 수사하여 비록 미세한 물건이라도 모두 기록해서 회환한 뒤에 계문(啓聞)하고, 복종(僕從)의 주인과 장무

---

16 궁내에서 임금이나 동궁(東宮)을 받드는 관원으로 여기서는 항상 가까이 모시는 환관·반감·별감 등을 말한다.

17 왕세자가 중국 황제를 조현하는 데 따르는 여러 가지 일을 맡아보던 임시 관아를 말한다.

18 외국에 사신이 갈 때 그 일행의 말을 맡아서 관리하던 관원으로 압물과 마찬가지로 낮은 계급의 통사다.

(掌務)는 이를 고찰하지 못한 죄를 논하고 사복(司僕)의 여러 인원의 죄는 압마(押馬)에 논급(論及)하게 할 것.

하나, 무릇 진관(津關)과 관사(館舍)에서 떠들거나 싸우지 못하게 하고, 이를 어기는 자는 서장관(書狀官)으로 하여금 그 즉시 규찰하여 다스리게 할 것.'

소(疏)가 올라가니 대내(大內)에 머물러 두고 내리지 않았다.

무오일(戊午日-8일)에 의정부 참찬사 겸 사헌부대사헌 김희선(金希善)이 사직을 청했다. 벼슬을 물러나 아버지의 병(病)을 간호하고자 함이었다. 희선(希善)의 아버지 천리(天理)가 늙고 어리석어[駭] 희선을 자식으로 여기지 않았으나 희선은 효(孝)로 섬기기를 더욱 두텁게 했다.

기미일(己未日-9일)에 상이 덕수궁에 나아가 기거했다.

경신일(庚申日-10일)에 설미수(偰眉壽)가 예부(禮部)의 자문(咨文)을 가지고 경사(京師)에서 돌아왔다. 자문은 이러했다.

'하나, 도망 중인 인구(人口)에 대한 일. 병부(兵部)의 자문(咨文)에 준하면 병과(兵科)에서 요동(遼東) 동녕위 천호(東寧衛千戶) 김성(金聲)이 상주(上奏)한 것을 뽑아서 제출했는데, 여기에 이르기를 "조선국에 가서 원래의 만산군여(漫散軍餘)와 그 가족 전자수(全者遂) 등 4,949구(口)를 데려오기 위해 영락(永樂) 4년 12월 초 2일에 본국(本國) 의주만호부(義州萬戶府)에 도착하니 기군(旗軍) 이불래(李不來)

등이 고하기를 '같이 온 유산성(劉山城) 등과 그 가족이 풍해도(豊海道) 등지에 살고 있었는데, 본국에서 유산성 등 1,786구와 원대위(原帶衛)·철령위(鐵嶺衛) 등과 북경부(北京府)·영평부(永平府) 등에 속한 남녀 214구를 취해 데려다가, 세 운(運)으로 나눠 관군(官軍)을 차출해 요동도사(遼東都司)에게로 압송해 교부했다'라고 했고, 또 기군 이 불래 등 43명의 공술(供述)에 의거하면 '1,400구가 강계도(江界道) 등지에 살고 있는데 아직 보내지 아니했고, 일찍이 붙잡아 나눠 보내지 아니한 것을 제외하고, 현재 기군 유사경이(劉思京伊) 등 210구가 압록강에 머물러 살고 있는데 본국에서 이들 각각을 홍무(洪武) 35년 이전에 도래(到來)한 향호(鄕戶)와 관사노복(官私奴僕)이라고 명색을 날조하고 있으며, 각처 주군(州郡)에도 또한 이런 부류의 사람들이 있다'라고 하므로 모두 각각 수감(收監)하고 사람을 보내 갖춰 주달(奏達)한다 하니 명령하기를 '기다리라'고 하여 아직 출발시켜 보내지 않았다. 이제 각인(各人)을 조회하니 모두 홍무연간(洪武年間) 오정타(五丁垛)에 한결같이 호적이 올라 있는 사람들인데, 현재 요동도사에게 풀어 보낸 1,786구와 이에 앞서 통사(通事) 장홍수(張洪壽)를 파견해 보내온 숫자 안에 현재 남아 있는 317구와 병고자(病故者) 12구를 제외한 이외에 2,829구가 있는데 아직 점검하여 출발시키지 않으니 이들을 일률적으로 오래 된 향호(鄕戶)와 노복(奴僕) 등이라고 명색을 날조하여 전과 같이 갖춰 아뢸까[具奏] 두렵다. 뽑아서 제출한 것이 본부(本部)에 이르러 행이(行移)하려는 즈음에 또 본국의 자문을 받았는데 역시 이 일 때문이었다. 이를 참조하면 위의 인구(人口)는 홍무 연간의 오정타의 토군(土軍)들이므로 응당 붙잡아 돌려보내야 할 사람들이니 마땅히 본국(本國)에 행이(行移)하여 원래 행이한 사리(事理)에 비춰 기취(起取)해 시행토록 하라. 영락(永樂) 5년 7월 14일 아침에 병부에서 갖춰 보고하여 흠의(欽依)해서 예부(禮部)로 하여금 문서(文書)를 행이하게 하는 것이니 흠준(欽遵-삼가 받듦)하는 것 외에 자문을 갖춰 본부에 보내는 바이다"라고 했다. 이에 본국에 행이하니 흠준하여 원래 행이한 사리에 비춰 아직 찾아내지 못한 인구를 찾아서 요동도사로 발송하여 교부하도록 하고 더불어 발송하여 보낸 인명(人名)과 구수(口數)를 회보(回報)하여 시행하기 바란다.

하나, 마필(馬匹)에 관한 일. 병부의 자문에 준하면 영락(永樂) 5년 7월 15일 아침에 조선국(朝鮮國) 사신(使臣) 설미수(偰眉壽)가 서각문(西角門)에서 삼가 받든 성지(聖旨)에 "너희 나라는 말이 산출되는 곳이다. 지금 중국 조정에서 말을 좀 쓸 데가 있으니 네가 돌아가거든 국왕(國王)에게 말하여 알려서 말 3,000 필을 바꿔가지고 네가 장차 오면 그 값은 호부(戶部)에 명하여 포견(布絹)을 운반해 요동(遼東)에 가지고 가서 네게 돌려주도록 하겠다"라고 했다. 예부(禮部)에서 이대로 흠준하는 외에 이문(移文)하여 본부에 보냈으므로 본국에 자문하니 삼가 받들어 시행(施行)해야 할 것이다.'

신유일(辛酉日-11일)에 노한(盧閈)과 함부림(咸傅霖)이 경사(京師)에서 돌아왔다. 부림(傅霖)이 아뢰었다.

"황제가 신 등에게 반복하여 안남(安南)의 고분고분하지 못함[不順]과 왕사(王師)의 의로움을 받듦[仗義]에 대해 말씀하셨습니다."
불순   장의

한(閈)이 예부(禮部)의 자문을 싸 가지고 왔는데 자문은 이러했다.

'영락(永樂) 5년 7월 22일에 내사(內史) 조도(趙都), 공원봉(孔原奉), 김지(金至), 김량(金良) 등이 삼가 받든 성지(聖旨)에 "각처에서 오는 사신들은 가신(家信-집안 소식)을 가지고 오라"고 했습니다.'

이에 정부(政府)에 명해 경사에 간 화자(火者-환관)의 친속(親屬)들이 있는 곳에 공문서를 보냈는데[行移] 나주(羅州)는 조도(趙都), 익주(益州)는 공원봉(孔原奉), 낙안(樂安)은 박린(朴麟), 태산(泰山)은 황중(黃中), 함열(咸悅)은 이안경(李安景), 보령(報令)은 김부(金浮), 울주(蔚州)는 김희(金禧), 대구(大丘)는 김지(金至), 양주(襄州)는 김량(金良), 한산(韓山)은 김화(金禾), 연기(燕岐)는 이행(李行), 이천(利川)은 박득(朴得)·김음(金音), 수원(水原)은 전자후(田子厚), 삭녕(朔寧)은 조량(趙良), 가화(嘉禾)는 오정(吳正), 영녕(永寧)은 김복(金復), 정주(定州)는 최인계(崔仁桂)였다.

○ 윤향(尹向)을 사헌부대사헌, 심인봉(沈仁鳳)을 중군총제, 이담(李湛)을 중군동지총제로 삼았다.

임술일(壬戌日-12일)에 광연루(廣延樓)에서 술자리를 베풀었는데 (세자의) 조현(朝見)을 수행하는 재집(宰執)[19] 이천우(李天佑), 이무(李茂), 이래(李來), 맹사성(孟思誠)을 전별하고 겸하여 남재(南在), 박은(朴訔), 이승상(李升商)이 (사신으로) 가는 것을 전송하고 설미수(偰眉壽), 함부림(咸傅霖), 노한(盧閈)이 돌아온 것을 위로하기 위함이었다.

---

19 재상 등 국가 중신을 말한다.

영의정부사 이화(李和), 좌정승 성석린(成石璘), 종친 부마가 잔치를 모셨다. 술이 취하자 연구(聯句)를 지었다. 부림이 나아와 (연구를 지어) 말했다.

"사방에 의표(儀表-모범)가 되니 한결같은 다움[一德]으로 돌아오 일덕
도다."

상이 그 소리에 응하여 대답해 말했다.

"간관(間關)[20] 만리 삼한(三韓)을 위함일세."

이어서 두 왕자(王子)에게 명해 술잔을 돌리게 하고, 극진히 즐 기다가 날이 저물어서야 마쳤다.

계해일(癸亥日-13일)에 천둥과 번개가 쳤다.

○ 이조판서 남재(南在), 반성군(潘城君) 박은(朴訔), 계림군(鷄林君) 이승상(李升商)을 보내 경사(京師)에 가게 했다. 재(在)는 진위사(陳 慰使)[21]가 되고 승상(升商)은 부사(副使)가 되어 표(表)와 전(箋)을 받 들고 은(訔)은 진향사(進香使)가 되어 제문(祭文)을 받들었다. 그 사 (詞)는 이러했다.

---

20 도로의 통행이 불편하여 이리저리 돌아서 간다는 말이다.

21 중국 황실에 상고(喪故)가 있을 때 임시로 파견하던 조문사(弔問使)이다. 애례(哀禮) 이 외에 때로 중국 궁중에 큰 화재가 일어났을 경우와 같이 큰 재난이 있을 때에도 진위사 를 파견했다. 상고에 따른 진위사 파견은 진향사(進香使)와 임무를 같이하는 경우가 상례 였다. 진위사행은 정사·부사·서장관(書狀官-종사관)·통사(通事-통역)·의원(醫員)·사자 관(寫字官-서기)·화원(畫員) 등을 중심으로 노자(奴子) 등을 합쳐 약 40여인으로 구성됐 으며, 후기에는 일행이 30인으로 줄어들기도 했다.

'지극한 곤순(坤順)²²이여! 참으로 건원(乾元)²³에 부합했도다.

아름다운 숙덕(淑德)이여! 능히 지존(至尊)에 짝했도다.

이미 정숙(貞淑)하고 또 은혜(恩惠)로우며 이미 검소하고 또 부지런했습니다.

이에 조윤(祚胤)²⁴을 낳아 태교(胎敎)가 밝게 나타났습니다.

장차 만세를 수(壽)하시어 사방을 모육(母育)하리라 여겼습니다.

어찌 하늘이 불쌍히 여기지 아니하여 우내(宇內)가 슬픔을 머금게 합니까!

돌아보건대 소방(小邦)은 특별한 은혜를 입었는지라

부음(訃音)을 듣고 놀랍고 황망하여 울음을 삼키며 발을 구릅니다.

멀리서 비박(菲薄)한 물건을 바쳐 작은 정성을 펴오니

바라건대 아름다운 영령(英靈)은 굽어 흠향하소서.'

이에 전물(奠物)을 잘 준비하는 데 쓸 저포(苧布)·마포(麻布) 각각 100필과 인삼(人蔘) 150근(斤)을 가지고 갔다.

○ 김사형(金士衡)의 빈소(殯所)에 친히 방문했다. 악차(幄次)에 나아가 상을 주관하는 손자 종준(宗浚)에게 명해 치제(致祭)하고 돌아왔다.

---

22 황후를 가리킨다.
23 황제를 가리킨다.
24 태자를 가리킨다.

을축일(乙丑日-15일)에 동교(東郊)에서 매사냥을 구경했는데 대언(代言)과 시신(侍臣)이 모두 참여하지 못했다.

○ 경상도를 나눠 좌·우도로 만들고, 낙동(洛東)과 낙서(洛西)로 경계를 삼았다.

병인일(丙寅日-16일)에 의정부(議政府)에서 세자전(世子殿)에 나아와 잔치를 베풀었는데 조현(朝見)을 수행할 재집(宰執)들이 참여했다.

○ 사헌부대사헌 윤향(尹向), 사간원지사 한옹(韓雍) 등이 소(疏)를 올렸다. 소는 이러했다.

'법이란 천하의 공기(公器)이므로 사사로이 할 수 없는 것입니다. 그래서 관숙(管叔)과 채숙(蔡叔)이 유언(流言)을 퍼뜨리자 성주(成周)[25]의 어짊[仁]으로도 은혜를 베풀지 못했고, 박소(薄昭)[26]가 사자를 죽이자 한 문제(漢文帝)의 너그러움[寬]으로도 용서하지 못했던 것입니다. 지금 민무구(閔無咎)·민무질(閔無疾)·신극례(辛克禮) 등이 불충한 말을 여러 번 입 밖에 냈으니 그 마음속에 품은 생각을 진실로 헤아리기 어렵습니다. 이것이 왕법(王法)에 용서할 수 없는 죄이고, 천지에 용납되지 못하는 것입니다. 전하께서 무구·무질에게는 다만[止=只] 공신(功臣)의 녹권(錄券)만 거두어 상전(常典)은 가하지

---

25 주공 단(周公旦)을 가리킨다.

26 전한(前漢) 문제(文帝) 때의 태중대부로 문제의 어머니 박희(薄姬)의 동생이며 지후(軹侯)에 봉해졌다.

않으시고, 극례는 도리어 소환(召還)하여 전과 같이 온전하게 지내게 했습니다. 이는 후일에 난역(亂逆)의 마음을 가지는 자를 징계하지 못할 뿐만 아니라, 장래에 발호(跋扈)하리라는 것을 미리 헤아릴 수 [逆料] 없는 것입니다. 또 어찌 인심(人心)이 미리 붙좇지 않으리라는 것을 알겠습니까? 엎드려 바라옵건대 전하께서는 일찍 미연(未然)에 도모하여 큰 의로움으로 결단하셔서 법대로 처치해야 할 것입니다.'

정묘일(丁卯日-17일)에 예조에서 부마 여러 군(君)들의 반차(班次-서열)를 상세하게 정했다. 부마 여러 군이 보국 숭록(輔國崇祿)[27]을 띠고 있으면 이성(異姓) 부원군(府院君) 아래에 반열하고 숭정(崇政)이나 숭록(崇祿)[28]을 띠고 있으면 종1품 여러 군(君)의 위에 반열하게 했다.

○ 대간과 형조에서 공동으로 글을 써서 소(疏)를 올렸다. 소는 이러했다.

'화봉인(華封人)[29]이 요(堯)임금을 축복하여 말하기를 "남자(男子) 자손이 많으라"[30]고 했고 시인(詩人)이 문왕(文王)에게 송축(頌祝)하

---

27 정1품이다.

28 둘 다 종1품이다.

29 화주(華州)의 변강(邊疆)을 수비하는 사람이다.

30 『장자(莊子)』를 보면 "요(堯)임금이 화주(華州)를 돌아보니, 화봉인(華封人)이 '아! 성인(聖人)이시여! 청컨대 성인께 축복을 드리고자 합니다. 성인께서 수(壽)하시기를 빕니다'라고 하자, 요임금이 '사양한다'라고 했고 '성인께서 부(富)하시기를 빕니다'라고 하자 요임금이 '사양한다'라고 했고 '성인께서 다남자(多男子)하시기를 빕니다'라고 하자 요임금이 '사양한다'라고 했다."는 말이 나온다.

여 말하기를 "남자(男子) 자손이 백(百)이나 되고 본지(本支)가 백 세나 내려가라"³¹고 했습니다. 옛날에 남의 신하된 자가 그 임금에게 충성하고 사랑하여 송축할 때를 보면 본지(本支)가 번창하는 것을 중하게 여기지 않았던 적이 없습니다.

(그런데) 지금 무구·무질·극례 등은 도리어 종지(宗支)가 영원토록 보전하여 편안하게 되는 것을 꺼려서 말하기를 "만일 유액(誘掖)하는 것이 없다면 좋다"라고 했고, 또 말하기를 "제왕(帝王)의 아들 가운데 영기(英氣)가 있는 자가 많으면 난을 일으킨다"라고 했습니다. 이는 종지(宗支)를 잘라내려는 마음이니 장래에 무슨 화(禍)가 일어날지 쉽게 헤아릴 수가 없습니다. 연전에 전하께서 내선(內禪)을 행하고자 하셨을 때 훈척(勳戚)과 백관(百官)이 모두 울면서 나아와 간쟁(諫諍)하고 아는 것이 없는 부녀자와 지극히 미천한 복예(僕隸)들까지도 마음 아파하고 탄식하지 않은 이가 없었건만 무구와 무질은 기뻐하는 빛을 얼굴에 드러내 무엇을 얻은 것이 있는 양 의기양양했고 전하께서 뜻을 돌이키는 날에 이르러서는 근심하고 번민하고 분해하고 원망하여 무엇을 잃는 것이 있는 양 슬퍼했습니다. 이는 어린 임금을 끼고 욕심을 부려 그 간사한 꾀를 실행하고자 하다가 마침내 이룩되지 못하니 씩씩거리는 마음이 절로 바깥으로 드러나는 것을 스스로도 제어하지 못한 때문입니다.

신 등이 가만히 생각건대 남의 신하가 되어서 장차 종지를 잘라내

---

31 『시경(詩經)』「대아(大雅)」'사제(思齊)'편에 "태사(太姒-문왕(文王)의 비)는 휘음(徽音)을 이어 남자(男子) 자손이 백이나 되리"라고 했고 같은 대아 문왕(文王)편에 "문왕(文王)의 자손은 본지(本支)가 백세(百世)나 내려가리"라고 했다.

고 권세를 제 마음대로 하여 욕심을 채우고자 했다면 금장(今將)의 마음을 품어 불충(不忠)한 죄가 이보다 더 심할 수 없습니다. 이들 세 신하의 죄는 전하께서 친히 보신 바이며 나라 사람들이 함께 아는 바인데 전하께서는 오히려 큰 의로움으로 결단하지 않으시니 신등은 나라 사람들이 장차 다시 그들이 건재할 것이라 생각하여 몰래 의지하고 아부하는 마음을 품어 후일의 계책을 도모한다면 뜻을 얻지 못한 자의 음모가 혹시 이뤄질 때가 있을까 두렵습니다. 엎드려 바라옵건대 전하께서는 큰 의로움으로 결단하시어 전에 올린 소장(疏章)의 청을 따르도록 하셔야 할 것입니다.'

이날 또 말씀을 올렸다.

'이제 무구·무질·극례 등의 불충한 죄를 소(疏)를 갖춰 아뢰고 복합(伏閤)[32]하여 밝은 명령이 내리기를 기다리고 있는데, 전하께서 윤허하지 않으신다는 뜻을 전하시고 조금 뒤에 중사(中使)로 하여금 다시 전계(傳啓)하지 말라고 하셨습니다. 신 등이 가만히 생각건대 불충한 죄는 마땅히 용서해서는 안 되고 곧은 말의 길은 막아서는 안 됩니다. 바라건대 전하께서는 빈 마음으로 간언하는 말을 들으시어 세 신하의 죄를 큰 의로움으로 결단하여 언로(言路)를 열어주시고 간특(奸慝)한 자를 징계하도록 하셔야 할 것입니다.'

모두 대내(大內)에 머물러 두고 (유사에) 내리지 않았다. 이날 사간

---

32 나라에 큰일이 있을 적에 조신(朝臣)이나 유생(儒生)들이 대궐 문에 이르러 엎드려 상소(上疏)하고 임금의 재가(裁可)를 기다리는 행위다. 일종의 시위(示威) 행위였다.

유백유(柳伯濡, 1341~?)[33]와 신상(申商)이 모두 병을 핑계로 삼성(三省)의 모임에 참여하지 않았으므로 헌부에서 이들을 탄핵했다.

○상왕(上王)이 세자를 불러 전별하고 글씨 족자(簇子) 1쌍과 말 1필을 주었다.

무진일(戊辰日-18일)에 편전(便殿)에 나아가 정사를 보았다. 일을 아뢰던 여러 신하들이 모두 물러가자 상이 병조판서 윤저(尹柢), 의정부참찬사 유량(柳亮), 호조판서 정구(鄭矩)와 6대언(代言)을 머물게 하고서 여원군(驪原君) 민무휼(閔無恤), 여산군(驪山君) 민무회(閔無悔), 총제 노한(盧閈) 등을 불러 앞으로 나오게 했다.

"여흥부원군(驪興府院君)은 곧 중궁(中宮)의 아버지이고 세자는 그 외손(外孫)이다. 지난번에 내가 부원군으로 하여금 세자전(世子殿)에 사람을 오고 가지 못하게 했는데 지금 들으니 부원군 부부가 실망이 커서 눈물을 흘린다고 한다. 세자는 본래 이 부원군 부부가 안아서 키웠다. (그런데) 지금 오고가거나 문안하지 못하게 했으니 인정상으로 말하면 우는 것이 마땅하다. 그런 데다 지금 두 아들이 죄를 얻어 외방에 유배 가 있으니, 부모의 마음으로 보자면 분명 스스로 편안치 못할 것이다. 내가 세자에게 오고 가거나 문안하지 못하게 한

---

33 1369년(공민왕 18년) 문과에 장원으로 급제했다. 춘추관 수찬으로서 박실(朴實), 김도(金濤) 등과 더불어 명나라 과거에 참여했다. 창왕 때 조준(趙浚)의 전제개혁안(田制改革案)이 주장되자, 시중 이색(李穡)이 옛 법을 가벼이 고치는 것은 옳지 않다고 반대하는 데 찬성해 신구(新舊)의 대립을 일으켰다. 1391년(공양왕 3년) 판전의시사(判典儀寺事)로서 전제개혁을 비난했기 때문에 광주(光州)로 유배됐다. 조선 왕조가 개창된 후 1407년(태종 7년)에 좌사간대부(左司諫大夫)가 됐다.

것은 이 때문이다."

상이 무휼 무회를 돌아보며 말했다.

"너희 두 형이 죄를 지어 외방에 유배 가 있는데 그 마음에는 반드시 생각하기를 '내가 무슨 불충한 마음이 있는가?'라고 할 것이고 너희도 또한 생각하기를 '우리 형들이 무슨 불충한 죄가 있는가?'라고 할 것이며 너희 부모의 마음 또한 그러할 것이다. 지금 내가 그 까닭을 자세히 말할 것이니 너희는 마땅히 가서 부모에게 고하도록 하라. 대개 불충(不忠)이라는 것은 한가지가 아니다. 옛날 사람이 말하기를, '임금의 지친에게는 장차[將]가 없다.'고 했으니 장차가 있으면 이는 불충인 것이다. 이상(履霜)의 조짐[34]이 있어도 역시 불충이 되는 것을 면치 못하는 것이다. 만일 내가 정안군(靖安君)으로 있었을 때 너희 형들이 나에게 쌀쌀하고 야박하게 굴었다면 이것은 불목(不睦)이 되는 것일 뿐 불충은 아니지만, 지금 내가 일국의 임금이 되었는데 저희가 쌀쌀하고 야박한 감정을 품는다면 이는 참으로 불충이다. 옛날에 이거이(李居易)가 불충한 말을 했는데 그 아들 저(佇)도 아비의 죄 때문에 또한 외방으로 폄출(貶黜)되었다. 그때에 의견을 내는 자들이 말하기를 '이거이의 말을 이저가 듣지 못했을 리가 없습니다.'고 했는데, 지금 너희 두 형들의 죄가 또한 부원군(府院君)에게 연루되는 것이 아니겠느냐?

을유년(乙酉年-1405년) 겨울에 창덕궁(昌德宮)이 이뤄졌을 때, 내

---

34 서리가 내리면 차가운 얼음이 이른다는 뜻으로 일의 조짐을 보고 미리 그 화(禍)를 경계하라는 말이다. 『주역(周易)』「곤괘(坤卦)」에 "서리를 밟으면 단단한 얼음이 이른다"라는 말에서 나온 것이다.

가 작은 술자리를 베풀어 감독관(監督官)을 위로하고, 우리 아이
[兒子] 아무개【금상(今上-세종)의 어릴 때 이름[字]】가 글씨를 쓴 종이
한 장을 내어 돌려보였더니, 무구가 신극례에게 주고, 또 눈짓을 하
여 극례로 하여금 술취한 것을 빙자하여 발광(發狂)하게 했다. 이것
이 불충이 아니고 무엇이냐? 내가 항상 아버지께 환심(歡心)을 사지
못하는 것을 한스러워하여 늘 덕수궁(德壽宮)에 나아갔다가 물러나
고 싶어 했으나 좌우(左右)의 시종(侍從)들이 많아서 내 마음을 이
룰 수 없으므로 세자(世子)에게 전위(傳位)하고 물러나 한가한 사람
[閑人]이 되고자 했다. 늘상 단기(單騎)로 나아가고 물러나면서, 혹
한인
은 시인방(寺人房)에도 들어가고, 혹은 사약방(司鑰房)에도 들어가서
들어가 뵙든지 못 뵙든지 간에 항상 곁에 있으면 거의 환심을 사리
라고 여겼던 것이다. 또 어느 날 밤에 한데[露地]에 침상(寢床)을 놓
노지
고 소비(小婢) 두 사람을 시켜 앞뒤에서 모기를 쫓게 하고 잠이 들었
는데 잠결에 들으니 어디서 곡성(哭聲)이 심히 슬프게 들려왔다. 내
가 이를 매우 괴이하게 여겨 임금의 자리를 사양하고 스스로 수성
(修省)하고자 했었다. 하루는 무구가 이숙번(李叔蕃)과 함께 와서 알
현하기에 내가 왕위를 사양하려는 연고를 말하니 숙번이 대답하기
를 '주상이 이러한 뜻을 내신 것도 역시 하늘이 시킨 것입니다'라고
했고, 무구는 성을 내면서 말하기를 '이게 무슨 말씀이십니까? 이게
무슨 말씀이십니까? 상께서 만일 사위(辭位)하신다면 신(臣)도 또한
군무(軍務)를 사임하기를 청합니다'라고 했다. 내가 말하기를 '네 말
이 지나치다. 어린 임금이 즉위하면 너희가 군권(軍權)을 맡아서 나
를 따라 어린 임금을 돕는 것이 옳지 어찌하여 군권을 사양하고자

412

하는가! 다만 나와 너희들은 우리 아이의 미치지 못하는 점[不逮=
不及]을 서로 보살펴 주어 나라의 명운(命運)이 이어지기를 기약할
뿐이다'라고 했다. 선위(禪位)하려 했을 때 훈친(勳親)과 백관(百官)들
이 모두 '불가하다'고 했으나 나는 단연코 듣지 않았다.

하루는 무구가 나에게 말하기를 '정승들이 모두 신에게 말하기를
"상의 뜻이 이미 정해졌으므로 신 등이 감히 고집할 수 없으니 미리
선위(禪位)할 여러 일을 준비하여 상의 명령을 따르고자 한다"라고
했습니다'라고 했다. 내가 듣고 심히 기뻐했는데 조금 뒤에 정승들이
다시 백관을 거느리고 대궐 뜰에서 간쟁(諫諍)하길래 내가 무구에게
이르기를 '내가 경(卿)이 전날에 했던 말을 이미 여러 대언(代言)에
게 말했는데 지금 정승들이 어찌하여 다시 이렇게 하는가?'라고 하
니 대답하기를, '신이 들은 것은 정승 중의 한 사람이 남몰래 한 말
입니다. 전하가 어찌하여 신의 말을 대언(代言)에게 누설하셨습니까?'
라고 하기에 대답하기를 '네가 정승들이라고 말하길래 나는 반드시
여러 사람의 의견이라고 생각했었다'라고 했다.

또 어느 날 밤에 산올빼미[鵩鳥]가 침전(寢殿) 위에서 울기에 그
이튿날에는 내가 다른 침실에서 잤는데, 또 그 위에서 울기를 사나
흘이나 계속하길래 내가 진실로 괴이하게 여겼다. 또 들으니 정비(靜
妃)가 섬기는 신령스러운 무당이 귀신의 말을 전하기를 '내가 이미
전위(傳位)하면 안 된다는 뜻을 서너 차례나 일렀는데 왕이 알아 먹
지를 못하는구나!'라고 했다 한다. 내가 듣고서 웃으며 말하기를 '누
가 와서 일렀단 말인가? 무당의 말은 믿을 만한 게 못 된다'고 했다.
그러나 되풀이해서 생각해보니 아마도 이것이 산올빼미의 뜻인가

보다 하고 여겼다. 이에 과연 선위(禪位)하는 일을 실행하지 않았다. 여러 신하들은 청한 것을 허락받았다고 기뻐하면서 모두 배하(拜賀)하고 물러갔는데 무구는 들어와 알현할 때 서운해하는 빛[慍色]이 은색 있었으니 (당시에) 나는 그 뜻을 알지 못했다. 내가 어찌 임금 노릇하기를 좋아했겠는가! 내가 세자에게 전위하고자 한 것은 대개 몸이 구속받지 않고 혹은 덕수궁(德壽宮)에도 가고, 혹은 인덕궁(仁德宮)에도 가고, 혹은 원야(原野)에도 유람하고, 혹은 매놓는 것도 구경하여 내 뜻에 맞게 살고자 한 것이다. 이것이 즐겁지 않겠는가! 옷이 아무리 많더라도 다 입을 수 없고, 밥이 아무리 많더라도 한번 배부르면 그만이요, 말이 아무리 많더라도 다 타지는 못한다. 내 어찌 임금의 자리를 즐겁게 여기겠는가!

또 하루는 무구가 곁에 있기에 그 뜻을 살펴보고자[觀] 하여 말하 관 기를 '네가 지난번에 군권을 사임하고자 했는데 지금 사임할 테냐? 내 사위 조대림(趙大臨)도 군권을 해임시킬까 한다'라고 하니 무구가 매우 성을 내며[悖悖然] 좋지 않은 기색으로 말하기를 '신을 만일 해 행행연 임하면 전하의 사위도 해임시켜야 합니다'라고 했다. 그 마음이 불경하고 말이 천박하기가 이와 같았다.

또 하루는 내가 무구에게 이르기를 '나의 자식 궁달(弓達)과 아무개【금상(今上)의 어릴 때 이름】는 모두 나이가 어려서 혼취(婚娶)할 때는 아니지만, 옛적에 당(唐)나라 태종(太宗)이 지차(之次-장남을 제외한 아들) 아들을 궁중에 두고 의복(衣服)과 거마(車馬)를 태자(太子)와 다름이 없게 하니 위징(魏徵)이 옳지 않다고 말했다. 이제 이미 세자를 봉하여 별궁(別宮)에 두었는데 나머지 자식들을 모두 눈앞에 두면 혹 지나치게 사랑하는 잘못을 면하지 못할까 두려우니 장가를 들여서 딴 집에 살게 하고자 한다'라고 했다. 무구가 대답하기를 '아무리 미리 방비하고자 하더라도 중간에서 난(亂)을 선동하는 신하를 금지하는 것만 같지 못합니다'라고 했다. 내가 이 말을 듣고 움찔했다. 인생은 오래 살기가 어려운데 형이 국왕(國王)이 되어서 그 아우들로 하여금 마음대로 출입도 못하게 한다면 국왕의 아우가 되는 것은 참으로 어렵지 않겠는가! 또 옛날 내가 무구에게 이르기를 '내가 장의동(藏義洞) 본궁(本宮)을 헐어서 조순(曹恂)의 옛 집터에다 고쳐 지어서 한 자식을 살게 하고 가까운 이웃 정희계(鄭熙啓)의 집을 사서 한 자식을 살게 하여 형제들로 하여금 서로 따르고 우애하고 공경하게 하는 뜻을 돈독하게 하려 한다'라고 했다. 무구가 대답하기를 '그렇지만 반드시 그 사이에 유액(誘掖)하는 자가 없어야만 가(可)합니다'라고 했다. 무구의 이 말은 대개 여러 아들이 난을 꾸밀 것을 염려하여 제거하고자 한 것이니 세자에 대해서는 충성을 다하는 것 같으나 내게 대해서는 불충함이 이미 이와 같았다. 어찌 그 아비에게는 박하게 하면서 그 아들에게는 후하게 할 수가 있겠는가!"

또 무휼에게 일렀다.

"내가 듣건대 너희들이 일찍이 말하기를 '상이 이미 우리를 싫어하니 우리들은 여기에 있을 수 없다. 마땅히 각각 가속(家屬)을 데리고 나가서 고향으로 돌아가야 한다'라고 했다 하니 너희들이 나가서 무엇을 하고자 하는 것이냐?"

무휼이 대답했다.

"신은 알지 못하는 말입니다."

상이 말했다.

"너는 혹시 죄가 없느냐? 옛날 우한루(憂旱樓) 위에서 한 말을 네가 반드시 네 형에게 말했을 것이다."

상이 또 노한(盧閈)에게 일러 말했다.

"옛날 내가 태평관(太平館)에서 사신에게 연회할 때 무구가 보이지 않아 너에게 '여강군(驪江君)은 어디 갔느냐?'고 물었다. 그 뒤에 네처(妻)가 부원군(府院君)에게 말하기를 '지난번에 주상께서 태평관에 행차하여 여강군이 간 곳을 남편[家翁]에게 물으시니 남편이 곧 사람을 시켜 여강군을 불렀는데 여강군이 말하기를 "상께서 나를 싫어하여 내가 만일 그 앞에 서면 상께서 반드시 얼굴을 돌리시니 내가 어찌 감히 나가서 뵈올 수 있겠는가!"라고 했다고 합니다'라고 했다. 내가 이 말을 들은 것은 부원군(府院君)의 가인(家人)에게서였다. 이는 필시 네 처가 네 말을 듣고 그 부모에게 말한 것이다. 내가 언제 일찍이 무구를 싫어하여 얼굴을 돌렸느냐?"

한(閈)이 대답했다.

"신은 알지 못하는 일입니다."

상이 또 지신사 황희(黃喜)에게 일러 말했다.

"진산 부원군(晉山府院君-하륜)이 왔느냐?"

희(喜)가 대답했다.

"왔습니다."

상이 희를 시켜 하륜에게 뜻을 전해 말했다.

"지난번에 경이 여흥부원군의 집에 가서 세자를 중국에 혼인(婚姻)시키는 일에 대해 이해(利害) 관계를 상의하고, 그것을 계기로 말

하기를 '동성(同姓)과 이성(異姓) 중에 누가 감히 난을 꾸미겠는가!'
라고 했다니 이 말을 누가 먼저 발설했는가?"

류이 말했다.

"세월이 이미 오래되어서 그와 나 중에 누가 먼저 발설한 것인지
신은 잊었습니다. 또 그때에 옆에서 들은 자가 없고 다만 두 사람만
이 서로 말했을 뿐이니 신이 어떻게 스스로 밝히겠습니까?"

상이 말했다.

"그렇다. 내가 그런 줄을 안다. 다만 중궁(中宮)은 나의 조강(糟糠)
의 배필(配匹)이니 은의(恩義)가 작지 않다. 굳이 이 말이 부원군(府
院君)에게서 나온 것이 아니라 하고, 부원군도 또한 변명하고자 하기
때문이다."

상이 또 말했다.

"지금 내가 이처럼 말이 많으니 무구 형제가 반드시 나더러 참소
를 들었다[聽讒]고 할 것이다. 내가 비록 뛰어나지 못하나 내 소원이
                청참
참소를 잘 가려내 듣지 않는 것이다. 옛날에 무구가 어느 사람을 나
에게 참소했는데 내가 그 말을 듣고 믿지 않았다. 이미 네가 다른 사
람을 참소하는 것을 믿지 않았는데 다른 사람이 너를 참소하는 것
을 믿겠느냐!"

상이 또 말했다.

"이들 중에서 무질의 죄는 가볍다. 오직 단산부원군(丹山府院君) 이
무(李茂)와 구종지(具宗之)에게 말하기를 '전하가 나를 싫어하니 마
침내는 보전하지 못하리라'고 한 이런 몇 마디 말뿐이다."

○사헌부대사헌 윤향(尹向) 등이 사직(辭職)을 청했다. 삼성(三省)

에서 복합(伏閤)하여 함께 글을 올렸다.

'불충한 죄(罪)가 있는데 불충한 벌(罰)이 없으면 불충한 짓을 하는 자는 징계할 바가 없고, 불충한 것을 보는 자는 경계할 바가 없으니 따라서 한 사람의 불충한 짓을 용서하면 만세(萬世)에 불충한 길을 열어놓는 것입니다. 지금 무구·무질·극례의 죄는 나라 사람들이 이미 알고 있는 바이고, 나라의 사책(史冊)에도 이미 씌어 있습니다. 교장(交章)하여 여러 번 청했으나 전하께서 한 번도 그대로 윤허하지 [俞允] 않으시니 본지(本支) 만세의 계책에 어떠하다 하겠습니까? 엎드려 바라옵건대 전하께서는 큰 의로움을 펴시어 이들 세 신하의 죄를 한결같이 전의 소장(疏章)에 청한 것에 따라 조선(朝鮮) 만세의 계책으로 삼아야 할 것입니다. 신 등은 의리상 이들 불충한 사람과 함께 한 하늘 밑에서 살 수 없으므로 감히 죽음으로써 간쟁(諫諍)하니 엎드려 부월(鈇鉞)을 기다립니다.'

상이 말했다.

"무구 형제의 불충(不忠)한 죄는 과인이 알고 있고 그래서 이를 처치한 것이 그 죄에 합당하니 다시는 청하지 말라!"

상이 사사로이 노희봉(盧希鳳)에게 말했다.

"언관(言官)의 책임이 있는 자는 그 말대로 되지 않으면 스스로 가만히 있는 것이 고사(故事)인데 지금 어찌 이와 같이 번잡스럽게 구는가!"

윤향(尹向) 등이 이 말을 듣고 모두 물러가서 사직서를 올렸다. 상이 대간(臺諫)과 형조에서 대신(大臣)의 지시를 받아 민씨(閔氏)의 죄를 굳게 청하는가를 의심했기 때문에 이러한 말이 있었다.

기사일(己巳日-19일)에 의정부찬성사 권근(權近)이 병으로 사직했다.

경오일(庚午日-20일)에 상이 덕수궁(德壽宮)에 나아가 문안했다. 이에 앞서 상이 비록 자주 나아갔으나 접견하는 일이 적었다. 이날은 태상왕(太上王)이 침전(寢殿)으로 불러들여 술을 권해 취하기에 이르렀는데 상이 매우 기뻐해 가까운 신하에게 일러 말했다.

"내가 피리를 불게 하고서 돌아가고자 한다."

○ 한첩목아(韓帖木兒)가 김제(金堤)로부터 돌아와 이르니 의정부(議政府)에 명해 한강(漢江)에 나가 영접했다.

신미일(辛未日-21일)에 의안대군(義安大君) 화(和)와 여러 종친이 세자전(世子殿)에서 전송연을 베풀었다.

임신일(壬申日-22일)에 천둥과 번개가 쳤다.

○ 무관(武官)에게 명해 시직(時職)·산직(散職)을 가리지 않고 『무경(武經)』[35]을 독습(讀習)하게 했다. 정부(政府)의 청을 따른 것이다.

---

35 흔히 『무경칠서(武經七書)』라고 한다. 제(齊)나라 출신의 손무(孫武)가 쓴 『손자(孫子)』(1권), 전국시대 오기(吳起)의 『오자(吳子)』(1권), 제(齊)나라 사마양저(司馬穰苴)의 『사마법(司馬法)』(1권), 주나라 울료(尉繚)의 『울료자(尉繚子)』(5권), 당(唐)나라 이정(李靖)의 『이위공문대(李衛公問對)』(3권), 한(漢)나라 황석공(黃石公)의 『삼략(三略)』(3권), 주나라 여망(呂望)의 『육도(六韜)』(6권)를 아울러 일컫는 말로, 송(宋)나라 원풍(元豐) 연간에 이들 병서를 무학(武學)으로 지정하면서 '칠서'라고 호칭한 데서 유래된 이름이다.

갑술일(甲戌日-24일)에 세자가 종묘(宗廟) 인소전(仁昭殿)과 덕수궁
(德壽宮), 인덕궁(仁德宮)에 나아갔다. 장차 경사(京師)에 조현(朝見)
한다고 고하기 위함이다. 조회하는 데 수행할 여러 신하들도 모두 뒤
따랐다.

○ 사헌집의 허조(許稠)가 아뢰었다.

"노차(路次)에서 고찰(考察)하고 시행할 명령을 받기를 원합니다."

상이 말했다.

"법(法)을 범하는 자가 있거든 돌아오는 날에 내게 고하라. 내가
죄주겠다! 또 모든 일을 수조(隨朝)하는 재집(宰執)에게 의논하여 마
땅한 대로 시행하라! 전일의 사헌부의 소장(疏狀)에 행할 만한 조목
이 또한 많이 있었으나 다만 그사이에 고집하는 부분이 있어서 그
때문에 대내(大內)에 머물러 둔 것일 뿐이다."

○ 좌대언 권완(權緩)에게 궁온(宮醞)을 싸서 보내 (세자의) 조현(朝
見)을 수행하는 재집(宰執)을 의정부에서 전송하게 했다.

을해일(乙亥日-25일)에 세자 제(褆)를 보내 경사(京師)에 가게 했다.
정조(正朝)를 하례(賀禮)하기 위함이었다. 세자를 진표사(進表使-표
문을 올리는 사신)로 삼고 완산군(完山君) 이천우(李天祐)를 부사(副
使), 우정승(右政丞) 이무(李茂)를 진전사(進箋使-전문을 올리는 사신),
계성군(雞城君) 이래(李來)를 부사로 삼았다. 시종관(侍從官)은 우군
동지총제 이현(李玄), 예문관제학 맹사성(孟思誠)과 대호군 손윤조(孫
閏祖), 사재감(司宰監) 지유용(池有容) 등 12인이었고 서장관(書狀官)
은 인녕부좌사윤(仁寧府左司尹) 설칭(薛偁), 사헌집의 허조(許稠)였고,

통사(通事)는 판군기감사(判軍器監事) 곽해룡(郭海龍), 인녕부우사윤(仁寧府右司尹) 오진(吳眞) 등 6인이었으며, 압마(押馬)는 상호군 이공효(李公孝) 등 2인이었고, 압물(押物)은 봉상령(奉常令) 이회(李薈) 등 2인이었으며, 사복관(司僕官)은 부정(副正) 하경복(河敬復)이었고, 의원(醫員)은 판전의감사(判典醫監事) 양홍달(楊弘達)이었으며, 내시(內侍)는 지내시부사(知內侍府事) 박영문(朴英文) 등 2인이었고 해관(奚官)[36]은 영(令)·채귀(蔡貴) 등 2인이었으며 사의(司衣)[37]는 사재 소감(司宰少監) 심서(沈舒) 등 2인이었고 감주(監廚)[38]는 사직(司直) 홍의성(洪義成)이었으며, 주자(廚子)는 3인이었고 내료(內僚)는 7인이었으며, 구간타자군(驅趕駄子軍)은 24인이었고 타각부(打角夫-역관)는 봉례랑(奉禮郎) 김시우(金時遇) 등 2인이었으며, 양마(養馬)는 3인이었고 마의(馬醫)는 1인이었으며, 견마배(牽馬陪)는 7인이었고 각관(各官)의 종인(從人)은 27명이었다. 장행마(長行馬)는 50필이었고 노차(路次)의 반전(盤纏-노자 비용)은 저마포(苧麻布)가 600필이었다. 별례(別例)로 황제에게 진헌하는 물건은 안자(鞍子-안장)가 4면(面)이었고, 궁대(弓袋) 전통(箭筒)이 2부(副)였고, 잡색마(雜色馬)가 50필이었다. 동궁(東宮)의 안자(鞍子)가 2면이었고, 궁대(弓袋)·전통(箭筒)이 1부였고, 잡색마가 10필이었다. 상이 법복(法服)을 갖추고 표전(表

---

36 관인(官人)의 질병(疾病)·범죄(犯罪) 따위를 맡아보던 내시부(內侍府)의 종8품직(從八品職)이다.

37 궁내(宮內)의 의복(衣服)·수식(首飾)을 맡아보던 내시부(內侍府)의 정6품직이다.

38 궁내에서 음식을 만드는 주자(廚子)를 감시 감독하던 내시부(內侍府)의 종5품직이다.

箋)에 절하고 나서 장의문(藏義門)으로 나가 세자를 영서역(迎曙驛)³⁹ 동쪽에서 전송하고 세자에게 일러 말했다.

"길이 험하고 머니 마땅히 자애(自愛)해야 하느니라. 저부(儲副)라는 것은 책임이 중하다. 오늘의 일은 종사(宗社)와 생민(生民-백성)을 위한 계책이니라."

세자가 울면서 하직인사를 올리니 상도 눈물을 흘리고[泫然] 좌우
현연
신하들도 눈물을 흘리지 않는 이가 없었다. 드디어 궁으로 돌아왔다. 의정부, 육조(六曹), 3공신은 가돈(街頓) 남교(南郊)에서 절하여 작별했고 의안 대군(義安大君) 화(和)는 종친을 거느리고 임진 나루에서 전송했다. 청평군(淸平君) 이백강(李伯剛), 의정부참지사 박신(朴信), 내시부 첨사 김완(金琓)을 보내 요동(遼東)까지 호송하게 했다.

애초에 설칭(薛偁)이 오래도록 세자 보덕(世子輔德)으로 있었으므로 조현(朝見)하는 데 마땅히 수행할 것이라고 스스로 생각했고 조정의 의논도 또한 압물(押物)로 삼았었는데 얼마 후에 수조(隨朝)하는 사람이 많기 때문에 태거(汰去)되었다. 서장관(書狀官)인 우사간(右司諫) 신상(申商)이 헌부(憲府)의 탄핵을 받게 되자 칭(偁)이 이래(李來)에게 부탁하여 따라가기를 청했다. 이래가 떠날 때에 임하여 아뢰었다.

"칭은 노성하므로 종관(從官)에 둘 만합니다."

상도 또한 상(商)이 일찍이 말하기를 '세자가 민씨(閔氏)의 가문에서 생장했으니 무구를 소외(疎外)하거나 배척하기는 어렵다'라

---

39 현재의 서울특별시 은평구 불광동 33-40 일대와 대조동 49-24 일대다.

고 했다는 말을 듣고 상을 좋아하지 않았던 터라 칭으로 대신하게
했다. 칭이 이미 청을 허락받게 되자 기뻐하여 말했다.

"조현(朝見)의 일행에 참여했다가 돌아오면 재상 되기가 무어 어려
울 게 있겠나!"

칭은 집이 가난하여 드디어 집을 팔아서 행장(行裝)을 꾸려야 했
기 때문에 홀로 뒤떨어졌다.

○ 예조에서 세자(世子)의 조현(朝見)하는 노차(路次-도로변 임시막
사)의 예법 규정을 상정(詳定)하여 아뢰었다.

'각도의 도관찰사와 외관(外官)은 공복(公服)을 갖추고 교외(郊外)
에서 맞이하되 앞에서 인도하여 객사(客舍) 문밖에 이르면 몸을 굽
히고 부험(符驗)과 표전(表箋)은 각각 탁자(卓子) 위에 안치하고 세자
는 헐차(歇次)[40]에 든다. 도관찰사와 외관이 뜰에 들어와 자리를 달
리하여 겹줄로 서고 집사자(執事者)가 향(香)을 올리고 사배례(四拜
禮)를 행한다. 이를 마치면 세자가 헐차에서 나와 남향(南向)하여 앉
는다. 수조(隨朝)하는 재내 제군(在內諸君)[41]과 부원군은 남쪽 줄에
나아가 돈수 재배(頓首再拜)하고, 다음에 양부 이상(兩府以上)이 행
례하기를 위의 의식(儀式)과 같이 하는데 세자는 모두 공수답배(控
首答拜)한다. 다음에 3품 이하 6품 이상의 종사관(從事官)이 기둥 밖
으로 나아와 자리를 달리하여 겹줄로 행례(行禮)하기를 위의 의식과

---

40 도중에서 쉬어 가도록 마련한 임시 악차(幄次)를 말한다.
41 임금의 자손이나 혈족(血族) 출신의 대군(大君)·군(君)을 말한다. 이와 반대로 성(姓)이
  다른 대군(大君)이나 군(君)은 이성제군(異姓諸君)이라 한다.

같이 하는데 세자는 답배하지 않는다. 시위(侍衛)와 의원(醫員) 사복(司僕) 사의(司衣) 등의 관원은 행례(行禮)하지 않는다. 다음에 관찰사가 남행(南行)에 나아와 돈수 재배하고, 다음에 양부 외관(兩府外官)이 행례하기를 위의 의식과 같이 하는데 세자는 답례한다. 다음에 3품 외관이 행례하기를 종사관의 예와 같이 한다. 조배(朝拜)도 위의 의식과 같다. 지영(祗迎)과 지송(祗送)은, 수조(隨朝)하는 재상은 대문 안에서 종사관은 대문 밖에서 모두 몸을 굽히는데 선도자(先導者)가 아니면 지영하지 않는다. 좌차(坐次-좌석 배치 차례)는 세자는 남향(南向)하고 재내 제군과 부원군은 동벽(東壁)에, 양부(兩府)는 서벽(西壁)에 앉으며, 관찰사는 직차(職次)대로 앉는다. 양부외관(兩府外官)은 서벽에 앉되 줄을 조금 뒤로 물려서 앉는다. 관찰사와 외관이 수조(隨朝)하는 2품 이상 3품 이하에 대해 행례(行禮)하는 것과 좌차(座次)는 모두 『육전(六典)』의 예(例)와 같다.'

○ 상이 비밀리에 지신사 황희(黃喜)에게 일러 말했다.

"너와 박석명(朴錫命)이 매번 허조(許稠)가 쓸 만하다고 천거했다. (그런데) 지금 내가 비록 중궁(中宮)의 친속이라 하여 사은(私恩)에 끌려서 곧바로 과감하게 결단하지 못하고 있지만 대소 신민이 분노하여 무구 등의 불충한 죄를 분주하게 언급하는데 조(稠)는 집의(執義)가 된 지 여러 날이 지나서 사신으로 명나라를 향해 출발할 때까지도 마치 못 들은 것처럼 하고서 침묵을 지키며 한마디 말도 하지 않았다. 그 마음에는 반드시 무구 등의 근거를 뿌리 뽑기 어려우며 만약 그 죄를 말했다가는 후환이 있을까 두려워한 것이니 그 아부하는 것이 분명한데 이는 간사하지 아니한가! 너희는 조에 대해서뿐만 아니라 마땅히 (다른 사람도) 그 사람의 충사(忠邪)를 살펴서 천거해 써야 할 것이다. 나는 두렵건대 당부(黨附)하는 자가 많으면 마침내 무구 등의 술책에 빠지게 될 뿐이다. 너희들은 마땅히 더욱 조심해야 할 것이다."

병자일(丙子日-26일)에 달이 단문(端門)[42]에 접근했다.

정축일(丁丑日-27일)에 동교(東郊)에서 매 놓는 것을 구경했다.

○ 풍해도 도관찰사가 군기(軍器)와 의갑(衣甲)을 비축해[儲] 예기치 못한 변고에 대비할 것을 청하니 그것을 따랐다. 장계(狀啓)는 이러했다.

'각 고을에 저장한 지갑(紙甲-종이 갑옷)과 엄심(掩心-가슴 보호대)은 만든 지가 오래돼 반수 이상이 쓸 수 없습니다. 만일 방어하는 일이 있으면 군비로 쓰기에 허술합니다. 도내(道內)의 세 곳 진(鎭)에서 제조하는 월과(月課)의 철갑(鐵甲)과 두구(頭具-투구)를 상납하지 말게 하고, 각각 그 진(鎭)에다 저장하게 하여 방어할 일이 있을 때 진(鎭) 소속 군관(軍官)과 병선(兵船)에 이를 나눠 주어 예기치 못한 우환에 대비하게 해야 할 것입니다.'

○ 동북면 도순문사 이직(李稷)이 청주(靑州-북청) 이북에 공인(公

---

42 태미원은 천자의 궁정, 오제(五帝)의 좌(座), 12제후의 부(府) 등을 형상하며, 정문에 해당하는 단문 동쪽의 별은 좌집법(左執法)으로 정위(廷尉)를, 서쪽의 별은 우집법(右執法)으로 어사대부(御史大夫)를 상징한다.

引)⁴³이 없는 인물이 왕래하는 것을 금지할 것을 청하니 그것을 따랐다. 장계는 이러했다.

'청주 이북 각 고을의 인물과 오음회(吾音會-회령) 건주위(建州衛)의 인물이 고과(考課)가 없는 것을 틈타 도망치거나 이사하여 서로 왕래하는데, 혹은 엿보기도 하고 혹은 거짓말을 전하기도 하여, 무뢰(無賴)한 무리와 범죄를 저지르고 도망친 사람들이 말을 날조하여 흔극(釁隙-틈)을 만듭니다. 이후로는 청주 이북으로 들어가는 자는, 서울에서 오는 사람은 서울 안의 아문(衙門)에서, 외방에서 오는 사람은 각기 살고 있던 고을에서 인신 명문(印信明文)을 받아 가지고 와야 바야흐로 내왕하는 것을 허락해야 할 것입니다. 또 각처(各處)의 장사하는 사람들로 하여금 마천령(磨天嶺) 이북에는 들어가지 못하도록 하고 금령(禁令)으로 명문화(明文化)해야 할 것입니다.'

○ 상호군(上護軍) 장대유(張大有)를 보내 교역(交易)할 첫 번째 운반 말[初運馬] 200필을 이끌고 요동(遼東)에 가게 했다.
<small>초운 마</small>

기묘일(己卯日-29일)에 패가 없는 매[無牌鷹子]를 금지하는 법을 거듭 엄격하게 했다.
<small>무패 응자</small>

경진일(庚辰日-30일)에 한첩목아(韓帖木兒) 윤봉(尹鳳) 등에게 광연루(廣延樓)에서 연회를 베풀었다.

---

43 나라에서 공식으로 발행하는 통행증명서로 문인(文引)이라고도 한다.

辛亥朔 上具素服 烏紗帽 黑角帶 率百官爲大行皇后 行擧哀
신해 삭 상 구 소복   오사모   흑각대 솔 백관 위 대행 황후   행 거애

禮. 以聞喪翌日也. 各道觀察使守令 亦於聞喪翌日質明 以素服
례 이 문 상 익일 야 각도 관찰사 수령 역 어 문 상 익일 질명 이 소복

烏紗帽黑角帶 行四拜禮訖 擧哀三日.
오사모 흑각대 행 사배례 흘 거애 삼일

肥前州 平戶島代官 金藤貞及駿州太守源圓珪 各使人發還
비전주   평호도 대관 금등정 급 준주 태수 원원규   각 사인 발환

俘虜 獻禮物.
부로 헌 예물

臺諫刑曹詣闕復請閔無咎等罪.
대간 형조 예궐 복청 민무구 등 죄

議政府詳定永興府土官及地祿科數以聞:
의정부 상정 영흥부 토관 급 지록 과수 이문

'東班: 內府改爲都府司 少卿一五品 升一六品 注簿一七品.
동반   내부 개위 도부사 소경 일 오품 승 일 육품 주부 일 칠품

禮儀司删定司併爲典禮司 使一五品 副使一六品 直長一八品
예의사 산정사 병위 전례사 사 일 오품 부사 일 육품 직장 일 팔품

錄事一九品. 都津司改爲掌瀹司 使一五品 升一六品 注簿
녹사 일 구품 도진사 개위 장련사 사 일 오품 승 일 육품 주부

一七品. 長安部改爲長興部 與德興 順安 復興 洪仁爲五部 各置
일 칠품 장안부 개위 장흥부 여 덕흥 순안 부흥 홍인 위 오부 각치

使一五品 注簿一六品 錄事一九品. 將作寺營作院併爲營繕司
사 일 오품 주부 일 육품 녹사 일 구품 장작시 영작원 병위 영선사

使一五品 升一六品 注簿一七品 錄事一九品. 正設署改爲
사 일 오품 승 일 육품 주부 일 칠품 녹사 일 구품 정설서 개위

迎送署 迎送都監改爲掌膳署 陳設署大官署併爲典賓署 各置
영송서 영송도감 개위 장선서 진설서 대관서 병위 전빈서 각치

令一五品 升一六品 注簿一七品 直長一八品 錄事一九品. 惟
영 일 오품 승 일 육품 주부 일 칠품 직장 일 팔품 녹사 일 구품 유

典賓署 加錄事一人. 諸學院 升一六品 注簿一七品 助敎一九品.
전빈서 가 녹사 일인 제학원 승 일 육품 주부 일 칠품 조교 일 구품

醫學 升一六品 助敎二九品. 司醞署改爲典酒署 令一六品 直長
의학 승일 육품 조교 이 구품 사온서 개위 전주서 영일 육품 직장

一八品 錄事一九品. 典獄署改爲司獄署 令一八品 丞一九品.
일 팔품 녹사 일 구품 전옥서 개위 사옥서 영일 팔품 승일 구품

太倉署鹽店幷爲司倉署 令一六品 丞一七品 直長一八品 錄事
태창서 염점 병위 사창서 영일 육품 승일 칠품 직장 일 팔품 녹사

一九品. 定爲六十員 比舊汰十六人.
일 구품 정위 육십 원 비구 태 십육 인

　西班: 鎭北衛一領二領三領 各置中郞將一 郞將二 別將三
　서반 진북위 일령 이령 삼령 각치 중랑장 일 낭장 이 별장 삼

算員四 隊長五 隊正十五 權知隊正十五. 隊長正以上 定爲九十
산원 사 대장 오 대정 십오 권지 대정 십오 대장 정 이상 정위 구십

員名 比舊汰五十四人.
원 명 비구 태 오십 사 인

　地祿: 五品每一員給六結 六品五結 七品三結五十卜 八品二結
　지록 오품 매 일원 급 육결 육품 오결 칠품 삼결 오십 복 팔품 이결

五十卜 九品一結五十卜 摠計四百十五結. 其權知隊正 以都目
오십 복 구품 일결 오십 복 총계 사백 십오 결 기 권지 대정 이 도목

遷轉受實差之後 方許給祿.'
천전 수 실차 지후 방 허 급록

　日本大內 多多良德雄詣闕辭 賜大藏經一部以遣之. 從德雄之
　일본 대내 다다량 덕웅 예궐 사 사 대장경 일부 이 견지 종 덕웅 지

請也.
청 야

　壬子 倭寇南陽府鹽場 又掠紫葱島殺九人 虜一人而去.
　임자 왜구 남양부 염장 우 략 자총도 살 구인 노 일인 이거

　西北面都巡問使李龜鐵 啓道內事宜 從之. 啓曰:
　서북면 도순문사 이구철 계 도내 사의 종지 계왈

　'煙戶軍丁元數 戶首 奉足幷五萬四千八百三十七名內 除甲士
　연호 군정 원수 호수 봉족 병 오만 사천 팔백 삼십 칠 명내 제 갑사

儒戶 鄕站戶 船軍外 侍衛四十牌 戶主奉足幷九千二百六十三名;
유호 향참호 선군 외 시위 사십 패 호주 봉족 병 구천 이백 육십 삼 명

翼軍十四翼 戶首奉足幷二萬三千十二名. 臣觀各牌各翼軍人立役
익군 십사 익 호수 봉족 병 이만 삼천 십이 명 신 관 각패 각익 군인 입역

形止 侍衛軍奉足三四名式定給 以四十牌 每一朔二牌式 至於
형지 시위군 봉족 삼사 명식 정급 이 사십 패 매 일삭 이패 식 지어

二年一度上京 一朔侍衛. 其各翼以十四翼 朝廷使臣及本朝使臣
이년 일도 상경 일삭 시위 기 각익 이 십사 익 조정 사신 급 본조 사신

每朔往返遼東 至護送迎逢 輪差來往 人馬俱困失農. 以故各牌
매삭 왕반 요동 지 호송 영봉 윤차 내왕 인마 구 곤 실농 이고 각패

各翼軍馬勞佚不均 憤怨非無. 乞依前例 各翼不動 以弓馬有實人
束定千戶百戶 其中以淸廉壯勇者擇定 每三翼團練使一員差下
翼中凡事考察. 令千戶率領 周而復始 上京侍衛及遼東迎逢 輪差
定體 以均勞逸 以副民心.'

下議政府擬議. 政府議得: "一依啓本施行. 每一翼千戶三員
式定體 軍事專掌 凡軍人差發等事 一於團練使稟受. 其千戶等
軍士凌夷 亦有作弊 委團練使考察 報都巡問使論罪以爲恒式.
團練使若有徇好惡容私現露者 從重論罪."

城靑州. 李稷遣幕官前知宜州事黃吉至 啓城役畢. 賜吉至表裏
遣大護軍沈泟 賜宣醞以勞稷.

給開城留後司廩給田 公廨田. 議政府啓: "開城留後司支應
上國使臣及本國大小使臣 廩給田 公廨田 依各司例折給." 從之.

癸丑 雷電.

甲寅 立軍士覲親掃墳之法. 兵曹啓: "三軍甲士 捐鄉里棄親戚
入充侍衛 累年不得歸覲 其情可恤. 自今以後 令甲士三年得一
歸覲: 其父母已沒者 依覲親例 歸掃墳塋." 從之.

兵曹請侍衛別牌 依舊番上. 啓曰: "今歲農務已畢 而各道
侍衛別牌 放令就農 不曾番上 侍衛虛疎. 乞自來十月爲始 其當
番上者 一皆赴京 唯慶尙 全羅道 禾穀不實 擬於前定額數 量減
其半." 上曰: "可. 自十一月初一日爲始 依所啓施行."

乙卯 世子詣德壽宮. 告將朝見也.

始制三軍防牌. 其制以板爲之 或圓或長 俱內向 裏以皮施五彩

畵螺頭於其中 頭上置銅鏡. 敎步卒以左手執之以自蔽 右手操劍

居馬兵之前 爲守兵進退踴躍 使敵不得近.

併貞海 餘美爲海美縣 復置監務. 議政府啓：“據忠淸道

都觀察使呈 貞海縣雖人物殘亡 然當伊山 蓴城 藍浦三鎭大嶺

下中央無人廣闊要衝之地 復有石城完實. 縣屬夢熊驛 往返使客

迎送最要. 萬一有不虞之患 非唯貞海縣連境而已① 洪州之高丘

雲川 瑞州之東村居民 皆入石城 可以避亂. 乞以貞海縣併諸

餘美縣 復置監務 號海美縣.”從之.

丁巳 朝 月犯南斗 大霧.

賀千秋使盧閈等 還至義州馳報曰：‘帝許世子朝見 命臣等曰：

“汝世子不可涉海 可由北平府路來. 汝等之還 亦由此路 先視

道路嶮易 歸報國王.”帝又命摠兵官王狗兒 春山二人 自遼東護

世子赴京 仍監視路次供億. 又勅遼東都司 朝見之行 如有未備

事件 應辦護送.’上聞之喜甚. 左政丞成石璘等詣闕賀. 閈至京師

詣禮部 呈楊哈剌咨 又數日 有兵部武選淸吏使郞中謂閈曰：“爾

齎來的楊哈剌咨文事 該建州衛奏洪武三十三年時分 那人每往

爾那地面去了 爾那里却開道 洪武二十三年. 這人每却是俺大國

的人 俺堂上大人. 禮部大人都說爾國家至誠 革除年間逃過去的

430

人 也都送過來了. 這些人 有甚麼打緊?" 又道:"爾那國家錯行移

這咨. 太祖上位當初立下的戶律內一款句當 不是這意思. 遼東的

人走在浙江 浙江的人走在山東 就在那里附籍當差. 不是說走在

外國去的不問."

上詣德壽宮起居.

臺諫刑曹交章 申請閔無咎等三人之罪 不允. 上御便殿視事

親諭知司諫院事韓雍 司憲持平秦浩曰:"汝等既謂無咎等今將

之心已著 當以不忠論 則宜請夷其三族 今但請收職牒 何哉?"

知申事黃喜啓曰:"三省之疏 請收職牒 而依律施行." 上曰:

"曩者予厭萬幾之煩 欲傳位世子 無咎等因此欲輔立我子耳 非有

他謀. 今收錄券置外方 已當其罪矣. 況此人中宮至親 豈可加刑?

前朝之季 言官彈劾 悉希權臣之意. 及我太上 由都摠諸軍而卽位

群臣情僞 或有未及灼見者. 其時臺諫 出入南誾之家 評彈啓請

惟誾之頤指是從. 予謂諫官補君闕 憲府糾百官 事之是非 一以

己之所見 乃其職也. 何故聚宰相家 日夜私議 受其約束 而輒有

疏章乎? 自是以後 毋得復爾. 予之此言 開端而已. 汝等若更論

是事 予不能容忍矣." 雍等不能對. 命臺諫刑曹曰:"今後所司員

毋得出入權勢之門 私相議論. 如有犯者 流之遠方 永不敍用."

司憲府進世子朝見合行事件. 啓曰:'國家每當遣使之時 恐其

僕從暗行貿易 令監察糾于境上 其慮深矣. 今世子之行 宗室及

大臣 皆擇其素有德望 而下至執事 亦皆愼簡 其必體上意 戰戰
<small>대신 개택기소유 덕망 이하지집사 역개 신간 기필체 상의 전전</small>

自持 其僕從安有違令者乎? 然今往來之久 僕從之多 豈可不嚴
<small>자지 기복종안유 위령자호 연금 왕래지구 복종지다 기가불엄</small>

立法程 禁於未然乎? 謹以當行事件 條列于後 伏望睿鑑裁擇
<small>입법정 금어미연호 근이당행 사건 조열우후 복망 예감 재택</small>

施行.
<small>시행</small>

一, 東宮衣襨及一應供進物色 令押物中嘗在書筵者掌其開閉
<small>일 동궁 의대 급 일응 공진 물색 영압물 중 상재 서연 자장기 개폐</small>

以防憸小之容私 至於宦官 飯監 別監凡在內者 亦令摠於押物之
<small>이방 섬소 지용사 지어 환관 반감 별감 범재내자 역영총어 압물 지</small>

在書筵者 與夫內宦之廉簡者 而臺諫考察之際 如有違錯 則押物
<small>재 서연 자 여부 내환 지 염간 자 이 대간 고찰 지제 여유 위착 즉 압물</small>

內官 亦以不能考察論.
<small>내관 역이 불능 고찰 논</small>

一, 朝見色別作小印 兩府外大小員人衣服及雜物 着標還給
<small>일 조현색 별작 소인 양부 외 대소 원인 의복 급 잡물 착표 환급</small>

本主 載諸冊子 一件送于禮曹 以憑回還之日還納相准; 一件
<small>본주 재저 책자 일건 송우 예조 이빙 회환 지일 환납 상준 일건</small>

送于書狀 以憑路次考察.
<small>송우 서장 이빙 노차 고찰</small>

一, 侍衛官 通事 打角夫 凡成衆者 皆擇定掌務; 其定體之法
<small>일 시위 관 통사 타각부 범 성중자 개 택정 장무 기 정체 지법</small>

朝見色稟于都堂施行; 司僕諸員 令押物考察.
<small>조현색 품 우 도당 시행 사복 제원 영압물 고찰</small>

一, 入朝之時 無朝見色印信物色 回還之時 賞賜物色外 違令
<small>일 입조 지시 무 조현색 인신 물색 회환 지시 상사 물색 외 위령</small>

齎行者 書狀官無時搜探 雖微物亦皆錄之 及其回還啓聞 其僕從
<small>재행 자 서장관 무시 수탐 수 미물 역개 녹지 급기 회환 계문 기 복종</small>

之主及掌務 以不能考察論; 司僕諸員之罪 論及押馬.
<small>지주 급 장무 이 불능 고찰 논 사복 제원 지죄 논급 압마</small>

一, 凡津關及館舍 毋得喧鬨 違者 令書狀官隨卽糾理.'
<small>일 범 진관 급 관사 무득 훤홍 위자 영 서장관 수즉 규리</small>

疏上 留中不下.
<small>소 상 유중 불하</small>

戊午 參贊議政府事兼司憲府大司憲金希善乞辭. 欲解官侍
<small>무오 참찬 의정부 사 겸 사헌부 대사헌 김희선 걸사 욕 해관 시</small>

父疾也. 希善之父 天理老而聵 不以希善爲子 希善孝事之尤篤.
<small>부질 야 희선 지부 천리 노이애 불이 희선 위자 희선 효사 지 우독</small>

己未 上詣德壽宮起居.

庚申 偰眉壽齎禮部咨 回自京師. 咨曰:

'一件在逃人口事. 準兵部咨: "兵科抄出遼東 東寧衛千戶金聲

奏 差往朝鮮國 取原漫散軍餘家屬 全者逯等四千九百四十九

口 永樂四年十二月初二日 到本國 義州萬戶府 有旗軍李不來

等 告有同來劉山成等幷家屬在豐海等道住坐. 着落本國取到

劉山成等一千七百八十六口及原帶鐵嶺等衛 北京永平等府男婦

二百一十四口 分作三運 差撥官軍 管送遼東都司交割. 又據

旗軍李不來等四十三名供出 一千四百口在於江界等道住坐

不曾發送. 除分投行取未到 見有旗軍劉思京伊等二百一十口 停

於鴨綠江住歇 本國將各人捏作 洪武三十五年以前到來鄉戶官私

奴僕名色. 各處州郡 亦有此等人口 俱各收監 稱言: '差人具奏

着令聽候.' 不與起發. 今照各人俱係 洪武年間五丁垜一籍定人數

除見解遼東都司一千七百八十六口 先此本國差通事張洪壽送過

內 有見在三百一十七口 病故一十二口外 有二千八百二十九口

尚未點發. 誠恐一槩捏稱遠年鄕戶奴僕等項名色倣傚. 具奏抄呈

到部行間 又準本國咨 亦爲此事. 參照前項人口 係是洪武年間

五丁原垜土軍 應合取回人數 合行本國 照依原行事理起取施行."

永樂五年七月十四日早 兵部具奏 欽依是 着禮部行文書去. 除

欽遵外 備咨到部 合行本國 欽遵照依原行事理 將未獲人口

取發遼東都司交割 仍希發過人名口數 回報施行.

一件馬匹事. 準兵部咨開 永樂五年七月十五日早該朝鮮國使臣

偰眉壽於西角門 欽奉聖旨:"恁國裏是出馬的去處 如今朝廷要

些馬用. 恁回去說與國王知道 換馬三千匹. 爾就送將來 價錢 着

戶部家運將布絹去 遼東還恁." 欽此 除欽遵外 移文到部 合咨

本國 欽遵施行.'

辛酉 盧閈 咸傅霖回自京師. 傅霖啓:"皇帝對臣等反覆諭以

安南之不順, 王師之仗義." 閈齎禮部咨來 咨曰:

'永樂五年 七月二十二日 內史趙都 孔原奉 金至 金良等欽奉

聖旨:"各處來的使臣 帶家信來."

於是命政府行移赴京火者親屬在處. 羅州趙都 益州孔原奉

樂安朴麟 泰山黃中 咸悅李安景 報令金浮 蔚州金禧 大丘金至

襄州金良 韓山金禾 燕岐李行 利川朴得金音 水原田子厚 朔寧

趙良 嘉禾吳正 永寧金復 定州崔仁桂.'

以尹向爲司憲府大司憲 沈仁鳳中軍摠制 李湛中軍同知摠制.

壬戌 置酒廣延樓 餞隨朝宰執李天祐 李茂 李來 孟思誠 兼餞

南在 朴訔 李升商之行 慰偰眉壽 咸傅霖 盧閈之還也. 領議政府

事李和 左政丞成石璘 宗親駙馬侍宴 酒酣聯句. 傅霖進曰:

"儀表四方歸一德." 上應聲對曰:"間關萬里爲三韓." 仍命二王子

行酒極歡 日暮乃罷.

癸亥 雷電.

遣吏曹判書南在 潘城君朴訔 鷄林君李升商如京師. 在爲

陳慰使 升商爲副使奉表箋 訔爲進香使奉祭文. 詞曰:

'至哉坤順 允協乾元

於皇淑德 克配至尊

旣貞且惠 旣儉以勤

篤生祚胤 胎敎孔彰

謂將萬世 母育多方

何天不憖 宇內銜恤

顧惟小邦 特蒙殊渥

聞訃驚惶 吞聲躑躅

遙薦菲薄 以紓寸忱

仰惟懿靈 冀垂俯歆'

仍齋備辦奠物合用苧麻布各一百匹 人蔘一百五十斤而去.

親臨金士衡之殯. 御幄次 命主喪之孫宗浚致祭而還.

乙丑 觀放鷹于東郊 代言侍臣皆不與焉.

分慶尙道爲左右 以洛東洛西爲界.

丙寅 議政府詣世子殿設宴 隨朝宰執與焉.

司憲府大司憲尹向 知司諫院事韓雍等上疏. 疏曰:

'法者 天下之公器 不可得而私也. 是以管蔡流言 則成周之

仁 不能以恩; 薄昭殺使 則漢文之寬 不能以容. 今閔無咎 無疾
인 불능이은 박소살사 즉한문지관 불능이용 금민무구 무질

辛克禮等 不忠之言 屢發於口 其中所畜 固難測也. 此王法不赦
신극례등 불충지언 누발어구 기중소축 고난측야 차왕법불사

之罪 而天地所不容也 殿下於無咎無疾 止收功臣錄券 不加常典;
지죄 이천지 소불용 야 전하어무구 무질 지수 공신녹권 불가 상전

於克禮 反加召還 完聚如舊. 是非獨不懲後日之亂心 而將來跋扈
어극례 반가소환 완취여구 시비독 부징후일지난심 이장래 발호

未可逆料 又安知人心之不預附也? 伏望殿下 早圖未然 斷以
미가 역료 우안지 인심지불 예부야 복망 전하 조도 미연 단이

大義 置之於法.'
대의 치지 어법

丁卯 禮曹詳定駙馬諸君班次: 駙馬諸君 帶輔國崇祿 則班異姓
정묘 예조 상정 부마 제군 반차 부마 제군 대 보국 숭록 즉 반 이성

府院君之下 帶崇政崇祿 則班從一品諸君之上.
부원군 지하 대 숭정 숭록 즉 반 종일품 제군 지상

臺諫刑曹交章上疏. 疏曰:
대간 형조 교장 상소 소왈

'封人之祝堯則曰: "多男子." 詩人之頌文王則曰: "則百斯男
봉인 지축요 즉왈 다 남자 시인 지송 문왕 즉왈 즉백 사남

本支百世." 古之人臣 忠愛其君而頌禱之者 莫不以本支之多爲重
본지 백세 고지 인신 충애 기군 이송도 지자 막불 이본지 지다 위중

也. 今無咎 無疾 克禮等 反以宗支永世保安爲嫌曰: "苟無誘掖
야 금무구 무질 극례등 반이종지 영세 보안 위험왈 구무 유액

則可也." 又曰: "帝王之子 有英氣者多則致亂." 是則剪除宗支之
즉 가야 우왈 제왕 지자 유영기 자다 즉치란 시즉 전제 종지 지

心也 將然之禍 未易測料. 年前殿下 欲行內禪之時 勳戚百官 皆
심야 장연 지화 미이 측료 연전 전하 욕행 내선 지시 훈척 백관 개

涕泣進諍 至於婦女之無知 僕隸之至微② 莫不痛心咨嘆 而無咎
체읍 진쟁 지어 부녀 지무지 복예 지지미 막불 통심 자탄 이무구

無疾 喜形於色 揚揚若有得焉 及至回天之日 憂懣忿怨 慼慼若
무질 희형어색 양양 약유득 언 급지 회천 지일 우만 분원 척척 약

有失焉.
유실 언

是欲挾幼逞欲 以濟其奸 而終不得遂 怏怏之志 不能自禁於外
시욕 협유 영욕 이제 기간 이종 부득 수 앙앙 지지 불능 자금 어외

也. 臣等竊謂 爲臣而將欲剪除宗支 擅權逞欲 則今將不忠之罪
야 신등 절위 위신 이장욕 전제 종지 천권 영욕 즉 금장 불충 지죄

莫甚. 三臣之罪 殿下之所親見 國人之所共知 殿下猶不斷之以義
막심 삼신 지죄 전하 지소친견 국인 지소공지 전하 유 부단 지이의

臣等恐國人意其將復完聚 潛懷依阿之心 以圖後日之計 則其
신등 공 국인 의 기장 부완취 잠회 의아 지심 이도 후일 지계 즉 기

不逞之謀 或有時而逐也. 伏望殿下 斷以大義 依前章之請.'
불령 지모 혹 유시 이수 야 복망 전하 단 이 대의 의 전장 지청

是日又上言曰:
시일 우 상언 왈

'今將無咎 無疾 克禮等不忠之罪 具疏以聞 伏閤以俟明降
금 장 무구 무질 극례 등 불충 지죄 구소 이문 복합 이사 명강

殿下以不允傳旨 尋令中使毋更傳啓. 臣等竊謂不忠之罪 不宜
전하 이 불윤 전지 심령 중사 무갱 전계 신등 절위 불충 지죄 불의

容赦: 直言之路 不可閉塞. 願殿下 虛心聽諫 三臣之罪 斷之以義
용사 직언 지로 불가 폐색 원 전하 허심 청간 삼신 지죄 단지 이의

以開言路 以懲奸慝.'
이개 언로 이징 간특

皆留中不下. 是日 司諫柳伯濡 申商 皆稱疾不參三省之會
개 유중 불하 시일 사간 유백유 신상 개 칭질 불참 삼성 지회

憲府劾之.
헌부 핵지

上王召世子餞之 賜書簇子一雙 馬一匹.
상왕 소 세자 전지 사 서족자 일쌍 마 일필

戊辰 御便殿視事. 啓事諸臣皆退 上留兵曹判書尹柢 參贊
무진 어 편전 시사 계사 제신 개퇴 상유 병조판서 윤저 참찬

議政府事柳亮 戶曹判書鄭矩及六代言. 召驪原君閔無恤 驪山君
의정부 사 유량 호조판서 정구 급 육대언 소 여원군 민무휼 여산군

閔無悔 摠制盧閈等進前 上乃言曰: "驪興府院君 卽中宮之父
민무회 총제 노한 등 진전 상 내언 왈 여흥부원군 즉 중궁 지부

而世子是其外孫也. 曩者 予使府院君不得通人於世子殿 今聞
이 세자 시 기 외손 야 낭자 여사 부원군 부득 통인 어 세자전 금문

府院君夫妻缺望垂泣. 世子本是府院君夫妻所抱養者也. 今使
부원군 부처 결망 수읍 세자 본시 부원군 부처 소포양 자야 금사

不得通問 以人情言之 宜其垂泣也. 然今二子得罪在外 以父母之
부득 통문 이 인정 언지 의 기 수읍 야 연 금 이자 득죄 재외 이 부모 지

心 必不自安矣. 予之不使通問於世子者 以此也."
심 필 부 자안 의 여지 불사 통문 어 세자 자 이차 야

顧無恤 無悔曰: "汝之二兄 得罪在外 其心必曰: '我有何不忠
고 무휼 무회 왈 여지 이형 득죄 재외 기심 필왈 아유 하 불충

之心!' 汝等亦謂: '吾兄有何不忠之心!' 汝父母之心亦然. 今予
지심 여등 역위 오형 유하 불충 지심 여 부모 지심 역연 금여

詳言其故 汝等宜往告於父母也. 夫不忠非一端. 古人云: '君親
상언 기고 여등 의 왕고 어 부모 야 부 불충 비 일단 고인 운 군친

無將,'有將則是不忠也. 至於履霜之漸 亦未免爲不忠. 設若予爲

靖安公時 汝兄向我淡薄 則是爲不睦 非不忠也. 今予爲一國之

君 而彼乃懷淡薄之情 是誠不忠矣. 昔李居易發不忠之言 其子

佇以父之罪 亦貶于外. 其時議者以謂;'居易之言 佇不容不聞.'

今汝二兄之罪 無乃累及府院君乎? 乙酉冬 昌德宮成 予設小酌

以慰監督官. 出兒子某【今上小子】所畫紙一張以傳示之 無咎授之

辛克禮 且目動之 致使克禮乘酒發狂 非不忠而何? 予常恨不得

於親 欲常常進退於德壽宮 然以左右侍從之多 未遂予心 欲傳位

世子 退爲閑人 每以單騎進退 或入寺人房 或入司鑰房 入見未見

之中 常在于側 庶得歡心也.

又於一夜 設床於露地 使二小婢在前後拍蚊 乃就寢. 寤寐之中

聞有哭聲甚哀 予竊怪之 欲辭君位以自修省. 一日 無咎與李叔蕃

來見 予告以辭位之故 叔蕃對曰:'上之出此意 是亦天之使然

也.'無咎悖然曰:'是何言也? 是何言也? 上若辭位 則臣亦請解

軍務.'予曰:'爾言過矣. 幼君卽位 爾等掌軍柄從我 以爲幼君之

援可矣 何乃欲辭軍柄乎? 但予與爾等 交修兒子之不逮 期以延

國祚而已.'及當禪位之時 勳親百官 皆曰不可 予斷然不聽. 一日

無咎謂予曰:'政丞等皆謂臣曰:"上意已定. 臣等不敢固執 欲

預備禪位諸事 以從上命." 予聞而甚喜. 旣而 政丞等復率百官

庭諍 予謂無咎曰:'予以卿前日之言 已告諸代言 今政丞等胡爲

438

復如是?' 對曰: '臣所聞者政丞中一人之密言也. 殿下何洩臣言於
代言乎?' 予答曰: '爾言政丞等 予意其必衆論也.'

又一夜 鵬鳥鳴于寢殿之上 翼日 予寢他室 又鳴于其上 至三四
日 予固怪之. 又聞靜妃所祭神巫傳神語曰: '予已三四度諭不可
傳位之意 王不能知也.' 予聞而笑曰: '孰來諭之! 巫言固不足信也.'
然反覆思之 竊意是鵬鳥也. 乃不果行禪位之事 群臣喜於得請 皆
拜賀而退. 無咎入見有慍色 予不知其意也. 予豈好爲人君乎? 予
之欲傳位世子者 蓋欲身無拘束 或詣德壽宮 或詣仁德宮 或遊觀
原野 或觀放鷹 以適予意 此非可樂乎? 衣雖多 不得皆着; 食雖多
止於一飽; 馬雖多 不能盡騎. 予豈以君位爲樂乎?

又一日 無咎在側 欲觀其意 語之曰: '汝往者欲辭軍柄 今可辭
乎? 予壻趙大臨 亦可解軍柄.' 無咎悻悻然不悅曰: '臣若解之 則
殿下之壻 亦可解矣.' 其心不敬 而言之淺薄若是哉?

又一日 予謂無咎曰: '予之子若宮達若某【今上小子】等皆年少 非
婚娶之時 然昔唐太宗置次子於宮中 衣服車馬 與太子無異 魏徵
言其不可. 今已封世子 在於別宮 而次子皆在眼前 則恐或未免
鍾愛之失 欲使娶婦於別第.' 無咎對曰: '雖欲預防 不若禁絶中間
扇亂之臣之爲愈也.' 予聞之悚然. 人生難久 兄爲國王 而使其弟
不得隨意出入 爲國王弟者 不亦難乎! 又昔予謂無咎曰: '予欲毁
藏義洞本宮 改營于曹恂舊宅之基 居一子; 買近隣鄭熙啓家 居

一子 使之兄弟相從 以篤友恭之意.' 無咎對曰: '然必其間 無
일자 사지 형제 상종 이독 우공 지의 무구 대왈 연필 기간 무

誘掖之者 乃可.' 無咎此言 蓋慮諸子之作亂而欲去之也 則似向
유액 지자 내가 무구 차언 개려 제자 지 작란 이욕 거지 야 즉사향

世子而盡忠也. 然而向我不忠旣如此 安有薄於其父 而厚於其子
세자 이 진충 야 연이 향아 불충 기여차 안유 박어 기부 이후어 기자

者乎?"
자호

又謂無恤曰:"予聞汝等嘗言:'上旣厭我 我等不可在此 當各率
우위 무휼 왈 여문 여등 상언 상기염아 아등 불가 재차 당각솔

家屬出歸耳.' 汝等出 欲何之?"
가속 출귀 이 여등 출 욕 하지

無恤對曰:"非臣所知也."
무휼 대왈 비신 소지 야

上曰:"汝其得無罪乎? 昔日憂旱樓上之言 汝必告於汝兄矣."
상왈 여기 득 무죄 호 석일 우한루 상지언 여필 고어 여형 의

上又謂盧閈曰:"昔予宴使臣於太平館 未見無咎 問汝曰:
상우위 노한 왈 석여 연 사신 어 태평관 미견 무구 문여왈

'驪江君何之?' 其後汝妻言於府院君曰:'往者上幸太平館 問
여강군 하지 기후 여처 언어 부원군 왈 왕자 상행 태평관 문

驪江君所之於家翁 家翁卽使人召驪江君. 驪江君曰:"上厭我 我
여강군 소지 어 가옹 가옹 즉 사인 소 여강군 여강군 왈 상염아 아

若立於前 則上必避面 我何敢進見乎?"' 予之聞此言 自府院君
약립 어전 즉상 필 피면 아 하감 진현 호 여지문 차언 자 부원군

家人. 是必汝妻聞汝之言 告於其父母也. 我何曾厭無咎而避面乎?"
가인 시필 여처 문 여지언 고어 기부모 야 아 하증 염무구 이 피면 호

閈對曰:"非臣所知也."
한 대왈 비신 소지 야

上又謂知申事黃喜曰:"晉山府院君已來乎?"
상우위 지신사 황희 왈 진산부원군 이 래 호

喜對曰:"已來."
희 대왈 이래

上使喜傳旨于崙曰:"往者 卿至驪興府院君家 相與議世子結婚
상사 희 전지 우 륜 왈 왕자 경지 여흥부원군 가 상여 의 세자 결혼

上國之利害 因曰:'同姓異姓中 誰敢作亂者乎?' 斯言之發誰先?"
상국 지 이해 인왈 동성 이성 중 수감 작란 자호 사언 지발 수선

崙曰:"日月已久 彼我中先發言者 臣忘之矣. 且其時旁無聽者
륜왈 일월 이구 피아 중 선발언자 신 망지 의 차 기시 방무 청자

但兩人相對說話 臣何以自明?"
단 양인 상대 설화 신 하이 자명

上曰: "然. 予固知其然也. 但中宮 乃予糟糠之配匹 恩義不淺.
상왈 연 여고지기연야 단중궁 내여조강지배필 은의 불천

堅以此言爲非出於府院君 府院君亦欲辨明故耳."
견이차언위비출어 부원군 부원군 역욕변명 고이

上又曰: "今我如此多言 無咎兄弟必以我爲聽讒也. 予雖不賢
상우왈 금아여차다언 무구형제필이아위청참야 여수불현

乃所願則辨讒言而不聽也. 昔無咎讒一人於予 予不聽信. 旣不聽
내 소원 즉변참언이불청야 석무구참일인어여 여불청신 기불청

汝之讒人 獨信他人之讒汝乎?"
여지참인 독신타인지참여호

上又曰: "此中無疾之罪則輕 唯謂丹山府院君李茂及具宗之曰:
상우왈 차중 무질지죄즉경 유위 단산부원군 이무 급 구종지 왈

'殿下厭我 終不保全.' 只此數言耳."
전하 염아 종불보전 지차 수언 이

司憲府大司憲尹向等乞辭職. 三省伏閤交章曰:
사헌부 대사헌 윤향 등 걸 사직 삼성 복합 교장 왈

'有不忠之罪 而無不忠之罰 則爲不忠者無所懲 視不忠者無
유 불충지죄 이무 불충지벌 즉위 불충자무 소징 시 불충자무

所戒 故赦一不忠 而開萬世不忠之路. 今無咎 無疾 克禮之罪
소계 고사일 불충 이개 만세 불충지로 금무구 무질 극례 지죄

國人已知之矣 國史已書之矣. 交章屢請 而殿下一不兪允 其於
국인 이지지의 국사 이서지의 교장 누청 이전하 일불 유윤 기어

本支萬世之計何? 伏望殿下克伸大義 三臣之罪 一依前章之請
본지 만세 지계 하 복망 전하 극신 대의 삼신 지죄 일의 전장 지청

爲朝鮮萬世之計. 臣等義與不忠之人 不共戴天 敢以死諍 伏待
위조선 만세 지계 신등 의여 불충지인 불공대천 감이사쟁 복대

鈇鉞.'
부월

上曰: "無咎兄弟之不忠 寡人所知 故處之當其罪也 毋更請之."
상왈 무구 형제 지불충 과인 소지 고처지 당기죄야 무갱 청지

上私語盧希鳳曰: "有言責者 不得其言 則自有故事. 今何如此
상 사어 노희봉 왈 유 언책 자 부득 기언 즉자유 고사 금하 여차

之煩擾乎?" 尹向等聞之 皆退而呈辭. 上疑臺諫刑曹承大臣之指
지 번요 호 윤향 등 문지 개 퇴이 정사 상의 대간 형조 승 대신 지지

堅請閔氏之罪 故有是語.
견청 민씨 지죄 고유 시어

己巳 議政府贊成事權近以疾辭.
기사 의정부 찬성사 권근 이질 사

庚午 上詣德壽宮起居. 先是 上雖數詣德壽宮 接見者少. 是日
경오 상예 덕수궁 기거 선시 상수 삭예 덕수궁 접견 자소 시일

太上召入寢殿 勸酒至醉 上喜甚 謂近臣曰:"我欲令吹笛而歸."
태상 소입 침전 권주 지취 상 희심 위 근신 왈 아 욕령 취적 이귀

韓帖木兒至自金堤 命議政府出迎于漢江.
한첩목아 지자 김제 명 의정부 출영 우 한강

辛未 義安大君和及諸宗親 設餞宴于世子殿.
신미 의안대군 화 급제 종친 설 전연 우 세자전

壬申 雷電.
임신 뇌전

命武官勿論時散 讀習武經. 從政府之請也.
명 무관 물론 시산 독습 무경 종 정부 지청야

甲戌 世子詣宗廟 仁昭殿及德壽宮 仁德宮. 告將朝京也. 隨朝
갑술 세자 예 종묘 인소전 급 덕수궁 인덕궁 고 장 조경야 수조

諸臣皆從之.
제신 개 종지

司憲執義許稠啓曰: "願承路次考察施爲之命." 上曰: "有
사헌 집의 허조 계왈 원승 노차 고찰 시위 지명 상왈 유

犯法者 回日以告予 予其罪之. 且凡事宜 議於隨朝宰執 從宜
범법자 회일 이고여 여기 죄지 차범 사의 의어 수조 재집 종의

施行. 前日憲司之狀 可行條目 亦多有之 但其間有固執處 是以
시행 전일 헌사 지장 가행 조목 역다 유지 단기간 유고집 처 시이

留中耳."
유중 이

遣左代言權緩 齎宮醞餞隨朝宰執于議政府.
견 좌대언 권완 재 궁온 전 수조 재집 우 의정부

乙亥 遣世子禔如京師. 賀正也. 以世子爲進表使 完山君
을해 견 세자 제 여 경사 하정 야 이 세자 위 진표사 완산군

李天祐副之: 右政丞李茂爲進箋使 雞城君李來副之. 侍從官
이천우 부지 우정승 이무 위 진전사 계성군 이래 부지 시종관

右軍同知摠制李玄 藝文館提學孟思誠及大護軍孫閏祖 司宰監
우군 동지총제 이현 예문관 제학 맹사성 급 대호군 손윤조 사재감

池有容等十二人 書狀官仁寧府左司尹薛侶 司憲執義許稠 通事
지유용 등 십이 인 서장관 인녕부 좌사윤 설칭 사헌 집의 허조 통사

判軍器監事郭海龍 仁寧府右司尹吳眞等六人 押馬上護軍
판군기감사 곽해룡 인녕부 우사윤 오진 등 육인 압마 상호군

李公孝等二人 押物奉常令李薔等二人 司僕官副正河敬復 醫員
이공효 등 이인 압물 봉상령 이회 등 이인 사복관 부정 하경복 의원

判典醫監事楊弘達 內侍知內侍府事朴英文等二人 奚官令蔡貴
판전의감사 양홍달 내시 지내시부사 박영문 등 이인 해관령 채귀

等二人 司衣司宰少監沈舒等二人 監廚司直洪義成 廚子三人
등 이인 사의 사재 소감 심서 등 이인 감주 사직 홍의성 주자 삼인

442

內僚七人 驅趁馱子軍二十四人 打角夫奉禮郎金時遇等二人
내료 칠인 구간 타자군 이십 사인 타각부 봉례랑 김시우 등 이인

養馬三人 馬醫一人 牽馬陪七人 各官從人二十七名.
양마 삼인 마의 일인 견마배 칠인 각관 종인 이십 칠명

長行馬五十匹 路次盤纏苧麻布六百匹 別例進獻帝所鞍子
장행 마 오십 필 노차 반전 저마포 육백 필 별례 진헌 제소 안자

四面 弓袋箭筒二副 雜色馬五十匹 東宮鞍子二面 弓袋箭筒一
사면 궁대 전통 이부 잡색마 오십 필 동궁 안자 이면 궁대 전통 일

副 雜色馬一十匹. 上具法服 拜表箋訖 出自藏義門 餞世子于
부 잡색마 일십 필 상구 법복 배 표전 흘 출자 장의문 전 세자 우

迎曙驛之東. 謂世子曰：“道阻且脩 宜自愛 儲副任重 今日之
영서역 지동 위세자왈 도조차수 의 자애 저부 임중 금일 지

事 爲宗社生民計也.” 世子泣辭 上亦泫然 左右莫不流涕. 遂
사 위 종사 생민 계야 세자 읍사 상역 현연 좌우 막불 유체 수

還宮. 議政府六曹三功臣拜辭于街頓南郊 義安大君和率宗親餞
환궁 의정부 육조 삼공신 배사 우 가돈 남교 의안대군 화 솔 종친 전

于臨津渡. 遣清平君李伯剛 參知議政府事朴信 僉內侍府事金琓
우 임진도 견 청평군 이백강 참지 의정부 사 박신 첨 내시부 사 김완

護送至遼東. 初儁以久爲世子輔德 自度當隨朝 朝議亦充爲押物
호송 지 요동 초 청 이구 위 세자 보덕 자탁 당 수조 조의 역 충 위 압물

旣而 以隨朝人多汰之. 及書狀官右司諫申商爲憲府所劾 儁乃托
기이 어 수조 인다 태지 급 서장관 우사간 신상 위 헌부 소핵 청 내탁

李來請從行. 來臨行啓曰：“儁老成 可備從官.” 上亦聞 商嘗曰：
이래 청 종행 래 임행 계왈 청 노성 가비 종관 상역문 상상왈

“世子生長 閔氏家門 疏斥無咎等難矣.” 不悅 乃以儁代之. 儁旣
세자 생장 민씨 가문 소척 무구 등 난의 불열 내이 청 대지 청기

得請 喜曰：“與朝見之行而還 則宰相何難得之有！” 儁家貧 遂賣
득청 희왈 여 조현 지행이환 즉 재상 하 난득 지유 청 가빈 수가

其家以治裝 故獨後焉.
기가 이 치장 고 독 후언

禮曹詳定世子朝見路次禮度以聞：
예조 상정 세자 조현 노차 예도 이문

‘各道都觀察使及外官 具公服郊迎 前導至客舍門外躬身. 符驗
각도 도관찰사 급 외관 구 공복 교영 전도 지 객사 문외 궁신 부험

及表箋 各安於卓上 世子入歇次 都觀察使及外官入庭 異位重行
급 표전 각 안 어 탁상 세자 입 헐차 도관찰사 급 외관 입정 이위 중행

立 執事者上香 四拜禮畢 世子出歇次 向南坐 隨朝在內諸君及
립 집사자 상향 사배례 필 세자 출 헐차 향남 좌 수조 재내제군 급

府院君 就南行頓首再拜 次兩府以上行禮如上儀 世子竝控首
부원군 취 남행 돈수 재배 차 양부 이상 행례 여 상의 세자 병 공수

答拜. 次三品以下六品以上從事官 就楹外異位重行 行禮如上儀
담배 차 삼품 이하 육품 이상 종사관 취영외 이위 중행 행례 여 상의

世子無答. 侍衛及醫員司僕司衣等官無行禮. 次觀察使就南行
세자 무답 시위 급 의원 사복 사의 등 관 무행례 차 관찰사 취 남행

頓首再拜 次兩府外官行禮如上儀 世子答禮. 次三品外官行禮
돈수 재배 차 양부 외관 행례 여 상의 세자 답례 차 삼품 외관 행례

如從事官例 朝拜如上儀. 祗迎祗送 隨朝宰相於大門內 從事官
여 종사관 예 조배 여 상의 지영 지송 수조 재상 어 대문 내 종사관

於大門外 竝躬身. 非先導者 無祗迎. 坐次 世子向南在內 諸君
어 대문 외 병 궁신 비 선도자 무 지영 좌차 세자 향남 재내 제군

府院君東壁 兩府西壁 觀察使職次而坐 兩府外官西壁差行.
부원군 동벽 양부 서벽 관찰사 직차 이좌 양부 외관 서벽 차행

觀察使及外官 於隨朝二品以上三品以下行禮及坐次 竝如六典例.
관찰사 급 외관 어 수조 이품 이상 삼품 이하 행례 급 좌차 병여 육전 예

上密謂知申事黃喜曰: "爾與朴錫命每薦許稠可用. 今予雖以
상 밀위 지신사 황희 왈 이 여 박석명 매천 허조 가용 금여 수이

中宮之親 牽於私恩 未卽果斷 大小臣民奔走忿怒 謂無咎等不忠
중궁 지 친 견어 사은 미즉 과단 대소 신민 분주 분노 위 무구 등 불충

之罪 而稠爲執義 累日而後發行 若罔聞知者 含默無一語及之
지죄 이 조 위 집의 누일 이후 발행 약 망 문지 자 함묵 무 일어 급지

其心必以無咎等根據難去 若言其罪 恐有後患耳 其爲阿附明矣.
기심 필이 무구 등 근거 난거 약언 기죄 공유 후환 이 기위 아부 명의

無乃奸邪乎? 爾等非獨於稠 當審其人之忠邪而薦用. 予恐
무내 간사 호 이등 비독 어조 당심 기인 지 충사 이 천용 여공

黨附者衆 終墜於無咎等術中耳. 爾等宜加愼之."
당부 자중 종추 어 무구 등 술중 이 이등 의가 신지

丙子 月近端門.
병자 월근 단문

丁丑 觀放鷹于東郊.
정축 관 방응 우 동교

豐海道都觀察使請儲軍器衣甲 以備不虞 從之. 啓曰: '各官
풍해도 도관찰사 청저 군기 의갑 이비 불우 종지 계왈 각관

所儲紙甲掩心 造作年久 過半不用. 如有防禦 軍容虛疎 道內
소저 지갑 엄심 조작 연구 과반 불용 여유 방어 군용 허소 도내

三鎭打造月課鐵甲頭具 乞除上納 各於其鎭貯藏 遇有及時防禦
삼진 타조 월과 철갑 두구 걸제 상납 각 어 기진 저장 우유 급시 방어

事 分給鎭屬軍官及兵船 以備不虞之患.'
사 분급 진속 군관 급 병선 이비 불우 지환

東北面都巡問使李稷啓 禁青州以北無公引人物往來 從之.
동북면 도순문사 이직 계 금 청주 이북 무공인 인물 왕래 종지

444

啓曰: '靑州以北各官人物及吾音會 建州衛人物 因無考課 逃亡
_{계왈 청주 이북 각관 인물 급 오음회 건주위 인물 인 무 고과 도망}

移徙 互相往來 或爲窺覘 或傳訛妄之言 無賴之徒及犯罪逃走人
_{이사 호상 왕래 혹위 규첨 혹전 무망 지언 무뢰 지도 급 범죄 도주 인}

等 造言生隙. 今後靑州以北入歸者 京來人則京中衙門 外方則
_{등 조언 생극 금후 청주 이북 입귀 자 경래 인 즉 경중 아문 외방 즉}

各其所居官 印信明文受出 方許來往. 又令各處興利人 毋得入
_{각기 소거 관 인신 명문 수출 방허 내왕 우영 각처 흥리인 무득 입}

磨天嶺以北 著爲禁令.'
_{마천령 이북 저위 금령}

遣上護軍張大有 管押易換初運馬二百匹如遼東.
_{견 상호군 장대유 관압 역환 초운 마 이백 필 여 요동}

己卯 申嚴無牌鷹子之禁.
_{기묘 신엄 무패 응자 지금}

庚辰 宴韓帖木兒 尹鳳等于廣延樓.
_{경진 연 한첩목아 윤봉 등우 광연루}

| 원문 읽기를 위한 도움말 |

① 非唯貞海縣連境而已. '非唯~而已'는 '단지 ~일 뿐만 아니라'라는 구문
_{비유 정해현 연경 이이 비유 이이}
이다.

② 婦女之無知 僕隷之至微. 여기서 之는 둘 다 동격으로 '~같은'이라는 뜻
_{부녀 지무지 복예 지 지미 지}
이다.

태종 7년 정해년
10월

十月

신사일(辛巳日-1일) 초하루에 서운부정(書雲副正) 윤돈지(尹敦智)를 순금사(巡禁司)에 내렸다. 이에 앞서 돈지(敦智)가 술자(述者)가 되어 아뢰었다.

"이달 초하룻날 사시(巳時) 초(初)에 마땅히 일식(日食)이 일어날 것입니다."

상이 시신(侍臣)을 거느리고 소복(素服)차림으로 정전(正殿) 월대(月臺) 위에 나가서 진시(辰時)부터 오시(午時)까지 기다렸으나, 결국 일식(日食)이 일어나지 않았다. 상은 이에 소복을 벗고 들어와서 돈지를 옥에 내렸다. 그 이튿날 상이 지신사 황희(黃喜)에게 일러 말했다.

"옛날에 마땅히 일식이 일어나야 하는데 일식이 일어나지 않았다는 말이 있다. 나는 작은 나라의 임금일 뿐이지만은 천자(天子) 같은 이는 스스로 두려워하며 자신을 반성하고 닦으면[恐懼修省] 혹 이런 이치가 있을 것이다. (그러니) 지금 갑자기 술자(述者)의 추보(推步-천문예측)가 착오가 있다고 하여 죄를 돌리는 것은 불가하지 않겠는가!"

희(喜)가 대답했다.

"홍서(洪恕, ?~1418년)[1] 등이 지금 경사(京師)에 가 있으니 기다려

---

1 고려 말에 대호군을 역임하고 1399년(정종 1년) 우군동지총제가 됐다가 1400년(태종 즉위년) 12월 시위에 소홀한 일로 파직됐으나 이듬해 좌명공신(佐命功臣) 4등에 책록되면서 남성군(南城君)에 봉해졌다. 1402년 전라도 병마도절제사로 파견돼 왜구를 소탕했으며,

서 그가 돌아오면 돈지의 허망한지를 알 수 있을 것입니다."

상이 또 말했다.

"돈지가 또 말하기를 '이달 보름에 월식(月食)이 있을 것입니다'라고 했으니 그날이 되면 그 잘잘못을 징험할 수 있을 것이다."

조금 뒤에[尋] 풀어주었다.
심

임오일(壬午日-2일)에 전민별감(田民別監)²을 각도(各道)에 나눠 보냈다. 사사(寺社)를 혁파하여 없앤 뒤에 노비들을 모두 각사(各司)과 각관(各官)에 나눠 붙였는데 그 자손을 혹은 제대로 찾아내지 못한 경우들이 있었다. 충청도 도관찰사 김자수(金自粹)가 아뢰었다.

'본도(本道)의 백성들이, 경차관(敬差官)이 다시 측량한 전지(田地)가 너무 무겁다고 하여, 신에게 나아와 투첩(投牒)³한 자가 모두 23주현(州縣)에 1,300인이나 됩니다.'

국가에서 이에 전객(佃客)⁴으로 하여금 각각 수령에게 투첩하게 하고, 수령은 그 첩(牒)을 받아서 그 허실(虛實)을 상고하게 하고 더불

───────────

이때인 1407년 사은사(謝恩使)가 되어 명나라에 다녀왔다. 이듬해 전년의 사행시에 사물을 매매한 죄로 수원부에 안치됐으나 그해 남성군에 복봉됐다. 1412년 개천도감 제조(開川都監提調)가 되고 곧이어 남양군에 개봉(改封)되었다가 병으로 죽었다.

2 고려 공민왕 2년(1353년)에 권세가들이 점탈(占奪)한 논밭과 농민을 조사해서 그 본래의 주인에게 돌려주기 위해 각도에 파견했던 임시 관원인데 이때에는 사사노비(寺社奴婢)의 자손을 찾아내고 전지측량(田地測量)의 적실여부를 조사하기 위해 각도에 파견했다.

3 첩지(牒紙)를 관가에 내는 것으로 오늘날의 투서와 비슷하다.

4 공전(公田)·사전(私田)을 막론하고 개인 수조자(收租者)에게 조(租)를 납공(納貢)해야 하는 경작자(耕作者), 과전(科田)·군전(軍田)·외역전(外役田)·사전(寺田)·능침전(陵寢田)·창고전(倉庫田)·궁사전(宮司田)·공수전(公須田)·아록전(衙祿田)·공신전(功臣田) 등의 경작자를 말한다.

어 별감(別監)을 보내 재차 심사를 하게 하여, 과연 무거우면 경차관을 추죄(追罪)하고, 무고(誣告)이면 투첩한 자를 죄주고, 수령으로 사실대로 분간하지 못한 자 또한 똑같이 죄를 주게 했다.

○ 공조참의 하자종(河自宗, ?~1433년)⁵을 보내 세공마(歲貢馬) 50필을 이끌고 경사(京師)에 가게 했다.

계미일(癸未日-3일)에 둘째 아들 호(祜)를 봉해 효령군(孝寧君)으로 삼았고 이직(李稷)을 의정부찬성사, 임정(林整)을 형조판서, 안원(安瑗)을 사헌부대사헌, 연사종(延嗣宗)을 한성부판사 겸 우군총제, 김우(金宇)를 희천군(熙川君) 겸 좌군총제, 윤향(尹向)을 한성부윤(漢城府尹), 강회중(姜淮仲)과 유두명(柳斗明)을 좌우사간 대부로 삼았다. 대간(臺諫)들이 모두 벼슬이 파면됐으나 향(向)만 홀로 자리를 옮겼다.

○ 성발도(成發道) 이도분(李都芬, ?~1441년)⁶ 윤자당(尹子當)을 전라도·충청도·경상도 병마도절제사(兵馬都節制使)로 삼았다. 왜적(倭賊)의 예기치 못한 변란이 있을까 염려해 특별히 세 사람을 보내 미리 방비하게 한 것이다.

---

5   세종 때 영의정을 지낸 하연(河演)의 아버지다. 고려 말에 병부상서(兵部尙書)를 역임했다. 이때인 1407년(태종 7년) 공조참의로 공물(貢物)로 바치는 말 50필을 명나라로 운반했으며 이때 명나라 황제가 하사한『고황후전(高皇后傳)』을 가지고 돌아왔다. 홍주목사 공안부윤, 판청주목사 등을 지냈다.

6   1419년(세종 1년) 개성유후로 있을 때 본명인 이도분(李都芬)의 이름 중 도(都) 자가 세종의 이름과 음이 같아서 이사분(李思芬)으로 고쳤다. 다섯 번 수령에 임명되고 세 번 진수(鎭帥)가 되어 모두 공적이 있었고, 좌군도총제(左軍都摠制)를 역임했다.

○ 정진(鄭津, 1361~1427년)[7]을 (전라도) 나주목판사로 삼았다. 이날 좌정승 성석린(成石璘)이 정청(政廳)에 나오지 않았으므로 상이 이조좌랑 조서로(趙瑞老)를 보내 그 집에 가서 묻게 했다.

"목사(牧使) 하나를 제수(除授)하고자 하는데 권숙(權肅)과 정진 두 사람 중에서 누가 좋은가? 진(津)은 이미 추부(樞府-중추부)에 들어갔으니 외관(外官-지방관)이 되기를 원하지 않을 것이 아닌가?"

석린(石璘)이 대답했다.

"일을 처리하는 재주[處事之才]는 진이 숙(肅)보다 낫습니다."
<small>처사 지 재</small>

드디어 진을 임명했다.

갑신일(甲申日-4일)에 천둥과 번개가 쳤다.

○ 6대언에게 말을 각각 1필씩 내려주었다.

○ 우군 호군(右軍護軍) 윤종정(尹宗貞), 도사(都事) 최위(崔渭)를 파직시켰다. 형조에서 아뢰었다.

"지금 금주(禁酒)하는 때를 맞아 상호군 강유신(康有信), 대호군 심

---

7 아버지는 개국공신 정도전(鄭道傳)이다. 1382년(우왕 8년) 낭장이 되고, 사재령(司宰令)·전농령(典農令)을 지냈다. 1391년(공양왕 3년) 정몽주(鄭夢周) 등 고려를 지키려는 구세력의 탄핵을 받아 그의 아버지인 정도전과 함께 삭직됐다가 1392년(태조 1년)에 조선이 개국되자 풀려나와 개국공신의 아들로서 연안부사로 등용됐다. 1393년 판사재감사(判司宰監事)를 거쳐 경흥부윤·영원주목사 등을 역임하고, 그 뒤 내직으로 들어와 공조전서와 형조전서를 지냈다. 1398년 중추원부사로 있을 때에 1차 왕자의 난이 일어나 그의 아버지 정도전이 주살되자, 그도 벼슬을 삭직당하여 전라도 수군에 충군됐다. 이때인 1407년(태종 7년) 다시 나주목 판사로 기용되고, 1416년 인녕부윤(仁寧府尹)이 돼 크게 치적을 올렸다. 1419년(세종 1년) 충청도관찰사가 됐다가 1420년 한성부판사가 됐다. 그해 성절사(聖節使)가 돼 명나라에 다녀와서 평안도 도관찰사가 됐다. 1423년 공조판서를 역임하고, 1424년 개성유후사유후(開城留後司留後)가 됐으며 1425년 형조판서가 됐다.

정(沈泟) 등 7인이 윤종정 최위 등과 더불어 의주목사(義州牧使) 박구(朴矩)를 전송한다고 핑계를 대고 조방(朝房)에 모여 공공연하게 술을 마셨습니다. 청컨대 직첩을 거두고 율에 의하여 논죄해야 할 것입니다."

상이 말했다.

"이번 일을 주장하여 준비를 맡았던 종정과 위는 정직(停職)시키고, 그 나머지는 논죄하지 말라."

을유일(乙酉日-5일)에 상이 태평관(太平館)에 갔다. 한첩목아(韓帖木兒) 등을 전별(餞別)하기 위함이었다.

병술일(丙戌日-6일)에 동교(東郊)에서 매 놓는 것을 구경했다.

정해일(丁亥日-7일)에 한첩목아 등이 돌아가니 상이 숭례문(崇禮門) 밖에서 전송했다. 이조참의 김천석(金天錫)을 보내 쇄출(刷出)한 화자(火者) 김안(金安) 등 29인을 이끌고 첩목아를 따라 경사(京師)에 가게 했다.

○ 서원군(西原君) 정총(鄭摠, 1358~1397년)[8]의 처 김씨(金氏)에게

---

8 1376년(우왕 2년) 문과에 장원급제하여 19세로 춘추관검열이 되고, 대간·응교·사예를 거쳐 대호군에 이르고, 1389년(공양왕 1년) 병조판서에 승진됐으며, 1391년 이조판서를 거쳐 정당문학에 이르렀다. 당시 중국에 보낸 표전문(表箋文)은 대부분 그가 지었다. 조선개국 후 개국공신 1등에 서훈되고 서원군(西原君)에 봉해졌다. 1394년(태조 3년) 정당문학이 되고, 다시 예문춘추관태학사가 되어 정도전(鄭道傳)과 같이 『고려사』를 편찬하고, 그 서문을 썼다. 1395년 태조 이성계의 고명(誥命) 및 인신(印信)을 줄 것을 청하러

쌀과 콩 각각 4석(石)과 밀 10석을 내려주었다.

　무자일(戊子日-8일)에 사헌집의 허조(許稠)가 소(疏)를 올려 토목
(土木)의 역사를 논했다. 소는 이러했다.

　'가만히 근년(近年)의 풍속을 보건대 전조(前朝-고려) 말년에 일을
느리게 하던 것[緩弛]을 싫어하여 모든 일에 있어 백성의 폐해를 돌
보지 않고 오직 빨리하기[速成]에만 힘쓰는데 영선(營繕-토목 건축)
하는 일에 있어 더욱 심합니다. 사령(使令)이 된 자가 그 관원을 두려
워하여 독촉하기를 매우 엄하게 하여 역사(役事)하는 사람들을 채찍
질하고 내몰아 소나 양과 다를 바가 없으니 어리석은 백성들이 어찌
해야 할 바를 알지 못하고 앞을 다투어 이리저리 뛰어다니다가 나무
와 돌에 다치는 일이 자주 있습니다. 신이 지난해 봄에 춘주(春州-춘
천)에 가서 들으니 나무를 베고 운반하던 즈음에 죽은 자가 적지 않
았다고 합니다. 그러나 우선 신(臣)의 이목(耳目)이 미친 것으로 말씀
드리면 지난번 문묘(文廟)의 역사에 신의 조카 허성(許誠)의 종이 죽
었고, 근래에 관사(館舍)의 역사에 호군(護軍) 백원봉(白元奉)의 종이
죽었습니다. 이 두 가지 역사를 보면 나머지를 모두 미뤄 알 수 있는
것입니다. 그러나 한 사람도 문책을 당한 자가 없었기 때문에 무릇
백성을 역사시키는 자가 모두 빨리 이룩하고자 하니 이 같은 일을
금하지 않는다면 신은 죄 없는 백성들이 나무와 돌에 많이 치어 죽

명나라에 사신으로 파견됐다가, 때마침 명나라에 보낸 표전문이 불손하다 하여 명나라
황제에게 트집잡혀 대리위(大理衛)에 유배 도중 죽었다.

을까 두렵습니다.

옛적에 이윤(伊尹)[9]은 한 사람이라도 그 살 곳을 얻지 못하면 저자 거리에서 매를 맞는 것같이 아파했습니다. 하물며 죄 없는 백성으로 하여금 나무와 돌에 죽게 하는 일이겠습니까? 엎드려 바라옵건대 전하께서는 (백성들을) 불쌍히 여기소서. 신이 삼가 『춘추(春秋)』를 살펴보건대 무릇 흥작(興作-토목사업을 일으키는 것)이 있으면 모두 썼으나[10] 희공(僖公)[11]이 비궁(閟宮)을 다시 지은 것은 쓰지 않았는데 선유(先儒)가 말하기를 "비궁(閟宮)은 선조(先祖)를 받드는 곳이므로 『춘추(春秋)』에서 이를 쓰지 않은 것은 백성을 쓰는 도리를 얻었기 때문이다"라고 했습니다.

지금 제릉(齊陵)의 석실(石室)이 이룩되지 않아 (한씨를 받드는 것이) 평민들과 다름이 없으니 실로 성대한 시대의 전례에 누락이 있는 것[闕典]입니다. 그러나 유사(有司)에서 아뢰어 청하는 자가 없었고 전하께서 신충(宸衷)을 발하여 특별히 수조(修造)하게 하셨으니 선조를 받드는 효성이 지극하다 하겠습니다. 이 일을 맡은 자는 진실로 일의 완급(緩急)의 적중함을 얻게 하여[得中] 위로는 전하께서 선조를 받드는 효도를 이루고, 아래로는 백성들의 원망이 전하에게 돌

---

9 은(殷)나라의 현상(賢相)이다. 이름은 지(摯)로 처음에 농부(農夫)였는데 탕왕(湯王)이 세 번이나 초빙(招聘)하여 마침내 출사(出仕)했다. 탕왕을 도와 하(夏)나라의 걸왕(桀王)을 정복하고 천하를 통일했다. 탕왕이 죽은 뒤에 그 손자 태갑(太甲)이 무도(無道)하게 행동 하므로 이를 3년 동안 동궁(桐宮)에 추방했다가 태갑이 다시 회개하자 맞아들였다.

10 역사에 기록했다는 뜻이다. 기록했다는 것만으로 그것을 비판했다는 말이 된다.

11 춘추(春秋) 시대 노(魯)나라의 임금이다. 민공(閔公)의 동생으로 이름은 신(申)이며 희(僖) 는 시호다. 민공(閔公)이 시해당하자 왕위에 올라 33년간 통치했다.

아가지 않도록 하는 것이 마땅합니다. 신이 유후사(留後司)에 도착하던 날 옛 성(城) 남문(南門) 길 옆에 죽은 사람의 시체가 있는 것을 보고서 돌을 운반하는 자에게 물으니 대답하기를 "이는 전날 밤에 돌을 운반하던 군사입니다"라고 했습니다. 신이 방황하며 가지 못하고 그 일을 계기로 생각하니 여정헌공(呂正獻公)[12]이 소인(小人)을 논한 말에 이르기를 "임금이 나라에 이익이 있다고만 생각하고 마침내는 해(害)가 되는 것을 알지 못하며, 충성만 바치는 것을 상주고 그것이 크게 불충(不忠)한 것인 줄은 알지 못하며, 원망을 자임(自任)하는 것만 아름답게 여기고 그 원망이 임금에게 돌아가는 것은 알지 못한다"라고 했습니다. 아아! 이 사람의 부모 처자의 원망이 어찌 역사를 감독한 자에게 돌아가겠습니까?

엎드려 바라옵건대 전하께서는 굽어살피시어 감사(監司)로 하여금 각군(各郡)에 물어서 무릇 역사를 하던 도중에 죽은 자에게는 재물을 주고 역사(役事)를 면제하게 하여 슬퍼하고 원망하는 마음을 위로하소서. 이제부터는 각처의 영선(營繕)과 나무 베는 일에서 만일 사람이 죽은 자가 있으면, 곧 나라에 보고하게 하여 그 두목 사령(頭目使令)과 감역관(監役官)을 논죄하고, 숨기거나 보고하지 않은 자는 같은 죄로 다스려야 할 것입니다. 그러면 전하께서 살리기를 좋아하시는 다움[好生之德]이 백성의 마음에 흡족할 것입니다. 신이 국경에서 하늘을 바라보며 성상(聖上)을 연모하는 지극한 정을 이길 수 없

---

12 송(宋)나라 여공저(呂公著)를 가리킨다. 여공저의 자는 회숙(晦叔)이고, 시호는 정헌(正獻)이다. 상서 우복야(尚書右僕射) 겸 중서 시랑(中書侍郎)이 되어 사마광(司馬光)을 도왔다.

어 차마 입을 다물지 못합니다.'

상이 소를 보고 얼굴빛이 변하며 지신사 황희(黃喜)에게 일러 말했다.

"너희는 도리를 아는 사람인데 어찌하여 이런 일을 듣지 못했는가? 왜 나에게 고하지 않았는가? 나의 충신은 오직 허조(許稠)뿐이로다. 내가 만일 이를 알았더라면 어찌 이 역사를 일으키려 했겠는가! 인명(人命)이 매우 소중하니 어찌 소홀히 할 수 있으리오!"

곧장 역사를 파할 것을 명하고 감독총제(監督摠制) 박자청(朴子靑)을 소환했다. 자청(子靑)은 성질이 가혹하고 급하여 매번 역사를 감독할 때면 빨리 이루고자 하여 밤낮을 가리지 않고 인부를 재촉해 역사하기 때문에 가는 곳마다 사람들이 모두 고통을 겪었다.

○ 검교 한성부판사 유한우(劉旱雨)[13]를 파직했다. 한우(旱雨)가 몰래 자석과 철을 세자에게 바쳤는데 세자가 (풍해도 평산) 금암역(金巖驛)에 이르러 명하여 물을 가져다가 철을 띄워 이를 시험했다. 환관(宦官) 박영문(朴英文)이 간언했다. 허조(許稠)가 곧 자석과 철을 봉(封)하여 사헌부로 보내고 또 글을 올려 한우의 죄를 청했다.

○ 대소 관리들이 명을 받고도 핑계를 대고[托故] 시행하지 않는
탁고
것을 거듭 금지했다.

○ 동북면 병마도절제사 김승주(金承霔)에게 본도(本道) 도순문찰리사(都巡問察理使)를 겸하게 했다.

○ 서북면 도순문사 이구철(李龜鐵)이 도내(道內)의 현안을 아뢰니

---

13 서운관 관직을 지냈다. 풍수에 능한 인물이다.

그것을 따랐다. 아뢰어 말했다.

'대소 수령사(守令司)와 유수부(留守府)에서 현령(縣令) 및 감무(監務)에 이르기까지 종인(從人)의 마료(馬料)는 그해의 흉풍(凶豊)에 따라 각각 정한 숫자가 있어 『육전(六典)』에 실려 있는데 공아(公衙-관아)의 녹전(祿田)을 써서 지급하게 돼 있습니다. 가만히 살펴 보건대 본도(本道)에서 혹은 절제사가 목사(牧使)를 겸하기도 하고, 수군 첨절제사(水軍僉節制使)나 만호(萬戶)가 현령이나 감무를 겸하기도 하여 다만 한두 사람의 노복(奴僕)을 데리고 홀로 부임하는 자도, 그 반당(伴儻) 군관(軍官) 종인(從人)의 양료(糧料)를 또한 군량으로 지급하는데, 이는 아마도 국가에서 용도를 절약하는 뜻에 어긋나는 것 같습니다. 바라건대 군관 반당 종인의 양료는 공아 녹봉 중에서 남은 것을 쓰고, 부족하거든 군량을 써서 모자라는 것을 보충하게 해야 할 것입니다.'

기축일(己丑日-9일)에 평양부윤(平壤府尹) 윤목(尹穆)이 편의 사목(便宜事目) 8조목을 올렸는데 정부(政府)에 내려 깊이 헤아려 토의하게 했다[擬議].

'하나, 관문에서 사찰만 하고[譏=伺察] 세금을 받지 않는 것[不征]은 의복이 다르고 말이 다른 사람을 살피며 그런 사람들이 들고나는 것을 막고 적의 간첩(間諜)을 찾아내기 위함입니다. 하물며 서북지방은 한쪽으로 경계가 다른 나라와 연접하고 있어 더욱 염려하지 않을 수 없습니다. 바라건대 이제부터 평양(平壤) 대동강(大同江), 안주(安州) 청천강(淸川江), 의주(義州) 압록강(鴨綠江) 등지에는 강명

458

(剛明)하고 정직(正直)한 사람을 정해 특별 차사[別差]로 삼아 엄격하
게 과정(課程-규정)을 세워 고찰 업무를 전적으로 맡겨 유망(流亡)하
는 것을 저절로 그치게 하고 변경(邊警-변방의 변고)이 저절로 없어지
게 해야 할 것입니다. 만일 임의로 이사하는 자나, 구사(驅使)와 사역
(使役)을 피하거나, 죄를 짓고 숨어 사는 자나, 말이 다르고 종족이
다른 자가 있으면 모두 붙잡아서 소재지의 관사에 고해 법으로 다스
리고, 위임한 관문의 관리[關吏] 가운데 법대로 하지 않는 자는 무거
운 죄를 따라 규리(糾理)해야 할 것입니다.'

정부에서 토의해 결론을 내렸다.

"대동강 청천강 압록강은 이미 일찍이 파수하고 있으니[把截] 엄격
하게 고찰을 가해 허술함이 없도록 할 것입니다."

'하나, 재물을 탐하는 소인은 오직 이익만을 추구해 문득 물화(物
貨)를 팔러 다니는 것을 빙자하면서 여러 도를 왕래하며, 민간의 일
용(日用)에 긴요하지 않은 물건을 가지고 어리석은 백성과 부녀자를
속이고 유혹하여, 남의 재산을 빼앗기를 꾀하니 이것이 염려스럽습
니다. 바라건대 이제부터 물화를 팔러 다니는 자를 엄격히 금하고
발본색원(拔本塞源)하여 그 백성들의 생업(生業)을 편안케 하고 만일
금령을 어기고 물화를 팔러 다니는 자가 있으면 도적으로 보아 논죄
해야 할 것입니다.'

정부에서 토의해 결론을 내렸다.

"동북면과 서북면은 지경(地境)이 저들의 땅과 연접하여 있으니 그
방면으로 들어가는 행상(行商)은, 서울 안에서는 한성부(漢城府)가,
외방에서는 도관찰사(都觀察使) 및 도순문사(都巡問使)가 인신 행장

(印信行狀)**14**을 만들어주고, 행장이 없는 자는 일절 계본(啓本)에 의거해 엄격하게 금지해야 할 것입니다."

'하나, 백숙 형제(伯叔兄弟)는 몸은 다르나 핏줄은 같으니 어찌 입을 삐쭉거리며[反脣] 서로 힐난할 수 있겠습니까? 그리고 하물며 관가에 소송을 제기해 남이 모르는 흠을 들춰내며 서로 싸우고 구타하는 것은 형제 간의 은혜를 해치는 것 중에서도 큰 것입니다. 바라건대 이제부터 백숙 형제와 같은 지친(至親)으로 만일 부모가 나눠 주지 못한 물건이 있을 것 같으면 그들 스스로 공평하게 나눠 갖게 해야 하고 만일 그렇게 하면 거의 송사가 없을 것입니다. 영(令)을 어기고 재리(財利)를 탐하여 관가에 고해 은혜를 해치는 자는 사정의 잘잘못을 물론하고 소송하는 물건을 일절 모두 관가에 몰수하고 영구히 서용(敍用)하지 않는다면 탐하는 풍속이 저절로 종식될 것입니다.'

정부에서 토의해 결론을 내렸다.

"전에 여러 번 수판(受判)한 것에 의거해 처리하면 될 것입니다."

'하나. 선군(船軍-해군)은 국가의 울타리이자 병풍이니 잠시도 폐지할 수 없는 것입니다. 험한 풍랑(風浪) 가운데서 만 번 죽을 고비를 넘기며 살아가니 날마다 상을 주더라도 이 구실을 감당할 자가 거의 드물 터인데 국가에서 전함(戰艦)을 익히게 하여 그 일을 대대로 세습시키니 그 일을 감당하지 못해 유리 도망하는 것이 날로 계속됩니다. 하물며 그들이 어찌 편안히 익히기를 바라겠습니까? 바라건대 이제부터 선군(船軍) 익군(翼軍)을 매년 서로 교대하게 하여 한 주기

---

14 나라에서 먼 곳을 여행하는 사람에게 인신(印信)을 찍어 발급해주는 여행 증명서다.

가 되면 다시 시작해서 수륙(水陸)의 군역(軍役)을 순환(循環)하게 한다면 거의 유리 도망하는 일이 없고 군역이 고르게 될 것입니다.'

정부에서 토의해 결론을 내렸다.

"전에 있었던 예에 의거해야 할 것입니다."

'하나, 서북 한 지방은 단련사(團練使)를 천호(千戶)로 대신 삼기도 하고, 또 부천호(副千戶)로도 삼습니다. 천호로 있었던 자는 효용(驍勇)한 군사를 다스리며 대대로 그 지방에 살고 있었으므로 백성의 진정과 허위와 군사의 굳세고 약한 것을 모두 자세히 압니다. 그러므로 장수와 군사가 서로 보호하여 조금도 구차한 풍습이 없습니다. 바라건대 이제부터 천호의 후손으로 하여금 그 직임을 세습하게 하여 부조(父祖)의 일을 이어받게 하고, 만일 그 자손이 유약하고 재주가 없어 그 직임을 감당하지 못할 경우에는 적을 이겨 공을 세운 자로 하여금 대신하게 하여 군대의 기틀[軍機]을 잃지 않게 해야 할 것입니다.'

정부에서 토의해 결론을 내렸다.

"지금 수판(受判)한 것에 의거해 문서를 내려 시행해야 할 것입니다."

'하나, 호령(號令)을 발동하고 민지(民志)를 정하며, 상하(上下)를 분변하고 명분(名分)을 편안히 하는데 호패(戶牌) 만한 것이 없으니 참으로 좋은 법입니다. 이 법이 행해지면 위와 아래가 절도가 있고 명분을 범하는 일이 없어 백성들이 생업을 편안히 하여 영(令)이 나오는 대로 시행하게 될 것입니다."

정부에서 토의해 결론을 내렸다.

"다시 깊이 헤아려 토의하여 시행해야 할 것입니다."

'하나, 평양(平壤)은 단군(檀君)과 기자(箕子)가 도읍을 세운 뒤로 서북 지방의 본영(本營)이 되었고 또 토관(土官)을 설치하고 서도(西都)라 이름하여 그 이름이 중국에까지 알려졌습니다. 중국의 사신과 칙명(勅命)을 맞이하는 것이 서울 다음이고, 사람 사는 것이 조밀하여 나라의 큰 울타리가 된 지 1,000여 년이나 되었습니다. 지금 안주(安州)로 영(營)을 옮기고 평양부의 노비를 삭감한다는 의견이 있으니 인민들이 실망하고 있습니다. 어떤 이는 말하기를 "평양은 서북도(西北道)의 중앙이 아니므로 공무(公務) 왕래에 병폐가 있다. 안주는 한 도(道)의 중앙이므로 사방으로 왕래하는 경로가 고르기 때문에 영을 옮기는 것이 편리하다"라고 합니다. 신이 생각건대 여러 도(道)의 본영인 경상도의 계림(鷄林)과 전라도의 완산(完山)과 풍해도의 풍주(豊州)와 충청도의 청주(淸州)와 동북면의 영흥(永興)이 모두 그 도(道)의 중앙이 아닌데 어찌 서북면만 반드시 (중앙에 있지 않다 하여) 영을 옮길 까닭이 있겠습니까? 또 안주는 땅이 작고 백성이 가난하며 산수(山水)의 형세가 평양에 미치지 못하니 만일 안주로 영을 옮기고 평양의 노비를 삭감하면 피차가 모두 약해지고 한 방면의 백성이 절망할 것입니다. 바라건대 이 의견을 정지하여 백성들의 기대에 부응해야 할 것입니다.'

정부에서 토의해 결론을 내렸다.

"서북면은 다른 도에 비할 바가 아니고, 안주(安州)는 평양에 다음 가니 거진(巨鎭)을 배치하는 것이 진실로 마땅합니다. 그러나 금년에 화곡(禾穀)이 결실을 제대로 맺지 못했고 게다가 조현(朝見)하는 행차(行次)의 지응(支應)과 교역하는 마필(馬匹)의 전송(傳送) 등 사무가 번잡하고 바쁘니 장차 다시 토의하여 시행하고 아직은 아뢴 것에 따라야 할 것입니다."

상이 모두 정부에서 깊이 헤아려 토의한 것을 따랐다.

○ 유정현(柳廷顯)을 우군 도총제(右軍都摠制)로 삼았다.

○ 승정원으로 하여금 내시부(內侍府)의 근태[勤慢]를 점검하도록 했다.

신묘일(辛卯日-11일)에 상이 덕수궁(德壽宮)에 나아가 헌수(獻壽)했다. 태상왕의 탄일(誕日)이었기 때문이다. 영의정부사 이화(李和), 좌정승 성석린(成石璘), 영안군(寧安君) 양우(良祐) 등이 모셨다.

○ 여칭(呂稱) 신유정(辛有定) 유겸(柳謙) 등을 사면하여 경외 종편(京外從便)시켰다. 중 윤제(允齊)는 외방 종편(外方從便)시켰다. 또 형조 사헌부 순금사에서 올린 도류(徒流-도형과 유형)의 계본(啓本)을 보고 이죄(二罪) 이하는 모두 풀어주었다.

임진일(壬辰日-12일)에 근기(近畿)에서 강무(講武)했는데 대간(臺諫)에서 호종하기를 청하니 허락했다. 저녁에 광주(廣州)의 탄천(炭川)에서 머물렀다.

○ 군자감(軍資監) 권계(權繼)를 보내 교역(交易)하는 두 번째 운반말[二運馬] 300필을 이끌고 요동(遼東)에 가게 했다.

을미일(乙未日-15일)에 경상도 개령현(開寧縣-지금의 김천 지역)에 지진이 일어났다.

병신일(丙申日-16일)에 금주(衿州-서울 금천구) 남교(南郊)에 머물렀다. 이날 밤에 월식(月食)이 있었다.

○ 세자 제(褆)가 요동에 이르니 (명나라 조정에서는) 총병관(摠兵官) 보정후(保定侯) 맹선(孟善), 도지휘사(都指揮使) 고득(高得), 내관(內官) 왕언(王彦) 김춘산(金春山) 등 사람을 보내 교외에서 맞이하고 [郊迓=郊迎], 관(館)에서 대접하며 연회를 베풀게 했는데 모두 지극히 두터웠고 4일동안 묵다가 떠났다. 일찍이 (황제가) 성지(聖旨)를 내려 요동도사에게 다음과 같이 칙유(勅諭)했다.

'조선 국왕이 세자를 보내 내조(來朝)하는데 세자가 일찍이 먼 곳에 나와보지 못했을 것이니 걸어서 오기가 참으로 어려울 것이다. 만일 요동에 이르거든 마땅히 생각을 더하여 위로하고 곧바로 적당한 관원을 뽑아 반송(伴送)하여 육지를 따라 경사로 오라. 그러면 바닷길을 경유하여 풍파를 건너는 것을 면할 것이다. 만일 각력(脚力)[15]이 부족하거든 조달하여 주도록 하고 더불어 연도(沿途)의 관사(官司)에 문서를 보내 미리 공구(供具)를 판비해 완비하도록 힘쓰게 하고 그의 종자(從者)들도 또한 잘 대접하라.'

이 때문에 요동도사가 진무(鎭撫) 진경(陳景), 천호 진민(陳敏), 백호 이충(李忠)을 시켜 호송하게 하고 이르는 관역(館驛)마다 공장(供帳-장막)이 지극히 잘 갖춰져 있었다.

---

15 도보로 물화(物貨)를 메어 나르는 인부를 말한다.

정유일(丁酉日-17일)에 궁으로 돌아왔다. 상이 저자도(楮子島)¹⁶에 배를 띄우고 술자리를 베풀어 대가(大駕)를 따르는 삼군총제(三軍摠制) 이하로 하여금 활쏘기를 겨루게 하고[角射] 날이 저물어서 궁으
로 돌아왔다. 백관이 교외에서 영접하지 말도록 명했다.

무술일(戊戌日-18일)에 상이 덕수궁에 나아가 헌수(獻壽)했는데 (강무를 마치고) 돌아왔음을 고하기[返面] 위함이었다. 더불어 흰 매 [白鷹] 1련(連)과 아골(鴉鶻-까마귀의 일종) 2련(連)을 바쳤다.

○ 대호군(大護軍) 이각(李慤)을 보내 교역하는 세 번째 운반 말 300필을 이끌고 요동으로 가게 했다.

기해일(己亥日-19일)에 전구서(典廐署)¹⁷를 승격해 6품 아문(衙門)으로 만들었다.

○ 서북면 도순문사 이구철(李龜鐵)이 금은(金銀)을 채취하는 사안을 올렸다. 아뢰어 말했다.

'태주지사(泰州知事) 이목(李霂)의 정문(呈文-보고) 안에 "연금(鍊金)하는 장인(匠人) 서보(徐寶)의 말에 의거해 고을 군사 30명을 발

---

16 서울특별시 강남구 압구정동과 성동구 옥수동 사이에 있었으나 현재는 이름만 전해지고 있는 한강의 섬이다. 옛날에 닥나무가 많이 있어 저자도라고도 했으며 닥섬, 옥수동섬이라고도 했다고 한다.

17 여러 가지 가축을 사육하는 일을 맡았다. 고려시대에 전구서(典廐署)라 부르던 것을 조선시대에도 그대로 답습했고 뒤에 예빈시(禮賓寺)와 합쳐 분예빈시(分禮賓寺)라 하다가 1406년(태종 6년)에 다시 분예빈시와 사련소(司臠所)를 합쳐 사축소(司畜所)라 이르고 1466년(세조 12년)에 사축서(司畜署)로 이름을 고쳤다.

동하여 8월 21일부터 9월 그믐날까지 취련(吹鍊)하여 십분은(十分銀) 4냥(兩) 5전(錢)을 얻었고 영삭군(寧朔軍) 31명이 7일 동안 땅을 파서 생금(生金) 2푼(分)을 얻었습니다"라고 했습니다. 금을 캐는 것은 여러 날을 역사하지 않았기 때문에 많고 적은 것을 알기 어렵습니다. (그러나) 은을 캐는 군사는 30명이 만 1개월을 역사하면 10냥(兩)을 취련하여 얻을 수 있으니 1년이면 100냥에 이를 수 있습니다. 만일 오래도록 그치지 않고 파낸다면 다소 국가의 이익을 도울 수 있을 것입니다.'

○ 예빈시판사(禮賓寺判事) 이태귀(李台貴)를 보내 대마도(對馬島)에 가서 수호관(守護官) 종정무(宗貞茂)에게 조미(造米-매조미) 황두(黃豆) 각각 150석, 송자(松子) 100근(斤), 건시(乾柿) 60속(束), 소주(燒酒) 10병(瓶), 청주(淸酒) 30병(瓶), 천아(天鵝) 1수(首), 은어(銀魚) 1항(缸-항아리)을 내려주고, 또 정무(貞茂)의 어미에게 홍단자(紅段子)와 초(綃-비단의 일종) 각각 1필(匹)씩을 내려주었다.

경자일(庚子日-20일)에 사헌부에서 교서 교리(校書校理) 이간(李簡)의 직을 파하기를 청했으나 윤허하지 않았다. 간(簡)이 일찍이 용주지사(龍州知事)로 있을 때에 요동의 군인이 경내(境內)에 흩어져 들어와서 사사로이 우마(牛馬)를 무역하는 것을 알고도 능히 금지하지 못했기 때문에 체임(遞任-임무교대)되어 서울로 올라왔다. 헌사(憲司)에서 죄주기를 청하니 상이 말했다.

"현직 수령의 예에 의거해 태(笞) 50대를 때리고 복직(復職)시키라."

신축일(辛丑日-21일)에 편전(便殿)에 나아가 일을 보았다[視事]. 상^{시사}이 찬성사 이직(李稷)에게 북청주성(北靑州城)의 크고 작은 것을 물으니 직(稷)이 대답했다.

"성터가 넓습니다."

상이 말했다.

"백성을 며칠 동안이나 역사시켰는가?"

직이 대답했다.

"9월 초2일부터 24일까지 사이에 마쳤습니다."

상이 말했다.

"성이 큰데도 빨리 쌓았으니 내가 실로 가상히 여긴다."

상이 또 전 사간(司諫) 신상(申商)을 순금사(巡禁司)에 내려보내 일찍이 무구(無咎) 등에게 당부(黨附)하여 말하기를 '무구를 소외하고 배척하기가 어렵다'고 한 것을 국문하려 했으나 결국 실행하지는 않았다.

○ 동교에서 매사냥을 구경했다.

○ 내상직(內上直)을 고쳐 내금위(內禁衛)라고 했다.

계묘일(癸卯日-23일)에 달이 태미(太微)에 들어갔다.

○ 대간(臺諫)에서 공동으로 장(章)을 지어 무구(無咎) 등 세 사람의 죄를 청했다. 소(疏)는 이러했다.

'가만히 생각건대 상벌(賞罰)의 법전은 천명(天命)이고 천토(天討)이니 임금이라 해서 사사로이 할 수 있는 것이 아닙니다. 이것은 공자(孔子)가 『춘추(春秋)』를 지어 세상을 다스리고 어지러움을 제거하는 백왕(百王)의 바꿀 수 없는 대법(大法)이라고 한 까닭입니다. 지금 무구·무질·극례 등의 불충 불경(不忠不敬)한 죄를 대간과 형조에서 교장(交章)하여 여러 번 청했으나, 전하께서 그대로 윤허하시지 않고 강등하여 가벼운 법전을 좇아 무구·무질에게는 다만 녹권(錄券)만 거두고 자원에 의해 안치하셨으며, 극례에게는 다만 자원에 의해 안치하게 하셨으니 온 나라 신민(臣民)들이 가슴을 치며 실망합니다. 이것은 한때 임시변통의 어즮[姑息之仁]으로 백왕(百王)의 바꿀 수 없는 큰 법전을 폐기하고, 언로(言路)를 막고 간궤(奸軌)에게 혜택을 베푸는 것이오니, 종사(宗社) 만세를 위한 계책이 아닙니다. 엎드려 바라옵건대 전하께서는 여망(輿望)을 굽어 좇으시어 유사(攸司)로 하여금 이들 세 신하의 직첩을 회수하고 그 죄를 국문하여 큰 법전을 바로잡아 밝게 만세에 보이셔야 할 것입니다.'

상이 소(疏)를 대내(大內)에 머물러 두었다. 이튿날 대간에서 다시 예전의 청을 거듭 아뢰니 사헌 장령 탁신(卓愼)과 사간원 우헌납 신개(申槩)를 불러 말했다.

"너희의 전날의 상소는 내가 이미 결단한 일이니 다시 논의할 것이 없다."

신(愼) 등이 아뢰어 말했다.

"불충한 죄는 마땅히 법으로 논해야 될 것이니 기결(旣決) 미결(未決)을 논할 것이 무어 있습니까?"

상이 대언(代言) 윤사수(尹思修)에게 말했다.

"형조와 대간을 삼성(三省)이라 이름하여 교장(交章) 논사(論事) 하다가 여러 번 파면되어 직사(職事)를 폐하게 되니 이제부터 형조는 참여하지 않는 것이 좋겠다."

사수(思修)가 아뢰었다.

"상의 가르침이 참으로 옳습니다. 대간은 죄를 범한 사람을 탄핵하고, 형조는 다만 형벌할 사람을 형벌하는 일뿐입니다."

상이 말했다.

"다시 정승과 의논하여 물어서 시행하라."

의견을 내는 자들이 모두 옳다고 했다. 이때부터 형조가 대간이 탄핵하는 일에 참여하지 않는 예(例)가 시작됐다.

갑진일(甲辰日-24일)에 의정부에서 시무(時務) 몇 가지 조목을 올렸다. 아뢰어 말했다.

'금은(金銀)은 본국에서 나지 않는 물건입니다. 국가에서 매번 (명나라에) 공헌(貢獻)할 때를 당하면 값을 배나 주고 수매(收買)해도 이를 바치는 자가 적습니다. 이 때문에 궁내(宮內)에서 쓰는 것과 나랏일에 쓰는 것을 제외하고는 일절 금지한다는 명문화된 법령이 이미 있는데도 유사(有司)가 이를 기꺼이 거행하지 않습니다. 이제부터는 각 품(品)의 품대(品帶)와 양부(兩府) 이상의 은호병(銀胡甁) 은선배(銀鐥杯) 은시저(銀匙筯), 4품 이상의 은선배(銀鐥杯) 은시저(銀匙筯), 사대부가(士大夫家)의 명부(命婦)의 수식(首飾), 외방 각관(各官)의 은선배(銀鐥杯) 외에는 사사로이 금은 기명(金銀器皿)을 쓰지 못하게 하면 사람들이 모두 용도가 간절하지 않은 것을 알아서 무역(貿易)할 즈음에 모두 나라에 바칠 것이고 또 풍속이 순박하고 검소한 것을 숭상하게 될 것입니다. 궁녀(宮女)의 수식(首飾)은 이 한계에 두지 않습니다.

지지(紙地)의 품질은 표전(表箋)을 쓰는 것을 표지(表紙)[18]라고 하고, 주문(奏聞)을 쓰는 것을 주지(奏紙)[19]라고 하고, 서장(書狀)을 쓰는 것을 장지(狀紙)[20]라고 하는데 지금은 이름과 실상을 분별하지 않고 중외(中外)의 공사(公私)에서 모두 두터운 종이[厚紙]를 쓰므로 제조할 즈음에 백성들이 그 폐해를 받게 됩니다. 그러므로 신사년(辛巳年-1401년)에 이미 금령(禁令)을 내렸으나 그대로 고치지 않아 폐단이 다시 전과 같습니다. 더군다나 지금 또 (명나라) 조정(朝廷)의 수요가 있어 제조하는 비용이 전날보다 10배나 되니 더욱 더 금지하고 억제하지 않으면 혹 잇대지 못하게 될까 두렵습니다. 이제부터 궁내(宮內)에서 쓰는 것과 나라에서 쓰는 것을 제외하고는 계문(啓聞) 등에 있어서는 모두 백주지(白奏紙)를 쓰고 서로 간에 주고받는 정장(呈狀)은 상주지(常奏紙)를 쓰며, 관(關)·첩(牒)이나 공사(公私)의 서장(書狀)에 있어서는 상주지(常奏紙) 장지(狀紙)를 통용하여 예전의 폐단을 고치고 이를 어기는 자는 규리(糾理)해야 할 것입니다. 유궁(油弓)·전립(箭笠)·모(帽)·안롱(鞍籠) 등은 이 한계에 두지 않습니다.

또 마정(馬政)은 군국(軍國)의 중대한 일인데 근래에 이를 거행하지 아니하여 번식하는 것이 심히 적어서 국용(國用)을 충족시키지 못할 뿐만 아니라, (명나라에) 진헌(進獻)할 즈음에 값이 배(倍)로 뛰

---

18 중국에 보내는 표전문(表箋文)에 사용하는 가장 질이 좋은 후지(厚紙)다.
19 임금에게 계문(啓聞)할 때 사용하는 질이 좋은 종이인데 계문(啓聞)에 사용하는 백주지(白奏紙) 이외에 정장(呈狀)에 사용하는 상주지(常奏紙) 등이 있었다.
20 공사(公私)의 서장(書狀)이나 관공서(官公署)의 관문(關文)·첩문(牒文)에 사용하는 질이 보통인 종이다.

니 무역을 해도 오히려 부족합니다. 청컨대 전조(前朝-고려)의 과정마(過庭馬)[21]의 예에 의거해 각도 각 고을의 쇠잔하고 번성한 것을 분간하여 종마(種馬)의 수를 정해 지금 혁파한 사사노비(寺社奴婢)의 신공(身貢)과 관찰사도(觀察使道)의 공반물색(公反物色)과 여러 도(道)의 입방(入放)[22]한 우척(牛隻)의 값으로써 교역하고, 또 제주(濟州)의 방목(放牧)하는 관우(官牛)를 쇄출(刷出)하여 말이 있는 각 호(戶)에서 말과 바꿔 육지로 내오고, 위의 종마(種馬)와 외방의 시산(時散) 각 품(品)이 번식시키기를 자원하는 마필(馬匹)을, 모두 경기와 외방 각 고을의 수초가 좋은 곳에 목장을 배치하고, 목자(牧子)를 두어 체제(體制)를 정해 돌보아 기르게 하되, 소재지의 수령이 번식시킬 책임을 겸하여 맡고, 사복시(司僕寺)의 관원이 때때로 점고(點考)하며, 관찰사가 수령을 포폄(褒貶)할 때에 종마(種馬)를 번식시킨 것이 많은가 적은가를 아울러 상고하여 출척(黜陟)에 근거 자료로 삼게 해야 할 것입니다.'

그것을 모두 따랐다.

병오일(丙午日-26일)에 안개가 짙게 끼고 바람이 크게 불었다.

○ 이조(吏曹)에 명해 (서북면) 태주지사(泰州知事) 이목(李霂)에게 자급(資級-품계)을 1급(級) 더해주었다. 이구철(李龜鐵)이 말씀을 올려 이목이 또 이달 초 1일부터 12일까지 사이에 정은(正銀) 6냥(兩)

---

21 지방 고을에서 대궐에 바치는 말을 말한다.
22 들여다가 방목한다는 말이다.

을 취련(吹鍊)하여 얻었다고 하여 이러한 명이 있었다. 또 취련하는 장인(匠人) 김수만(金守萬)에게 주포(紬布)와 면포(綿布) 각각 1필, 면자(綿子) 1근(斤)을 내려 주고, 곧 태주(泰州)에 취련군(吹鍊軍) 100명을 두어 잡역(雜役)을 면제하고, 오로지 은(銀)을 취련하게 했고 또 서흥현(瑞興縣)에서 나는 지자연(知子鉛) 1근과 연장(鉛匠)을 태주(泰州)로 보냈다.

○ 일본 살마주(薩摩州) 등원뇌구(藤原賴久)가 사자를 보내 예물(禮物)을 바쳤다.

정미일(丁未日-27일)에 태백성(太白星)이 낮에 보였는데 하늘을 가로질러 지나갔다.

기유일(己酉日-29일)에 사헌부대사헌 안원(安瑗), 좌사간 대부 강회중(姜淮仲) 등이 함께 장(章)을 지어 무구(無咎) 등 세 사람의 죄를 청했다. 소(疏)는 이러했다.

'예로부터 혼인을 맺은 친속이나 간사한 소인배가 뜻을 얻어 임금의 옆에 있으면 임금의 다움을 어지럽히고 생민(生民)에게 독을 끼치는 법인데, 충신(忠臣)과 의사(義士)가 마음을 썩히고 이를 갈면서도 능히 이를 배척하지 못하는 것은 대개 임금이 흠뻑 빠져 아껴주기 때문에 눈 밝지 못하기 때문이니 이는 나라를 뒤짚는 조짐이 되는 것입니다. 지금 전하께서는 하늘이 내신 귀 밝음과 눈 밝음 그리고 용기와 사리를 아는 지혜[聰明勇智]의 자질로, 마음을 항상 삼가시어 거울같이 밝고 저울처럼 바르게 하시어, 곱고 추한 것과 굽고

472

곧은 것이 능히 도망치지 못합니다. 그러므로 무구·무질·극례 등이 (임금의 마음을) 빼앗지 않으면 안 되겠다는 마음을 몰래 품고 군문 (君門)에 출입했는데 전하께서 그 단서를 밝게 보셨으니 참으로 사직과 생민의 복입니다. 공신 백관 대간 형조에서 여러 차례에 걸쳐 그 죄를 청한 지 여러 날이 되었는데, 그대로 하라는 윤허를 얻지 못하는 것은 실로 나라에 충성을 다하는 신하가 없기 때문이니 심히 부끄러운 일입니다. 전하께서 큰 의리를 버리고 사사로운 은혜를 잘못 가하시니, 법을 무너뜨리고 기강을 어지럽히고 사직(社稷)에 환란을 끼치는 것이 전하로부터 시작될까 두렵습니다. 세 사람이 각각 편한 곳에 있으면서, 사당(私黨)을 몰래 끌어들이는 것이 반드시 평상시와 다를 바가 없는 것처럼 할 것이니 그 마음이 어찌 주상의 다움을 알겠습니까? 수원(讎怨)을 보복할 마음이 날로 더하여 그치지 않으면 "이 해가 언제나 없어질 것인가"하는 희망을 가질 것이니 참으로 신자(臣子)의 불공대천(不共戴天)의 원수입니다. 하물며 극례가 왕자의 먹 장난한 종이를 전하의 옆에서 손수 찢었으니 무구 등과 더불어 종지(宗支)를 제거하고자 한 음모가 나타난 것입니다. 또 무구와 무질은 초방(椒房-왕비)의 친속이니 다른 날에 뜻을 얻어 극례의 당과 더불어 다시 일어난다면 오늘날 조신(朝臣)이 한 사람이나 남아 있겠습니까? 금지옥엽(金枝玉葉)이 번성할 수 있겠습니까? 사직(社稷) 생령(生靈)이 어디로 돌아갈지 참으로 알 수 없는 것입니다. 엎드려 바라옵건대 전하께서는 대의로 결단하시어 신 등의 전일의 청에 따라 세 사람을 극형에 처해 왕법을 보이셔야 할 것입니다.'

대내(大內)에 머물러두고 내리지 않았다.

경술일(庚戌日-30일)에 편전에 나아가 일을 보았다. 여러 신하들이 장차 물러가려 하니 상이 안원(安瑗)과 유두명(柳斗明)을 가리키며 말했다.

"다시 앉으라!"

이때 두명(斗明)은 나주목사(羅州牧使)에서 불려왔다. 상이 두 명에게 일러 말했다.

"사간(司諫)은 고만(考滿)²³이 되어서 왔는가?"

대답했다.

"내년 4월이 고만이 되는 때인데, 지나치게 성은(聖恩)을 입어서 드디어 여기에 이르렀습니다."

상이 말했다.

"경 등이 전날 대간(臺諫)의 청을 답습하여 다시 청하기를 마지 않는데 무구 등이 이미 불충하다는 이름이 있어 공신(功臣)의 녹권(錄券)을 회수하고 외방에 있게 했으니 이미 그 죄에 적당하다. 극례는 의리를 알지 못하는 미혹(迷惑)한 사람인데, 다만 작은 아이의 먹 장난한 종이를 찢은 것뿐이니, 불공(不恭)이라고 말하는 것은 가하지마는 불충(不忠)이라고 하는 것은 불가하다."

원(瑗)이 대답했다.

"예로부터 신하된 자의 죄가 이 세 사람의 죄보다 지나친 것이 없었습니다. 비록 친구의 자식의 먹 장난이라도 오히려 그리 하지 못할

---

23 벼슬의 임기가 만료되는 것을 말한다. 외관(外官)은 3기법(三期法)으로 그 임기가 3년이 었고, 중앙의 관원은 그 반이었다. 임기 만료되면 거관(去官)하는 것이 원칙이었다.

텐데 하물며 신하가 임금 앞에서 이렇게 패만(悖慢)한 것은 어찌 까닭이 없겠습니까? 신하로서 악한 짓을 한 것도 예전에 이와 같은 것이 없었고, 제왕(帝王)으로서 간언하는 것을 막는 것도 전하 같은 분이 없었습니다."

두 명이 대답했다.

"불충한 신하를 왕법(王法)으로 결단하여 밝게 공도(公道)를 보이면 누가 다시 죄를 청하겠습니까? 전하께서 비록 이미 죄를 처단했다고 말씀하시나 벌이 죄에 맞지 않기[不稱] 때문입니다."
불칭

○ 대간(臺諫)이 대궐에 나아와 다시 세 사람의 죄를 청했으나 윤허하지 않았다.

○ 신극례(辛克禮)가 양주(楊州)에서 죽었다. 그 가인(家人)들이 시체를 싣고 성(城)으로 들어와서 그 집에 초빈(草殯)하니 사간원(司諫院)에서 아전을 보내 내쫓았다. 상이 극례가 죽었다는 소식을 듣고 종이 200권, 쌀과 콩 각각 50석을 부의로 내려주고 예조 좌랑 유면(兪勉)을 불러 정조장(停朝狀)²⁴을 올리라고 독촉해 드디어 3일 동안 조회를 정지했다.

---

24 2품 이상의 대신(大臣)이 죽었을 때 예조(禮曹)에서 바치는 조회(朝會)를 정지하는 절목(節目)을 적은 글을 말한다. 종2품은 1일 동안, 정2품은 2일 동안, 1품은 3일 동안 정조(停朝)했다.

辛巳朔 下書雲副正尹敦智于巡禁司. 先是敦智爲述者 啓:
신사 삭 하 서운 부정 윤돈지 우 순금사 선시 돈지 위 술자 계

"月朔已初 日當食." 上率侍臣 素服出正殿月臺上以待 自辰至
월삭 사초 일당식 상솔 시신 소복 출 정전 월대 상 이대 자진지

午不果食. 上乃釋服而入 下敦智于獄. 翼日 上謂知申事黃喜曰:
오 불과식 상내 석복 이입 하 돈지 우옥 익일 상위 지신사 황희왈

"古有當食不食之說. 予則小國之君耳 若天子恐懼修省 則或有
고유 당식 불식 지설 여즉 소국 지군이 약 천자 공구 수성 즉혹유

是理. 今便歸罪於述者 推步之差 無乃不可乎?" 喜對曰:"洪恕
시리 금편 귀죄 어 술자 추보 지차 무내 불가 호 희 대왈 홍서

等今在京師 竢其還 可以知敦智之虛矣" 上又曰:"敦智又言:'今
등 금재 경사 사 기환 가이 지 돈지 지허의 상우왈 돈지 우언 금

望月當食' 至其日 又可驗其得失." 尋釋之.
망월 당식 지기일 우 가험 기득실 심 석지

壬午 分遣田民別監于各道. 自寺社革去後 奴婢盡分屬於各司
임오 분견 전민별감 우 각도 자 사사 혁거 후 노비 진 분속 어 각사

各官 其子孫或有未推者. 忠淸道都觀察使金自粹啓:'本道之民
각관 기 자손 혹유 미추 자 충청도 도관찰사 김자수 계 본도 지민

以敬差官改量田地高重 詣臣投牒者 摠二十三州縣一千三百人.'
이 경차관 개량 전지 고중 예신 투첩 자 총 이십삼 주현 일천 삼백 인

國家乃令佃客各投牒於守令 守令受牒 考其虛實 仍遣別監 再行
국가 내영 전객 각 투첩 어 수령 수령 수첩 고 기허실 잉견 별감 재행

審復 果重則追罪敬差官 誣告則罪投牒者; 守令分揀失實者 罪亦
심복 과중 즉추죄 경차관 무고 즉죄 투첩 자 수령 분간 실실 자 죄역

如之.
여지

遣工曹參議河自宗 管押歲貢馬五十匹如京師.
견 공조참의 하자종 관압 세공마 오십 필여 경사

癸未 封第二子祜爲孝寧君 以李稷爲議政府贊成事 林整
계미 봉 제이 자호위 효령군 이 이직 위 의정부 찬성사 임정

刑曹判書 安瑗司憲府大司憲 延嗣宗判漢城府事兼右軍摠制
형조판서 안원 사헌부 대사헌 연사종 판한성부사 겸 우군 총제

476

金宇熙川君兼左軍摠制 尹向漢城府尹 姜淮仲柳斗明左右司諫
김우 희천군 겸 좌군 총제 윤향 한성부윤 강회중 유두명 좌우 사간

大夫. 臺諫皆免官 獨向遷官.
대부 대간 개 면관 독 향 천관

以成發道 李都芬 尹子當爲全羅 忠淸 慶尙道兵馬都節制使.
이 성발도 이도분 윤자당 위 전라 충청 경상도 병마 도절제사

慮有倭賊不虞之變 特遣三人以備預也.
여 유 왜적 불우 지변 특견 삼인 이 비예 야

以鄭津判羅州牧事. 是日左政丞成石璘不赴政廳 上遣
이 정진 판 나주목 사 시일 좌정승 성석린 불부 정청 상견

吏曹佐郞趙瑞老 卽其家問曰: "欲除一牧使 權肅 鄭津中誰
이조좌랑 조서로 즉 기가 문왈 욕제 일 목사 권숙 정진 중 수

可者? 津則已入樞府 無乃不願爲外官歟?"石璘對曰: "處事之才
가자 진 즉 이입 추부 무내 불원 위 외관 여 석린 대왈 처사 지재

津優於肅." 遂以命津.
진 우어 숙 수 이명 진

甲申 雷電.
갑신 뇌전

賜六代言馬各一匹.
사 육대언 마 각 일필

罷右軍護軍尹宗貞 都事崔渭職. 刑曹啓: "今當禁酒之時
파 우군 호군 윤종정 도사 최위 직 형조 계 금 당 금주 지시

上護軍康有信 大護軍沈沍等七人 與尹宗貞 崔渭等 托以餞
상호군 강유신 대호군 심정 등 칠인 여 윤종정 최위 등 탁 이전

義州牧使朴矩 聚會朝房 公然飮酒. 乞收職牒 依律論罪." 上曰:
의주목사 박구 취회 조방 공연 음주 걸수 직첩 의율 논죄 상왈

"主張供辦宗貞與渭停職 其餘勿論."
주장 공판 종정 여 위 정직 기여 물론

乙酉 上如太平館. 餞韓帖木兒等也.
을유 상 여 태평관 전 한첩목아 등 야

丙戌 觀放鷹于東郊.
병술 관 방응 우 동교

丁亥 韓帖木兒等還 上餞之於崇禮門外. 遣吏曹參議金天錫
정해 한첩목아 등 환 상 전지 어 숭례문 외 견 이조참의 김천석

管押刷出火者金安等二十九人 隨帖木兒如京師.
관압 쇄출 화자 김안 등 이십 구인 수 첩목아 여 경사

賜西原君鄭摠妻金氏米豆各四石 眞麥十石.
사 서원군 정총 처 김씨 미두 각 사석 진맥 십석

戊子 司憲執義許稠 上疏論土木之役. 疏曰:
무자 사헌 집의 허조 상소 논 토목 지역 소왈

竊見近年風俗 厭前朝之季之緩弛 凡事不顧民弊 惟務速成

營繕一事 爲尤甚也. 爲使令者 畏其官員 督之甚嚴 鞭驅役人

無異牛羊 愚民莫知所措 爭先奔走 爲木石所傷者① 比比有之.

臣於前年春 往春州 聞斫木轉輸之際 死者不少 然姑以臣之耳目

所及言之 曩者文廟之役 臣姪許誠之奴死; 近日館舍之役 護軍

白元奉之奴死. 觀此二役 餘皆可推 然無一人被責者 故凡役民者

皆欲速成. 若此不禁 則臣恐無辜之民 多死於木石矣.

昔伊尹 一夫不得其所 若撻于市. 況使無辜死於木石也! 伏望

殿下哀矜焉. 臣謹按春秋 凡有興作悉書 而不書僖公之復閟宮

先儒以爲:"閟宮所以奉先祖 春秋不書者 得其用民之道也." 今

齊陵石室未成 與平人無異 實爲盛代之闕典 而有司無有申請者

殿下發於宸衷 特令修造 奉先之孝至矣. 當是職者 誠宜使緩急

得中 上以成殿下奉先之孝 下不歸民怨於殿下可也.

臣至留後司之日 見古城南門路旁有死屍 問諸輪石者 對曰:

"是前夜輪石之軍也." 臣彷徨不去 因思呂正獻公論小人之言曰:

"人主以爲有利於國 而不知其終爲害也; 賞其納忠 而不知其大

不忠也; 嘉其任怨 而不知其怨歸於上也." 嗚呼! 此人之父母妻子

之怨 豈歸監役者哉? 伏望殿下垂察焉 令監司問於各郡 凡死於

役者 給財蠲役 以慰哀怨之心; 自今以後 各處營繕及斫木 如有

死者 卽報於國 其頭目使令與夫監役官論罪 而隱匿不報者 與

同罪 則殿下好生之德 洽于民心. 臣在境上 無任瞻天戀聖之至
不忍含默.'

上覽疏變色 謂知申事黃喜曰: "汝等識理者也 豈不聞此等事!
何不告我歟? 予之忠臣 惟許稠耳. 予若知如此 則豈肯興是役哉!
人命甚重 其可忽乎!" 卽命罷役 召監督摠制朴子靑還. 子靑性
苟急 每督役 欲其速成 不分晝夜 催役丁夫 所至 人皆苦之.

罷檢校判漢城府事劉旱雨職. 旱雨密獻磁石及鐵于世子 世子
至金巖驛 命取水泛鐵以試之 宦官朴英文諫之. 許稠卽封磁石及
鐵 送司憲府 且上書請旱雨之罪.

申大小員吏 受命托故不行之禁.

以東北面兵馬都節制使金承霔 兼本道都巡問察理使
西北面都巡問使李龜鐵 啓道內事宜 從之. 啓曰: '大小
守令司留守府以至縣令監務從人馬料 以歲之豐凶 各有定數
載在六典 用公廨祿田支給. 竊見本道 或有以節制使而兼牧使
水軍僉節制使萬戶而兼縣令監務 只率一二奴僕 獨自赴任者 其
伴黨軍官從人糧料 亦以軍糧支備 似違國家節用之意. 願乞軍官
伴黨從人糧料 用公廨祿俸所餘 不足然後 乃用軍糧補乏.'

己丑 平壤府尹尹穆 上便宜事目八條 下政府擬議.

'一 關譏而不征 所以察異服異言 禁人出入 察敵間諜. 況西北
一方 境連異域 尤不可不慮. 願自今 若平壤大同江 安州淸川江

義州鴨綠江等處 定剛明正直者爲別差 嚴立課程 全任考察 俾之
의주 압록강 등처 정 강명 정직 자위 별차 엄립 과정 전임 고찰 비지

流亡自戢 邊警自息. 如有擅自移徙者 逃驅避役 冒罪偷生者
유망 자집 변경 자식 여유 천자 이사 자 도구 피역 모죄 투생 자

異言不類者 俱執傳告所在官司 繩之以法 委任關吏 不如法者
이언 불류 자 구집 전고 소재 관사 승지 이법 위임 관리 불 여법 자

從重糾理.'
종중 규리

政府議得: "大同江 淸川江 鴨綠江 已曾把截 嚴加考察 使無
정부 의득 대동강 청천강 압록강 이증 파절 엄가 고찰 사무

虛疎."
허소

'一. 貪財小人 惟利是求 輒憑行貨 往來諸道 以民間日用不切
일 탐재 소인 유리 시구 첩빙 행화 왕래 제도 이 민간 일용 부절

之物 誑誘愚民婦女 謀奪人産 是可慮也. 願自今 凡行貨者痛禁
지물 광유 우민 부녀 모탈 인산 시 가려 야 원 자금 범 행화 자통금

拔本塞源 使安其業 如有違令敢行貨者 以盜論.'
발본색원 사 안 기업 여유 위령 감 행화 자 이도 논

政府議得: "東西北面 境連彼土. 其面入歸行商者 京中漢城府
정부 의득 동 서북면 경 련 피토 기면 입귀 행상 자 경중 한성부

外方都觀察使都巡問使 印信行狀成給 無行狀者 一依啓本痛禁."
외방 도관찰사 도순문사 인신행장 성급 무 행장 자 일의 계본 통금

'一. 伯叔兄弟 異形同氣 焉有反脣相詰之理乎? 而況致訴官前
일 백숙 형제 이형 동기 언유 반진 상힐 지리 호 이황 치소 관전

發揚隱惡 以相鬪歐 賊恩之大者也. 願自今 伯叔兄弟至親 如有
발양 은악 이상 투구 적은 지 대자 야 원 자금 백숙 형제 지친 여유

父母未分之物 使自平分 庶可無訟. 違令貪利 告官賊恩者 勿論
부모 미분 지물 사자 평분 서 가 무송 위령 탐리 고관 적은 자 물론

事情得失 所訟之物 一皆沒官 永不敍用 貪風自戢.'
사정 득실 소송 지물 일개 몰관 영불 서용 탐풍 자집

政府議得: '依在前屢曾受判.'
정부 의득 의 재전 누증 수판

'一. 船軍 國家之藩屛 不可暫廢. 風浪之險 生於萬死 終使
일 선군 국가 지 번병 불가 잠폐 풍랑 지험 생어 만사 종사

日賞 能堪此役者幾希. 國家使習戰艦 世襲其役 而不堪其苦
일상 능감 차역 자 기희 국가 사습 전함 세습 기역 이 불감 기고

流亡日繼 況望其便習乎? 願自今 船軍翼軍 每年相遞 周而復始
유망 일계 황망 기 편습 호 원 자금 선군 익군 매년 상체 주이 부시

水陸軍役 許令循環 庶無流亡 而軍役均矣.'
수륙 군역 허령 순환 서무 유망 이 군역 균의

政府議得: "依在前例."
<small>정부 의득 의 재전 예</small>

'一. 西北一方 以團練使代爲千戶 又爲副千戶. 爲千戶者撫軍
<small>일 서북 일방 이 단련사 대위 천호 우위 부천호 위천호 자 무군</small>

驍勇 世居其方 民之情僞 軍之壯弱 備詳知之. 是以將卒相保 素
<small>효용 세거 기방 민지 정위 군지 장약 비상 지지 시이 장졸 상보 소</small>

無苟且之風. 願自今 令千戶之後 世襲其職 繼述祖父之事; 如其
<small>무 구차 지풍 원 자금 영 천호 지후 세습 기직 계술 조부 지사 여기</small>

子孫疲軟無才 不堪其任 代以克敵立功者 使不失軍機.'
<small>자손 피연 무재 불감 기임 대이 극적 입공 자 사 불실 군기</small>

政府議得: "依今受判行移."
<small>정부 의득 의금 수판 행이</small>

'一, 發號令 定民志 辨上下 安名分 莫如戶牌 誠爲良法. 此法
<small>일 발 호령 정 민지 변 상하 안 명분 막여 호패 성위 양법 차법</small>

行 則上下有節 無有干名犯分 而民安其業 令出唯行矣.'
<small>행 즉 상하 유절 무유 간명 범분 이민 안 기업 영출 유행 의</small>

政府議得: "更加擬議施行."
<small>정부 의득 갱가 의의 시행</small>

'一, 平壤 自檀君 箕子建都之後 爲西北一方本營 又設土官
<small>일 평양 자 단군 기자 건도 지후 위 서북 일방 본영 우설 토관</small>

號曰西都. 名聞中國 使華迎命 亞於京師 人居稠密 爲國大藩 千
<small>호왈 서도 명문 중국 사화 영명 아어 경사 인거 조밀 위국 대번 천</small>

有餘年矣. 今有移營安州 減削當府奴婢之議 人民缺望 或曰:
<small>유여 년의 금유 이영 안주 감삭 당부 노비 지의 인민 결망 혹왈</small>

"平壤非西北道中 病於公務往來. 若安州則一道中央 四面往來
<small>평양 비 서북 도중 병어 공무 왕래 약 안주 즉 일도 중앙 사면 왕래</small>

道里均焉 便於移營." 臣以爲諸道之本營 若慶尙之雞林 全羅之
<small>도리 균언 편어 이영 신 이위 제도 지 본영 약 경상 지 계림 전라 지</small>

完山 豐海之豐州 忠淸之淸州 東北之永興 皆非道之中央 獨於
<small>완산 풍해 지 풍주 충청 지 청주 동북 지 영흥 개비 도지 중앙 독어</small>

西北 何必移營! 且安州地小民貧 山水形勢不及平壤. 若移營安州
<small>서북 하필 이영 차 안주 지소 민빈 산수 형세 불급 평양 약 이영 안주</small>

減除平壤奴婢 則彼此俱弱 一方民望絶矣. 願停此議 以副民望.'
<small>감제 평양 노비 즉 피차 구약 일방 민망 절의 원정 차의 이부 민망</small>

政府議得: "西北非他道之比 而安州亞於平壤 巨鎭排置 固其
<small>정부 의득 서북 비 타도 자비 이 안주 아어 평양 거진 배치 고기</small>

宜也. 然今年禾穀不實 而加以朝見行次支應及易換馬匹傳送等
<small>의야 연 금년 화곡 부실 이가이 조현 행차 지응 급 역환 마필 전송 등</small>

事務煩劇 將以更議施行 姑從所啓." 上皆從政府擬議.
<small>사무 번극 장어 갱의 시행 고종 소계 상개종 정부 의의</small>

以柳廷顯爲右軍都摠制.
이 유정현 위 우군 도총제

令承政院考察內侍府勤慢.
영 승정원 고찰 내시부 근만

辛卯 上詣德壽宮獻壽. 以太上誕日也. 領議政府事李和
신묘 상 예 덕수궁 헌수 이 태상 탄일 야 영 의정부 사 이화

左政丞成石璘 寧安君良祐等侍焉.
좌정승 성석린 영안군 양우 등 시 언

宥呂稱 辛有定 柳謙等 京外從便; 僧允齊外方從便. 又覽刑曹
유 여칭 신유정 유겸 등 경외종편 승 윤제 외방 종편 우 람 형조

司憲府巡禁司所上徒流啓本 二罪以下 皆放之.
사헌부 순금사 소상 도류 계본 이죄 이하 개 방지

壬辰 講武于近畿 臺諫請扈從 許之. 夕次廣州之炭川.
임진 강무 우 근기 대간 청 호종 허지 석 차 광주 지 탄천

遣軍資監權繼 管押易換二運馬三百匹如遼東.
견 군자감 권계 관압 역환 이운 마 삼백 필 여 요동

乙未 慶尙道 開寧縣地震.
을미 경상도 개령현 지진

丙申 次于衿州南郊. 是夜 月有食之.
병신 차 우 금주 남교 시야 월유 식지

世子褆至遼東 摠兵官保定侯孟善 都指揮使高得 內官王彦
세자 제 지 요동 총병관 보정후 맹선 도지휘사 고득 내관 왕언

金春山等 遣人郊迓 館待設宴 皆極其厚 留四日而行. 曾有聖旨
김춘산 등 견인 교아 관대 설연 개극 기후 유 사일 이행 증유 성지

諭遼東都司曰: '朝鮮國王遣世子來朝 世子未嘗出遠 涉履良艱.
유 요동도사 왈 조선 국왕 견 세자 내조 세자 미상 출원 섭리 양간

如至遼東 宜加意慰勞 卽選的當官員伴送 遵陸來京 庶免經由
여 지 요동 의 가의 위로 즉 선적 당 관원 반송 준륙 내경 서 면 경유

海道歷涉風波. 儻脚力未敷 可撥應付. 仍移文沿途官司 預辦
해도 역섭 풍파 당 각력 미부 가발 응부 잉 이문 연도 관사 예판

供具 務要完備 從者亦須待之得宜.' 由是都司差鎭撫陳景 千戶
공구 무요 완비 종자 역 수 대지 득의 유시 도사 차 진무 진경 천호

陳敏 百戶李忠護送 所至館驛 供帳極備.
진민 백호 이충 호송 소지 관역 공장 극비

丁酉 還宮. 上泛舟於楮子島置酒 令隨駕三軍摠制以下角射
정유 환궁 상 범주 어 저자도 치주 영 수가 삼군 총제 이하 각사

日暮還宮. 命除百官郊迎.
일모 환궁 명제 백관 교영

戊戌 上詣德壽宮獻壽 返面也. 仍獻白鷹一連 鴉骨二連.
무술 상 예 덕수궁 헌수 반면 야 잉헌 백응 일련 아골 이련

遣大護軍李慤 管押易換三運馬三百匹如遼東.
견 대호군 이각 관압 역환 삼운 마 삼백 필 여 요동

己亥 陞典廐署爲六品衙門.
기해 승 전구서 위 육품 아문

西北面都巡問使李龜鐵上採金銀事宜. 啓曰: '知泰州事李霂呈
서북면 도순문사 이구철 상 채 금은 사의 계왈 지태주사 이목 정

內 以鍊金匠徐寶之言 發州軍三十名 自八月二十一日至九月晦日
내 이 연금장 서보 지언 발 주군 삼십 명 자 팔월 이십일일 일 지 구월 회일

吹鍊得十分銀四兩五錢. 及寧朔軍三十一名 七日掘地 得生金
취련 득 십분 은 사냥 오전 급 영삭 군 삼십 일명 칠일 굴지 득 생금

二分. 採金不多日赴役 故多少難知. 採銀軍三十名 役滿一朔 則
이분 채금 부다 일 부역 고 다소 난지 채은 군 삼십 명 역 만 일삭 즉

可煉十兩 一年則可至百兩. 若令長掘而不止 則小裨國家之利.'
가련 십량 일년 즉 가지 백량 악 영장 굴 이 부지 즉 소 비 국가 지 리

遣判禮賓寺事李台貴如對馬島 賜守護官宗貞茂造米黃豆各
견 판 예빈시 사 이태귀 여 대마도 사 수호관 종정무 조미 황두 각

一百五十石 松子百斤 乾柿六十束 燒酒十瓶 淸酒三十瓶 天鵝
일백 오십 석 송자 백근 건시 육십 속 소주 십병 청주 삼십 병 천아

一首 銀魚一缸 又賜貞茂母紅段子綃各一匹.
일 수 은어 일항 우 사 정무 모 홍단자 초 각 일필

庚子 司憲府請罷校書校理李簡職 不允. 簡嘗知知龍州事時
경자 사헌부 청파 교서 교리 이간 직 불윤 간 상지 지용주사 시

遼東軍散入境內 私易牛馬 不能禁約 遞任赴都. 憲司請罪 上曰:
요동 군 산입 경내 사역 우마 불능 금약 체임 부도 헌사 청죄 상왈

"可依見任守令之例 決笞五十 復職."
가의 현임 수령 지 례 결태 오십 복직

辛丑 御便殿視事. 上問贊成事李稷以北靑州城之大小 稷對曰:
신축 어 편전 시사 상문 찬성사 이직 이 북청주 성 지 대소 직 대왈

"城基廣." 上曰: "役民幾日?" 稷對曰: "自九月初二日至二十四
성기 광 상왈 역민 기일 직 대왈 자 구월 초 이일 지 이십사

日而畢." 上曰: "城大而速築 予實嘉之." 上又欲下前司諫申商於
일 이필 상왈 성대 이 속축 여실 가지 상 우 욕하 전 사간 신상 어

巡禁司 鞫問嘗黨附無咎等 以爲難以疏斥之故 不果.
순금사 국문 상 당부 무구 등 이위 난 이 소척 지 고 불과

觀放鷹于東郊.
관 방응 우 동교

改內上直爲內禁衛.
개 내상직 위 내금위

癸卯 月入太微.
계묘 월 입 태미

臺諫交章請無咎等三人之罪. 疏曰:
대간 교장 청 무구 등 삼인 지죄 소왈

'竊謂賞罰之典 天命天討 非人主所得而私也. 此孔子所以作
절위 상벌 지전 천명 천토 비 인주 소득이사 야 차 공자 소이 작

春秋 以爲經世撥亂百王不易之大法者也. 今無咎 無疾 克禮等
춘추 이위 경세 발란 백왕 불역 지 대법 자야 금 무구 무질 극례 등

不忠不敬之罪 臺諫刑曹交章屢請 殿下不賜兪允 降從輕典 無咎
불충 불경 지죄 대간 형조 교장 누청 전하 불사 유윤 강종 경전 무구

無疾 只收錄券 自願安置; 克禮 只令自願安置 擧國臣民拊心
무질 지 수 녹권 자원안치 극례 지령 자원안치 거국 신민 부심

缺望. 是以一時姑息之仁 廢百王不易之大法 廢言路惠奸軌 非
결망 시이 일시 고식 지인 폐 백왕 불역 지 대법 폐 언로 혜 간궤 비

所以爲宗社萬世之計也. 伏望殿下俯循輿望 令攸司收三臣職牒
소이 위 종사 만세 지계 야 복망 전하 부순 여망 영 유사 수 삼신 직첩

鞠問其罪 以正大法 昭示萬世.'
국문 기죄 이정 대법 소시 만세

  疏留中. 翌日 臺諫復申前請 召司憲掌令卓愼 司諫院右獻納
소 유중 익일 대간 부신 전청 소 사헌 장령 탁신 사간원 우헌납

申槪曰: "汝等前日上疏 乃我已決之事 不可復論." 愼等啓曰:
신개 왈 여등 전일 상소 내 아 이결 지사 불가 부론 신 등 계왈

"不忠之罪 當以法論 何論已決未決?" 上謂代言尹思修曰: "刑曹
불충 지죄 당 이법 논 하론 이결 미결 상위 대언 윤사수 왈 형조

與臺諫 號爲三省 交章論事 屢至罷免 以致廢事. 自今刑曹宜
여 대간 호위 삼성 교장 논사 누지 파면 이치 폐사 자금 형조 의

不與也." 思修啓曰: "上敎誠然. 臺諫彈劾犯罪之人 刑曹但刑其
불여 야 사수 계왈 상교 성연 대간 탄핵 범죄 지인 형조 단형 기

可刑者耳." 上曰: "更與政丞議問施行." 議者皆以爲然. 自是刑曹
가형 자이 상왈 갱 여 정승 의문 시행 의자 개 이위 연 자시 형조

始不參臺諫彈劾之例.
시 불참 대간 탄핵 지례

  甲辰 議政府進時務數條. 啓曰:
갑진 의정부 진 시무 수조 계왈

'金銀 本國不産之物. 國家每當貢獻之時 倍價收買 鮮有納之
금은 본국 불산 지물 국가 매당 공헌 지시 배가 수매 선유 납지

者. 是以除內用國用外 一切禁止 已有著令 有司不肯擧行. 自今
자 시이 제 내용 국용 외 일절 금지 이유 저령 유사 불긍 거행 자금

各品品帶及兩府以上銀胡瓶鐥杯匙筯 四品以上銀鐥杯匙筯
각품 품대 급 양부 이상 은호병 선배 시저 사품 이상 은 선배 시저

士大夫家命婦首飾 外方各官銀鐥杯外 毋得私用金銀器皿 則人
사대부 가 명부 수식 외방 각관 은 선배 외 무득 사용 금은 기명 즉 인

皆知其不切於用 貿易之際 皆納於公 而且令俗尙淳儉矣. 宮女
首飾 不在此限.

　　紙地之品 以寫表箋而謂之表紙: 寫奏聞而謂之奏紙: 寫書狀而
謂之狀紙. 今也不分名實 中外公私 皆用厚紙 以致製造之際 民
受其弊 故歲在辛巳 已下禁令 然因仍未革 弊復如前. 矧今又有
朝廷之需 製造之費 什倍前日 不加禁抑 恐或不繼. 自今除內用
國用外啓聞等 皆用白奏紙: 相通呈狀 用常奏紙: 關牒公私書狀
通用常奏紙狀紙 以革前弊 違者糾理. 若油弓箭笠帽鞍籠等
不在此限.

　　又馬政 軍國所重 近來未嘗擧行 孶息鮮小 非惟不給國用
進獻之際 倍價貿易 猶且不足. 乞依前朝過庭馬例 各道各官
殘盛分揀 種馬定數 以今革去寺社奴婢身貢及觀察使道公反
物色與諸道入放牛隻之價交易 且刷濟州放牧官牛 有馬各戶
換易出陸. 上項種馬及京外時散各品自願孶息馬匹 竝於京畿及
外方各官水草好處 牧場排置合放 牧子定體看養 所在守令 兼責
孶息之任 司僕寺官以時點考 觀察使於守令褒貶之時 幷考種馬
孶息多寡 以憑黜陟. 皆從之.

　　丙午 昏霧大風.

　　命吏曹加知泰州事李霖資一級. 李龜鐵上言 李霖又自今月初
一日至十二日 吹鍊得正銀六兩 故有是命. 又賜吹鍊匠金守萬

紬布縣布各一匹 綿子一斤 卽於泰州定吹鍊軍一百名 蠲免雜役
주포 면포 각 일필 면자 일근 즉 어 태주 정 취련 군 일백 명 견면 잡역

專爲煉銀 又送瑞興縣所産知子鉛一斤及鉛匠于泰州.
전위 연은 우송 서흥현 소산 지자연 일근 급 연장 우 태주

日本薩摩州 藤原賴久 遣使獻禮物.
일본 살마주 등원 뢰구 견사 헌 예물

丁未 太白晝見經天.
정미 태백 주견 경천

己酉 司憲府大司憲安瑗 左司諫大夫姜淮仲等 交章請無咎等
기유 사헌부 대사헌 안원 좌사간대부 강회중 등 교장 청 무구 등

三人之罪. 疏曰:
삼인 지 죄 소왈

'自古婚姻之親 憸小之徒 得志在側 濁亂君德 流毒生民 忠臣
자고 혼인 지친 섬소 지도 득지 재측 탁란 군덕 유독 생민 충신

義士 腐心切齒 而不能斥之者 蓋由人君溺愛不明 以致傾覆
의사 부심 절치 이 불능 척지 자 개유 인군 익애 불명 이치 경복

之兆也. 今殿下以天縱聰明勇智之資 心常謹獨 鑑空衡平 姸媸
지조 야 금 전하 이 천종 총명 용지 지자 심상 근독 감공 형평 연치

曲直 不能逃遁 故無咎 無疾 克禮等 陰懷不奪不厭之心 出入
곡직 불능 도둔 고 무구 무질 극례 등 음회 불탈 불염 지심 출입

君門. 殿下明見其端 誠爲社稷生民之福也. 功臣百官臺諫刑曹
군문 전하 명견 기단 성위 사직 생민 지복 야 공신 백관 대간 형조

屢請其罪 蓋有日矣 未蒙兪允者 是實國無盡忠之臣 可恥之
누청 기죄 개 유일 의 미몽 유윤 자 시실 국무 진충 지신 가치 지

甚也. 殿下棄其大義 曲加私惠 毀法亂紀 貽患社稷 恐自殿下始
심야 전하 기기 대의 곡가 사혜 훼법 난기 이환 사직 공자 전하 시

也. 三人各在便處 陰引私黨 必無異於平日然 其心豈知上德哉?
야 삼인 각재 편처 음인 사당 필무 이어 평일 연 기심 기지 상덕 재

報復讐怨之心 日滋不已 而有時日曷喪之望 正臣子不共戴天之
보복 수원 지심 일자 불이 이유 시일 갈상 지망 정신자 불공대천 지

讐也. 況克禮手裂墨戲於殿下之側 非惟失禮 其與無咎等 欲剪
수야 황 극례 수열 묵희 어 전하 지측 비유 실례 기여 무구 등 욕전

宗支之謀著矣. 且無咎 無疾 椒房之親 他日得志 與克禮之黨
종지 지모 저의 차 무구 무질 초방 지친 타일 득지 여 극례 지당

復起 則今日朝臣 其有子遺者乎 金枝玉葉 其得蕃衍乎? 社稷
부기 즉 금일 조신 기유 혈유 자호 금지옥엽 기득 번연 호 사직

生靈之所歸 亦未可知也. 伏望殿下斷以大義 依臣等前日之請 將
생령 지 소귀 역 미가지 야 복망 전하 단 이 대의 의 신등 전일 지청 장

三人置之極刑 以示王法.'
삼인 치지 극형 이시 황법

留中不下.

庚戌 御便殿視事. 群臣將退 上指安瑗 柳斗明曰: "復坐." 時

斗明自羅州牧使召還. 上謂斗明曰: "司諫考滿而來乎?" 對曰:

"明年四月 乃考滿之時也 濫蒙聖恩 遂至於此." 上曰: "卿等踵

前日臺諫之請 復請不已. 無咎等已有不忠之名 收功臣錄券 使之

在外 已當其罪矣 若克禮則不識義理迷惑人也. 只破小童墨戲

謂之不恭則可 謂之不忠則不可." 瑗對曰: "自古爲臣之罪 無踰

此三人. 雖於朋友之子之戲 尙不可爾. 況臣於君前若是悖慢 豈

無有以也哉? 臣之爲惡 古未有如此 帝王之拒諫 亦未有若殿下

者也." 斗明對曰: "不忠之臣 斷以王法 昭示公道 則誰復請罪者!

殿下雖曰已曾斷罪 然罰不稱罪故也."

臺諫詣闕 復請三人之罪 不允.

辛克禮死于楊州 其家人輿尸入城殯于家 司諫院遣吏黜之. 上

聞克禮之亡 賜賻紙二百卷 米豆各五十石 召禮曹佐郎兪勉 督上

停朝狀 遂輟朝三日.

| 원문 읽기를 위한 도움말 |

① 爲木石所傷者. '爲~所~'라는 구문은 '~에게 ~당하다'라는 뜻으로 여기
서 所는 수동형을 만들어준다.

태종 7년 정해년
11월

十一月

신해일(辛亥日-1일) 초하루에 사간원에서 정조(停朝)하는 명을 중지할 것을 청했다. 소(疏)는 이러했다.

'난신(亂臣)을 주토(誅討)하는 데는 (난신의) 몸의 살고 죽은 것[存沒](의 차이)이 없는 것이 고금에 통하는 의리입니다. 역신(逆臣) 신극례의 죄는 발각된 지 이미 오래되어 공신 백관 대간 형조에서 법대로 처치하도록 청하기를 여러 차례 했으나 그대로 윤허하심을 내리지 않으시니 온 나라 신민(臣民)들이 실망하지 않을 수가 없습니다. 다행히 신극례가 천지 조종(天地祖宗)의 주벌에 엎어져[旋伏] 지금 이미 죽었으니 하늘과 땅이 사직(社稷)과 자손을 도와주는 뜻을 훤하게 알 수 있습니다. 하늘의 도리가 이와 같은데도 전하께서는 이미 그 죄를 밝게 바로잡지 않으시고 총전(寵典-총애를 가한 법 적용)을 가하시어 3일 동안 조회를 정지하시니 천지 조종의 뜻에 어떠하겠으며, 신민(臣民)의 소망에 또한 어떠하겠습니까? 또 사관[太史]이 기록하기를 "역신(逆臣) 극례가 죽었는데 상이 유사(攸司)에게 명해 3일 동안 정조(停朝)했다"라고 한다면 후사가 어떻게 보겠습니까? 엎드려 바라옵건대 전하께서는 작은 은혜로 천하 만세에 두루 통하는 의리를 폐기하지 마시고 즉각 정조(停朝)하라는 명령을 거두시어 왕법(王法)을 보이시고 이로써 천지 조종과 신민의 소망(所望)에 답하셔야 할 것입니다.'

소(疏)를 대내(大內)에 머물러 두었다.

○ 대간(臺諫)이 전정(殿庭)에 엎드려 아뢰었다.

"신 등이 무구 등의 불충한 죄를 두 번, 세 번 계달(啓達)했으나 아직 윤허를 받지 못해 신자의 마음으로서 나라를 같이할[同國] 수가 없으니 청컨대 그 죄를 밝게 바로잡아야 할 것입니다."

상이 말했다.

"내가 조계청(朝啓廳)¹에서 이미 말했다. 또 극례는 이미 죽었는데 어찌 죄를 주라는 것인가?"

안원(安瑗) 등이 아뢰었다.

"직첩을 거두고 가산(家産)을 적몰(籍沒)하고 자손을 금고(禁錮)하고 정조(停朝)를 해제하면 조금 신자의 마음을 위로할 수 있을 것입니다."

유두명(柳斗明)이 아뢰었다.

"지금 밝으신 주상의 상경(賞慶)과 형위(刑威)가 틀린 것이 없는데² 봄부터 여름까지 가뭄이 몹시 심했고 맹동(孟冬-초겨울)에 이르러 엷게 일식(日食)과 월식(月食)이 있었으니 반드시 이런 사람들이 작당을 음모한 것이고 하늘이 전하를 아끼시어 일깨워 경고한 것인데 오히려 좇지 않으시니 하늘의 뜻은 어길 수 없는 것입니다."

상이 말했다.

"날이 추우니 물러가라."

---

1 조계는 상참(常參) 의식이 끝난 후 이어서 행하던 회의로써 편전(便殿)인 경복궁의 사정전(思政殿)과 창덕궁의 선정전(宣政殿)이 조계청에 해당한다.

2 상벌이 사안에 적중했다는 말이다.

두명(斗明)이 말했다.

"지금 인친(姻親)이라는 연고로 불충한 신하를 용서하여 신민에게 웃음을 당하는데, 신 등은 직책이 대간(臺諫)에 있으면서 그 과실을 바로잡아 구제하지 못하니 신 등도 또한 불충이 됩니다."

상이 말했다.

"오늘은 정조(停朝)했으니 물러가라!"

두명이 말했다.

"지금의 정조는 누구를 위해 하는 것입니까? 불충한 신하에게 정조할 것이 무엇이 있습니까?"

상이 계속 윤허하지 않자 대간이 모두 사직했다.

○ 예조에 명해 신극례의 장사를 청해백(青海伯) 이지란(李之蘭, 1331~1402년)³의 예(例)에 의거하게 하고, 또 관곽(棺槨-속널과 겉널)을 내려주었다.

임자일(壬子日-2일)에 홍구해(洪龜海, ?~?)⁴를 우군 부사직(右軍副司

---

3 이성계와는 결의형제를 맺었고 출신지는 북청(北青-青海)이다. 1371년(공민왕 20년) 부하를 이끌고 고려에 귀화해 북청에서 거주하며, 이씨 성과 청해를 본관으로 하사받았다. 1388년 위화도(威化島)의 회군에 참가해 1390년(공양왕 2년) 밀직사가 됐다. 1393년 동북면도안무사, 1397년 동북면 도병마사, 1398년 문하시랑찬성사가 됐다. 같은 해 1차 왕자의 난에서 공을 세워 정사공신(定社功臣) 2등에 봉해지고, 1400년(정종 2년) 2차 왕자의 난 때에도 공을 세워 1401년(태종 1년) 익대좌명공신 3등에 봉해졌다. 태조가 왕위에서 물러나자 그도 청해(青海)에 은거하면서 남정 북벌에서 많은 살상을 한 것을 크게 뉘우쳐 불교에 귀의했다 한다.

4 1417년(태종 17년)에 당성군(唐城君)이 되고, 이듬해 의용위절제사(義勇衛節制使)가 됐다. 1419년 내금위삼번절제사(內禁衛三番節制使), 1446년 숭덕대부(崇德大夫), 1448년 충청도 도절제사(忠清道都節制使) 등을 역임했다.

直)을 삼고 이씨(李氏)를 봉해 덕숙 옹주(德淑翁主)로 삼았다. 김해
(金海) 관기(官妓) 칠점선(七點仙)이 태상왕의 궁인(宮人)이 되어 화의
옹주(和義翁主)에 봉해졌는데 딸 하나를 낳아 전 밀직(密直) 홍언수
(洪彦修)의 아들 홍구해에게 출가시켰다. 홍구해는 뒤에 구(龜) 자를
없애고 이름을 해(海)로 고쳤다.

○ (사직했던) 대간(臺諫)을 불러 다시 일을 보게 하고 또 말했다.

"홍구해(洪龜海)의 고신(告身)⁵에 서명하여 바치도록 하라.⁶ 내가 장
차 부왕(父王)께 드리겠다."

○ 대간에서 함께 장(章)을 지어 말씀을 올렸다.

"신 등이 전에 무구·무질·극례의 죄를 갖춰 세 번씩이나 소를 올렸
으나 그대로 윤허를 받지 못해 신 등의 해직을 빌었습니다. (그런데) 전
하께서 신 등이 충성을 다하지 못한다고 하여 갑자기 버리거나 끊지
않으시고 직임을 회복하게 하시니 전하께서 더러운 것을 용납하고 거
친 것을 포용하시는 다움[納污包荒之德]⁷에 신 등은 깊이 부끄러워합
니다. 그러나 일이 종사(宗社)에 관계되면 그 몸이 살아 있건 죽었건
관계없이 용서할 수 없으므로 재차 천위(天威)를 무릅쓰고 죽기를 각
오하여[眛死] 감히 말씀드립니다. 가만히 생각건대 난역(亂逆)의 죄는

---

5 관원에게 품계와 관직을 임명할 때 주는 임명장이다. 사령장·사첩(謝帖)·직첩(職牒·職
   帖)·관교(官敎)·교첩(敎牒) 등으로도 불린다.

6 고신의 서명은 대간이 맡고 있었다.

7 납오(納汚)는 『춘추좌씨전(春秋左氏傳)』「선공(宣公)」 15년조에 나오는 말이다. 우두머리
   되는 사람은 대소선악(大小善惡)의 사람을 널리 포용(包容)해야 한다는 뜻이다. 포황(包
   荒)은 『주역(周易)』 태(泰)괘(☷ ☰) 구이(九二-아래에서 두 번째 붙은 효)의 효사(爻辭)에
   "구이는 광명정대한 도량으로써 더러운 것과 무식한 백성을 포용하여 내버리지 않으니
   붕당이 사라진다"에서 유래한 것이다.

하늘과 땅이 용납하지 않고 종사(宗社)가 용서하지 아니하여 신자(臣子)로서 함께 같은 하늘을 이고 살 수 없는 원수입니다. 지금 세 사람의 역모가 발각된 지 오래되어 죄를 청한 것이 한두 번이 아니건만 전하께서 인친(姻親)의 사사로운 은혜로써 그들의 목숨을 보존하게 하여 거의 두어 달에 이르렀으니 하늘과 땅, 종사(宗祀)가 함께 노하는 바이며 온 나라 신민이 분하게 여기는 바입니다. 신 등이 종사 만세의 계책으로 인해 밤낮으로 통곡합니다. 만일 신 등의 말이 진실에서 나오지 않았다면 하늘이 반드시 벨 것입니다. 엎드려 바라옵건대 전하께서는 하늘과 땅, 조종의 뜻을 살피시고 『춘추(春秋)』의 법으로 결단하시어 무구 무질을 베고 극례의 관(棺)을 베어 왕법(王法)을 보이심으로써 신명(神明)과 사람의 분(憤)함을 풀어주셔야 할 것입니다.'

(글을) 대내(大內)에 머물러 두고 (유사에) 내리지 않았다.

○ 의정부에서 각도(各道) 감사(監司)로 하여금 수판(受判)하여 행이(行移)한 조령(條令)을 고찰하게 할 것을 아뢰었다.

"정부와 대간에서 수판하여 행이한 조항들을, 각 고을 수령이 한갓 글자로만 여겨 거행하지 않고 있습니다. 이로 인해 조정의 기강이 날로 해이해지고 사람들이 법을 두려워하지 않아 일이 이뤄지는 효과가 없을 뿐 아니라 인신(人臣)이 법을 받들고 직책을 다하는 뜻에 어그러짐이 있습니다. 각도에서 수판하여 행이한 조령들이 행해지는지 행해지지 않는지를 자세히 상고하여 출척(黜陟)하도록 해야 할 것입니다. 또 인보법(隣保法)[8] 같은 것은 매년 호구의 증감과, 인물의 양

---

8 인구(人口)의 유망(流亡)을 막기 위해 이웃끼리 서로 돕고 감시하게 하던 법이다. 10호(戶)

천(良賤)과, 군민(軍民)의 장약(壯弱)과, 단쌍(單雙-혼자 사는 것과 함께 사는 것) 생산(生産-출산) 물고(物故-사망)를 두루 알지 못함이 없으므로, 유이(流移)하거나 용은(容隱-죄인을 숨겨주는 것)하지 못하게 됩니다. 무릇 원근(遠近)에 차발(差發)하는 경중(輕重)과 부역(賦役)을 고르게 하는 것은 군국(軍國)의 급한 일인데 각 고을의 수령이 (마음만 먹으면) 백성을 수고롭게 하거나 많은 사람을 동원하지 않고도 한 달 안에 가만히 앉아서 이룩할 수 있습니다. 그러나 감사(監司)가 마음을 써서 고찰하지 않기 때문에 수령들이 한갓 문구로만 여깁니다. 빌건대 수판하여 행이한 인보법의 조목 내용을 가지고 자세히 상고하여 오는 12월 안으로 성적(成籍)하여 의정부에 올리게 하고 만일 조령을 늦게 봉행(奉行)했거나 절목(節目)의 사의(事意)를 자세히 살피지 않고 착오한 수령은 도관찰사(都觀察使)·도순문사(都巡問使)·도수령관(道首領官) 모두 율(律)에 비춰 논죄하게 하고, 그 호적(戶籍)은 3년에 한 번씩 갈아서 성적(成績)하여 의정부에 올리게 하되 영구한 법식으로 삼도록 해야 할 것입니다."

그것을 따랐다.

○ 병조 정랑(兵曹正郎) 박희종(朴熙宗, 1364~1446년)⁹을 (충청도)

에 통주(統主) 1인을, 50호(戶)에 두목(頭目) 1인을, 1백 호(戶)에 총패(摠牌) 1인을 두어, 매호의 남녀노소를 모두 호적(戶籍)에 올려서 그 유리(流離)를 방지했다. 멀리 여행하는 사람에게는 관가에서 행장(行狀)이나 문인(文引)을 반드시 발급했다. 그 기능은 외적의 공동 방어, 범죄자의 색출, 세금의 징수 등 다양했다.

9 1401년(태종 1년) 문과에 급제해 1406년 군자감승(軍資監丞)으로 전라도경차관을 수임, 이어 세자부(世子傅)·좌정자(左正字), 이듬해 이조정랑이 되고 왕으로부터 희중(熙中)이라는 사명(賜名)의 은전을 입었다. 1414년 하륜(河崙)이 발의한 통진고양포(通津高楊浦) 제방수축에 직예문관(直藝文館)으로서 참여했으나 폐단이 일어 일시 파직됐다가 곧 복

496

직산(稷山)에 유배 보내고 정랑(正郞) 조종생(趙從生)¹⁰을 파직했다.

사간원에서 말씀을 올렸다.

'병조정랑 박희종은 세계(世系)가 낮고 (집안이) 한미(寒微)하며 마음가짐이 간사하고 아첨하여 일찍이 세자 사경(世子司經)이 되어 환관(宦官)과 결탁하여 자기 사욕을 채우기를 도모했고 또 전라도에 봉명(奉命) 사신(使臣)으로 나갔을 때 그 아비 박온(朴溫)이 구례 감무(求禮監務)로 있었는데, 그 고을에 이르러 그 아비를 욕되게 했으니 이는 사림(士林)들이 다 아는 바이며 함께 더불어 치열(齒列-반열)하기를 부끄럽게 여기는 바입니다. 이제 요행으로 낭관(郞官)에 참여하게 됐는데 동료 정랑 조종생과 더불어 관사(官司) 안에서 서로 구타하며 싸웠고, 종생도 분함을 참지 못해 관(冠)을 부수고 옷을 더럽혀 함께 선비의 기풍을 잃었으니 징계하지 않을 수 없습니다. 바라건대 유사(攸司)에 내려 율에 의하여 논죄하고 영구히 서용(敍用)하지 말아야 할 것입니다.'

이에 따라 차등 있게 폄책(貶責)했다.

갑인일(甲寅日-4일)에 나무에 성에가 꼈다.

관됐다. 1415년 전라도 경차관으로 관찰사 박습(朴習) 등과 김제 벽골제(碧骨堤)를 수축했다. 1416년 동궁서연관(東宮書筵官)·예문관지제교(藝文館知製敎)·겸춘추관기주관(兼春秋館記注官)의 화요직(華要職)을 역임했으며 1421년(세종 3년) 영암군수(靈巖郡守)를 지냈다. 1422년 회례사(回禮使)로 금구(禁寇)·포로쇄환의 실효를 거두었으며 이 공으로 예문관직제학(藝文館直提學)에 올랐다. 1426년 남원부사 재직시 결장(決杖)되고 파직당했다. 『해동필원(海東筆苑)』에 이름이 오른 명필로, 하륜의 아버지 하윤린(河允潾)의 신도비를 쓰고 음기(蔭記-비의 뒷면에 기록되는 글)를 짓기도 했다.

10 조말생의 동생이다.

○ 의정부에 약주(藥酒)를 내려주었다. 상이 참찬(參贊) 유량(柳亮)에게 일렀다.

"성 정승(成政丞-성석린)은 나이가 비록 늙었으나 뜻과 기운이 쇠하지 않았다. 우리 같은 조그만 나라에는 마땅히 이와 같은 노성(老成)한 대신이 있어야 하는데 내가 매번 정부가 아뢴 것을 보면 남에게 미움을 받을 내용이 자못 많다. 내가 듣건대 정승이 항상 말하기를 '내가 늙었으니 남에게 미움받는 것을 무어 꺼릴 것이 있겠는가? 일이 비록 남에게 거슬리더라도 이치에 합당하면 혐의할 것 없이 시행하겠다'라고 했다 한다."

량(亮)이 대답했다.

"정승이 일을 행하는 데에 잠시도 잊거나 실수하지 않아서 거의 늙은 기운은 없는 것 같습니다."

상이 말했다.

"내가 들으니 정승이 집에 있을 때는 약주(藥酒)가 떠나지 않는다고 하는데 지금 정부에 앉아서는 금령(禁令)으로 인하여 마시지 못하니 병이 날까 두렵다. 경 등이 마땅히 권하라."

량이 말했다.

"특명(特命)이 없는데 어찌 감히 마시겠습니까?"

마침내 이러한 하사(下賜)가 있었다.

○ 병조에 명해 응패(鷹牌)[11]를 숨겨서 차는 것을 금지하게 했다. 병

---

11 매를 놓아 사냥할 수 있는 신패(信牌)다. 조선 정종 원년(1399년) 11월에 만들도록 명해 패가 없는 사람이 마음대로 매를 놓으면 헌사(憲司)에서 규찰하여 함부로 매 사냥하는 것을 금지했다.

조에 명해 말했다.

"응방(鷹坊) 사람 외에 나머지 사람의 응패(鷹牌)는 지금부터는 모두 바깥에 나타나 보이게 하고 만일 숨겨 차는 자가 있으면 곧 패가 없는 것[無牌]과 같이 취급해 응패(鷹牌)를 회수하고 해당 본인은 율에 비춰 논죄하라."

○ 사간원에서 사헌부대사헌 안원(安瑗)을 탄핵했다. 대간(臺諫)에서 연복사(演福寺)[12]에 모여 다시 세 사람의 죄를 청하고자 하는데 원(瑗)이 병을 칭탁하여 오지 않았기 때문에 탄핵한 것이다. 대간에서 드디어 대궐에 나아가 다시 세 사람의 죄를 청하니 윤허하지 않고 우헌납 신개(申槪)를 불러 물었다.

"너희는 무슨 일로 대사헌을 탄핵하는가?"

개(槪)가 대답했다.

"대간에서 교장(交章)하여 날마다 궐정(闕庭)에 나오는데 원(瑗)의 말은 간절하거나 지극하지[切至] 않았고, 또 전날에는 병을 칭탁하고 오지 않았습니다. 이 때문에 핵문한 것입니다."

상이 말했다.

"내가 일찍이 (고려 때) 원과 더불어 같이 대언(代言)이 된 적이 있다. 성품이 본래 굼뜨기는 하나 마음이 속되지는 않다[不俗]. 또 원의 말이 간절하지 못한 것이 아니라 다만 내가 사은(私恩)에 끌려서 재단(裁斷)을 하지 못하는 것이다. 하루 동안 참여하지 못한 것은 특히 나이가 늙어서 그런 것이다. 어찌 다른 뜻이 있겠는가! 예전에

---

12 개성에 있던 큰 절이다.

대간에서 한두 사람이 이 일에 참여하려고 하지 않은 사람이 있었지만 원은 이런 자와 비교되지 않는다."

상이 드디어 원에게 일을 보라고 명하니 원이 아뢰었다.

"신이 재주와 다움이 없어 명을 받은 당초에 책임을 감당하지 못할까 두려워했으나 단지 상의 명령이 두려워 마지못해 직사(職事)에 나아갔던 것입니다. 지금 풍헌(風憲)의 장(長)으로서 간원의 탄핵을 받아 나라 사람들이 이미 다 알고 있는데 신이 무슨 얼굴로 다시 나와서 일을 보겠습니까?"

상이 처음과 같이 명하니 원이 마침내 물러갔다. 이리하여 대간에서 연일 복합(伏閤)하여 세 사람의 죄를 청하니 임금이 여러 사람의 뜻을 어기기가 어려워서 극례의 예장(禮葬)을 정지하라고 명했다가 조금 뒤에 다시 예장하게 했다. 대간에서 대궐에 나아오니 상이 말했다.

"내가 요즘 몸이 편치 못하다. 후일을 기다려 내가 장차 친히 말하겠다!"

유량(柳亮)에게 뜻을 전해 말했다.

"극례의 죄는 진실로 민무구 등과 비교할 바가 아니다. 나는 극례가 고종명(考終命)한 것을 기쁘게 생각한다. 만일 그 몸이 살고 죽는 데에 관계 없는 (중대한) 죄를 범했다면 내가 무엇을 아낄 것이 있겠는가! 무구 등은 내가 처음에 다만 성 밖에 나가 있게 했는데 여러 신하들이 여러 번 처벌이 가볍다고 말하므로 공신의 녹권(錄卷)을 회수했다. 지금 대간의 뜻으로는 청하여 마지 않으면 내가 반드시 들어주리라고 생각하여 이 때문에 매일 대궐에 나와 청하는 것일 뿐이다. 정부(政府)는 공론(公論)이 나오는 곳이니 경은 내 뜻을 저들에게 알리도록 하라."

○ 정부에서 말씀을 올렸다.

'신극례의 죄는 대소 신료가 여러 번 글을 올려 법대로 처치하기를 청했으나 그대로 하라는 윤허를 얻지 못했으니 실망하지 않는 이가 없었고 극례가 요행히 머리를 보전하여 그 집에서 죽을 수 있었습니다. 전하께서 특별히 너그러운 법전을 좇아 예장(禮葬)을 더하고자 하시므로 전날에 신 등이 법에 의거하여 청(請)을 올려 그대로 하라는 윤허를 얻었습니다. (그런데) 아직 며칠이 채 못되어 다시 예장(禮葬)의 명령을 내리셨습니다. 신 등이 생각건대 예장은 포숭(褒崇)하는 아름다운 전례[令典]인데 어떻게 죄 있는 사람에게 (그런 전례를) 가할 수 있습니까? 엎드려 바라옵건대 전하께서는 공론을 굽어 좇으시어 인신의 절개를 장려하셔야 할 것입니다.'

대내(大內)에 머물러두고 내리지 않았다.

○ 신극례의 빈소(殯所)에 제사를 내려줄 것[賜祭]을 명했다.

을묘일(乙卯日-5일)에 (세자를 호종해서 갔던) 청평군(淸平君) 이백강(李伯剛), 의정부참지사 박신(朴信) 등이 요동(遼東)에서 돌아왔다.

무오일(戊午日-8일)에 태백성이 낮에 보였고 하늘을 가로질러 갔다.

○ 왜적의 큰 배 한 척이 저도(楮島-지금의 경상남도 사천)를 침구(侵寇)하니 전라도 수군첨절제사(全羅道水軍僉節制使) 구성미(具成美)가 맞붙어 싸우다가 바다가 컴컴하고 해가 떨어졌기 때문에 뒤따라 추격하지 못했다. 화살에 맞은 자가 3명이나 되니 화살에 맞은 자를

정성껏 구료하도록 명했다.

기미일(己未日-9일)에 태백성이 낮에 보였다.

경신일(庚申日-10일)에 정비전(靜妃殿)에 입번(入番)하는 내관(內官) 이용(李龍), 수문 내관(守門內官) 안순(安順) 박성부(朴成富) 김인봉(金仁鳳)과 사약(司鑰)[13] 김의(金義) 등을 순금사(巡禁司)의 옥에 내리고 벌을 차등 있게 주었다.

전달에 상의 강무(講武) 행차가 있었는데 정비(靜妃)가 궁비(宮婢) 좌이(佐耳)를 시켜 민무질(閔無疾)의 처 한씨(韓氏)를 불러 미복(微服-평복) 차림으로 중궁(中宮)에 들어와 자고 나가게 했다. 이때에 이르러 상이 알아차리고서 사헌부에 명해 조사하여 실상을 알아내게 했다. 장령 탁신(卓愼)이 장(狀)으로 아뢰니 임금이 말했다.

"내가 이미 순금사(巡禁司)에 가뒀으니 다시 묻지 말라!"

순금사에서 이용 등의 옥사(獄辭)를 갖춰 율에 비춰 아뢰었다.

'전 검교지내시부사(檢校知內侍府事) 김인봉(金仁鳳)은 공술하기를 "지난 10월 12일에 강무(講武)의 행차가 있은 뒤인 14일 초저녁에 이르러 중궁께서 무수리[水賜] 좌이(佐耳)를 시켜 명을 전하시기를 '미미(微微)한 집안 여자가 들어 오는 일이 있을 것이니 금하지 말라'고 하셨습니다. 김인봉이 이 명을 듣고 동판부사(同判府事) 이용(李龍)에게 고하니 이용이 대답하기를 '중궁에서 명령이 있으면 금하지 말

---

13 궁궐 내 여러 문의 열쇠와 자물쇠를 맡아 보았다.

라'고 했습니다. 조금 있다가 좌이가 바깥에서 부인을 인도하여 들어왔습니다. 이튿날 꼭두새벽 달이 지기 전에 궁문이 열리니 좌이가 또 그 부인을 데리고 나갔습니다'라고 했습니다. 이용(李龍)은 공술하기를 "보통 사람의 의복 차림을 하고 들어왔습니다"라고 했습니다. 김인봉은 또 말하기를 "중궁의 명이 있었던 까닭으로 그 출입에 대해 금하지 않았습니다"라고 했습니다. 위의 두 사람을 율에 준(准)하면 임의로 궁문에 들어온 자는 장(杖) 60대에 도(徒) 1년이고, 문관(門官) 시위관(侍衛官)으로 고의로 놓아준 자는 각각 범죄한 사람과 죄가 같고 깨달아 살피지 못한 자는 3등을 감하여 장(杖) 80대입니다.

검교동지내시부사(檢校同知內侍府事) 안순(安順)은 공술하기를 "지난 10월 15일 파루(罷漏) 뒤에 검교첨내시부사(檢校僉內侍府事) 박성부(朴成富)가 사람을 시켜 궁문을 열라고 전하여 말하기에 내가 대답하기를 '때가 아니 되어 열 수가 없다'라고 했더니 박성부가 또 스스로 와서 말하기를 '중궁(中宮)에서 명이 있으니, 빨리 숯불[炭火]을 들여가고 문을 열라'고 했습니다. 그러므로 평상시의 예보다 일찍 열었습니다"라고 했습니다. 박성부는 공술하기를 "한 시녀가 안에서 소리쳐 말하기를 '빨리 문을 열고 숯불을 가져오라'고 했습니다. 그러므로 이 말을 안순에게 고했습니다"라고 했습니다. 위의 두 사람의 죄를 율에 준하면 문금쇄약조(門禁鎖鑰條)에 이르기를 "황성(皇城)의 문을 때가 아닌데도 마음대로 여는 자는 교형(絞刑)에 처하고, 왕지(王旨)가 있어서 문을 여는 자는 논하지 않는다"라고 했고, 명례(名例)에는 이르기를 "함께 죄를 범한 자는 생각을 낸 자가 수범(首犯)이 되고, 수종(隨從)한 자에게는 1등을 감하여 장(杖) 100대에, 유

(流) 3천리(里)에 처한다'라고 했는데 중궁의 명으로 궁전(宮殿)의 문을 열고 닫은 자에 이르러서는 율에 그런 글이 없습니다. 김의(金義)는 그날 저녁에 연고가 있어 입직(入直)하지 못했습니다.'

상이 이를 보고 위의 사람과 김의(金義) 등은 모두 장(杖) 60대에 처하고, 이용은 늙고 병들었으므로 속(贖)을 거두도록 명했다. 상이 지신사 황희(黃喜)에게 일러 말했다.

"내가 일찍이 중궁(中宮)에게 무구 등의 불충한 음모와 장래의 화를 되풀이하여 깨우쳐 타일렀더니 중궁이 남김없이 모두 알고서 화가 나서 이를 갈며 절대로 구원하거나 보호할 생각이 없다고 하며 말하기를 '부모님 생전(生前)에나 목숨을 보전할 수 있으면 족하겠습니다'라고 했다. 그러나 아녀자의 어진 마음[婦人之仁=婦仁][14]으로 차마 갑자기 끊지 못하고, 지금 강무(講武)하는 틈을 타서 몰래 무질의 아내를 불러 궁중(宮中)에 출입하게 했다. 그 사이의 일의 실상[事狀]을 추측하기가 어려우니 어떻게 처리할까? 아무리 생각해도 그 묘안을 얻지 못하겠다. 한두 사람의 환자(宦者)와 시녀(侍女)로 하여금 공상(供上)만 끊기지 않게 하여 그대로 이 궁에 두고 나는 경복궁(景福宮)으로 옮겨 거처하여 겉으로 소박(疎薄)하는 뜻을 보여 뉘우치고 깨닫도록 하고자 한다. 그러나 폐(廢)하여 내버릴 생각은 없다."

희가 대답했다.

"임금의 거동은 가볍고 쉽게 할 수 없습니다. 신의 어리석은 생각으로는 심히 불가하다고 생각합니다."

---

14 이는 사리 분별이 떨어지는 착한 마음이라는 뜻으로 지극히 부정적인 의미를 갖고 있다.

상이 말했다.

"내가 다시 생각해보겠다."

드디어 (이에 대해서는) 다시 말하지 않았다.

신유일(辛酉日-11일)에 민무구·민무질의 직첩을 회수하고 신극례는 논하지 말라고 명했다. 대간(臺諫)에서 또 복합(伏閤)하여 세 사람의 죄를 청한 지 3일 만에 이런 명이 있었다. 대간에서 또 함께 장(章)을 지어 말씀을 올렸다.

'무구·무질·극례 등이 난역(亂逆)한 죄는 법에서 마땅히 베어야 하는 것입니다. 신 등이 교장(交章)하여 거듭 청하고 궐하(闕下)에 굽혀 엎드려서 전하께서 밝게 그 죄를 바로잡으시어 신명(神明)과 사람의 분함을 터주시기를 바란 지가 며칠이 됐습니다. (그런데) 지금 전하께서 다만 직첩만 거두시니 이는 종사(宗社)는 가볍게 여기고 인친(姻親)을 중하게 여기는 것이요, 자손들에게 모책(謀策)을 남겨주는 도리가 아닙니다. 극례는 공신으로서의 맹세를 배반하고 두 마음을 품어 악한 사람에게 부화뇌동한 죄가 쌓인 지 이미 오래되어 참역(僭逆)한 말과 불충한 형적이 전하의 옆에서 발로(發露)되는 것도 스스로 깨닫지 못했으니 죄가 무구·무질 등과 거의 차이가 없습니다. 동맹(同盟)한 공신과 백관(百官) 유사(有司)가 법대로 처치할 것을 청했으니 만일 밝게 알지 못했다면 어찌 함께 맹세하고서 또한 죄를 가하고자 하겠습니까? 참으로 법대로 처치하는 것이 마땅한데 논하지 말라고 명하시고 또 예장(禮葬)하도록 명하시어 맹세를 배반한 역신에게 아직 신의를 보이려 하시고 도리어 충의(忠義)로운 공신에게는 신의를 잃고 계십니다. 이는 미생(尾生)[15]이나 백공(白公)[16]의 신의일뿐, 이른바 큰 보화[大寶]는 아닙니다. 바라건대 전하께서는 종사
(宗社) 만세의 계책을 위해 대의로 결단하시고 이들 세 사람을 베어왕법(王法)을 바로잡음으로써 난역을 경계하셔야 할 것입니다.'

대내(大內)에 머물러 두고 내리지 않았다. 황희(黃喜)를 보내 하륜
(河崙)에게 뜻을 전했다.

"무구 등의 죄는 내가 사사로운 정리로 인해 능히 과감하게 결단을 하지 못하고 있다. 공신 대간(臺諫)에서 백관까지 모두 죄를 청한지가 여러 달인지라 내가 어쩔 수 없이 이번에 다만 직첩만 거두고목숨을 보전하도록 했다."

륜(崙)이 대답해 말했다.

"이 무리들이 세자를 제거하고자 했다면 죄가 말할 수 없지마는, 다른 여러 아들들을 제거하려고 했으니 세자만큼 중하지는 않습니다. 빼어나신 사려[聖慮]가 마땅함을 얻으셨습니다."

희(喜)가 복명(復命)하니 상이 대신(大臣-하륜)의 앉던 자리를 가리키며 말했다.

"예전에 이 공(公)이 여기에 앉아서 정사를 의논할 즈음에 내가 한심한[寒心] 말을 들은 적이 있다. 너는 마땅히 빨리 다시 가서 '이 말

---

15 춘추(春秋)시대 노(魯)나라 사람으로 여자와 다리 밑에서 만나기로 약속했는데 마침 비가 와서 여자는 오지 않는데 가지 않고 기다리다가 큰물을 만나 기둥을 안고 죽었다. 고지식한 방식으로 신의를 고집하는 사람을 비판할 때 자주 인용된다.

16 춘추시대 초(楚)나라 사람으로 평왕(平王)의 손자이며 태자(太子) 건(建)의 아들이다. 미생과 마찬가지로 작은 신의에 집착했던 인물이다.

을 일찍이 다른 사람과 한 적은 없는가? 다시는 가볍게 말하지 말라!'고 하라."

또 희에게 말했다.

"이 말이 만일 새어나간다면 내가 아니면 네 입이다."

희가 이에 재차 륜의 집에 가서 뜻을 전하니 륜은 땅에 엎드려 가르침을 받고 손을 모아[攢手] 대답했다.
_{찬수}

"살길[生路]을 가리켜 보여주시니 몸 둘 바를 모르겠습니다."
_{생로}

희가 복명하자 상이 말했다.

"내가 아니면 보전하기 어렵다. 내 그의 충성스럽고 곧음[忠直]을
_{충직}
아껴서일 뿐이다."

갑자일(甲子日-14일) 동지(冬至)였다. 하례(賀禮)를 정지하고 각사(各司)에 술과 안주를 내려주었다. 이에 앞서 상이 말했다.

"동지(冬至)는 양기(陽氣)가 (처음으로) 생기는 날이고, 군자(君子)가 즐거워하는 때이니, 이날부터 대조회(大朝會)를 하고 또 군신(君臣)이 함께 하는 연회를 베풀겠다."

이날에 마침 갑자 초제(甲子醮祭)[17]를 위해 재계(齋戒)하기 때문에 하례는 받지 않았다.

정묘일(丁卯日-17일)에 의정부가 향연(享宴)을 광연루(廣延樓) 아래

---

17 동지(冬至)가 갑자일(甲子日)이 되는 날 소격전(昭格殿)에서 태일성(太一星)에 지내는 도교의 제사다.

에 베푸니 좌정승 성석린(成石璘)에게 털옷과 털모자를 내려주었다.

무진일(戊辰日-18일)에 대간에서 또 무구 등의 죄를 청했다. 대간에서 함께 장(章)을 지어 말씀을 올렸다.

'신 등이 역신(逆臣)의 죄로 소(疏)를 갖춰 여러 번 천총(天聰)을 더렵혔으나 그대로 윤허를 받지 못했습니다. 오직[第] 충성으로 천심(天心)을 돌이키지 못했기 때문에 진실로 물러가 사피(辭避)하는 것이 마땅합니다. 그러나 무구·무질의 불충한 죄는 신하로서 하늘을 함께 이고 살 수 없는 원수이니 신 등이 비록 강호(江湖)에 있더라도 근심하고 분노하고 부끄러워하는 마음이 어찌 그칠 수 있겠습니까? 극례는 본래 임금을 업신여기는 마음이 있어서 종지(宗支)를 제거하고자 했으니 죄가 용서할 수 없습니다. 비록 음주(陰誅)[18]의 형벌을 받았으나 아직도 남은 허물이 있으니 다스리지 않을 수 없습니다. 무구 무질은 몰래 두 마음을 품은 것이 하루아침 하루저녁이 아니므로 죄악이 차서 밖으로 드러났으니 곧바로 베어서 난의 근원을 근절해야 마땅할 것입니다. (그런데) 전하께서는 사사로운 은혜에 빠지고 공의(公義)에 어두우시어 다만 직첩만 거두고 근기(近畿)에 안치했습니다. 생각건대 이 두 사람은 일찍이 주상의 은혜를 입어 오래도록 병권(兵權)을 잡아서, 위복(威福)과 생사여탈(生死與奪)을 그 손아귀에 쥐고, 능히 조그마한 은혜를 베풀어 인심(人心)을 모으기에 힘써 그 당(黨)을 심어 뿌리가 엉켜서 필부(匹夫)가 난(亂)을 꾀하는 것과

---

18 하늘이 남몰래 내리는 형벌을 뜻한다.

같지 않습니다. 심복(心腹)인 좋지 못한 무리가 아침저녁으로 왕래하면서 그 기회를 엿보아 예기치 못한 변란을 일으킬까 두렵습니다. 바라건대 전하께서는 대의(大義)로 결단하시고 두 사람을 왕법(王法)대로 처치하심으로써 신민(臣民)의 뜻을 안정시키셔야 할 것입니다.'

대내(大內)에 머물러 두고 내리지 않았다. 대간에서 대궐에 나아와 재차 청했으나 윤허하지 않으니 모두 사직을 청했다.

○여원군(驪原君) 민무휼(閔無恤)과 여산군(驪山君) 민무회(閔無悔)를 불러 물었다.

"요사이 어째서 출근하지 않느냐?"

무회가 대답했다.

"같은 민씨(閔氏)이니 감히 문밖에 나오지 못합니다."

상이 노하여 말했다.

"너희들이 불충한 형을 사랑한다 하여 나를 버리느냐? 또 무회는 글을 읽은 사람인데 옛날에 주공(周公)이 불충한 형을 베고 주실(周室-주 황실)에 충성을 다한 것을 네가 어찌 알지 못하느냐!"

○사간원지사 김매경(金邁卿)이 안원(安瑗)과 친분이 있다는 혐의로[親嫌] 대간에서 죄를 청하는 대열에 참여하지 않았는데 이때에 대궐에 나아와 홀로 소를 올렸다.

'무구와 무질은 탐하고 더럽고 잡되고 용렬한데[貪鄙猥劣] 훈친(勳親)에 참여하게 되었다면 지극히 다행으로 여겨 진실로 죽을 뜻이 있고 두 마음을 품지 않음으로써 막대한 은혜를 갚아야 마땅할 것입니다. (그런데) 도리어 이는 생각지 않고 불평 불만하여 어린 임금을 세우기를 탐하고 종지(宗支)를 제거하고자 했으니 역모(逆謀)가 밝게 드러났습니다. 신극례는 잔인하고 포학하고 이(利)에 대한 욕심이 끝이 없고 무구 등과 한패거리가 되어 서로 더불어 도모하고 의논하여 마침내 주상 앞에서 발현되는 것조차 깨닫지 못했으니 그 반역을 도모한 것이 거의 다를 바 없습니다. 그 몸은 비록 죽었더라도 난신(亂臣)을 베고 역신(逆臣)을 토벌하는 것은 그의 살고 죽은 것에 차이가 없습니다. 빌건대 이들 세 사람의 죄를 밝게 바로잡아 만세(萬世)의 공의(公義)를 펴야할 것입니다.'

소(疏)를 또 대내에 머물러두니 매경(邁卿)도 사직하고 물러갔다.

○ (서북면) 용주(龍州) 사람 명이(明伊)와 의주백호(義州白戶) 김용(金龍)을 베었다. 명이가 그 어미와 처자 다섯 식구를 거느리고 의주(義州)에 이르러 용(龍)에게 마포 1필을 뇌물로 주고 몰래 압록강(鴨綠江)을 건너기를 청하니 용이 데리고 강변에 이르러 갈대를 베어 뗏목을 만들어 건너게 해주었다. 명이가 파사부(婆娑府)에 이르러 사찰(伺察)하는 사람에게 붙잡혔다. 형조에서 아뢰었다.

"율에 따르면 본국을 배반하고 몰래 다른 나라로 가는 자나, 단지 공모만 한 자도 수범(首犯) 종범(從犯)을 분간하지 않고 모두 벱니다."

그것을 따랐다.

기사일(己巳日-19일)에 의정부에 명해 각도의 수령이 비록 임기가 다 찬 경우[考滿]라 하더라도 체대(遞代-교체)시키지 말게 했다. 흉년
_{고만}
이 들어 영송(迎送)의 폐단을 없애기 위함이었다.

○ 의정부에서 아뢰었다.

"형조(刑曹)와 도관(都官)이 노비 소송을 결절(決折-판결)하는 일 때

문에 피고(被告)의 증인이 외방(外方)에 있는 경우는 독촉해 서울에 올라오게 하는데, 내왕하고 유련(留連)하는 것이 걸핏하면 두어 달이 걸립니다. 이런 흉년을 당하여 굶주리거나 추워서 처소를 잃는 탄식이 없지 아니하니 원고(原告)와 피고가 직접 나타나 서로 소송하는 것을 제외하고, 외방에 사는 사람은 무자년의 가을걷이가 끝날 때까지에 한하여 이문하여 독촉하는 것을 허락하지 않아 그 폐단을 제거하고, 외방의 각도에도 또한 위의 것에 의거해 시행하도록 해야 할 것입니다."

그것을 따랐다.

경오일(庚午日-20일)에 형조에서 말씀을 올려 (자신들은) 잡송(雜訟-민사소송)은 그만두고 오로지 형옥(刑獄)만을 결단할 것을 청하니 그것을 따랐다. 그 말은 이러했다.

'잉집노비(仍執奴婢),[19] 거집노비(據執奴婢),[20] 도망노비(逃亡奴婢)와 투구(鬪毆), 범간(犯奸), 도적(盜賊) 등의 일을 추국하여 형벌을 결단하는 것이 본조의 임무입니다. 지금 형조 도관(都官)이 오결(誤決)한 것이라고 칭하여 사헌부에 정소(呈訴)한 것과 신문고를 쳐서 신정(申呈)한 것을 모두 본조에 내려 추결(推決)하게 하니 이 때문에 형결(刑決)하는 일에 전심하지 못하고 있습니다. 청컨대 현임으로 있는 형조 도관 원리(員吏)의 결단한 일을 제외하고, 체대(遞代-교체)된 원리가 오결한 것을 분간하는 일은 오로지 주장관(主掌官)에게 맡겨

---

19 돌려줘야 할 노비를 돌려주지 않고 그대로 사역을 시키는 노비를 말한다.
20 거짓 문서를 꾸며 남의 것을 억지로 차지하여 그대로 사역시키는 노비를 말한다.

결절(決折)하게 해야 할 것입니다.'

○ 고(故) 상호군 박순(朴淳)의 처 임씨(任氏)에게 쌀과 콩 10석을 내려주었다.

신미일(辛未日-21일)에 대간에게 다시 일을 보라고 명했다. 상이 안원(安瑗)과 좌사간 대부 강회중(姜淮仲) 등을 불러 얼굴빛을 온화하게 하고 친히 타일렀다.

"무구·무질은 그 죄가 비록 무거우나 내게는 인친(姻親)이 된다. 내가 나이 16세 때에 민씨(閔氏)에게 장가들어 오랫동안 함께 살았고, 또 부원군(府院君)의 나이가 70에 가깝고 송씨(宋氏)가 병에 걸려 오래 누워있으니 만일 두 아들을 법으로 논한다면 부자간의 마음이 어떠하겠는가! 내가 굳이 간언하는 것을 막으려는 것이 아니라 다만 사사로운 은혜에 끌려서 결단하지 못하는 것이다. 직첩(職牒)과 녹권(錄卷)을 거두고 폐하여 서인(庶人)으로 만들어 전리(田里)에 추방했으니 이것으로 족한 것이다. 후일에 마땅히 경 등의 청을 따르겠다. 극례의 죄는 무구 등과 같은 죄과(罪科)가 아니다. 더군다나 그 몸이 이미 죽었고 내가 일찍이 더불어 함께 (공신으로서) 맹세했으니 다시 거론하지 말라!"

이에 대답했다.

"지난번에 주상께서 극례의 죄를 단정하기를 '예(禮)를 잃었다'라고 하셨는데 신 등은 '임금 앞에서 예를 잃은 것도 불충한 마음을 품은 것'이라 생각합니다."

상이 두세 번 타이르니 마침내 물러갔다.

○ 무구(無咎)는 여흥(驪興)에 안치하고 무질(無疾)은 대구(大丘)에 안치하도록 명했다. 여흥부원군(驪興府院君) 민제(閔霽)가 두 아들을 먼 지방에 내칠 것을 청했으므로 그것을 따른 것이다. 상이 대언 윤사수(尹思修)에게 일렀다.

"여강군(驪江君) 여성군(驪城君)을 외방(外方)에 둔 것은 양친(兩親)을 위한 것이요, 저들을 위한 것이 아니다. 저들이 양친이 있어 나이 많고 또 병들었으므로 내가 무구를 가까운 땅에 두어서 만일 그 양친이 병이 있으면 하루 안에 불러서 시약(侍藥)할 수 있게 한 것이다. 전일의 대간(臺諫)의 장소(章疏)에 모두 두 사람을 법대로 처치할 것을 청했는데 그 뜻이 어찌 나더러 무구 등을 죽이라는 것이겠는가! 그것은 바로 먼 지방에 두고자 한 것이다. 그러므로 내가 대답하기를 '바쁠 것 없다'고 했다."

○ 상이 덕수궁(德壽宮)에 나아가 향연(享宴)을 베풀고 지극히 즐기다가 저물녘에 돌아왔다.

을해일(乙亥日-25일)에 무지개가 서북쪽에 보였다.

○ 삼관(三館)[21]에서 의정부에 글을 올렸다[獻書].[22] 유학제조(儒學提調) 길창군(吉昌君) 권근(權近)과 예조판서 이문화(李文和)가 제생원(濟生院)에 앉아 고강(考講)하려고 하는데 삼관의 여러 유생(儒生)들이 모두 일이 있다며 강(講)하지 않고 물러가 정부에 글을 올렸다.

---

21 성균관(成均館), 예문관(藝文館), 교서관(校書館)을 말한다.
22 임금에게 올리는 글은 상서(上書)라고 한다.

'삼가 상고하건대 『춘추전(春秋傳)』에 이르기를 "백가(百家)를 내치고 공씨(孔氏)를 높이는 것, 이는 만세의 아름다운 법이다"라고 했으니 공씨의 무리는 예의(禮義)를 귀하게 여기고 염치(廉恥)를 높이는 것이 그 큰 절의입니다. 지금 우리나라가 창업한 초기에 제도를 세우고 기강을 확립해 만세에 법을 남기려 하여 유학(儒學)의 제과(諸科)에서 천한 악공(樂工)에 이르기까지 무리를 지어 예조(禮曹)에 모여 그 재예(才藝)를 시험해 자급(資級-품계)을 옮기는 법을 삼으니 권장(勸獎)하는 도리가 가위 지극하다 하겠습니다. 그러나 저희는 모두 재주가 없는 사람들로서 두 번이나 국가의 시험에 합격해 전정(殿庭)에서 대책(對策)에 답했으니 여러 잡과(雜科)에 비한다면 진실로 다른 점이 있습니다. 그런데 다시 천한 악공과 더불어 같이 취재(取才)한 뒤에야 서용(敍用)한다면 국가에서 유학을 높이고 선비를 대접하는 뜻에 부족함이 있는 것 같습니다. 전(傳)에 이르기를 "예의염치(禮義廉恥), 이를 사유(四維)라고 한다"[23]라고 했으니 사유(四維)가 진작되느냐 폐하게 되느냐 하는 것은 실로 풍화(風化)에 관계됩니다. 저희들이 이것을 생각하면 남몰래[竊] 유감스러운 점이 있습니다.

본년(本年) 11월 초7일에 길창군(吉昌君) 권근(權近)이 학식(學式)을 지어서 삼관(三館)에 고시했는데 그 첫째에 "매월 초하루와 보름 뒤에 두 차례씩 삼관 제원(諸員)은 각각 이름 아래에다 이미 읽은 경서(經書)와 지금 읽는 아무 책을 갖춰 기록하고, 모월(某月) 모일(某日)에서 시작해 모월 모일까지 이미 몇 편을 읽었다고 자세히 하나하나 써

---

23 이는 관중(管仲)이 지었다는 『관자(管子)』에 나오는 말이다.

서 문안(文案)을 만들어 바치라"고 했고, 둘째에는 "제조(提調)가 나와 앉는 날에 삼관 제원(諸員)이 먼저 이르러 각각 읽은 경서를 가지고 서로 토론하고, 제조가 나와 앉은 뒤에 그 경서의 차례대로 의문나는 곳과 어려운 곳[疑難]을 질문해 그 나은 것에 따라 질정(質正)하라"
_{의난}
고 했고, 셋째에는 "시산(時散) 6품 이상의 관원으로서 자진하여 와서 강론해 질정(質正)을 받을 자는 허락한다"라고 했고, 넷째에는 "제원(諸員)이 까닭 없이 한 번 불참한 자는 치부(置簿)하여 과(過)를 기록하고, 두 번 불참한 자는 벌로서 가볍게 제마수(齊馬首)[24]를 행하고, 세 번 불참한 자는 무겁게 제마수를 행한다"라고 했으니 이는 진실로 학문을 권하는 훌륭한 방법입니다. 바라건대 이제부터 예조에서 취재(取才-인재선발)하는 것은 없애고 한결같이 길창군(吉昌君)이 지은 위의 법식에 의하여 밝게 권과(勸課)하는 것을 보이면 국가의 (인재를) 권장하는 방법과 예의 염치의 도리에 심히 다행이겠습니다.'

의정부에서 그 글을 가지고 아뢰니 상이 말했다.

"이미 이뤄진 법을 고칠 수 없다. 10학(十學)[25] 가운데서 만일 삼

---

24 조선시대 사마시 합격자들의 한 의례다. 뒤에 향약의 벌칙으로 자리잡았다. 제마수의 어원은 생원진사시인 사마시(司馬試)의 최종 합격자를 발표하는 날 말을 타고 서울 시내를 다니는 유가(遊街)라는 행사에서 유래했다. 즉 그날 합격자 중에 가정 형편이 넉넉한 사람이 합격자에게 점심 한턱을 내면 유가 시에 그에게는 장원한 사람과 말머리를 나란히 하게 하여 제일 앞에 세워 거리를 행진하는 풍속에서 나온 말이다. 『태종실록』과 『중종실록』에 세 번 이 용어가 나오고 있으나 이는 고풍(古風)에 의한 벌칙으로 행하는 잔치인 듯하다. 이 용어를 향약의 벌칙규정으로 처음 넣은 사람은 이이(李珥)다. 1575년경에 만들어진 '해주일향약속(海州一鄕約束)'에서 처음으로 보인다. 제마수란 약간 뜻이 변하여 잘못을 저지른 사람에게 처하는 벌칙이었다. 즉 이에 처해진 사람이 자신의 잘못을 시인하고 반성하여 향약의 임원들에게 한턱을 내면 죄를 용서해주던 벌칙이다.

25 태종 6년(1406년)에 좌정승(左政丞) 하륜이 설치한 10가지 교육기관이다. 즉 첫째는 유학

관의 고강(考講)을 허락하지 않는다면, 그 하나를 폐지하는 것이다. 또 제과(諸科) 내에 이과(吏科), 음양과(陰陽科), 역과(譯科) 같은 류가 어찌 모두 천인이라 하여 이들과 더불어 항오(行伍)를 이루는 것을 부끄럽게 여긴다는 것인가! 영인(伶人), 악공(樂工) 같은 것은 비록 다 같이 10학(十學)이라고는 하나, 그 업(業)이 심히 천하니 유학(儒學)과는 다르다."

황희(黃喜)가 아뢰었다.

"삼관의 뜻은 다만 이것 때문이 아닙니다. 현재 상정(詳定)한 조례(條例)에 있기를 '그 읽은 것을 시험하여 상등인 자는 초천(超遷)하고, 그 다음인 자는 예(例)에 따라 천전(遷轉)하며, 또 그 하등인 자는 외방에 서용한다'라고 했는데 만일 새 제도대로 한다면 오래 되어 차례가 천전하는 데 해당된 자가 엄체(淹滯)되어 펴지를 못하게 되고, 신진(新進) 가운데 아래에 있는 자가 요행으로 초자(超資)하여 발탁될 것입니다. 이는 이록(利祿)을 가지고 사람을 유혹하는 것이니 후래(後來)에 전하기가 곤란할 듯합니다."

상이 말했다.

"이럴 수도 있고 저럴 수도 있는 일[可東可西之事]이라면, 뜬 말을
<small>가동 가서 지사</small>
믿어 법을 허물어뜨릴 수는 없다. 만일 이 무리들의 말을 들어준다면 이것 또한 법을 무너뜨리는 일단(一端)이 된다. 어찌 그것이 옳겠는가!"

(儒學), 둘째는 무학(武學), 세째는 이학(吏學), 네째는 역학(譯學), 다섯째는 음양풍수학(陰陽風水學), 여섯째는 의학(醫學), 일곱째는 자학(字學), 여덟째는 율학(律學), 아홉째는 산학(算學), 열째는 악학(樂學)이었다.

병자일(丙子日-26일)에 일본 대마도 수호(對馬島守護) 종정무(宗貞茂)가 사람을 보내와 예물(禮物)을 바쳤다.

○ 의정부에서 마정(馬政)을 거듭 아뢰었다.

"지금 각도에서 나눠 기르는 국마(國馬)의 상황[形止]을 살펴보건대 소재지의 수령이 전혀 마음을 쓰지 않고 관노(官奴)나 촌민(村民) 등 무지한 사람에게 맡겨두어 먹여 기르는 것이 적당치 못해 병이 나기에 이르고, 또 병이 심해진 뒤에야 보고해 말을 치료하기를 청하는 까닭에 사복시(司僕寺)의 수의(獸醫)가 미처 병을 치료하지 못하고 왔다 갔다 하기만 하는 폐단이 있습니다. 이제부터는 각 고을의 수령이 공아(公衙)나 객사(客舍) 가운데 깨끗한 땅을 골라 편리한 대로 매어 두고, 조석으로 친히 감독하여 법에 따라 먹여 기르도록 하고, 만일 병이 나거든 곧 치료하게 하되 사복시로 하여금 때 없이 위차(委差-임시 파견관)를 보내 고찰하고, 만일 힘써 뜻을 기울이지 아니하여 야위고 약해지거나 물고(物故-사망)되어 없어진 것이 있으면, 그 수령을 논죄하여 뒤에 오는 사람들을 경계하고, 물고되어 잃은 마필은 해당 수령과 색장(色掌)에게 추징(追徵)하여 그 수효를 채우도록 해야 할 것입니다."

그것을 따랐다.

무인일(戊寅日-28일)에 예조(禮曹)에 명해 좌명공신(佐命功臣)[26]의 예

---

26 태종이 2차 왕자의 난을 일으켰을 때 이를 도운 이저(李佇)·이거이(李居易)·하륜(河崙) 등 47명의 공신(功臣)을 말한다.

장(禮葬)[27]에 대한 등급 차례를 토의해 보고하게 했다. 상이 예조에 신극례의 예장에 대한 장문(狀文)을 올리라고 독촉하고 또 말했다.

"내가 명을 했는데 어찌 더딘가? 내가 만일 그 더디고 느린 것을 귀책한다면 죄는 예조에 있다. 너희들이 어찌 정부(政府)와 대간(臺諫)을 핑계대어 말할 수 있는가!"

이에 판서 이문화(李文和) 등이 중등(中等)의 예(例)를 쓰기를 아뢰어 청하니 상이 말했다.

"극례는 좌명공신 1등이니 마땅히 상등(上等)의 예를 써야 한다."

문화가 아뢰어 말했다.

"전에 공신의 예장(禮葬)을 작질(爵秩)이 높고 낮은 것에 따라 상 중 하 3등을 정했지 공신의 1, 2등에 따라 예를 정하지는 않았습니다."

상이 말했다.

"공로의 높고 낮은 것을 장례의 가볍고 무거움으로 삼는 것 또한 가능하지 않겠는가?"

문화가 대답했다.

"개국공신(開國功臣)의 예장에도 모두 이와 같이 하지 않았습니다."

상이 말했다.

"좌명공신의 예장은 이번이 처음이니 경 등은 깊이 토의하여

---

27 나라에서 공(功)이 있는 신하가 죽었을 때 관곽(棺槨)을 내려주고 예관(禮官)을 보내 그 등급에 따라 장례를 치르는 법을 말한다.

[擬議] 아뢰라."
의의

의정부에서 아뢰었다.

"좌명공신의 예장을 개국공신의 예에 의거하여 직품(職品)의 높고 낮은 것을 상·중·하 3등으로 삼고, 작질(爵秩)이 낮고 공로가 높은 자가 있으면 공을 헤아려서 등수를 더하여 시행하도록 해야 할 것입니다."

그것을 따랐다.

○ 연산(連山)의 아낙네 내은가이(內隱加伊)를 저자에서 거열(車裂)했다. 충청도(忠淸道) 연산현(連山縣) 백성 우동(牛童)의 아내 내은가이가 이웃 남자 강수(姜守)와 정을 통했다. 하루는 우동이 6일 동안의 양식을 싸 가지고 일 때문에 이웃 고을에 가니 내은가이가 수(守)에게 일러 말했다.

"노중(路中)에서 기다렸다가 죽이는 것이 좋겠다."

수가 말했다.

"노중에서는 나는 감히 못 하겠다. 네가 만일 오가던 도중에 머물게 하여 같이 잔다면 내가 죽일 수 있다."

우동이 곧 돌아오게 되자 내은가이가 술과 안주를 가지고 도중에서 맞이하여 술을 먹이고 이어서 말했다.

"오늘 저녁은 밭 가운데서 같이 자며 곡식을 지키는 것이 좋겠소."

우동은 믿고 그대로 따랐다. 내은가이가 그 남편이 깊은 잠에 빠진 것을 엿보고 몰래 일어나 수를 데리고 와서 말했다.

"지금이 바로 그때요."

수가 마침내 죽여서 가까운 땅에 묻었다. 사람들이 자못 의심하니 드디어 다른 곳에 옮겨 묻다가 일이 발각됐다. 형조(刑曹)에서 아뢰니 상이 말했다.

"처첩(妻妾)이 남편을 죽인 사건으로 이처럼 끔찍한 일은 없었다."

황희(黃喜)에게 물었다.

"이 여자가 범한 것 같은 것을 외방의 수령은 어떻게 처벌하는가?"

희(喜)가 대답했다.

"곧 목을 벱니다"

상이 말했다.

"율에 능지(凌遲)²⁸의 법은 없느냐?"

대답했다.

"이전에는 거열(車裂)²⁹로 능지(凌遲)를 대신했습니다."

상이 말했다.

"한 고을에서 죽이면 누가 알겠느냐? 잡아서 서울로 올려와 저자에 세우고 대중에게 다 보여 일깨운 뒤에 사지(四肢)를 나눠 여러 도(道)에 보이라."

기묘일(己卯日-29일)에 상이 덕수궁에 나아가 기거했다.

---

28 가장 참혹한 형벌(刑罰)의 하나다. 먼저 팔·다리의 사지(四肢)를 절단하고 그 다음에 머리를 베는 것이다. 수(隨)·당(唐) 이래로 없어졌으나 원(元)나라 때 다시 부활했고, 우리나라에서는 거열(車裂)로써 이를 대신했다.
29 팔과 다리를 각각 다른 수레에 매고 수레를 끌어서 죄인을 찢어 죽이는 형벌이다. 그 시체는 머리·몸·팔·다리의 6부분으로 나눠 각도에 돌려 보였다. 환열(轘裂) 혹은 환형(轘刑)이라고도 한다.

辛亥朔 司諫院請寢停朝之命. 疏曰:
신해 삭 사간원 청침 정조 지 명 소왈

'誅討亂臣 身無存沒 古今通義也. 逆臣辛克禮之罪 發覺已久
주토 난신 신무 존몰 고금 통의 야 역신 신극례 지 죄 발각 이구

功臣百官臺諫刑曹 請置於法數矣 不賜兪允 擧國臣民 罔不
공신 백관 대간 형조 청치 어법 수의 불사 유윤 거국 신민 망각

缺望. 辛克禮旋伏天地祖宗之誅 今也旣死 其扶佑社稷子孫之意
결망 신극례 선복 천지 조종 지주 금야 기사 기 부우 사직 자손 지의

昭然可知. 天道如斯 殿下旣不明正其罪 曲加寵典 停朝三日 於
소연 가지 천도 여사 전하 기불 명정 기죄 곡가 총전 정조 삼일 어

天地祖宗之意何? 於臣民之望又何如 且太史書之曰: "逆臣克禮
천지 조종 지의 하 어 신민 지망 우 하여 차 태사 서지왈 역신 극례

死 上令攸司停朝三日" 則後嗣何觀! 伏望殿下 毋以小惠 廢天下
사 상령 유사 정조 삼일 즉 후사 하관 복망 전하 무이 소혜 폐 천하

萬世之通義 卽收停朝之命 以示王法 以答天地祖宗臣民之望.'
만세 지통의 즉수 정조 지명 이시 왕법 이답 천지 조종 신민 지망

疏留中.
소 유중

臺諫伏殿庭啓曰: "臣等再三啓達無咎等不忠之罪 未蒙允許
대간 복 전정 계왈 신등 재삼 계달 무구 등 불충 지 죄 미몽 윤허

臣子之心 不可與同國 請明正其罪". 上曰: "予於朝啓廳 已言之
신자 지심 불가 여 동국 청 명정 기죄 상왈 여 어 조계청 이 언지

矣. 且克禮已死 何以罪之?" 瑗等啓曰: "若收職牒籍家產錮子孫
의 차 극례 이사 하이 죄지 원등 계왈 약수 직첩 적 가산 고 자손

除停朝 則可以小慰臣子之心矣." 斗明啓曰: "今明主賞慶刑威
제 정조 즉 가이 소위 신자 지심 의 두명 계왈 금 명주 상경 형위

無有過差 而自春徂夏 旱乾太甚 至于孟冬 日月薄食 必此等人
무유 과차 이 자춘 조하 한건 태심 지우 맹동 일월 박식 필 차등인

陰謀作黨 天眷殿下以譴告之 尙且不從 天意不可違也." 上曰:
음모 작당 천권 전하 이 견고 지 상차 부종 천의 불가 위 야 상왈

"日寒可退." 斗明曰: "今以姻親之故 而赦不忠之臣 取笑臣民.
일한 가퇴 두명 왈 금 이 인친 지고 이사 불충 지신 취소 신민

臣等職在臺諫 不能匡救其失 臣等亦爲不忠矣"上曰:"今日停朝
可退"斗明曰:"今之停朝 爲誰①歟? 不忠之臣 何停朝之有!"上
猶不允 臺諫皆社稷.

命禮曹辛克禮之葬 依靑海伯李之蘭之例 且賜棺槨.

壬子 以洪龜海爲右軍副司直 封李氏爲德淑翁主. 金海官妓
七點仙爲太上宮人 封和義翁主 生一女 適前密直洪彦修之子
龜海. 龜海後去龜字 改名海.

召臺諫 令復視事 且曰:"洪龜海告身 署出齎進. 予將獻于父王
矣."

臺諫交章上言曰:

'臣等前日具無咎 無疾 克禮之罪 三上疏 未蒙兪允 乞解臣等
之職. 殿下不以臣等不能盡忠 遽棄絶之 俾復職任 深愧殿下納汚
包荒之德. 然事關宗社 身無存沒 不得而赦 再冒天威 昧死敢言
竊念逆亂之罪 天地所不容 宗社所不宥 而臣子不共戴天之讐也.
今三人逆謀 發覺已久 請罪非一 殿下但以姻親私恩 俾保首領
殆至數月 天地宗社之所共怒 一國臣民之所共憤. 臣等以宗社
萬世之計 日夜痛哭. 若臣等之言 不出於誠 則天必誅之. 伏望
殿下 察天地祖宗之意 斷以春秋之法 誅無咎 無疾 斬克禮之棺
以示王法 以快神人之憤'

留中不下.

議政府啓 令各道監司 考察受判行移條令. 啓曰: "府及臺諫

受判行移條件 各官守令視爲文具 不爲擧行. 因此朝綱日弛 人

不畏法 非惟事無成效 有乖人臣奉法盡職之意. 各道受判行移

條令行不行 備細相考黜陟 且如隣保之法 每年戶口增減及人物

良賤 軍民壯弱 單雙生産物故 無不周知 不使流移容隱 凡遠近

差發輕重賦役平均. 軍國急務 各官守令 不至勞民動衆 不月之內

可坐而成 但以其監司不用心考察 故守令等視爲文具. 乞將受判

行移隣保條目內備細詳考 來十二月內 成籍上府 如有條令

遲晚奉行 節目事意 不爲詳審 差錯守令 都觀察使都巡問使道

首領官 竝令照律論罪; 其戶籍每三年一遞 成籍上府 以爲恒式"

從之.

流兵曹正郎朴熙宗于稷山 罷正郎趙從生職. 司諫院上言:

'兵曹正郎朴熙宗 世係卑微 立心奸諂. 嘗爲世子司經 要結

宦官 圖濟己欲 又奉使全羅 其父溫爲求禮監務 行至其邑 汚辱

其親. 此士林之所共知而羞與之爲齒者也. 今幸得參郎官 乃與

同僚正郎趙從生 歐鬪司中 從生亦不忍其忿 毁冠汚衣 俱失士風

不可不懲. 望下攸司 依律論罪 永不敍用.'

於是貶責有差.

甲寅 木稼.

賜議政府藥酒. 上謂參贊柳亮曰: "成政丞年雖老 志氣不衰. 如

我小邦 宜有如此老成大臣 我每見政府所啓 見惡② 於人者頗多.
아 소방 의유여차 노성 대신 아 매견 정부 소계 견오 어인자 파다

吾聞政丞常曰:'吾老矣 何憚見惡於人乎? 事雖忤於人 苟當於理
오 문 정승 상왈 오 노의 하탄 견오 어인 호 사수오 어인 구 당 어리

則無嫌而行.'"亮對曰:"政丞於行事 暫不忘失 似無老氣." 上曰:
즉 무혐 이행 량 대왈 정승 어행사 잠불 망실 사무 노기 상왈

"吾聞政丞在家 不離藥酒. 今坐政府 因禁令不能飲 恐致疾病.
오 문 정승 재가 불리 약주 금좌 정부 인 금령 불능음 공치 질병

卿等當勸之." 亮曰:"無特命 何敢飲!" 乃有是賜.
경등 당권지 량왈 무 특명 하감 음 내유 시사

命兵曹禁鷹牌隱佩者. 命之曰:"鷹坊人外餘人鷹牌 今後竝令
명 병조 금 응패 은패 자 명지왈 응방 인외 여인 응패 금후 병령

表見於外 如有隱佩者 卽與無牌同 鷹牌收取 當身照律論罪."
표현 어외 여유 은패 자 즉여 무패 동 응패 수취 당신 조율 논죄

司諫院劾司憲府大司憲安瑗. 臺諫會于演福寺 欲更請三人
사간원 핵 사헌부 대사헌 안원 대간 회우 연복사 욕 갱청 삼인

之罪 瑗以疾不至 故劾之. 臺諫遂詣闕 復請三人之罪 不允. 召
지죄 원 이질 부지 고핵지 대간 수 예궐 부청 삼인 지죄 불윤 소

右獻納申槩問:"汝等以何事 劾大司憲乎?" 槩對曰:"臺諫交章
우 헌납 신개 문 여등 이 하사 핵 대사헌 호 개 대왈 대간 교장

日詣闕庭 瑗言不切至 又於前日托疾不至. 以是劾問." 上曰:"予
일 예 궐정 원 언부 절지 우어 전일 탁질 부지 이시 핵문 상왈 여

嘗與瑗 同爲代言. 性本遲緩 然心則不俗. 且瑗言非不切 特吾
상 여원 동위 대언 성본 지완 연심즉 불속 차원 언비 부절 특오

牽於私恩 未能裁斷耳. 若一日之未參 則特年老耳 豈有他哉!
견어 사은 미능 재단 이 약 일일 지 미참 즉특 연로 이 기 유타 재

前等臺諫一二人 有不欲參此事者 瑗非此比也." 遂命瑗視事. 瑗
전등 대간 일이인 유불욕 참 차사 자 원 비차비 야 수명 원 시사 원

啓曰:"臣無才德 受命之初 恐不勝任 但畏上旨 黽勉就職. 今以
계왈 신무 재덕 수명 지초 공불 승임 단외 상지 민면 취직 금이

風憲之長 被諫院之劾 國人已知 臣何顔復出視事!" 上命之如初
풍헌 지장 피 간원 지핵 국인 이지 신 하안 부출 시사 상 명지 여초

瑗乃退. 於是臺諫連日伏閣 請三人之罪 上重違衆志 命停辛克禮
원 내퇴 어시 대간 연일 복합 청 삼인 지죄 상 중위 중지 명정 신극례

禮葬 旣而復使禮葬. 臺諫詣闕 上曰:"予近體氣不寧 竢後日 予
예장 기이 부사 예장 대간 예궐 상왈 여근 체기 불녕 사 후일 여

將親語之." 又傳旨于柳亮曰:"克禮之罪 固非無咎等之比 予喜
장 친 어지 우 전지 우 유량 왈 극례 지죄 고비 무구 등지비 여희

克禮得終壽考. 若犯身無存沒之罪 則吾何愛之有! 若無咎等 予
극례 득종 수고 약범 신무 존몰 지죄 즉오 하애지유 약 무구 등 여

初但令出居城外 群臣屢言罰輕 乃取功臣錄券. 今臺諫之意 以爲
초 단 영 출거 성외 군신 누언 벌경 내취 공신녹권 금 대간 지의 이위

請之不已 則予必聽從 是以每日詣闕以請耳. 政府 公論所出之地
청지 불이 즉 여필 청종 시이 매일 예궐 이청 이 정부 공론 소출 지지

卿可以予意諭之."
경 가이 여의 유지

政府上言:
정부 상언

'辛克禮之罪 大小臣僚 累次上章 請置於法 未獲兪允 罔不
신극례 지죄 대소 신료 누차 상장 청치 어법 미획 유윤 망불

缺望 而克禮幸保首領 得沒于家. 殿下特從寬典 欲加禮葬 前日
결망 이 극례 행보 수령 득몰 우가 전하 특종 관전 욕가 예장 전일

臣等據法上請 獲蒙兪允 曾未數日 更下禮葬之命. 臣等以爲禮葬
신등 거법 상청 획몽 유윤 증미 수일 갱하 예장 지명 신등 이위 예장

乃褒崇之令典 安敢加於有罪之人! 伏望殿下 俯從公議 以勵
내 포숭 지 영전 안감 가어 유죄 지인 복망 전하 부종 공의 이려

人臣之節.'
인신 지절

留中不下.
유중 불하

命賜祭于辛克禮之殯.
명 사제 우 신극례 지빈

乙卯 淸平君李伯剛 參知議政府事朴信等 自遼東還.
을묘 청평군 이백강 참지 의정부 사 박신 등 자 요동 환

戊午 太白晝見經天.
무오 태백 주견 경천

倭大船一艘寇楮島 全羅道水軍僉節制使具成美與戰 因海暗
왜 대선 일 소 구 저도 전라도 수군첨절제사 구성미 여전 인 해암

日沒不及追. 中箭者三名 命中箭者委曲救療.
일몰 불급 추 중전 자 삼명 명 중전 자 위곡 구료

己未 太白晝見.
기미 태백 주견

庚申 下靜妃殿入番內官李龍 守門內官安順 朴成富 金仁鳳
경신 하 정비전 입번 내관 이용 수문 내관 안순 박성부 김인봉

及司鑰金義等于巡禁司獄 決罰有差. 前月 上有講武之行 靜妃
급 사약 김의 등 우 순금사 옥 결벌 유차 전월 상유 강무 지행 정비

使宮婢佐耳 召閔無疾妻韓氏 以微服入中宮 經宿乃出. 至是 上
사 궁비 좌이 소 민무질 처 한씨 이 미복 입 중궁 경숙 내출 지시 상

知之 命司憲府案驗得實. 掌令卓愼以狀聞 上曰: "予已下巡禁司
지지 명 사헌부 안험 득실 장령 탁신 이장 문 상왈 여 이하 순금사

其勿復問." 巡禁司具李龍等獄辭 照律以啓:
기 물 부문　　순금사 구 이용 등 옥사　조율 이계

'前檢校知內侍府事金仁鳳供稱:"去十月十二日講武行幸之
전 검교　지내시부사　김인봉 공칭　거 십월 십이일 강무 행행 지

後 至十四日初昏 中宮使水賜佐耳傳命曰:'有微微族女入來
후 지 십사일 초혼 중궁사 수사 좌이 전명 왈 유 미미 족녀 입래

者 其勿禁.' 仁鳳聞此 以告同判府事李龍 龍答云:'中宮有命則
자 기 물금　인봉 문차 이고 동판부사 이용 용 답운 중궁 유명 즉

毋禁.' 旣而佐耳自外引婦人以入 翌日曉頭月落前宮門開 佐耳
무금 기이 좌이 자외 인 부인 이입 익일 효두 월낙 전 궁문 개 좌이

又率其婦人而出." 李龍供稱:"作常樣人衣服而入." 金仁鳳又言:
우 솔 기 부인 이출　이용 공칭 작 상양 인 의복 이입 김인봉 우언

"有中宮之命 故其於出入不禁." 右兩人准律 擅入宮門者 杖六十
유 중궁 지 명 고 기어 출입 불금 우 양인 준률 천입 궁문 자 장 육십

徒一年; 門官侍衛官故縱者 各與犯人同罪; 失覺察者 減三等杖
도 일년 문관 시위 관 고종 자 각여 범인 동죄 실 각찰 자 감 삼등 장

八十.
팔십

檢校同知內侍府事安順供稱:"去十月十五日罷漏後 檢校
검교　동지내시부사 안순 공칭 거 십월 십오일 파루 후 검교

僉內侍府事朴成富使人傳說開宮門 予答以非時不可開. 成富又
첨내시부사 박성부 사인 전설 개 궁문 여 답 이 비시 불가 개 성부 우

自來言:'中宮有命 促入炭火 可開門.'故於常例早開."成富供稱:
자 내언 중궁 유명 촉입 탄화 가 개문 고 어 상례 조개 성부 공칭

"有一侍女自內呼言:'促開門 將炭火來.'故以是言告於安順."右
유 일 시녀 자내 호언 촉 개문 장 탄화 래 고 이 시언 고어 안순 우

二人罪準律 門禁鑰鑰條云:"若皇城門 非時擅開者 絞; 有旨開門
이인 죄 준율 문금 쇄약 조운 약 황성문 비시 천개 자 교 유지 개문

者 勿論." 名例云:"共犯罪者造意爲首 隨從減一等 杖一百 流
자 물론 명례 운 공범죄 자 조의 위수 수종 감 일등 장 일백 유

三千里." 至於以中宮之命 開閉宮庭門者 律無其文. 金義於其夕
삼천리　지어 이 중궁 지명 개폐 궁정 문 자 율 무 기문 김의 어 기석

有故 不入直.'
유고 불 입직

上覽之 命上項人及義等竝杖六十 惟李龍以老病收贖.
상 람지 명 상항 인급 의등 병장 육십 유 이용 이 노병 수속

上謂知申事黃喜曰:"予嘗與中宮 以無咎等不忠之謀 將來之禍
상 위 지신사 황희 왈 여 상여 중궁 이 무구 등 불충 지모 장래 지화

反復曉諭 中宮悉知無遺 憤發切齒 絶無救護之計曰:'得保全於
반복 효유 중궁 실지 무유 분발 절치 절무 구호 지계 왈 득 보전 어

父母生前足矣.' 然而以婦人之仁 不忍遽絶 今因講武之隙 密召

無疾之妻 出入宮中. 其間事狀難測 處之何以? 熟思而未領其要.

欲以一二宦者及侍女侍從 但不絶供上 仍置此宮 予移御景福宮

外示疎薄以悔悟之 然無廢棄之理." 喜對曰: "人君擧動 不可輕易

臣愚以爲甚不可也." 上曰: "予更思之." 遂不復言.

辛酉 命收取閔無咎 無疾職牒 辛克禮勿論. 臺諫又伏閤請三人

之罪者三日 乃有是命. 臺諫又交章上言曰:

'無咎 無疾 克禮等亂逆之罪 法所當誅. 臣等交章申請 俯伏

闕下 望殿下明正其罪 以快神人之憤者有日矣. 今殿下只收職牒

是輕宗社而重姻親 非貽厥孫謀之道也. 克禮以功臣 背盟懷貳

黨惡之罪 積累已久 僭逆之言 不臣之跡 不覺發露於殿下之側

罪與無咎 無疾等 略無差等. 同盟功臣百官有司 請置於法 若不

明知 安有同盟而亦欲加罪乎? 誠宜置法 乃命勿論 又命禮葬 姑

欲示信於渝盟逆臣 而反失信於忠義功臣. 是尾生 白公之信 非

所謂大寶也. 願殿下 爲宗社萬世之計 斷以大義 誅斬三人 以正

王法 以戒亂逆.'

留中不下. 遣黃喜傳旨于河崙曰: "無咎等之罪 予以私情 未克

果斷. 功臣臺諫以至百官 請罪累月 予不獲已 今乃只收職牒

使得保全." 崙對曰: "此輩欲去儲副 則罪不可道 欲去諸子 不若

儲副之重也. 聖慮得宜." 喜復命 上指大臣侍坐處曰: "昔此公坐

於此 論事之際 予聞寒心之言. 汝宜速更往問云:'此言無乃嘗
어차 논사 지제 여문 한심 지언 여 의 속 갱왕 문운 차언 무내 상

與人說歟? 更勿輕發."又謂喜曰:"此言若洩 非予則汝口."喜
여언 설여 갱물 경발 우위희왈 차언 약설 비여즉여구 희

於是再往崙家傳旨 崙伏地受教 攢手對曰:"指示生路 措躬
어시 재왕 륜가 전지 륜 복지 수교 찬수 대왈 지시 생로 조궁

無地."喜復命 上曰:"非予則難以保全也 愛其忠直耳."
무지 희복명 상왈 비여즉난이보전 야 애기 충직 이

甲子 冬至. 停賀禮 賜酒殽于各司. 先是 上曰:"冬至 陽生之日
갑자 동지 정 하례 사 주효 우 각사 선시 상왈 동지 양생 지일

君子所樂之辰 可自是爲大朝會 且設君臣同宴."是日適以甲子
군자 소락 지진 가 자시 위 대조회 차 설 군신 동연 시일 적 이 갑자

醮祭齋戒 不受賀.
초제 재계 불 수하

丁卯 議政府設享于廣延樓下 賜左政丞成石璘毛衣毛冠.
정묘 의정부 설향 우 광연루 하 사 좌정승 성석린 모의 모관

戊辰 臺諫又請無咎等罪. 臺諫交章上言:
무진 대간 우청 무구 등죄 대간 교장 상언

'臣等具疏逆臣之罪 累瀆天聰 未蒙兪允. 第因忠誠未能回天
신등 구소 역신 지죄 노독 천총 미몽 유윤 제인 충성 미능 회천

誠宜退避. 然無咎 無疾不忠之罪 臣子不共戴天之讐 臣等雖處
성의 퇴피 연 무구 무질 불충 지죄 신자 불공대천 지수 신등 수처

江湖 其憂憤愧怍之心 曷有其已! 克禮素有無君之心 欲剪宗支
강호 기 우분 괴작 지심 갈유 기이 극례 소유 무군 지심 욕전 종지

罪在不赦. 雖伏陰誅 尙有餘辜 不可不治. 無咎 無疾陰懷貳心
죄재불사 수복 음주 상유 여고 불가 불치 무구 무질 음회 이심

非一朝一夕 貫盈發見 卽當急討 以絶亂源. 殿下汨於私恩 昧於
비 일조일석 관영 발현 즉 당 급토 이절 난원 전하 골어 사은 매어

公義 只收職牒 安置近畿. 惟此二人 嘗蒙上恩 久執兵權 威福
공의 지수 직첩 안치 근기 유차 이인 상몽 상은 구집 병권 위복

與奪 在其掌握 能行少惠 務收人心 植黨根據 非若匹夫之謀亂
여탈 재기 장악 능행 소혜 무수 인심 식당 근거 비약 필부 지모란

也 恐有腹心不逞之徒 朝夕往來 覘伺其機 以致不虞之變. 願
야 공유 복심 불령 지도 조석 왕래 첨사 기기 이치 불우 지변 원

殿下 斷以大義 將二人置之王法 以定臣民之志.'
전하 단 이 대의 장 이인 치지 왕법 이정 신민 지지

留中不下. 臺諫詣闕再請 不允. 皆乞辭.
유중 불하 대간 예궐 재청 불윤 개 걸사

召驪原君閔無恤 驪山君閔無悔問曰:"近日何不出仕?"無悔
소 여원군 민무휼 여산군 민무회 문왈 근일 하불 출사 무회

對曰: "同是閔氏也 不敢出門." 上怒曰: "汝等愛不忠之兄而棄我
乎? 且無悔讀書者也. 昔周公誅不忠之兄 而盡忠周室 汝豈不知
乎?"

知司諫院事金邁卿 與安瑗有親嫌 不參臺諫請罪之例 及是乃

詣闕獨上疏曰:

'無咎 無疾 貪鄙猥劣 得列勳親 至爲天幸 誠宜有死無二 以報
莫大之恩. 顧不念此 怏怏不滿 貪立幼主 欲剪宗支 逆謀昭著.
辛克禮殘忍暴虐 利欲無厭 朋比無咎等 相與圖議 乃於上前
不覺發見 其爲謀逆 略無同異. 其身雖死 誅亂討逆 固無存沒.
乞將三人 明正其罪 以申萬世之公義'

疏又留中 邁卿亦辭職而退.

誅龍州人明伊及義州百戶金龍. 明伊率其母及妻子五口至義州
賂龍以麻布一匹 求潛渡鴨綠江 龍率至江邊 刈蘆爲桴以渡之.
明伊至婆娑府 爲徼者所獲. 刑曹啓: "准律 謀背本國 潛從他國
但共謀者 不分首從 皆斬." 從之.

己巳 命議政府各道守令雖考滿者 毋得遞代. 以歲凶荒 除迎送
之弊也.

議政府啓曰: "刑曹及都官 以奴婢決折事 隻人證佐在外方者
督令赴京 來往留連 動經數月. 當此凶年 不無飢寒失所之嘆 除
元隻現身相訟外 外方接人 限戊子年秋成 不許移文催督 以除

其弊: 外方各道 亦依上項施行.”
기폐　외방　각도　역　의 상항　시행

從之.
종지

庚午 刑曹上言 請除雜訟 專決刑獄 從之. 言曰: ‘仍執據執
경오　형조 상언　청제 잡송　전결 형옥　종지　언왈　잉집 거집

逃亡奴婢及鬪毆犯奸盜賊等事 推鞫刑決 乃是本曹之任. 今稱
도망 노비 급 투구 범간 도적 등사　추국 형결　내 시 본조 지임　금 칭

刑曹都官誤決 呈司憲府及鼓申呈者 並下本曹推決 是以不能
형조 도관 오결　정 사헌부 급 고신정 자　병 하 본조 추결　시이 불능

專心刑決. 乞除見任刑曹都官員吏所決事外 見代員吏誤決分揀
전심 형결　걸제 현임 형조 도관 원리 소결 사 외　견대 원리 오결 분간

事 專委主掌官決折.’
사　전위 주장관 결절

賜故上護軍朴淳妻任氏米豆十石.
사 고 상호군 박순 처 임씨 미두 십 석

辛未 命臺諫復視事. 上召安瑗及左司諫大夫姜淮仲等 和顏色
신미　명 대간 부 시사　상 소 안원 급 좌사간대부　강회중 등　화 안색

而親諭之曰: “無咎 無疾 其罪雖重 然於予爲姻親. 予年十六 娶
이 친 유지 왈　무구　무질　기죄 수중　연 어 여 위 인친　여 년 십육　취

于閔氏 久與同處. 且府院君年七十 宋氏抱疾長臥. 若論二子
우 민씨　구여 동처　차 부원군 연 칠십　송씨 포질 장와　약 론 이자

以法 則於父子之心何哉? 予非固欲拒諫 只緣私恩而未決耳. 收
이 법　즉 어 부자 지심 하재　여 비 고욕 거간　지 연 사은 이 미결 이　수

職牒錄券 廢爲庶人 放歸田里 斯亦足矣. 後日當從卿等之請. 若
직첩 녹권　폐 위 서인　방귀 전리　사 역 족의　후일 당 종 경 등 지 청　약

克禮之罪 不與無咎等同科 況其身已死. 予曾與之同盟 毋更
극례 지죄　불여 무구 등 동과　황 기신 이사　여 증 여지 동맹　무갱

擧論.” 對曰: “往者 上 斷克禮之罪曰: ‘失禮.’ 臣等以謂失禮於君
거론　대왈　왕자　상 단 극례 지죄 왈　실례　신 등 이위 실례 어 군

前者 亦懷不忠之心者也.” 上再三諭之 乃退.
전자　역 회 불충 지심 자 야　상 재삼 유지　내 퇴

命置無咎于驪興 無疾于大丘. 驪興府院君閔霽請放二子遠地
명 치 무구 우 여흥　무질 우 대구　여흥부원군　민제 청방 이자 원지

從之. 上謂代言尹思修曰: “驪江 驪城 置之外方 爲兩親也 非爲
종지　상 위 대언 윤사수 왈　여강　여성　치지 외방　위 양친 야　비위

彼也. 彼有兩親 年深且病 故予置無咎于近地. 若其親有疾 則可
피야　피유 양친　연심 차 병　고 여 치 무구 우 근지　약 기친 유질　즉 가

於一日召之侍藥. 前日臺諫章疏 皆請置二人於法 其意豈謂予殺
어 일일 소지 시약　전일 대간 장소　개 청치 이인 어법　기의 기위 여 살

530

無咎等哉？正欲置之遠地耳. 故予對曰:'勿忙也.'"
무구 등재 정욕 치지 원지 이 고 여 대왈 물망 야

上詣德壽宮設享 極歡暮還.
상 예 덕수궁 설향 극환 모환

乙亥 虹見西北.
을해 홍 견 서북

三館獻書于議政府. 儒學提調吉昌君權近及禮曹判書李文和
삼관 헌서 우 의정부 유학 제조 길창군 권근 급 예조판서 이문화

坐濟生院欲考講 三館諸儒 皆托故不講而退. 乃獻書于政府曰:
좌 제생원 욕 고강 삼관 제유 개 탁고 불강 이퇴 내 헌서 우 정부 왈

'謹按春秋傳曰:"黜百家尊孔氏 此萬世之令典也."而孔氏之徒
근안 춘추전 왈 출백가 존 공씨 차 만세 지 영전 야 이 공씨 지 도

貴禮義崇廉恥 是其大節也. 今我國家 創業之初 立經陳紀 垂憲
귀 예의 숭 염치 시기 대절 야 금 아 국가 창업 지초 입경 진기 수헌

萬世 自儒學諸科 以至樂工之賤 群聚禮曹 試其才藝 以爲遷資
만세 자 유학 제과 이지 악공 지천 군취 예조 시기 재예 이위 천자

之法 其獎勸之道 可謂至矣. 然某等俱以不才 再中國試 對策
지법 기 장권 지도 가위 지의 연 모등 구 이 부재 재중 국시 대책

殿庭 視諸雜科 固有異矣. 更與樂工之賤等 而取才然後敍用 則
전정 시저 잡과 고 유이 의 갱 여 악공 지천 등 이 취재 연후 서용 즉

於國家尊儒待士之義 似有慊焉. 傳曰:"禮義廉恥 是謂四維."
어 국가 존유 대사 지의 사 유겸 언 전 왈 예의염치 시위 사유

四維振廢 實關於風化. 某等念此 竊有憾焉. 本年十一月初七日
사유 진폐 실 관어 풍화 모등 염차 절 유감 언 본년 십일 월 초 칠일

吉昌君權近 著爲學式 以示三館 其一曰:"每月朔望後二次 三館
길창군 권근 저 위 학식 이시 삼관 기일 왈 매월 삭망 후 이차 삼관

諸員 各於名下 具錄曾讀經書及今讀某書 自某月某日始 至某月
제원 각 어 명하 구록 증독 경서 급 금독 모서 자 모월 모일 시 지 모월

某日已讀幾篇 備細開寫 擧案進呈."其二曰:"提調坐日 三館
모일 이독 기편 비세 개사 거안 진정 기이 왈 제조 좌일 삼관

諸員先到 各以所讀經書 互相論議. 提調坐後 以其經次 質問
제원 선도 각 이 소독 경서 호상 논의 제조 좌후 이 기경 차 질문

疑難 從其長者而就正焉."其三曰:"時散六品已上員 自來講論
의난 종기 장자 이 취정 언 기삼 왈 시산 육품 이상 원 자래 강론

就正者聽."其四曰:"諸員無故一不至者 置簿記過. 二不至者 罰
취정 자청 기사 왈 제원 무고 일 부지 자 치부 기과 이 부지 자 벌

輕行濟馬首; 三不至者重行."此誠勸學之良法也. 願自今禮曹
경행 제마수 삼 부지 자 중행 차 성 권학 지 양법 야 원 자금 예조

取才 一依吉昌君所著上項令式 明示勸課 則其於國家獎勸之方
취재 일의 길창군 소저 상항 영식 명시 권과 즉 기어 국가 장권 지방

禮義廉恥之道 幸甚.'
예의염치　지　도　행심

議政府以其書啓 上曰: "已成之法 不可改也. 十學之中 若
의정부　이　기서　계　상왈　이성　지법　불가개야　십학　지중　약

不許三館考講 則廢其一矣. 且諸科之內 若吏科陰陽科譯科之
불허　삼관　고강　즉폐기일의　차　제과　지내　약　이과　음양과　역과　지

類 豈盡是賤人 而恥與之爲伍乎? 若伶人樂工 則雖均曰十學 而
류　기진시천인　이치여지위오호　약영인악공　즉수균왈십학　이

所業甚賤 與儒學異矣."黃喜啓曰: "三館之意 非只爲此也 見今
소업심천　여유학이의　황희계왈　삼관지의　비지위차야　현금

詳定條例 有曰: '試其所讀 上等超遷 其次隨例遷轉 又其下者
상정조례　유왈　시기소독　상등초천　기차수례천전　우기하자

外敍.'若果如新制 則久次當遷者 淹滯而未伸; 新進居下者 僥倖
외서　약과여신제　즉구차당천자　엄체이미신　신진거하자　요행

而超擢. 是以利祿誘人 似難示後."上曰: "可東可西之事 不可信
이초탁　시이이록유인　사난시후　상왈　가동가서지사　불가신

浮言而毀法. 若聽此輩之言 是亦毀法之一端也 其可乎?"
부언이훼법　약청차배지언　시역훼법지일단야　기가호

丙子 日本 對馬島守護宗貞茂 遣人來獻禮物.
병자　일본　대마도　수호　종정무　견인내헌예물

議政府啓申馬政. 啓曰:
의정부　개신마정　계왈

"今考各道分養國馬形止 所在守令 專不用心 委於官奴村民
금고각도분양국마형지　소재수령　전불용심　위어관노촌민

無知之人 餧養失宜 以致成病 及至病深 然後報請理馬 故司僕
무지지인　위양실의　이치성병　급지병심　연후보청이마　고사복

獸醫 不及治病 往來有弊. 自今各官守令 於公衙客舍中 擇淨地
수의　불급치병　왕래유폐　자금각관수령　어공아객사중　택정지

隨宜繫置 朝夕親監 依法養飼 若有病作 隨卽醫治. 令司僕寺
수의계치　조석친감　의법양사　약유병작　수즉의치　영사복시

無時委差 發遣考察 如有不肯致意 以致瘦弱故失者 其守令論罪
무시위차　발견고찰　여유불긍치의　이치수약고실자　기수령논죄

鑑後 其故失馬匹 當守令色掌追徵充數."
감후　기고실마필　당수령색장추징충수

從之.
종지

戊寅 命禮曹 議佐命功臣禮葬等第以聞. 上督禮曹上辛克禮
무인　명예조　의좌명공신예장등제이문　상독예조상신극례

禮葬之狀 且曰: "予有命 何遲也? 予若責其遲慢 則罪在禮曹.
예장지장　차왈　여유명　하지야　여약책기지만　즉죄재예조

532

汝等豈得援政府臺諫以爲辭哉！”於是判書李文和等啓請用中等
例 上曰：“克禮佐命功臣一等 當用上等例.”文和啓曰：“在前
功臣禮葬 以爵秩高下 定上中下三等 不用功臣一二等爲例.”上
曰：“以功之高下 爲葬之輕重 不亦可乎？”文和對曰：“開國功臣
禮葬 皆不如此.”上曰：“佐命功臣禮葬 此其始也. 卿等擬議
以聞.”議政府啓：“佐命功臣禮葬 依開國功臣例 以職品高下 爲
上中下等 其有秩卑而功高者 量功施行.”從之.

轘連山婦人內隱加伊于市. 忠淸道連山縣民牛童之妻內隱加伊
與隣男姜守通. 一日牛童裹六日量 以事歸于隣郡 內隱加伊請守
曰：“可於路中要殺.”守曰：“路中則吾不殺. 汝若止於中路共宿者
吾可以殺之.”及牛童將還 內隱加伊持酒饌迎于中路 飮之酒 因
曰：“今夕可共宿田中守禾.”牛童信而從之. 內隱加伊伺其夫熟睡
潛起引守曰：“此其時矣！”守遂殺之 埋于近地. 人頗疑之 遂移埋
于他處 事發. 刑曹以聞 上曰：“妻妾殺夫 未有如此之甚也.”問
黃喜曰：“如此女所犯 外方守令何以刑之？”喜對曰：“直斬之耳.”
上曰：“律無凌遲之法歟？”對曰：“前此 以車裂代凌遲.”上曰：
“若殺之 一郡其誰知之！ 可逮至京師 立市曉衆 然後分示諸道.”
己卯 上詣德壽宮起居.

| 원문 읽기를 위한 도움말 |

① 爲誰歟? 여기서 爲는 '~위해'라는 뜻이므로 爲誰는 '누구를 위해'라는
   위수 여   위   위수
뜻이 된다.

② 見惡於人者頗多. 見은 수동형을 만들어주는 조동사다. 見惡는 미움을
   견오 어인 자 파다 견   견오
받게 된다는 뜻이다.

태종 7년 정해년
12월

十二月

경진일(庚辰日-1일) 초하루에 안주목 판사(安州牧判事) 홍유룡(洪有龍)을 파직했다. 유룡(有龍)이 동지를 축하하는 전(箋)에 신(臣) 자(字)를 쓰지 않았기 때문에 정부에서 죄를 청하니 상이 말했다.

"무지한 무인(武人)이니 거론하지 말라!"

이때 사간원이 말씀을 올렸다.

'유룡은 무녀(巫女)의 소생으로 이미 글자를 알지 못하고 또 궁시(弓矢)의 능력도 없는데 다만 아첨하고 뜻을 맞추는 것으로 외람되게 직임을 받아 조사(朝士-조정선비)에 섞였음에도 욕심이 많으면서도 부끄러움을 알지 못하고 이욕(利欲)만을 자행하여 조양 병마사(兆陽兵馬使)로 있을 때에 관물(官物)을 도적질했으니 그 근본과 심술(心術)이 밝은 시대의 등용(登用)에 합당하지 않습니다. 지금 지위가 가선(嘉善)에 올라 나가서 큰 고을을 맡았으니 진실로 마땅히 공손하고 삼가서 전하께서 더러운 것을 포용하시는 다움[納汚之德]에
(납오 지 덕)
보답해야 할 것인데 일찍이 이것을 생각지 않고, 또 신하의 예를 잃었습니다. 이러한데도 깨닫지 못하면서 어떻게 백성을 다스리겠습니까? 엎드려 바라옵건대 전하께서는 유사(攸司)로 하여금 직첩을 거두게 하고 율에 의하여 논죄하여 외람하게 벼슬받는 것을 막음으로써 삼가지 못하는 자[不恪]를 징계해야 할 것입니다.'
(불각)

마침내 파직시켰다.

신사일(辛巳日-2일)에 대호군 황상(黃象)[1]을 파직시키고 갑사(甲士) 양춘무(楊春茂) 등 네 사람을 수군(水軍)에 채워 넣었다.[2] 애초에 상(象)이 상기(上妓)[3] 가희아(可喜兒)를 첩으로 삼았는데 총제(摠制) 김우(金宇, ?~1418년)[4]도 또한 일찍이 가희아와 정을 통했었다. 동짓날 내연(內宴)이 파하자 가희아가 궁문(宮門)을 나와 상의 집으로 돌아갔는데 우(宇)가 부하 갑사와 종인(從人)을 보내 길에서 기다리다가 탈취하려 했으나 붙잡지 못하고 뒤쫓아 상의 집에 이르러 수색했으나 또한 잡지 못했다. 이튿날 상이 가희아로 하여금 말을 타고 종을 거느리고 저자를 지나가게 했는데 우가 또 갑사와 복종(僕從)을 보내 기다리게 하므로 상이 말을 달려 장(杖)을 가지고 쫓으니 갑사와 종인이 모두 흩어지고 구경꾼들이 담장처럼 늘어섰다. 도로에서 말이 전해져 소문이 났으나 핵문하는 자가 아무도 없었다. 상이 듣고서 사헌지평 김경(金庚)을 불러 명했다.

---

1 아버지는 개국공신 황희석(黃希碩)이다. 바로 이때인 1407년(태종 7년) 축첩 문제로 파직됐으나 개국공신의 후예라 하여 곧 사면되고, 각위(各衛)에 절제사를 두면서 1411년(태종 11년) 충좌사첨절제사(忠佐司僉節制使)가 됐다. 1419년(세종 1년) 세종이 등극해 왜구의 진원지 대마도(對馬島)를 정벌할 때 삼군도체찰사(三軍都體察使) 이종무 휘하의 중군장에 임명됐다. 1426년(세종 8년) 도총제가 됐는데 세종이 군을 친열할 때 군법을 문란하게 했다 하여 편(鞭) 50의 벌을 받았다. 이듬해 병조판서로서 황희(黃喜) 등과 같이 양녕대군(讓寧大君)을 폐출할 것을 주장했다. 그러나 1428년(세종 10년) 병조판서의 중책을 지닌 자로 기첩(妓妾)을 만나느라 왕을 호가하지 않았다는 사헌부의 탄핵을 받고 고성으로 유배됐다.

2 당시로서는 일종의 형벌이다.

3 나라의 정재(呈才) 때 춤을 추는 기생이다.

4 무재가 뛰어나 이방원(李芳遠)이 왕위에 오르기 전에는 시종으로 총애를 받았다. 1400년(정종 2년) 대장군으로 있을 때 이방원을 도와 2차 왕자의 난을 평정하는 데 공을 세웠다. 1401년(태종 1년)에 익대좌명공신 4등에 책록되고, 희천군(熙川君)에 봉해졌다. 1407년에는 좌군총제, 1409년에는 평양도첨절제사에 이어 안주도병마절제사를 거쳐 1415년에 우군도총제가 됐다가 1417년에 좌군도총제와 병조판서를 역임했다.

"내연(內宴)에 정재(呈才)하는 상기를 간혹 제 집에 숨겨두고 제 첩(妾)이라 하여 항상 내보내지 않는 일이 있다. 내가 일찍이 얼굴을 아는 기생도 내연에 혹 나오지 않는 자가 있어 정재에 궐원(闕員)이 생긴다. 그것은 족히 말할 필요도 없지마는 제 집에 숨겨 두고 '제 첩이다'라고까지 하는 것은 어떻다 하겠는가! 너는 마땅히 거론하여 탄핵해 아뢰라."

수일이 지난 뒤에 장령(掌令) 탁신(卓愼)을 불러 명했다.

"이제 듣건대 상기(上妓)의 연고로 말미암아 탄핵을 당한 자가 많다고 하는데, 전날 내가 말한 것은 여러 해 동안 제 집에 숨겨 두고 외출하지 못하게 하는 자를 가리킨 것이고, 조관(朝官)이 상기를 첩으로 삼아서는 안 된다고 말한 것이 아니다. 하구(河久, 1380~1417년)[5]와 김우(金宇)는 이미 출사(出仕)하게 했으니 너는 그리 알라!"

신(愼)이 아뢰었다.

"우의 죄는 구(久)와 같지 않습니다. 대개 대낮에 큰길 가운데서 금군(禁軍)을 보내 사사로이 싸움을 시켰으니 이 버릇이 자라고 그

---

5 하륜의 아들이다. 아버지의 자질(資秩)로 인해 23세에 대언(代言)이 됐다. 1408년(태종 8년) 총제로서 임금의 거가를 제대로 호위하지 못했다 하여 순금사에 하옥됐다가 3일 만에 석방됐다. 1410년 도총제로서 각을 불던 날에 명에 달려 오지 못해 파면됐다. 이듬해 사헌부에서 청성군(淸城君) 정탁(鄭擢), 연성군(蓮城君) 김정경(金定卿) 등과 함께 종묘(宗廟)의 춘향제(春享祭)의 헌관(獻官)으로서 미처 서계(誓戒)하지 못했다 하여 죄를 청했으나 공신의 아들이라 하여 용서받았다. 같은 해 8월에 좌군총제(左軍摠制)로서 병조 판서 황희(黃喜)와 함께 약재를 보내준 것을 사은하기 위해 경사(京師)에 갔다 온 뒤 중군 도총제(中軍都摠制)·좌군총제(左軍摠制)를 거쳤다. 1412년 별사금(別司禁)의 좌변제조(左邊提調)에, 1413년에 우군도총제가 됐다. 1416년에 좌군도총제에 임명됐으나 1417년 아버지 하륜의 상을 당해 병이 깊어져 38세의 나이로 죽었다.

치지 않는다면 후일에 난을 꾸미는 데 쓰이지 않겠습니까?"

상이 말했다.

"우는 공신이니 치죄(治罪)할 수 없고 꾀어서 나쁜 짓을 하도록 이끈 자를 핵실(覈實)하여 아뢰라!"

헌부(憲府)에서 아뢰었다.

'지난 11월 12일 밤에 우(宇)가 자기 소관인 갑사 가운데 기병(騎兵)과 보병(步兵) 30여 명을 보내 상(象)의 집을 포위하고, 갑사 나원경(羅原冏)과 고효성(高孝誠) 등이 곧장 상의 내실(內室)에 들어가 기생첩 가희아를 찾았으나 잡지 못하니 그 의장(衣裝)을 취하여 갔습니다. 이튿날 우가 다시 구종(丘從)과 조례(皂隸)를 보내 가희아를 빼앗아오게 하여 수진방(壽進坊) 동구(洞口)에 이르니 상이 듣고 말을 달려 장(杖)을 가지고 추격해 가희아를 뒤쫓았습니다. 이리하여 우가 즉시 주번갑사(晝番甲士) 양춘무(楊春茂), 고효성(高孝誠), 박동수(朴東秀) 등 10여 명과 사반(私伴) 20여 명을 동원해 장(杖)을 가지고 상과 더불어 서로 싸웠는데 춘무(春茂)가 상을 쳐서 은대(銀帶)가 깨져 떨어지게 했습니다. 신 등이 생각건대 군정(軍政)은 엄한 것을 주된 것으로 삼아 각각 그 분수를 지킨 뒤에야 상하(上下)가 서로 편안하고 계급 사이에 서로 능멸하거나 범(犯)하지 아니하여 위에서는 능히 명령을 내고 아래에서는 잘 복역(服役)하게 되어 그칠 줄 모르는 근심이 영원히 없어질 것입니다. 우는 미천한 집안에서 몸을 일으켜 별로 재주와 다움이 없는데, 두텁게 상의 은혜를 입어 벼슬이 총제(摠制)에 이르렀으니 날로 더욱 근신하여 상의 은혜를 갚기를 도모하는 것이 바로 그 직분일 터인데 의리를 돌보지 않고 불법한 짓을 자행해 마음대로 금군(禁軍)을 발동시켜 남의 첩을 빼앗았으니 이것이 큰 난(亂)의 근원이라는 것입니다. 춘무(春茂) 등은 금군(禁軍)이 된 몸으로 도리어 우(宇)의 사사로운 분노에서 나온 명을 따라, 밤에 상의 집을 포위했고, 또 길거리에서 서로 더불어 격투해 그 은대(銀帶)를 쳐서 떨어뜨렸으니 실로 부당합니다. 상(象)은 작지 않은 3품 관으로서 장(杖)을 가지고 말을 달려 조정길에서 기첩(妓妾)을 다투었으니 청컨대 우(宇)의 직첩을 회수하고 그 죄를 밝게 바로잡음으로써 난의 근원을 막으시고 양춘무(楊春茂)·고효성(高孝誠)·박동수(朴東秀)·나원경(羅原冏)은 직첩을 회수하고 율에 의해 논죄하고, 이에 황상(黃象) 또한 정직(停職)시켜 선비의 풍습을 고쳐야 할 것입니다.'

명했다.

"황상은 파직시키고, 춘무 등 네 사람은 각각 본향(本鄕)의 수군(水軍)에 채워넣고 가희아는 장(杖) 80대를 수속(收贖)하게 하고 김우는 공신이니 거론하지 말라."

사헌부에서 또 아뢰었다.

'김우(金宇)는 작년에 강계 병마사(江界兵馬使)로 있을 때 탐욕(貪慾)을 자행했고 체대(遞代)를 당해 서울로 올라올 때 반인(伴人)을 많이 거느리고 역참(驛站)마다 유숙하면서 개와 닭을 도살해 폐해가 백성에게 미쳤으므로 본부(本府)에서 그 죄를 청했는데 전하께서는 그 작은 공로를 생각하시어 내버려두고 논하지 말게 하셨으니 진실로 마땅히 허물을 고쳐 스스로 새 사람이 되어 주상의 은혜를 갚기를 도모해야 할 터인데 예전의 마음을 고치지 않고 스스로 생각하기를 "비록 죄를 짓더라도 반드시 은유(恩宥)를 입으리라"고 여기고,

강포(强暴)한 짓을 마구 행하여 임의로 금병(禁兵)을 발동하여 밤중
에 남의 집을 포위하고 그 기생첩을 강탈해 대낮에 조로(朝路)에서
떼를 지어 난동을 부리기에 이르렀으니 정상과 범죄가 심중(深重)합
니다. 만일 또 죄책을 가하지 않으면, 지난 일을 징계하는 바가 없어
뒷날에는 장차 못할 짓이 없을 것입니다. 청컨대 김우(金宇)를 한결
같이 전날 장신(狀申)한 바와 같이 시행하셔야 할 것입니다.'

소(疏)가 올라갔으나 대내(大內)에 머물러 두었다.

○ 의정부에서 명찰(名刹)을 가지고 여러 고을의 자복사(資福寺)[6]를
대신하게 할 것을 청하니 그것을 따랐다. 아뢰어 말했다.

"지난해에 사사(寺社)를 혁파해 없앨 때 삼한(三韓) 이래의 대가람
(大伽藍)이 도리어 없어지는 예에 들고 망하여 폐지된 사사(寺社)에
주지(住持)를 내려보내는 일이 간혹[容或] 있었으니 승려들이 어찌
                     용혹
원망하는 마음이 없겠습니까? 만일 산수(山水) 좋은 곳의 대가람을
골라 망하여 폐지된 사원(寺院)을 대신한다면 아마도 승려들로 하여
금 거주할 곳을 얻게 할 수 있을 것입니다."

이리하여 여러 고을의 자복사를 모두 명찰(名刹)로 대신했다.

조계종(曹溪宗)의 경우 양주(梁州-양산)의 통도사(通度寺), 송생(松
生-청송)의 쌍암사(雙巖寺), 창녕(昌寧)의 연화사(蓮花寺), 지평(砥平-
양평)의 보리갑사(菩提岬寺), 의성(義城)의 빙산사(氷山寺), 영주(永州)
의 정각사(鼎覺寺), 언양(彦陽)의 석남사(石南寺), 의흥(義興)의 인각

---

6 조선시대에 국가에 복이 있기를 기원하기 위해 각 지방에 정책적으로 지정했던 절이다.
   주로 이전부터 내려오던 명찰을 종파별로 나눠 지정했다.

사(麟角寺), 장흥(長興)의 가지사(迦智寺), 낙안(樂安)의 징광사(澄光寺), 곡성(谷城)의 동리사(桐裏寺), 감음(減陰-거창)의 영각사(靈覺寺), 군위(軍威)의 법주사(法住寺), 기천(基川)의 정림사(淨林寺), 영암(靈巖)의 도갑사(道岬寺), 영춘(永春)의 덕천사(德泉寺), 남양(南陽)의 홍법사(弘法寺), 인동(仁同)의 가림사(嘉林寺), 산음(山陰)의 지곡사(地谷寺), 옥주(沃州)의 지륵사(智勒寺), 탐진(耽津)의 만덕사(萬德寺), 청양(靑陽)의 장곡사(長谷寺), 직산(稷山)의 천흥사(天興寺), 안성(安城)의 석남사(石南寺)다.

천태종(天台宗)의 경우 충주(忠州)의 엄정사(嚴正寺), 초계(草溪)의 백암사(白巖寺), 태산(泰山)의 흥룡사(興龍寺), 정산(定山)의 계봉사(鷄鳳寺), 영평(永平)의 백운사(白雲寺), 광주(廣州)의 청계사(淸溪寺), 영해(寧海)의 우장사(雨長寺), 대구(大丘)의 용천사(龍泉寺), 도강(道康)의 무위사(無爲寺), 운봉(雲峰)의 원수사(原水寺), 대흥(大興)의 송림사(松林寺), 문화(文化)의 구업사(區業寺), 금산(金山)의 진흥사(眞興寺), 무안(務安)의 대굴사(大崛寺), 장사(長沙)의 선운사(禪雲寺), 제주(堤州)의 장락사(長樂寺), 용구(龍駒)의 서봉사(瑞峰寺)다.

화엄종(華嚴宗)의 경우 장흥(長興)의 금장사(金藏寺), 밀양(密陽)의 엄광사(嚴光寺), 원주(原州)의 법천사(法泉寺), 청주(淸州)의 원흥사(原興寺), 의창(義昌)의 웅신사(熊神寺), 강화(江華)의 전향사(栴香寺), 양주(襄州)의 성불사(成佛寺), 안변(安邊)의 비사사(毗沙寺), 순천(順天)의 향림사(香林寺), 청도(淸道)의 칠엽사(七葉寺), 신령(新寧)의 공덕사(功德寺)다.

자은종(慈恩宗)의 경우 승령(僧嶺)의 관음사(觀音寺), 양주(楊州)의 신혈사(神穴寺), 개령(開寧)의 사자사(獅子寺), 양근(楊根)의 백암사(白巖寺), 남포(藍浦)의 성주사(聖住寺), 임주(林州)의 보광사(普光寺), 의령(宜寧)의 웅인사(熊仁寺), 하동(河東)의 양경사(陽景寺), 능성(綾城)의 공림사(公林寺), 봉주(鳳州)의 성불사(成佛寺), 여흥(驪興)의 신이사(神異寺), 김해(金海)의 감로사(甘露寺), 선주(善州)의 원흥사(原興寺), 함양(咸陽)의 엄천사(嚴川寺), 수원(水原)의 창성사(彰聖寺), 진주(晉州)의 법륜사(法輪寺), 광주(光州)의 진국사(鎭國寺)다.

중신종(中神宗)의 경우 임실(任實)의 진구사(珍丘寺), 함풍(咸豊)의 군니사(君尼寺), 아주(牙州)의 동림사(桐林寺), 청주(淸州)의 보경사(菩慶寺), 봉화(奉化)의 태자사(太子寺), 고성(固城)의 법천사(法泉寺), 배주(白州)의 견불사(見佛寺), 익주(益州)의 미륵사(彌勒寺)다.

총남종(摠南宗)의 경우 강음(江陰)의 천신사(天神寺), 임진(臨津)의 창화사(昌和寺), 삼척(三陟)의 삼화사(三和寺), 화순(和順)의 만연사(萬淵寺), 나주(羅州)의 보광사(普光寺), 창평(昌平)의 서봉사(瑞峰寺), 인제(麟蹄)의 현고사(玄高寺), 계림(鷄林)의 천왕사(天王寺)다.,

시흥종(始興宗)의 경우 연주(漣州)의 오봉사(五峰寺), 연풍(連豊)의 하거사(霞居寺), 고흥(高興)의 적조사(寂照寺)다.

성석린(成石璘)이 본래 망령되이 부처를 믿었기 때문에 이러한 청이 있었는데 식자(識者)들이 비난했다[譏].

○ 의정부에서 부의하는 법[致賻之法]을 아뢰었다.

"시직(時職)과 산직(散職)의 대소 인원으로 (명나라) 조정(朝廷)이나 본국(本國-조선) 경내(境內)에 명을 받들어 사신으로 나갔다가 병에 걸려 죽은 자가 있으면 예조(禮曹)에서 (그 사람이) 맡은 일의 근만

(勤慢-근태)을 분간하여 왕지(王旨)를 받아 차등 있게 부의하도록 해야 할 것입니다."

그것을 따랐다. 이때 강원도경력(江原道經歷) 한고(韓皐), 예원군지사(預原郡知事) 박희문(朴希文)이 모두 임소(任所-임무를 받은 장소)에 있다가 죽으니 상이 보고를 받고서 의정부에 명해 말했다.

"내가 궁중에서 일을 보는 사람이 죽었을 때에도 모두 부의를 하는데 조사(朝士)로서 나라를 위해 열심히 일하다가 죽은 자에게 어찌 부의하지 못하겠는가! 마땅히 법령으로 명문화해서 유사(有司)가 시행하도록 하라."

그래서 정부에서 이러한 아룀이 있었다.

임오일(壬午日-3일)에 사헌부대사헌 안원(安瑗)이 늙고 병들었다고 사직하니 상이 말했다.

"근일에 헌관(憲官)이 좋게 그만두지 못한 사람들이 많았다. 또 경(卿)은 나이가 늙었으니 이런 청이 있을 법하다[容]. 그러나 곧 제배(除拜)가 있을 것이니 잠시만 기다리라."

계미일(癸未日-4일)에 예조(禮曹)에 명해 신극례의 예장에 개국공신(開國功臣) 상등(上等)의 예(禮)를 쓰게 했다. 대간(臺諫)에서 함께 장(章)을 지어 말씀을 올렸다.

'신극례가 종지(宗支)를 제거하려는 음모를 오랫동안 마음속에 품고 있다가 밖으로 표출되었는데 그 죄가 종사에 관계됩니다. (이에) 공신(功臣) 백관(百官)이 여러 차례 죄주기를 청했건만 전하께서는 가벼운 법전을 따르시어 자기가 원하는 곳에 안치(安置)하게 하셨습니다. (그러던 도중에) 갑자기 음주(陰誅)를 당하니 (전하께서) 예장(禮葬)하지 말라 하셨으므로 신민(臣民)이 그 밝으신 결단에 탄복했습니다. (그런데) 지금 예조의 아첨하고 순종하는 청(請)으로 인해, 또 예장하게 하시니 토죄(討罪)하는 법전에 어그러짐이 있습니다. 극례가 두 마음을 품고 먼저 스스로 (공신의) 맹세를 배반하여 난의 근원을 열어 놓았으니 그 죄는 응당 베어야 하는 것입니다. 전날에 전하께서 신 등을 불러 도리어 죄가 없다고 칭하고 간곡하게 타일러서 맹세를 어기지 않으려 하셨는데 이는 한때의 구차한 신의로써 만세의 밝은 법전을 폐지하는 것입니다. 신 등은 남몰래 전하를 위해 이를 취하지 않겠습니다. 바라건대 전하께서는 왕법으로 바로잡으시어 예장하지 말게 함으로써 신하와 백성들의 소망을 위로하셔야 할 것입니다.'

소(疏)를 대내(大內)에 머물러 두었다.

갑신일(甲申日-5일)에 겸 중군도총제(中軍都摠制) 겸 의용순금사 판사(義勇巡禁司判事) 안성군(安城君) 이숙번(李叔蕃)이 전(箋)[7]을 올려 사직했다.

정해일(丁亥日-8일)에 이직(李稷)을 의정부찬성사 겸 사헌부대사헌, 남재(南在)를 이조판서 겸 의용순금사판사, 윤저(尹柢)와 유용생(柳龍生)을 의정부참찬사, 유량(柳亮)을 병조판서, 김희선(金希善)을 호

---

7 간단한 시 한 수 또는 편지를 쓰는 데 사용하는 폭이 좁은 종이를 말한다.

조판서, 박신(朴信)을 공조판서, 안원(安瑗)을 한성부판사, 김한로(金漢老)를 의정부참지사로 삼았다.

○ 처음으로 십사겸상호군(十司兼上護軍)을 두고 각군(各軍)의 겸총제(兼摠制)를 혁파했다. 청평군(淸平君) 이백강(李伯剛), 안성군(安城君) 이숙번(李叔蕃), 곡산군(谷山君) 연사종(延嗣宗), 장천군(長川君) 이종무(李從茂)로 하여금 의흥·충좌·웅무·신무사 상호군(義興忠佐雄武神武司上護軍)을 겸하게 하고 평양군(平壤君) 조대림(趙大臨), 한평군(漢平君) 조연(趙涓), 회령군(會寧君) 마천목(馬天牧)으로 하여금 용양·용기·용무사상호군(龍驤龍騎龍武司上護軍)을 겸하게 하고 길천군(吉川君) 권규(權踌), 면성군(沔城君) 한규(韓珪), 중군총제(中軍摠制) 조질(趙秩)로 하여금 호분·호익·호용사 상호군(虎賁虎翼虎勇司上護軍)을 겸하게 하여 삼군(三軍)을 나눠 관장하게 하고, 1위(衛)마다 갑사(甲士) 150인을 통솔하게 했다. 좌정승 성석린(成石璘)은 겸 판이조(判吏曹)를 해임하고 우정승 이무(李茂)는 겸 판병조(兼判兵曹)를 해임했다. 석린이 나이가 늙어 일을 피해 이조를 해임해 달라고 청하여 말했다.

"예전에는 상서사(尙瑞司)[8]로 하여금 전주(銓注-인사선발)를 맡게 하고 대신으로 하여금 이를 겸하게 했기 때문에 제수(除授)하는 권리가 오로지 대신에게 있었습니다. 지금은 상서사를 파하고 정조(政曹)[9]로

---

8 조선 초기에 부인(符印)과 제배(除拜)에 관한 일을 맡아보던 관아다. 태종(太宗) 5년
(1405년)에 전주(銓注)에 관한 일을 정조(政曹)로 돌림에 따라 보새(寶璽)와 부인(符印)만
맡는 관아가 되고 세조12년(1466년)에 상서원(尙瑞院)으로 고쳤다.
9 문선(文選)을 맡아보는 이조(吏曹)와 무선(武選)을 맡아보는 병조(兵曹)를 통칭하는 말
이다.

하여금 맡게 했으니 이는 공선(公選)을 하고자 한 것입니다. 하물며 전하께서 친히 제수에 임하시니 실로 좋은 법입니다. 그러므로 대신이 이·병조(吏兵曹)를 겸판(兼判)할 까닭이 뭐가 있습니까! 만일 상교(上敎)가 있어 뛰어난 사람을 천거하라 하시면 신이 마땅히 계달(啓達)하겠지마는, 전주(銓注)에는 신이 감히 참여하지 못하겠습니다."

이 때문에 이러한 명이 있었다. 이숙번(李叔蕃)은 겸 의용순금사 판사를 해임했으니 그 청을 따른 것이다. 유두명(柳斗明), 안순(安純), 심온(沈溫)을 대언(代言)으로 삼고 설칭(薛偁), 김자지(金自知)를 좌우 사간대부(左右司諫大夫)로 삼았다.

○ 유정현(柳廷顯)을 충청도 도관찰사, 윤자당(尹子當)을 경상도 병마도절제사, 신유정(辛有定)을 경원 도병마사(慶源都兵馬使), 정경(鄭耕)을 안주도 병마도절제사(安州道兵馬都節制使), 윤향(尹向)을 전라도 도관찰사, 노한(盧閈)을 풍해도 도관찰사(豊海道都觀察使)로 삼았다.

무자일(戊子日-9일)에 왜적이 (전라도) 탐진(耽津-강진)을 침략해 만덕사(萬德寺)를 불태웠다.

경인일(庚寅日-11일)에 안성군(安城君) 이숙번(李叔蕃)으로 하여금 의흥시위사 상호군(義興侍衛司上護軍)을 겸하게 하고 중군 도총제 김남수(金南秀)로 하여금 충좌 시위사 상호군(忠佐侍衛司上護軍)을 겸하게 했다.

○ 대간(臺諫)에서 함께 장(章)을 지어 다시 무구 등 세 사람의 죄

를 청했다.

　신묘일(辛卯日-12일)에 호조(戶曹)에서 전제(田制)를 아뢰니 그것을 따랐다. 아뢰어 말했다.

　'전제(田制) 안에 사리(事理)에 맞지 않는 것이 3건이 있으니 의정부에 내려 깊이 헤아려 토의하도록 해야 할 것입니다.

　하나 본래 과부(寡婦)로서 (부모로부터) 논밭을 받은 자와 남편의 전지(田地)를 물려받은 자들 중에 그 부모와 남편의 부모의 전지(田地)를 남편의 직(職)에 따라 과전(科田)에 준해 물려받으려고 하는 자가 매우 많으니, 그 소송하는 데 따라 판결하여 지급하게 해야 할 것입니다.'

　정부에서 토의해 결론을 내렸다.

　"이미 수신(守信)하여서 죽은 남편의 전지를 물려받았으니 과전(科田)을 더하여 지급할 필요가 없습니다."

　'하나, 재가(再嫁)한 부녀의 자식이 외조부모(外祖父母)의 전지(田地)를 법식에 의해 물려받고자 하나 전제(田制)에 본래 수신(守信)한 자가 아니면 전지를 지급하는 예가 없으니, 처음부터 수신(守信)하지 못하여 전계(傳係)가 이미 끊어졌으면, 그 부녀자의 자식에게 다른 사례에 의거해 지급하는 것을 잠시 보류하고, 그중에 현재 직사(職事)를 맡은 자가 있으면 과전(科田)을 더하여 지급하되, 자식에게 한하여 과전(科田)을 더해 주는 사례에 의거해 지급하도록 해야 할 것입니다.'

　정부에서 토의해 결론을 내렸다.

"그 어미가 수신(守信)하지 못하여 전계(傳係)가 이미 끊어졌으니 그 자식에게 물려주는 것을 잠시 보류해야 할 것입니다."

'하나, 처부모(妻父母)의 전지(田地)를 물려받은 다음에 아내를 버린 경우에, 그 아내가 소송하기를 "소박하여 헤어진 남편이 내 부모의 전지를 가지고 먹고 사는 것은 사리에 합당하지 않으니 수신(守信)하는 제 몸에게 넘겨 지급하여 주소서"라고 하는데 만일 그 소송대로 따른다면 남편이 죽지 않았는데 아내가 수신전(守信田)[10]을 받게 되니 진실로 그런 예가 없습니다. 그대로 그 남편에게 주기를 청합니다.'

정부에서 토의해 결론을 내렸다.

"그 아내를 버리고서 그 전지를 가지고 그대로 먹고 사는 것은 참으로 잘못된 것이니 모두 회수하도록 해야 할 것입니다."

임진일(壬辰日-13일)에 나무에 성에가 꼈다.

○ 신극례(辛克禮)의 예장(禮葬)을 정지하라고 명했다. 의정부에서 글을 올려 예장의 정지를 청하고 대간에서 또 따라서 청했기 때문에 이러한 명이 있었다.

을미일(乙未日-16일)에 일본(日本) 지좌전(志佐殿)이 사자를 보내 예

---

10 과전법(科田法) 체제에서 수조지(收租地)를 지급받은 관인(官人)이 죽은 뒤 그 수절처(守節妻)가 망부(亡夫)의 수조지를 전수받아 경작하던 토지를 말한다. 1391년(공양왕 3년)에 제정된 과전법에 따르면 "무릇 수전자(受田者-토지를 지급받은 자)가 죽은 뒤 그 처가 자식을 가지고 수신(守信)하는 경우에는 망부의 수조지 모두를 전수하며, 자식 없이 수신하는 경우에는 절반만을 전수하고, 수신하지 않는 경우에는 여기에 해당되지 않는다"라고 규정했다.

물(禮物)을 바치고 잡혀갔던 우리나라 사람 19명을 돌려보냈다. 또 일기주(一岐州) 세관(世官) 원량희(源良喜) 또한 토산물을 바치고 잡혀 갔던 인구(人口)를 돌려보냈다.

○ 작은 술자리를 편전(便殿)에 베풀었다. (이때) 신유정(辛有定)이 밖에서 곧장 들어와 뜰 아래에 꿇어앉았다. 여러 대언(代言)들이 눈짓하여[目] 나가라고 했으나 유정은 어떻게든 나가려고 하지 않았다.
목
상이 전(殿)에 오르도록 명하니 유정이 종종걸음으로 나아와 경원(慶源)에 가는 것을 면해줄 것을 빌었으나 상이 허락하지 않았다. 유정이 굳게 사양하자 상이 말했다.

"경이 죄를 얻어 부처(付處-유배)되었다가 사유(赦宥)를 받은 지 얼마 아니 되어 방면(方面-국경 지방)의 책임을 맡겼으니 가지 않을 수 없다."

유정은 마침내 물러갔다.

정유일(丁酉日-18일)에 사헌부에 명해 응패(鷹牌)의 금지령을 거듭 밝히게 했다. 명은 이러했다.

"종친(宗親)·부마(駙馬)·제군(諸君)이 받은 응패(鷹牌)를 지금 모두 고쳐서 녹색(綠色) 칠을 하여 타인과 구별하게 했으니, 진위(眞僞)를 징험할 수 있을 것이다. 흑패(黑牌)를 찬 자가 있거든 엄격하게 고찰을 가하라."

무술일(戊戌日-19일)에 나무에 성에가 꼈다.

신축일(辛丑日-22일)에 명하여 청단 역승(靑丹驛丞) 최은(崔隱)의 직첩을 거두고 (경상도) 의성(義城)으로 유배 보냈다. 은(隱)이 공정고(供正庫)[11] 영사(令史)[12]를 거쳐 거관(去官)하여 권무(權務)에 제수됐는데 '한첩목아(韓帖木兒)의 족인(族人)으로 전 낭장(郎將)이다'라고 사칭하여 5품 역승(驛丞)으로 뛰어서 제수받았기 때문에 헌부(憲府)에서 율에 의거해 논죄할 것을 청했기 때문이다.

○ 삼군(三軍) 십사(十司)의 사의(事宜)를 상정했다.

○ 예조(禮曹)에서 말씀을 올렸다.

'의정부(議政府)에서 아뢰어 왕지(王旨)를 받들어 본조(本曹)로 하여금 십사 겸상호군(十司兼上護軍)의 통속(統屬)과 호령(號令)이 나오는 곳을 상세히 규정하게 했습니다. 본조(本曹)에서 토의하여 결론을 얻기를 "십사겸상호군(十司兼上護軍)은 각각 그 사(司)의 대호군(大護軍) 이하의 인원(人員)으로 색장(色掌)을 정하고, 무릇 군중(軍中)의 동지(動止)와 호령은 병조(兵曹)에서 왕지(王旨)를 아뢰어 받아서[啓稟] 십사(十司)에 행이(行移-이첩)하면 십사(十司)의 색장이 겸상호군에게 고해 시행한다. 삼군(三軍)의 호군은 각각 그 군사와 사직(司直) 이하를 거느리고 십사와 함께 입직(入直)하고 춘추(春秋)의 강무(講武) 때에는 삼군의 동지(動止)를 중군 겸상호군(中軍兼上護軍)으로 하여금 주장하게 한다"라고 했습니다.'

그것을 따랐다.

---

11 궁궐에서 소요되는 미곡과 장(醬) 등의 식료품 공급을 담당하던 관서다.
12 품관에 들지 못하는 서리 신분이다.

갑진일(甲辰日-25일)에 왜적이 흥덕진(興德鎭)¹³에 침략하니 병마사(兵馬使) 성달생(成達生)이 쳐서 물리치고, 적의 머리 2급(級)을 베었다. 달생이 유시(流矢)에 맞고 말 또한 화살에 맞았다.

병오일(丙午日-27일)에 좌부대언 유두명(柳斗明)의 아비의 상(喪)에 쌀과 콩 30석, 종이 200권을 부의로 내려주었다.

정미일(丁未日-28일)에 관리(官吏)에게 명해 공사전(公私田)의 수조(收租)하는 폐단을 엄격하게 금지하게 했다. 간혹 평교(平校)¹⁴의 말[斗]과 되[升]를 쓰지 않고 큰 말[大斗]로 무겁게 거두어 폐단을 일으키기 때문이었다.

무신일(戊申日-29일)에 상이 친히 인소전(仁昭殿)에 제사하고, 인소전 불당 복전(佛堂福田) 7인에게 면포(綿布) 5필, 저포(苧布) 5필, 정

---

13 조선 전기 고창 지역의 군사 조직이다. 조선 전기에는 고려 이래의 군사 지휘관이라 할 수 있는 도평의사사, 중추원, 중방, 삼군도총제부 등 잡다한 기관이 존재해 군사지휘권의 소재가 모호했다. 이때에는 각 도마다 전담 도절제사(都節制使)가 있어 군사 행정 및 전투 수행을 책임졌는데, 각 도 중심의 군사 체제보다 작지만 훨씬 효과적인 군사 체제의 도입이 필요했다. 이에 1393년(태조 2년) 9월 중방을 폐지하고 삼군도총제부를 의흥삼군부(義興三軍府)로 고쳐 왕권 강화에 큰 역할을 하게 했다. 1397년(태조 6년)에는 군사 단위로서의 도를 폐지하고 각 도에 진(鎭)을 설치해 도절제사 대신 첨절제사를 두고 부근 군현의 병마를 통괄하는 동시에 도관찰사의 감독을 받게 했다. 이에 따라 전라도를 비롯해 충청도, 경상도, 풍해도, 강원도에 2개에서 4개의 진을 설치하여 모두 15개 진이 설치됐다. 이때 전라도에 최초로 설치된 진은 옥구진, 목포진, 흥덕진, 조양진이었다. 진의 설치는 국방군으로서의 지방군이 확고한 지위를 갖게 되어 조선시대 지방군인 진군(鎭軍)의 성립을 가져왔고 특히 남방 지역의 방어 기지 구실을 했다.
14 각 도량형이 표준에 맞는지 점검하는 것을 말한다.

포(正布) 21필을 내려주었다.

○ 전 나주 판관(羅州判官) 조혼(曹渾), 전 영광군지사(靈光郡知事) 이각(李恪)의 직첩을 거두고 외방으로 유배를 보냈다. 혼(渾)은 (풍해도) 해주(海州)로, 각(恪)은 양성(陽城-경기도 안성 근처)으로 보냈다. 두 사람이 임지에 있을 때에 함께 이웃 고을에 있었는데 각이 혼에게 편지로 요청해 사사로이 나주(羅州) 관고(官庫)에 저장한 면포 6필을 그가 좋아하는 환속한 사람 김성(金省)에게 주게 했다가 이때에 이르러 일이 발각돼 헌사에서 그 죄를 청했기 때문이다.

기유일(己酉日-30일)에 상이 덕수궁에 나아가 기거했다.

○ 군기감(軍器監) 화약장(火藥匠) 33명에게 각각 쌀 1석씩을 내려주었다. 제야(除夜)에 군기감에서 화산대(火山臺)[15]를 대궐 가운데 베풀었는데 화약의 맹렬하기가 예전의 배나 됐다. 왜사(倭使)가 와서 보고 놀라 두려워하지 않는 자가 없었다. 제색(諸色)[16] 장인(匠人)에게도 추포(麤布)[17] 50필을 내려주었다.

○ 경상도와 전라도에 기근이 들었다.

15　불꽃놀이를 말한다. 화산희(火山戲)라고도 한다.

16　제색(諸色)의 색(色)은 각기 해당 업무에 종사함을 뜻한다.

17　발이 굵고 바탕이 거친 베로 고려와 조선시대에 화폐 대신으로 사용했다.

庚辰朔 罷判安州牧事洪有龍職. 有龍於冬至賀箋 不書臣字
경진 삭 파판 안주목 사 홍유룡 직 유룡 어 동지하전 불서 신 자

政府請罪 上曰: "無知武人 勿擧論." 至是 司諫院上言:
정부 청죄 상왈 무지 무인 물 거론 지시 사간원 상언

'有龍以巫女所生 旣不識字 又無弓矢之能 但以奸諂媚悅 冒濫
유룡 이 무녀 소생 기 불식 자 우 무 궁시 지능 단 이 간첨 미열 모람

受職 混雜朝士 頑不知恥 恣行利欲 其爲兆陽兵馬使也 竊盜
수직 혼잡 조사 완 부지 치 자행 이욕 기위 조양 병마사 야 절도

官物 其根係心術 不合明時之登用. 顧今致位嘉善 出宰巨邑 誠
관물 기 근계 심술 불합 명시 지 등용 고금 치위 가선 출재 거읍 성

宜恪謹 以答殿下納汚之德 曾不念此 又失臣禮. 此而不覺 焉能
의 각근 이답 전하 납오 지덕 증 불념 차 우 실 신례 차 이 불각 언능

莅民! 伏望殿下 令攸司職牒收取 依律論罪 以杜冒濫 以懲
리민 복망 전하 영 유사 직첩 수취 의율 논죄 이두 모람 이징

不恪'
불각

乃罷之.
내 파지

辛巳 罷大護軍黃象職 甲士楊春茂等四人充水軍. 初 象以上妓
신사 파 대호군 황상 직 갑사 양춘무 등 사인 충 수군 초 상 이 상기

可喜兒爲妾 摠制金宇亦曾通可喜兒. 冬至內宴旣罷 可喜兒出自
가희아 위첩 총제 김우 역 증통 가희아 동지 내연 기파 가희아 출자

宮門 還于象家 宇遣所管甲士及從人 要於路而奪之不及 追至
궁문 환우 상가 우 견 소관 갑사 급 종인 요 어로 이 탈지 불급 추지

象家搜之 又不得. 翼日 象令可喜兒騎馬率僕過於市 宇又遣甲士
상가 수지 우 부득 익일 상 령 가희아 기마 솔복 과 어시 우 우 견 갑사

僕從要之 象走馬持杖而逐之 甲士從人皆散 觀者如堵 道路傳語
복종 요지 상 주마 지장 이 축지 갑사 종인 개산 관자 여도 도로 전어

而無有劾問者. 上聞之 召司憲持平金庚命之曰: "內宴呈才上妓
이 무유 핵문 자 상 문지 소 사헌 지평 김경 명지 왈 내연 정재 상기

或有隱置其家 謂之己妾 常不放出 我所曾識面之妓 於內宴或有
혹유 은치 기가 위지 기첩 상 불 방출 아 소증 식면 지기 어 내연 혹유

不至者. 闕於呈才 所不足
_{부지 자}　　_{소부족}

道也 至於隱置其家 以爲己妾 謂之何哉! 汝宜擧劾以聞." 後
_{도 야}　_{지어 은치 기가}　_{이위 기첩}　_{위지 하재}　_{여 의 거핵 이문}　_후

數日 召掌令卓愼命之曰: "今聞以上妓之故 被劾者多. 前日
_{수일}　_{소 장령 탁신 명지왈}　_{금문이 상기 지고}　_{피핵 자다}　_{전일}

我言 指累年潛置其家 不令出外者耳 非謂朝官不得畜上妓爲妾
_{아언}　_{지 누년 잠치 기가}　_{불령 출외 자이}　_{비위 조관 부득 축 상기 위첩}

也. 河久 金宇已令出仕 汝宜知之." 愼啓曰: "宇罪與久不同. 夫
_야　_{하구}　_{김우 이령 출사}　_{여의 지지}　_{신 계왈}　_{우죄 여구 부동}　_부

於白晝大途之中 遣禁軍爲私鬪 長此不已 後日無乃用之於作亂
_{어 백주 대도 지중}　_{견 금군 위 사투}　_{장차 불이}　_{후일 무내 용지 어 작란}

乎?"上曰: "宇 功臣也 不可治罪 若其從臾爲非者 可核實以聞."
_호　_{상왈}　_{우 공신 야}　_{불가 치죄}　_{약기 종유 위비 자}　_{가 핵실 이문}

憲府啓: "去十一月十二日夜 金宇發遣所管甲士騎步三十餘名
_{헌부 계}　_{거 십일월 십이일 야}　_{김우 발견 소관 갑사 기보 삼십 여명}

圍把黃象之家 甲士羅原同 高孝誠等 直入象臥內 搜妓妾可喜兒
_{위파 황상 지가}　_{갑사 나원동}　_{고효성 등}　_{직입 상 와내}　_{수 기첩 가희아}

而未得 取其衣裝而去. 翼日 金宇更發送丘從皂隸 奪可喜兒而來
_{이 미득}　_{취기 의장 이거}　_{익일}　_{김우 갱 발송 구종 조예}　_{탈 가희아 이래}

至壽進坊洞口 象聞之 走馬持杖追之 蹴踏可喜兒. 宇卽發畫番
_{지 수진방 동구}　_{상 문지}　_{주마 지장 추지}　_{축답 가희아}　_{우 즉발 주번}

甲士楊春茂 高孝誠 朴東秀等十餘名及私伴二十餘名 持杖與象
_{갑사 양춘무}　_{고효성}　_{박동수 등 십여 명 급 사반 이십 여명}　_{지장 여상}

相鬪 春茂擊象 以致銀帶擺落. 臣等竊惟 軍政以嚴爲主① 各守
_{상투}　_{춘무 격상}　_{이치 은대 파락}　_{신등 절유}　_{군정 이엄 위주}　_{각수}

其分 然後上下相安 階級之間 不相凌犯 上能出命 下能服役 永
_{기분}　_{연후 상하 상안}　_{계급 지간}　_{불상 능범}　_{상능 출명}　_{하능 복역}　_영

無不戢之患.
_{무 부집 지환}

宇起自卑微 別無才德 厚蒙上恩 官至摠制 日益謹愼 圖報
_{우 기자 비미}　_{별무 재덕}　_{후몽 상은}　_{관지 총제}　_{익일 근신}　_{도보}

上恩 乃其職分 不顧義理 恣行非法 擅發禁軍 奪人之妾 是謂
_{상은}　_{내기 직분}　_{불고 의리}　_{자행 비법}　_{천발 금군}　_{탈 인지첩}　_{시위}

大亂之源. 春茂等身爲禁軍 反從金宇私忿之命 犯夜圍把黃象
_{대란 지원}　_{춘무 등신 위 금군}　_{반종 김우 사분 지명}　_{범야 위파 황상}

之家 且於街路 與之格鬪 打落銀帶 實爲不當. 黃象以不小三品
_{지가}　_{차어 가로}　_{여지 격투}　_{타락 은대}　_{실위 부당}　_{황상 이 부소 삼품}

持杖走馬 爭妓妾於朝路. 乞將金宇職牒收取 明正其罪 以杜
_{지장 주마}　_{쟁 기첩 어 조로}　_{걸장 김우 직첩 수취}　_{명정 기죄}　_{이두}

亂源: 楊春茂 高孝誠 朴東秀 羅原冏 職牒收取 依律論罪. 其②
난원 양춘무 고효성 박동수 나원경 직첩 수취 의율 논죄 기

黃象 亦望停職 以礪士風." 命 "黃象罷職; 春茂等四人 各於本鄕
황상 역 망 정직 이려 사풍 명 황상 파직 춘무 등 사인 각 어 본향

充水軍: 可喜兒杖八十收贖; 金宇功臣 其勿擧論." 司憲府又啓:
충 수군 가희아 장 팔십 수속 김우 공신 기 물 거론 사헌부 우계

"金宇昨任 江界兵馬使 恣行貪慾 及受代赴京 多率伴人 每站
김우 작임 강계 병마사 자행 탐욕 급 수대 부경 다솔 반인 매참

留宿 屠殺雞犬 害及於民. 本府請罪 殿下錄其微勞 置而勿論 誠
유숙 도살 계견 해 급어 민 본부 청죄 전하 록 기 미로 치이 물론 성

宜改過自新 圖報上恩 而乃不改前心 自謂雖或作罪 必蒙恩宥
의 개과 자신 도보 상은 이내 불개 전심 자위 수혹 작죄 필몽 은유

肆其强暴 擅發禁兵 夜圍人家 奪其妓妾 乃至白晝朝路 成黨
사 기 강포 천발 금병 야 위 인가 탈기 기첩 내 지 백주 조로 조당 성당

作亂 情犯深重. 若又不加罪責 則前無所懲 後將無所不爲. 乞將
작란 정범 심중 약우 불가 죄책 즉 전무 소징 후장 무 소불위 걸장

③金宇 一如前日狀申施行." 疏上留中.
김우 일여 전일 장신 시행 소상 유중

議政府請以名刹 代諸州資福 從之. 啓曰: "去年寺社革去之時
의정부 청 이 명찰 대 제주 자복 종지 계왈 거년 사사 혁거 지시

自三韓以來大伽藍 反在汰去之例 亡廢寺社 差下住持者 容或
자 삼한 이래 대가람 반재 태거 지례 망폐 사사 차하 주지 자 용혹

有之. 僧徒豈無怨咨之心? 若擇山水勝處大伽藍 以代亡廢寺院
유지 승도 기무 원자 지심 약 택 산수 승처 대가람 이대 망폐 사원

則庶使僧徒得居止之處."
즉 서사 승도 득 거지 지처

於是 諸州資福寺 皆代以名刹.
어시 제주 자복사 개 대 이 명찰

曹溪宗: 梁州通度寺 松生雙巖寺 昌寧蓮花寺 砥平菩提岬寺
조계종 양주 통도사 송생 쌍암사 창녕 연화사 지평 보리감사

義城氷山寺 永州鼎覺寺 彦陽石南寺 義興麟角寺 長興迦智寺
의성 빙산사 영주 정각사 언양 석남사 의흥 인각사 장흥 가지사

樂安澄光寺 谷城桐裏寺 減陰靈覺寺 軍威法住寺 基川淨林寺
낙안 징광사 곡성 동리사 감음 영각사 군위 법주사 기천 정림사

靈巖道岬寺 永春德泉寺 南陽弘法寺 仁同嘉林寺 山陰地谷寺
영암 도갑사 영춘 덕천사 남양 홍법사 인동 가림사 산음 지곡사

沃州智勒寺 耽津萬德寺 靑陽長谷寺 稷山天興寺 安城石南寺.
옥주 지륵사 탐진 만덕사 청양 장곡사 직산 천흥사 안성 석남사

天台宗: 忠州嚴正寺 草溪白巖寺 泰山興龍寺 定山雞鳳寺
천태종 충주 엄정사 초계 백암사 태산 흥룡사 정산 계봉사

永平白雲寺　廣州靑溪寺　寧海雨長寺　大丘龍泉寺　道康無爲寺
영평　백운사　광주　청계사　영해　우장사　대구　용천사　도강　무위사

雲峰原水寺　大興松林寺　文化區業寺　金山眞興寺　務安大崛寺
운봉　원수사　대흥　송림사　문화　구업사　금산　진흥사　무안　대굴사

長沙禪雲寺　提州長樂寺　龍駒瑞峰寺.
장사　선운사　제주　장락사　용구　서봉사

華嚴宗: 長興金藏寺　密陽嚴光寺　原州法泉寺　淸州原興寺
화엄종　장흥　금장사　밀양　엄광사　원주　법천사　청주　원흥사

義昌熊神寺　江華栴香寺　襄州成佛寺　安邊毗沙寺　順天香林寺
의창　웅신사　강화　천향사　양주　성불사　안변　비사사　순천　향림사

淸道七葉寺　新寧功德寺.
청도　칠엽사　신녕　공덕사

慈恩宗: 僧嶺觀音寺　楊州神穴寺　開寧獅子寺　楊根白巖寺
자은종　승령　관음사　양주　신혈사　개령　사자사　양근　백암사

藍浦聖住寺　林州普光寺　宜寧熊仁寺　河東陽景寺　綾城公林寺
남포　성주사　임주　보광사　의령　웅인사　하동　양경사　능성　공림사

鳳州成佛寺　驪興神異寺　金海甘露寺　善州原興寺　咸陽嚴川寺
봉주　성불사　여흥　신이사　김해　감로사　선주　원흥사　함양　엄천사

水原彰聖寺　晋州法輪寺　光州鎭國寺.
수원　창성사　진주　법륜사　광주　진국사

中神宗: 任實珍丘寺　咸豊君尼寺　牙州桐林寺　淸州菩慶寺
중신종　임실　진구사　함풍　군니사　아주　동림사　청주　보경사

奉化太子寺　固城法泉寺　白州見佛寺　益州彌勒寺.
봉화　태자사　고성　법천사　배주　견불사　익주　미륵사

摠南宗: 江陰天神寺　臨津昌和寺　三陟三和寺　和順萬淵寺
총남종　강음　천신사　임진　창화사　삼척　삼화사　화순　만연사

羅州普光寺　昌平瑞峯寺　麟蹄玄高寺　雞林 天王寺.
나주　보광사　창평　서봉사　인제　현고사　계림　천왕사

始興宗: 漣州五峯寺　連豊霞居寺　高興寂照寺.
시흥종　연주　오봉사　연풍　하거사　고흥　적조사

成石璘素佞佛 故有是請 識者譏之.
성석린　소영불　고유　시청　식자　기지

議政府啓致賻之法. 啓曰: "時散大小人員 奉使朝廷及本國
의정부　계치부지법　계왈　시산　대소인원　봉사　조정　급　본국

境內 有患病身故者 禮曹以任事勤慢 分揀取旨 差等致賻." 從之.
경내　유환병신고자　예조　이임사근만　분간　취지　차등치부　종지

時 江原道經歷韓皐 知預原郡事朴希文 皆在任而死. 上聞之 命
시　강원도경력한고　지예원군사박희문　개재임이사　상문지　명

議政府曰: "予於宮中給事之人物故者 皆致賻焉. 朝士之爲國
의정부왈　여어궁중급사지인물고자　개치부언　조사지위국

奔走而死者 獨不可賵乎? 宜著爲令 有司擧行."故政府有是啓.
<small>분주 이 사 자 독 불가 부호 의저 위령 유사 거행 고 정부 유 시계</small>

壬午 司憲府大司憲安瑗 以老病辭 上曰："近日憲官多不善罷.
<small>임오 사헌부 대사헌 안원 이 노병 사 상왈 근일 헌관 다 불선 파</small>

且卿年老 容有是請 然近有除拜 姑竢之."
<small>차 경 연로 용유 시청 연 근유 제배 고 사지</small>

癸未 命禮曹辛克禮禮葬用開國功臣上等禮. 臺諫交章上言曰：
<small>계미 명 예조 신극례 예장 용 개국공신 상등 예 대간 교장 상언 왈</small>

'辛克禮欲剪宗支之謀 久畜於中 發見於外 罪關宗社. 功臣
<small>신극례 욕전 종지 지모 구축 어중 발현 어외 죄 관 종사 공신</small>

百官累次請罪 殿下曲從輕典 自願安置. 忽被陰誅 有旨毋令禮葬
<small>백관 누차 청죄 전하 곡종 경전 자원안치 홀 피 음주 유지 무령 예장</small>

臣民服其明斷. 今以禮曹阿順之請 又令禮葬 有乖討罪之典. 克禮
<small>신민 복 기 명단 금 이 예조 아순 지청 우령 예장 유괴 토죄 지전 극례</small>

懷貳 先自背盟 以開亂源 其罪應誅 前日殿下召臣等 反稱無罪
<small>회이 선 자 배맹 이개 난원 기죄 응주 전일 전하 소 신등 반칭 무죄</small>

倦倦諭之 欲不渝盟. 是以一時區區之信 廢萬世明明之典 臣等
<small>권권 유지 욕불 투맹 시이 일시 구구 지신 폐 만세 명명 지전 신등</small>

竊爲殿下不取也. 願殿下 正以王法 毋令禮葬 以慰臣民之望.'
<small>절위 전하 불취 야 원 전하 정 이 왕법 무령 예장 이위 신민 지망</small>

疏留中.
<small>소 유중</small>

甲申 兼中軍都摠制 兼判義勇巡禁司事安城君李叔蕃上箋辭.
<small>갑신 겸 중군 도총제 겸 판 의용순금사 사 안성군 이숙번 상전 사</small>

丁亥 以李稷爲議政府贊成事兼司憲府大司憲 南在吏曹判書
<small>정해 이 이직 위 의정부 찬성사 겸 사헌부 대사헌 남재 이조판서</small>

兼判義勇巡禁司事 尹柢 柳龍生參贊議政府事 柳亮兵曹判書
<small>겸 판 의용순금사 사 윤저 유용생 참찬 의정부 사 유량 병조판서</small>

金希善戶曹判書 朴信工曹判書 安瑗判漢城府事 金漢老參知
<small>김희선 호조판서 박신 공조판서 안원 판한성부사 김한로 참지</small>

議政府事.
<small>의정부 사</small>

初置十司兼上護軍 罷各軍兼摠制. 以淸平君李伯剛 安城君
<small>초치 십사겸상호군 파 각군 겸총제 이 청평군 이백강 안성군</small>

李叔蕃 谷山君延嗣宗 長川君李從茂兼義興忠佐雄武神武
<small>이숙번 곡산군 연사종 장천군 이종무 겸 의흥 충좌 웅무 신무</small>

司上護軍 平壤君趙大臨 漢平君趙涓 會寧君馬天牧兼龍驤
<small>사 상호군 평양군 조대림 한평군 조연 회령군 마천목 겸 용양</small>

龍騎龍武司上護軍 吉川君權跬 沔城君韓珪 中軍摠制趙秩兼
<small>용기 용무 사 상호군 길천군 권규 면성군 한규 중군 총제 조질 겸</small>

虎賁虎翼虎勇司上護軍 分掌三軍 每一衛 統甲士一百五十人.

左政丞成石璘解兼判吏曹 右政丞李茂解兼判兵曹. 石璘年老

避事 乞解吏曹曰: "昔者以尙瑞司掌銓注 使大臣兼之 故除授

之權 專在大臣. 今罷尙瑞司 使政曹掌之者 欲爲公選也. 況殿下

親臨除授 實爲良法 何必以大臣兼判吏兵曹乎? 若有上敎 使之

薦賢 則臣當啓達 至於銓注 則臣不敢與" 故有是命. 李叔蕃解

兼判義勇巡禁司事 從其請也. 以柳斗明 安純 沈溫爲代言 薛偁

金自知左右司諫大夫.

以柳廷顯爲忠淸道都觀察使 尹子當慶尙道兵馬都節制使

辛有定慶源都兵馬使 鄭耕安州道兵馬都節制使 尹向全羅道

都觀察使 盧閈豊海道都觀察使.

戊子 倭寇耽津 焚萬德寺.

庚寅 以安城君李叔蕃兼義興侍衛司上護軍 中軍都摠制

金南秀兼忠佐侍衛司上護軍.

臺諫交章 又請無咎等三人之罪.

辛卯 戶曹啓田制 從之. 啓曰: '田制之內 有未盡事理者三件

下議政府擬議.

一 本以寡婦受田及夫田遞受者 其父母及夫之父母田地 欲從

夫職 准科遞受者頗多 許令從其所訟折給.'

政府議得: "旣以守信 遞受亡夫田 不宜加科折給."

‘一 再嫁婦女子息等 欲將外祖父母田地 依式遞受 然田制本非
일 재가 부녀 자식 등 욕장 외조 부모 전지 의식 체수 연전제 본비

守信者 則無田地折給之例. 初不守信 傳係已絶婦女之子息 他例
수신 자 즉무 전지 절급 지례 초불 수신 전계 이절 부녀 지 자식 타례

折給安徐. 其中有見任職事 加科折給 限當子息 依加科例折給.
절급 안서 기중 유현임 직사 가과 절급 한당 자식 의가 과례 절급

政府議得: "其母不守信 傳係已絶 其子息遞給安徐."
정부 의득 기모 불 수신 전계 이절 기 자식 체급 안서

‘一 妻父母田地遞受後棄妻者 其妻訴云: 棄別之夫 食吾父母
일 처 부모 전지 체수 후 기처 자 기처 소운 기별 지부 식오 부모

田地 不合事情 乞移給於守信己身." 若從其訴 則夫未亡而妻受
전지 불합 사정 걸 이급 어 수신 기신 약종 기소 즉부 이처 수

守信田 固無其例 乞仍給其夫.
수신전 고 무기례 걸 잉급 기부

政府議得: "棄其妻而尙食其田 誠爲未便 乞皆收取."
정부 의득 기 기처 이상식 기전 성위 미편 걸개 수취

壬辰 木稼.
임진 목가

命停辛克禮禮葬. 議政府上書請停禮葬 臺諫又從而請之 故有
명정 신극례 예장 의정부 상서 청정 예장 대간 우종 이청지 고유

是命.
시명

乙未 日本志佐殿 遣使來獻禮物 歸我被擄人十九名: 一岐州
을미 일본 지좌전 견사 내헌 예물 귀아 피로인 십구 명 일기주

世官源良喜 亦獻土物 發還被擄人口.
세관 원량희 역헌 토물 발환 피로 인구

設小酌于便殿. 辛有定自外直入 跪于庭下 諸代言目出之 有定
설 소작 우 편전 신유정 자외 직입 궤우 정하 제 대언 목 출지 유정

不肯出. 上命升殿 有定趨進 乞辭慶源之行 上不許. 有定固辭 上
불긍 출 상명 승전 유정 추진 걸사 경원 지행 상 불허 유정 고사 상

曰: "卿得罪付處 蒙宥未幾 委以方面 不可不行." 有定乃退.
왈 경 득죄 부처 몽유 미기 위이 방면 불가 불행 유정 내퇴

丁酉 命司憲府申鷹牌之禁. 命曰: "宗親駙馬諸君所受鷹牌 今
정유 명 사헌부 신 응패 지금 명왈 종친 부마 제군 소수 응패 금

皆改着綠漆 以別他人 可驗眞僞. 有佩黑牌者 嚴加考察."
개개 착 녹칠 이별 타인 가험 진위 유패 흑패 자 엄가 고찰

戊戌 木稼.
무술 목가

辛丑 命收靑丹驛丞崔隱職牒 流之義城. 隱由供正庫令史 去官
신축 명수 청단 역승 최은 직첩 유지 의성 은유 공정고 영사 거관

拜權務 以韓帖木兒族人妄稱前郎將 超受五品驛丞 憲府乞依律
배 권무 이 한첩목아 족인 망칭 전 낭장 초수 오품 역승 헌부 걸 의율

論罪.
논죄

詳定三軍十司事宜.
상정 삼군 십사 사의

禮曹上言: "議政府啓奉王旨 令本曹詳定十司兼上護軍統屬及
예조 상언 의정부 계봉 왕지 영 본조 상정 십사 겸 상호군 통속 급

號令所出. 本曹議得: "十司兼上護軍 各以其司大護軍以下人員
호령 소출 본조 의득 십사 겸 상호군 각 이 기사 대호군 이하 인원

定爲色掌 凡軍中動止號令 兵曹啓稟王旨 行移十司. 十司色掌
정 위 색장 범 군중 동지 호령 병조 계품 왕지 행이 십사 십사 색장

於兼上護軍處 告課施行. 三軍護軍各率其軍 司直以下 同十司
어 겸 상호군 처 고과 시행 삼군 호군 각 솔 기군 사직 이하 동 십사

入直 春秋講武之時 三軍動止 使中軍兼上護軍主張." 從之.
입직 춘추 강무 지시 삼군 동지 사 중군 겸 상호군 주장 종지

甲辰 倭寇興德鎭 兵馬使成達生擊却之 斬首二級. 達生爲流矢
갑진 왜구 흥덕진 병마사 성달생 격 각지 참수 이급 달생 위 유시

所中 馬亦中箭.
소중 마 역 중전

丙午 賜賻左副代言柳斗明父喪米豆三十石 紙二百卷.
병오 사부 좌부대언 유두명 부상 미두 삼십 석 지 이백 권

丁未 命官吏痛禁公私田收租之弊. 或有不用平校斗升 而以
정미 명 관리 통금 공사전 수조 지폐 혹 유 불용 평교 두승 이 이

大斗重斂作弊故也.
대두 중렴 작폐 고야

戊申 上親祭于仁昭殿 賜仁昭殿佛堂福田七人綿布五匹 苧布
무신 상 친제 우 인소전 사 인소전 불당 복전 칠인 면포 오 필 저포

五匹 正布二十一匹.
오 필 정포 이십 일 필

收前羅州判官曹渾 前知靈光郡事李恪職牒 流之外方. 渾于
수 전 나주판관 조혼 전지 영광군 사 이각 직첩 유지 외방 혼 우

海州 恪于陽城. 二人在任地 與之隣 恪以書于渾 私以羅州官庫
해주 각 우 양성 이인 재 임지 여지 린 각 이서 우 혼 사 이 나주 관고

所藏縣布六匹 與所善還俗人金省 至是事發 憲司請其罪故也.
소장 면포 육필 여 소선 환속 인 김성 지시 사발 헌사 청 기죄 고야

己酉 上詣德壽宮起居.
기유 상 예 덕수궁 기거

賜軍器監火藥匠三十三名各米一石. 除夜軍器監設火山臺于
사 군기감 화약장 삼십 삼 명 각 미 일석 제야 군기감 설 화산대 우

闕中 火藥之烈 倍於前日. 倭使來觀 莫不驚怖. 諸色匠人 亦賜
궐중　화약 지열 배 어 전일　왜사 내관 막불 경포　제색 장인 역사

麤布五十匹.
추포 오십 필

慶尙 全羅道饑.
경상　전라도 기

| 원문 읽기를 위한 도움말 |

① 軍政以嚴爲主. 이것도 짧지만 '以~爲~'의 구문으로 '엄격함을 주된 것
군정 이 엄 위주　　　　　　　　이 위
으로 삼는다'라는 뜻이다.

② 其黃象. 여기서 其는 '이에[於是]'라는 뜻이다.
기 황상　　　　기　　　어시

③ 乞將. 뭔가를 청하면서 將을 붙이게 되면 이는 십중팔구 '마땅히~해야
걸 장　　　　　　　　　　장
한다[當=宜]'라는 뜻이다.
당 의

KI신서 7582

이한우의 태종실록 재위 7년

1판 1쇄 인쇄 2018년 7월 9일
1판 1쇄 발행 2018년 7월 23일

옮긴이 이한우
펴낸이 김영곤 박선영
펴낸곳 (주)북이십일 21세기북스

정보개발본부장 정지은 **인문기획팀장** 장보라 **책임편집** 윤홍 **교정교열** 주태진 최태성
디자인 표지 씨디자인: 조혁준 기경란 **본문** 이수정
출판영업팀 최상호 한충희 최명열
출판마케팅팀 김홍선 최성환 배상현 이정인 신혜진 나은경 조인선
홍보기획팀 이혜연 최수아 김미임 박혜림 문소라 전효은 염진아
제작팀 이영민

출판등록 2000년 5월 6일 제406-2003-061호
주소 (10881) 경기도 파주시 회동길 201(문발동)
대표전화 031-955-2100 **팩스** 031-955-2151 **이메일** book21@book21.co.kr
페이스북 facebook.com/21cbooks **블로그** b.book21.com
인스타그램 instagram.com/21cbooks **홈페이지** www.book21.com

ISBN 978-89-509-7629-3 04900
      978-89-509-7105-2 (세트)